D1937561

Ivana Schaberick

Mit herzlichen Dank
für die liebe Beratung

13. Oktober 2011

Der Freiheit eine Gasse
25 JAHRE JUNGE FREIHEIT

# Der Freiheit eine Gasse

## 25 Jahre Junge Freiheit

### Eine deutsche Zeitungsgeschichte

EDITION JF

Lektorat: Matthias Seegrün, Thorsten Thaler
Buchgestaltung und Satz: oktavo, Syrgenstein
Druck und Bindung: CPI Moravia Books GmbH, Pohořelice, Tschechien

Die Bilder in diesem Buch stammen überwiegend aus dem JF-Archiv und aus Privatbesitz, die Fotos auf den Seiten 20, 93, 103 und 261 sind von Hagen Weimar.

Bibliographische Information der Deutschen Bibliothek:
Die Deutsche Bibliothek verzeichnet diese Publikation in der Deutschen Nationalbibliographie; detaillierte bibliographische Angaben sind im Internet über http://dnb.ddb.de abrufbar.

ISBN 978-3-929886-36-8
© 2011 Junge Freiheit Verlag GmbH & Co.
Hohenzollerndamm 27a, 10713 Berlin

Alle Rechte, insbesondere das der Übersetzung in fremde Sprachen, vorbehalten. Ohne ausdrückliche Genehmigung des Verlages sind Vervielfältigungen dieses Buches oder von Buchteilen auf photomechanischem Weg (Photokopie, Mikrokopie) nicht gestattet.

# Inhalt

JUNGE FREIHEIT

WOCHENZEITUNG FÜR POLITIK, WIRTSCHAFT, KULTUR, WISSEN UND DEBATTE

# Leitbild der JF

## VISION

- Freier Diskurs und Austausch der Meinungen. Durchsetzung des Rechtes auf Meinungs- und Pressefreiheit für das ganze politische Spektrum – von links bis rechts.
- Gleichberechtigte Teilhabe der Konservativen in Politik, Medien und Kultur.
- Regeneration deutscher Identität und Deutschland als selbstbewußte Nation.

## AUFTRAG

- Seriöse und kompetente Information durch professionelle journalistische Leistung.
- Wahrnehmung einer Korrekturfunktion marktbeherrschender Medien. Kritische Berichterstattung im Interesse der freien und unabhängigen Information.
- Begeisterung der Leser für politisches Engagement und Mitwirkung.
- Diesen Auftrag verfolgen wir, indem wir folgende Werte verteidigen und ihnen in der Berichterstattung der JUNGEN FREIHEIT prägenden Raum geben:

## WERTE

- Nation: Die Bundesrepublik Deutschland ist ein demokratischer Nationalstaat und gründet auf einer jahrhundertealten Nationalgeschichte, die wir bewahren und fortschreiben. Die Nation bleibt auch im vereinten Europa für uns der entscheidende Ordnungsfaktor und identitätsstiftende Rahmen.
- Freiheitlichkeit: Freiheit, Demokratie, Rechtsstaatlichkeit sind zentrales Fundament der staatlichen Ordnung in Deutschland und Kern der Verfassung. In der Verfassungswirklichkeit sind diese Werte ständig bedroht und müssen täglich von uns neu erkämpft und verteidigt werden gegen Eingriffe durch Staat, Parteien, Medien, Interessengruppen und Konzerne. Wir leisten deshalb konsequenten Widerstand gegen alten und neuen Totalitarismus.
- Konservatismus: Wir sind geleitet von einem realistischen, skeptischen Menschenbild. Dem Fortschrittsglauben reserviert gegenüber widersetzen wir uns der Gleichheitsutopie und räumen dem historisch Gewachsenen hohen Rang ein. Nach dem Motto Albrecht Erich Günthers verstehen wir unter Konservatismus „nicht ein Hängen an dem, was gestern war, sondern ein Leben aus dem, was immer gilt".
- Christentum: Die europäische und deutsche Kultur sind mit dem Christentum auch in seiner säkularen Form unauflöslich verwoben. Wir begegnen religiöser Indifferenz durch einen dominierenden, festen christlichen Standpunkt, der im Jahreslauf wiederkehrend einen deutlichen Vorrang erhält.

Thorsten Thaler

# Prolog

Zu den Ursachen des gedrückten Zustandes, zu den trüben Quellen physischer und geistiger Armuth und zu den gerechten Klagen eines edlen, doch verkannten und mißhandelten, Volkes gehört hauptsächlich die Unterdrückung der Freiheit der Meinungen.« Mit diesem Satz leitete Johann Georg August Wirth im Juli 1831 die erste Ausgabe seiner Zeitschrift *Deutsche Tribüne* ein. Den in Oberfranken geborenen Juristen, Schriftsteller, Mitbegründer der Erlanger Urburschenschaft und späteren Mitorganisator des Hambacher Festes bedrückten die zunehmend restaurativen Verhältnisse im Deutschen Bund, er wollte politische Reformen und setzte sich für bürgerliche Freiheitsrechte ein. Die *Deutsche Tribüne* verstand er als ein Forum der liberalen, demokratischen und nationalen Opposition. Als Herausgeber der Zeitung setzte sich Wirth besonders für eine freie Presse ein, wandte sich gegen Zensurmaßnahmen und Verbotswillkür der absolutistischen Machthaber und machte sich für einen einheitlichen deutschen Nationalstaat stark. Das wirksamste Mittel, der öffentlichen Meinung Einfluß auf die Staatsangelegenheiten zu verschaffen, sah er in einer emanzipierten, unabhängigen Presse. Deshalb wollte die *Deutsche Tribüne* unter anderem »solche Artikel liefern, welche wegen der traurigen Verhältnisse der deutschen Presse in andern Zeitungen nicht erscheinen dürfen«.

Eine lange Lebensdauer war der Zeitung, die eine Auflage von etwa 5 000 Exemplaren hatte und zuletzt den Untertitel »Zur Wiedergeburt des Vaterlandes« trug, mit diesem Anspruch nicht beschieden. Nachdem Johann Georg August Wirth bereits im Herbst 1831 wegen Nichtbeachtung der Zensur zu einer Geld- und einer kurzzeitigen Haftstrafe verurteilt worden war, wurde die *Deutsche Tribüne* im März 1832 verboten. Historisch geblieben ist ihre Wegweisung und die bedeutende Rolle Johann Georg August Wirths für die weitere Entwicklung Deutschlands im neunzehnten Jahrhundert: vom Hambacher Fest über die Revolution von 1848 bis zur nationalstaatlichen Einigung 1871.

Wozu diese Rückblende? Deutschland heute ist ein demokratisch verfaßter Nationalstaat, hat seit mehr als sechzig Jahren ein Grundgesetz mit dort verbrieften Bürgerrechten, insbesondere dem Recht auf freie Meinungsäußerung. Die Pressefreiheit und die Freiheit der Berichterstattung durch Rundfunk und Film werden gewährleistet. Eine Zensur findet nicht statt. So steht es jedenfalls im Artikel 5 eben dieses Grundgesetzes. Tatsächlich ist die Situation Deutschlands im allgemeinen und die der Presse im besonderen nicht gleichzusetzen mit der vor einhundertachtzig Jahren. Vergleichbar allerdings ist sie insoweit doch, als die Freiheit der Meinungen und die Freiheit der Presse auch heute vielfältigen Gefährdungen, Repressalien und Ein-

Nr. 12/06 – 17. März 2006 – 21. Jahrgang

EUR 3,00 – Österreich EUR 3,20/sfr 5,20 A/Luxemburg EUR 3,40, A 4084 C

JUNGE FREIHEIT

WOCHENZEITUNG FÜR POLITIK UND KULTUR

LITERATURBEILAGE
Besuchen Sie uns auf der LEIPZIGER BUCHMESSE!
16.–19. März • Halle 3 K 301

**„Eine Zensur findet nicht statt …"**

**Nichts reden, nichts hören, nichts sehen: Wie die Pressefreiheit in Deutschland, aber auch weltweit bedroht ist**

**Schwerpunktthema auf den Seiten 3, 8, 9, 12-13**

# Pressefreiheit in Gefahr!

## Auch in Europa wird die Meinungsfreiheit eingeschränkt – Widerstand der Bürger ist notwendig

Pressefreiheit. Freiheit der Meinungsäußerung. Das gehört zur westlichen Demokratie wie das Amen in die Kirche – falls da noch jemand hingeht. Woanders, ja, da muß man um die Pressefreiheit kämpfen: in China, in Weißrußland, in Simbabwe. Weltweit gehört der Journalistenberuf zu den gefährlichsten. Noch nie wurden so viele Journalisten bei der Ausübung ihres Berufes getötet, verletzt, inhaftiert oder bedroht wie heute: Zwölf getötete und 126 inhaftierte Journalisten und Medien-Assistenten verzeichnet Reporter ohne Grenzen allein in den wenigen Wochen seit Beginn des Jahres.

Autoritäre Regime und Diktaturen wie China, Rußland oder Kuba, die vor willkürlichen Verhaftungen und mysteriösen „Unfällen" nicht zurückschrecken, sind für Journalisten ein riskantes Pflaster. Noch mehr gilt das für die alten und neuen Krisengebiete und Kriegsschauplätze in aller Welt: Wenn Länder wie Bosnien-Herzegowina oder der Irak in Anarchie versinken, erkennen die Kugeln, Bomben und Granaten der kriegführenden Parteien sowie der Milizen und Warlords weder inländische noch internationale Presseausweise an. Schnell ist da auch mal ein Korrespondent entführt, um mit dem erpreßten Lösegeld den Krieg am Laufen zu halten.

Aber hierzulande? Hier darf doch jeder sagen und schreiben, was er will. Hier herrscht Pressefreiheit, „eine Zensur findet nicht statt", das steht ja schon im Grundgesetz. Die Zeit für solch unhinterfragte Gewißheiten ist vorbei. Und das nicht erst, seit fanatische Mullahs von westlichen Regierungschefs „Entschuldigungen" für die Meinungsäußerungen einer unabhängigen Presse verlangen. Schleichend ausgehöhlt wird die Presse- und Meinungsfreiheit in unserem Land schon lange. Ökonomische Prozesse haben daran ebenso Anteil wie die Ajatollahs der „politischen Korrektheit".

Gewiß: Es sitzt heute kein reaktionärer Zensor mehr in einer finsteren Amtsstube und läßt in Druckwerken schwärzen, was der Obrigkeit nicht genehm ist. Ebensowenig gibt es ein Zentralkomitee oder eine Reichsschrifttumskammer, die den Redakteuren Woche für Woche vorgäben, was zu melden und wie es zu kommentieren ist. Wer unbequeme Meinungen äußert, wird auch nicht willkürlich ins Gefängnis geworfen, einen Kopf kürzer gemacht oder sonstwie an Leib und Leben bedroht.

Doch auch in Deutschland häufen sich die Fälle, in denen Behörden willkürlich, mit Rückendeckung von Richtern oder Staatsanwälten, Journalisten durch Hausdurchsuchungen oder Razzien in Redaktionsräumen einzuschüchtern versuchen. Das kann prononciert linke oder rechte Medien ebenso treffen wie Mainstream-Publikationen, wenn ihre Recherchen die Kreise der Mächtigen stören. Die *Spiegel*-Affäre, die in den Sechzigern die Republik erschütterte, hat heute viele Nachfolger, die kaum noch Aufregung verursachen.

Meist sind die Einschränkungen subtiler Natur. Das Perfide daran ist gerade, daß es keine Zensurinstanz gibt, die man direkt angreifen und demontieren könnte. „Gleichschaltung" funktioniert in unseren Tagen mit schlanken Hierarchien und auf freiwilliger Basis: per Gruppenzwang, der die Mehrzahl der Meinungsmacher und Diskutanten vor Äußerungen zurückschrecken läßt, die sie selbst ins Abseits stellen könnten.

Dynamische Konzentrationsprozesse beschleunigen die „Schweigespirale" (Elisabeth Noelle-Neumann). Der Blick in die Programmzeitschrift oder in das Verzeichnis der in Deutschland erscheinenden Tageszeitungen und Magazine gaukelt eine Vielfalt vor, die es in Wahrheit in dieser Breite gar nicht gibt. Das scheinbar bunte Spektrum der privaten Rundfunk- und Fernsehsender läßt sich auf wenige schlagkräftige Sendergruppen zurückführen, die weiter auf Konzentrationskurs sind – auch im Mediengeschäft geht es schließlich in erster Linie um den Profit und nicht um die Erfüllung von Bildungsaufträgen oder gar um unabhängigen, nur der Wahrheit verpflichteten Journalismus. Der Boulevardaffe will immer neuen Zucker.

Nicht viel anders stellt sich die Zeitungslandschaft dar: Schaut man ins Impressum all der kleinen und kleinsten Lokal- und Regionalzeitungen, stößt man auf eine übersichtliche Zahl großer Zeitungsgruppen, deren Mantelteile die Richtung vorgeben. Über die politische Neutralität der dahinterstehenden großen Verlagshäuser braucht man sich keine Illusionen zu machen – bei der SPD-eigenen Deutschen Druck- und Verlagsgesellschaft (DDVG) sowieso nicht, bei Springer oder Holtzbrinck kaum mehr.

Schrumpfende Anzeigenmärkte und Abonnentenzahlen lassen vielerorts auch gar keinen Raum mehr für konkurrierende Tageszeitungen. In weiten Bereichen der publizistischen Landschaft herrscht trotz aller scheinbaren Vielfalt publizistische Monokultur. Kritischer und unabhängiger Journalismus braucht aber inhaltlichen Wettbewerb.

Statt dessen dominiert der Konkurrenzkampf ums nackte Überleben. Bedroht von ökonomischen Zwängen und Entlassungswellen, mißtrauisch beäugt von den Kollegen, wachsam beobachtet von allzeit kampagnebereiten Tugendwächtern, abhängig von Anzeigenkunden, deren Aufträge über das Wohl und Wehe des Blattes oder Senders entscheiden können, überlegt sich so mancher Journalist zweimal, ob der nonkonforme Kommentar zum heißen politischen Eisen oder die kritische Reportage über die Praktiken der örtlichen Discounter-Filiale wirklich sein muß. Lieber füllt man das Blatt mit standardisierten Agenturberichten oder wohlfeilem PR-Material.

Daß im Zeitalter der Globalisierung auch internationale Finanzinvestoren den deutschen Zeitungsmarkt entdeckt haben – die Übernahme des Berliner Verlags und der *Hamburger Morgenpost* durch eine britisch-amerikanische Gruppe war erst der Anfang –, mag zwar gegenüber der politisch korrekten innerdeutschen Monokultur auch die Chance auf größere Freiräume bieten. Doch Investoren sind in erster Linie der Rendite ihrer Anteilseigner verpflichtet und nicht der Hege und Pflege von Pressefreiheit und unabhängigem Journalismus. Und Profit macht man mit Zeitgeist, nicht mit Dissidententum.

Pressefreiheit gibt es nicht von selbst, nur weil sie im Grundgesetz steht. Um die Pressefreiheit muß man ringen, jeden Tag. Das ist eine Frage der Berufsehre: Journalisten müssen Kämpfer sein und keine Schreibbeamten mit gewerkschaftlichem Vollkaskoschutz sein. Solange es unabhängige, unbestechliche Medien und Journalisten gibt, die ihr Recht auf freie Meinungsäußerung nicht wegen möglicher Nachteile aufgeben, gibt es auch Pressefreiheit. Letztlich zählt nicht die Größe oder der Umsatz, sondern der Geist, aus dem heraus gedacht, gesendet und geschrieben wird.

KURT ZACH

**PRESSEFREIHEIT UND MENSCHENRECHTE**

# Demokratie darf keine Worthülse sein

Meinungs- und Pressefreiheit sind klassische Freiheitsrechte. Sie umfassen das Recht auf freie Meinungsäußerung – auch in Presse, Funk und Fernsehen, ebenso wie durch Bücher, Vorträge oder mit Mitteln der Kunst. Auch provozierende, verletzende, schockierende oder beunruhigende Meinungsäußerungen sind davon geschützt. Grundsätzlicher ausgedrückt: Die Freiheit der Meinungsäußerung meint das Recht, Informationen frei zu empfangen, eigene und andere Ideen und Informationen mitzuteilen, ohne daran durch den Staat gehindert zu werden. Meinungs- und Pressefreiheit werden durch Artikel 19 des internationalen Paktes für bürgerliche und politische Rechte (IPbpR) garantiert, in der Europäischen Konvention zum Schutz der Menschenrechte (EMRK) sogar bereits in Artikel 10, was ihren hohen Stellenwert für die europäischen Demokratien unterstreicht.

Wie dieser verwirklicht ist, läßt sich an folgendem Beispiel verdeutlichen: Während die USA zu Recht wegen der Vorenthaltung und Verletzung der Menschenrechte in Guantánamo am Pranger stehen und ein Dauerthema der Berichterstattung bleiben, sind die jahrzehntelangen, schweren Menschenrechtsverletzungen des Castro-Regimes in Kuba den meisten Medien gerade einmal eine Meldung wert. Bezeichnend ist zum Beispiel, daß sie in der PDS zu einem Disput darüber führten, ob Menschenrechtsverletzungen auf Kuba, verantwortet durch ein demokratisches Land – im Fall Guantánamo –, verwerflicher seien als diejenigen, die durch das kommunistische Regime auf der Insel begangen werden.

IGFM-Chef Hafen

Die Zeiten, als Tausende allein wegen des Empfangs oder der Weitergabe von „Informationen, die nicht der Geheimhaltung unterliegen", in mittel- und osteuropäischen Gefängnissen einsaßen, sind manchen offenbar schon nicht mehr in Erinnerung, darum müssen wir uns wehren, wann immer „Altgestrige" der „Ordnung halber" und Gutmenschen „um des lieben Friedens willen" – auch in Deutschland – die Verbreitung unbequemer, aber tatsachengestützter Meinungen zu verhindern trachten.

Mehr als einem Drittel der Menschheit werden Meinungs- und Pressefreiheit verwehrt. Deren Unfreiheit bedroht auch unsere Freiheit. Wo unbequeme Meinungen unterdrückt, Internetzugang, freie Nutzung in- und ausländischer Medien, die Recherche der Journalisten beschränkt oder sogar internationale Menschenrechtsverpflichtungenverletzt werden, wo sie – wie in kommunistischen Staaten – der Partei und in vielen islamischen Staaten den Religionsregeln unterstellt werden, müssen wir dies beim Namen nennen. Und jedem Versuch, die notwendige Pflicht zur Achtung der Rechte oder des guten Rufs anderer oder des Schutzes der nationalen Sicherheit, der öffentlichen Ordnung, der Volksgesundheit oder der inneren Sicherheit mißbräuchlich auszulegen, müssen wir entgegentreten. Ohne diese Freiheit ist Demokratie eine Worthülse.

KARL HAFEN

---

**Karl Hafen** ist Vorsitzender der Internationalen Gesellschaft für Menschenrechte (IGFM) in Frankfurt am Main.
**Kontakt:** Borsigallee 9, 60388 Frankfurt/Main, Telefon: 069 / 42 01 08-0, Fax: 069 / 42 01 08-33, im Internet: www.igfm.de



Redaktion und Verlag: Hohenzollerndamm 27 a • 10713 Berlin — Telefax 0 30-86 49 53 14 — Telefon: 0 30-86 49 53-0 (Redaktion) • 0 30-86 49 53 19 (Leserdienst) — epost: verlag@jungefreiheit.de — Internet www.jungefreiheit.de

JF-Ausgabe vom 17. März 2006

schränkungen ausgesetzt sind. Die Mittel und Methoden mögen andere sein; die Motive, Presseerzeugnisse zu kujonieren, sind geblieben. Noch immer ist es die Angst vor Kritik, vor abweichenden Meinungen, vor anderen Sichtweisen als den herrschenden. »Wer heute eine wirklich kontroverse Position formuliert, wird sogleich Skandalgeschrei vernehmen, wenn nicht gefährlichen Tabubruchs verdächtigt werden. Die liberale Öffentlichkeit neigt dazu, andere als liberale Meinungen gar nicht mehr zuzulassen«, notierte Jens Jessen, Feuilletonchef der liberalen Wochenzeitung *Die Zeit*, im Frühjahr 2002. Daß ausgerechnet die *Zeit* kritisch auf diesen Zustand verweist, ist zwar ein schlechter Treppenwitz, wirkt das Blatt doch bis zum heutigen Tag selbst immer wieder an entsprechenden Kampagnen mit. Fakt ist aber, daß der öffentliche Diskurs hierzulande überwiegend von linken und liberalen Begriffsdefinitionen, Denkschablonen und Sprachregelungen geprägt ist, bis weit hinein in vermeintlich bürgerliche Parteien, Milieus und Medien. Konservative beziehungsweise rechte Positionen haben demgegenüber einen schweren Stand. Ihre gleichberechtigte Teilhabe am öffentlichen Wettstreit der Ideen und Konzepte ist eine Schimäre, ein Trugbild. Bestenfalls dienen sie als Feigenblatt, in schlimmeren Fällen werden sie mit einem pauschalen Faschismusvorwurf belegt und kriminalisiert. Noch einmal Jens Jessen: »Der Liberalismus hat gesiegt, aber dieser Sieg besteht darin, daß er seine Toleranz verloren hat. Es ist ein verfolgender Liberalismus entstanden, der alles Denken unter Radikalismusverdacht stellt, das nach Alternativen zu den bestehenden Verhältnissen sucht. Linkes Denken gilt immer schon als linksextrem, rechtes Denken als rechtsextrem. Der siegreiche Liberalismus hat die Mentalität eines Staatsschutzes angenommen, der überall Verfassungsfeinde sieht. Denn Staatsräson ist zum Kern des Liberalismus geworden, nachdem er den Staat erfolgreich gekapert hat. Heilig ist der Status quo der Bundesrepublik, wer an ihm rüttelt, gilt schon als totalitär.«

Wenn eine Publikation in Deutschland davon ein Lied singen kann, dann ist es die Wochenzeitung JUNGE FREIHEIT (JF). Staatlicher Verfolgungsdruck, Behinderungen des freien Vertriebs und gewalttätige Übergriffe durch Linksextremisten, Anzeigenboykott, Gesprächsverweigerungen, Zensurmaßnahmen – das Arsenal der Ausgrenzung und Angriffe ist kaum zu überblicken. Selbst im Ausland ist das schon registriert worden. So hat sich das in London ansässige Internationale Presseinstitut (IPI) veranlaßt gesehen, Deutschland aus Besorgnis um den Zustand der Pressefreiheit in der Bundesrepublik erstmals seit der Wiedervereinigung in seinem Jahresbericht für 1994 zu erwähnen. Anlaß dafür war nicht zuletzt der von Linksterroristen verübte verheerende Brandanschlag im Dezember 1994 auf die damalige Druckerei der JF in Weimar. *Die Welt* zitierte IPI-Direktor Johann P. Fritz seinerzeit mit der Bemerkung, es müsse genauso gerügt werden, wenn »undemokratische Gruppierungen mit Gewalt die Veröffentlichung unbequemer Meinungen verhindern« wollten, wie wenn dies mit »Druck von Politik und Justiz auf die Presse« geschehe.

Daß die 1986 gegründete JUNGE FREIHEIT trotz aller Widerstände auch in schwierigsten Zeiten standgehalten hat und in diesem Jahr ihr 25jähriges Bestehen feiern kann, grenzt fast an ein Wunder. Es spricht für den Selbstbehauptungswillen ihrer Macher und die großartige Unterstützung ihrer Leser und Förderer, daß die JF heute als einzige wachsende konservative Publikation auf dem überregionalen Zeitungsmarkt gelten darf. Dabei waren gerade die Anfangsjahre sehr entbehrungsreich. Es gab kein Startkapital, es gab kein Büro, keine Ausstattung, keine Redaktion im herkömmlichen Sinne, es gab kaum eine nennenswerte Zahl von Autoren und Abonnenten. Von der im April 1979 gegründeten, laut Selbstauskunft linksradikalen *tageszeitung* heißt es immer, sie sei in ihrer Anfangszeit ein reines Selbstausbeutungsprojekt gewesen. Vergessen wird dabei, daß sie aus zahlreichen sogenannten Initiativgruppen hervorgegangen ist, die ein Milieu bildeten. Die *taz*-Klientel bestand aus immerhin 7000 Vorab-Abonnenten, das Startkapital betrug 700000 Mark. Bereits ein Jahr nach Gründung der Zeitung erhielten die Mitarbeiter schriftliche Arbeitsverträge. Darin war ein Einheitslohn von 900 Mark netto fixiert plus 400 Mark für das erste und 300 Mark für das zweite Kind. Die 35-Stunden-Woche war ebenso vereinbart wie 30 Tage Urlaub im Jahr. Von solchen Bedingungen haben die wenigen Mitarbeiter der JUNGEN FREIHEIT in der Gründungs- und ersten Entwicklungsphase nicht einmal zu träumen gewagt. Sie sammelten per Umlage von jedem Mitstreiter 50 Mark ein, um zumindest die Druckkosten für die Zeitung wenigstens teilweise zu refinanzieren; an Gehaltszahlungen für Redakteure oder Autorenhonorare war jahrelang überhaupt nicht zu denken. Heute beschäftigt die JF in Verlag und Redaktion über zwei Dutzend festangestellte Mitarbeiter, sie kann bundesweit auf ein Netzwerk von Autoren zurückgreifen, hochkarätige Gesprächspartner wie zuletzt Altbundespräsident Roman Herzog geben der Zeitung Interviews, prominente Autoren verfassen Gastbeiträge, die Druckauflage liegt aktuell bei knapp 30000 Exemplaren. Aus dem einstigen Schüler- und Studentenblatt in der badischen Provinz ist in fünfundzwanzig Jahren eine wahrnehmbare Stimme des Konservatismus aus der Hauptstadt Deutschlands geworden.

**JF-Gründer und Chefredakteur Dieter Stein auf dem Sommerfest 2011 bei einer Rede zum 25jährigen Jubiläum der Zeitung**

Von dieser Geschichte in all ihren Facetten und Brüchen, den Tiefen und Höhen handelt die vorliegende Jubiläumsschrift »Der Freiheit eine Gasse. 25 Jahre JUNGE FREIHEIT – Eine deutsche Zeitungsgeschichte«. Sie bündelt allgemeinpolitische Aufsätze zur Meinungsfreiheit und zur Geschichte der deutschen konservativen Nachkriegspublizistik, sie enthält Personenporträts, beschreibt die Anfänge der JUNGEN FREIHEIT und dokumentiert ihre Entwicklung bis heute, einschließlich einer umfangreichen Chronologie der gegen die Zeitung gerichteten, skandalösen Angriffe auf die Pressefreiheit (Kapitel 14, Seite 239ff.).

Zu ganz besonderem Dank sind die Herausgeber jenen über dreihundert Gratulanten verpflichtet, die mit ihrer namentlichen Eintragung in die am Ende des Buches abgedruckte Glückwunschliste das Erscheinen dieser Publikation befördert haben.

**JF-Mitarbeiter bilden anläßlich des Zeitungsjubiläums die Zahl 25**

1

Gernot Facius

# Abenteuer Meinungsfreiheit

Nein, in Deutschland brauchen Journalisten keine Bodyguards. Hier lauern keine gedungenen Killer auf ahnungslose Reporter. Deutschland ist nicht Rußland, nicht die Türkei, nicht Ägypten, nicht der Iran. Presse und Rundfunk sind frei, ihre Arbeit wird von keinen Sondergesetzen tangiert, sie sind nur den allgemeinen Gesetzen unterworfen. Was jedermann verboten ist, kann auch für die Medien grundsätzlich nicht erlaubt sein. Die Rechte der Medien finden ihre Schranken in den Vorschriften der allgemeinen Gesetze, den gesetzlichen Bestimmungen zum Schutze der Jugend und in dem Recht der persönlichen Ehre, heißt es im zweiten Absatz des Grundgesetz-Artikels 5. Mehr Einschränkung ist ausgeschlossen.

Meinungsfreiheit ist eine relativ neue »Erfindung«. Sie steht in engem Zusammenhang mit den anderen kommunikativen Grundrechten wie Presse-, Kunst- und Wissenschaftsfreiheit. Nach Artikel 5 Absatz 1 Grundgesetz hat jedermann das Recht, seine Meinung frei zu äußern und sich aus allgemein zugänglichen Quellen ungehindert zu unterrichten. Ein »Jedermannsrecht«, nach diversen Entscheidungen des Bundesverfassungsgerichts als »unmittelbarster Ausdruck der menschlichen Persönlichkeit in der Gesellschaft eines der vornehmsten Menschenrechte überhaupt«. Die Meinungsfreiheit sei für eine freiheitlich-demokratische Grundordnung »schlechthin konstituierend«, denn sie erst ermögliche die geistige Auseinandersetzung, den Kampf der Meinungen, der das Lebenselement der freiheitlich-demokratischen Grundordnung sei. Worte, wie in Stein gemeißelt. Ein Idealzustand. Gewiß. Doch wie so oft klaffen Lücken zwischen Ideal und Wirklichkeit. Es wird zwar niemand daran gehindert, auch gegen den Hauptstrom der öffentlichen beziehungsweise veröffentlichten Meinung zu schwimmen – aber man muß stark genug sein, das Risiko gesellschaftlicher und sozialer Isolierung auf sich zu nehmen. Mut gehört nun mal zur Freiheit, ohne ihn ist Freiheit nicht zu verteidigen. Oder in den feierlichen Worten von Angela Merkel: »Das Geheimnis der Freiheit ist der Mut.«

Mit der epochalen europäischen Wende 1989/90 ist nach landläufiger Meinung das ideologische Zeitalter beendet worden. Für den historisch-politischen Diskus in der Bundesrepublik Deutschland gilt dies freilich nur bedingt, hier dominiert eine ideologisierte Geschichtspolitik die Szene. »Meinungsführer« in Medien, Parlamenten und Universitäten bestimmen das »korrekte« Denken und Gedenken.

Vermeintlich aufgeklärte Zeitgenossen blicken verächtlich auf die so »autoritäre« Adenauer-Ära herab, geben sich angewidert vom »Mief« und »Muff« der fünfziger und sechziger Jahre des vorigen Jahrhunderts, der erst durch die antiautoritäre Bewegung der studentischen außerparlamentarischen

Opposition, die dem »Establishment« den Kampf ansagte, vertrieben worden sei. Es gibt wahrlich keinen Anlaß, die frühe Nachkriegszeit zu verherrlichen. Es war nicht alles Gold. Es gab kuriose, kleinkarierte Aktionen gegen freizügige (oder was man seinerzeit unter »freizügig« verstand) Filmchen, etwa »Die Sünderin« mit Hildegard Knef; es gab Ansätze einer Gängelung der freien Presse durch ein Bundespressegesetz, sie sind mit dem Namen des Bundesinnenministers Robert Lehr (CDU) verbunden, der sich um die »innere Sauberkeit« der Zeitungen sorgte. Weder Verleger noch Journalisten waren bereit, staatliche Aufsichtsinstanzen hinzunehmen, und so verschwand der ominöse Entwurf im ministerialen Papierkorb.

Schlagzeilen machte, heute lacht man darüber, eine »Lex Soraya«. Der Schah von Persien und seine Ehefrau Soraya hatten sich getrennt, ihr Leben beschäftigte fortan die Phantasie der Boulevardpresse. Eine Bonner Strafrechtsnovelle sah vor, denjenigen zu bestrafen, der öffentlich das Privatleben eines ausländischen Staatsoberhauptes in »herabwürdigender Weise« darstellt – vorausgesetzt, die Darstellung war geeignet, die auswärtigen Beziehungen zu stören. »Wissen Se, dat jeht doch nicht mit diesen Indiskretionen. Wenn dat der Schah beim Frühstück liest, über die Kaiserin und dann die Bettjeschichten des Schahs, dat gibt, meine Herren, doch die größten außenpolitischen Schwierigkeiten«, klagte Bundeskanzler Konrad Adenauer. Dennoch wurde das Vorhaben der Regierung abgelehnt. Und auch der zweite Bundespräsident, Heinrich Lübke, hatte kein Glück mit seinem Wunsch, das Magazin *Stern* vorübergehend zu verbieten, nachdem die Redaktion sich wieder einmal an dem Staatsoberhaupt mit dem schlichten Gemüt gerieben hatte. Presse- und Meinungsfreiheit mußte immer wieder verteidigt werden. Der knorrige Ernst Müller-Meiningen junior von der *Süddeutschen Zeitung*, Jurist und Publizist, ließ den Bundespräsidenten und die Bonner Bürokraten wissen: Journalisten dürften sich auch vor hohen und höchsten Repräsentanten staatlicher Gewalt nicht ducken, wenn sie wirklich Wachhunde der Demokratie sein wollen; ihre, der Wachhunde, Funktion sei, je nach den Umständen wohldosiert und gegebenenfalls in angemessener Steigerung: wachen, bellen, beißen.

Nein, für die Presse- und Meinungsfreiheit war die junge Bundesrepublik nicht unbedingt eine Insel der Seligen; die *Spiegel*-Affäre im Herbst 1962 stürzte das Land in Turbulenzen, ein Minister, Franz Josef Strauß, mußte gehen. Und in der Zeit davor, als die westlichen Alliierten das Sagen hatten, lief erst recht nicht alles zum besten. Nur wenige haben noch direkte Erinnerungen an den »Fall Semler«. Der CSU-Mann Johannes Semler war der Vorgänger von Ludwig Erhard (CDU) als Direktor des Zwei-Zonen-Wirtschaftsrates in Frankfurt am Main. 1948 setzte er sich bei der amerikanischen Militärregierung in die Nesseln.

»Was hat man uns getan? Man hat uns Mais geschickt und Hühnerfutter«, empörte sich Semler über die Qualität der Lebensmittellieferungen aus den Vereinigten Staaten. »Wir zahlen es teuer. Bezahlen es in Dollar aus deutscher Arbeit und deutschen Exporten. Und sollen uns dafür bedanken. Es wird Zeit, daß deutsche Politiker darauf verzichten, sich für die Ernährungszuschüsse zu bedanken.« Der wackere CSU-Mann hatte damit selber sein politisches Todesurteil gesprochen. »Hühnerfutter-Semler« wurde von den Amerikanern entlassen. Ein Jahr später kam die erste Bundesregierung ins Amt. Sie paßte höllisch auf, bei den Siegermächten nicht allzu sehr anzuecken. Aber, so gab vor Jahresfrist ein kluger Beobachter wie der Philosoph Robert Spaemann zu bedenken, heute sei die Meinungsfreiheit eingeschränkter als in der oft geschmähten Adenauer-Zeit. Auch damals sei zwar viel böse Polemik im Spiel gewesen, »aber es gab doch eine sehr viel stärkere Auseinandersetzung in der Sache«. So sei es in den 1950er Jahren sogar möglich gewesen, öffentlich den Stalinismus zu verteidigen. Es gab wenig Abgrenzungsdebatten, weil man sich noch sehr gut an die (staatliche) Praxis der journalistischen Gleichschaltung während der NS-Zeit erinnerte. Und 1962 erschien ein vielgelesener Sammelband *Eine deutsche Bilanz*, in ihm kamen Stimmen vom linken Rand bis ins Lager der liberalen Mitte zu Wort. Zwar deutete sich die bald darauf einsetzende Polarisierung schon an, aber die Polarisierer ließen sich noch in einem gemeinsamen Buch zusammenführen, zehn Jahre später eine nicht mehr vorstellbare Idee. Und erst recht nicht in unseren Tagen.

**»Das grundgesetzliche Recht auf Meinungsfreiheit ist zwar de jure in Kraft, fällt aber de facto Meinungsmonopolisten zum Opfer.«**
Rainer Ortleb, ehemaliger FDP-Bundesbildungsminister, in einem JF-Interview vom 6. November 2009

Heute ist die Freiheit der Meinungsäußerung weniger durch den Staat bedroht als durch die Gesellschaft, beziehungsweise die tonangebenden gesellschaftlichen Kräfte. An der Causa Sarrazin 2010 läßt sich ablesen, wie eine Allianz aus Politik und Medien gezielt auf Ausgrenzung unliebsamer Meinungen hinarbeitet und die »geistige Auseinandersetzung« verhindern möchte. Folgt man den Einlassungen des ehemaligen Bundesbankvorstands, dann hat Thilo Sarrazin gar kein Buch über die Muslime und den Islam in Deutschland schreiben wollen, sondern eines über den Sozialstaat Deutschland, um Zuwanderer, vor allem aus der Türkei, gehe es erst »ab Seite 256«. In der veröffentlichten Meinung wurde daraus jedoch fix ein Anti-Islam-Pamphlet. So hält man den »Skandal« am Kochen. Erschwert wird aber eine rationale Debatte, der Diskurs ist von vornherein emotionalisiert. Zumal es Versuche von politischer Seite gab, die Medienvertreter darauf zu verpflichten, über »Sachverhalte und Herausforderungen der Integration« künftig nur noch in »kultursensibler Sprache« zu berichten – so der Vorstoß der noch von Christian Wulff, dem heutigen Bundespräsidenten, berufenen niedersächsischen

Sozialministerin Aygül Özkan. Die türkischstämmige CDU-Politikerin drang damit nicht durch. Das muß freilich noch nicht Entwarnung bedeuten. Die Euphemisten, also alle, die in Staat, Parteien und Kirchen das Islam-Problem herunterspielen, geistiges Appeasement betreiben, wollen die Deutungshoheit behalten.

Der Publizist Henryk M. Broder beschrieb die Geisteshaltung der Deutschen sinngemäß so: Weil sie den Holocaust endlich bewältigen wollen, trauen sie sich nicht, die Muslime hart anzupacken – lieber bezeichnen sie jeden Islamkritiker als Rassisten und finanzieren eine sich selbst vermehrende Armee von Sozialarbeitern (Broder am 19. März 2011 in der Evangelischen Akademie Tutzing). Die Meinungsfreiheit wird stranguliert, wenn eine ernsthafte Debatte über die Frage verhindert wird, ob der Islam nun zu Deutschland gehört oder nicht. Die Berliner Schriftstellerin Monika Maron will die Frage zu Recht anders gestellt wissen: »Wollen wir, daß der Islam die Stellung der Religionen in Deutschland verändert?« Für die bekannte Autorin ist klar, daß der Islam den in diesem Land üblichen Umgang mit Religion außer Kraft gesetzt hat: »Wir alle, Christen, Juden, Orthodoxe, Atheisten, sind gezwungen, fast täglich über den Islam zu sprechen und nachzudenken, wir sollen den Koran lesen und die Hadithen ... Aber ist es nicht unser Recht, vom Islam nichts zu verstehen und nur zu erwarten, daß wir von ihm nicht mehr behelligt werden als von allen anderen Religionen?« Die Euphemisten, die Schönredner, sind schnell mit dem Verdikt zur Hand, das sei Islamfeindschaft oder Islamophobie. In der *Zeit* wendet sich Evelyn Finger gegen das Heer der Relativierer, die so tun, als habe der Islam mit dem Islamismus nichts zu tun: »Diese Behauptung schützt einen sicherlich vor dem Vorwurf, alle Muslime unter Generalverdacht zu stellen. Aber sonst führt sie zu nichts. Nur zu der naiven Annahme, daß die Welt des Glaubens sich unterteilen läßt in die schöne, saubere Religion und ein paar durchgeknallte Intellektuelle.« Ja, es gibt einen blinden Fleck in der Debatte. Religionskritik wird gern als Religionsfeindschaft mißverstanden, damit man sich den Argumenten nicht aussetzen muß. »Wir kennen das in moderaterer Form aus der aktuellen Kirchenkrise, wo gewisse Amtsträger gewisse Reformer schon mal als antitraditionalistische Kulturkämpfer titulieren.« (Finger)

Der anhaltende Streit um die dänischen Mohammed-Karikaturen, die weltweite Empörung über ein islamkritisches Zitat des Papstes in seiner Regensburger Rede 2006 und die eilfertige Absetzung einer Inszenierung der Mozart-Oper »Idomeneo« im selben Jahr führen zu der Frage, wie es unsere Gesellschaft im Konfliktfall mit der Kunst- und Meinungsfreiheit hält. Der Diskurs in den Leitmedien über dieses Thema zeugt weniger von einem Kampf der Kulturen als von tiefen Gräben im eigenen Land. Wer wollte widersprechen, wenn ein verantwortungsvoller Umgang mit der Presse- und Meinungsfreiheit eingefordert wird. Die genannten Freiheiten gelten jedoch gerade dann, wenn es sich um einen Beitrag zum geistigen Meinungskampf in einer die Öffentlichkeit wesentlich berührenden Frage handelt. Unter dem Deckmantel der Religionsfreiheit darf es nicht zu einer Meinungsverengung und Ausgrenzung tradierter Positionen kommen. Meinungsfreiheit versus Religionsfreiheit – das wird ein spannendes Thema der nächsten Zeit werden. Ob die Träger der veröffentlichten Meinung dafür entsprechend gerüstet sind? Eher nein, die Vorgänge der vergangenen Monate sind nicht ermutigend.

Liegt der Medienwissenschaftler Lutz Hachmeister so daneben, der in einem anderen Kontext zu dem Schluß kam: »Ein gewichtiger Teil des Journalismus stellt am Beginn des 21. Jahrhunderts eine spätbürgerliche Elite dar, die mit anderen Kadern der Medienunternehmen sowie mit Machtgruppen aus Politik und Wirtschaft eng verbunden ist.« Etwas plastischer, drastischer ausgedrückt, denkt man an andere »Fälle«: Eine Clique von »Meinungsführern« macht Politik, behauptet zu wissen, was das Volk, der große Lümmel, denkt oder zu denken hat, was ihm nutzt und frommt. Die Schriftstellerin und Moderatorin Thea Dorn sieht in den überbordenden Protesten gegen Sarrazin einen Beweis, wie empfindlich die politisch-medialen Nerven sind, wenn ein öffentlicher Redner das Feld des freundlich Konsensfähigen, des sprachlich Wattierten verläßt und daß in der Bevölkerung das Bedürfnis nach Figuren wächst, die genau dies wagen: »Es ist nicht die Sehnsucht nach Blut und Boden, die Hunderttausende in die Buchhandlungen treibt und *Deutschland schafft sich ab* kaufen läßt. Es ist die Sehnsucht nach aufrechten Streitern. Nach kernigen, unangepaßten Figuren, die sagen, was sie meinen. Und meinen, was sie sagen.« (Thea Dorn in *Die Presse*, Wien) Anders ausgedrückt: Eine Gesellschaft, die nach einem Meinungseintopf giert, hat sich vom Gedanken der Meinungsfreiheit, zu der auch die notfalls gepfefferte Polemik gehört, verabschiedet. Thea Dorn bringt es auf den Punkt: Ist Meinungsfreiheit erst dort in Gefahr, wo unliebsame Autoren und Künstler (man denke an den dänischen Mohammed-Karikaturisten Kurt Westergaard) mit dem Tod bedroht oder tatsächlich attackiert werden? Läßt sich in einem demokratisch triftigen Sinn von Meinungsfreiheit reden, wenn das unausgesprochene Gesetz lautet: Natürlich darf bei uns jeder offen seine Meinung sagen – nur soll er, bitte, nicht glauben, er könne dann noch ein relevantes öffentliches Amt bekleiden oder anstreben? Matthias Matussek, der im *Spiegel* immer wieder mit ironischen Bemerkungen abseits des Mainstreams zu Wort kommt, sagt es aus eigener Erfahrung so: »Es ist lustig, über den Islam zu diskutieren, denn man wird gebeten, so vorsichtig aufzutreten, als laufe man über Eierschalen – die Gegenseite könnte sich provoziert fühlen ...«

Die Gefahr, auszurutschen, lauert an vielen Ecken. Der Politiker Martin Hohmann, ein direkt gewählter Abgeordneter des Wahlkreises Fulda, wurde erst aus der CDU/CSU-Bundestagsfraktion und dann auch aus der CDU geworfen, weil ihm fälschlicherweise unterstellt wurde, in einer Rede zum Tag der Deutschen Einheit die Juden als »Tätervolk« bezeichnet zu haben. Hohmann hatte sich für mißverständliche Passagen entschuldigt. Es half nichts, er mußte auf Geheiß der CDU-Vorsitzenden Angela Merkel gehen. Der damalige CSU-Chef Edmund Stoiber, der Zentralrat der Juden in Deutschland und ihm ergebene Medien hatten Druck ausgeübt. Die geistige Auseinandersetzung mit dem, was Hohmann sagen wollte, fand nicht statt. Sie durfte aus geschichtspolitischen Gründen nicht stattfinden. Statt dessen wurden Martin Hohmann grobschlächtig antisemitische Tendenzen angekreidet – ein absurder Vorwurf angesichts des bekannten Engagements des katholischen Politikers für die Versöhnung von Christen und Juden. An vorderster Stelle warf sich das Boulevardblatt *Bild* in eine Dreifachrolle: Ankläger, Richter und Vollstrecker. In den Spalten der Straßengazette wurde Hohmann als »der Hetzer« gejagt.

Zugegeben, der Artikel 5 Grundgesetz sichert den Journalisten eine große Freiheit. Meinungsäußerungen genießen deshalb so einen starken verfassungsrechtlichen Schutz, weil die Diskussion das Salz der Demokratie ist. »Die Befürchtung«, so hat es das Bundesverfassungsgericht formuliert, »wegen einer wertenden Äußerung einschneidenden gerichtlichen Sanktionen ausgesetzt zu werden, trägt die Gefahr in sich, jene Diskussion zu lähmen oder einzuengen und damit Wirkungen herbeizuführen, die der Funktion der Freiheit der Meinungsäußerung in der durch das Grundgesetz konstituierten Ordnung zuwiderlaufen.« Alles richtig. Doch die Meinungsäußerungsfreiheit muß sachbezogen bleiben. Sie darf nicht in Schmähkritik ausarten. Das Grundgesetz beginnt mit Artikel 1 Absatz 1: »Die Würde des Menschen ist unantastbar. Sie zu achten und zu schützen ist Verpflichtung aller staatlichen Gewalt.« Auch wenn Journalismus nicht staatliche Gewalt ist, so ist es doch angesichts der mit ihm verbundenen Macht der Massenkommunikation ein ethisches Postulat, den Schutz der Menschenwürde auch bei der redaktionellen Arbeit zu beachten. Das beginnt schon bei der Sprache. Wie leicht kann man einem Menschen sprachlich seine Würde nehmen. Im »Fall« Hohmann ist das geschehen. Man kann es nicht anders sagen: Es wurde nur der passende Zeitpunkt abgewartet, um den Wahlkreis-Nachfolger von Alfred Dregger abzuschießen. Zu sehr hatte Martin Hohmann schon vor seiner mißglückten Rede gegen das modische Gesetz verstoßen, die Multikulti-Seligen und andere Zeitgeist-Ideologen nicht zu stören. Von ihm kam der Weckruf an die Protagonisten des interreligiösen Dialogs, die billige Formel »Wir glauben doch alle an denselben Gott« nicht länger nachzubeten, sondern auf die bleibenden Differenzen zwischen Christen und Muslimen hinzuweisen, die in den unterschiedlichen Gottesbildern zum Ausdruck kommen. Abtreibung nannte er das »größte Menschheitsverbrechen«, damit brachte er das gesamte feministische Lager gegen sich auf. Und die Gleichheitsprediger in allen Parteien machte sich der konservative Katholik Hohmann mit dem Bekenntnis zu Feinden, das Menschenbild der Bibel rufe Homosexuelle zur Umkehr. Damit begab sich der Unionsmann auf ein vermintes Feld. Die Homo-Lobby, inzwischen auch im Deutschen Bundestag in ansehnlicher Stärke vertreten, denunziert selbst vorsichtige Kritik an den »eingetragenen Lebenspartnerschaften« als Homophobie. Wer bestimmte moralische Ansichten äußert, die auf das Naturrecht rekurrieren, wird stigmatisiert und in seinem Recht auf Meinungsfreiheit beschnitten. Ein Aufschrei ging durch das politische Berlin, als der Vatikan im März 2011 vor dem Menschenrechtsausschuß der UNO erklärte: »Eine moralische Dimension von Sexualität zu leugnen, hieße eine Überzeugung hinsichtlich der menschlichen Natur zu leugnen.«

**Martin Hohmann**

Und dann der »Fall Eva Herman«. Die »Tagesschau«-Dame, einst als die populärste ihrer Zunft gefeiert, geriet ins Fadenkreuz der Feministinnen vom Schlage einer Alice Schwarzer. Auf Herman wurde sofort scharf geschossen, als sie – sprachlich etwas unbeholfen – für die Stärkung des »Mutterdaseins« und der Familienwerte plädierte und anklingen ließ, daß diese Werte auch im Dritten Reich gefördert, später aber durch die 68er abgeschafft wurden. Daß sie gleichzeitig deutlich machte, daß diese Werte von den Nationalsozialisten mißbraucht worden seien, wurde in zugespitzten Zeitungsmeldungen unterschlagen. Herman setzte sich gegen Fehlinterpretationen zur Wehr, bekam in juristischen Auseinandersetzungen teilweise auch recht, aber die Hüter der politischen Korrektheit hatten ihr Urteil längst gesprochen. Der Fernsehmoderator Johannes Baptist Kerner übernahm die Rolle des Scharfrichters. Er lud Herman in seine Talkshow ein und bugsierte sie dann aus der Sendung. Die ehemalige »Tagesschau«-Ansagerin hatte es gewagt zu sagen: Wenn man nicht über Familienwerte der Nazis reden dürfe, könne man auch nicht über die Autobahnen sprechen, die damals gebaut wurden. Zudem bedauerte sie, daß man nicht mehr über die deutsche Geschichte reden könne, ohne sich zu gefährden. Zuviel für Kerner: »Ich entscheide mich für die anderen drei Gäste und verabschiede mich von Eva Herman.«

Drei Jahre später wird der *Spiegel*-Autor Jan Fleischhauer in seinem Buch *Unter Linken. Von einem, der aus Versehen konservativ wurde* schreiben,

Nr. 43/07 – 19. Oktober 2007 – 22. Jahrgang

EUR 3,20 – Österreich EUR 3,50/ Schweiz CHF 5,80/ Spanien EUR 4,00/ PVSt., DPAG, Entg. bez., 4084

# JUNGE FREIHEIT

WOCHENZEITUNG FÜR POLITIK UND KULTUR

Eva Herman verläßt das ZDF-Studio, nachdem Johannes B. Kerner sie in einer dramaturgisch abgefeimten Inszenierung aus seiner Sendung geworfen hatte

## Die verlorene Ehre der Eva H.

Meinungsfreiheit für konservative Ansichten? Mediale Hinrichtungen sollen abschreckende Wirkung haben

Jeden kann es treffen – jederzeit. Prominenz ist kein Schutz. Wer dem Zeitgeist in die Quere kommt, mit dem wird kurzer Prozeß gemacht. Egal, ob der Delinquent vorher beliebteste Fernsehmoderatorin Deutschlands und immer korrekt gegen Rechtsextremismus usw. war oder CDU-Direktkandidat mit Rekordergebnis – das Standgerichtsurteil steht von vornherein fest: Medien-Tod durch totale Ausgrenzung.

Das allgemeine Unbehagen über die Kernersche „Hermans-Schlachtung" (*Focus*) hat hier seinen Ursprung. Daß grummelige Rechtswähler oder sozial benachteiligte Jugendliche ohne Migrationshintergrund in die Nazi-Ecke gestellt werden, daran hat sich der durchschnittliche Medienkonsument gewöhnt, das ist normal, das regt keinen auf. Doch auf einmal saust die Antifa-Keule auf eine allseits beliebte Medienpersönlichkeit nieder, die eben noch Topquoten hatte, die voll dazugehörte, bis – ja, bis ihre im Grunde gar nicht so radikalen antifeministischen Gedanken über die Aufwertung von Mutterschaft und Familie das Mißfallen der Spätmarxisten von der Alt-68er-, Emanzen- und „Gender Mainstreaming"-Fraktion erregt hatten.

Johannes Baptist Kerner hat gegen Eva Herman die mediale Höchststrafe verhängt und exekutiert: Die Exkommunikation aus dem massenwirksamen Diskurs. In dem Rauswurf vor laufender Kamera aus seiner sonst so verschnarchten Plauderrunde gipfelte eine Kampagne, die einen Monat zuvor die Springer-Presse mit der *BamS*-Schlagzeile „Eva Herman lobt Hitlers Familienpolitik" losgetreten hatte.

Ein bewußt böswillig interpretierter Nebensatz bei der Präsentation ihres Buches „Das Prinzip Arche Noah" bot den Vorwand, um den ganz großen Nazi-Knüppel auszupacken. Zunächst lief alles wie am Schnürchen: Die Moderatorin verlor ihren Job, langjährige Kollegen distanzierten sich mit traurigem Kopfschütteln, Einladungen zu öffentlichen Auftritten, übrigens auch bei „Kerner", wurden annulliert, kaum eine Stimme erhob sich zu Hermans Verteidigung.

Mit einem Vortrag beim Forum Deutscher Katholiken schien der Wind zu drehen. Zwar hatte der Schirmherr, ein CDU-Minister, vergeblich auf Hermans Ausladung gedrängt und war aus Protest ferngeblieben. Aber die konservativen Katholiken feierten die gefeuerte Moderatorin als „tapfere Frau", was der Zentralrat der Juden zum Anlaß für einen Generalangriff auf die katholische Kirche nahm. Allein der Augsburger Bischof Walter Mixa rettete die Ehre des Episkopats und nahm Herman in Schutz.

Dann aber Kerner. Sein „antifaschistischer" Showdown mit Eva Herman war offenkundig ein abgekartetes Spiel – das Stichwort zum Rauswurf kam schließlich erst, als die mehrfach aufgewärmte NS-Erregung wieder abgeklungen war und Eva Herman gerade über Kinderhorte in Sachsen-Anhalt sprach. Seine Gesprächsrunde hatte Kerner als „Alle gegen eine"-Tribunal zusammengestellt: Eine Alt-68erin, eine abgehalfterte TV-Karrieristin, ein Nachwuchskomiker, dazu im Hintergrund der Kommunismus-Verharmloser Wolfgang Wippermann, ein Historiker mit einschlägigem Stallgeruch. Und über allem der Moderator als Kommissar, der penetrant die gefallene Abweichlerin zum Reuebekenntnis drängt. So ähnlich muß man sich wohl „Selbstkritik"-Rituale auf stalinistischen Parteiversammlungen vorstellen.

Der giftige Haß auf Eva Herman speist sich nicht aus „mißverständlichen" oder „ungeschickten" Äußerungen, deren Richtigstellung ohnehin ignoriert wird. Eva Herman ist eine Renegatin der gender-feministischen Heilslehre, wonach die Gleichberechtigung der Frau nur über die „Befreiung" von Mutterschaft und Kindererziehung und durch die abhängige Vollzeit-Berufstätigkeit zu erreichen sei. Gegen solche Abweichler sind die schwersten Diffamierungen gerade gut genug, nicht obwohl, sondern gerade wenn sie so populär, unverdächtig und damit gefährlich sind wie eben die telegene Moderatorin Eva Herman.

Die schmierige Kerner-Inszenierung war damit zugleich als Entscheidungsschlacht eines gnadenlosen Kampfes um die Meinungsvorherrschaft angelegt. Hauptakteure sind zum einen ideologische Einpeitscher wie Alice Schwarzer oder die *taz*-Autorin Thea Dorn, die bereits nach Eva Hermans erstem antifeministischem Buch „Das Eva-Prinzip" die Anti-Nazi-Speere gegen die Autorin geschärft hatten, indem sie genau das taten, was Kerners „Experte" Wippermann Eva Herman vorwarf: Sie verwechselten gezielt Konservatives mit Nationalsozialistischem.

Ihnen zur Seite stehen willfährige Exekutoren, die für Quote und Auflage zu allem bereit sind. So wie die Springer-Presse, deren *Bild*-Zeitung abwechselnd „Hosianna" und „Kreuzige" ruft, um als Kampagnengewinnler an beiden Seiten zu verdienen. Oder eben Kerner, der seine Ex-Kollegin politisch korrekt belehrt, die „wahre Bestimmung der Weiblichkeit" sei doch nicht, „zu Hause zu sitzen und Kinder großzuziehen", sondern „ein voll anerkanntes Mitglied einer Gesellschaft zu sein" – und damit seine eigene Frau diffamiert.

Unentbehrlich sind zum dritten die Mitläufer: Die Nachplapperer und Selbst-Gleichschalter in den Mainstream-Medien, die pseudo-elitären Spötter à la *FAZ*-Feuilleton und *Spiegel*, die sich geistreichelnd um klare Stellungnahmen drücken, und die vielen, vielen Parteipolitiker, Kirchenoberen und Untertanengeister, die sich aus Sorge um Karriere und persönlichen Vorteil nicht mit den mächtigen Meinungsmachern anzulegen wagen, die an Eva Herman ein abschreckendes Exempel statuieren wollten: Wer konservative Ansichten zu Ehe, Familie und Kindern hat und sich gar als gläubiger Christ zu erkennen gibt, der ist – in *Bild*-Diktion – „doof oder braun". Wagt da noch wer aufzumucken?

Zum Glück: Ja. Die zwanzigtausend Zuschriften, für die sich Eva Herman auf ihrer Internetseite bedankt, die Leser, die zu den Online-Berichten der überregionalen Medien viele tausend Kommentare verfaßten, wo sonst bestenfalls Dutzende stehen, die Youtube-Nutzer, die den „Kerner"-Mitschnitt auf der Rangliste der meistgesehenen und meistdiskutierten Videos ganz nach oben brachten – sie begehren vielstimmig gegen diesen totalitarismusverdächtigen Putschversuch wider die Meinungsfreiheit auf. Schon schließt der *Focus* aus der Publikumswut, die „Tabuzüchter" seien zu weit gegangen. Widerspruch, massenhafter zumal, ist nicht vergebens – das ist immerhin ein ermutigender Aspekt der Causa Herman. Zeit also, die Meinungsgouvernanten zu verabschieden. „In aller Freundlichkeit", natürlich.

MICHAEL PAULWITZ




Abokampagne 2007

| | |
|---|---|
| ABO | + 57 |
| KÜNDIGUNG | - 17 |

Abosaldo der Woche

+40

Noch 2017 neue Abos bis zum Ziel

Kampagnentelefon 030/86 49 53-25


ERZIEHUNG UND FAMILIE

## Die Dialektik staatlicher Hilfe

In der jüngsten Sendung von Anne Will, Sonntagabend in der ARD (Nachfolgesendung von Sabine Christiansen), ging es um die Misere deutscher Bildung und Erziehung. Aufhänger für dieses Thema war die Verleihung der Nobelpreise für Chemie und Physik 2007 an die deutschen Wissenschaftler Gerhard Ertl und Peter Grünberg sowie die Ergebnisse jüngster Pisa- und OECD-Studien. Hoch im Kurs standen auch in dieser Sendung Forderungen, das traditionelle dreigliedrige Schulsystem in Deutschland zu zerschlagen und durch eine staatliche Einheitsschule zu ersetzen.

Im Beisein der frischgebackenen Nobelpreisträger gab der SPD-Bildungsfachmann Karl Lauterbach die schizophrene Parole aus, durch noch stärkere Egalisierung im Bildungssystem könne man die Zahl potentieller Nobelpreisträger erhöhen. Wörtlich beklagte er, daß nach wie vor Beamte und Akademiker zu einem hohen Prozentsatz ihre Kinder auf das Gymnasium schicken könnten, obwohl deren Begabung nicht höher liege als diejenige von Kindern aus Arbeiterfamilien, die die Hauptschulen füllten. Also alle zwangsweise zusammenpferchen? Irrsinn: Schon jetzt vollziehen die Eltern, die es sich leisten können, eine Abstimmung mit den Füßen und flüchten vor den durch antiautoritäre Experimente und Spaßpädagogik ruinierten staatlichen Schulen und vor Klassen mit hohem Ausländeranteil in Scharen zur privaten Konkurrenz.

Willige Nobelpreisträger

Es ist eine uralte Klage, daß Kinder aus „besserem Hause" auch bessere Chancen in ihrer Schullaufbahn haben. Warum sollte das aber eigentlich anders sein? Es ist eine Kulturleistung eines Volkes, gebildete, leistungsstarke, intakte Familienstrukturen hervorzubringen. Der Staat hat sich in fast allen Kulturnationen deshalb an allererster Stelle dazu verpflichtet, den Stand der Familie zu schützen. Die Familie ist der erste und wichtigste Ort, an dem Kinder ihre Prägung und Bildung erfahren. Hier lernen sie ihre Muttersprache, hier wird der Keim für religiöse Bindung, Sinn für Schönheit, Literatur und Musik und charakterliche Tugenden gelegt – auch in Arbeiterfamilien. Die Etablierung der Volksbildung durch Schulpflicht und öffentliche Bildungsstätten hat das Fundament für den industriellen Aufstieg Deutschlands im 19. Jahrhundert gelegt. Aber: Die völlige Egalisierung war nicht beabsichtigt. Die Durchlässigkeit des Bildungssystems und die Möglichkeit zum gesellschaftlichen Aufstieg setzt Willen zu Leistung und Eigeninitiative voraus. Die Rückbesinnung auf bewährte Standards in allen Schulformen ist das Gebot der Stunde.

Der Staat sollte darüber hinaus sogar das Gegenteil des derzeit Diskutierten tun: Nicht eine Ausweitung von Erziehungs- und Betreuungsangeboten ist die Lösung, sondern der Rückzug aus Aufgaben, die von der Familie zu leisten sind – die von Gender-Ministerin von der Leyen denunzierte „Herdprämie" ist ein Beispiel. Die Privilegierung der Erziehungsleistung der Familie muß betont und nicht abgeschwächt werden. Eine solidarische Gesellschaft hilft Kindern aus weniger privilegierten Verhältnissen, der Staat darf aber nicht die Illusion vortäuschen, die Leistung der Familie ersetzen oder nivellieren zu können. Ansonsten zerstört er die Familie und damit sich selbst.

DIETER STEIN


Redaktion und Verlag: Hohenzollerndamm 27 a • 10713 Berlin — Telefax: 030-86 49 53 14 — Telefon: 030-86 49 53-0 (Redaktion) • 030-86 49 53 25 (Leserdienst) — E-Post: verlag@jungefreiheit.de — Internet: www.jungefreiheit.de


JF-Ausgabe vom 19. Oktober 2007

»Autobahn« stehe zwar nicht im Wörterbuch des Unmenschen, aber man sollte sich trotzdem vorsehen, das Wort in einem Satz zu benutzen, in dem irgendwo auch Adolf Hitler oder das Dritte Reich auftauchten: »Beim öffentlich-rechtlichen Fernsehen langt das schon, um aus einer Talkshow zu fliegen. Es hilft auch nicht der Verweis, daß man sich nicht von allem distanzieren kann, nur weil es auch bei den Nazis vorkam. Einmal ›Autobahn‹ in falschem Zusammenhang, und man ist raus. ›Autobahn geht gar nicht‹, wie es Johannes B. Kerner als eiserne Regel für den Talkshow-Zirkus formulierte, wo sonst noch jeder alles sagen darf, vom entlassenen Straftäter bis zum Porno-Sternchen.« Eigentümlicherweise schreie nie jemand auf, wenn eine Nazi-Errungenschaft wie die Steuerfreiheit von Sonn- und Feiertagszuschlägen gepriesen werde, eine soziale Wohltat, die nach dem Blitzsieg über Frankreich verfügt worden sei. »Wer sich heute nachhaltig von den Nationalsozialisten distanzieren will, müßte konsequenterweise auch gegen das Kindergeld sein und das Ehegattensplitting, zu dem sie die Grundlagen gelegt haben. Der Verzicht auf bezahlten Urlaub wäre auch eine schöne antifaschistische Geste: Es war die NS-Führung, die den bis dahin fast unbekannten Begriff Urlaub in Deutschland einführte und die Zahl der freien Tage verdoppelte. Und was soll man eigentlich von der seltsamen Fixierung der Nazi-Führer auf Biokost und Naturheilkunde halten?« Ähnlich der Publizist Henryk M. Broder: An dem Satz von Eva Herman gebe es nichts auszusetzen. Daß der TV-Frau vorgeworfen wurde, sie benutze Begriffe, die auch bei NS-Ideologen vorkommen, nannte Broder »so fair, als würde man einen Nichtraucher und Vegetarier zu einem späten Verbündeten von Adolf Hitler erklären«. Eine Klärung von Mißverständnissen wollte aber niemand, sondern Verurteilung. Und jeder hatte dabei Gründe, kommentierte die evangelische Nachrichtenagentur *idea*. »Johannes B. Kerner setzte voll auf Quotenerfolg«, hieß es in dem Beitrag. »Die enge Beziehung seines Redaktionsleiters Markus Heidemanns zum Unterhaltungschef der *Bild*-Zeitung, Martin Heidemanns – die beiden sind Brüder – zahlte sich voll aus. Europas auflagenstärkste Boulevardzeitung brachte ›informative‹ Artikel wie ›Ist Eva Herman braun oder nur doof‹. Kolumnist Franz Josef Wagner nennt sie eine ›dumme Kuh‹, dann wurde unterstellt, sie habe Hitlers Autobahnen ›gelobt‹, was objektiv nicht der Fall war.«

Das war ein Teil des Skandals. Der andere: Von den Kirchen erhielt die Ex-Moderatorin, die dafür kämpfte, daß Müttern die Chance gegeben wird, sich in den ersten Lebensjahren ihrer Kinder um den Nachwuchs zu kümmern, und die die einseitige Förderung berufstätiger Mütter mit Steuergeldern einen Fehler nannte, kaum Unterstützung. Von den katholischen Bischöfen hat nur Walter Mixa (Augsburg) sie verteidigt, von den evangelischen niemand.

Nr. 46/03
7. November 2003
18. Jahrgang

JUNGE FREIHEIT Verlag GmbH & Co.
Hohenzollerndamm 27 a
10713 Berlin

# JUNGE FREIHEIT

WOCHENZEITUNG FÜR POLITIK UND KULTUR

EUR 2,90/
Österreich/EUR 3,20/sfr 5,20
A 4084 C

## „Mir tut der Mann leid"

Interview mit der russisch-jüdischen Autorin Sonja Margolina

Die Rolle der russischen Juden bei der Oktoberrevolution untersuchte schon das 1992 erschienene Buch „Das Ende der Lügen" der russisch-jüdischen Autorin Sonja Margolina. Im Gespräch mit der JUNGEN FREIHEIT nennt sie auch persönliche Motive: „Die Tatsache, daß Juden ihrerseits am Terrorsystem in der Sowjetunion beteiligt waren, half mir aber, Deutschland schließlich differenzierter zu sehen." Eine ähnliche Absicht stand hinter der zum Skandal gewordenen Rede von Martin Hohmann. Sie mißlang zum Teil wegen des ungeschickten Vorgehens: „Mit Gewißheit kann gesagt werden, daß er offensichtlich vom Stoff seiner Rede kaum Ahnung hatte", erklärt Margolina. Gleichzeitig zeigt sich in der Reaktion aber auch ein Versagen der deutschen „Streitkultur", die viel zu konsensabhängig sei

IM GESPRÄCH S. 3

## Der Haß wächst von Tag zu Tag

Seit dem Raketenanschlag fällt das Wort „Vietnam"

Im Irak läuft alles genauso, wie die Kriegsgegner es auf ihren vielen Demonstrationen vorausgesagt hatten. Das Volk zeigt eine gegenüber den amerikanischen Besatzern reservierte bis ablehnende Haltung. Die Umfrageergebnisse für die Amerikaner haben sich in den sechs Monaten seit dem militärischen Sieg von 43 auf knapp 15 Prozent verschlechtert. Und im Untergrund wird weiter für den Abzug der amerikanischen Truppen gekämpft, zuletzt sogar mit einer Rakete gegen das Hotel Al Raschid, das Symbol der US-Besatzung, in dem Vize-Verteidigungsminister Wolfowitz nur knapp dem Anschlag entkam. Woher diese Kämpfer kommen, ist unklar, die Amerikaner behaupten gern, daß Ex-Diktator Saddam Hussein aus dem Hintergrund die Fäden ziehe. Dann wieder ist die Rede von „ausländischen Tätern". Fest steht aber nur, daß die Irakis selbst genug Haß und Wut in sich haben.

HINTERGRUND S. 10

## Nur nicht Verlierer sein

Vorschlag der Justizministerin zur Stammzellforschung

Nur scheinbar überraschend hat Justizministerin Brigitte Zypries (SPD) in ihrer Rede beim Humboldt-Forum der Universität Berlin den Bundestagsbeschluß vom April 2002 über die Forschung mit embryonalen Stammzellen in Frage gestellt. Die deutsche Ablehnung der Stammzellforschung mit eng begrenzten Ausnahmen beruft sich auf Artikel 1, Absatz 1 des Grundgesetzes, wo es heißt: „Die Würde des Menschen ist unantastbar." Dabei wird vorausgesetzt, daß Embryonen vom Zeitpunkt ihres Entstehens an als Menschen aufgefaßt werden. Zypries hat nun vorgeschlagen, nur diejenigen Embryonen als Menschen zu betrachten, die sich im Leib der Mutter befinden. Bei der künstlichen Befruchtung in der Petrischale entstandene Embryonen, die noch nicht in eine Gebärmutter eingepflanzt wurden, sollen hingegen der Forschung dienen dürfen.

FORUM S. 18

# Reden über Deutschland

Der „Fall Hohmann" zeigt, wie weit wir von der Normalität entfernt sind

Die Rede, die der CDU-Bundestagsabgeordnete Martin Hohmann am 3. Oktober in seinem hessische Wahlkreis gehalten hat, soll „antisemitisch" sein und eine „Verharmlosung des Holocaust" darstellen. Wo solche starken Worte fallen – das mußte man in den vergangenen Jahren lernen –, wird mehr vernebelt als aufgeklärt. Man weiß inzwischen, daß die Presse- und Medienvielfalt in Deutschland nur vordergründig ist. Sie camoufliert – immer notdürftiger – die Tatsache, daß die offene, streitbare Rede unerwünscht ist. Wo es um Fragen der deutschen Geschichte geht, treten Journalisten und Politiker zum unsichtbaren Befehlsempfang an. Danach setzen sie die Skandalisierung in Gang.

Das erlebte Martin Walser, als er 1998 in seiner Frankfurter Friedenspreisrede die Schamlosigkeit der deutschen Trauer-Orgien anprangerte. Das mußte am 9. November 1988 der Bundestagspräsident Philipp Jenninger erleben, der genau jene Rede gehalten hatte, die eigentlich Richard von Weizsäcker zugestanden hätte. Nur hatte der es am 8. Mai 1985 vorgezogen, die politische, juristische und moralische Hinterlassenschaft seines Vaters, des Ribbentrop-Adlatus Ernst von Weizsäcker, zu verdrängen. Jahre später ereignete sich ein Treppenwitz, als Ignatz Bubis die Jenninger-Rede wiederholte, ohne allerdings die Quelle zu nennen, und dafür allgemeinen Beifall erntete.

Philipp Jenninger, Martin Hohmann, Martin Walser: „Die offene, streitbare Rede ist unerwünscht"

Hohmann hatte seine Rede unter das Motto „Gerechtigkeit für Deutschland" gestellt. Für die aktuelle Mutlosigkeit im Land machte er die Zerstörung des Gemeinsinns verantwortlich. Darauf ist inzwischen auch Wirtschaftsminister Wolfgang Clement gekommen, der sich sonst als Technokrat gebärdet. Der Minister mahnte mehr „Patriotismus" bei der Reformarbeit an. Was Hohmann, anders als Clement, auszusprechen wagte: Dem notwendigen Patriotismus steht die weitverbreitete „Tätervolk"-Propaganda entgegen.

Das „Tätervolk" stellt eine semantische Verschärfung des Vorgängertopos „Volk der Täter" dar, der in der Diskussion um das Holocaust-Mahnmal aufkam. Dieser benannte lediglich *eine* Eigenschaft des im Bezugswort bezeichneten Kollektivs, ohne sie absolut zu setzen. Das Determinativkompositum „Tätervolk" hingegen legt das deutsche Volk auf die „Täter"-Eigenschaft, auf ein kriminelles Wesensmerkmal also, fest. Diese Kollektivzuschreibung denunziert jeden Appell an den Gemeinsinn als Räubermoral. Sie läuft auf die kollektive Selbstnegation hinaus und lädt zur moralischen und materiellen Erpressung Deutschlands ein.

Die „Tätervolk"-Propaganda ist mit dem Holocaust und den Juden als komplementäres „Opfervolk" verknüpft. Hohmann ist daher auf die Idee verfallen, eine hypothetische Retourkutsche zu fahren und die Juden als ausschließliches „Opfervolk" in Frage zu stellen. Er stellte heraus, daß der Anteil von Juden an der Ausformung der kommunistischen Ideologie und ihrer Exekution in Rußland und Deutschland besonders hoch war: Zum Zeitpunkt der russischen Oktoberrevolution 1917 gehörten dem siebenköpfigen Politbüro der Bolschewiki vier Juden an, und 1934 lag der jüdische Anteil in der Tscheka-Führung bei 39 Prozent. Die Geheimpolizei Tscheka stand in vorderster Front bei der Ausrottung des Bürgertums, der Kulaken und der alten Intelligenz. Hohmann schlußfolgerte: „Daher könnte man Juden mit einiger Berechtigung als 'Tätervolk' bezeichnen. Das mag erschreckend klingen. Es würde aber der gleichen Logik folgen, mit der man Deutsche als Tätervolk bezeichnet." Erkennbar ging es ihm darum, die Unmöglichkeit kollektivistischer Schuldzuschreibungen zu illustrieren. Einige Sätze später heißt es glasklar, „weder 'die Deutschen', noch 'die Juden' (sind) ein Tätervolk".

Verunglückt ist die Rede dennoch. Er hätte das Wort Tätervolk auch nicht hypothetisch mit den Juden in Verbindung bringen dürfen. Es ist ungemessen, am „Tag der Deutschen Einheit" über jüdische Schuld zu philosophieren. Hohmann weckt damit Assoziationen an den Aufsatz, mit dem Heinrich von Treitschke 1879 den „Berliner Antisemitismusstreit" auslöste. Treitschke hatte die Diskrepanz zwischen dem äußeren Erfolg des Deutschen Reiches und der innenpolitischen Lethargie thematisiert. Statt den Widerspruch aufzulösen, externalisierte er ihn sogleich und leitete zum angeblichen Einfluß „der Juden" über. Unangemessen ist aber auch die öffentliche Reaktion auf die Rede. Die Zeitungen, soweit sie Auszüge daraus abdrucken, lassen das empirische Zahlenwerk weg, auf das Hohmann sich stützte. Der deutsche Wähler soll sich erregen, ohne Bescheid zu wissen, durch verordnete Blödigkeit soll er zur Überzeugungsstärke gelangen!

Wer den Skandal ausruft, statt sich auf Fakten zu beziehen und zu argumentieren, der hat etwas zu verbergen. Man verschweigt vornehm, daß in Hohmanns Rede der Schatten des ungeklärten Historikerstreits von 1986/87 sichtbar wird. Für den überproportionalen jüdischen Anteil unter den kommunistischen Revolutionären führt die Wissenschaft eine Reihe überzeugender Gründe – so die Unterdrückung der Juden durch den Zarismus – an. Der inkriminierte Umstand wird also historisiert, noch lieber aber tabuisiert. Denn er evoziert die Frage nach einer Historisierung des Nationalsozialismus als die überschießende Reaktion auf eine tief empfundene Bedrohung, als „die biologistisch umgeprägte Kopie des sozialen Originals" (Ernst Nolte). Diese Historisierung soll aus politischen und machttaktischen Gründen verhindert werden.

Mit dem Begreifen solcher Zusammenhänge sind unsere Spitzenpolitiker überfordert. Mehr als „unglaublich", „unmöglich", „indiskutabel" fällt Merkel, Merz und Meyer nicht ein. Der Umgang mit Hohmann, seine Versetzung aus dem Innen- in den Umweltausschuß, ist aber vergleichsweise moderat. Vermutlich hat der Unionsführung zu denken gegeben, daß er an der Basis großen Zuspruch erfährt und – was die Medien empört – niemand unter seinen Zuhörern vom 3. Oktober sich zur Denunziation bemüßigt gefühlt hat.

Der Präsident des Zentralrats der Juden in Deutschland, Paul Spiegel, will gegen Hohmann den Kadi einschalten. Es ist so neudeutsch wie mittelalterlich, Lehrmeinungen über die Historie gerichtlich sanktionieren bzw. kanonisieren zu lassen. Auch die jüdischen Verbandsvertreter werden sich daran gewöhnen müssen, daß ihr öffentlicher Einfluß künftig weniger auf ihrer Eigenschaft als Repräsentanten einer geschichtlichen Leidenserfahrung beruht, sondern von der Stichhaltigkeit ihrer Argumente abhängt.

Wir alle haben Lücken im Geschichtsbild. Solche Lücken lassen sich füllen. Aber nicht durch Geschrei und Prozesse, sondern in offener, streitbarer Rede!

DORIS NEUJAHR

9. NOVEMBER 1989

# Tag der deutschen Freiheit

Als am Abend des 9. November 1989 die ersten Ost-Berliner die Grenzposten an den Übergängen nach West-Berlin bedrängten und diese endlich nachgaben, da brachen sie endlich entzwei: die Ketten, in die die Freiheit der Deutschen gelegt war. Noch heute verwirrt dieses Datum, weil so gewaltlos und friedlich in sich zusammensank, was mit so viel Macht und Brutalität aufgerichtet worden war.

Die Spaltung der Nation aufgrund der Aufteilung des besiegten Deutschlands in Besatzungszonen und der folgenden Ost-West-Konfrontation wurde im Laufe der Jahre aus der Sicht der westdeutschen politischen Klasse schleichend umgedeutet als eine notwendige Konsequenz aus der deutschen Geschichte.

Die Teilung Deutschlands wurde interpretiert als Beitrag zur Sicherung des europäischen Friedens und als gerechte Strafe für die Schuld, die die Deutschen durch die Verbrechen des Dritten Reiches auf sich geladen hätten. Wie gesagt – das ganze eine primär westdeutsche Sicht, die es nebenbei elegant gestattete, sich im weltpolitischen Windschatten der Mauer in der westdeutschen Bundesrepublik bequem einzurichten und die deutsche Frage friedlich einschlafen zu lassen.

Dieser spezifisch westdeutschen Sicht der Dinge haben die Mitteldeutschen mit ihren Demonstrationen im Oktober und dem Sturm der Grenzübergänge am 9. November 1989 einen Strich durch die Rechnung gemacht. Die Deutschen, die nicht das Vergnügen hatten, westlich der Mauer zu leben, haben die deutsche Einheit erzwungen – gegen den unkoordinierten, schließlich schnell zusammenbrechenden Widerstand westdeutscher Eliten, die sich von der Einheit der Nation längst grundsätzlich verabschiedet hatten. Lediglich blanker Opportunismus und schließlich doch ein Patriotismus, der damals selbst die kältesten Herzen übermannte und gegen den auch der Bornierteste nicht gefeit ist, sorgten dafür, daß der Weg zur Wiedervereinigung beschritten wurde.

Wie verunsichert die westdeutsche politische Klasse durch den 9. November 1989 war, sieht man auch daran, daß sie nicht den Mut hatte, den denkwürdigen Tag zum Nationalfeiertag des vereinten Deutschland zu machen.

So setzte sich die arrogante politische Bürokratie mit dem von oben verordneten „Tag der deutschen Einheit" am 3. Oktober ein bizarres Denkmal, während der 9. November fortan quasi als „Tag der deutschen Freiheit" zum heimlichen Feiertag des Volkes wurde. Er erinnert daran, wer in einer Demokratie der Souverän ist: das Volk – das notfalls bereit ist, auf die Barrikaden zu gehen und Schranken einzureißen, Fesseln zu sprengen, die die Freiheit einengen oder abschnüren.

Wie klein der Spielraum der Freiheit in Deutschland ist und wieviel Mut es kostet, für diese Freiheit einzustehen, kann man in diesen Tagen erleben. Im Namen der „Political Correctness" sollen Meinungen unterdrückt und unbequeme Kritiker buchstäblich ausgeschaltet werden. In dieser Stunde wünscht man sich die Leichtigkeit des Seins zurück, die Leipzig, Dresden und Berlin im Herbst 1989 kennzeichnete.

DIETER STEIN

INHALT



Redaktion und Verlag: Hohenzollerndamm 27 a • 10713 Berlin — Telefax 0 30-86 49 53 14 — Telefon: 0 30-86 49 53-0 (Redaktion) • 0 30-86 49 53 19 (Leserdienst) — epost: verlag@jungefreiheit.de — Internet www.jungefreiheit.de

**JF-Ausgabe vom 7. November 2003**

Nebenbei bemerkt: Mixa geriet just in dem Augenblick in die Kritik, die ihn sein Bischofsamt kostete, als er der sogenannten sexuellen Revolution der 68er eine Mitschuld an den Mißbrauchsfällen gab. Zumindest die Vorgänge an der reformpädagogischen Odenwaldschule haben ihm recht gegeben. Doch im Frühjahr 2010 wollten die arrivierten Alt-68er in Medien und Politik von einem solchen Zusammenhang nichts wissen. Inzwischen hat einer aus dem linken Lager, der *taz*-Journalist Christian Füller, die lange vertuschten »Sündenfälle mit System« in einem Buch beschrieben. Die »Reformpädagogen« und ihre Lobbyisten in hohen und höchsten Rängen der Politik haben vor dem pädophilen Treiben die Augen verschlossen, im »Kampf gegen Rechts« waren sie aktiver.

Was für ein Aufschrei ging durch Politik und Publizistik, als der damalige Bundestagspräsident Philipp Jenninger (CDU) im November 1988 in einer etwas ungelenken Rede das bedauerliche »Faszinosum Hitler« zu belegen suchte. Unter Buhrufen mußte er seinen Abschied nehmen. Der Präsident des Jüdischen Weltkongresses, Edgar M. Bronfman, zeigte sich über die Ausführungen des CDU-Politikers »schockiert«. Ein blamabler Vorgang. Weniger für Jenninger, der die Gedenkstunde zur Erinnerung an den 9. November 1938, als die Synagogen brannten, gegen mancherlei Vorbehalte durchgesetzt hatte, denn für seine Kritiker: Als Vorsitzender des Zentralrats der Juden in Deutschland trug Ignatz Bubis ein Jahr später den Jenninger-Text als seinen eigenen in der Frankfurter Synagoge vor, ohne auf Widerspruch zu stoßen.

In diese Reihe pathologischer Beschwörungen der politischen Korrektheit gehört auch der Fall Heitmann. 1993 war der damalige sächsische Justizminister Steffen Heitmann, der sich als Mann der evangelischen Kirche in der Auseinandersetzung mit dem atheistischen SED-Regime Meriten erworben hatte, von Helmut Kohl als CDU-Kandidat für die Wahl zum Bundespräsidenten ausersehen worden. Heitmann trat wie später Eva Herman dafür ein, »die Mutterschaft wieder mehr ins Zentrum der Gesellschaft zu rücken«. Er hielt die Vorstellung von einem »europäischen Bürger« für eine »intellektuelle Spinnerei«. Und er sagte ganz ungeschützt: »Mit der deutschen Einheit ist die Nachkriegszeit zu Ende. Die Deutschen müssen ein normales Volk unter normalen Völkern werden.« Das klang nach Alfred Dreggers Aufforderung, aus dem Schatten Hitlers herauszutreten. Damit hatte sich Heitmann schon ins Abseits manövriert, die liberale und linke Presse heulte auf, und seine Partei, die CDU, hielt dem Lärm nicht stand. Die Kandidatur für das höchste Staatsamt hatte sich erledigt. Der unangepaßte Protestant Heitmann wurde ins Herausgebergremium der traditionsreichen Wochenzeitung *Rheinischer Merkur*, alimentiert aus dem Finanztopf der katholischen Bischöfe, berufen.

Wenige Monate vor dem Tod des Blattes schrieb er seine letzte Kolumne. Er habe das Gefühl, gestand Heitmann, »aus der Zeit gefallen« zu sein, er habe sich gar bei »Selbstzensur« erwischt. In der Redaktion des *Rheinischer Merkur* wehte längst der (Un-)Geist der Politischen Korrektheit. Da zog sich Heitmann lieber zurück.

In Fragen, die die Geschichte nach dem 8. Mai 1945 betreffen, eine Meinung zu haben, die sich von der gängigen Art der Vergangenheitsbewältigung, dem bis zum Exzeß getriebenen Schuldkult unterscheidet, setzt heute die Bereitschaft voraus, persönliche Schmähungen auf sich zu nehmen. Die Präsidentin des Bundes der Vertriebenen, Erika Steinbach (CDU), hat das erfahren, als sie für das Zentrum gegen Vertreibungen warb. Als »blonde Bestie« wurde sie von in Deutschland gehätschelten polnischen Würdenträgern verunglimpft. Ein Aufschrei der Empörung hätte durch den deutschen Blätterwald gehen müssen. Nichts dergleichen ist geschehen. Im Gegenteil, über die Vertriebenenpolitikerin brach ein Sturm der Entrüstung herein, als sie sich gegen die Urheber solcher Anwürfe zur Wehr setzte. Empathie mit den Schlesiern, Ostpreußen, Sudetendeutschen, Pommern und anderen deutschen Opfern der brutalen Massenvertreibungen ist bis heute fein dosiert. Es hat sich seit dem Kalten Krieg eigentlich wenig geändert. Im März 2011 strahlte das Erste Deutsche Fernsehen den Zweiteiler »Fremde Heimat – Das Schicksal der Vertriebenen nach 1945« aus. Eine Programmankündigung nannte die Vertreibung »die größte ethnische Säuberung in der europäischen Geschichte«. Der Berliner Historiker Paul Nolte empörte sich: Das sei »skandalös«. Die Monstrosität der Vertreibungen stünde in keinem Verhältnis zu den Verbrechen der Nationalsozialisten. Auf der einen Seite stünden 13 Millionen Todesopfer, die auf das Konto der Deutschen gingen, und auf der anderen zwölf Millionen Deutsche, die nach dem Zweiten Weltkrieg aus ihren »Siedlungsgebieten« deportiert worden seien, und auch die gingen auf das Konto der Deutschen. Der Professor mußte daran erinnert werden: Vertrieben und deportiert wurden 15 Millionen Deutsche, von denen einschließlich der Todesopfer unter den Zwangsarbeitern drei Millionen auf der Strecke blieben. Es war das erste Massenverbrechen der Nachkriegszeit.

Die Argumentation des Historikers spiegelt exemplarisch das gängige Geschichtsdenken. Man versucht die Vertreibungstragödie mit einer billigen Ursache-Wirkung-Theorie zu erklären. Daß Tschechen und Polen schon vor Hitlers Krieg Pläne für die Vertreibung der Deutschen in der Schublade hatten, fällt dabei unter den Tisch. Wer sich gegen diese Geschichtsverkürzung zur Wehr setzt, wer auf den aggressiven Charakter der polnischen Politik vor Kriegsbeginn 1939 verweist, ist schnell stigmatisiert. An der »Singularität« der nationalsozialistischen Verbrechen lassen die Inhaber der Deutungshoheit über die Historie nicht rütteln. Gab es nicht vor dem Holocaust und nach ihm auch Verbrechen gigantischen Ausmaßes, die systematisch, fast maschinenmäßig begangen wurden: an den Armeniern, im Sowjetreich, in Afrika, in Asien? Soll das Reden darüber verboten sein? Durch Sprachregelungen? Auf die Frage eines Interviewers, was denn für sie das Kriterium politischer Radikalität sei, das es zu bekämpfen gelte, antwortete Angela Merkel: die Leugnung der Singularität des Holocaust. Das heißt, wer sich diesem geschichtspolitischen Dogma verweigert, also Vergleiche anstellt, ist ein Radikalinski, wird in die rechtsextreme Schmuddelecke gestellt. So einfach ist das. Und so werden der Meinungsfreiheit Zügel angelegt.

Der emeritierte Professor Konrad Löw, Jurist und Politologe, mußte sich gegen einen unappetitlichen Fall von Zensur gerichtlich zur Wehr setzen. In einem Aufsatz »Deutsche Identität in Verfassung und Geschichte«, 2004 im renommierten *Deutschland Archiv* erschienen, vertrat Löw unter Berufung auf Zeitzeugen die These, daß die Mehrheit der Deutschen während der Zeit des Nationalsozialismus keinesfalls antisemitisch eingestellt gewesen sei, sondern mit den verfolgten Juden sympathisiert habe. Der Wissenschaftler sprach von einer »deutsch-jüdischen Symbiose unter dem Hakenkreuz«. Die Bundeszentrale für politische Bildung (bpb) in Bonn, eine aus Steuern der Bürger finanzierte Institution, leistete sich das Bubenstück einer förmlichen Distanzierung von dem Beitrag und ließ die noch nicht ausgelieferten Exemplare der Zeitschrift »makulieren«. Begründung: Der Löw-Text sei nicht mit dem Selbstverständnis der Bundeszentrale vereinbar.

Das Urteil einer Kammer des Bundesverfassungsgerichts kam freilich einer Klatsche für die Bonner Zensoren gleich: Professor Löw sei in seinem Persönlichkeitsrecht verletzt worden. Die Richter gestanden der Bundeszentrale zwar zu, sich von »extremen oder extremistischen Meinungen« zu distanzieren, sie habe auch Spielraum, Maßnahmen gegen einen Glaubwürdigkeitsschaden zu ergreifen. Die Verhältnismäßigkeit sei aber im Fall der Distanzierung von Löw überschritten worden. Wie der Abgeordnete Hohmann hatte auch der emeritierte Professor gegen das Kollektivschuld-Denken Position bezogen. Er wollte jeder Geschichtsklitterung entgegenwirken, er stützte sich unter anderem auf den »allseits anerkannten Victor Klemperer«, der in seinen Tagebüchern für das Jahr 1941 festhielt: »Fraglos empfindet das (deutsche) Volk die Judenverfolgung als Sünde.« Und für 1943 trug Klemperer in seine Kladde ein: »Immer wieder beobachte ich das durchaus kameradschaftliche, unbefangene, oft herzliche Benehmen der Arbeiter und Arbeiterinnen den Juden gegenüber.« Löws juristischer Erfolg in Karlsruhe hielt Peter Steinbach von der Stiftung Deutscher Widerstand in Berlin nicht davon ab, auf den von der Bundeszentrale für politische Bildung zensierten Autor weiter einzudreschen. Es sei »gesicherter Forschungsstand, daß die Deutschen im Nationalsozialismus kein Mitleid mit den Juden hatten ...« Und in der Presse wurde der Richterspruch wenn nicht totgeschwiegen, so doch mit hämischen Kommentaren versehen. So titelte die *Süddeutsche Zeitung*: »Verfassungsgericht schützt Geschichtsfälschung«. Und in der *Welt*, für die Professor Löw früher geschrieben hatte, war zu lesen: »Bundeszentrale muß antisemitischen Unfug dulden.« Dabei hatte Karlsruhe auch aus anderen Anlässen etwas Selbstverständliches zum Ausdruck gebracht: Auch eventuelle falsche Meinungen haben in einer lebendigen Demokratie ihren Platz, die Einstufung einer Position als rechtsextremistisch ist eine Frage des politischen Meinungskampfes und der gesellschaftswissenschaftlichen Auseinandersetzung. Und in einem freiheitlichen Staat steht es keiner staatlichen Autorität zu, historische Wahrheiten zu definieren. Über sie muß gestritten werden, selbstverständlich mit Hilfe der Medien, auch wenn das angesichts der um sich greifenden Geschichtsvergessenheit und rudimentärer historischer Kenntnisse in den Redaktionen immer schwieriger wird.

Nun könnte man natürlich sagen: Wer von seiner Meinungsäußerungsfreiheit vollen Gebrauch machen will, der gründe doch einfach eine eigene Zeitung. Aber wer ist schon so blauäugig? Ohne einen Großverlag im Rücken ist dies auf dem Tageszeitungsmarkt nur einmal gelungen: mit der linksalternativen *taz*; bei den Wochenzeitungen mit der JUNGEN FREIHEIT und dem *Freitag*. Von Großverlagen unabhängige Blätter haben es besonders schwer. Sie sind einem Distributionssystem ausgeliefert, das von den Großen der Branche dominiert ist. Wie wollen da neue Anbieter gegen die Platzhirsche dauerhaft bestehen? Auch auf dem Feld der Inhalte geht die Vernetzung, sprich Vereinheitlichung voran. Es entstehen Zeitungsketten, in denen Blattmacher am zentralen Desk die Themen vorgeben und nach »Synergieeffekten« schielen. Es »vernetzen« sich Journalisten und Medien, die sich früher kritisch auf die Finger schauten. Durch den Einfluß des Internets wandelt sich die Journalismuskultur. Eine zunehmende Konsonanz der Meinungen ist die Folge. Es genügt ein Klick ins Netz, um sich alle aktuellen Informationen zu beschaffen, die meistens schon durch die Informationsgeber vorgeprägt sind. Dieser Verteilungsmechanismus befördert eine Gleichförmigkeit der Informationsbeschaffung. Wenn aber Arbeitstechniken und Auswahlregeln der Journalisten übereinstimmen, kommt eine Berichterstattung (und damit Meinungsbildung) zustande, die auf das Publikum wie eine Bestätigung wirkt. Elisabeth Noelle-Neumann hat schon in den siebziger Jahren in ihrem Standardwerk *Die Schweigespirale* die Bedeutung der Stereotype als »Verkehrsmittel der öffentlichen Meinung« herausgearbeitet, aber auch als Mittel zur Ächtung und Ausgrenzung des politischen Gegners. Der amerikanische Publizist Walter Lippmann sagte es einst so: »Wer sich (aber) der Symbole bemächtigt, die für den Augenblick das öffentliche Gefühl beherrschen, beherrscht hierdurch in starkem Maße den Weg der Politik.« Es geht um die Besetzung der Begriffe. Links und Rechts sind nach dem – angeblichen – Ende des ideologischen Zeitalters weitgehend obsolet. Sie haben aber bei uns als politische Wellness-Begriffe überlebt. Gut ist es, links zu sein. Böse ist es, rechts zu sein. Wobei zwischen rechts und rechtsextremistisch kaum differenziert wird.

Ärzte bindet der Eid des Hippokrates. Anwälte sind ihren Standesregeln verpflichtet. Und Journalisten? Sie sind in kein festes Regelsystem eingebunden, sieht man von der Verpflichtung ab, sich an Verfassung und Gesetze zu halten. Sind sie deshalb von Ethik dispensiert? Wohl kaum. Journalismus ist auch heute noch in erster Linie eine Dienstleistung. Mit der Arbeitsaufnahme geht der Journalist ein Auftragsverhältnis zum Partner Publikum ein. Selbst wenn er sich für seine Person nicht an die Zehn Gebote oder andere Verpflichtungen gebunden fühlt, bindet ihn doch der Vertrag mit dem Publikum an die Pflicht, in seiner Arbeit eine »möglichst weitgehende Annäherung an die Wahrheit zu suchen« (der verstorbene Zeitungswissenschaftler Otto B. Roegele). »Objektivität« ist ein hehres, doch kaum zu erreichendes Ziel. Es geht um ein Höchstmaß an Wahrhaftigkeit. Der Journalist sollte sich sein Publikum als eine Versammlung mündiger Bürger vorstellen, nicht als zu bevormundende, zu belehrende oder zu gängelnde Masse.

**»Sorge macht mir, daß der Staat unter dem Vorwand der sozialen Fürsorge die Bürger mehr und mehr in ihrer Entscheidungsfreiheit einengt, bei jeder Gelegenheit gängelt und mit Vorschriften, Abgaben und Verboten überzieht.«**
Elisabeth Noelle-Neumann in einem JF-Interview vom 23. März 2007

Natürlich ist der Journalismus seiner ganzen Natur nach ein öffentlicher Unruheherd. Er singt nicht das Wiegenlied für den Schlaf der Gerechten, sondern leuchtet durch hartnäckiges Fragen in die Dunkelkammern. Erst durch Fragen – nicht durch schnelle, vermeintlich perfekte Antworten – kommt der für eine demokratische Gesellschaft wichtige Diskurs in Gang. Ein auf Qualität bedachter Journalismus wird sich hüten, sich als Meinungsführer in Szene zu setzen, Kampagnen zu starten oder die Nachrichten an schon bestehende Meinungen anzupassen. Die schärfste Waffe des Tagespublizisten ist nicht die Polemik, sondern die kritische Beobachtung. So wird der Zweifel zur höchsten Tugend. Wer eine bestimmte politische Linie begünstigen wollte, hätte bei der Nachrichtengestaltung noch die besten Möglichkeiten, weil hier Objektivität erwartet wird und »unter der Devise der Objektivität am wirksamsten meinungsbildend gearbeitet werden kann« (der ehemalige Deutsche-Welle-Chef Walter Steigner). Heute dominieren nicht Nachrichten, sondern Meinungen über Nachrichten, fabriziert nach dem politischen

Standort der Redaktion. So kommt die Freiheit der Meinung immer mehr ins Rutschen. Genauer: Die Bandbreite offen geäußerter Meinungen schrumpft. Zur Stärkung der journalistischen Qualität gehört – was leider in Vergessenheit zu geraten droht – eine interne Kritikkultur und eine externe Medienkritik: Kontrolle der Medien durch Medien! Auch im eigenen Haus. Die Zeitung X muß das Schwesterblatt Y kritisieren können, notfalls hart. Korpsgeist darf man Soldaten abverlangen, im Journalismus kann Korpsgeist schädlich sein. Und man verschließe bitte nicht die Augen vor Wechselwirkungen zwischen Medien und Politikern. »Der politische Prozeß ist heute«, so hat der Schweizer Kommunikationswissenschaftler Ulrich Saxer 1993 herausgearbeitet, »ein durch und durch kommunikativer geworden, den Journalisten und Politiker in einer Symbiose realisieren, gegenüber der Öffentlichkeit aber vielleicht noch als Antagonisten auftreten. (…) Beide Akteursgruppen müssen den Anschein von Distanz verbreiten, weil Medienmanipulation durch Politiker als undemokratisch gilt und sichtbar abhängige Medien wenig glaubwürdig sind. Die normativen Erwartungen bezüglich des gegenseitigen Verhältnisses regeln dieses gewissermaßen als Schauspiel auf der Vorderbühne, während auf der Hinterbühne andere Beziehungen gepflegt werden.«

Man habe es mit einer Mediatisierung der Politik zu tun, schrieb der Passauer Politikwissenschaftler Heinrich Oberreuter, mit einer »Unterwerfung der Politik unter die Eigengesetzlichkeit der Medien. Politik gerät beim Publikum zum Schauspiel. Stilisiert durch dramaturgische Erfordernisse (Spannung, Zuspitzung, Simplifizierung); Politiker werden zu schnellen Äußerungen und Aktionen genötigt (»Sonst kommen wir heute nicht mehr in die Tagesschau«), nicht was notwendig ist, zählt, sondern was ankommt. Der ehemalige Ministerpräsident von Sachsen-Anhalt, Reinhard Höppner (SPD), ein Mann der evangelischen Kirche, gab schon 1993 seine skeptischen Beobachtungen zu Protokoll: »Symbolisches Handeln tritt immer häufiger an die Stelle dessen, was wir bisher unter Politik verstanden haben, an die Stelle von Meinungsstreit, öffentlicher Willensbildung und politischer Entscheidung (…) Wir lesen und hören von Pseudoereignissen, die nur deshalb stattfinden, damit über sie berichtet wird. Diese Pseudoereignisse versperren den wichtigen Nachrichten und kritischen Gedanken den Weg in die Öffentlichkeit. Entsprechend wächst mit der Konkurrenz um Auflagen und Einschaltquoten bei den Journalisten der Zwang, tagtäglich aus Unbedeutendem Wichtiges zu konstruieren, Auffälligkeiten zu entdecken, vermeintliche Sensationen aufzuspüren oder sie sogar zu produzieren.« Das ist die Crux der Medien. So schnell wird man von ihr nicht erlöst. Vor allem nicht angesichts des wirtschaftlichen Drucks und des Kampfes um Auflagen und Einschaltquoten. Die »Kahlschläge« im

Pressesektor, urteilt der Hamburger Journalistik-Professor Stephan Weichert, hätten inzwischen ein Ausmaß erreicht, das nicht nur unzumutbar sei, sondern Journalisten an einer gewissenhaften Ausübung ihres Berufes hindere. Für die Meinungsfreiheit verheißt das nichts Gutes.

---

**Gernot Facius,** Jahrgang 1942, war Ressortleiter und stellvertretender Chefredakteur der Tageszeitung *Die Welt*, für die er bis heute als Autor tätig ist.

2

Karlheinz Weißmann

# Konservative Publizistik nach 1945

Die konservative Publizistik im Deutschland der Nachkriegszeit ist ein wenig ergiebiges Thema. Jedenfalls wenn man nach der Zahl der Zeitungen, Zeitschriften und Verlage geht, die sich ausdrücklich als »konservativ« bezeichnet haben oder bezeichnen. Diese Zahl war immer klein. Allerdings ist damit noch nichts über die Qualität gesagt, auch nichts über die Bedeutung der »anonymen Rechten«, das heißt jener Autoren, Verleger und Publikationen, die man mit Grund den Konservativen oder benachbarten Strömungen zuordnen kann, die aber ein offenes Bekenntnis scheuten.

Eine erste Ursache für diese Scheu war die Ausgangssituation bei Kriegsende, weniger der Zustand kollektiver »Benommenheit«,[1] eher die Menge praktischer Maßnahmen, die die Siegermächte trafen, um das öffentliche Leben in Deutschland nach ihren Vorstellungen umzugestalten. Dazu gehörte, den Aufbau einer konservativen Partei oder rechten Sammlungsbewegung und die Einflußnahme konservativer beziehungsweise rechter Positionen auf die öffentliche Meinung zu verhindern, mindestens einzuschränken. Wichtig war in dem Zusammenhang auch die Entschlossenheit der Besatzungsmächte, jeden Versuch zur Wiederherstellung früherer publizistischer Macht zu verhindern; daher das scharfe Vorgehen gegen den ehemaligen DNVP-Vorsitzenden und »Pressezaren« der Weimarer Republik, Alfred Hugenberg, die Auflösung des Scherl-Konzerns, der Ufa[2] oder der Hanseatischen Verlagsanstalt.

Lizenzen für die Gründung neuer Publikationen erhielten nach 1945 nur solche Personen, die als »unbelastet« galten. Eine Regel, die auch für die Mitarbeiter galt, wobei nicht nur das Berufsverbot für ehemalige Nationalsozialisten in Betracht zu ziehen ist, sondern auch der politische Druck, der ausgeübt werden konnte, falls jemand zwar nicht *black listed*,[3] aber mißliebig war und Angriffsflächen bot, die der politische Gegner nutzen konnte. Ein Beispiel dafür war der Fall Hans Zehrers, bis 1933 Chefredakteur der jungkonservativen *Tat*, der 1946 auf Wunsch des Verlegers Axel Springer die Leitung der Hamburger Tageszeitung *Die Welt* übernehmen sollte, aber nach einer Kampagne der SPD seinen Posten räumen mußte.[4]

Während in der SBZ eine rigide Zensur jede Abweichung von der offiziellen Linie unmöglich machte, gab es in den westlichen Besatzungszonen einen gewissen Spielraum, abgesteckt durch christliche Positionen einerseits, linke (anfangs auch prokommunistische) und liberale andererseits.[5] Von den neun Titeln, die Harry Pross in seiner Darstellung zur Geschichte der politisch-literarischen Zeitschriften[6] als exemplarisch bezeichnete, muß man alle – *Dokumente, Aufbau, Die Wandlung, Die Gegenwart, Frankfurter Hefte, Das Goldene Tor, Der Ruf, Der Monat* –, bis auf einen, der politischen Linken oder der linken Mitte zuordnen. Die Ausnahme bildete der 1947 von Hans Paeschke gegründete *Merkur.* Schon die erste Ausgabe der »Deutschen Zeitschrift für europäisches Denken« nannte mit Rudolf Kassner, Hans Egon Holthusen, Joachim Günther, Clemens Graf Podewils, Leopold Ziegler und Bernt von Heiseler eine Reihe konservativer, genauer: kulturkonservativer Autoren.

Der *Merkur* entwickelte sich rasch zu einer der einflußreichsten Zeitschriften Westdeutschlands. Allerdings konnte er sich nicht aus eigener Kraft finanzieren. Schon 1948 wurde er vom Klett-Verlag übernommen. Dessen Besitzer Ernst Klett hatte ursprünglich erwogen, eine neue – im weitesten Sinn rechtsintellektuelle – Zeitschrift zu gründen. Für die Herausgeberschaft suchte er die Brüder Ernst und Friedrich Georg Jünger sowie Martin Heidegger zu gewinnen, auch an eine enge Zusammenarbeit mit Carl Schmitt war gedacht; die Chefredaktion sollte zuerst der Schriftsteller Gerhard Nebel übernehmen, später umwarb man den jungen Schweizer Armin Mohler.[7] Die Pläne zerschlugen sich aber. Faktisch war keiner der überlebenden Köpfe der Konservativen Revolution willens, noch einmal den politischen Kampf aufzunehmen. Sie zogen sich in den vierziger und fünfziger Jahren auf Literatur oder Philosophie zurück und mieden das tagesaktuelle Geschehen. Der *Merkur* bot in gewissem Umfang Ersatz für den Fehlschlag Kletts, anfangs flankiert von der Zeitschrift *Universitas* (ab 1946), die von Serge Maiwald geleitet wurde, einem Schüler Schmitts.[8] Maiwald hatte dem Verfemten früh eine Publikationsmöglichkeit geboten, er starb allerdings schon 1952, so daß diese Linie nicht fortgesetzt wurde.

**Die Zeitschrift *Neues Abendland* erschien von 1946 bis 1958. Sie stand »im Dienst der Erneuerung Deutschlands aus christlich-universalistischem Geist, also im Sinne echter abendländischer Geisteshaltung«.** Johann Wilhelm Naumann in seinem Geleitwort bei Begründung der Zeitschrift

Denkbar verschieden von den genannten Ansätzen war der der seit 1946 erscheinenden Zeitschrift *Neues Abendland*, überhaupt die erste Veröffentlichung, die einen dezidiert konservativen, das heißt christlich- beziehungsweise katholisch-konservativen Standpunkt bezog. Hinter dem Projekt stand der Würzburger Verleger Johann Wilhelm Naumann, in dessen Haus auch die *Deutsche Tagespost* als Sprachrohr traditionsgebundener Kirchlichkeit erschien.[9] Die Linie des *Neuen Abendlands* war vor allem geschichtstheologisch bestimmt, von dem Gedanken, daß der Nationalsozialismus als letzte Erscheinungsform des europäischen Nihilismus zu gelten hatte, den man durch den Rückgriff auf die Kräfte des Glaubens überwinden müsse. Dementsprechend war die Tendenz proeuropäisch, vor allem profranzösisch, antitotalitär – und das hieß unter den gegebenen Umständen antikommunistisch. Das Verhältnis zur Demokratie könnte man als desinteressiert bezeichnen; Autoren des *Neuen Abendlands* sympathisierten später mehr oder weniger offen mit dem Spanien Francos oder dem Portugal Salazars, ohne sich aber gegen die Verfassungsordnung der Bundesrepublik zu stellen. Das kam auch deshalb nicht in Frage, weil die Zeitschrift und die mit ihr verbundene Abendländische Akademie wichtige Möglichkeiten zur Einflußnahme auf die Unionsparteien boten.

Die Stärke der christlich-konservativen Position im Nachkriegsdeutschland ist nicht zu erklären ohne einen Hinweis auf das, was man den »restaurativen« Zeitgeist der Ära Adenauer nannte, das heißt den Versuch, vor allem an die bürgerliche und die religiöse Überlieferung vor 1933 anzuknüpfen. Daher rührte auch die deutlich konservative Tendenz in allen größeren Publikationen des kirchlichen Sektors. Vom *Evangelischen Pfarrerblatt* – zu dessen bevorzugten Mitarbeitern Wilhelm Stapel gehörte – bis zu den *Lutherischen Monatsheften*, von den *Stimmen der Zeit* bis zum wiedererstandenen *Hochland* war eine entsprechende Ausrichtung festzustellen. Dasselbe wird man über die christlich orientierte Presse sagen können. Für den Protestantismus ist in erster Linie an das von Hanns Lilje, dem Bischof der hannoverschen Landeskirche, gegründete *Sonntagsblatt* (ab 1948) zu erinnern, und an die von Eugen Gerstenmaier, dem Vorsitzenden des Evangelischen Hilfswerks, herausgegebene Wochenzeitung *Christ und Welt* (ab 1948), für den Katholizismus muß auf die genannte *Tagespost* sowie den rasch sehr einflußreichen *Rheinischen Merkur* (ab 1946) hingewiesen werden.

Bemerkenswert erscheint, daß im evangelischen Segment mit Zehrer im *Sonntagsblatt*, mit Klaus Mehnert und Giselher Wirsing in der Leitung von *Christ und Welt* Journalisten aus dem Umfeld der Konservativen Revolution zum Zuge kamen, die in der NS-Zeit verschiedene Wege eingeschlagen hatten, von der Inneren Emigration (Zehrer) bis zur bedingten (Mehnert) oder bedingungslosen Zusammenarbeit (Wirsing). Das Nebeneinander von »Ehemaligen«, Unbeteiligten und Oppositionellen, auch von Remigranten und Neulingen in den Redaktionen war für die erste Phase der Entwicklung der westdeutschen Presse durchaus typisch, auch nicht auf deren konservativen Bereich beschränkt.[10] Der dominierte allerdings. Wirsing gelang es sogar, *Christ und Welt* bis 1963 mit mehr als 100 000 Exemplaren zur auflagenstärksten Wochenzeitung der Bundesrepublik zu machen.[11] Auch das ist ein Indiz für ein konservatives Meinungsklima, ebenso wie die Tatsache, daß Konkurrenzblätter, etwa die Hamburger *Zeit* (ab 1946) oder die in Stuttgart erscheinende *Deutsche Zeitung* (ab 1947) ihrerseits um die rechte Mitte warben und ein gewisser »nationaler« Zug die Publizistik der fünfziger Jahre prägte. Der war nicht nur mit der Erfahrung von Okkupation, Gefangenschaft, Flucht und Vertreibung zu erklären, sondern auch mit der Intensität der großen Debatten über Teilung, Wiederbewaffnung und Westbindung und dem allgemeinen Widerwillen, der sich nach dem Ende der direkten Besatzungsherrschaft äußerte. Paul Sethe, einer der einflußreichsten Journalisten dieser Jahre, schrieb 1950 über Zusammenbruch, Fehlschlag alliierter Umerziehung und die fatale Rolle der Kapitulationsgewinnler: »Die Stunde rief das deutsche Volk zur Selbstbesinnung auch über seine Geschichte auf. Aber die Aufgabe wurde verdorben durch die eilfertigen Geister, die hämisch und ehrfurchtslos alles zu zerstören suchten, was in den letzten zweihundert Jahren sich aufgerichtet hatte an bleibender Erinnerung. Der Aufstand der Kammerdiener begann. Es war, wie wenn betrunkene Lakaien abends durch die Räume eines Schlosses zögen, da sie den Herrn abwesend wußten, und als wenn sie nun die Ahnenbilder von den Wänden rissen und zerfetzten.«[12]

Das später so einflußreiche Konzept der Vergangenheitsbewältigung war in den späten vierziger und den fünfziger Jahren nur ein Randphänomen. Allerdings bot der »Konsensjournalismus«[13] auch Neuansätzen nur sehr begrenzte Möglichkeiten. Als Fehlschlag erwies sich nicht nur der Plan des *Spiegel*-Herausgebers Rudolf Augstein, eine nationalliberale *Deutsche Allgemeine Zeitung* zu schaffen,[14] sondern auch das Projekt der Wochenzeitung *Der Fortschritt* (ab 1949),[15] die der Düsseldorfer Unternehmer Gerd Spindler gegründet hatte und die vorübergehend zum Sprachrohr des rechten Flügels der FDP wurde, dann aber mangels Resonanz eingestellt werden mußte.

Daß es für eine große Zahl an Wochenblättern in der Bundesrepublik überhaupt Leser gab, hing vor allem mit dem Bedeutungszuwachs dieser Art von Presseerzeugnis zusammen, das »eine viel größere Rolle als in der Weimarer Republik«[16] spielte, auch weil es die weltanschaulich orientierte Zeitschrift teilweise ersetzte. Auffallend ist jedenfalls, daß nach dem großen Zeitschriftensterben infolge der Währungsreform ein radikaler Abbau dieser klassischen Publikationsform festzustellen war. Eine Ursache lag sicher darin, daß Informationshunger und Sinnsuche der Nachkriegsjahre an Bedeutung verloren, anderweitig gesättigt oder auf die neuen Unterhaltungsmöglichkeiten abgelenkt wurden. Jedenfalls konnten sich zukünftig nur solche Zeitschriften halten, die Rückendeckung bei einer Massenorganisation fanden, etwa dem Gewerkschaftsbund (*Gewerkschaftliche Monatshefte*, ab 1951), den Parteien SPD (*Die neue Gesellschaft*, ab 1954), CDU (*Die politische Meinung*, ab 1956) oder FDP (*Liberal*, ab 1959). Sonst mußte ein außergewöhnlich geschlossenes Milieu vorausgesetzt werden, um das Überleben dauerhaft zu sichern, etwa im Fall der Kryptokommunisten und ihrer *Blätter für deutsche und internationale Politik* (ab 1956), der Völkischen in bezug auf die *Klüter Blätter* (ab 1949 beziehungsweise 1951) oder der Anhänger der »nationalen Opposition«, die sich in *Nation Europa* (ab 1951) ein eigenes Organ geschaffen hatten.

*Klüter Blätter* wie *Nation Europa* konnten aus verständlichen Gründen erst nach der Aufhebung der alliierten Zensur erscheinen. Unter den Bedingungen der Besatzungsherrschaft war an Publikationen dieser Tendenz nicht zu denken. Auf mittlere Sicht durften sie mit einer stabilen Leserschaft unter denen rechnen, die nach wie vor der Idee eines »anständigen Nationalsozialismus« anhingen. Die wichtigste Integrationsfigur dieses Lagers war ohne Zweifel der Schriftsteller Hans Grimm, der schon in den zwanziger Jahren an verschiedenen Zeitschriften der Konservativen Revolution mitgearbeitet und noch 1934 geholfen hatte, *Das innere Reich* – die wichtigste Literaturzeitschrift der NS-Zeit – zu gründen. Allerdings gelang es Grimm nie, an diese Tradition anzuknüpfen. Der Gedanke, zwischen den Veteranen der Konservativen Revolution und den Vertretern eines neuen »Frontgedankens« zu vermitteln, erwies sich als Schimäre. Auch die für damalige Verhältnisse relativ hohe Auflagenzahl von *Nation Europa* in den fünfziger Jahren (bis zu 6000 Exemplare pro Monat[17]) konnte nicht darüber hinwegtäuschen, daß es an Strahlkraft fehlte und außerhalb der Gesinnungsgemeinschaft weder Anhänger noch Leser zu finden waren.

Tatsächlich wird man sagen müssen, daß die massiven Befürchtungen der Besatzungsmächte, daß nach dem Ende des Lizenzzwangs eine Fülle von nationalistischen Zeitschriften und Zeitungen entstehen werde, unbegründet war. Zwar wuchs die Zahl der Publikationen überhaupt ab Oktober 1949 für kurze Zeit dramatisch an, es folgte aber rasch ein Konzentrationsvorgang, und der Vorsprung der Lizenzorgane und der hinter ihnen stehenden Verlagshäuser war nicht aufzuholen.[18] Für deren Geschäft waren vor allem die – überregionale – Tagespresse und die neuen illustrierten Magazine interessant. In der Mehrzahl der Fälle handelte es sich auch hier um Organe eher bürgerlicher Richtung. Eine klare Linkstendenz war die Ausnahme, sie fand sich am ehesten noch in der *Frankfurter Rundschau*, dann folgte ein breites liberales Spektrum, das von der *Süddeutschen Zeitung* bis zur *Frankfurter Allgemeinen Zeitung* reichte. Eine genuin konservative Tageszeitung gab es ursprünglich gar nicht, erst im Lauf der Zeit entwickelte sich Springers *Welt* in diese Richtung.

Der Journalist Hans-Georg von Studnitz, der den Prozeß aus unmittelbarer Nähe mitverfolgen konnte, charakterisierte den Verleger Springer als integratives Genie, das ehemalige Nationalsozialisten (Karl Andreas Voss, Paul Schmidt-Carell) genauso heranzog wie ehemalige Kommunisten (Bernhard Menne, William S. Schlamm), wenn sie fachlich geeignet und bereit waren, die neuen Verhältnisse anzuerkennen und seiner Verlagslinie zu folgen: »Wie Adenauer, der in der CDU Nazis, Deutschnationale, Volksparteiler, Demokraten, Zentrumsangehörige und Sozialdemokraten, Protestanten und Katholiken unter einen Hut gebracht hatte, verstand Springer es, eine Lesergemeinde um sich zu scharen, die einst von den Großverlagen Ullstein, Scherl, Mosse und Eher – liberal, konservativ, linksdemokratisch und nationalsozialistisch geprägten

Unternehmen – betreut worden war. Springers Parole ›Seid nett zueinander‹ sprach sie alle an. 1945 waren die Überlebenden dankbar, mit dem Schrecken davongekommen zu sein. ... Der Wille zu einem neuen Anfang war allgemein. Springer war einer der wenigen, der es verstand, dieser Stimmung Rechnung zu tragen. Der Springerkonzern wurde zur Säule der vom Bürgertum reflektierten öffentlichen Meinung in der Bundesrepublik.«[19]

Eine der wesentlichen Ursachen für den Erfolg der *Welt* und des Ablegers *Welt am Sonntag* war Springers Zusammenarbeit mit Zehrer, den er endlich 1953 für sein Blatt gewinnen konnte. Springer hat Zehrer später seinen »Mentor«[20] genannt, dem er neben Handwerklichem vor allem politische und religiöse Ausrichtung verdankte. Wichtig war in dem Zusammenhang Zehrers Patriotismus, der ihn skeptisch machte gegenüber der auf Westintegration und Antikommunismus fixierten Bonner Politik. Unter seinem Einfluß entschloß sich Springer 1958 zu seiner spektakulären Moskaureise, um der sowjetischen Führung die Wiedervereinigung abzuhandeln. Beide kehrten desillusioniert zurück, und Springer setzte in der Folgezeit eine strikte Neuausrichtung der *Welt* durch: weg vom Neutralismus, hin zur Unterstützung der USA, weg von der Entspannungspolitik, hin zu einem scharfen Kurs gegenüber der DDR, weg von der Kritik an Adenauers Konzept, hin zur Parteinahme für CDU und CSU.

***Antaios* erschien zwischen 1959 und 1971, herausgegeben von Ernst Jünger und Mircea Eliade**

Der Umbau der *Welt* zum »Kampfblatt« verlief antizyklisch, insofern als sich zu Beginn der sechziger Jahre mit einem Generationenwechsel auch eine Veränderung der gesellschaftlichen Atmosphäre bemerkbar machte. Friedrich Sieburg, als Literaturkritiker eine Institution der frühen Bundesrepublik, urteilte damals schon, daß sich in vielen Bereichen die Jungen »des kulturellen Apparats bemächtigt«[21] hätten. Ihr neuer Ton war gehässig, scharf, voller moralischer Verdikte, auf Tabubruch aus. Als symptomatisch kann man die Art und Weise betrachten, wie sie auf den noch einmal von Klett unternommenen Versuch zur Gründung einer konservativen Kulturzeitschrift reagierten. Als 1959 die erste Ausgabe von *Antaios* erschien, immerhin herausgegeben von Ernst Jünger und dem berühmten Religionswissenschaftler Mircea Eliade, giftete man links gegen »Jüngers Mythos des XXI. Jahrhundert,«[22] während sich das bürgerliche Feuilleton auf ironische Bemerkungen zurückzog und gleichzeitig die Öffnung des *Merkur* nach links feierte; Karl Korn, der einflußreiche Kulturchef der *FAZ*, sprach voller Wohlwollen darüber, daß die Zeitschrift sich endlich »von einer gewissen Einseitigkeit im Konservativen gelöst« habe und durch das Hinzutreten von »Koeppen, Adorno, Andersch, Mitscherlich, Enzensberger ... lebendiger, zupackender, aktueller geworden«[23] sei.

Das Verhalten Korns war nicht untypisch, da er zu jenen Journalisten gehörte, die seit dem Ende der fünfziger Jahre Sorge haben mußten, daß man sich genauer mit den braunen Flecken auf ihrem Lebenslauf befassen könnte. Das geschah im Fall Korns allerdings von rechts her – durch die aufsehenerregenden Bücher Kurt Ziesels[24] – und blieb deshalb folgenlos, während die Kulturlinke sich zu freundlicher Duldung entschloß, da ein Erpreßbarer für ihre Zwecke allemal brauchbarer war. Dem Verhalten Korns sehr ähnlich war das Wirsings, der zu Beginn der sechziger Jahre die Ausrichtung von *Christ und Welt* änderte, um keine Angriffsflächen mehr zu bieten und jene »jungen Macher« zum Zuge kommen ließ, die die bis dahin geltende stillschweigende Übereinkunft beiseite schoben.[25]

Zwar gab es auch im Hause Springer Verfechter eines Anpassungskurses, aber da die Jugendrevolte einherging mit einer (von Ost-Berlin wie seinen Konkurrenten instrumentierten[26]) Kampagne zur Enteignung des Konzernchefs, versteifte sich dessen Haltung zusehends. Damit verteidigte er nicht nur das Weltbild der alten Bundesrepublik und dessen antitotalitäre Grundlage, seine Zeitungen – neben dem Massenblatt *Bild* vor allem die *Welt* – wurden auch zu der Stimme gegen die Neue Linke. Diese Strategie hatte durchaus auch wirtschaftlichen Erfolg. Zwischen 1958 und 1963 stieg die Auflage der *Welt* von 233 000 auf 296 000 Exemplare.[27] Gleichzeitig konnte Zehrer das Blatt zum Fokus der konservativen Intelligenz machen, die sehr deutlich erkannte, welche Gefahren von der linken Kulturrevolution ausgingen. Feindselig, aber in der Sache zutreffend, kennzeichnete ein gegnerischer Publizist die Verlagspolitik dahingehend, daß »... sich im Umkreis der *Welt*-Blätter alles versammelte, was in der Bundesrepublik etwas auf seinen Neokonservativismus hielt und sich unter dem Schutz des Verlegers nun wieder einflußreich glaubte: Winfried Martini und Armin Mohler, Hans-Georg von Studnitz und Matthias Walden, schließlich auch William Schlamm. Über die Reinheit der antikommunistischen Lehre innerhalb und außerhalb der Redaktion wachten fortan Günter Zehm und Hans-Dietrich Sander, zwei geflohene junge Mitteldeutsche, der eine ein beweglicher Dialektiker, der andere ein auf Säuberungen bedachter Robespierre, der sich sicherlich auch nicht scheuen würde, dem Verleger ideologische Sünden gelegentlich mit dem Rotstift anzustreichen. Die feineren Federn des neuen Konservativismus wie Johannes Gross, Dieter Schwarzkopf oder Klaus Harpprecht hielten sich eher in vorsichtiger Distanz.«[28]

Die Entwicklung von *Welt* und *Welt am Sonntag* wurde allerdings teilweise abgebrochen durch den unerwartet frühen Tod Zehrers, der 1966 verstarb. Seine Nachfolger in der Leitung der *Welt* gingen zwar nicht so weit wie die Verantwortlichen der anderen großen bürgerlichen Zeitungen, die einen mehr

(*Deutsches Allgemeines Sonntagsblatt*, vormals *Sonntagsblatt*, *Zeit*, *Süddeutsche Zeitung*) oder weniger (*Christ und Welt*, *FAZ*) deutlichen Kotau vor dem Zeitgeist vollzogen, aber es war doch das Bemühen um einen gewissen Ausgleich mit der intellektuellen Linken erkennbar. Darauf reagierte eine kleine Gruppe der konservativen Autoren mit dem Plan, Springer die Schaffung einer neuen, magazinartigen Zeitschrift vorzuschlagen. Entsprechende Projekte hatte es schon in den fünfziger Jahren gegeben, sie blieben aber ohne Aussicht auf Verwirklichung. Springer selbst hatte mit *Kristall*, die zwischen 1948 und 1966 erschienen war, eine eher unpolitische Illustrierte gemacht, die sich auch nicht gegen die Konkurrenz von *Stern*, *Bunte*, *Quick* und *Neue Revue* halten konnte. Außerdem gab es für die meisten Konservativen immer sehr viele alternative Veröffentlichungsmöglichkeiten, von der wiedergegründeten *Zeitschrift für Geopolitik* bis zur *Wehrkunde*, einem Organ im Umfeld des Verteidigungsministeriums, vom liberalen *Monat* bis zum *Merkur*, vom christdemokratischen *Civis* bis zum christsozialen *Bayernkurier*, von den eher literarischen *Neuen Deutschen Heften* bis zum »schmittistischen« *Staat*, sowie in zahlreichen Tages- und Wochenzeitungen.

**»Hans Zehrer war ein deutscher Patriot, wie sie immer seltener werden«, schrieb Axel Springer in einem Gedenkbeitrag über den verstorbenen Chefredakteur der *Welt*. In Springers Todesanzeige für Zehrer hieß es: »Er war mein Freund und mein Mentor. Ohne ihn wäre mein Leben anders verlaufen. Ohne ihn wäre mein Haus nicht das geworden, was es ist.«**

Jetzt schrumpfte die Zahl der Publikationen, die einen »rechten« Autor zu Wort kommen ließen, dramatisch, und im April 1966 schrieb Mohler an den engen Springer-Vertrauten Paul Schmidt-Carell: »Auf jeden Fall: wenn die *Welt* nun nicht bald Richtung bekommt, ist die ganze Schwenkung dort im Eimer. Ich frage mich, ob Sie und Dr. Mahnke Herrn Springer nicht raten sollten, das ganze Unternehmen *Welt* abzublasen und dafür ohne viel Aufwand eine konservative Monatszeitschrift zu machen, in der Leute wie Martini, Krämer-Badoni, Schoeck, Schlamm, ich und möglichst [viele andere Konservative] ... offen sagen können, was sie denken. Das könnte dann zurückwirken auf die verschiedenen Tageszeitungen des Konzerns. Damit in einer Tageszeitung – mit ihrem notwendigen Zwang zum Kompromiss – anzufangen, war vielleicht von Anfang an ein Unding.«[29]

Tatsächlich erschien mit Datum des 19. Oktober 1969 eine Nullnummer der Zeitschrift *Die Republik*.[30] Als Herausgeber firmierte William S. Schlamm, unter den Mitarbeitern waren Franzel, Mohler, Schmidt-Carell, Caspar von Schrenck-Notzing und Studnitz. Die neue Publikation sollte in einem Verlag Die Republik GmbH erscheinen, hinter dem allerdings unschwer Springer auszumachen war. Insgesamt gesehen wirkte dieser Ansatz für ein Forum der »rechten Mitte«[31] nur bedingt überzeugend. Was wohl auch erklärt, warum Springer den Plan eines konservativen Magazins rasch wieder aufgab. Dieses Verhalten entsprach außerdem einer gewissen Zögerlichkeit, die für Springer nicht untypisch war. Seine Zeitungen behielten zwar ihre Schlüsselfunktion für die konservative Publizistik, aber schon die Ausrichtung der Verlage Ullstein und Propyläen, die zum Springer-Konzern gehörten, blieb davon unberührt.

Auf diesem Sektor spielten für die Konservativen in Zukunft eher Seewald, Herbig, Langen-Müller, Interfrom sowie Rombach und Herder eine Rolle, die wenigstens einen Teil ihres Programms konservativ ausrichteten. Bemerkenswerter war allerdings die Tatsache, daß das, was die großen Häuser nicht wollten oder konnten, aus eigener Kraft geschehen sollte: die Renaissance der konservativen Zeitschrift angesichts der linken Machtergreifung auf dem Feld der Kultur, die seit 1969 zur Gründung verschiedener neuer Publikationen führte, vor allem *Konservativ heute* (konservativ-protestantisch), *Epoche* (konservativ-katholisch-marktwirtschaftlich), *Zeitbühne* (konservativ-proamerikanisch-antikommunistisch) und das intellektuell einflußreichste Organ, das von Caspar von Schrenck-Notzing ins Leben gerufene *Criticón*.

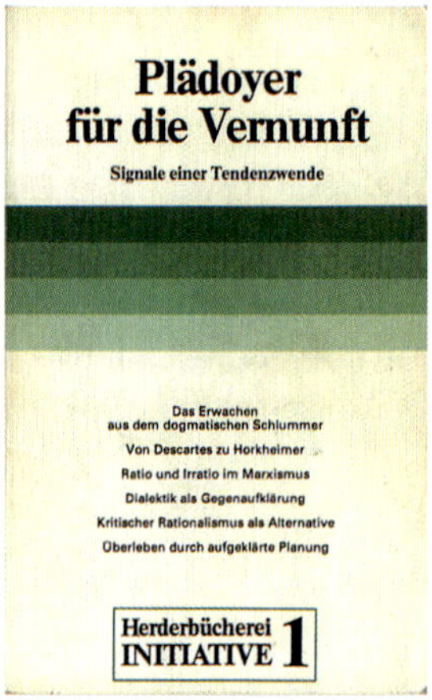


**Die seit 1974 von Gerd-Klaus Kaltenbrunner herausgegebenen Taschenbuchmagazine der Herderbücherei Initiative sollten eine »Tendenzwende« markieren. Sie erschienen bis 1988**

Keines dieser Organe hatte allerdings die Reichweite des Taschenbuchmagazins *Herderbücherei Initiative*, das Gerd-Klaus Kaltenbrunner seit 1974 im Zweimonats-, später im Dreimonatsabstand herausgab. Kaltenbrunner war zu dem Zeitpunkt schon eine Zentralfigur der konservativen Szene. Nach der Studentenrevolte gehörte er zu denen, die am entschiedensten die Meinung vertraten, daß es nötig sei, ein weltanschauliches *roll back* durchzuführen: »Wer heute die Begriffe besetzt, übt morgen die Macht aus. Entgegen den Annahmen des klassischen Marxismus geht die Revolutionierung der Gesellschaft nicht allein von der Sphäre der materiellen Produktion aus, sondern auch und zuerst vom ›ideologischen‹ Überbau.«[32] Eine Möglichkeit, die Kulturrevolution von rechts vorzubereiten, bot sich Kaltenbrunner schon 1968 mit der Übernahme des Lektorats bei Rombach. Er betreute das Gesamtprogramm und gründete die Reihe »Rombach Hochschul Paperback«, die in rascher Folge Bücher von profilierten konservativen Autoren wie Robert Hepp, Hanno Kesting, Hermann Lübbe, Armin Mohler, Günter Rohrmoser und Hans Sedlmayr veröffentlichte. Kaltenbrunner selbst gab zwei große Sammelwerke mit Manifestcharakter heraus: *Rekonstruktion des Konservatismus* (1972) und *Konservatismus international* (1973), an denen die Elite der rechten Intelligenz mitarbeitete.

Allerdings kam es schon 1972 zum Zerwürfnis zwischen Kaltenbrunner und der Verlagsleitung, nachdem sich herausgestellt hatte, daß Hochschullehrer mit Boykott drohten, falls Kaltenbrunner auf seinem Posten bleibe. Das Konzept eines »Anti-Suhrkamp« scheint auch finanziell nicht aufgegangen zu sein.[33] Kaltenbrunner wechselte daraufhin zu Herder, wo man ihm den Aufbau der *Initiative* übertrug. Die Resonanz war groß, schon aufgrund der Bedeutung des wichtigsten katholischen Verlags mit eigenen Buchhandlungen in allen größeren Städten der Bundesrepublik. Tatsächlich gelang es Kaltenbrunner, die Taschenbuchreihe in der zweiten Hälfte der siebziger Jahre durch kenntnisreiche Einführungen, das Spektrum der Mitarbeiter, die umfangreichen Essays, den Wiederabdruck entlegener Quellentexte und ausführliche Bibliographien zu einer konservativen Publikation ersten Ranges zu machen.

Unverkennbar ist allerdings, daß diese Blüte der konservativen Publizistik nur möglich war, weil es noch günstige Rahmenbedingungen gab. Angefangen bei der Sympathie in Wirtschaftskreisen für alles, was der roten Welle Widerstand leistete, über die Unterstützung durch Teile der Unionsparteien und ihr nahestehender Verbände, bis zu einzelnen Alliierten in den Feuilletons und der Existenz eines gebildeten, lesenden Bürgertums, das in den heftigen Weltanschauungskämpfen nach Orientierung suchte. Diese Lage änderte sich anfangs schleichend, dann in immer rascherem Tempo. Ein erstes Indiz war das Verschwinden der *Deutschen Zeitung*, die 1971 mit *Christ und Welt* vereinigt wurde; aber auch diese Konstellation war nicht überlebensfähig, 1980 kam es zur Fusion mit dem *Rheinischen Merkur*, der jetzt als *Rheinischer Merkur – Deutsche Zeitung – Christ und Welt* firmierte, ohne in der Lage zu sein, auch nur jene Restklientel zu halten, die von einer breiten Leserschaft geblieben war, der einmal drei konservative Wochenzeitungen unterschiedlicher Tendenz zur Verfügung gestanden hatten. Daß es bei diesem Verfall nicht nur um letzte Konsequenzen eines Generationenwechsels ging oder den Einfluß des neuen Mediums Fernsehen, sondern um die Folgen der »Fundamentalliberalisierung«,[34] der die Bundesrepublik seit '68 ausgesetzt war, ist unbestreitbar.

Zeitschrift *Sezession*

Deshalb waren auch die Versuche zur Restabilisierung weder im Gefolge der »Tendenzwende« noch der »geistig-moralischen Wende« erfolgreich. Bezeichnenderweise sahen sich die wenigen konservativen Publizisten im Umfeld der Unionsführung (Günter Rohrmoser, Heinrich Basilius Streithofen, Ludolf Herrmann) sukzessive kaltgestellt, und am Ende der siebziger Jahre verschwanden auch viele der gerade gegründeten Zeitschriften wieder. Zuerst war die auflagenstarke *Zeitbühne* betroffen, die nach dem Tod ihres Herausgebers Schlamm eingestellt wurde, die *Epoche* geriet ganz in die Abhängigkeit der CSU und auch das *Deutschland-Magazin* überlebte nur um den Preis bedingungsloser Parteiloyalität, das stark evangelisch geprägte Magazin *Konservativ heute* mußte mit *Criticón* vereinigt werden.

Wenigstens blieb die *Herderbücherei Initiative* bis 1988 bestehen, aber nur *Criticón* konnte sich auf Dauer halten und seine Unabhängigkeit bewahren. Das erklärt auch etwas von der Modellfunktion, die die Zeitschrift bei allen späteren Versuchen gehabt hat, neue Publikationsformen für die rechte Intelligenz aufzubauen, angefangen bei dem »jungkonservativen«, immer sehr stark improvisierten *Phönix* (1981 bis 1986), über die elitäre, nur sehr unregelmäßig erscheinende Zeitschrift *Etappe* (ab 1988) und die deutlich weiter rechts positionierten *Staatsbriefe* (1995 bis 2001, als Netzversion bis 2007) bis zur *Sezession* (ab 2003), die in vieler Hinsicht als Ersatz für *Criticón* betrachtet werden kann, das von dem Nachfolger Schrenck-Notzings in der Herausgeberschaft zuerst umgebaut und dann aufgegeben wurde.[35] Das vom Institut für Staatspolitik unter Verantwortung von Götz Kubitschek geleitete Organ ist sicher das ambitionierteste Projekt der intellektuellen Rechten in Deutschland seit der Wiedervereinigung. Die Linie ist konsequent metapolitisch und bezieht neben der Traditionspflege auch aktuelle Fragen ein.

**»Natürlich hat die traditionelle Linke versagt. Der Zusammenbruch des Sozialismus und die Wiedervereinigung bedeuten doch eine Widerlegung vieler linker Utopien. Aber es ist ein Vakuum entstanden, weil auch die traditionell Konservativen keine überzeugenden Alternativen zu bieten haben … Der ganze Erfolg der Linken seit Ende der sechziger Jahre zeigt doch vor allem das Versagen der Konservativen.«**
Rainer Zitelmann in einem JF-Interview, Juli/August 1993

Dabei ist aber zu betonen, daß die konservativen Zeitschriften sich seit den achtziger Jahren immer stärker in eine Samisdat-Situation abgedrängt sahen. Eine Lage, die auch aus wirtschaftlichen Gründen bedrohlich werden konnte und zum Beispiel das Scheitern eines so hoffnungsvollen Projekts wie der Monatszeitschrift *Mut* erklärt, die ursprünglich in das nationalradikale Lager gehörte, dann ein Intermezzo im Bereich des »kreativen Konservatismus«[36] gab und schließlich sang- und klanglos im *mainstream* abtauchte.[37] An der für die Akteure äußerst unbefriedigenden Situation schien sich erst etwas zu ändern, als mit dem Zusammenbruch des Ostblocks und der Wiedervereinigung nicht nur alte konservative Wunschträume in Erfüllung gingen, sondern auch alles für einen ideologischen Rechtsruck zu sprechen schien. Der aussichtsreichste Versuch, eine entsprechende Strategie umzusetzen, war mit dem Begriff »Neue Demokratische Rechte«[38] verknüpft. Geprägt wurde der durch den Historiker Rainer Zitelmann, dessen Aufstieg zur Zentralfigur der konservativen Publizistik im Frühjahr 1992 mit der Übernahme einer Anstellung als Cheflektor des Ullstein-Verlags begann.

Das einflußreiche Haus war bis dahin nicht durch eine prononciert »rechte« oder konservative Linie hervorgetreten, was sich in der Ägide Zitelmanns änderte, der mit dem Rückhalt des an Ullstein beteiligten Münchener Verlegers

**Caspar von Schrenck-Notzing, Gründer und Herausgeber der Zeitschrift *Criticón***

Heft 1: Die erste Ausgabe, Juli/August 1970

Heft 100: Jubiläums-ausgabe, März-Juni 1987

Heft 150: Klassische Optik, April/Mai/Juni 1996

Herbert Fleissner arbeiten konnte. Durch eine ganze Reihe von Titeln – Monographien[39] und Sammelbänden[40] – versuchte Zitelmann ein neuartiges Programm zu gestalten, ausgerichtet auf einen moderaten Revisionismus in der Zeitgeschichtsforschung, Stärkung des deutschen Nationalbewußtseins und des politischen Realismus. Mit Hilfe der Reihe *Ullstein Report* sollte außerdem auf Tagesfragen Bezug genommen werden, wobei der Versuch eine große Rolle spielte, eine öffentliche Debatte über die notwendige Bewältigung der DDR-Vergangenheit zu erzwingen.

Zitelmanns Idee, eine politische Alternative rechts der Mitte zu bestimmen und den Einfluß der »Ideen von '68« durch den der »Ideen von '89«[41] zu verdrängen, schien in greifbare Nähe gerückt, nachdem er 1993 Ullstein verließ, um als Leiter des Ressorts »Geistige Welt« in die Redaktion der *Welt* einzutreten. Sein Versuch, das Blatt unter Berufung auf den Gründer Springer politisch neu auszurichten, scheiterte allerdings rasch am internen Widerstand von Mitarbeitern und mangelndem Rückhalt in der Verlagsleitung und im bürgerlichen Lager überhaupt. Der folgende Rückzug Zitelmanns belehrte weiter darüber, daß keine Unterstützung für eine genuin konservative Publizistik von seiten der großen Häuser zu erwarten stand. Das Klima in den tonangebenden Kreisen war trotz der Niederlage des Kommunismus weitgehend »links«, und das galt in besonderem Maß für den Bereich der Massenmedien.

Schon aus diesem Grund konnte der Versuch, die konservative Überlieferung fortzusetzen und ihr ein Forum zu bieten, nur die Sache einer Minderheit und eines mehr oder weniger geschlossenen Interessentenkreises sein. Ein Tatbestand, der an dem erfolgreichsten Projekt der neueren konservativen Publizistik besonders deutlich ablesbar war, der von Dieter Stein gegründeten und herausgegebenen Zeitung JUNGE FREIHEIT (JF). Das seit 1986 zuerst zweimonatlich, dann monatlich und seit Januar 1994 wöchentlich erscheinende Blatt entwickelte sich sukzessive zu einer professionellen Publikation von erheblicher Wirkung. Bedenkt man die Umstände, zu denen nicht bloß die Versuche politischer Ächtung, sondern auch die Anwendung von Gewalt gegen Redakteure und die Druckerei gehörten, handelt es sich ohne Zweifel um einen außergewöhnlichen Erfolg.[42] Die anfangs deutliche Nähe der JF zur linken *taz* in Layout und Stil zeigte an, daß man es außerdem mit einer qualitativen Veränderung gegenüber früheren Publikationen dieses Spektrums zu tun hat.

**Buchtitel aus der von Rainer Zitelmann initiierten Reihe Ullstein Report**

Mittlerweile hat sich die JUNGE FREIHEIT im Hinblick auf Duktus und Optik eher klassischen Vorbildern angenähert, ohne doch ihre Angriffslust zu verlieren. Während die Aufnahme in die Bundespressekonferenz ohne Zweifel ein Schritt in Richtung Etablierung war, kann doch nach wie vor davon ausgegangen werden, daß eine Stellungnahme oder ein Interview, das man der JF gibt, von den Etablierten zum Anlaß für eine Skandalisierung genommen wird.

**Jan Fleischhauer, *Unter Linken. Von einem, der aus Versehen konservativ wurde*, 2009**

Es ist nicht sehr übertrieben, diesen Vorgang als Teil einer Ausgrenzung zu betrachten, die seit den sechziger Jahren von der »Kaste der Sinnvermittler«[43] installiert wurde. Allerdings gibt es Indizien dafür, daß diese Form von Meinungskontrolle an ihre Grenzen stößt. Dafür sprechen vor allem zwei Vorgänge: die Entstehung einer auch-konservativen Publizistik, zuerst im Umfeld der von Wolfram Weimer gegründeten Zeitschrift *Cicero* (ab 2004), und die Übernahme ihrer Argumente durch einzelne, die über einflußreiche Positionen in den Medien verfügen. Zu nennen sind in dem Zusammenhang der stellvertretende Chefredakteur Hans-Ulrich Jörges (*Stern*) sowie der *Spiegel*-Redakteur Jan Fleischhauer, die in der jüngeren Vergangenheit immer wieder durch Stellungnahmen auffielen, in denen sie sich als »konservativ« oder jedenfalls als »nicht links« bezeichnet haben und dabei auf eine gewisse intellektuelle Gefolgschaft rechnen durften (Rüdiger Safranski, Peter Sloterdijk, Wolfgang Sofsky, Norbert Bolz, Arnulf Baring).

Es sprechen diese Vorgänge für eine Öffnung des Meinungsklimas, sicher noch nicht für eine Kehre. Bis auf weiteres hat man damit zu rechnen, daß wir eine »homogenisierte nationale Öffentlichkeit wie noch nie zuvor«[44] haben. Zu beachten ist außerdem, daß die Entwicklung der Publizistik niemals unabhängig von der allgemeinen ideologischen Tendenz, der Rücksicht auf die Veränderung wirtschaftlicher wie technischer Faktoren betrachtet werden kann. So hat sich zwar gezeigt, daß der Übergang von der Presse zu Rundfunk und Fernsehen eher von der Linken genutzt werden konnte, aber das ist kein Präjudiz im Hinblick auf die Neuen Medien. Eventuell stehen gerade durch die erschwerte Kontrollierbarkeit auf diesem Sektor Möglichkeiten der Einflußnahme zur Verfügung, die sich zwar nicht mit konservativen Mitteln bewerkstelligen, aber für konservative Ziele nutzen lassen.

**Dr. Karlheinz Weißmann,** Jahrgang 1959, ist Historiker, Studienrat an einem Gymnasium und wissenschaftlicher Leiter des Instituts für Staatspolitik (IfS).

# Junge Freiheit

Nr. 1 | Mai/Juni 1986 | 1. Jahrgang

## Der Freiheit eine Gasse!

### Aufgabenstellung der JUNGEN FREIHEIT

von Dieter Stein

In einer Zeit babylonischer Sprachverwirrung tut Klarheit not. Die Union hat, wie nun auch dem letzten einsichtig geworden ist, ihre 13-jährige Oppositionszeit nutzlos verplempert, d.h. sie dazu genutzt, sich auf ihren scheinbaren Lorbeeren auszuruhen, die letzten ihrer in irgendeiner Form gesamtdeutsch oder konservativ profilierten Persönlichkeiten niederzubügeln und eine mehr oder weniger stromlinienförmige Führungsriege des kleinsten gemeinsamen Nenners durchzusetzen.

Die Rolle von Franz Josef Strauß war es, einerseits die westdeutschen Konservativen an die Union zu binden, und andererseits - nicht zuletzt bei der Bundestagswahl 1980 - zu zeigen, wie unappetitlich und provinziell westdeutscher Konservatismus ist. Nachdem nun die Union 1982 die Regierung übernommen hatte, die propagandistischen Nebelwerfer des Bundestagswahlkampfes '83 zum Schweigen gekommen waren, kehrte bei den Konservativen schon bald Ernüchterung und Katerstimmung ein. Die CDU/CSU war nicht in der Lage und - was weit schwerwiegender ist - nicht willens, in auch nur einem Ressort oder Gebiet der politischen Konturenlosigkeit klare Alternativen entgegenzusetzen. Daß eine ständig um die, auf divergierenden Wählerschichten basierende, absolute Mehrheit ringende Partei dies auch niemals schaffen wird, ist einsichtig. Die Konservativen beginnen langsam zu erkennen, daß sie eine Mehrheit nicht überzeugen, sondern ebenso wie die Liberalen ihre spezifischen Forderungen und Interessen nur über eine Partei außerhalb und gegen die Union durchsetzen können. Über Entwicklungen im freiheitlich-konservativen Bereich und anderen nahestehenden Organisationen werden wir berichten.

Beliebte und bewärte Parolen wie "Freiheit vor Einheit", "Freiheit statt Sozialismus" und "Für Frieden in Freiheit" gilt es auf ihren wahren Sinn zu hinterfragen.

Überkommene Freiheitsbegriffe in Bezug zu stellen zu Nation, Familie, Staat, Volk und anderem sehen wir als Aufgabe unserer jungen Redaktion.

Wir werden das Tagesgeschehen kommentieren, nonkonforme Thesen diskutieren, historische Überblicke geben, in fremde Töpfe blicken und aus unseren eigenen berichten.

> Lieber Leser,
> mit der JUNGEN FREIHEIT eine freiheitliche, junge Zeitschrift zu schaffen, die regelmäßig erscheint, kann nur mit Ihrer Mithilfe gelingen.
> Mit einer jungen, idealistischen Redaktion aus dem ganzen Bundesgebiet wollen wir vorerst die JUNGE FREIHEIT mit ausnahme der beiden Sommermonate zweimonatlich erscheinen lassen.
> Abonnieren Sie deshalb die JUNGE FREIHEIT mit beiliegender Bestellkarte, fordern Sie Bestellkarten an und verteilen Sie diese unter Freunden.
> Für Spenden sind wir natürlich besonders dankbar. Die nächste Ausgabe erscheint nach der Sommerpause im September/Oktober. **Die Redaktion.**

**»Die JUNGE FREIHEIT unterstützt den Kampf für Freiheit und Unabhängigkeit Gesamtdeutschlands, ökologische und soziale Verantwortung und demokratische Freiheit.« Aus dem Impressum der JF-Ausgabe, Mai/Juni 1986**

## Anmerkungen

1 Klaus Bölling: *Die zweite Republik. 15 Jahre Politik in Deutschland*, Köln und Berlin (West) 1963, S. 15.
2 Sehr subjektiv in den Wertungen, aber aus dem persönlichen Erleben ausgesprochen lebendig geschildert von Otto Schmidt-Hannover: *Umdenken oder Anarchie*, Göttingen 1959, S. 359–370.
3 Vgl. für den späteren *FAZ*-Gründer Erich Welter die Darstellung bei Friedemann Siering: Zeitung für Deutschland. Die Gründergeneration der Frankfurter Allgemeinen, in: Lutz Hachmeister und Friedemann Siering (Hrsg.): *Die Herren Journalisten. Die Elite der deutschen Presse nach 1945*, München 2002, S. 35–86, hier S. 48.
4 Hans B. von Sothen: Hans Zehrer als politischer Publizist nach 1945, in Frank-Lothar Kroll (Hrsg.): *Die kupierte Alternative. Konservatismus in Deutschland nach 1945, Studien und Texte zur Erforschung des Konservatismus*, Bd 6, Berlin 2005, S. 125–179.
5 Otto B. Roegele, Mitbegründer des *Rheinischen Merkur*, charakterisierte die Entwicklung folgendermaßen: »Die kommunistische Partei und ihr Nahestehende wurden in der ersten Zeit der Vergabe von Lizenzen sehr großzügig bedacht, während die beiden christlichen Konfessionen recht stiefmütterlich behandelt wurden. Dadurch entstand ein folgenschweres Ungleichgewicht, dessen Ausmaß sich schon bei den ersten Kommunal- und Landtagswahlen deutlich zeigte. Der kommunistische Einfluß in der Presse war (und blieb zunächst) weit stärker, als dem in den Wahlergebnissen erkennbaren Volkswillen entsprach. Die Lizenz-Zeitungen gewannen in den vier Nachkriegsjahren einen großen Vorsprung. Sie konnten nicht nur den Markt ungestört besetzen, sondern wurden auch beim Erwerb von Druckerei-Anlagen und Gebäuden aus ehemaligem Reichs- und NSDAP-Vermögen sowie bei der Vergabe von Investitionskrediten bevorzugt. In einigen Fällen kam es zu mehr oder weniger freiwillig abgeschlossenen Druck- oder Druckereipacht-Verträgen mit ›Alt-Verlegern‹, die zwar ihre technischen Anlagen über den Krieg gerettet hatten, aber keine Zeitungslizenz erhielten. Ab Jahresmitte 1949 wurde, zunächst in der amerikanischen, im Herbst auch in der britischen und französischen Zone, der Lizenzzwang für Druckerzeugnisse aller Art aufgehoben. (In Berlin bestand er noch bis 1952 fort.) Von nun an begann auch der Zeitungsmarkt, sich nach dem Gesetz von Angebot und Nachfrage zu regulieren, zumal die Reform der Währung und die erstaunlich erfolgreiche Einführung der Marktwirtschaft die günstigsten Voraussetzungen geschaffen hatten. Die Lizenz-Zeitungen konnten, dank ihrem großen zeitlichen und materiellen Vorsprung, ihre Positionen halten, ja oft noch verstärken. Daneben entstanden zahlreiche neue Zeitungen, die meist von ›Alt-Verlegern‹ gegründet wurden und den Lizenz-Blättern in harter Konkurrenz Bezieher und Inserenten abwerben mußten.« Otto B. Roegele: Politische Tages- und Wochenzeitungen, in: Presse- und Informationsamt der Bundesregierung (Hrsg.): *Die öffentliche Meinung*, Bonn 1971, S. 44–59, hier S. 45.
6 Harry Pross: *Literatur und Politik. Geschichte und Programme der politisch-literarischen Zeitschriften im deutschen Sprachgebiet seit 1870*, Olten und Freiburg i. Br. 1963.
7 Vgl. Daniel Morat: Von der Tat zur Gelassenheit. Konservatives Denken bei Martin Heidegger, Ernst Jünger und Friedrich Georg Jünger 1920–1960, *Veröffentlichungen des Zeitgeschichtlichen Arbeitskreises Niedersachsen*, Bd 24, Göttingen 2007, S. 339.
8 Vgl. Dirk van Laak: *Gespräch in der Sicherheit des Schweigens. Carl Schmitt in der politischen Geistesgeschichte der frühen Bundesrepublik*, Berlin $^{2}$2002, S. 138, zu Anm. 21. Außerdem Carl Schmitt: Serge Maiwald zum Gedächtnis, in: *Zeitschrift für Geopolitik* NF 23 (1952), S. 447 f.
9 Vgl. Axel Schildt: Die Rettung des christlichen Abendlandes – »Neues Abendland« und »Abendländische Akademie«, in: ders.: *Zwischen Abendland und Amerika. Studien zur westdeutschen Ideenlandschaft der 50er Jahre, Ordnungssysteme*, Bd 4, München 1992, S. 21–82.
10 Zur jüngst skandalisierten Bedeutung ehemaliger SS- beziehungsweise Waffen-SS-Angehöriger für den *Spiegel* vgl. Lutz Hachmeister: Ein deutsches Nachrichtenmagazin. Der frühe Spiegel und sein NS-Personal, in: ders. und Siering, *Herren*, S. 87–120.
11 Vgl. Klaus Große Kracht: »Schmissiges Christentum«. Die Wochenzeitung *Christ und Welt* in der Nachkriegszeit (1948–1958), in: Michel Grunewald und Uwe Puschner (Hrsg.): *Das evangelische Intellektuellenmilieu in Deutschland, seine Presse und seine Netzwerke (1871–1963)*, Bern 2008, S. 505–531.
12 Paul Sethe: Auch Ideen sind Mächte, in: *Frankfurter Allgemeine Zeitung* vom 2. März 1950.
13 Christina von Hodenberg: *Konsens und Krise. Eine Geschichte der westdeutschen Medienöffentlichkeit*, Göttingen 2006, S. 183.

14 Vgl. Lutz Hachmeister: *Der Gegnerforscher. Die Karriere des SS-Führers Franz Alfred Six*, München 1998, S. 328. Abgesehen von ihrer denunziatorischen Tendenz sind die Arbeiten Hachmeisters zur Geschichte des deutschen Nachkriegsjournalismus ausgesprochen informativ.
15 Vgl. die kursorischen Hinweise bei Kurt P. Tauber: *Beyond Eagle and Swastika. German Nationalism Since 1945*, Bd I, Middletown, Connecticut 1967, S. 276 f.
16 Roegele, *Wochenzeitungen*, hier S. 55.
17 Vgl. Manfred Jenke: *Verschwörung von rechts? Ein Bericht über den Rechtsradikalismus in Deutschland nach 1945*, Berlin (West) 1961, S. 372.
18 Vgl. die kursorische Darstellung bei Alexander von Plato und Almut Leh: *»Ein unglaublicher Frühling«. Erfahrene Geschichte im Nachkriegsdeutschland 1945–1948*, Bonn 1997, S. 115.
19 Hans-Georg von Studnitz: *Menschen aus meiner Welt*, Frankfurt a. M., Berlin und Wien 1985, S. 144.
20 Zit. nach Sothen, *Zehrer*, hier S. 157.
21 Friedrich Sieburg: Es ist ja nur Literatur, in: *Frankfurter Allgemeine Zeitung* vom 14. Mai 1960.
22 NN: Aus deutschem Blut und Boden. E. Jüngers Mythos des XXI. Jahrhunderts in *Antaios*, in: *Vorwärts* vom 25. September 1959.
23 Karl Korn: Merkur. Eine Zeitschrift im Existenzkampf, in: *Frankfurter Allgemeine Zeitung* vom 19. Oktober 1959.
24 Es ging im Kern um den Verweis Ziesels, daß Korn 1940 in der Zeitung *Das Reich* eine positive – antisemitisch gehaltene – Rezension des Films »Jud Süß« veröffentlicht hatte und daß dessen Behauptung, in der Folgezeit einer Art Berufsverbot unterworfen gewesen zu sein, der Grundlage entbehre. Es kam zu einem Prozeß, den Korn gegen Ziesel anstrengte und verlor; vgl. Kurt Ziesel: *Das verlorene Gewissen. Hinter den Kulissen der Presse, der Literatur und ihrer Machtträger von heute*, München [8]1962, S. 130–150. Vgl. NN: Schillernde Feder – Deutsche Zeitung, in: *Der Spiegel* vom 20. Januar 1960, S. 33. Zusammenfassung der linken Stellungnahmen zugunsten von Korn in Ziesels *Europäischem Kulturdienst* vom 31. Oktober 1959.
25 Armin Mohler: Der Fall Giselher Wirsing [1975], in: ders.: *Tendenzwende für Fortgeschrittene, Criticón-Bücherei*, Bd 1, München 1978, S. 146–155.
26 Gemeint ist neben Augstein vor allem der *Zeit*-Herausgeber Gerd Bucerius, vgl. die Darstellung bei Jochen Staadt, Tobias Voigt und Stefan Wolle: *Feind-Bild Springer. Der Verlag und seine Gegner*, Göttingen 2009; außerdem Manuel Seitenbecher: *Den deutschen »Cäsar« bezwingen. Die 1960er und die Kampagne gegen Springer*, Marburg a. d. L. 2008.
27 Markus M. Payk: »... die Herren fügen sich nicht; sie sind schwierig.« Gemeinschaftsdenken, Generationenkonflikte und die Dynamisierung des Politischen in der konservativen Presse der 1950er und 1960er Jahre, in: Franz-Werner Kersting, Jürgen Reulecke und Hans-Ulrich Thamer (Hrsg.): *Die zweite Gründung der Bundesrepublik. Generationswechsel und intellektuelle Wortergreifungen 1955–1975, Nassauer Gespräche der Freiherr-vom-Stein-Gesellschaft*, Bd 8, Stuttgart 2010, S. 43–68, hier S. 53.
28 Hans Dieter Müller: *Der Springer-Konzern. Eine kritische Studie*, München 1968, S. 172. Mit ganz ähnlichem Tenor NN: Die Welt – Links von der Wand, in *Der Spiegel* vom 28. März 1966, S. 64–68.
29 Brief von Armin Mohler an Paul Schmidt-Carell vom 3. April 1966, Deutsches Literaturarchiv Marbach, Nachlaß Armin Mohler, Briefwechsel mit Paul Schmidt-Carell.
30 Mappe »Die Republik«, Deutsches Literaturarchiv Marbach, Nachlaß Armin Mohler, Fasc. 220 (Kasten 28). Vgl. Brief von Hans-Dietrich Sander an Carl Schmitt vom 10. Januar 1968, zit. nach: *Briefwechsel Carl Schmitt – Hans-Dietrich Sander, Werkstatt-Discorsi. Briefwechsel 1967–1981*, hrsg. von Erik Lehnert und Günter Maschke, Schnellroda 2008, S. 24. Sander entwickelt hier auch eine interessante Analyse der charakterlichen Disposition Springers.
31 Vgl. William S. Schlamm: Diese Woche, in: *Die Republik* 1 (1969) 0, S. 1–4, hier S. 1.
32 Gerd-Klaus Kaltenbrunner: Wider die Verelendung des Bewußtseins [Rezension von Günter Rohrmoser: Revolution – unser Schicksal?], in: *Deutsche Zeitung* vom 12. Juli 1974.
33 Vgl. NN: Anpassung an Gängiges, in: *Der Spiegel* vom 21. November 1972, S. 167, 169.
34 »Der Marsch durch die Institutionen hat auch die CDU erreicht« – Interview mit Jürgen Habermas, in: *Frankfurter Rundschau* vom 11. März 1980.
35 Im Januar 1998 hatte Schrenck-Notzing *Criticón* an Gunnar Sohn übergeben, der sich nach einer kurzen Phase der Orientierungslosigkeit entschloß, die Zeitschrift in ein Organ des Mittelstandes ohne erkennbare politische Ausrichtung umzuwandeln, 2005 erfolgte die Umbenennung in *Neue*

*Nachricht*; ganz erhellend wirkt der Artikel »Kapitulation vor dem bösen alten Feind. Die konservative Zeitschrift Criticón orientiert sich neu«, in: *Neue Zürcher Zeitung* vom 28. April 2000.
36 K.[laus] W. Wippermann: Zeitschrift Mut: Kreativer Konservatismus, in: *Das Parlament* vom 24. Oktober 1987. Der Artikel hatte eine entscheidende Bedeutung für eine Neubewertung der Zeitschrift.
37 Den Abschied signalisierte der Herausgeber mit einem eigenen Artikel; Bernhard C. Wintzek: Maß und Mitte, in: *Mut* 27 (1992) 296, S. 27–31, in dem er sich ausdrücklich den Parteien der Mitte andiente; einen üblen Beigeschmack bekam das ganze durch eine Wiederaufnahme des Themas in einem Editorial in *Mut* 30 (1995) 329, S. 2 f., in dem es auf S. 2 mit merkwürdigem Renegateneifer hieß: »Gerade Deutschland aber braucht die politische Mitte! Was es dagegen ganz und gar nicht gebrauchen kann, sind alt- oder neurechte Lockrufe, die uns ›konservative Revolutionen‹, ›nationale Bewegungen‹ oder ähnlich abwegige Unsinnigkeiten aufschwatzen wollen.«
38 Rainer Zitelmann: *Wohin treibt unsere Republik?*, Frankfurt a. M. und Berlin 1994, S. 183.
39 Karlheinz Weißmann: *Rückruf in die Geschichte* (1992), Gregor Schöllgen: *Angst vor der Macht. Die Deutschen und ihre Außenpolitik* (1993), Ernst Nolte: *Streitpunkte. Heutige und künftige Kontroversen um den Nationalsozialismus* (1993), Christian Striefler: *Kampf um die Macht. Kommunisten und Nationalsozialisten am Ende der Weimarer Republik* (1993), Manfred Kittel: *Die Legende von der »Zweiten Schuld«. Vergangenheitsbewältigung in der Ära Adenauer* (1993).
40 Einen aus linker Perspektive geschriebenen, aber im großen und ganzen brauchbaren Überblick liefert Maria Zens: Vergangenheit verlegen. Über die Wiederherstellung nationaler Größe im Hause Ullstein, in: *Blätter für deutsche und internationale Politik* (1993) 11, S. 1364–1375.
41 Roland Bubik (Hrsg.): *Wir '89er. Wer wir sind und was wir wollen*, Frankfurt a. M. und Berlin 1995.
42 Vgl. die überblicksartige Darstellung bei Götz Kubitschek: *20 Jahre Junge Freiheit. Idee und Geschichte einer Zeitung*, Schnellroda 2006.
43 Helmut Schelsky: *Die Arbeit tun die anderen. Klassenkampf und Priesterherrschaft der Intellektuellen*, München 1977, S. 49.
44 »Lust an der Herabsetzung«. Thomas Assheuer und Ijoma Mangold im Interview mit Patrick Bahners, in: *Die Zeit* vom 17. Februar 2011.

3

Michael Paulwitz

# Der Aufstieg der JF

## 1986 bis 1989: Der Freiheit eine Gasse

Die Bundesrepublik, halb ordentlicher Industriehof, halb Naherholungszone mit regelmäßig geleertem Papierkorb, dieses handtuchbreite Restland, dessen Bewohner nach Harmlosigkeit gieren, ist zugleich das Land, in dem jeder zum Verfassungsfeind des anderen werden kann.« Mit ätzendem Spott charakterisierte Günter Maschke 1985 in seinem Aufsatz »Die Verschwörung der Flakhelfer« das scheinbar saturierte Spät-Westdeutschland der Mitte der achtziger Jahre. Die Wirtschaft brummte, die Mark war stark und in allen Urlaubsländern hochgeschätzt, die Kinder des Wohlstandsbürgertums hatten Zeit und Muße, sich über »Waldsterben« und »Wettrüsten« zu erregen, engagierten sich für »Friedensbewegung«, Dritte-Welt-Läden, Anti-Atom-Initiativen und die damals gerade aufsteigenden »Grünen«. Auch das Jahr 1986 stand im uniformen Bild der veröffentlichten Meinung ganz im Zeichen dieser alles beherrschenden Themen und Kräfte, denen die Reaktorkatastrophe im ukrainischen Tschernobyl im April einen Konjunkturschub verschaffte, der erst 25 Jahre später vom unheimlichen Aufschwung der Grünen im Windschatten von Fukushima übertroffen werden sollte.

Die Wiedervereinigung stand weder auf der Tagesordnung der öffentlichen Erregung noch der etablierten Politik. In den achtziger Jahren war die »deutsche Frage« ein Thema für konservative Dissidenten: Wolfgang Venohr veröffentlichte zu Beginn des Jahrzehnts sein prägendes Manifest *Die deutsche Einheit kommt bestimmt*. Bundeskanzler Helmut Kohl glaubte nicht mehr daran, und die führenden Politiker der Sozialdemokratie sowieso nicht, mit denen sich die Union in jenen Jahren einen regelrechten Überbietungswettbewerb im Anbiedern an die kommunistische SED-Diktatur lieferte. Im darauffolgenden Jahr, 1987, wurde der Staats- und Parteichef der DDR, Erich Honecker, vom Bundeskanzler wie ein Staatsgast in Bonn empfangen. Zur selben Zeit tat Helmut Kohl die hartnäckigen Vorstöße seines Parteifreundes Bernhard Friedmann, die Wiedervereinigung endlich wieder auf die politische Agenda zu setzen und mit der Frage der Abrüstung zu verknüpfen, als »blühenden Unsinn« ab. Kein Zweifel: Die politischen Eliten der Bundesrepublik Deutschland hatten sich mit der deutschen Teilung abgefunden, richteten sich in der Existenz zweier deutscher Staaten ein und waren offenkundig mit dem greisen Honekker einer Meinung, daß die Mauer noch »in hundert Jahren« stehen und höchstens ein bißchen durchlässiger werden würde. Die versprochene »geistig-moralische Wende«, mit der Helmut Kohl die Bundestagswahl 1983 gewonnen und den Machtwechsel von der SPD zur Union bekräftigt hatte, sollte ein kurzlebiger Wahlkampfartikel bleiben und nicht eingelöst werden.

Konservative Publizistik jenseits des etablierten Mainstreams, das war in den achtziger Jahren in erster Linie Monats-, Zweimonats- oder Buchpublizistik. Dagegen fehlte es an unabhängigen, nicht unionsgebundenen, genuin konservativen Tages- und Wochenzeitungen. *FAZ* oder *Welt* konnten einem solchen Anspruch allenfalls partiell und durch einzelne Autoren nachkommen. Die konservative Wochenpresse litt, parallel zur Verdrängung konservativer Milieus und Themen aus dem öffentlichen Diskurs seit der Achtundsechziger-Kulturrevolution, an Magersucht; im *Rheinischen Merkur* etwa waren bis Anfang der Achtziger die vormals einflußreiche evangelische Wochenzeitung *Christ und Welt*, die bereits 1971 mit *Christ und Welt* zusammengelegte *Deutsche Zeitung und Wirtschaftszeitung* und 2002 schließlich auch *Die Woche* aufgegangen, die zuvor die *Wochenpost* geschluckt hatte, ohne ernsthaft zum linksliberalen Marktführer *Zeit* aufschließen zu können.

Caspar von Schrenck-Notzings *Criticón*, Gerd-Klaus Kaltenbrunners *Herderbücherei Initiative* und eine ganze Reihe inzwischen verschwundener oder bedeutungslos gewordener Zeitschriften haben eine Generation junger Konservativer politisch sozialisiert. Das Fehlen einer konservativen Presse, die auch junge Menschen ansprechen konnte und Einfluß auf die politische Auseinandersetzung jenseits geschlossener Kreise und des »Samisdat« zu nehmen in der Lage wäre, wurde hier besonders schmerzlich empfunden. Vor diesem Hintergrund erst gewinnt der Aufstieg der im Juni 1986 durch den damals 18jährigen Gymnasiasten Dieter Stein gegründeten JUNGEN FREIHEIT seine Bedeutung. Viele Zeitungsprojekte wurden in den späten siebziger und achtziger Jahren begonnen. Schon 1977 starteten junge Journalisten aus dem burschenschaftlichen Umfeld in München mit dem von Rainer Kuhnert verantworteten und von Dietrich Pfaehler redigierten *Beobachter* den ambitionierten Versuch, ein Nachrichtenmagazin als »Gegen-*Spiegel*« von rechts zu etablieren – und mußten schon nach der zweiten Ausgabe die Segel streichen. Professionell aufgemacht und inhaltlich wie redaktionell auf hohem Niveau versuchte die 1968 als Reaktion auf die 68er-Bewegung gegründete Zeitung *student*, wiederum gestützt auf Autoren und Verteiler aus den Reihen der Burschenschaften und des deutschen Ablegers des »Rings freiheitlicher Studenten« (rfs), konservative Themen an den akademischen Nachwuchs zu bringen. Zeitweise erreichte der *student*, zu dessen Chefredakteuren der Würzburger Rechtsanwalt Hannes Kaschkat und der heutige Republikaner-Vorsitzende Rolf Schlierer gehörten, Auflagen bis zu hunderttausend Exemplaren. Unmittelbar nach dessen Einstellung erschien in München, wie die JF erstmals 1986, unter der Chefredaktion von Thomas Clement mehrere Jahre lang die – nur zufällig ähnlich betitelte – Studentenzeitung *Münchner Frei-*

*heit*, die nach der Wiedervereinigung einen Höhepunkt mit Ablegern in mehreren Universitätsstädten in Ost und West erlebte, bald darauf aber als generationengebundenes Studentenprojekt langsam auslief. Einige konservative Autoren haben sich dort die ersten journalistischen Sporen verdient, darunter auch der Schreiber dieser Zeilen. Allein die JF aber ist zum Flaggschiff der konservativen Presse in Deutschland geworden.

Günter Kießling, *Neutralität ist kein Verrat*, 1989

Bernhard Friedmann, *Einheit statt Raketen*, 1987

Von der ersten Ausgabe an stellte die JUNGE FREIHEIT die Union wegen ihrer opportunistischen Abkehr von konservativen Milieus und Themen und ihrer Konturlosigkeit zur Rede. Bereits im Leitartikel der ersten Ausgabe des ersten Jahrgangs warf Stein unter dem Titel »Der Freiheit eine Gasse!« der Union vor, ihre letzten Konservativen niederzubügeln, und definierte als Aufgabe seiner Zeitung, »überkommene Freiheitsbegriffe in Bezug zu stellen zu Nation, Familie, Staat, Volk«. Vor allem in der Deutschlandpolitik und der Frage der Wiedervereinigung attackierte die JF immer wieder den »Schlingerkurs« der Union.

Die »Neutralismusdebatte« jener Jahre prägte auch die soeben gegründete Zeitung. Ausgehend von Neubewertungen der Stalin-Noten von 1953, die eine Wiedervereinigung von Bundesrepublik und DDR im Austausch gegen Blockfreiheit eines Gesamtdeutschlands angeboten hatten, durch Historiker wie den Innsbrucker Rolf Steininger stellte man in nonkonformen konservativen Kreisen, unter anderem in einigen Burschenschaften, die CDU-Politik der bedingungslosen Westbindung in Frage und debattierte hitzig, ob Deutschland durch Einheit in Neutralität zwischen den Blöcken zugleich den übergeordneten Verfassungsauftrag der Wiedervereinigung erfüllen und den Ost-West-Gegensatz überwinden und den Weltfrieden sicherer machen könnte. Die Neutralismus-Debatte brachte rechte und linke Patrioten zusammen und entfaltete mit Büchern wie der Streitschrift *Neutralität ist kein Verrat* von Günter Kießling, dem von Kohls Verteidigungsminister Manfred Wörner unwürdig geschaßten Vier-Sterne-General, oder durch Bernhard Friedmanns *Einheit statt Raketen* das ganze Jahrzehnt hindurch einige Dynamik. Die JF griff diese Gedanken verschiedentlich auf, unter anderem in einem Leitartikel Dieter Steins zum 25. Jahrestag des Mauerbaus im August 1986, und erregte durch ein Interview mit dem CDU-Abgeordneten Bernhard Friedmann im Frühjahr 1987 erstmals größeres Aufsehen.

Obwohl die JUNGE FREIHEIT in den ersten Jahren ihres Bestehens von einer kleinen Mannschaft in idealistischer Selbstausbeutung erstellt wird und bis

**Erste gemeinsame Redaktionssitzung im Juli 1987 auf einer Schwarzwaldhütte**

1992 in einem Zimmer des Elternhauses des Chefredakteurs residiert, wächst sie rasch und professionalisiert sich kontinuierlich. Aus den vierhundert Exemplaren im Oktavformat der ersten Ausgabe werden bis Ende 1988 viertausend Exemplare im Format DIN A4. Die Zeitung steigt 1988 auf Computersatz um und gründet einen gemeinnützigen Verein »Unitas Germanica«, um die Herausgabe finanziell und personell abzusichern. Verteilaktionen an 18 Universitäten und die erste größere Werbekampagne bringen neue Leser; Mitte 1989 erscheint sie erstmals im Rollen-Offset-Druck auf Zeitungspapier.

Auch einige ihrer wesentlichen Kernthemen hat die JF schon seit den ersten Anfängen gefunden: die Frage der nationalen Souveränität und Wiedervereinigung, die schonungslos kritische Kommentierung des steten Linksdralls der Unionsparteien, die kritische und unabhängige Würdigung all dessen, was sich jenseits der verordneten Meinung und der ausgetretenen Pfade des politisch Korrekten artikuliert. Und nicht zu vergessen: der lange Atem, das Durchhaltevermögen, verbunden mit dem Anspruch, die deutsche Presselandschaft wieder »konservativer« zu machen. Eine erste Bilanz warf der »deutschen Rechten« schon 1987 ihre »Unfähigkeit« zur Herausgabe einer Tageszeitung vor, bezeichnete dieses Ziel als Aufgabe der »neuen politischen

Generation« und nannte ausdrücklich das Beispiel der linken *taz*, die aus eigener Kraft und ohne mächtigen Großverlag im Hintergrund als unabhängige Zeitung etabliert wurde.

Für die JF selbst lag zu diesem Zeitpunkt monatliches, geschweige denn wöchentliches Erscheinen noch in weiter Ferne. Doch der Wille zur Professionalisierung, zur Expansion und zum dauerhaften Engagement war da. Und die 1989 und 1990 Wirklichkeit gewordene Wiedervereinigung Deutschlands, an der die JF-Mannschaft, anders als die meisten, die sich hinterher auf der politischen Bühne damit schmückten, von Anfang festgehalten und sie eingefordert hatte, gab den Machern der JUNGEN FREIHEIT einen weiteren Motivationsschub. Jetzt mußte Deutschland nicht nur seine staatliche Einheit, sondern auch seine geistige und politische Souveränität zurückgewinnen.

## 1990 bis 1994: Jahre der Entscheidung

Aus bescheidenen Anfängen heraus hat sich die JUNGE FREIHEIT »zum Shooting Star der rechtsintellektuellen Postillen gemausert«. Die anerkennenden Worte kamen im Mai 1992 vom einstigen Vorbild: der linken Tageszeitung *taz*, die in der JF »eine rechte *taz*« erkannte. Die Antwort auf die *taz* ist dem Layout der JF, die seit 1990 im größeren »Berliner Format« und seit 1991 monatlich mit zwanzig in Ressorts gegliederten Seiten erscheint, Anfang der Neunziger deutlich anzusehen. Der Vergleich trifft vor allem in einem Punkt zu – die JUNGE FREIHEIT ist, wie die *taz* in ihren Anfängen, eine Zeitung, die tatsächlich unabhängig ist von der Macht der Großverlage, die auf eigenständigen Fundamenten steht und wesentlich vom Engagement ihrer Leser und Freunde getragen wird und sich deswegen eine authentischere Linie erlauben kann als Blätter, die unter dem inhaltlichen Konformitäts- und kommerziellen Anpassungsdruck an den vermuteten Massengeschmack stehen. Politische und politkriminelle Diskriminierungen und Bedrohungen haben allerdings der JF den Weg zur anerkannten Größe in der Medienlandschaft ungleich schwerer gemacht.

1992 war für die JF ein Jahr weitreichender Entscheidungen. 2300 Abonnenten und eine Gesamtauflage von knapp 10000 Exemplaren hatte die Zeitung inzwischen erreicht. Dieter Stein faßte ins Auge, das Studium aufzugeben und sich ganz der JUNGEN FREIHEIT zu widmen; die Zeitung bezog erstmals eigene Büroräume, zunächst in der süddeutschen Universitätsstadt Freiburg, 1993 dann in Berlin und wenig später in Potsdam. Zugleich wurde im Oktober 1992 auf der Frankfurter Buchmesse der Beschluß der Öffentlichkeit vorgestellt, die JUNGE FREIHEIT von Januar 1994 an als Wochenzeitung erscheinen zu lassen.

# Rheinisches aus Bonn.

Preußisches aus Potsdam.

**Ab Januar 1994.**

**Die Wöchentliche aus Potsdam.**

**Eigenwerbung der JF im September 1993 für den Start als Wochenzeitung 1994**

Ohne einen finanzstarken Verlag im Hintergrund, ohne in Planungsstäben und Entwicklungsabteilungen gebündelte Fachkompetenz mußte das wie ein unkalkulierbares Wagnis erscheinen. Konservative, schrieb Karlheinz Weißmann schon 1988 in *Criticón* über die JF, täten sich bisweilen schwer mit dem Spontanen und Improvisierten. Im Falle der JF ist es immer wieder geglückt. »Rheinisches aus Bonn – Preußisches aus Potsdam« lautete die selbstbewußte Aussage einer der vorbereitenden Kampagnen und machte indirekt, aber unmißverständlich klar, welchen Konkurrenten die JUNGE FREIHEIT ins Visier nahm: Dem *Rheinischen Merkur* sollte der Rang als führende konservative Wochenzeitung streitig gemacht werden.

Kein Jungunternehmer hat es leicht, wenn er aus seiner Geschäftsidee ein Unternehmen schmieden will. Die Zeitung, die 1990 noch von 24 freien Mitarbeitern gemacht wurde, muß festangestellte Redakteure und Layouter bezahlen, um die Arbeit effektiver zu gestalten. Bankkredite für die Anschubfinanzierung sind für Unternehmensgründer die erste große Hürde. »Es gab Momente, wo wir es versucht haben – keine Chance. Heute bin ich froh darum«, erinnert sich Gründer Dieter Stein. Froh, weil die JF dadurch von keinem Kreditgeber abhängig und zu einer »Zeitung in den Händen ihrer Leser« wurde. Die Herausgeber-GmbH hatte die Mannschaft um Dieter Stein mit Einlagen aus eigenem Vermögen gegründet. Um den Start als Wochenzeitung am 21. Januar 1994 finanzieren zu können, warben mehrere Kampagnen um »Hintermänner« – Teilhaber, die Anteile zeichnen sollten, damit über die Gründung einer Kommanditgesellschaft die Finanzierung der Wochenzeitung sichergestellt werden konnte. Bis zum Wochenzeitungsstart waren zweihunderttausend D-Mark von fünfzig Lesern zusammengekommen. Heute hat die Kommanditgesellschaft über dreihundert Gesellschafter mit einem gezeichneten Kapital von zwei Millionen Euro.

Den hohen Rückhalt ihrer Leser, der die JF auszeichnet, sollte sie in diesen kritischen Jahren auch brauchen. Mit dem Erscheinen im größeren Berliner Format und dem erstmaligen bundesweiten Vertrieb im Zeitschriftenhandel war das nonkonformistische Zeitungsprojekt ins Visier der Verleumder geraten. Noch im selben Jahr hatte die SPD-Politikerin Herta Däubler-Gmelin, später rot-grüne Justizministerin, und im Jahr 1991 die Berufsdenunziantin Ulla Jelpke von der kommunistischen SED-PDS versucht, durch parlamentarische Anfragen die JF als »rechtsextremistisch« zu diffamieren und eine Beobachtung durch den Verfassungsschutz (VS) zu erzwingen. Nach Bekanntgabe der Wochenzeitungspläne ging diese Saat bei gewaltbereiten Linksextremisten auf, die Angriffe auf die JF steigerten sich von 1992 an drastisch: Besucher eines Vortrags von Dieter Stein wurden in Köln krankenhausreif geprügelt, Buch-

+++ Exklusiv: Interview mit Saddam-Anwalt Jacques Vergès, S. 5 +++

Nr. 5/04
23. Januar 2004
19. Jahrgang
JUNGE FREIHEIT Verlag GmbH & Co.
Hohenzollerndamm 27 a
10713 Berlin

# JUNGE FREIHEIT

WOCHENZEITUNG FÜR POLITIK UND KULTUR

EUR 2,90/
Österreich/EUR 3,20/sfr 5,20
A 4084 C

**präsentiert exklusiv**

[redacted] die t[redacted]zeitung

Schlimm: 10 Jahre JF als Wochenzeitung

EUR 2,90 Deutschland | EUR 3,20 Ausland | FREITAG, 23. JANUAR 2004 | NR. 7321 | 4. WOCHE | 26. JAHRGANG | AUSGABE BERLIN

Denk' mal drüber nach.

Irgendwo.

## Durchbruch in Bagdad

Endlich handelt der Kanzler: Mit 1.000 mobilen Frauenbeauftragten fördert die Bundesregierung die Demokratisierung im Irak / George Bush versöhnungsbereit

Lachen befreit: Der designierte irakische Ministerpräsident (Mitte, mit Bart) nimmt mit Erleichterung die ersten beiden deutschen Frauenbeauftragten auf dem Bagdader Flughafen in Empfang. Im Hintergrund zeigen jubelnde Menschenmassen ihre Freude. FOTO: DPA

BAGDAD/BERLIN razfaz ■ Monatelange Versuche, die Situation im Irak zu stabilisieren, haben bislang nur höchst bescheidene Resultate erbracht. Wie jetzt durchsickerte, hat Bundeskanzler Schröder prüfen lassen, welches nichtmilitärische Engagement in Bagdad denkbar wäre. Eine erst kürzlich eingesetzte Arbeitsgruppe der Bundesregierung mit Fachleuten aus SPD und Grünen hat den Einsatz von 1.000 mobilen Frauenbeauftragten im Irak als adäquaten Beitrag der Bundesrepublik gefordert.

Schröder erklärte in der gestrigen Pressekonferenz, islamisch geprägte Gesellschaften bildeten „Macho-Kulturen" aus, die mit westlichen Wertvorstellungen nur schwer in Einklang zu bringen seien. Da diese Frage – „Frauen und anderes Gedöns" (Schröder) – ein Qualitätsmerkmal von Rot-Grün sei, müßten zügig Konsequenzen gezogen werden. 1.000 mobile Frauenbeauftragte sollen jetzt direkt vor Ort dafür sorgen, daß zwischen den rivalisierenden Geschlechtergruppen im Irak künftig besser vermittelt werden kann. „Der Dialog muß von uns geführt werden", so Schröder. „Wir wollen vor allem erst einmal Gesprächsangebote machen", erzählt die zur „Women-Taskforce" gehörende Dörthe Maier. „In einer aggressionsfreien Atmosphäre wollen wir uns für die Erfahrungswelt unserer Partner öffnen."

erlaubt SEITE 1

### erlaubt

**Guten Tag, meine Damen und Herren!**

„Es ist ein Stück Selbstbefreiung, das wir vermitteln wollen", meint die temperamentvolle Dörthe Maier, eine der Women-Taskforce angehörende „mobile Frauenbeauftragte". 1.000 von ihnen will die Bundesregierung im kommenden Monat in den Irak entsenden. Schließlich litten die männlichen Iraker ja auch unter ihrer anerzogenen Rolle. Jetzt gehe es darum, diese Zwänge zu thematisieren und kritisch zu hinterfragen, ergänzt Svenja Marian, die mit 21 zu den jüngsten Teilnehmerinnen gehört. „Den irakischen Patriarchalismus zu zerstören, heißt die irakischen Männer ein Stück weit zu vermenschlichen", meint Marian, die die Gewaltproblematik im Irak auf Denkstrukturen vieler Männer im Zweistromland zurückführt. Damit kann nun auch eine Reformpolitik Früchte tragen, die selbst heute noch manchem in Deutschland Bauchschmerzen bereitet. Es gibt auch positive Nachrichten in diesen tristen Tagen.
**Meinen jedenfalls wir.**

*erlaubt darf nicht heute heißen*

weltsozialgipfel

### Mehr Solidarität, bitte!

Das Weltsozialforum in Bombay ist zu Ende. Seine Bilanz fällt ernüchternd aus. Was einst als ein fröhlicher und bunter Reigen des zivilgesellschaftlichen Protests in Porto Alegre begann, ist zu einer gespenstischen Demonstration der Realitätsferne verkommen.

KOMMENTAR VON FRANCESCA NOIA

Für eine gerechtere Welt können die Menschen nur gemeinsam kämpfen – Reiche und Arme, Mächtige und Ohnmächtige, SoldatInnen und ZivilistInnen. Dies hat man in Bombay offenbar vergessen. Statt dessen wurde polemisiert und polarisiert – nicht allein von der unsäglichen Arundhati Roy.

Wer behauptet, daß die Welt im Krieg steht, handelt genauso verantwortungslos wie jene, die ihn führen. Man verbessert die Lage der benachteiligten Menschen nicht, indem man Katastrophenstimmung unter ihnen erzeugt. Man macht sie damit nur noch mehr unzufrieden.

Boykotte gegen Unternehmen schaden üblicherweise bloß ihren Beschäftigten – vor allem jenen in den am wenigsten entwickelten Staaten ohne soziale Sicherungssysteme. Sie irritieren Investoren und hemmen das Wachstum. Gerade dieses benötigen wir aber, wenn die Globalisierung auch Spielräume zur Umverteilung bieten soll.

Keine Frage, wir brauchen weltweit mehr Solidarität. Solidarität ist aber keine Einbahnstraße. Die Reformkräfte in den Industriestaaten haben einen Anspruch darauf, daß jene, denen sie helfen wollen, ihre Politik nicht desavouieren. Niemand macht den Globalisierungsgegnern aus Asien, Afrika und Lateinamerika einen Vorwurf, daß sie in ihrem politischen Bewußtsein noch nicht so weit sind wie ihre Freunde in der nördlichen Hemisphäre. Sie verfügen eben nicht über 250 Jahre Erfahrungen im Umgang mit Aufklärung und Demokratie. Man darf und muß aber von ihnen verlangen, daß sie sich mäßigen und Bereitschaft zum Lernen zeigen.

Es gibt schon viel zu viele und nicht zu wenige Konflikte auf der Welt. Wir müssen nicht ständig neue hinzuerfinden, sondern sollten Brücken bauen – auch und gerade solche zwischen Bombay und Davos. Im globalen Dorf ist Ruhe und nicht Geschrei die erste Bürgerpflicht. meinung SEITE 10

### Churchill-Papagei löst Krise aus

LONDON razfaz ■ Das deutsche Außenministerium prüft, den britischen Botschafter einzubestellen. Die Beziehungen zwischen Berlin und London sind auf einem Tiefpunkt angelangt. Grund: Wie Agenturen melden, züchtete der verstorbene britische Premierminister Winston Churchill Papageien, die Naziparolen einstudieren mußten. Nur zur Tarnung habe er einem 104 Jahre alten Exemplar „Fuck Hitler" und „Fuck the Nazis" beigebracht, wie der ORF über das Weibchen „Charlie" meldet. Eine Sonderkommission „Braune Vögel" soll nun die Verstrickungen der Downing Street mit einem international operierenden Tauschring von Nazi-Vögeln klären.

## Schluß mit lustig: Kids verbraten Staatsknete

Neues Steuerschlupfloch geschlossen: Nach brutaz-Recherchen will Hans Eichel Eltern endlich zwingen, Taschengeld künftig legal beim Finanzamt zu melden

BERLIN braz ■ „In Zeiten klammer Kassen sollten auch jene Steuerschlupflöcher gestopft werden, die bei den Menschen in verbreitetem Maße ohne Unrechtsbewußtsein ausgenutzt werden", beklagt Staatssekretär Karl Diller (SPD) die seit Jahren grassierende Steuerhinterziehung in deutschen Haushalten.

Nun wird auf Initiative seines Ministeriums bei diesem milliardenschweren Steuerloch regulierend eingeschritten. Nach der Kids-Verbraucheranalyse 2003 (KVA) verfügen Kinder und Jugendliche einschließlich ihrer Sparguthaben über eine Kaufkraft von fast 20,5 Mrd. Euro, 24 Prozent mehr als noch vor zwei Jahren. Würde dieses Geld fortan rechtmäßig versteuert, könne gerade der Bildungssektor, der den Kindern schließlich zugute käme, mit einer Mehreinnahme von über drei Milliarden Euro ab 2005 viel effektiver ausgestattet werden, begründet Dillers Behördenchef Hans Eichel die weitreichenden Konzepte.

„Zudem hätte die Versteuerung der Taschengeldzahlung den positiven Nebeneffekt, daß sich die Kinder auf ihre zukünftige Rolle als Steuerbürger einstellen", scherzt der Sparkommissar.

Gerade diese Verantwortung sei sehr wichtig für Jugendliche, unterstützt auch die Diplom-Psychologin Edith Kußweih-Sorgemann die Pläne der Bundesregierung. „Das gegenwärtige Verhalten der Jüngeren ist gesellschaftlich gesehen als asozial zu bezeichnen." Denn trotz allgemeiner Wirtschaftsflaute schöpften die Kinder und Jugendlichen aus dem Vollen.

Die Kids in Deutschland im Alter von 6 bis 19 Jahren konnten noch nie zuvor über mehr Geld bestimmen. Allerdings gibt die 54jährige zu bedenken, daß die Kaufkraft fortan eingeschränkt werden könnte. Denn zumindest beim Konsum traten die Steppkes laut KVA-Studie bisher nicht auf die Bremse.

Zeigt den Kids die Kante: Eichel stoppt Schwarzgeld an Kids FOTO: DPA

aboservice: telefon 030/25 90[redacted] ■ fax 030/25 90[redacted] ■ abomail[redacted]de ■ [redacted] im internet: www.[redacted]de

FERNSEHEN
### Pflüger toppt Stahnke
Kaum ist die erste Staffel des „Dschungel-Camps" ausgestanden, legt RTL noch ein Brikett nach: In der neuen Staffel sollen sich Politiker mit Ekel-Tests vor laufender Kamera foltern lassen. An der Spitze der durchgeknallten Sado-Maso-Freaks in Nadelstreifen: Friedbert Pflüger, der Prüfungen nach US-Vorbild fordert. SEITE 2

DEMOKRATIE
### Gender parking
Endlich Fortschritte in Afghanistan: Mitarbeiter der deutschen KFOR-Einheiten konnten in Kabul den ersten von insgesamt vier Frauenparkplätzen einrichten. Damit sieht die deutsche Eingreiftruppe eines ihrer Hauptziele bereits jetzt verwirklicht. [redacted] berichtet ausführlich über den harten Kampf um die Durchsetzung. SEITE 5

RECHTSEXTREMISMUS
### Rosa Tarnung
Jetzt versuchen Nazis schon den Christopher Street Day zu unterwandern. Unauffällig gekleidet suchen Braune Unterschlupf, um noch ungehemmter ihre Parolen verbreiten zu können. [redacted] stellt eine Studie vor, wie Betroffene sich besser wehren können und wie man Nazis in Latex erkennen und ausschalten kann. SEITE 8

Satire auf die *taz* in der JF-Ausgabe vom 23. Januar 2004

messe-Veranstaltungen wurden brutal überfallen, das Auto des Chefredakteurs beschädigt, im Januar 1995 sogar in Brand gesteckt, die im Restaurant »Klosterkeller« in Potsdam geplante Pressekonferenz zum Start als Wochenzeitung wurde von rund hundert gewaltbereiten Linksextremisten, sogenannten »Antifaschisten«, heimgesucht. Sie mußte nach Berlin verlegt werden, wo sie schließlich endgültig gewaltsam verhindert wurde. Dem Medieninteresse im In- und Ausland tat das kaum Abbruch. Einen beträchtlichen wirtschaftlichen Schaden verursachten dagegen die Drohungen und Boykottaufrufe, mit denen linke und linksextreme Gruppen und häufig auch Gewerkschaften Kioskverkäufer und Anzeigenkunden der JF überzogen. Erst als Wochenzeitung konnte die JF überhaupt professionell und wirtschaftlich um Anzeigenkunden werben. Dieses Geschäft, das Teil der Gesamtplanung war, traf nun auf größte Schwierigkeiten.

Im Herbst 1994 erreichten die Angriffe eine bisher noch nicht dagewesene Stufe: Mit vorgehaltener Pistole raubten am 4. Oktober unbekannte Täter aus der Weimarer Union-Druckerei die Verteilerschlüssel für den Kioskverkauf und die Adreßetiketten aller Bezieher der JUNGEN FREIHEIT, die später zur Einschüchterung von Abonnenten verwendet werden sollten. Für die noch junge Zeitung war dies eine existenzgefährdende Bedrohung: Jeder Abonnent, der wegbrach, nagte empfindlich an der Substanz. Doch das Gros der Leser blieb ihrer Zeitung treu. Ende Oktober konnte nur die Polizei einen Angriff von tausend militanten Linksextremisten auf die Potsdamer Redaktionsräume der JF verhindern. Und am 4. Dezember 1994 explodieren in der Weimarer Druckerei der JF zwei Brandsätze und verursachen einen Schaden von 1,5 Millionen Mark, während in Berlin gleichzeitig zwei Transportfahrzeuge von Pressevertrieben, die die JUNGE FREIHEIT im Sortiment haben, in Flammen aufgehen. Die Täter laufen bis heute frei herum, der Generalbundesanwalt stellte seine offenkundig weniger engagierten Ermittlungen rasch ein. Die *taz* dagegen veröffentlichte zwei Wochen nach dem Anschlag ein Bekennerschreiben von »Revolutionären Lesbenfrauengruppen und anderen revolutionären Gruppen«, das »kein Rederecht für, keinen Dialog mit Faschisten und Faschistinnen« postulierte.

Spätestens da wird deutlich, was die *taz* von der JUNGEN FREIHEIT fundamental unterscheidet. Das linke Blatt, das angetreten war, um die Presselandschaft aufzubrechen, pflegte eine enge Liaison mit dem gewalttätigen Linksextremismus. Und unter der rot-grünen Koalition im Bund war die *taz* als Leib- und Magenzeitung einer Regierungspartei endgültig zur betulichen Gouvernante der politischen Korrektheit geworden. Die Satire-Ausgabe, mit der die JF zum zehnjährigen Wochenzeitungsjubiläum 2004 das frühere Vorbild bedachte, hat die *taz* sich daher wahrlich verdient.

Mit ungläubigem Staunen hatten die JF-Mitarbeiter nach dem ersten Überfall auf die Druckerei noch zur Kenntnis genommen, daß niemand, weder in der Parteipolitik noch in den etablierten Medien, diesen Anschlag auf die Pressefreiheit in Deutschland als Skandal beim Namen nannte und sich für die mutmaßlichen Verstrickungen von SED-PDS- und Gewerkschaftsseilschaften interessierte, die aus einem Boykottflugblatt mit Insider-Wissen aus dem Täterkreis hervorging. Nur die JF selbst berichtete über den Überfall und erhielt dafür viel Aufmunterung von den Lesern und einige trotzige Neuabonnenten, die die wenigen Panik-Kündigungen ausgleichen konnten. Der Brandanschlag dagegen ließ sich nicht mehr verschweigen, nicht zuletzt, weil die JF selbst einen aufsehenerregenden »Appell für die Pressefreiheit« initiierte, der schließlich von zahlreichen Prominenten von links bis rechts, von Daniel Cohn-Bendit bis Peter Gauweiler, unterzeichnet wurde.

Ganz anders dagegen die Reaktion staatlicher Stellen: Statt etwa in seinem Zuständigkeitsbereich den rechtsstaatsfeindlichen Umtrieben gewalttätiger Linksextremisten entgegenzutreten, die sich irreführend als »Antifaschisten« tarnen, erfüllte der nordrhein-westfälische Innenminister den SPD- und PDS-Denunziantinnen Däubler-Gmelin und Jelpke ihren Wunsch und stellte die JUNGE FREIHEIT unter Generalverdacht. Der im Mai 1995 erschienene NRW-Verfassungsschutzbericht für das Jahr 1994 behauptet erstmals, es gebe »tatsächliche Anhaltspunkte für den Verdacht rechtsextremistischer Bestrebungen in der JF« – ein direkter Angriff auf die Pressefreiheit und eine »skandalöse und in der deutschen Pressegeschichte einmalige Diskriminierung einer Zeitung« (Alexander von Stahl).

## 1995 bis 2005: Eine Zeitung setzt sich durch

Zehn Jahre sollte der Kampf der JUNGEN FREIHEIT gegen diese beispiellose Diskriminierung eines unabhängigen Presseorgans durch staatliche Stellen dauern, aber er sollte mit einem Sieg enden. Schon kurz nach der Entscheidung des NRW-Innenministeriums hatte der Grundgesetzkommentator Hans Heinrich Rupp scharf gegen diesen Eingriff in die Pressefreiheit protestiert. Nachdem auch im darauffolgenden Jahr 1996 der Verfassungsschutzbericht für Nordrhein-Westfalen den Vorwurf unvermindert wieder erhoben hatte – er sollte diese Praxis alljährlich bis 2005 fortsetzen, der zwischenzeitliche Regierungswechsel zu einer CDU/FDP-Koalition machte bei dieser rechtswidrigen Praxis keinen Unterschied –, erhob die JF Anfang August 1996 Klage vor dem Verwaltungsgericht Düsseldorf und ging anschließend durch alle Instanzen: Auf die Ablehnung der Klage durch das Verwaltungsgericht Düsseldorf am 14. Februar 1997 folgte am 17. April 1997 die Berufung beim Oberverwaltungsgericht Münster. Nach dessen Negativentscheidung am 22. Mai 2001 reichte die JF am 23. Juni 2001 Verfassungsbeschwerde in Karlsruhe ein. Und die führte schließlich zum Erfolg: Am 24. Mai 2005 hebt Karlsruhe die Urteile der Verwaltungs- und Oberverwaltungsgerichte auf und verweist das Verfahren mit erheblichen Auflagen nach Düsseldorf zurück. Die JUNGE FREIHEIT ist von dem angedichteten Makel befreit, der den Vorwand für zahllose Schikanen und Diskriminierungen geboten und die Arbeit eines Presseorgans in unzulässiger Weise behindert hatte, weil er immer wieder potentielle Autoren, Interviewpartner, Leser, Abonnenten und Förderer, Anzeigenkunden und Werbepartner abgeschreckt hatte. (Mehr zur Chronologie des Skandals lesen Sie im Kapitel 14 »Angriffe auf die Pressefreiheit« ab Seite 239.)

In der rechtswissenschaftlichen Literatur erregte der Prozeß durch alle Instanzen, den zuerst der frühere FDP-Politiker und Gründer des »Bund Freier Bürger« Manfred Brunner und seit dem Frühjahr 2002 vor dem Bundesverfassungsgericht der ehemalige Generalbundesanwalt Alexander von Stahl als Prozeßvertreter geführt hatten, einiges Aufsehen. In der veröffentlichten Meinung fand der Erfolg der JF ebenfalls ein Echo, das freilich mitunter unscheinbar ausfiel; mancher Redakteur, der eben noch von den Parolen aus dem Innenministerium geleitet die JF als »Nazi-Zeitung« denunziert hatte, empfand vielleicht auch die Peinlichkeit. Die Innenministerien Nordrhein-Westfalens, aber auch Baden-Württembergs und des Bundes, die dem undemokratischen Beispiel aus NRW gefolgt waren, stellten die rechtswidrige Erwähnung der JF in den VS-Berichten stillschweigend ein. Von den zuständigen Behörden kam keine offizielle Stellungnahme, kein Wort des Bedauerns oder der Einsicht – auch eine Form von Rechtsstaatsverachtung.

Im kräftezehrenden Kampf gegen die VS-Beobachtung, in dem die JF schließlich der Pressefreiheit eine Gasse schlagen konnte, und in der juristischen Gegenwehr gegen die vielen daraus abgeleiteten Verleumdungen bewährte sich die JF als »Leserzeitung«, die ihre Unabhängigkeit der Solidarität der Leser, Freunde und Förderer verdankt. Als Gesellschafter und Spender, die immer wieder mithalfen, die beträchtlichen Prozeßkosten zu decken und Werbekampagnen für die Gewinnung neuer Abonnenten mitzufinanzieren, aber auch durch die tatkräftige Beteiligung an Solidaritätskampagnen und durch engagierte Proteste gegen Diskriminierungsmaßnahmen haben sie gemeinsam mit der idealistischen und opferbereiten Redaktionsmannschaft in kritischen Phasen während der neunziger Jahre mehr als einmal das Überleben der Zeitung überhaupt ermöglicht. Zu Beginn des langen Prozeßweges steuerte die JF im Sommer 1996 »in

**SPD-Urgestein Egon Bahr mit Dieter Stein im November 2004 beim JF-Interview im Willy-Brandt-Haus**

eine ihrer schwersten Krisen«, wie Chefredakteur Dieter Stein schrieb. Um Unterstützung gegen die Diffamierung durch die VS-Beobachtung und damit einhergehende Anzeigen- und Verkaufsboykotte zu organisieren, waren wenige Monate zuvor die »Freunde der JUNGEN FREIHEIT« gegründet worden. Bereits die ersten drei Spendenaufrufe brachten eine halbe Million Mark zusammen; und auch eine Abonnenten-Werbekampagne, um die Basis der Zeitung zu stärken, konnte finanziert werden. Das Projekt hatte wieder eine Zukunft.

»Ich sehe eine Tendenz, daß man rechte Positionen immer mit rechtsextremen in einen Topf wirft. Für mich ist die JUNGE FREIHEIT ein Medium, das innerhalb des demokratischen Systems steht«, hatte *Focus*-Chefredakteur Helmut Markwort in der Auseinandersetzung mit dem NRW-Verfassungsschutz eindeutig und frühzeitig Partei für die JF ergriffen. Diesen Respekt hat sich die JF nicht zuletzt durch ihre klare Linie erworben, mit der Chefredakteur Dieter Stein sich durchgesetzt hat. Geschichtspolitisch steht diese Linie für ein geläutertes Nationalbewußtsein, das sich zur ganzen deutschen Geschichte bekennt und die dunklen Seiten nicht leugnet, aber auch die positiven Anknüpfungspunkte sieht und gebührend hervorhebt. Seit dem 50. Jahrestag des Attentats vom 20. Juli 1944, dem die JF ein großes Interview mit Freya von Moltke widmet, wird der deutsche Widerstand und die Tat Stauffenbergs in der JUNGEN FREIHEIT breiter und fundierter als in jedem anderen Medium behandelt; das hat der JF Anerkennung über die Parteigrenzen hinweg gewonnen, auch von namhaften Sozialdemokraten wie Egon Bahr. Nachdem der frühere Vertraute des SPD-Vorsitzenden und Bundeskanzlers Willy Brandt für ein Interview in der JF Anfang November 2004 von Parteifreunden und Medien kritisiert wurde, erklärte er im Kulturmagazin »Kulturzeit« (3sat): »Ich habe die Zeitung über Monate ein bißchen verfolgt, fand sie interessant, intelligent, rechtskonservativ – aber nicht nazistisch – und habe gedacht, nachdem ich gesehen habe, daß sie auch den 20. Juli fabelhaft behandelt haben, einschließlich der dortigen Sozialdemokraten, ich könnte ein Interview geben. Mir kommt es doch auf den Inhalt an! Ich sehe mit Entsetzen, daß man sich darauf beschränkt, zu diskutieren, ob ich der Zeitung ein Interview hätte geben sollen.«

JF-Aufkleber gegen politische Korrektheit

Gewonnen hat die JF seit ihrem Wochenzeitungsstart auch eine Reihe prominenter konservativer Autoren. Seit 1995 veröffentlicht der Philosophieprofessor Günter Zehm seine »Pankraz«-Kolumne in der JUNGEN FREIHEIT, nachdem sein letzter Text für den *Rheinischen Merkur* dort zensiert worden war. »Pankraz« war in der Tageszeitung *Die Welt* zur Institution geworden, wechselte wegen der Linksdrift der Zeitung nach dem Tod des Verlegers Axel Springer zum *Rheinischen Merkur* und hat seit nunmehr sechzehn Jahren seine Heimat in der JUNGEN FREIHEIT. Der Weg, den Günter Zehms »Pankraz« genommen hat, ist zugleich Sinnbild und Symptom der Erosion konservativer Positionen in der etablierten Tages- und Wochenpresse. So ist es nur folgerichtig, daß im Jahr 2000 Carl Gustaf Ströhm, von 1972 bis 1999 Osteuropa-Korrespondent der *Welt*, ebenfalls als Kolumnist zur JF stieß – mit der Begründung: »Es gibt im heutigen Deutschland keine konservative Tageszeitung.« Der Doyen des Auslandsjournalismus und Buchautor Peter Scholl-Latour, der »unabhängige Geister in der deutschen Medienlandschaft« schätzt, ist ebenso langjähriger JF-Autor wie der frühere Präsident des Gesamtdeutschen Instituts, Detlef Kühn, oder Wilhelm Hankel, Wirtschaftswissenschaftler und früherer Berater des SPD-Ministers Karl Schiller. Aus den Reihen der *Frankfurter Allgemeinen Zeitung* haben in den letzten Jahren Klaus Peter Krause, Günther Gillessen und Konrad Adam zur JF gefunden sowie der mit dem renommierten Theodor-Wolff-Preis ausgezeichnete Karl Feldmeyer. In seiner seit 1976 ausgeübten Korrespondententätigkeit über viele Jahre hinweg unbestrittene Autorität in sicherheitspolitischen Fragen, hatte er auch die Ausgrenzung und Anfeindung dessen erfahren, der sich in Deutschland unbeirrt für die Wiedervereinigung und

Selbstbestimmung der eigenen Nation einsetzt – darin fühlte er sich nach eigenem Bekunden mit den Machern der JF verbunden.

Eine Folge der VS-Diffamierung war, daß Interviewpartner der JUNGEN FREIHEIT von einschlägiger Seite ein ums andere Mal mit Beschimpfungen und Distanzierungsforderungen überzogen wurden, weil sie mit einer »rechten« Zeitung gesprochen hätten. »Wer der JF ein Interview gibt, riskiert eine Kampagne«, schrieb die *Welt* einmal. Da es einer geschickten Redaktion trotzdem immer wieder gelang, für das ganzseitige Interview auf Seite 3, eine Institution seit den frühen Neunzigern, immer wieder prominente und kontroverse Gesprächspartner zu finden, steigerte dies letztlich nur den Bekanntheitsgrad der Zeitung.

Deren eigene Kampagnenfähigkeit stieg dank der Solidarität ihrer Leser und Förderer auch kontinuierlich und trug wesentlich zur Stabilisierung und zum Erfolg der JUNGEN FREIHEIT bei. JF-Leser unterschreiben und unterstützen bereitwillig Appelle für Pressefreiheit, wenn ihre Zeitung ausgegrenzt und diffamiert werden soll, und sind als Leserbriefschreiber und Protestanrufer bei den Feinden der Pressefreiheit gefürchtet. Ebenso steigt die Professionalität und Mobilisierungsfähigkeit der JF selbst, nicht nur bei Abwehrmaßnahmen, sondern zunehmend beim Setzen eigener Themen. Immer noch populär sind die schon in den Neunzigern verbreiteten Aufkleber der Kampagne gegen »politische Korrektheit« mit dem prägnanten Motto »PC – nein danke!« Mit fundierten Sonderbeilagen zu Schwerpunktthemen – Mauerfall und bürgerliche Revolution von 1848, Bombenkrieg und Vertreibung, 20. Juli 1944 oder 8. Mai 1945 – setzt die Zeitung ihre geschichtspolitischen Akzente, sammelt Erinnerungen und Erfahrungen ihrer Leserschaft und bewahrt sie vor dem Vergessen.

Die JUNGE FREIHEIT ist längst nicht mehr nur Zeitung, sie prägt eine ganze konservative Landschaft. Früh entfaltete die JF Aktivitäten zur Organisation des vorpolitischen Raumes, aus dem konservative Strömungen und Institutionen immer rascher verschwanden. Ein erster Ansatz waren die von 1993 bis 1995 abgehaltenen »Sommeruniversitäten« für interessierte junge Leute. Der JF-Buchdienst ist nicht nur ein wichtiges wirtschaftliches Standbein, er trägt auch entscheidend zur Verbreitung und Popularisierung nonkonformer Literatur bei. Mit eigenen Buchpublikationen schuf sich die JUNGE FREIHEIT ein weiteres wirksames Sprachrohr; seit 1999 erscheint die *Edition JF*, im JF-Verlag erscheinen Sammelbände und eigenständige Monographien namhafter Autoren, und mit aktuellen Broschüren rüstet sich die JF für die Auseinandersetzung mit unbelehrbaren Denunzianten wie dem baden-württembergischen SPD-Politiker Stephan Braun, der sich durch Kleinigkeiten wie Verfassungsgerichtsurteile noch lange nicht in seinem Verleumdungsfeldzug gegen eine ihm politisch mißliebige Zeitung beirren läßt.

Durch ihr jährliches Sommerfest, in dem die Realität der »Leserzeitung« in enger Verbundenheit von Lesern, Förderern und Redaktionsmannschaft gelebt wird, und durch die Verleihung des Gerhard-Löwenthal-Preises für Publizistik hat die JUNGE FREIHEIT ihre Stellung als zentrales Netzwerk und Kristallisationspunkt der Konservativen in Deutschland weiter gefestigt. Mit der Weiterführung der Förderstiftung für Konservative Bildung und Forschung (FKBF) und der »Bibliothek des Konservatismus« unter dem Vorsitz von Dieter Stein wird das Erbe Caspar von Schrenck-Notzings als konservative Integrationsfigur fortgesetzt. Legitimer Nachfolger seiner Zeitschrift *Criticón* ist das vom Institut für Staatspolitik (IfS) herausgegebene Theorieorgan *Sezession*. Das ausgeleierte linke Argument, die JF erfülle eine »Scharnierfunktion« zwischen der »Mitte der Gesellschaft« und einem nur nebulös definierten »Rechtsextremismus« – ein Argument, das ersonnen wurde, um jede nichtlinke Strömung unter Generalverdacht zu stellen – enthält letztlich eine widerwillige Bestätigung der Bedeutung dieser Zeitung: Zu Beginn des 21. Jahrhunderts ist die JUNGE FREIHEIT mediale Stimme und bestens vernetzte Institution des deutschen Konservatismus, an der niemand vorbeikommt.

## 2006 bis heute: Solitär im deutschen Blätterwald

In einem großen Interview mit dem Verleger Götz Kubitschek zum zwanzigjährigen Bestehen der JUNGEN FREIHEIT gab Chefredakteur Dieter Stein unter anderem das Ziel aus, den *Rheinischen Merkur* binnen fünf Jahren als Nummer zwei der deutschen Wochenzeitungen nach dem Marktführer *Zeit* abzulösen. So lange sollte es nicht dauern: Im Herbst 2010 wurde der hochdefizitäre *Rheinische Merkur* von seinen Hauptgeldgebern, den deutschen katholischen Bischöfen, endgültig eingestellt. Gemessen an der verkauften Auflage hatte die JUNGE FREIHEIT den einstigen Konkurrenten wohl sogar schon vorher überholt. Das Übernahmegebot von JF-Chefredakteur Dieter Stein wurde, erwartbar, nicht angenommen; als »Beilage« im Papierberg der linksliberalen *Zeit* geht der ehrwürdige *Rheinische Merkur* in absehbarer Zeit seiner vollständigen Beerdigung entgegen.

Damit ist – nach dem *Deutschen Allgemeinen Sonntagsblatt*, der *Woche* und der *Wochenpost* – bereits die vierte überregionale Wochenzeitung, die noch existiert hatte, als die JF selbst als neue Wochenzeitung den deutschen Zeitungsmarkt betrat, aus dem Handel verschwunden. In der weitgehend links und liberal dominierten und von wirtschaftlichen Konzentrationsprozessen gekennzeichneten deutschen Medienlandschaft ist die JUNGE FREIHEIT nicht nur als konservative überregionale Zeitung eine Sondererscheinung, sondern auch als eigenständige und konzernunabhängige Zeitung.

Der deutsche Zeitungsmarkt ist zwar der größte in Europa, die Vielfalt im deutschen Blätterwald ist aber geringer, als es auf den ersten Blick scheint. Die Zahl der Verlagsbetriebe, die Tageszeitungen herausbringen, hat sich in den letzten fünfzig Jahren fast halbiert. Die Zahl der redaktionellen Ausgaben, also der Zeitungstitel, ist zwar weniger stark gesunken; viele Zeitungen sind heute aber »Mantelausgaben«, die die Seiten mit der überregionalen Berichterstattung von Ausland bis Sport von einer Großredaktion beziehen und selbst nur noch einige Lokalseiten gestalten. Die Zahl der »Vollredaktionen«, die eine komplette Zeitung erstellen, hat sich von 1954 bis zur Wende ebenfalls fast halbiert, von 225 auf 119; durch das Hinzukommen des mitteldeutschen Marktes stieg die Zahl zwar 1991 wieder an, um seither erneut kräftig zu schrumpfen. Diese publizistische und Verlagskonzentration hat dazu geführt, daß ein Großteil der scheinbar eigenständigen Zeitungen in Deutschland tatsächlich zu einem der großen Verlagskonzerne wie Springer,

**Buchbestände der 2011 neu eingerichteten Bibliothek des Konservatismus der Förderstiftung für Konservative Bildung und Forschung (FKBF)**

Holtzbrinck, Bauer, Burda oder Gruner + Jahr gehört. Damit einher geht eine beträchtliche Auflagenkonzentration; mehr als die Hälfte der gesamten Zeitungsauflage in Deutschland wird von lediglich drei Prozent der Zeitungsverlage auf den Markt gebracht. Die SPD ist über ihre Medienholding, die zahlreiche Zeitungsbeteiligungen hält, ebenfalls ein großer Spieler im Verlagsgeschäft; hinzu treten regionale Monopolisten wie die Kölner DuMont-Verlagsgruppe. Konkurrierende Lokal- und Regionalzeitungen sind oft die ersten, die »gefressen« werden; mit dem Ergebnis, daß mehr als vierzig Prozent der deutschen Bevölkerung sich an ihrem Wohnort nur aus einer einzigen Zeitung über lokale Ereignisse informieren können. 1969 betrug dieser Anteil nur zwanzig Prozent.

Ökonomische Zwänge – dazu gehört zum Beispiel der Rückgang des lukrativen Stellenanzeigengeschäfts im Zeitalter der Internet-Jobbörsen –, die Profit- und Rationalisierungsinteressen der Großverlage, die in letzter Zeit dazu übergehen, Zeitungsredaktionen in »Pools« zusammenzulegen, aber auch politischer Konformismus und die direkten und indirekten Medienengagements der Parteien sind die wesentlichen Faktoren, die die deutsche Zeitungslandschaft schrumpfen und inhaltlich verarmen lassen. Zwar bietet die sich ausbreitende Monokultur bei der Lokalpresse Chancen für überregionale Zeitungen – aber nur, wenn sie mehr bieten als das tägliche Einerlei der überall abgedruckten Agenturmeldungen, die ein politisch Interessierter heute längst schon im Internet gelesen hat.

Hier liegt zweifellos ein Schlüssel zum Verständnis der Ausnahmestellung der JUNGEN FREIHEIT, die in einem schrumpfenden Markt kontinuierlich steigende Auflagen verzeichnet und im letzten Jahrzehnt gleich mehrere erfolgreiche Werbekampagnen durchführen konnte, um neue Abonnenten zu gewinnen: Eine Zeitung, die klassische journalistische Werte hochhält, den Schwerpunkt auf eigene Recherchen und Reportagen setzt, sich dabei auf langfristig bedeutsame Ereignisse und Fragestellungen konzentriert, statt auf jeden Medienhype aufzuspringen, eine Zeitung, die Hintergründe ausleuchtet und ihre Standpunkte fundiert vertritt, kann sich von der Masse abheben. Und wenn sie als eine der wenigen überregionalen Zeitungen in Deutschland unabhängig von kommerziellen Interessen Dritter und von politischen Geldgebern und Einflußnehmern und nur der Zustimmung und Unterstützung ihrer Leser verpflichtet ist, kann sie sich auch die Freiheit nehmen, Tabuthemen und heiße Eisen anzupacken, die andere vorsichtshalber lieber liegenlassen: EU-Bürokratie und Souveränitätsverlust, die Negativ-Seiten von Einwanderung und Multikulturalismus, Linksextremismus und innere Sicherheit, um nur einige zu nennen; andere Themen, wie das Verschwinden des konservativen Elements aus der deutschen Parteienlandschaft, haben sie von Anfang an begleitet.

Wer so eigenständig positioniert ist, braucht schließlich auch die »Konkurrenz« des Internets nicht zu fürchten, die aufgrund der Masse an frei verfügbarer Information vor allem dem Tageszeitungsmarkt schwer zusetzt. Die JUNGE FREIHEIT hat die Chancen, die die neuen elektronischen Medien für die Ausweitung der Meinungsfreiheit bieten, früh erkannt und thematisiert. Seit dem 9. November 1996 ist die JF unter www.jungefreiheit.de auch selbst im Internet aufzufinden. Wurden zunächst die Artikel der aktuellen Ausgaben schneller und weltweit verfügbar gemacht und im Laufe der Jahre ein umfangreiches Archiv für die Recherche in früheren Ausgaben aufgebaut, füllt der Internetauftritt der JF seit der Komplett-Überarbeitung 2007 zunehmend die Lücke zwischen konservativer Wochen- und Tageszeitung durch eine eigene Online-Redaktion, die täglich mit aktuellen Meldungen und Kolumnen aufwartet.

Manchem heute Zwanzig- oder Dreißigjährigen, den die JF bei seiner politischen Sozialisation begleitet hat, muß die Wochenzeitung aus Berlin als eine Institution erscheinen, die »immer schon da war«. Institutionen wie die JF fallen aber nicht vom Himmel. Ihr Aufbau muß hart erkämpft werden. Um blanke Selbstverständlichkeiten im Mediengeschäft wie die Teilnahme an den Buchmessen in Frankfurt am Main und Leipzig oder die Aufnahme ihres Hauptstadtkorrespondenten in die Bundespressekonferenz mußte die JUNGE FREIHEIT lange und kräftezehrend kämpfen, zum Teil bis heute. Immer wieder von neuem müssen rechtswidrige Übergriffe abgewehrt werden, wie 2001 der Versuch der Postbank, der JF die Konten zu kündigen.

Daß die JUNGE FREIHEIT kein Generationenprojekt einer Gruppe von Schüler- und Studentenzeitungsmachern geblieben ist und auch nicht den Weg vieler mit großen Hoffnungen gestarteter und bald gescheiterter konservativer Zeitungsprojekte gegangen ist, verdankt sie dem langen Atem und dem Augenmaß, dem Idealismus und der Opferbereitschaft von Lesern, Förderern und Blattmachern. Bleiben ihr diese erhalten, muß ihr auch in den nächsten 25 Jahren nicht bange sein.

---

**Michael Paulwitz,** Jahrgang 1964, ist freiberuflicher Publizist, Lektor und Übersetzer. Er schreibt unter anderem regelmäßig für die JUNGE FREIHEIT.

4

**Bernhard Lukau**

# Wie alles anfing

Ein Vierteljahrhundert ist eine lange Zeit. Ich erinnere mich an schönes Wetter und grünes Gras. Damals, als wir den Anbau unserer »Hütte«, wie wir unser Gartenhäuschen nennen, fertigzimmerten. Aus Baumaterialien unterschiedlichster Herkunft: Die Gipsplatten der Innendecke stammten aus irgendwelchen Restbeständen der Pädagogischen Hochschule Freiburg-Littenweiler, die Stahlträger des Fußbodens aus unserer abgerissenen Scheune im Markgräflerland aus Vorkriegszeiten, das Dachgebälk war Gebrauchtholz und, einmal aufgesägt, um die Menge der Sparren zu verdoppeln, zwar schwach, aber immerhin so stabil, daß es im Verbund doch bis heute Bestand hat. Studenten haben kein Geld für größere Investitionen welcher Art auch immer ...

Mein Bruder Karl, der – zwei Jahre jünger als ich – damals sein Studium der Agrarwissenschaften in Stuttgart-Hohenheim abgeschlossen hatte (mittlerweile ist er nach Kolumbien ausgewandert) und ich waren über meinen Freund Franz Brunner, mit dem zusammen ich Katholische Theologie in Freiburg im Breisgau studiert hatte, mit Dieter Steins Republikaner-Projekt bekannt geworden. Ich selbst studierte seit Herbst 1984 im Zweitstudium Indogermanische Sprachwissenschaft und Romanistik. Von Politik hatten wir keine Ahnung, aber wir hatten etwas Luft, Zeit, uns »neue Horizonte« zu erschließen. Die Hütte um einen Anbau zu erweitern, der uns als Versammlungsraum dienen würde, war eine wichtige Sache, und da kannten wir uns als Handwerkersöhne aus. Dieter und seine Schwester Monika halfen uns; ich sehe immer noch, wie sie die Verandatür mit weißem Lack streicht.

Der von unserem Kreis in Freiburg gegründete Kreisverband der Republikaner hatte nicht lange Bestand. Da waren einige politikbegeisterte Zeitgenossen mit Rucksäcken voller Ideen, was alles angestrebt und gefordert und verwirklicht werden sollte. Nur, so begeistert wir gestartet waren, so entschieden traten wir alle miteinander wieder aus, nachdem der glücklose Mitgründer der Republikaner, der Bundestagsabgeordnete Franz Handlos, die Führung der jungen Partei an den Journalisten und Fernsehmoderator Franz Schönhuber hatte abgeben müssen. Um unsere Loyalität unter Beweis zu stellen, waren wir unverzüglich in Handlos' neue Freiheitliche Volkspartei (FVP) eingetreten und einmal sogar nach Niederbayern zu einer Delegiertenversammlung gefahren. Franz Handlos wußte das zu schätzen: Am 12. Juli 1985 besuchte er den Kreisverband Freiburg. Nach der Veranstaltung im Gasthaus Fortuna im nahen Kirchzarten ging es noch zu unserer Hütte zum Grillen. Im Gästebuch sagt der Ehrengast verbindlich zu, er werde »den freiheitlichen Obstbranntwein zu würdigen wissen« – schade, daß dieser Mann, der bei der Bundestagswahl 1983 als CSU-Kandidat mit 73,6 Prozent das höchste Erststimmenergebnis erreichte, von der politischen Bildfläche verschwunden ist. Ein Drittel

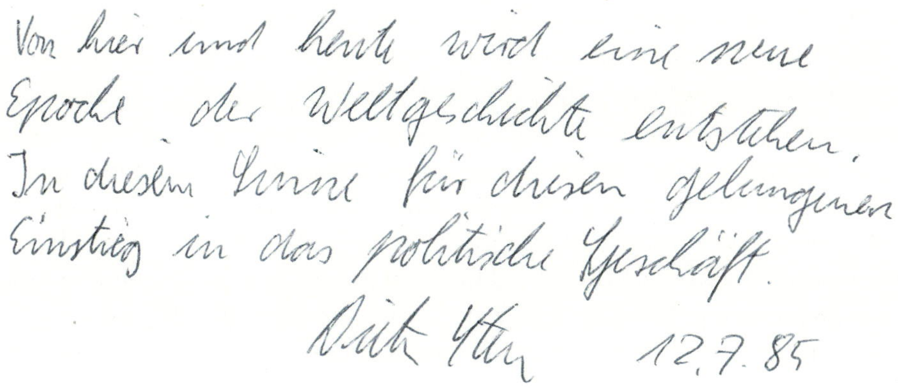

Von hier und heute wird eine neue
Epoche der Weltgeschichte entstehen.
In diesem Sinne für diesen gelungenen
Einstieg in das politische Geschäft.
Dieter Stein 12.7.85

**»Von hier und heute wird eine neue Epoche der Weltgeschichte entstehen«: Gästebucheintrag Dieter Steins in der Kappeler Hütte vom 12. Juli 1985**

Intrigen aushecken, ein weiteres Drittel, um Intrigen abzuwehren, und ein letztes Drittel reguläre politische Arbeit, dies sei der Alltag eines Parlamentariers – dieses Wort des Abgeordneten von damals ist uns geblieben.

Auch der Freiheitlichen Volkspartei war kein Glück beschieden, trotz tatkräftiger Unterstützung von Helmut Kölbel aus Karlsruhe, dem Bundesgeschäftsführer der Neugründung, dessen 100-DM-Spende bis heute ihrer Bestimmung harrt. Das Unternehmen verlief, wie sich zeigen sollte, im Sande. Die Mitglieder zu weit verstreut, die Entfernungen zu groß, der Aufschwung der Schönhuber-Partei für uns demotivierend.

Aber, keine Lethargie mit Dieter Stein. Wie hatte er am Tag des Handlos-Besuches in das Gästebuch geschrieben: »Von hier und heute wird eine neue Epoche der Weltgeschichte entstehen. In diesem Sinne für diesen gelungenen Einstieg in das politische Geschäft. Dieter Stein«. Ein in der Euphorie nicht recht ausformulierter Satz: Wo der Wunsch »viel Erfolg« zu erwarten wäre, steht sein Name – als Platzhalter für den uns allen gewünschten Erfolg sozusagen.

Tatsächlich kam im Frühsommer des folgenden Jahres, als der Mißerfolg der neuerlichen Parteigründung sich abzeichnete, der Vorschlag von Dieter Stein, eine Zeitung herauszugeben. Als Herausgeber einer Schülerzeitung wußte er, wie er das realisieren würde. Es war seine Idee. Ich ließ mich mitreißen von seiner Begeisterung und seinem Tatendrang. Er war von Anfang an der *spiritus rector* des Projekts in inhaltlicher Hinsicht, und die anfallenden Arbeiten erledigte er – allein.

Die große Frage war, wie die Zeitung heißen sollte. Mein eigener Vorschlag dazu entstammte dem altfranzösischen Rolandslied. Darin wird die Abwehrschlacht des Neffen Karls des Großen, Roland, des Grafen der Bretagne, beschrieben, die er der muselmanischen Übermacht bei Roncesvalles in den Pyrenäen liefert. Als alle fränkischen Krieger erschlagen auf dem Schlachtfeld darniederliegen, entschließt sich Roland, sein berühmtes elfenbeinernes Horn zu blasen, genannt »Olifant« (etymologisch zu Elefant), um damit Karl den Großen, der schon weit ins heimatliche Frankenland hinein vorgerückt war, zu Hilfe zu rufen. Durch die Wahl dieses Namens – das war meine Idee – sollte der Gedanke der Notwendigkeit der Mobilisierung aller Kräfte zur Bewahrung unserer christlich-abendländischen Kultur zum Ausdruck gebracht werden. Nun, durchsetzen konnte ich mich mit dem Vorschlag nicht. Doch das Thema ist aktueller denn je. Und Dieter Steins Zeitung hat das Verdienst, wie Graf Roland vor Zeiten Stellung zu halten in den Wüsteneien des Zeitgeistes hierzulande, auch wenn das der Name seiner JUNGEN FREIHEIT bestimmt nicht vermuten läßt.

Unser Gartenhäuschen, die Hütte, ist zum »historischen Ort« geworden. Das klingt amüsant und ordentlich übertrieben. Aber je mehr Jahre die JUNGE FREIHEIT besteht, desto wahrer wird's.

**Grillhütte im Garten der Familie Lukau in Freiburg-Littenweiler (Aufnahme aus dem Film »20 Jahre JF«)**

Thorsten Thaler (Text)
Moritz Schwarz (Interview)

# Der Chefredakteur

Dieter Stein kennenzulernen braucht Zeit. Sein ruhiges, zurückhaltendes, gelegentlich fast scheues, zuweilen auch spröde wirkendes Auftreten läßt kaum die Leidenschaft und Hingabe, die Willensstärke und Durchsetzungskraft erahnen, mit der er sein berufliches Lebensprojekt betreibt: den stetigen Aufbau und Ausbau der Wochenzeitung JUNGE FREIHEIT zu einer konservativen Gegenstimme in der deutschen Presselandschaft. Seit einem Vierteljahrhundert nun arbeitet er beharrlich und ehrgeizig an diesem Projekt. Dabei ist ihm dieser Weg keineswegs vorbestimmt gewesen. 1967 in Ingolstadt geboren, zwei ältere Brüder, zwei jüngere Schwestern, größtenteils aufgewachsen in einer Gemeinde bei Freiburg im Breisgau, entstammt Dieter Stein väterlicherseits einer Familie von Pfarrern, Kaufleuten und Soldaten. Sein Urgroßvater Theodor Stein war von Beruf Gymnasiallehrer und kämpfte als Hauptmann eines bayerischen Infanterieregiments; er fiel in der Schlacht um Verdun im Juli 1916 im Alter von nur 35 Jahren. Der Großvater Hans-Joachim Stein war Rechtsanwalt, der Vater Soldat. Der studierte Militärhistoriker Hans-Peter Stein diente bei der Bundeswehr, zuletzt im Rang eines Oberstleutnants, arbeitete sieben Jahre für den Bundesnachrichtendienst (BND) in Pullach sowie beim Militärgeschichtlichen Forschungsamt (MGFA) in Freiburg. 1984 veröffentlichte er ein Standardwerk über *Symbole und Zeremoniell in deutschen Streitkräften vom 18. bis 20. Jahrhundert*. Er starb nach langer, schwerer Krankheit 1994 im Alter von 57 Jahren.

Ein Bild aus dem Juli 1988 zeigt nicht nur einen mit Stolz erfüllten Dieter Stein in Uniform als Wehrdienstleistender, wie er für diese Aufnahme vor seinem ebenfalls uniformierten Vater salutiert. Es spiegelt auch den Vorbildcharakter des Vaters wider, der Dieter Stein offensichtlich geprägt hat. Zu seinen frühesten Kindheitserinnerungen gehören Szenen, wie der Vater dem Fünfjährigen und seinen Geschwistern Geschichten vorliest; zum Beispiel Detlev von Liliencrons Ballade von dem einfachen Sylter Fischer Pidder Lüng, der sich gegen die dänische Herrschaft zur Wehr setzt und noch im Sterben ruft: »Lewwer duad üs Slaav!« – Lieber tot als Sklave! In einem Interview zum zwanzigjährigen Bestehen der JUNGEN FREIHEIT hat Dieter Stein von dieser Erinnerung berichtet und bekannt: »Wenn ich vielleicht nicht bei jeder Schulhofkeilerei oder anderen Gelegenheiten der Mutigste war, dieser Freiheitswille war ein Leitstern.«

In der Familie wurde viel und auch kontrovers diskutiert, bei allen unterschiedlichen Auffassungen herrschte im Hause Stein eine liberale Atmosphäre. Politisches Interesse und Engagement gehörten selbstverständlich dazu. Steins Vater war zeitweise SPD-Mitglied, einige seiner Geschwister engagieren sich bei den Grünen. Eines der in den achtziger Jahren wichtigsten Themen war die widernatürliche Spaltung Deutschlands; ein Teil der Vorfahren stammt aus

**Dieter Stein in seinem Büro am Hohenzollerndamm in Berlin**

# Mehr Streit um Inhalte

VON DIETER STEIN

Der Beitrag von Hans-Ulrich Pieper („Schuldig ohne Ende?", JF 36/98) ist zum Auslöser für eine lebhafte redaktionelle Diskussion in der JUNGEN FREIHEIT geworden. Die „reeducation" (Umerziehung) in Deutschland nach 1945 durch die USA war Thema des Aufsatzes von Hans-Ulrich Pieper. Die Fakten sind unstrittig. Sie sind von Caspar von Schrenck-Notzing („Charakterwäsche", 1965) aufgearbeitet worden und mittlerweile wissenschaftlich anerkannt.

Dahinter steckt jedoch ein grundsätzliches Problem: Eine Lebenslüge der deutschen Rechten, die sich aus dem Thema „Umerziehung" speist. Dem unmenschlichen und von jedem redlichen Historiker abgelehnten Vorwurf der Kollektivschuld gegen die Deutschen wird immer wieder gerade von rechts begegnet, indem die Verantwortung eines verbrecherischen Regimes zerredet wird, aus Akteuren Getriebene und aus vom Dritten Reich im Namen Deutschlands begangenen Verbrechen, Deutschland „zugeordnete Exzesse" (Pieper) gemacht werden.

Hans-Ulrich Pieper schreibt der psychologischen Kriegsführung der Amerikaner zu, den „totalen Sieg über Deutschland" vollendet zu haben, das Jahr 1945 habe die „Umwertung aller Werte" gebracht, die Offiziere der Reeducation hätten den Auftrag gehabt, „den deutschen Michel von dem Wertesystem seiner geistigen Autoritäten abzubringen, auf die er bisher mit Stolz blicken durfte". Zur Zertrümmerung der deutschen Werte haben aber zuletzt die US-Offiziere und ihre Helfer beigetragen. Sie stießen demonstrativ vom Sockel, was das nationalsozialistische Regime bereits vorher zerstört hatte. Den Vorwurf, den man der Reeducation jedoch zu Recht machen muß, ist, daß durch sie edle deutsche Traditionen, derer sich der Nationalsozialismus trotz aller krampfhafter Anstrengungen nicht bemächtigen konnte, nun als Vorläufer des NS deklariert und für ihn in Haftung genommen wurden – Traditionen und Werte, die Frauen und Männer in den Widerstand gegen Hitler trieben.

Statt dessen bemüht Pieper rechte Legenden, die USA seien ausgezogen, um Deutschland neben Demokratie, Freiheit und Christentum auch „Coca-Cola und Kaugummi" zu bringen. In Wahrheit wurde Coca-Cola im Deutschen Reich seit 1929 getrunken (erster Konzessionär war der Boxer Max Schmeling) und erst seit 1941 im Zuge der Kriegswirtschaft wegen Zuckermangels durch die noch heute verbreitete Limonade „Fanta" („Fantasiegetränk") ersetzt.

Was ist eigentlich in Deutschland heute „rechts"? Hans-Dieter Schütt erklärte im Rahmen der Debatte „Wie national muß die Linke sein?" im *Neuen Deutschland*, „eine intellektuelle Rechte macht allein durch ihre Existenz auch auf langjährige Verfehlungen" der Linken aufmerksam. Mit anderen Worten: Die Rechte stellt die Ansammlung linker Defizite dar? Natürlich gibt es erlesene intellektuelle Standortbestimmungen von rechts. Es gibt eine prächtige Geistestradition von rechts, von Pareto über Jünger bis Gehlen. Botho Strauß verfaßte – kurz nach den ausländerfeindlichen Ausschreitungen in Rostock, Hoyerswerda, Mölln 1992 und der aufgeflammten Diskussion um eine „Gefahr von rechts" – eine dichterische Definition dieses Begriffes: „Rechts zu sein, nicht aus billiger Überzeugung, aus gemeinen Absichten, sondern von ganzem Wesen, das ist, die Übermacht einer Erinnerung zu erleben: die den Menschen ergreift, weniger den Staatsbürger, die ihn vereinsamt und erschüttert inmitten der modernen aufgeklärten Verhältnisse, in denen er sein gewöhnliches Leben führt. Die Durchdrungenheit bedarf nicht der abscheulichen und lächerlichen Maskerade einer hündischen Nachahmung, des Griffs in den Secondhandshop der Unheilsgeschichte. Es handelt sich um einen anderen Akt der Auflehnung: gegen die Totalherrschaft der Gegenwart, die dem Individuum jede Anwesenheit von unaufgeklärter Vergangenheit, von geschichtlichem Gewordensein, von mythischer Zeit rauben und ausmerzen will."

**Warum bezeichnen sich Menschen als „rechts"? Es ist offenbar ein Konglomerat an Motiven – der Bezug auf die Nation und ihren Selbstbehauptungswillen ist ein Hauptmotiv.**

Warum bezeichnen sich aber – abgesehen von Intellektuellen und Dichtern – Menschen als „rechts"? Es ist offenbar ein Konglomerat von Motiven, darunter besonders stark die Ablehnung herrschender Politik aus Gründen, die schlicht „links" nicht artikuliert werden. Der Bezug auf die Nation und ihren Selbstbehauptungswillen ist hier ein Hauptmotiv.

Roland Wehl hat in seinem Beitrag „Was ist heute 'national'?" den Finger in einige rechte Wunden gelegt. Er hat bewußt die „Rechte" jenseits von Ideen, Denkern und Theorien als Alltagsphänomen betrachtet, das für jeden, der aufmerksam hinschaut, mit Händen zu greifen ist. Roland Wehl hat anhand einiger plastischer Beispiele vor Augen geführt, wie untauglich der Begriff „rechts" einerseits ist, Menschen unterschiedlichster Art unter einen Hut zu bringen, zu welchen absurden „Bündnissen" andererseits das vermeintliche „Rechtssein" aber immer wieder führt. Er beschreibt das windelweiche Vorstandsmitglied eines Unternehmens, das zu feige ist, sich zu seinen popeligen konservativen Überzeugungen zu bekennen, der aber sagt, „Ich denke genauso wie Sie!" Ist Feigheit rechts?

Er beschreibt den servil als Philosemitismus verpackten Antisemitismus von Rechten, die aus einem deutschen Juden einen „Deutschland verbundenen" „bewußten Juden" machen.

Er beschreibt den Größenwahn „rechter" Parteipolitiker, die lieber von „Material" als von Menschen sprechen und sich wundern, warum so keine Menschen zu gewinnen sind. Er zeigt, daß allein die Konfrontation mit der Linken einen sozial sensibilisierten Rechten in Koalitionen mit Großunternehmern treibt, denen Profit alles, das Wohl des Landes aber nichts bedeutet, der etwas gegen Gewerkschaften tun will und glaubt, deshalb „Rechter" zu sein. Warum sagt überhaupt jemand: „Das ist einer von uns!"?

Roland Wehl berührt das verlogene oder teilweise ungeklärte Verhältnis der Rechten zum Widerstand im Dritten Reich, der oft eher eine Feigenblattfunktion ausübt. Es fehlt eine offensivere Würdigung und Vertretung des Vermächtnisses des nationalen Widerstandes gegen das NS-Regime, die Integration der Leitbilder – nicht nur des 20. Juli 1944 – in die rechte politische Kultur, die sich als breite Identifikationsmöglichkeit und Orientierung für junge Deutsche anbietet.

Roland Wehl berührt den objektiven Befund, daß einerseits rechts oft von „nationaler Solidarität" die Rede ist, andererseits sozialdarwinistische Ansichten („survival of the fittest") hoch im Kurs stehen. Verachtung gegenüber sozial Schwachen, gegenüber „Sozialschmarotzern" ist unleugbarer Bestandteil „rechter" Alltagskultur.

Manuel Ochsenreiter warf Roland Wehl „Anbiederung" an die Linke vor. Als Beleg führt er den Satz an, den Roland Wehl in einem Beitrag für das *Neue Deutschland* schrieb: „Die antinationale Haltung der Linken hat immer nur der Rechten genutzt." Das ist eine nackte Feststellung. Man kann ihn auch umkehren: Die antisoziale Haltung der Rechten hat immer nur der Linken genutzt. Beide Sätze sind verallgemeinernd, beinhalten aber einen ernsten Kern. Und mehr noch: Weil das Nationale in Deutschland im Gegensatz zu anderen Staaten für die Rechte reserviert zu sein scheint, kann es sich die Rechte leisten, inhaltlich auf vielen anderen Gebieten so einfalls- und profillos zu sein.

Ursächlich an Zustand, Bild und inhaltlicher Darstellung dessen, was in Deutschland rechts eingeordnet wird und sich „rechts" definiert, ist nicht – wie allzu oft larmoyant behauptet wird – die Darstellung in der Öffentlichkeit und vorhandene Klischees, sondern schuld sind die Betroffenen überwiegend selbst. Das muß ich selbstkritisch als Chefredakteur einer „rechten Wochenzeitung" eingestehen.

Wie ist es möglich, daß die *Zeit* in ihrer jüngsten Ausgabe „Rechts wird schick" titelt, um den Trend unter Jugendlichen dann damit zu begründen, hinter der um sich greifender Ideologiefreiheit unter Jugendlichen gewinne asozialer Egoismus nach dem Motto „Wehe dem, der schwach ist" die Oberhand, die Jugend entwickele sich in eine Richtung, „wo eine überzogene Individualisierung keine Solidarität mehr gedeihen läßt und die Hilflosen halt auf der Strekke bleiben". Als weiteren Beleg zieht die *Zeit* heran, daß Bürger- und Umweltinitiativen unter Mitgliederschwund und mangelndem jugendlichen Engagement leiden. Alles Symptome für einen Rechts-Trend? Ist rechts wirklich gleichzusetzen mit Ego-Trip und Entsolidarisierung?

Die Erfolglosigkeit rechter Parteiprojekte bei den Wahlen trotz großer potentieller Stimmenanteile hat nun wieder eine Diskussion angefacht über die Zersplitterung und Zerstrittenheit des rechten oder nationalen Lagers. Es sind nun einige, die daran appellieren, es gelte das Trennende zu überwinden, „Rechte an einen Tisch". So schreibt beispielsweise diesen Monat der aus der FDP ausgetretene Heiner Kappel, Stellvertreter des BFB-Vorsitzenden Manfred Brunner, in einem Rundbrief: „Die Rechten, die Patrioten, die's wirklich noch mit der Demokratie ernst meinen, haben nichts wichtigeres zu tun, als sich stets neu und mit aller Kraft voneinander abzugrenzen. (...) Würden ihr Abgrenzungsgeschwätz und ihre kräftigen Distanzierungsschwüre nicht so laut tönen, sie könnten das Gelächter der Linken über so viel politische Einfalt nicht überhören."

**Die Rechte ist keinesfalls zu zerstritten, sie hat vielmehr zuwenig oder überhaupt keine Streitkultur. Wir brauchen also nicht weniger, sondern viel, viel mehr inhaltlichen Streit auf der Rechten.**

Kappels These unterstellt, in der „Rechten" gäbe es starke Gemeinsamkeiten, Gegensätze existierten lediglich wegen des Außendrucks, nämlich des latenten Extremismusvorwurfs („Nähe zu Rechtsextremisten") durch linke Gruppen, Medien und Innenministerien. Also grenzen sich Parteien, Organisationen und Personen lediglich „taktisch" voneinander ab.

Unter diesem Außendruck des permanenten Vorwurfes, der Verdächtigung solidarisieren sich aber Menschen, die ursprünglich inhaltlich völlig verschiedenen Ideen anhingen. In einem Akt der Fremdbestimmung werden inhaltliche Differenzen über Bord geworfen und es sitzen plötzlich Menschen in einem Boot, in dem sie ursprünglich nicht gemeinsam sitzen wollten.

Ich stelle folgende These auf: Die Rechte ist keinesfalls zu zerstritten, sie hat vielmehr zuwenig oder überhaupt keine Streitkultur. Wir brauchen also nicht weniger, sondern viel, viel mehr inhaltlichen Streit auf der Rechten. Wie schwierig das ist, habe ich erfahren müssen, als ich Alfred Mechtersheimer für seine Bündnisangebote an die DVU kritisierte, ohne daß er offenlegte, welche inhaltlichen Gemeinsamkeiten er als Pazifist und Basisdemokrat mit dem *Nationalzeitungs*-Verleger Frey sieht. Schade ist, daß Mechtersheimer inhaltlich bis heute nicht darauf reagiert hat.

Auf den Tisch müssen die Themen, die wirklich zu produktivem Streit und Dissens führen und bei denen die Rechte derzeit regelmäßig durch eigene Schuld in die Defensive gerät. Dies wird bestimmt nicht dazu führen, daß sich alle einig sind, daß aber die in einem Boot sitzen, die auch hineingehören:

1.) Welche Idee der Gemeinschaft verbirgt sich hinter dem Begriff der Nation? Wie sehen rechte Entwürfe für die Integration von Ausländern aus?

2.) Wie ernst meint es die Rechte, wenn sie die soziale Frage stellt? Ist dies eine Masche, mit der man orientierungslose Jugendliche ködert, oder geht es wirklich um den Schutz der Schwächsten und die Solidarität zwischen allen Teilen der Gemeinschaft – zu der auch (nicht erst seit dem 20. Jahrhundert aufgenommene) Ausländer zählen? Wer ist verantwortlich für die unkontrollierte Einwanderung? Die einzelnen Ausländer oder die Unternehmen, die vom Sozialdumping profitieren und die Politiker, die die Gesetzesunsicherheit zu verantworten haben und die Lage verharmlosen?

3.) Wie ist das demokratische Selbstverständnis der Rechten? Ist beispielsweise die Forderung nach Volksentscheiden nur Mittel zum Zweck?

Eines zeigt die Debatte „Was ist heute 'national'?" überdeutlich: Es stellt sich die Frage nach dem Sinn der Begriffe „Links" und „Rechts" angesichts des Scheiterns der Ideologien und der Auflösung der politischen Lager. Nur: Diese Feststellung ist ein ziemlich alter Hut. Wer die Aktualität dieser politischen Begriffe in Frage stellt, kann sich den Vorwurf der Feigheit einhandeln. In einer Gesellschaft, in der der Begriff „Rechts" gezielt zur Diffamierung und Ausgrenzung von unliebsamen Positionen verwendet wird, in der es als anstößig gilt, sich als Rechter zu „outen", ist es allein schon ein Akt von Zivilcourage und Bürgerrechtsbewußtsein, sich diesem Begriff zu stellen. Dabei besteht die Gefahr, daß man sich die eigene Positionierung vom politischen Gegner diktieren läßt. Deshalb ist der Streit um Inhalte auch so wichtig.

**Ausriß Titelseite „Die Zeit":** Asoziale Entwicklungen werden rechts eingeordnet – ohne Grund?

---

**Dieter Stein** (31) ist Chefredakteur der JUNGEN FREIHEIT. Er antwortet auf Hans-Ulrich Pieper, „Schuldig ohne Ende" (JF 36/98), Roland Wehl, „Was ist heute 'national'?" (JF 37/98), Werner Olles, „Die eigene Krise ermessen" und Manuel Ochsenreiter „Konfrontation mit der Jugend" (JF 38/98).

**Debattenbeitrag zum Selbstverständnis** **(JF-Ausgabe vom 18. September 1998)**

Pommern und Posen, Verwandte lebten in Erfurt, Dresden und Weimar. Steins Vater, der mit seiner Familie 1945 vor der Roten Armee aus Potsdam flüchten mußte, wollte sich zeitlebens nicht mit dem Zustand der Teilung abfinden. Unbeirrbar hielt er an dem Ziel der nationalen Einheit in Freiheit fest. Während Dieter Stein in der Schule mit Lehrern haderte, die sich mit der Teilung arrangiert hatten, sie sogar als eine logische und nicht revidierbare Folge des verlorenen Zweiten Weltkrieges betrachteten, vermittelte sein Vater ihm ein anderes Geschichtsdenken. In dem erwähnten Interview vor fünf Jahren schilderte Dieter Stein eine Urlaubswanderung mit dem Vater an die gesprengten Elbbrükken. Mit Blick auf die andere Seite erklärte Stein senior den Kindern: »Dort drüben geht Deutschland weiter.« So brannte sich die deutsche Frage tief in das wachsende politische Bewußtsein Dieter Steins ein. Sie wurde zum Dreh- und Angelpunkt seines Denkens. Seit Anfang der achtziger Jahre beschäftigten ihn Überlegungen, wie die Teilung Deutschlands überwunden werden könne. Er war überzeugt davon, daß die Wiedervereinigung »die Voraussetzung für die Wiedergewinnung unserer Souveränität, des Wiedereintritts Deutschlands als geschichtliches Subjekt nach jahrzehntelanger Fremdbestimmung« war.

Zu dieser Position beigetragen haben auch Steins Lektüren jener Jahre, allen voran das Buch *Die deutsche Einheit kommt bestimmt*. Der im Frühjahr 1982 von dem Historiker und Publizisten Wolfgang Venohr herausgegebene Band versammelte Autoren unterschiedlichster politischer Herkunft, »Rechte« wie »Linke«, die den Status quo der deutschen Teilung in Frage stellten. Für damalige Verhältnisse war das Buch eine Sensation, es fand Leser beiderseits der Teilungsgrenze und im Ausland, wie sich der Mitautor Herbert Ammon erinnert, plötzlich war die unerwünschte deutsche Frage »ins Bewußtsein der politischen Klassen in Ost und West zurückgekehrt«. Auf Dieter Stein übte dieser Sammelband eine fesselnde Wirkung aus. In der Gedenkschrift für den 2005 verstorbenen Wolfgang Venohr erinnert er sich, wie er als 14jähriger Schüler das Buch *Die deutsche Einheit kommt bestimmt* in einem Hamburger Kaufhaus entdeckte und wie sehr es ihn mitgerissen habe. »Venohr ist mitverantwortlich dafür, daß ich kurz darauf begann, mich politisch zu engagieren.«

Im Jahr darauf, 1983, beteiligte sich der Gymnasiast Dieter Stein, der zwischenzeitlich in die Junge Union eingetreten war, an der Gründung der Schülerzeitung *Lindwurm*. Es war nach der auf einer Schreibmaschine getippten *Aktuellen Familienzeitung*, mit der Stein sich für höheres Taschengeld und neue Fahrräder einsetzte, und der in 40 Exemplaren hergestellten Klassenzeitung *Die Zeitung* bereits das dritte Zeitungsprojekt des Schülers. Stein rückblickend: »Ich war elektrisiert von der Anziehungskraft gedruckter gegenüber handgeschriebenen Buchstaben.«

Auf die Themen, die den angehenden Journalisten und Zeitungsmacher damals umtrieben, besonders eben die deutsche Frage, reagierten die meisten Mitschüler und seine Lehrer bestenfalls desinteressiert – sehr zum Verdruß von Dieter Stein. Gleichgesinnte fand er hingegen im Gesamtdeutschen Studentenverband (GDS). Bereits als Schüler trat er 1984 diesem offiziellen Studentenverband des Bundes der Vertriebenen bei und besuchte dessen deutschlandpolitische Seminare. Dort lernte er auch die späteren JF-Mitstreiter Peter Boßdorf und Martin Schmidt kennen. Auf diesen Seminaren, erinnert sich Stein, wurde ebenso lebhaft wie auf einem hohen intellektuellen Niveau über Alternativen zur regierungsoffiziellen Deutschlandpolitik diskutiert. Zudem bildeten sie eine Art Korrektiv für Steins schulische Erfahrungen. 1988 rechnete er in einem polemischen Aufsatz in der Abiturzeitung mit seinen Geschichtslehrern ab: »Vollends zur Farce gerät der Unterricht, wenn der Schüler sogar das höchste Gut dieses demokratischen Staates, nämlich das Grundgesetz, gegen die Attacken verbal marodierender Lehrkräfte verteidigen muß. Hemmungslos wird da die Präambel und der grundgesetzliche Auftrag, die nationale Einheit anzustreben, angepinkelt, gilt es als chic, die Aktualität der deutschen Frage anzuzweifeln. (…) Ich hatte in den sieben Jahren am Kolleg keinen Geschichtslehrer, der nicht bestens die Interessen der die Teilung aufrechterhaltenden Mächte gerechtfertigt hätte. Schüchtern vorgetragene Fragen, wieso Deutschland geteilt ist und was man für die Einheit tun könne, kurz Fragen also, wie sie sich die Väter des Grundgesetzes wünschten, werden hohnlächelnd vom Tisch gewischt, die Fragestellenden bisweilen als naiv, blauäugig etc. lächerlich gemacht. Der junge Staatsbürger wird von Staatsdienern der letzten Utopie beraubt, die dieser Staat ihnen zugesteht.«

Es ist dieser Widerspruchsgeist gegen die jeweiligen Zumutungen der Zeitläufte, der Dieter Steins Handeln bis heute bestimmt. Als Chefredakteur der JUNGEN FREIHEIT und inzwischen vierfacher Familienvater hat er ein waches Auge für politische und gesellschaftliche Mißstände. Auf die Frage, was er in seinem Leben bewirken wolle, antwortete er einst: »Dinge tun, die notwendig sind.«

***Herr Stein, die Umstände der Gründung der JUNGEN FREIHEIT erscheinen rückblikkend recht wundersam. Hatten Sie ursprünglich überhaupt auch nur im Ansatz die Idee, daß daraus eine Wochenzeitung werden solle?***
**Stein:** Nein, überhaupt nicht. Eigentlich war die JF zunächst nicht als rein journalistisches Projekt, sondern als Informationsorgan der politischen Jugendorganisation einer Partei gegründet worden, der ich aus Enttäuschung über das 1982 nicht eingelöste Kohl-Versprechen einer geistig-moralischen Wende beigetreten bin.

***Dann ist der CDU-Kanzler Helmut Kohl der »Vater« der JF?***
**Stein:** Ihr Geburtshelfer sozusagen. Mit fünfzehn wurde ich Mitglied der Jungen Union, weil ich mich für die Wiedervereinigung Deutschlands einsetzen wollte und glaubte, die CDU sei der richtige Platz dafür. 1984 wechselte ich aber – wie gesagt, weil Kohl sein entscheidendes Wahlversprechen nicht hielt und auch keine Initiativen in der Deutschlandpolitik entwickelte – zu den »Republikanern«, die bekanntlich von zwei 1983 aus der CSU ausgetretenen Bundestagsabgeordneten gegründet worden waren. Als es dort wiederum 1985 zu einem Richtungsstreit kam, habe ich mich der gemäßigteren Abspaltung angeschlossen, die sich in Anlehnung an die FPÖ »Freiheitliche Volkspartei« nannte. Dort wollte ich nun mit anderen die Jugendorganisation der Partei aufbauen, die Freiheitliche Jugend – und die JF sollte zunächst unsere Verbandszeitung sein – daher auch der Name: JUNGE FREIHEIT.

***Dann hatten Sie mit Journalismus ursprünglich gar nichts am Hut?***
**Stein:** Ganz im Gegenteil, vielleicht sollte ja alles so kommen, denn ich hatte schon früh ein großes Interesse am Schreiben und am Zeitungmachen.

***Sie sollen bereits als Zwölfjähriger Ihre erste Zeitung gemacht haben.***
**Stein:** Ja! Und zwar die *Aktuelle Familienzeitung*. Auflage: ein Exemplar! Dort ging es um die verkehrsunsicheren alten Fahrräder von uns Geschwistern und die Forderung nach höherem Taschengeld. Die Wirkung des gedruckten Wortes hat mich fasziniert! Von dieser Zeitung erschienen insgesamt sieben Ausgaben. Mit vierzehn habe ich dann eine Klassenzeitung gemacht, Titel: *Die Zeitung* – Auflage: 30 Exemplare. Später, als ich als Klassensprecher in der Schülermitverwaltung saß, habe ich mit anderen die Schülerzeitung neu gegründet: den *Lindwurm*.

***Die JF ist also quasi die Fortsetzung Ihrer Familienzeitung?***
**Stein:** Sozusagen, ich habe mich von Zeitungsprojekt zu Zeitungsprojekt wei-

**Dieter Steins Schreibmaschine, mit der er die JF-Korrespondenz in den ersten Jahren erledigte**

tergearbeitet, zur JF führt ein fast nahtloser Übergang. Irgendeine Zeitung habe ich immer gemacht.

***Vor wenigen Jahren wurde das Haus Ihrer Familie in Kirchzarten bei Freiburg im Breisgau abgerissen – und damit auch das erste Redaktionsgebäude der JF.***

**Stein:** So ist es, denn die erste JF-Redaktion war mein etwa 15 Quadratmeter großes Kinderzimmer, und eine alte Schreibmaschine, die mir meine Patentante geschenkt hatte, als ich zehn Jahre alt war, war am Anfang praktisch das gesamte Redaktionsinventar. Darauf habe ich Artikel getippt und die Korrespondenz gemacht, so sind die ersten Ausgaben der JF entstanden. Auflage 400 Stück und schon richtiger Offsetdruck in der örtlichen Druckerei! Diese Schreibmaschine vermute ich übrigens auch als Auslöser für meine Begeisterung für das gedruckte Schreiben.

***Woher hatte eine »Kinderzimmerzeitung« so viele Abonnenten?***

**Stein:** Durch die Parteiarbeit und den Aufruf für die Jugendorganisation hatten

# Aktuelle Familienzeitung

## DRITTE AUSGABE ©by D.STEIN VERLAG

### WIE SIEHT EIN VERKEHS-SICHERES FAHRRAD AUS?

Es ist Dunkel.Du **willst** noch schnell einen Freund besuchen und schwingst dich auf dein Fahrrad.Bevor du losfährst schaltest du noch deinen Dynamo ein..Doch beim Fahren stellst du fest daß dein Licht nicht nicht geht. Du lässt dein Fahrad also lieber Daheim.
Der ADAC hat ein Fahrrad entwickelt ,das zur verkehrssicherheit und nat.zu deiner eigenen Sicherheit auch beiträgt.Außerdem bringen wir auf Seite 3 ein Photo auf dem ein verkehrssicheres Fahrrad darauf abgebildet ist.
Das Zahlenschloss ohne Schlüssel ist übrigens sehr praktisch weil du den Schlüssel nicht verlieren kannst.FREIHÄNDIG fahren macht spaß ist aber auch ganz schon gefährlich.Deshalb solltest du nur dort Freihändig fahren wo keine Autos fahren.
(Vortsetzung auf Seite5)

### "ROLLER-DISCO"

Am Samstag,6.Oktober,läuft ab 19.ooUhr in der Schauenberghalle der FT1844 in der Schwarzwaltstrasse der dritte Roller-Disco Abend. Der gute Zuspruch des Pub-

weiter auf Seite drei unter"Sonstiges"

1

Dieter Steins erste journalistische Gehversuche, 1979

wir 1986 etwa 100 Interessentenanschriften gesammelt. Diese haben wir dann mit den ersten Ausgaben kostenlos beschickt. Trotz der Startauflage von 400 Stück hatten wir Ende des Jahres erst 30 Abonnenten. Aufgrund erster Berichte über die JF in anderen kleinen konservativen Zeitschriften kamen weitere Anschriften hinzu – dennoch, es entwickelte sich, und später konnte ich übrigens auch in ein anderes Zimmer in unserem Haus umziehen, und das alte Kinderzimmer wurde so ganz zum Büro mit Telefon, Fax, PC und Unmengen von Papier- und JF-Stapeln.

***1988 machten Sie Abitur und mußten zur Bundeswehr. Wie konnte die JF da weiter erscheinen?***

**Stein:** Ich hatte mich zu den Panzeraufklärern nach Lüneburg gemeldet, wollte ursprünglich Reserveoffizier werden und mich eventuell länger verpflichten. Das hieß am Wochenende sieben Stunden nach Freiburg gondeln und sieben Stunden wieder zurück. Und in der kurzen Zeit zu Hause im Schnelldurchgang die JF-Redaktionsarbeit und Korrespondenz erledigen. Zwar erschien die JF damals nur zweimonatlich, dennoch war das natürlich eine ziemliche Belastung.

***Was fasziniert Sie eigentlich so am Zeitungmachen?***

**Stein:** Alles, angefangen vom Schriftenzeichnen, dem Entwerfen von Layouts, dem Gestalten bis hin zu den politischen Inhalten. Die Wirkung des gedruckten Wortes ist faszinierend!

***Was ist aus Ihrem parteipolitischen Engagement geworden?***

**Stein:** Die Freiheitliche Volkspartei ist 1986 kläglich gescheitert, bei der Bayerischen Landtagswahl erzielten wir nur niederschmetternde 0,4 Prozent. Kurz danach, im Frühjahr 1987, haben ich und meine Freiburger Freunde dann die Partei verlassen, und ich bin seitdem nie wieder in eine andere eingetreten.

***Warum?***

**Stein:** Weil ich eine prägende Erfahrung gemacht habe, nämlich daß all die Bemühungen engagierter Bürger, die für ihr Land etwas auf die Beine stellen wollen, an der Ignoranz der Medien scheitern; denn man wird verschwiegen, lächerlich und schlecht gemacht. Ohne faire Medien oder eigenen Zugriff auf Medien ist also jedes politische Engagement zum Scheitern verurteilt. Obwohl wir auf dem Papier eine Demokratie haben, in der die Bürger frei sind, sich auch mit neuen Parteien zu organisieren, herrscht faktisch ein Kartell, das diese Möglichkeit – zumal für die konservative, rechte Seite des politischen Spek-

Zwei Szenarien zur Veränderung der JUNGEN FREIHEIT und ihre Finanzierung

(bisher/unverändert/: 12 Seiten, Druck Schweizer Kirchzarten)
Szenario I: 16 Seiten, Druck wie bisher
Szenario II: 12 Seiten, Fotosatz und Druck Verlag Bublies, Koblenz

(Kosten für 5 Ausgaben/Jahr; Versand vorausgesetzt 200 verschickt)

| | Szenario I | Szenario II | unverändert |
|---|---|---|---|
| Versand: | 800,00 | 800,00 | 800,00 |
| Druck: | 2000,00 | 2000,00 | 1500,00 |
| sonst.Porto: | 160,00 | 160,00 | 160,00 |
| sonst.Kosten: | 300,00 | 300,00 | 300,00 |
| | 3260,00 | 3260,00 | 2760,00 |

Einnahmen

(Vorausg, 100 Abonnenten, Erw./Junge= 4:1)
(Vorausgesetzt Abonnementgebühren SzenarioI+II: 14,-/7,-DM, bisher 10/5)

| | Szenario I | Szenario II | unverändert |
|---|---|---|---|
| Abonnenten: | 1260,00 | 1260,00 | 900,00 |
| Spenden: | 450,00 | 450,00 | 450,00 |
| Erwartetes Anzeigenaufkommen 5x1/2 Seite: | 500,00 | 500,00 | 500,00 |
| | 2210,00 | 2210,00 | 1850,00 |
| Abzügl. Kosten Restsoll: | 1050,00 | 1050,00 | 910,00 |

- - - - - - - - - - - - - - - - - - - - - - - - - - - - - - - - - - - -

Bei der Umlage eines Restsolls von ca. 1000,00 DM entfallen bei 5 Redaktionsmitgliedern pro Jahr DM 200,00, bzw. pro JUNGE-FREIHEIT-Ausgabe DM 40,00 an.

Vorschlag: 50,- Beitrag jedes Redaktionsmitgliedes pro Ausgabe, zur Deckung der Unkosten.

11.88 14/

**Kostenaufstellung von Dieter Stein für das Jahr 1988**

trums – nahezu unmöglich macht. Und die vermeintlich unabhängigen Medien tragen dies weitgehend mit, indem sie alternative Bewegungen lächerlich machen oder totschweigen. Diese Lehre hat bei mir die Idee verdichtet, daß man sich vorrangig publizistisch engagieren muß.

***Den Parteiengedanken haben Sie ganz und gar aufgegeben?***
**Stein:** Das Thema der dringend notwendigen Ergänzung unseres parteipolitischen Spektrums beschäftigt die JF und mich bis heute. Und ich empfinde nach wie vor, daß es da unbedingt eine funktionierende Alternative braucht.

***Immer wieder treten Leser an Sie heran mit der Forderung nach Gründung einer »JF-Partei«.***
**Stein:** JF-Partei, Merz-Partei, Sarrazin-Partei – Die JF verfehlt ihre Aufgabe, wenn sie ihre parteipolitische Unabhängigkeit aufgibt. Wenn die JF sich einer Partei verschreiben würde, dann wäre die Möglichkeit zur unabhängigen Berichterstattung rasch gefährdet. Die JF hat ihre Funktion, und der wollen wir gerecht werden.

***Also ist die JF jetzt ein politisches Projekt oder nicht?***
**Stein:** Ja, sie ist ein politisches Projekt, insofern wir klar fordern, daß es in Deutschland politische Veränderungen geben muß und wir durch unsere Berichterstattung dazu beitragen wollen. Wenn wir keine politische Leidenschaft hätten, brauchte es die JF nicht. Also politisch ja, aber nicht parteipolitisch. Was nicht ausschließt, daß wir fair, konstruktiv und mit besonderem Augenmerk über alternative Parteiprojekte berichten – ganz im Gegenteil.

***Neben der JF gab es in den achtziger Jahren noch etliche andere alternative konservative Zeitschriftenprojekte, viele davon waren schon viel weiter fortgeschritten als die JF, ein Magazin wie* Criticón *gar schon fast etabliert. Warum hat ausgerechnet die JF alle anderen überrundet?***
**Stein:** Gute Frage ... Zu der Zeit gab es in der Tat noch etliche andere, etwa der *student*, angeblich damals sogar die größte Studentenzeitung Westdeutschlands, die von Verbindungsstudenten getragen wurde und 40 000 Stück Auflage hatte und bundesweit verbreitet wurde. Bruno Bandulet war übrigens einer ihrer Chefredakteure! *Criticón* haben Sie schon erwähnt, außerdem *Mut*, das damals noch ein konservativeres Profil hatte. Es gab die Studentenzeitung *Münchner Freiheit*, die nationalrevolutionären Blätter *Neue Zeit*, *wir selbst*, *Aufbruch*, *Europa vorn*, *DESG Inform* usw. Vielleicht war unsere Stärke gerade, daß wir jung und neu waren. Ich denke schon, daß es ein ganz besonderer Ehrgeiz

und Elan war, der uns damals ausgemacht hat. Wir hatten diesen Anspruch, aus unserem Blatt eine richtige Zeitung zu machen. Dabei war es von Anfang an ein defizitäres Projekt, das muß immer wieder gesagt werden, ein richtiges Selbstausbeutungsprojekt. Ich fand es geradezu herausfordernd, wenn es immer wieder hieß: »Mehr ist nicht möglich.« Die Larmoyanz, das Sicheinrichten in einer politischen Nische fand ich abstoßend. Da mußte doch etwas zu machen sein! Komme was da wolle!

***Wann wurde das Potential der JF eigentlich erstmals erkannt?***

**Stein:** Es gab eine Rezension vom Januar 1988 aus der Feder von Karlheinz Weißmann in der Zeitschrift *Criticón*. Weißmann war schon damals ein hervorstechender junger konservativer Publizist, der wahrgenommen wurde. Er schrieb über die damals noch völlig unbekannte JF, wohlgemerkt im zweiten Jahr ihres Erscheinens:

> »In einer pluralistischen Gesellschaft definiert sich der Einfluß einer Gruppierung nicht allein und vielleicht nicht einmal zuerst durch ihren sichtbaren Anteil an der politischen Macht. Worauf es ankommt, das ist zunächst die Besetzung von Feldern im vorpolitischen Raum: Nur eine vitale Subkultur garantiert längerfristig die Durchsetzung eigener Zielvorstellungen. Das Problem für die Konservativen besteht nun darin, daß sich eine solche Subkultur nicht ›machen‹ läßt. Man hat hier von Hause aus Probleme mit dem Spontanen und dem Improvisierten. Und nicht zuletzt deshalb gibt es eben kein rechtes Straßentheater, keine konservativen Liedermacher, kaum nationale Buchläden und eben nicht jenen Wald von Blättern und Blättchen, der der linken und alternativen Szene zur Verfügung steht, um Informationen und Lebensgefühl durch ein ganzes Kapillarsystem sikkern zu lassen. Angesichts dieses Defizits ist das Erscheinen einer solchen Zeitschrift wie der JUNGEN FREIHEIT besonders erfreulich.«

Er hat bei mir mit dieser Lagebeschreibung ins Schwarze getroffen. Das war für mich wie ein Marschbefehl. Gerade, weil wir das linksalternative Milieu in Freiburg in Reinform vor der Nase hatten, sagte ich mir: Das muß doch, verdammt nochmal, möglich sein, daß wir diese verschnarchte konservative Szene in Bewegung und in die Offensive bringen.

***Die Redaktion hat anfangs ohne Honorar gearbeitet.***

**Stein:** Ja, damals und auch lange später noch. Bis Ende 1993. Das war ein absolut idealistisches Projekt! Aber wir wollten dennoch weiter, immer die Latte höher legen, etwa das Erscheinen von zweimonatlich auf monatlich umstellen, das Format vergrößern, die Auflage erhöhen, an die Kioske gehen, etc. etc. Das Aus anderer Blätter kam meist, wenn die Macher wegen ihrer beruflichen und familiären Entwicklung nach dem Studium plötzlich keine Zeit mehr hatten. Wir dagegen – ich war ja nicht alleine, sondern hatte immer auch Mitstreiter – haben irgendwann gesagt: »Jetzt wollen wir uns die *taz* zum Vorbild nehmen! Die hat sich auf der Linken etabliert, nun wollen wir als eine Art ›*taz* von rechts‹ auch den Sprung wagen.« Ich habe dafür auch mein Studium geschmissen. Hätten wir uns nicht übermütig in die Sache gestürzt, wäre die JF wie viele andere auch wieder verschwunden.

***Irgendwann ist die Schüler- und Studentenzeitung* JUNGE FREIHEIT *erwachsen geworden. Wenn Sie zurückschauen, wann war dieser Moment?***
**Stein:** Schwer zu sagen. Damals, zum Start als Wochenzeitung 1994, war ich mit 27 Jahren womöglich der jüngste Chefredakteur in Deutschland. Mittlerweile gibt es natürlich etliche jüngere als mich. Aber wahrscheinlich hat es eher damit zu tun, daß die JF irgendwann professionell werden mußte. Heute orientiert sich die Zeitung viel stärker an dem, was bei den publizistischen Leitmedien als Standard gilt. Vielleicht könnte man sagen, dieser Punkt war bei uns mit dem Wechsel vom kleineren, sogenannten »Berliner« auf das große »Nordische« Zeitungsformat im Jahr 2000 erreicht. Zumal sich seitdem auch der Verlag, ich meine den kaufmännischen Bereich, professionalisiert hat. Das sind natürlich Dinge, die dem Abonnenten meist so nicht sichtbar geworden sind, die aber für die Entwicklung der JF bedeutend waren. Und wichtig ist, daß dem JF-Projekt diese Dynamik zur ständigen Erneuerung und Verbesserung nicht verlorengeht, sonst, so glaube ich, würde unweigerlich der Rückschritt beginnen.

***Gab es jemals den Gedanken aufzugeben oder das Gefühl, endgültig kurz vor dem Scheitern zu stehen?***
**Stein:** Was mich immer begleitet hat, schon vor der JF, schon zur Zeit der Schülerzeitung, war, immer wieder am Rande umgeben zu sein von Leuten, die sagen, das sei nicht möglich, das ließe sich nicht machen, das sei nicht zu finanzieren, alles viel zu gewagt, lieber kleinere Brötchen backen usw. Ich habe immer wieder feststellen müssen, wie viele Leute sich doch lieber auf eine Zuschauerrolle zurückziehen möchten. Daß man das, was man will, irgendwie erzwingen muß, das sehen die meisten nicht. Wir haben zum Beispiel den Start der JF als Wochenzeitung nicht etwa generalstabsmäßig durchgeplant, sondern haben uns mit dem Mut der Verzweiflung und des Idealismus da hineingestürzt.

***Ende 1994, nach dem Brandanschlag auf ihre Druckerei, stand die JF allerdings für einen Moment tatsächlich vor dem Aus.***
**Stein:** Ja, das stimmt, weil uns niemand mehr drucken wollte, denn alle hatten

**Dieter Stein bei einer Rede zur Gerhard-Löwenthal-Preisverleihung 2008**

Angst, daß dann ihre Hütte brennt. Da hätte der Terror fast gesiegt. Natürlich gab es unendlich viele Nackenschläge, so viel ging schief und die Widerstände waren mitunter in der Tat fast übermächtig. Und das ging schon lange vor dem Brandanschlag los. Angefangen mit den Angriffen der Antifa auf unsere erste Pressekonferenz, der Belagerung unserer Redaktion nach unserem Umzug von Freiburg nach Potsdam und dem Druck auf unsere Druckerei in Gießen. Da mußte ich auch wegen Zahlungsschwierigkeiten zum ersten Mal in meinem Leben einen Wechsel unterschreiben – das gibt es heute glaube ich gar nicht mehr. Damals haben die Gewerkschaften und der Betriebsrat der Unternehmensführung der Druckerei schließlich aus politischen Gründen die Hölle heiß gemacht, und so wurde uns der Druckvertrag gekündigt. Deshalb sind wir zur Union-Druckerei in Weimar gewechselt. Kaum waren wir aber da untergekommen, kam im Oktober 1994 der erste Überfall auf die Druckerei und etwa zwei Monate später dann der terroristische Brandanschlag.

***Das heißt, die JF hatte schon das Problem, finanziell kein solider Partner zu sein ...***

**Stein:** ... und nun kamen auch noch politischer Druck und krimineller Terror dazu. Dabei hätte schon das erste Problem ausgereicht, um alles scheitern zu lassen. Denn im Grunde genommen – also unter wirtschaftlichen Gesichtspunkten betrachtet – hätten wir vermutlich ununterbrochen Konkurs anmelden müssen. Nur mit Notkrediten von Freunden und schließlich ab 1996 mit dem Aufbau des Kreises der »Freunde der JUNGEN FREIHEIT«, der Kommanditgesellschaft und dem massiven Einwerben von Spenden gelang es, die Zeitung langsam in Richtung der Konsolidierung zu führen.

***Zudem brachen auf dem Höhepunkt der Krise in der Redaktion schwere Auseinandersetzungen um den politischen Kurs der Zeitung aus.***

**Stein:** Die entzündeten sich an einem Beitrag des Publizisten Armin Mohler. Es ging im Kern um die geschichtspolitische Ausrichtung der JF, ihre Haltung zum Dritten Reich, etwa zum 20. Juli 1944 und zum Geschichtsrevisionismus. Mohler hat versucht, den Kurs der JF hinsichtlich des Revisionismus zu verschärfen. Der Streit eskalierte und führte zur Trennung von Mohler und einigen Redaktionsmitgliedern und mündete überdies in eine Auseinandersetzung in der GmbH, in deren Verlauf ich mich von meinem Mitgeschäftsführer trennen mußte. Die juristischen Auseinandersetzungen darum haben sich noch bis 1996 hingezogen. Diese Jahre waren wirklich sozusagen ein Ritt auf Messers Schneide. Es war abenteuerlich.

***Heute befindet sich die JF in einer Zwischenposition, dem rein anti-etablierten Lager gehört sie nicht mehr an, schließlich schreiben heute Autoren wie Peter Scholl-Latour, Hans Herbert von Arnim oder Frederick Forsyth für sie, dem etablierten Lager aber auch nicht. Wo sehen Sie die JF und wie wird ihr Spagat eines Tages enden?***

**Stein:** Klar ist, mit »etabliert« kann als Ziel für die JF nur gemeint sein, daß die Etablierten unsere Position eines Tages im Sinne des demokratischen Meinungspluralismus akzeptieren, keinesfalls aber, daß sich die JF etwa nach der Decke streckt, um »anzukommen«. Ich bin der Meinung, daß der konservative Standort in Deutschland nicht nur politisch, sondern auch publizistisch vakant ist. Die JF ist schon längst die Antwort auf diese Lücke, und eines Tages müssen die Etablierten das auch akzeptieren. Denn bislang wird die JF gezielt von bestimmten Diskursen ausgeschlossen. Es ist doch auffällig, daß etwa Jakob Augstein, der Chefredakteur der linken Berliner Wochenzeitung *Der Freitag*, die höchstens zwei Drittel unserer verkauften Auflage hat, ständig in irgendwelchen Talkshows sitzt und Gastbeiträge etwa im *Spiegel* oder der *Welt* verfaßt. Genauso die ehemalige *taz*-Chefin Bascha Mika, die ständig in anderen Medien präsent ist. Dabei ist die *taz*-Auflage lediglich nur noch wenig mehr als zweimal so groß wie unsere. Es gibt eine völlig unverhältnismäßige Protegierung linker Blätter – weil die Mehrheit der Journalisten und der Zeitgeist links ist. Es gibt außerdem nach wie vor diesen renitenten Widerstand gegen uns, weil wir uns einem bestimmten Reglement, nämlich dem politisch korrekten Konsens, verweigern.

***Weiter hinten in diesem Buch werden alle JF-Redakteure gefragt, wo sie die Zeitung in zehn Jahren sehen. Was haben Sie geantwortet?***
**Stein:** Ich habe geantwortet: In den Briefkästen von doppelt soviel Haushalten wie heute.

***Das klingt zwar ambitioniert, aber nicht gerade visionär.***
**Stein:** Damit ist ja nicht nur ein wirtschaftlicher Fortschritt verbunden, sondern auch, daß die politische Wirkung der JF zunimmt.

***Nun ja, das wären immer noch nur knapp 40 000 Haushalte, eher elitär als eine Massenbasis.***
**Stein:** Jeder weiß, daß es immer wieder kleinere Blätter gegeben hat, etwa die *taz* oder die *Weltbühne*, die eine erhebliche politische Wirkmacht entfaltet haben. Aber das setzt natürlich voraus, daß es einen Resonanzraum gibt, der die Zeitung auch wahrnimmt und diskutiert. Wir erzeugen ja ebenfalls einen Resonanzraum für kleinere Blätter wie etwa früher *Criticón* oder heute die *Sezession*. Da alles, was aus dem konservativen Bereich kommt, ignoriert oder boykottiert wird, vom Blog-Projekt über Zeitschriften bis hin zum parteipolitischen Ansatz, versuchen wir überhaupt erst mal so einen Raum zu schaffen. Nur mit einer solchen Strategie der kleinen Schritte läßt sich doch politisch etwas verändern. Wir sind der Keil in der Tür.

***Wie wird sich nach Ihrer Prognose unsere Parteienlandschaft etwa in den nächsten zehn Jahren verändern?***
**Stein:** Folgt man der Logik der europäischen Entwicklung, wird es auch bei uns früher oder später zur Herausbildung einer »nationalpopulistischen«, rechtsliberalen oder tatsächlich konservativen Partei kommen, denken Sie etwa an den beeindruckenden Erfolg der »Wahren Finnen« bei den Parlamentswahlen in Finnland im April. Es gibt in Deutschland natürlich Sonderbedingungen und auch Mittel des Parteienstaates, um sich gegen neue Konkurrenz abzuschirmen, wie das etwa Hans Herbert von Arnim analysiert, die die Wahrscheinlichkeit sinken lassen, daß es zu einer Veränderung kommt. Aber ich kann mir nicht vorstellen, daß das länger als mittelfristig so bleiben wird.

***Bisher galt, daß keine neue konservative Partei den Durchbruch schafft, solange die Schwergewichte CDU/CSU und FDP das Potential dafür blockieren. Derzeit erleben wir aber die Erosion dieser beiden Parteien. Eigentlich müßte sich doch jetzt eine neue Partei mit Wucht entwickeln?***

**Stein:** Was in jedem Fall erkennbar ist – das hat der Fall Sarrazin ebenso wie der Fall Guttenberg bewiesen –, daß es eine enorme latente Zustimmung für »Antiparteienpolitiker« gibt. Also Leute, die aus ihrem bestehenden Milieu herausstechen und die inhaltlich einen direkten Kontakt mit dem Volk aufnehmen. Aber, und auch das zeigen Sarrazin und Guttenberg, es ist womöglich wahrscheinlicher, daß es ein Politiker aus den etablierten Parteien sein wird, der plötzlich und unerwartet aus einer krisenhaften Situation heraus eine etablierte Partei auf einen neuen Kurs führt und damit einen politischen Wandel bewirkt, als daß dies durch eine klassische Parteineugründung passiert. Ob einem das gefällt oder nicht, mit dieser Möglichkeit müssen wir kalkulieren.

***Also sollte man das Gründen von Parteien unterlassen und auf den nächsten Sarrazin warten?***

**Stein:** Auf keinen Fall sollte man sich an die Rolle des Zuschauers gewöhnen, aber man sollte eben auch nicht glauben, daß alles so kommt, wie wir es uns vorstellen. Ich bin sicher, es kommt, aber möglicherweise eben ganz anders.

***Man könnte einwenden, der ideale Moment für eine Parteigründung war die Sarrazin-Welle im Spätsommer 2010. Doch nichts ist passiert. Ist der Moment verpaßt?***

**Stein:** Ich bin kein Prophet, aber ich würde das nicht so negativ sehen. Die Tiefenwirkung der Sarrazin-Debatte ist doch noch gar nicht ausgelotet, wir wissen noch nicht, was diese für eine mittelfristige Verschiebung in der politischen Tektonik unseres Landes nach sich zieht. Meinungsforscher sagen, daß Mentalitäten längerfristig bestimmt sind. Es ist durchaus möglich, daß mit Sarrazin etwas aufgebrochen wurde. Daß die Leute merken, man kann Tabuthemen eben doch diskutieren. Da ist möglicherweise eine Tür geöffnet worden. Sicher spielt auch eine Rolle, daß etwa die Ereignisse in Japan die Wahlen im März überrollt haben. Auch die Eurokrise spielt den Etablierten derzeit in die Hände, weil diese, die uns die Malaise eingebrockt haben, sich nun als Krisenretter darstellen können. Sarrazin ist also erst mal wieder an den Rand gedrängt, aber sein Thema wird wiederkommen, da habe ich keinerlei Zweifel. Die sich zuspitzende Eurokrise und eine sich bedrohlich ausweitende EU-Notstandsgesetzgebung provozieren nationale

**Dieter Steins ältester Sohn Matthias auf der Sommerfest-Dampferfahrt 2007**

Gegenbewegungen: Dirk Schümer stellte in der *FAZ* fest, für Europa gebe es jetzt »nur einen Weg: Zurück zur Nation, zurück zur Demokratie.« Das ist schon erstaunlich!

***Keine Partei wird von der JF derart intensiv kritisiert wie die CDU/CSU. Andererseits gilt ihr aber auch die meiste Sorge. Man hat den Eindruck, die JF hegt eine Haßliebe zur Union. Stimmt das?***

**Stein:** Erstens, ich glaube, der größte Teil der Redaktion und der Leserschaft betrachtet die Union eigentlich als eine im Ursprung konservative Partei, die aber ihren Ansprüchen heute nicht mehr gerecht wird, ja große Teile ihrer Wähler verraten und verlassen hat. Zweitens, ich glaube, die meisten JF-Leser erwarten von der Union Widerstand und Schutz gegen die Politik der Linken, die unsere Gesellschaft massiv nach ihren Vorstellungen verändern will. Doch statt Widerstand und Schutz müssen die Bürger erleben, wie die Union immer wieder einknickt, ja wie sie sich sogar vielfach die linke Agenda zu eigen macht. Indem sie sich aber immer wieder bei den Wahlen als Bollwerk präsentiert, um anschließend vielfach Einfallstor zu sein, sorgt die Union auf ihre Art dafür, daß linke Politik um so erfolgreicher durchgesetzt werden kann, ja die Politik der Union erweist sich oftmals gar nur als verzögertes Nachvollziehen linker Politik. Das läßt viele Wähler an der Union verzweifeln.

***Warum verhält sich die Union so?***

**Stein:** Weil es der Union nicht um ordnungspolitische Vorstellungen geht, sondern um die Sicherung ihrer Macht. Diese dient nicht der Gestaltung der Dinge, sondern der Verteilung von Posten. Deshalb verfolgt die Union auch nicht die Strategie, einen konservativen Koalitionspartner aufzubauen, mit dessen Hilfe – weil er konservative Wähler ansprechen könnte, die die Union nicht mehr erreicht – man ein klares Widerlager gegen die Linke bilden könnte. Das Problem ist, daß die Union kein intellektuelles Zentrum hat. Im Konrad-Adenauer-Haus wird die Partei nur verwaltet, es regieren blasierte Technokraten à la Ronald Pofalla, dort findet keine Ausrichtung statt, keine weltanschauliche Schulung, dort gibt es nicht so etwas wie eine Art intellektuelle »Feindaufklärung«. Ja, es gibt ja nicht einmal eine ernsthafte Beschäftigung mit der Herausforderung durch den Linksextremismus. Statt dessen läßt sich die Union in diesen merkwürdigen »Kampf gegen Rechts« verstrikken, der sich im Grunde gegen sie selbst richtet. Eigentlich hat die Partei vor der Linken längst geistig kapituliert.

***Alle prognostizieren bereits das Ende Merkels, viele sehen bei der Bundestagswahl 2013 wieder einen linken Sieg kommen. Wie wird sich die Union nach Merkel weiterentwickeln?***
**Stein:** Entweder müßte die Union für lange Zeit auf die Oppositionsbänke und dort büßen, nachsitzen und sehr, sehr viele Hausaufgaben machen oder die Partei müßte sich spalten. Also ähnlich wie in Italien, wo aus den zerbrochenen Christdemokraten auch ganz Neues entstanden ist. Das Problem ist nur, daß das deutsche politische System viel zu stark dafür sorgt, daß selbst Parteien, die an sich politisch tot sind, weiter am Leben erhalten werden.

***Sie sprechen immer von »konservativ«. Was verstehen Sie eigentlich darunter?***
**Stein:** Der aus der CDU gedrängte Bundestagsabgeordnete Martin Hohmann hat es stets auf den so einfachen, jedoch treffenden Dreiklang gebracht: Gott, Familie, Vaterland. Diese drei Bezüge machen für mich eine konservative Orientierung aus. Die Transzendenz, die Bindung an die Familie, die Verpflichtung auf die Nation – dies sind im übrigen auch die drei Bezugspunkte, die die Linke und manche Liberale ideologisch glauben überwinden zu müssen. Die demographische Katastrophe und die ungebremste Masseneinwanderung zerstören die Nation, die »politische Geschlechtsumwandlung« (Volker Zastrow) des sozialistischen Umerziehungsprogramms »Gender Mainstreaming« zielt auf die Zerstörung der Familie, ein im Gewand des »Humanismus« auftretender aggressiver Atheismus will Gott als höchste Instanz vom Sockel stürzen und in fortschrittlicher Hybris den Menschen zum alleinigen Maßstab unseres Handelns machen – die schlimmsten politischen Entartungen wurzeln in diesem Denken und nehmen uns die Demut, daß unsere Welt endlich ist und wir für unser Handeln später vor einen höheren Richter treten müssen.

Was ich ebenfalls unter »konservativ« verstehe, hat Robert Spaemann einmal in einem JF-Interview mit mir so formuliert: »Die Griechen haben (...) Tyrannis als die Herrschaft definiert, die die Menschen zwingt, aus ihren Gewohnheiten herauszutreten. Freiheit ist demgegenüber das Recht, auf gewohnte Weise leben zu dürfen.« Für mich bedeutet »gewohnte Weise« hier die Bewahrung gewachsener Traditionen, die zu einem dem Menschen gerechten Leben führen. Nicht aber in einem rein nostalgischen Sinne des Verharrens, sondern nach einem Diktum von Albrecht Erich Günther, der »konservativ« definierte als »nicht ein Hängen an dem, was gestern war, sondern ein Leben aus dem, was immer gilt«.

Konservativ ist organische Ordnung, natürliche Hierarchie und Autorität gegen die Utopie der totalen Gleichheit und die Idee völliger Machbarkeit. Noch sind die gesellschaftlichen Großexperimente von links nicht gänzlich gescheitert, streben – Stichwort Gender Mainstreaming – ihrem furiosen Höhepunkt zu. Die Klimax ist teilweise aber schon erreicht und überschritten. Wir stehen vor einem ideologischen Trümmerhaufen. Das hochstehende Bildungssystem wurde im Zeichen der Gleichheitsideologie systematisch zerstört, Autoritäten in Staat, Kirche und Gesellschaft geschleift. Jetzt blickt man in leere Hände.

Die Geister, die man rief, sie wird man nicht mehr los. Der Konservative ist, wie in Goethes »Zauberlehrling«, der alte Meister, der letztlich die außer Rand und Band geratenen Kräfte des Fortschritts und der Dekadenz wieder bändigen muß – wenn unsere Kultur nicht untergehen und durch vitalere abgelöst werden soll.

***Die JF ist einst angetreten, um Deutschland zu verändern. Was ist daraus geworden?***

**Stein:** Ich finde, wir können schon für uns in Anspruch nehmen, daß wir Deutschland verändert haben, zumindest was die Medienlandschaft betrifft, und daß wir zudem immer wieder auch feststellen können, daß Themen, die wir gesetzt haben, verstärkt zirkulieren und in den allgemeinen Diskurs gelangen. Natürlich häufig ohne daß man wagt, die JF direkt zu erwähnen. Aber die Zahl derer wächst, die das, womit sie in der JF konfrontiert werden, in ihre Wirklichkeitswahrnehmung einfließen lassen.

***Manche Leser sehen kein Licht mehr und kündigen die Zeitung, weil sie sich frustriert aus dem Politischen verabschieden. Verstehen Sie das?***

**Stein:** Ich verstehe das, aber es ist mir fremd. Denn ich bin persönlich viel zu stark von einem Gerechtigkeitsgefühl getrieben, als daß ich mich je mit der Ungerechtigkeit der politischen Ausgrenzung der Konservativen durch Rückzug ins Private abfinden könnte.

***Was hätte aus Dieter Stein in einem anderen Leben werden können außer JF-Chefredakteur?***

**Stein:** Mich hat Zeichnen schon immer interessiert. Besonders gerne habe ich Schriften gezeichnet. Ich habe als Jugendlicher Plakate für unseren Kirchenchor gestaltet und auch kleine Architekturzeichnungen angefertigt. Ich dachte lange, ich würde später Architekt werden, weil mir das Gestalten so viel Spaß gemacht hat. Wahrscheinlich wäre ich aber auch ohne die JF Journalist geworden.

***Als Sie die JF gegründet haben, haben Sie diese folglich auch als ein Mittel gesehen, um etwas zu gestalten?***

**Stein:** Vermutlich ja. Politik dient dazu, die Verhältnisse zu gestalten. Aber Politik ist natürlich nicht alles. Kinder, Familie, Kultur, Religion, Naturschutz,

Tradition, Heimat, Vereinswesen, alles das sind positive Ansätze, die wir auch in der JF zu berücksichtigen versuchen und die wichtig sind, gerade wenn wieder eine politische Katastrophenmeldung die andere jagt und sich ein Gefühl der Machtlosigkeit einstellt. Wer all das hat, der hat auch die Kraft, politisch durchzuhalten, auch wenn die Lage oft frustrierend ist.

***Bleibt die Frage nach dem wichtigsten, was eine Zeitung hat: nach dem Leser. Kennen Sie Ihre Leser eigentlich, Herr Stein?***

**Stein:** Ich kenne sie aus Leserbriefen, von Lesertreffen, von unseren Sommerfesten, aus persönlichen Schreiben, die viele an mich richten, und von Besuchen. Für mich ist das Verhältnis zwischen unserer Zeitung und unseren Lesern so etwas wie eine familiäre Gemeinschaft. Die Leser, das sind für mich größtenteils Weggefährten, mit denen man gemeinsam für eine gute Sache einsteht. Die Leser sind für mich nicht etwa Konsumenten, die sich nur eine Zeitung wie jede andere kaufen, sondern der JF-Leser ist jemand, der ein ideelles Motiv hat. Das überträgt sich natürlich noch stärker, wenn ich sehe, daß ein erheblicher Teil der Leser sich für die Zeitung wirklich persönlich engagiert. Wenn man bedenkt, daß von etwa 20 000 Lesern allein 5 000, also jeder Vierte, dem Förderkreis »Freunde der JUNGEN FREIHEIT« angehört, sich als Spender engagiert oder ein Förderabo gezeichnet hat, ist das beeindruckend.

***Könnten Sie sich nicht zurücklehnen und gelassener werden? Die JF ist wirtschaftlich gefestigt, erreicht einen respektablen Leserkreis – was will man mehr?***

**Stein:** Mit dieser Haltung kann ich überhaupt nichts anfangen. Wir haben einen Auftrag und der ist nicht erfüllt. Die Zukunft unseres Volkes ist besorgniserregend und die meisten politischen Weichen sind falsch gestellt worden. Das müssen wir ändern. Sonst erfüllt sich Sarrazins düstere Prognose und wir stehen vor unserer Selbstabschaffung!

Es gibt übrigens eine in diesem Zusammenhang hochinteressante Schilderung des britischen Militärhistorikers John Keegan, die mich ungemein fasziniert hat. Keegan beschreibt in seinem Buch *Die Schlacht* das Verhalten und die Psychologie von Armeen im Krieg. Er analysiert dort, wie selbst die moderne motorisierte Bewegungsarmee von der Trägheit zur Verharrung verleitet wird. Bei jedem »Stellungbeziehen« neigen Einheiten dazu, sich einzugraben und festzufressen. Die Logistik breitet sich aus, Versorgungswege werden aufgebaut, man richtet sich wohnlich ein. Keegan schreibt: »Tatsächlich hat jede heutige Armee eine Aversion gegen ›Bewegung‹, teils aus materiellen, teils aus psychologischen Gründen. Sie ist so stark, daß sie sogar der Wirkung des feindlichen Widerstandes gleichkommt. ... Schon ein mieses Quartier bedeutet für den Soldaten die Versuchung zum Bleiben.«

Es ist doch frappierend, daß sich diese Feststellung auch auf alle zivilen Formen menschlicher Gruppen und Milieus übertragen läßt! So auch auf Konservative, die sich bequem in ihrer Nische einrichten. Keegan beschreibt nun, daß Transportmittel alleine nicht genügen, um eine Armee in Bewegung zu setzen: »Sie braucht eine Vision, einen Traum, einen Alptraum oder auch eine Mischung aus allen dreien, wenn sie zum großen Sprung animiert werden soll.«

Die JF nun soll diese Vision bieten und hat die Aufgabe, die Konservativen in Bewegung zu setzen. Das ist unsere Pflicht und Aufgabe.

6

Baal Müller

# Der Geschichtsdenker

Auseinandergenommen und willkürlich zusammengestellt, zerstückt und zerschnitten wirkt Berlin mit seinen Stadtteilen, die unterschiedlicher, aber auch vielseitiger kaum sein könnten: der noch immer großbürgerlich geprägte alte Westen mit seinen gründerzeitlichen Patrizierhäusern und prunkvollen Villen, die gesichtslos-technokratischen Glasfassaden der »Neuen Mitte« um den Potsdamer Platz, die Backsteinbauten stillgelegter Fabriken im Osten, aus deren Dächern Gebüsche wachsen, die halborientalischen Straßenzüge in Neukölln, das Laboratorium postmoderner Lebensformen um den Prenzlauer Berg oder die Hochburgen einer staatlich geduldeten oder geförderten Aufruhrgesinnung in Kreuzberg und Friedrichshain.

Am Charlottenburger Savignyplatz zeigt sich die Berliner Lebenswelt von ihrer mondänen Seite; ein modisch-elegantes Publikum flaniert an noblen Geschäften vorüber, und italienische Cafés verbreiten ein südländisches Flair. Es ist ein strahlender Vorfrühlingstag, an dem das Treffen mit Thorsten Hinz stattfindet. Die »Edelfeder« (*FAZ*) der Wochenzeitung JUNGE FREIHEIT – »ein richtiger aufglühender Stern am Himmel der konservativ-kritischen Publizistik«, wie deren Altmeister Günter Zehm sagt, »das eigentliche Alpha-Tier der deutschen politischen Publizistik«, wie der Schriftsteller und Journalist Michael Klonovsky meint – wohnt in einem gepflegten Altbau in der posthumen Nachbarschaft von George Grosz, Carl von Ossietzky, Mascha Kaléko, Tilla Durieux, Alfred Flechtheim, Hedwig Courths-Mahler und Rudolf Diesel, die im zwanzigsten Jahrhundert am Savignyplatz oder in der Kant-, Bleibtreu- oder Knesebeckstraße lebten und wirkten.

Der 1962 in Barth an der Ostsee geborene Journalist und Buchautor ist ein höflich-zuvorkommender Mann, der seinem Gast aus dem Mantel hilft, gemütlich und doch auf die Nuancen von Nähe und Distanz bedacht, kein Duz- und Kumpeltyp. In seiner eher schlicht, aber geschmackvoll eingerichteten Altbauwohnung fällt der Blick schon im langen Flur auf deckenhohe Bücherregale; auf seinem Schreibtisch stapeln sich die Bücher, die er gerade liest, darüber hängen eine gerahmte Zeitungsseite von 1933 mit einem Nachruf auf Stefan George sowie Drucke norddeutscher Maler aus Mecklenburg und Pommern: Hans Hartig, Friedrich Wachenhusen und Louis Douzette. Aus dem Fenster schaut man in den ruhigen, grünen Innenhof; von den Zügen, die am nahe gelegenen S-Bahnhof ein- und ausfahren, nimmt man nur noch ein leises Rauschen wahr. Bald gehen wir hinaus ins quirlige Getümmel und suchen uns einen Platz in einem der von Thorsten Hinz bevorzugten Cafés.

Eitelkeit ist dem äußerlich unauffälligen Mann im braunen, leicht gemusterten Pullover ziemlich fremd – gleichwohl besitzt er einen ausgeprägten Schönheitssinn und eine scharfe Beobachtungsgabe, was das Erscheinungsbild der

Menschen betrifft: So nennt er Klaus Wowereit »eigentlich gutaussehend, abgesehen von seinen etwas zu kleinen Schweinsäuglein« – freilich hat er noch andere Einwände gegen den Berliner Regierenden Bürgermeister, der seit 2002 eine Koalition aus SPD und Linkspartei führt.

Von sich selbst macht Thorsten Hinz nicht gerne viele Worte; an seiner Person sei, wie er mit ungespielter Bescheidenheit sagt, wenig Bemerkenswertes, und nur gelegentlich ist ihm eine Mitteilung über seine Herkunft und Jugend oder seinen beruflichen Werdegang zu entlocken. Seine Eltern waren einfache, aber strebsame und bildungsorientierte Leute, deren Kinder es einmal besser haben sollten: der Vater ein in Wolhynien geborener Bauernsohn, der 1940 in den Warthegau »ausgesiedelt« wurde und 1945 nur knapp der Deportation nach Sibirien entging; danach mußte er in Polen Zwangsarbeit leisten, floh 1947 nach Vorpommern und ist noch immer dankbar, daß er in der DDR seinen Schulabschluß nachholen konnte. Bis heute ist der frühere SED-Funktionär, der untergeordnete Parteiämter innehatte, Mitglied der Linkspartei, was der Sohn ihm allerdings nicht verübelt. Die Mutter stammt aus Hinterpommern, erzog trotz ihrer Vollzeittätigkeit als Sachbearbeiterin drei Kinder; ihre eiserne preußische Disziplin hebt Thorsten Hinz besonders hervor.

**Thorsten Hinz als NVA-Matrose**

Vielleicht zeigt sich in seiner Zurückhaltung das preußische Prinzip »Mehr sein als scheinen«, vielleicht ist es die Vorsicht, die der im »realen Sozialismus« Aufgewachsene verinnerlicht hat; ganz sicher prägte die diktaturgeschulte Genauigkeit seines Blicks auch seine Sichtweise der Berliner Republik, ließ ihn zum Seismographen deutscher Befindlichkeiten werden und die Veränderungen seit der Wiedervereinigung, die schleichende Tendenz zu Konformismus, Gesinnungsdiktatur und Selbstgleichschaltung der öffentlichen Meinung, schmerzlich spüren, die er in seinen Texten so akribisch nachzeichnet.

Der in Ribnitz-Damgarten aufgewachsene Mecklenburger war von 1981 bis 1984 in der NVA, in der Nachrichtenzentrale des Kommando Volksmarine, tätig und stellte im 24-Stunden-Dienst – so zuverlässig, daß er auch während der Nachtschichten keine zweite Besatzung zugeteilt bekam – verschlüsselte Fernsprechverbindungen her. Ob seine Leidenschaft für das Entschlüsseln, sein Pathos für das exakte Wort auch daher rühren? Von 1984 bis 1989 hat Thorsten Hinz in Leipzig Germanistik studiert; seine Magisterarbeit schrieb er über Heinrich Böll, aber einen tieferen Eindruck hinterließ Hannah Arendt. Ein Privileg dieser Zeit war der »Giftschein«, der es ihm ermöglichte, Bücher zu lesen, die für die Allgemeinheit gesperrt waren.

Er hat die DDR lange genug erlebt, um ihr heutiges Fortwirken im Argwohn gegenüber unabhängigen Meinungen, in staatsfixierter Versorgungsmentalität oder in der Doktrin eines der Ausschaltung politischer Gegner dienenden »Antifaschismus« wiederzuerkennen und doch unterscheiden zu können zwischen einem System, das seine Kritiker gewöhnlich aus Ämtern und Medien verbannt, und einem, das sie inhaftiert, foltert und ermordet.

Im Gegensatz zu den meisten kritischen Publizisten beschränkt sich Hinz allerdings nicht auf das Anprangern der »Political Correctness« und geht in seinen Analysen der deutschen Misere auch nicht nur bis ins Jahr 1968 zurück, in dem viele Konservative alles Unheil erstaunlich voraussetzungslos beginnen lassen. Vielmehr wagt er es, 1945 als Dreh- und Angelpunkt der jüngeren deutschen Geschichte zu benennen und dabei so ziemlich alle Dogmen einzureißen, die die offizielle Zeitgeschichtsschreibung aufgestellt hat: vom »deutschen Sonderweg«, der zur »Alleinschuld« am Zweiten Weltkrieg geführt habe, über die »Befreiung«, die das Kriegsende angeblich markiere, und die nachfolgende »Stunde Null« bis zu den Tabus, der eigenen Kriegsopfer würdig zu gedenken, den Verlust der Ostgebiete zu betrauern und die Massenmorde des Dritten Reiches mit denen anderer totalitärer Systeme in Beziehung zu setzen, anstatt sie als »singulären Zivilisationsbruch« zu mystifizieren. Auch als Diagnostiker der Gegenwart ist Hinz stets Historiker, der das Heutige von seinen Voraussetzungen her zu erklären und das Vergangene zu verstehen versucht, »wie es wirklich war« (Leopold Ranke). Daß dies aufgrund der Unhintergehbarkeit des je eigenen Standpunktes immer nur näherungsweise möglich sein kann, ist dem Hermeneutiker Hinz selbstverständlich bewußt; gerade aufgrund der prinzipiellen Offenheit des Forschungsprozesses tritt er so konsequent und mutig jeder politischen Anmaßung entgegen, die eine »moralische«, juristische oder gar pseudoreligiöse Festschreibung historischer Erkenntnisse betreibt.

Thorsten Hinz' bislang vorliegendes Werk läßt sich grob in drei Bereiche unterteilen, in denen er von verschiedenen Seiten sein zentrales Thema der deutschen Identität umkreist und auslotet: An erster Stelle – sowohl im Sinne der Verbreitung als auch des Einsatzes seiner Denkbewegung – steht die politische Publizistik, die Hinz vor allem in der JUNGEN FREIHEIT, in den Jahren 1995/96 als Politik- und 1997/98 als Kulturredakteur, seitdem als freier Autor, entfaltet hat. 1992 ist er, scheinbar durch Zufall, in einem Kiosk auf sie gestoßen, aber er hat sie, wie er sagt, »gewissermaßen gesucht«; 2004 wurde er mit dem Gerhard-Löwenthal-Preis für Journalisten ausgezeichnet. Seine wichtigsten, zwischen 2002 und 2007 in dieser Zeitung unter dem eigenen Namen wie auch unter dem zum Markenzeichen gewordenen Pseudonym »Doris Neujahr« erschiene-

**Thorsten Hinz, der auch unter dem Markennamen »Doris Neujahr« schreibt**

nen Beiträge liegen seit 2008 (im Jahre 2010 bereits in der dritten Auflage) in der Edition JF unter dem Titel *Das verlorene Land* in Buchform vor; in diesen Kontext gehört auch das für die Reihe »Kaplaken« der Edition Antaios verfaßte Bändchen *Zurüstung zum Bürgerkrieg* (2008).

Widmen sich die »Aufsätze zur deutschen Geschichtspolitik«, wie der Untertitel des erstgenannten Buches lautet, der Gegenwart unseres »verlorenen Landes«, so entwirft er in der *Zurüstung* einen düsteren Ausblick auf dessen nähere Zukunft. Der weitere Verfall Deutschlands erscheint ihm aufgrund der demographischen Entwicklung unausweichlich: Einer abnehmenden, überalterten, ihrem Untergang achtlos entgegensehenden und lediglich um die Wahrung persönlicher Besitzstände besorgten autochthonen Bevölkerung steht eine dynamisch wachsende, bildungsferne, aber anspruchsorientierte, jugendlich-virile Minderheit gegenüber, die die deutsche Noch-Mehrheitsbevölkerung von zwei Seiten aus – durch aggressives Auftreten im Alltag sowie durch immer neue Forderungen auf politisch-sozialer Ebene – in die Zange nimmt.

Die möglichst akribische und schonungslose Beschreibung des Zeitgeistes erhält nun im zweiten Teil von Hinz' Schaffen, in dessen Mittelpunkt sein Werk über *Die Psychologie der Niederlage* (2010; dritte, erweiterte Neuauflage 2011) steht, ihre Tiefenstruktur: Indem Hinz in diesem Buch »Über die deutsche Mentalität« – so der Untertitel – den geschichtlichen Linien nachspürt, die in der Katastrophe von 1945 kulminieren und von der politisch-militärischen Vernichtung Deutschlands zu dessen geistig-kultureller Auslöschung weiterlaufen, tritt er als Analytiker des traumatisierten kollektiven Unbewußten der Deutschen auf.

Geht man davon aus, daß nicht alle Gesellschaftsformen gleichwertig sind, da einige dem Erhalt des Gemeinwesens dienen und dessen Bestandssicherung mit der Verwirklichung persönlicher Freiheit vermitteln, andere aber nach der einen oder anderen Richtung hin – der Totalität des Ganzen oder der Individualität des einzelnen – entarten, so ist offenkundig, daß das heutige Deutschland von einer Krankheit zum Tode heimgesucht wird. Aus jeder seiner offiziellen Regungen spricht wenn nicht ein Überdruß, ja Ekel, an der eigenen Existenz, so doch zumindest der Unwille, auf deren langfristigen Erhalt hinzuarbeiten; schon der Gedanke, für die Zukunft der Nation und nicht nur des eigenen Selbst zu sorgen (wenn man sich nicht auch diese Sorge lieber von staatlichen Institutionen abnehmen läßt), ist heute unverständlich oder anrüchig geworden. Die zuletzt öffentlichkeitswirksam, aber noch immer weitgehend folgenlos von Thilo Sarrazin (und mit weitaus mehr historischer Tiefenschärfe von Thorsten Hinz) umrissene Aussicht auf ein verarmtes, überaltertes und intellektuell ausgezehrtes Deutschland, in dem das einstige Staatsvolk nur noch eine von vielen ethnischen Minderheiten bildet, die sich einen ständigen Verdrängungswettbewerb liefern, rief bei der politischen Klasse zwar einen Aufschrei des Entsetzens hervor, nicht allerdings aus Angst vor dem drohenden Verlöschen deutscher Kultur und der Balkanisierung Europas, sondern aufgrund der zahlreichen Tabubrüche, deren sich Sarrazin »schuldig« gemacht hat. Der deutsche Patient hat seine Lebenslügen, seinen Glauben an die »Medizin« der politischen Korrektheit, die ihn doch eigentlich krank werden ließ, so sehr verinnerlicht, daß seine Funktionseliten zu einem Umdenken unfähig sind und weite Bevölkerungsteile soweit resigniert haben, daß sie dem drohenden Untergang fatalistisch entgegensehen.

Vielleicht handelt es sich bei dieser Schicksalsergebenheit um einen spezifisch deutschen Charakterzug oder um eine Folgeerscheinung des jüngeren Geschichtsganges? Und womöglich erfaßt sie der Analytiker gerade deshalb so genau, weil er sie auch in seinem eigenen Denken wiedererkennt? Nur das »sonnenhafte« Auge kann das Licht sehen, aber die Nachtseiten der Geschichte enthüllt der verschattete Blick.

Damit ist der dritte Bereich des Hinzschen Nachdenkens über die deutsche Identität angedeutet: Bei allem Drang, die Deutschen »aufzuklären«, ist sich Thorsten Hinz des irrationalen – wiewohl folgerichtigen – Wesens der Geschichte und der Oberflächlichkeit eines rein rationalen Argumentierens bewußt. Sein Augenmerk gilt daher auch den mythischen und poetischen Bildern, der beiläufigen Geste, der Physiognomie und Körpersprache, den Ritualen und Inszenierungen des Politischen, die oft mehr verraten als das unmittelbar Ausgesprochene. Dem Historiker Hinz tritt hier der Germanist an die Seite, der dem Verfall Deutschlands nicht nur an zahllosen politischen und gesellschaftlichen Beispielen, sondern auch anhand der *Literatur aus der Schuldkolonie* (Edition Antaios, 2010) nachgeht. In diesen Bereich gehört auch seine Aufmerksamkeit für das historische Detail, das etwa in seinen regional- und familiengeschichtlichen Untersuchungen die Zeichnung der großen Linien ergänzt und mit Leben erfüllt.

Liest man die 47 Aufsätze in dem Buch *Das verlorene Land*, so tritt aus dieser Bestandsaufnahme deutscher Gegenwartsdiskurse vor allem ein Themenkomplex hervor: der des Holocaust und des ihm gewidmeten Mahnmals. Dies verwundert nicht, wurde doch der Völkermord an den europäischen Juden seit der zweiten Hälfte der neunziger Jahre von den tonangebenden Kreisen in Politik und Medien zum Gründungsmythos der Bundesrepublik stilisiert. Bereits mit dem Historikerstreit der achtziger Jahre setzte sich in der Öffentlichkeit die Auffassung durch, daß der Holocaust ein singuläres Ereignis sei, das aufgrund seiner besonderen Qualität mit anderen Großverbrechen des zwanzigsten Jahrhunderts – etwa den Massenmorden Stalins oder Maos, deren Opferzahlen diejenigen der Juden im Dritten Reich um ein Vielfaches übersteigen – nicht verglichen werden könne und dürfe. Ging es damals vor allem um die Frage eines »kausalen Nexus«, etwa in der Weise, daß der Nationalsozialismus eine Reaktion auf die kommunistische Bedrohung sowie eine deutsche Ausprägung des internationalen Sozialismus gewesen sei, den auch Stalin nationalisiert habe, so wurden später nicht nur solche – der Linken verständlicherweise mißliebigen – Debatten durch Exklusion entsprechender Diskursteilnehmer beendet, sondern eine rationale Erklärung der Judenverfolgung überhaupt zurückgewiesen. Das schlechthin Böse des Holocaust besteht nach dieser Auffassung weder in quantitativen noch in qualitativen Aspekten (wie der »industriellen« Ermordung), sondern in seiner Sinnlosigkeit und Irrationalität. Das Böse wurde einfach so, um seiner selbst willen, getan.

Das Problematische an solcher Deutung liegt auf der Hand: Zum einen können in der Vernichtung des europäischen Judentums, läßt man sich auf die inhärente »Logik« des Nationalsozialismus ein, durchaus »rationale« Bestrebungen erkannt werden: der durch den Krieg radikalisierte Wille zur Ausschaltung des aufgrund von »Fremdrassigkeit« und internationaler Vernetzung dem alliierten Gegner zugeschlagenen weltanschaulichen Hauptfeindes; zum anderen ist nicht ausgemacht, weshalb eine irrationale Handlungsweise per se schwerwiegender sein soll als eine rationale (für die der Aufbau des Sozialismus, nicht aber der eines »rassereinen« Staates gehalten wird), im Gegensatz dazu erkennt das Strafrecht in mangelnder Rationalität einen Strafmilderungsgrund. Im übrigen ist auch dort nirgends ein Zusammenhang von Rationalität und Moralität vorausgesetzt; die Handlung des Verbrechers ist gewöhnlich der – um moralische Empfindungen mehr oder weniger unbekümmerten – rationalen Verfolgung seines Ziels untergeordnet. Sowenig der Nationalsozialismus irrational war, sowenig war er amoralisch, sondern seiner Moral lag ein anderes, vulgärdarwinistisches Modell vom Menschen und der Gesellschaft zugrunde als der heute vorherrschenden Konzeption einer universalen Moral.

Das Hauptproblem an der – ihrerseits antiaufklärerisch-irrationalen – Mystifikation des Nationalsozialismus zum schlechthin Bösen und des Holocaust zum »unerklärlichen« Verbrechen ist allerdings, worauf Thorsten Hinz immer wieder hingewiesen hat, ihr totalitärer Charakter: Die am Verstehen des Vergangenen orientierte Forschung wird durch die Stiftung einer modernen »Zivilreligion« ersetzt, die beinahe alle Charakteristika einer traditionellen Religion aufweist – sie hat ihre Dogmen und Tabus, Rituale und Feiertage,

**Thorsten Hinz erhält 2004 den Gerhard-Löwenthal-Preis. Neben ihm sitzen Günter Zehm und Dieter Stein**

Hohepriester, Ketzer und Widersacher –, nur eines nicht: Ihrer Sinnstiftung ermangelt jedes Heilsversprechen. Für die Deutschen (und ebenso für die Juden als Adressaten des immer wiederholten deutschen Schuldbekenntnisses) erwächst aus der Vergangenheit, die nicht vergehen – nicht erklärt und damit »historisiert« werden – darf, eine ausschließlich negative Identität. Jede positive Bezugnahme auf das eigene Land soll, abgesehen von »Verfassungspatriotismus«, dem Bekenntnis zur »westlichen Wertegemeinschaft« und anderen Konstrukten, die jenseits einer spezifisch deutschen Selbstbesinnung liegen, ausgeschaltet werden, was zu einer fortdauernden Unmündigkeit der Deutschen, ihrem Verzicht auf Wahrung und Verfolgung nationaler Interessen, ihrer Bereitschaft, Souveränitätsrechte zugunsten demokratisch wenig legitimierter Institutionen abzutreten oder dem Gleichmut führt, mit dem sie sich finanziellen Ansprüchen – der Abschaffung der Deutschen Mark oder der Garantie für bankrotte EU-Staaten – sowie militärischen Forderungen westlicher Bündnispartner fügen.

Entsprechend oberflächlich sind die immer wieder aufflackernden »Patriotismus«-Debatten, entsprechend scheinheilig die turnusmäßig wiederkehrenden ritualisierten »Antisemitismus«-Kampagnen, bei denen ein prominenter Tabubrecher medial exekutiert wird, und entsprechend verlogen ist der fortwährende »Kampf gegen Rechts«, in dem nicht nur spezifische Kategorien konservativ-patriotischen Denkens, sondern immer weitere Bereiche herkömmlichen Empfindens als extremistisch denunziert werden: etwa das Bestehen auf dem Vorrang von Ehe und Familie gegenüber anderen Lebensformen oder die Trauer um die Kriegstoten des eigenen Volkes sowie die Opfer von Flucht und Vertreibung.

**»Ehrgefühl bedeutet Wille zur Selbsterhaltung, heißt Bekenntnis der Nation zu sich selbst und vor der Welt.«**
Thorsten Hinz in der JF vom 27. April 2007

Besonders die letztgenannten Aspekte belegen für Thorsten Hinz die Kolonisierung des deutschen Bewußtseins infolge der »Reeducation« nach dem Krieg und deren Popularisierung und Verinnerlichung seit 1968. In verschiedenen Beiträgen behandelt er das kuriose, unwürdige Schauspiel, das sich die Bundesrepublik alljährlich am 13. Februar, dem Jahrestag der Zerstörung Dresdens durch alliierte Bomber, leistet: Statt der Opfer zu gedenken (um deren Zahl durch offiziöses Herunterrechnen ein ebenso unwürdiges Theater veranstaltet wird) ruft die Medienöffentlichkeit zur rechtswidrigen Blockade genehmigter Demonstrationen durch »Antifaschisten« und deren oft hochrangige parteipolitische Sekundanten auf.

Eine noch größere Aufmerksamkeit widmet Hinz dem ursprünglich zur Erinnerung an das Schicksal von 15 Millionen Ostdeutschen geplanten »Zentrum gegen Vertreibungen«, das mit einer solchen Zielsetzung in Deutschland offenbar nicht durchsetzbar ist. Dies liegt weniger an der beharrlichen Reklamation einer ausschließlichen Opferrolle auf polnischer Seite, sondern mehr an der Besorgnis des deutschen Establishments, ein an die Vertreibung von Deutschen erinnerndes Zentrum könnte das Dogma vom deutschen »Tätervolk« ins Wanken geraten lassen. Die antideutsche und nach herkömmlichen Maßstäben »rassistische« Antifa-Parole »Deutsche Täter sind keine Opfer« ist – euphemistisch gesprochen – die populäre Version des eifernden Beharrens auf deutscher Alleinschuld an Krieg und Vertreibung, wobei sowohl die Vorgeschichte des Zweiten Weltkriegs und die weit zurückreichenden polnischen Vertreibungspläne ausgeblendet werden als auch sämtlichen vertriebenen Deutschen, einschließlich Minderjährigen und NS-Gegnern, eine kollektive Schuld an ihrer »Umsiedlung« und, wo nicht gerechten, so doch wenigstens »verständlichen« »Bestrafung« zugemessen wird.

All diese Verwerfungen der deutschen Identität – der Schuldkult wie der Selbsthaß und der krankhafte Stolz darauf, andere Völker an Bosheit für immer übertroffen zu haben und deswegen in bezug auf deren eigene Erinnerungspolitik maßregeln zu können – sind für Hinz nur vor dem Hintergrund der Niederlage zu verstehen, die der herrschende Diskurs mittlerweile vollständig, entgegen den politisch-militärischen Zielen der Siegermächte wie den Erfahrungen der deutschen Erlebnisgeneration, in unbedarfter Anknüpfung an die stalinistische Geschichtsschreibung zur »Befreiung« umgedeutet hat. Die Niederlage von 1945 war anders als die von 1918 eine totale, weil Deutschland nicht nur militärisch vollständig niedergeworfen, zerstört, des Antlitzes seiner Städte beraubt, von den Besatzungsmächten aufgeteilt und deren Willen bedingungslos ausgeliefert war, sondern weil – in den Augen der Sieger und später der Deutschen selbst – keine unbefleckten Traditions- und Identifikationsinseln mehr übriggeblieben waren, an die ein gesundes, die eigene Existenz noch immer bejahendes Selbstbild hätte anknüpfen können. Keinesfalls aber ergibt sich, wie Hinz nicht müde wird zu betonen, diese negative Identität aus dem Faktum des verlorenen Krieges selbst, denn auch andere, physisch ebenso existentielle Niederlagen konnten von besiegten Völkern verwunden werden, wenn noch ein Identitätsmodell aus sinnstiftenden Erzählungen fortbestand; und ebensowenig folgt sie aus der Schlechtigkeit des Nationalsozialismus, der doch nur bei grober Unkenntnis oder Böswilligkeit mit der deutschen Kultur insgesamt identifiziert werden kann. Vielmehr resultiert sie aus dem Willen der Sieger zur dauerhaften »Umerziehung« der Deutschen. Diese sollten nicht nur in Zukunft keine Bedrohung für ihre Nachbarn mehr darstellen, sondern als eigenständiger Machtfaktor überhaupt ausgeschaltet werden.

Souverän zeichnet Hinz in den zehn Aufsätzen seines Buches *Die Psychologie der Niederlage* die lange Vorgeschichte dieses macht- und mentalitätspolitischen Sieges des Westens über das europäische »Herzland« nach: Mindestens seit dem Dreißigjährigen Krieg war es eine zentrale Erfahrung der Deutschen, sich in die Mitte Europas gestellt zu sehen, ohne diese, aufgrund konfessioneller und feudalistischer Zersplitterung, ausfüllen zu können; statt dessen war Deutschland zumeist Zankapfel und Kampfplatz der früher zu nationaler Einheit gelangten Nachbarstaaten. Dem größten, aber zerrissenen Volk Europas gelang es niemals, eine politische Gesittung auszubilden, die seinem sonstigen, kulturellen und wissenschaftlichen, Rang entsprochen hätte; entweder beschied es sich als »Volk der Dichter und Denker« mit einer kleinbürgerlichen und weltabgewandten Haltung, die das Politische allein im Schutz durch eine Obrigkeit erkannte, der man sich bereitwillig unterwarf, wenn sie nur die öffentliche Ordnung aufrechterhielt, oder es wandte, diplomatisch unerfahren, seine Wunschbilder und Größenphantasien nach außen, was seine Nachbarn und Konkurrenten in dem Maße gegen Deutschland vereinte, in dem seinem neuen wilhelminischen Selbstbewußtsein durch Industrialisierung und Flottenpolitik eine Machtbasis zuzuwachsen schien. Konnte Bismarcks überlegene

Staatskunst diesen Gegensatz durch seine Gleichgewichtspolitik noch verdekken, so brach er aufgrund der Ungeschicklichkeiten seiner Nachfolger immer stärker hervor und bezeugte die fragile Existenz des gefürchteten und beneideten »homo novus« in der Mitte Europas. Vor diesem Hintergrund versteht Hinz, die Fehler der deutschen Politik klar benennend, die Entfesselung des Ersten Weltkriegs, die Weimarer Zwischenperiode, in der Deutschland durch den Vertrag von Versailles in Ketten gelegt, aber noch kein »widerlegtes Volk« (Arnold Gehlen) war, und den Zweiten Weltkrieg, der als ungeeigneter Versuch begann, die Folgen des Ersten zu überwinden. Dem Widerstreit zwischen Deutschland und den alten Großmächten sowie Polen, das sich durch sein Bündnis mit England in seiner aggressiven Expansionspolitik bestärkt fühlte, trat nun der ideologische Gegensatz zwischen Nationalsozialismus und Kommunismus – sowie beider Konkurrenz mit dem westlichen Kapitalismus – an die Seite, der den Krieg um Weltmachtpositionen zu einem Weltbürgerkrieg im Sinne Ernst Noltes, auf den Hinz des öfteren rekurriert, werden ließ.

**»Ein Land, das aus der Krise kommen will, braucht ein Minimum an positivem Wir-Gefühl.«**
Thorsten Hinz in der JF vom 11. März 2005

Der Ansatz von Thorsten Hinz ist stets polyperspektivisch; sein Blick zielt auf das Geistig-Seelische, die Mythen und Bilder, die allerdings nicht postmodern »fluktuieren«, sondern Ausdruck geopolitischer – nicht primär ökonomischer – Interessenlagen sind. Der preußische »Militarismus« beispielsweise ist damit nicht einfach eine, dem preußischen Erbe anzulastende, Gegebenheit deutscher Mentalität, sondern der im Selbsterhaltungswillen begründete Ausdruck der prekären Lage eines topographisch ungeschützten Mittelstaates zwischen mächtigeren Nachbarn.

Um den Selbsterhaltungswillen des heutigen Deutschland ist es, nach allem, was Hinz uns mitteilt, schlecht bestellt. Zieht man die Linien der demographischen Entwicklung, finanziellen Aushöhlung und allgemeinen Entstaatlichung Deutschlands weiter, so kommt man unschwer zu dem Ergebnis, daß sich Deutschland »abschafft« (Thilo Sarrazin). Zwar gibt es Anzeichen, daß es irgendwann auch in Deutschland einer neuen oppositionellen Bewegung gelingen könnte, sich parteipolitisch zu etablieren und einen Paradigmenwechsel anzuregen, aber mit jedem Tag, der ungenutzt verstreicht, schwinden die Chancen auf eine deutsche Zukunft.

Hinz ist ein Analytiker, aber kein Therapeut. In seinem Buch *Die Psychologie der Niederlage* erinnert er an das Brechtsche Diktum vom großen Karthago, das drei Kriege geführt habe, und knüpft daran die Frage, ob die lange Friedensperiode, die die Bundesrepublik seit ihrem Bestehen erleben durfte, nach weiteren sechzig Jahren von den Historikern »nicht als ein kalt geführter dritter Punischer Krieg bilanziert werden muß«.

Im Café am Savignyplatz mochte Thorsten Hinz dennoch nicht ganz so pessimistisch auf die Frage antworten, ob er Deutschland wirklich für völlig verloren hält, wie es seine Bücher und Aufsätze nahelegen.

Im Rückblick erscheint die Geschichte determiniert, weil sich in der Erzählung des Historikers eines aus dem anderen ergibt, aber bei der Rekonstruktion des Gewesenen darf nie vergessen werden, daß alles auch ganz anders hätte kommen können. In jedem Augenblick sind unendlich viele Möglichkeiten angelegt, und nur eine schafft den Sprung in die Wirklichkeit. Was wäre gewesen – so könnte man beispielsweise fragen, wenn man bei Hinz liest, wie sich der Gang der Geschichte scheinbar notwendig auf das Jahr 1945 zubewegt –, wenn Hitler dem Attentat des 20. Juli zum Opfer gefallen wäre? Zwar ist die Annahme illusorisch, die Alliierten wären gegenüber einer von der Wehrmacht eingesetzten Regierung, so sie sich denn gegen den Partei- und SS-Apparat behauptet hätte, zu einem günstigen Friedensschluß bereit gewesen, aber wahrscheinlich hätten Millionen Menschenleben gerettet und die weitere Zerstörung unserer Städte verhindert werden können. Vielleicht hätte die Beseitigung Hitlers den moralischen Keim für ein erneuertes, weniger beschädigtes deutsches Selbstbewußtsein gelegt – womöglich aber in Konkurrenz zu einem Hitler-Mythos, nach dem der Führer, wäre er nicht ermordet worden, doch noch den Krieg gewonnen hätte? Und vielleicht fixiert der Gang der Geschichte das hinter uns Liegende gar nicht selbst, sondern wir stellen es im Rückblick »fest«, während wir das Zukünftige offenhalten?

Zwar glaubt Hinz nicht, daß Deutschland aus sich heraus noch die Kraft zu neuer Selbstbejahung finden werde, aber er hält ein gesamteuropäisches Umdenken für möglich. Die Niederlage Deutschlands war schließlich auch eine Niederlage des alten Kontinents, der, nach 1945 aufgeteilt und besetzt, seine am Ausgang des Mittelalters gewonnene Stellung als Zentrum und Schauplatz der Weltgeschichte an außereuropäische Mächte abtreten mußte. Zwar werden sich die Kräfteverhältnisse des imperialen Zeitalters nicht wiederherstellen lassen, und ein vernünftiges Ziel liegt nur in der Kooperation um mehrere Machtzentren geordneter Staaten, aber innerhalb Europas zeichnet sich, nicht zuletzt durch das Vordringen des Islam, eine Rückbesinnung auf die gemeinsamen kulturellen Wurzeln der abendländischen Völker ab, der sich auch Deutschland nicht verschließen kann.

Thorsten Hinz, der von der Ostsee stammt, seit zwei Jahrzehnten in Berlin lebt, die deutschen Leiden diagnostiziert und dabei auf ein Bild des pommerschen »Mondscheinmalers« Louis Douzette über seinem Schreibtisch blickt, glaubt noch immer an den unverwechselbaren, unauslöschlichen Charakter des alten Europa, dessen Farben und Facetten er alljährlich auf ausgedehnten Reisen vor allem nach Frankreich und Italien neu entdeckt: Gewöhnlich erscheinen uns, wie er im Gespräch erzählt, die Orte unserer Kindheit in der Erinnerung größer und prächtiger als wir sie wahrnehmen, wenn wir sie im Erwachsenenalter wieder besuchen – in einem südfranzösischen Dorf aber, in dem er sich jedes Jahr einige Wochen aufhält, sind die Farben heute noch genauso strahlend, wie sie ihm als Kind in seiner schlichteren Heimat leuchteten. Die schöne Fremde lehrt uns das Eigene wieder kennen und lieben.

---

**Dr. Baal Müller,** Jahrgang 1969, ist Publizist, Dozent und Inhaber des Telesma-Verlages. Er schreibt unter anderem regelmäßig für die JUNGE FREIHEIT.

Erik Lehnert

# Der Kolumnist

Wenn es in der JUNGEN FREIHEIT eine Institution gibt, ist es die Pankraz-Kolumne. Sie ist es in einem besonderen Sinne, der sie von dem, was man gemeinhin unter einer Institution versteht, unterscheidet. Zunächst ist sie älter als die JUNGE FREIHEIT. Sie erschien zum ersten Mal im Juli 1975 in der Tageszeitung *Die Welt*. Damit ist sie eine Einrichtung im eigentlichen Sinne, die unabhängig von ihrem Träger, in diesem Fall dem Erscheinungsort ist. Weiterhin ist sie, was ebenfalls ein Merkmal für eine Institution ist, von außergewöhnlicher Kontinuität, da sie seit bald 36 Jahren nahezu ununterbrochen Woche für Woche erscheint – was eine Strecke von etwa 1800 Kolumnen ergibt! Sie ist aber auch zugleich das Gegenteil einer Institution, weil sie ohne denjenigen, der sie schreibt, nicht denkbar wäre. Pankraz ist nicht austauschbar, so daß die Kolumne ohne ihn, geschrieben von einem anderen Autor, nicht weiterbestehen könnte. Die Pankraz-Kolumne ist den Grenzen und Beschränkungen eines einzelnen Menschen unterworfen. Diese fragile Institution steht und fällt mit Pankraz, hinter dem sich, was nie ein Geheimnis war, Günter Zehm verbirgt. Ob es Zehm in die Wiege gelegt war, die dauerhafteste Kolumne im deutschen Blätterwald zu schreiben, kann man aus gutem Grund bezweifeln. Der Weg von Zehm zu Pankraz war nicht vorhersehbar und eng mit den Auswirkungen der deutschen Teilung nach 1945 verknüpft.

Geboren wurde Günter Zehm am 12. Oktober 1933 als Sohn eines Textilingenieurs im sächsischen Crimmitschau. In dieser von der Textilindustrie geprägten Stadt im heutigen Landkreis Zwickau wuchs Zehm auf und besuchte die Schule. Der Vater fiel 1945 bei den Kämpfen um Königsberg, so daß die Mutter die vier Kinder als Textilarbeiterin allein durch die Notzeit des Nachkriegs bringen mußte. Zehm gehört zu einem Jahrgang, der das Dritte Reich als selbstverständliche Gegebenheit erlebt hat, weil das die Wirklichkeit war, mit der er aufwuchs. Alternativen konnten nur die Literatur oder das Gespräch mit Älteren bieten. Um so interessanter ist von daher der Wechsel, dem zumindest die Einwohner Mitteldeutschlands unterworfen waren, der von einem Extrem ins nächste führte. Die Generation der dreißiger Jahre war für den Krieg zu jung und blieb daher von der Teilnahme verschont, wenngleich sie die Folgen ebenso zu tragen hatte. Zehm gehörte damit nicht zuletzt zu einem der »weißen Jahrgänge«, zu denen also, die nicht mit einer militärischen Dienstpflicht konfrontiert worden waren. An ihnen hat er später Defizite festgemacht, aber auch Tugenden: »Die zwischen 1930 und 1940 Geborenen sind in der Regel überdurchschnittlich fleißig und erfindungsreich, und sie erwarten nicht, daß ihnen irgend etwas in den Schoß fällt.« Der Mangel war etwas, womit sie aufwuchsen und was ihre Einstellung bedingte. Zur Politik sieht er sie weniger geeignet: »Politik ist in erster Linie Wille und Dezision. Zieltreue und Prinzipienfestigkeit gehören dazu, und damit hapert es gerade bei den weißen Jahrgängen. Tief im Innern der ›Weißen‹ nistet die Überzeugung von der Nichtigkeit aller Inhalte.« Sie würden daher leichter zur »nationalen Würdelosigkeit« neigen. Der Fleiß ließe sich Zehm durchaus zuschreiben, der Nihilismus liegt ihm fern.

In jedem Fall war diese Generation engagiert und wollte aus den Gegebenheiten das Beste machen und etwas Neues aufbauen. Sie war wißbegierig und idealistisch. Aus diesem Idealismus heraus haben sich nicht wenige bereits als Jugendliche auf der Oberschule für eine Mitgliedschaft in der SED entschieden. Zu ihnen gehörte auch Günter Zehm, der diesen Schritt 1952 vollzog. Nur als SED-Mitglied sahen sie die Möglichkeit, die sozialistische Zukunft aktiv mitzugestalten. Eine nachvollziehbare Überlegung, wenn man bedenkt, daß das Politische von der SED und ihren Blockparteien konsequent monopolisiert worden war. 1952 war auch das Jahr, in dem Zehm nach Leipzig ging, um an der dortigen Karl-Marx-Universität zu studieren. Die Universitätslandschaft der damaligen DDR war überschaubar und bereits auf die Linie des Marxismus-Leninismus eingeschworen, was nicht nur ideologische, sondern auch praktische Konsequenzen hatte. Die Einführung von Studienjahren und Seminargruppen

**Günter Zehm (Bildmitte) 1955 mit Kommilitonen eines Ernst-Bloch-Seminars der Universität Leipzig**

hatte eine Verschulung und Homogenisierung des Studiums zur Folge. Nach einem kurzen Aufenthalt am Institut für Zeitungskunde wechselte Zehm zu den Philosophen und damit zu Ernst Bloch, der damals alles überstrahlenden Philosophenfigur der DDR.

Diese Begegnung mit Bloch, der 1949 aus dem amerikanischen Exil einen Ruf nach Leipzig angenommen hatte, war entscheidend für Zehms weiteres Leben. Zu ihm hat er sich, bei aller Kritik an Blochs Philosophie und dem Marxismus, immer bekannt. Hier begegnete ihm der pädagogische Eros, den es braucht, um aus jemandem einen Denker zu machen, ihn für die Philosophie zu begeistern: »Wer aus der Ahnungslosigkeit kam, mußte ihm fast mit Notwendigkeit verfallen«, schrieb Zehm rückblickend. Als Bloch 1961 in die Bundesrepublik übersiedelte, weil dem unorthodoxen Marxisten die Lehre verboten worden war, blieb er zwar immer noch ein Ereignis, doch nicht mehr in dem eigentlichen, existentiellen Sinne. Es fehlte, so Zehm, die feindliche »Umwelt als Katalysator«, die das besondere Meister-Schüler-Verhältnis erzeugt hatte. Bloch spendete nur in »bedrohlicher Umgebung« Feuer. Daß ihm das zuteil wurde, hat Zehm »immer dankbar im Herzen« bewahrt. Zehm machte aber während seines Studiums nicht nur als Blochs Lieblingsschüler von sich reden, sondern war auch von einer philosophischen Ernsthaftigkeit beseelt, die ihn keine falschen Rücksichten nehmen ließ. In den Sommerferien 1955 reiste er zu Sartre, über den er eine Arbeit schreiben wollte, nach Paris. Das war zwar nicht verboten, bewies aber, daß Zehm durch die Partei letztendlich nicht steuerbar war.

Bald darauf überschlugen sich die Ereignisse, wie Zehm 1991 schreibt: »Die Jahre 1956 bis 1958 könnte man geradezu als die Jahre der Unruhe und des studentischen Aufbegehrens gegen die SED-Diktatur bezeichnen. Bei den Medizinern, bei den Physikern und den Chemikern, bei den Philosophen – überall in Jena regt sich Widerstand gegen das nach 1949 neu oktroyierte Zwangssystem.« Das Regime hielt vorläufig still, weil es seit der Geheimrede Chruschtschows 1956 über die Verbrechen Stalins eine ideologische Verunsicherung gab. Im Kern ging es bei den Philosophen um die Auslegung von Marx' Schriften und die Konsequenzen daraus für die Demokratisierung von Partei und Gesellschaft. Dennoch machte Zehm 1956 erst einmal, nach vier statt fünf Jahren, seinen Abschluß als Diplomphilosoph und trat eine Assistentenstelle in Jena an. Hier engagierte er sich über das gewohnte Maß hinaus, gründete die Jenaer Philosophische Studentengesellschaft und verfaßte eine »Politisch-theoretische Konzeption«, an der er bis zum April 1957 arbeitete und in der er mit den Parteigenossen scharf ins Gericht ging: »Das eigene Denken haben sie sich schon seit langem abgewöhnt; denn Denken heißt Zweifeln.« Das blieb der Stasi na-

**Günter Zehm alias »Pankraz« auf der Frankfurter Buchmesse 2006**

türlich nicht verborgen – Denunziation und Bespitzelung machten es möglich. »Nachdem«, heißt es bei Zehm weiter, »sich das Regime wieder gesammelt und auf Rachekurs umgeschaltet hatte, wurde im Sommer 1957 zunächst der sogenannte Blochkreis bei den Philosophen ›zerschlagen‹«. Bloch wurde die Lehrtätigkeit untersagt, seine Schüler mußten abschwören oder wurden zu Gefängnisstrafen verurteilt beziehungsweise zur Bewährung in die Produktion geschickt. Vielen blieb, wie beispielsweise Gerhard Zwerenz, nur die Flucht in die BRD. Ende März 1957 wurde Zehm gekündigt, und er mußte sich als Übersetzer durchschlagen, bis er schließlich im Juni desselben Jahres verhaftet und im September wegen sogenannter Boykotthetze – ein Gummiparagraph, um mißliebige Meinungen zu bestrafen – zu vier Jahren Zuchthaus verurteilt wurde. Erst Ende 1960 wurde er entlassen, wenig später gelang ihm die Flucht nach West-Berlin.

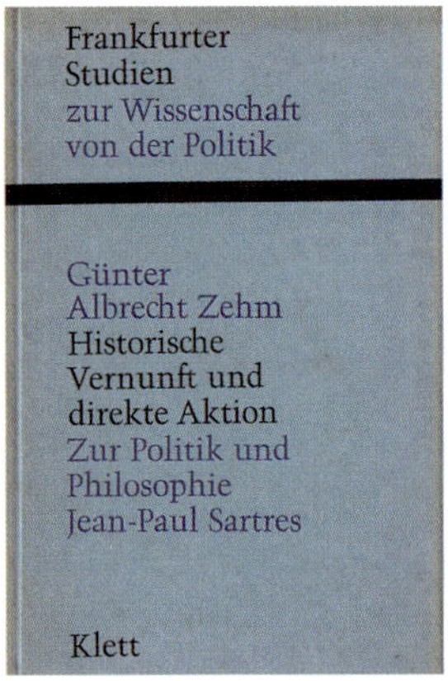

Günter Zehms *Einführung in Leben und Werk von Jean-Paul Sartre.* 2. Auflage, 1973

Hier war ihm sein Ruf als scharfer Denker vorausgeeilt und insbesondere die Kunde von einer von ihm geschriebenen Anthropologie weckte höchste Erwartungen. Zehm ging zunächst nach Frankfurt am Main, um dort bei Theodor W. Adorno und Carlo Schmid sein Studium mit der Promotion abzuschließen. Schmid, der seit 1953 in Frankfurt Politische Wissenschaft lehrte, war von Haus aus Jurist und gehörte nach 1945 zu den bekanntesten Mitgliedern der SPD, für die er zwischen 1949 und 1972 im Bundestag saß. Adorno war 1949 aus dem Exil in den USA nach Frankfurt zurückgekehrt, um hier gemeinsam mit Max Horkheimer das Institut für Sozialforschung wiederaufzubauen. Wenn man Zehms heutige Position im politischen Spektrum betrachtet, mögen das unpassende Doktorväter sein. Doch da Zehm vom Marxismus kam, war es durchaus naheliegend, bei einem kritischen Ableger zu promovieren. Mit Adorno war die Zusammenarbeit aber offenbar sehr schwierig: »Während Horkheimer im allgemeinen großbürgerliche Bonhomie verbreitete, kannte Wiesengrund nicht das geringste Mitleid mit den Kleinen, die sich schüchtern mit kritischen Anfragen hervorwagten – es sei denn, sie hatten einen ›Paten‹, auf den es Rücksicht zu nehmen galt. Über Zehm schien damals beispielsweise die Gnadensonne Carlo Schmids, und so konnte er sich mehr herausnehmen als ein gewöhnlicher Seminarteilnehmer.« Als es 1966 zur Bildung der APO kam, gehörten nicht wenige Schüler Adornos zu den Meinungsführern der sich anbahnenden 68er-Revolte. Warum Zehm nicht dazugehörte, wird bereits bei der Lektüre seiner Dissertation deutlich.

Das Projekt der Anthropologie verfolgte er nicht weiter, sondern nahm ein bereits in seiner Zeit als DDR-Student begonnenes Thema wieder auf: Sartre. Ihn kann er jetzt ohne falsche Rücksichtnahme und mit dem Wissen um die Konsequenzen der kommunistischen Ideologie behandeln. Das Resultat ist eine Doktorarbeit, die im eigenen Urteil sehr sicher auftritt und Sartres ideologische Schwachpunkte detailliert nachweist. Im Februar 1963 war das Promotionsverfahren durchlaufen, und im Jahr darauf erschien das Buch im Klett-Verlag in einer Reihe, die von Iring Fetscher und Carlo Schmid herausgegeben wurde. In ihrem Vorwort betonen die Herausgeber einerseits den Wert der Arbeit, sind sich aber auch bewußt, daß sie aus dem Rahmen fällt. Entschuldigend wird auf die Umstände verwiesen, unter denen Zehm seine Arbeit konzipieren mußte: »Begonnen wurde Zehms Arbeit nicht in einem Milieu freier wissenschaftlicher Diskussion, sondern unter dem Druck eines Regimes, das jede freie Diskussion eines ihm nicht genehmen Gedanken zu ersticken sucht; Zehms Arbeit ist ein Protest gegen diese geistfeindliche Praxis …«

Zehm konstatiert bei Sartre eine fehlende Beziehung zur »historischen Vernunft«, statt dessen sei er ein Nihilist, der seinen »anarchosyndikalistischen« Wurzeln treu geblieben ist. Die Herausgeber betonen, es sei bezeichnend für Zehms Kritik an Sartre, »daß sie dieses Ergebnis nicht einfach, mit der akademischer Kritik gebührenden Zurückhaltung, feststellt, sondern den ins Leere laufenden Engagements des noch die durchsichtigsten Machtinteressen kommunistischer Politik beschönigenden Philosophen mit einem gerüttelt Maß eigenem Engagement entgegentritt«. Dieses Engagement schlägt sich auch in den apodiktischen Formulierungen Zehms nieder, die schon den späteren, wortmächtigen Journalisten und Philosophen erahnen lassen. Jedes Kapitel beginnt mit einer beinahe aphoristischen Feststellung, die dann im Laufe des Kapitels entwickelt und belegt wird. Einige Beispiele »erster Sätze« machen das deutlich: »Wie man beginnt, muß nicht immer wesentlich sein.« – »Was über die Grenze schallt, scheint oft besonders erlesen zu klingen.« – »Wer im Sumpf lebt, hält den Fluß der Geschichte für eine Sage.« – »Sieger sind nicht immer bessere Menschen.« – »Enttäuschter Liebe geht man tunlichst aus dem Weg.«

Daneben fallen zeitbezogene Wertungen auf, die Zehm heute wohl nicht mehr teilen würde. Die pauschale Kritik an Heidegger gehört ebenso dazu, wie die grundsätzliche Anerkennung der Philosophie Blochs, die in diesem Buch die Basis der Kritik an Sartre bildet. Aus Zehms Beschäftigung mit Sartre resultierte auch eine Einführung in dessen dramatisches Schaffen, die erstmals 1965 erschien und mehrfach nachgedruckt wurde. Neben einer knappen Darstellung der Persönlichkeit und der Vorstellung der bis dahin erschienenen Theaterstücke findet sich eine Passage über Zehms eigene geistige Biographie, wenn er schreibt, daß Sartre, der sich seit 1952 zum Kommunismus bekannte, seitdem im Osten viel rezipiert wurde: »… es bildete sich dort eine regelrechte Schule der ›kommunistischen Existentialisten‹. Diese Schule griff vor allem die These auf, daß die kommunistische Doktrin erstarrt sei und daß es gelte, der klassischen ökonomischen Theorie von Marx eine Lehre vom Menschen, eine ›Anthropologie‹ – eben den Sartreschen Existentialismus – hinzuzufügen.« Auch wenn Zehm sich hier konkret auf die Situation in Polen bezieht, darf doch als sicher gelten, daß er selbst von diesem Impuls angetrieben war, als er seine Anthropologie in Angriff nahm.

Zehm ließ seit seiner Flucht keinen Zweifel daran aufkommen, daß er von seinen Illusionen, die er noch Anfang der fünfziger Jahre mit dem Sozialismus verbunden hatte, endgültig geheilt war – im Gegensatz zu seinem Lehrer Bloch. Der blieb weiterhin Marxist und fand ganz besonderen Gefallen an seinem Schüler Dutschke. Zu mehreren Sammelbänden aus der Mitte der sechziger Jahre, die sich mit den Erfahrungen und Schlußfolgerungen ehemaliger Kommunisten befassen, hat Zehm Aufsätze zu diesem Thema beigesteuert. Er warnte vor einer Verklärung der Zustände in der DDR durch die Linke (»Weh dem, der denkt«) und legte Zeugnis seines Irrtums ab (»Das Ende einer Utopie«).

**»Pankraz ist Generalist und Konkretdenker in einem. Er möchte das Dauernde im Fluß der Dinge erfassen.«**
Thorsten Thaler in der JF-Ausgabe vom 10. Oktober 2008

Zehm entschied sich im Anschluß an seine Promotion sehr zügig für die journalistische Karriere und heuerte noch 1964 bei der *Welt* an. Nach einer kurzen Phase als Auslandskorrespondent in Mexiko und den Vereinigten Staaten landete er schließlich bei seiner eigentlichen Berufung, dem Feuilleton. Diese besondere Abteilung einer Zeitung war längst über ihre ursprüngliche Bestimmung, lediglich wissenschaftliche oder unterhaltende Mitteilungen zu bringen und sich der Politik zu enthalten, hinausgewachsen. In Zeiten von Demokratie, Massengesellschaft und beginnender Politisierung aller Lebensbereiche war das Feuilleton kein geschützter Ort mehr. Zehm brachte es weit bei der *Welt*, wurde Feuilletonchef und stellvertretender Chefredakteur. Daß es Zehm damals zur *Welt* verschlug, kann kein Zufall gewesen sein, da sich diese Zeitung wie kaum eine dieses Niveaus der Deutschen Frage angenommen hatte und das Unrecht auf der anderen Seite der Mauer auch als solches bezeichnete. Zehm gehörte dann auch zu denen, wie sich der ehemalige Chefredakteur Herbert Kremp erinnert, die in »der 68er-Bewegung einen fundamentalistischen Angriff auf den Staat und die angeblich reaktionär deformierte Gesellschaft« sahen. Seine Pankraz-Kolumne kann als ein Korrektiv zu diesem erfolgreichen Angriff verstanden werden.

Seit Juli 1975 gab es diese Kolumne jeden Montag in der *Welt* und damit auch das Rätselraten, was es mit ihrem Namensgeber auf sich hatte. Dabei hat Zehm in seiner ersten Kolumne selbst die Hinweise zu seiner Lösung gegeben. Pankraz' Lieblingsdichter ist Gottfried Keller, der die Novellen über

Exklusiv in der JF: Die entfallene Kolumne aus dem „Rheinischen Merkur“

# Pankraz, die Predigt Zarathustras und die Veteranenfalle

**Erste Pankraz-Kolumne in der JUNGEN FREIHEIT vom 17. Juni 1994, nachdem der *Rheinische Merkur* diese nicht drucken wollte.**

Die alliierten Normandie-Feiern dieser Woche strahlten überwiegend brisante Komik ab. Da man sich nicht mit stillem Totengedenken, knappem Gottesdienst und einsam klagender Trompete über Gräberfeldern begnügte, sondern die Geschehnisse des „D-Day“ vor einem halben Jahrhundert regelrecht und in aller Ausführlichkeit nachspielte, geriet man voll in das hinein, was Nietzsche die „Veteranenfalle“ genannt hat, eben in die Komik, die unabweisbar entsteht, wenn alte Herren sich als jugendfrische Helden gerieren, und das in einer Form, die verzweifelt an Sandkastenspiele von Zweijährigen erinnert.

Das Bild des positiven, überlebenden Helden läßt sich, wie sich bei den Feiern wieder einmal zeigte, nur um den Preis sanfter Lächerlichkeit zeichnen. Je ausführlicher und „historisch genauer“ man zeichnet, um so peinlicher wird es. Denn das Bild des überlebenden Helden enthält – um Nietzsches Zarathustra-Gedanken über die Veteranenfalle weiterzuverfolgen – Bestandteile, die sich nicht zur Deckung bringen lassen: Heftigkeit einerseits, Schönheit andererseits, „den Nacken des Stiers“, aber auch „das Auge des Engels“.

Der Tag der großen Invasion in Europa: Unter dem Schutz von Schlachtschiffen und Sperrballons gingen die Amerikaner am 6. Juni 1944 in der Normandie an Land.

Man wollte in den D-Day-Spielen einerseits das wüste, heftige, noch unentschiedene Ringen mit dem Feind zeigen, andererseits aber doch auch schon den Sieg, die Verklärung, die Schönheit. Und das ist schlechterdings unmöglich. Der aktive Held strebt immer in der unansehnlichen, bluttriefenden Heftigkeit, wirklich schön wird er erst nach vollendeter Tat, aber dann ist die Tat nur noch Erinnerung, eine sinkende Sonne, der der Held gewissermaßen im Wege steht, so daß an seiner Gestalt irritierende Reflexe aufleuchten und sein Bild ins Schwanken bringen. Der Held wird zum Veteranen, zu einer mit Medaillen und Kreuzen behängten, von längst verflossenen Ereignissen brabbelnden Feierabendfigur, die der kecken Jugend nur noch ironische Verbeugungen und freche Witzchen entlocken kann.

Zarathustras Blick ist hier von einer unheimlichen Schärfe. Nur der „Held der Immoralität“, sagt er, kann wahrer Held sein. Nur er steht nicht *vor* der Sonne, *vor* dem Feuer, sondern *im* Feuer, er *ist* das Feuer, das Feuer des Kampfes, in dem es keine Unterscheidungen zwischen Gut und Böse gibt, sondern nur das Auf und Ab der wechselnden Chancen, die zuckenden Flammen. Der Held der Immoralität gibt nicht das geringste auf Anerkennung und Ehrung seitens der sogenannten guten Leute, und just dadurch wird er nie Veteran, bleibt immer Held.

Wird er nun gar nach gigantischer Schlacht besiegt, so vertieft sich sein dunkler Glanz. Kein historischer Sieg bewegt junge Nachseher so sehr wie der Untergang eines verlorenen Haufens, der gegen riesige Übermacht bis zur letzten Patrone kämpft und das Fähnlein bis zum letzten Mann aufgerichtet hält. Die gewaltigen Heldenepen, von Homers *Ilias* bis zu John Waynes *Alamo*, sind Epen des Untergangs. Die Feuer des versinkenden Troja degradieren die griechischen Sieger zu zukkenden Schatten, zu Statisten. Indem die Trojaner scheitern und untergehen, erinnern sie daran, daß letzlich alle menschlichen Werke scheitern und untergehen müssen. Nicht die Griechen, sondern sie richten das Gleichnis auf.

Die griechischen Sieger indessen, wie alle Sieger, müssen sich um die realen Folgen ihres Sieges kümmern, und die ekle Banalität und Bosheit, in die sie dabei hineingeraten, läßt ihre Siegerspiele nur um so komischer erscheinen. Man sehe doch in den „Troerinnen“ des Euripides, wie sie sich um die Frauen der getöteten Trojanerfürsten streiten, um die Frage, wer von ihnen welche der Frauen vergewaltigen darf! Man sehe, wie sie an dem längst gefällten und um die Mauern geschleiften Hektor immer noch einmal Rache nehmen, indem sie seinen Sohn, den kleinen Astyanax, die Klippe hinunterwerfen! Das Tohuwabohu, das sie anrichten, reißt sie letztlich selbst ins Verderben: Agamemnon wird ermordet werden, Menelaos wird den größten Ärger mit der „befreiten“ Helena kriegen, Odysseus wird seine endlosen Irrwege antreten.

Auch die Helden des „D-Day“ nebst „Onkel Joe“, dem Moskauer Verbündeten, haben sich bei der Ausgestaltung ihres Sieges in den anschließenden Jahrzehnten bekanntlich nicht mit Ruhm bekleckert, haben Millionen von Kriegsgefangenen zu Tode gehungert, Zehntausende von Frauen vergewaltigt, haben schließlich die halbe Welt in ein einziges, über vierzig Jahre lang betriebenes Dauer-KZ verwandelt. Doch das wird sie nicht davon abhalten, in den kommenden Monaten, bis weit ins nächste Jahr hinein, immer weiter und immer frenetischer Held und Sieger zu spielen; man kann nur hoffen, daß den Zuschauern, speziell den deutschen, dabei nicht der Humor vergeht und nicht aus der Komik dauerhafter Verdruß und Frustration erwachsen.

Vielleicht sollte man sich, um die Contenance zu bewahren, an ein Wort von Jean Paul Sartre erinnern: „Wer letzten Endes recht behalten will, der muß vorletzen Endes unrecht haben“. Mit anderen Worten: Sieger und Besiegte tauschen à la longue nicht nur die Plätze, sondern hocken beim Kampf ums Überleben im selben Boot, sind engstens aufeinander angewiesen. Sieger (auch wenn sie sich nicht von christlichen Vergebens-Grundsätzen leiten lassen) sind deshalb gut beraten, nach ihrem Sieg den Besiegten gegenüber nicht allzu laut zu werden, sie nicht über Gebühr zu demütigen und die Geschichtsschreibung nicht allzu ungeniert zur Rechtfertigung und Glorifizierung des eigenen Sieges zu strapazieren.

In der Normandie sitzen sie bis jetzt glücklicherweise nur in der Veteranenfalle und liefern komische Bilder. Die Erben Onkel Joes hingegen sind schon einige Etagen tiefer gerutscht und sitzen im Pißpott wie der Fischer un sine Fru. Um dort wieder herauszukommen, genügen keine Siegesspiele mehr; nötig sind vielmehr reale, aktuelle Siege, und zwar Siege über sich selbst.

„Der Biß des Veteranen ist wie der Biß des Hundes gegen einen Stein – eine Dummheit.“ Also sprach Zarathustra.

*„Pankraz ist in dieser Woche verreist.“ Diese Notiz fanden die Leser der Bonner Wochenzeitung „Rheinischer Merkur“, die die Kolumne von Prof. Dr. Günter Zehm in der Ausgabe vom 10. Juni suchten. Leider entspricht das nicht den Tatsachen. Hier nun exklusiv der Text, der aus dem Blatt genommen wurde.*

**JUNGE FREIHEIT**
Wochenzeitung für Politik und Kultur
Gegründet 1986 • ISSN 0932-660X
**Herausgeber und Verlag:** JUNGE FREIHEIT Verlag GmbH & Co., Amtsstraße 5 a, 14469 Potsdam
**Verantwortliche Redakteure:** Chefredaktion: Dieter Stein, Stellvertr. Martin Schmidt; Chef vom Dienst: Dr. Andrzej Madela; Weltpolitik: Hans-Ulrich Kopp; Österreich: Jürgen Hatzenbichler; Nationalitätenfragen: Martin Schmidt; Mitteleuropa: Ernst Jendra; Wirtschaft: Carl Meyerson; Berlin: Wolfgang Fenske; Kultur: Andreas Molau; Reisen: Martin Schmidt; Jugend und Familie: Michael Hageböck; Naturwissenschaften: Dr. Karsten Niefind; Zeitgeschichte: Hans-Ulrich Kopp; Zeitgeist und Lebensart: Roland Bubik.
**Vertrieb für den Zeitschriftenhandel:** SPS-Verlagsservice GmbH, Karl-Mand-Str. 2, 56070 Koblenz, Tel.: 02 61/80 70 60
**Erscheinen:** wöchentlich.
**Anzeigen:** Es gilt Anzeigenpreisliste Nr. 9 vom 1. 1. 94
**Jahresabonnement:** DM 169,- (ermäßigt DM 149,-), Bezugspreise für das Ausland: Europa DM 194,- (ermäßigt DM 174,-), Übersee/Luftpost: DM 219,- (ermäßigt DM 199,-).
Das Abonnement verlängert sich stillschweigend um ein Jahr, wird es nicht drei Monate vor Ablauf schriftlich gekündigt.
**Konten:** Postgiroamt Karlsruhe (BLZ 660 100 75), Kto.-Nr. 2460 62 - 755, Österreichische Postsparkasse Kto.-Nr. 92.020.153
**Druck:** Brühl-Druck, Gießen
**Nachdruck:** Nur mit Genehmigung.
**Redaktion Kultur:** Andreas Molau, Postfach 49, 37177 Hardegsen
**Sammelanschrift:** Redaktion JUNGE FREIHEIT, Postfach 60 14 51, 14414 Potsdam, Tel. 03 31/9 67 13-0 , Fax 03 31/9 67 13-14

die Leute von Seldwyla geschrieben hat. Dort kommt ein Pankraz vor, ein Schmoller, mit dem Zehm »nicht nur den Namen, sondern auch – so glaubt er wenigstens – manchen geistigen Zug, insonderheit das melancholische, nervenaufreibende ›Schmollwesen‹ gemeinsam hat«. Zehm bekennt sich in jener Kolumne, »Pankraz, Gottfried Keller und die Revolution«, zu diesem Vorbild und charakterisiert sich selbst in Anlehnung daran: »Er hält sich für einen ziemlich guten Beobachter der Zustände um ihn her, da er aber andererseits immer wieder einem fatalen Hang zur Innerlichkeit nachgibt und seine Beziehungen zur Außenwelt schleifen läßt, so fehlt es ihm an mancherlei Erfahrung, und er muß, um sich dies und das an seinen Mitmenschen zu erklären, allzu oft von sich auf andere schließen.« Zehm vertieft die Gemeinsamkeiten nicht weiter, verweist aber darauf, daß bekannt sei, daß der Kellersche Pankraz auf einer afrikanischen Löwenjagd geläutert wird, was ihn dann befähigt, »in den praktischen Dienst von Familie und Gesellschaft zu treten«. Insofern ist damit eine Ernüchterung beschrieben, die dem Ungenügen der Welt abgeschworen hat und damit den hochfliegenden Träumen der Idealisten ebenso. Zehm begreift Pankraz als nachrevolutionären Realisten, dem er nacheifern will, das »Schmollwesen überwinden zu helfen. In sich selbst und in den anderen«. Dazu schlüpft Zehm bis heute in die Rolle des Pankraz und schafft durch die Vermeidung der Ich-Form eine Distanz zur eigenen Person, die es ihm ermöglicht, das Ganze in ein objektives Licht zu stellen.

**»Was wir erlebten, war ein geistespolitisches Abdanken, das Räumen konservativer, rechter oder auch einfach traditioneller Positionen in der Erziehung, in der öffentlichen Moral. (…) Diejenigen, die Traditionen bewahren und behutsam entwickeln wollten, wurden immer weniger. Jetzt haben wir eine Situation, da es geistespolitisch unabdingbar geworden ist, diese aus Feigheit geräumten Felder wieder zu besetzen und rechts von der CDU und CSU eine politische und geistige Position zu beziehen.«**
Günter Zehm in einem JF-Interview vom 18. Februar 1994

In seinen Kolumnen aus den siebziger Jahren hat Zehm viele Phänomene, die damals nur schemenhaft zu erkennen waren und heute zum Alltag gehören, beobachtet und angesprochen. Darunter das der Politisierung der Lebensbereiche, die den Maßstab eines, wenn auch sehr wichtigen Lebensbereichs, auf alle anderen überträgt. Die Demokratie sei in der Neuzeit eigentlich eine Herrschaftsform, in der der einzelne sich möglichst wenig von der Politik berühren lassen muß. Wenn nicht, so wendet Zehm ein, die demokratische Ideologie im Vordergrund steht. Zehm verweist auf die Kehrseite der Demokratie, die sich nicht wie der Einzelherrscher auf seine Aura oder Persönlichkeit verlassen kann, sondern immer um numerische Mehrheiten ringt: »Wenn ein Monarch das Leben politisiert, dann erschöpft sich das darin, daß beispielsweise ein Männergesangsverein zuerst einmal ein Hoch auf unseren ›allergnädigsten König und Herrn‹ anstimmt, bevor er zum Singen kommt. Wenn die Demokratie das Leben politisiert, dann wird – es gibt Beispiele übergenug! – so lange debattiert und opponiert und finassiert und intrigiert, bis der Gesangsverein gar nicht mehr zum Singen kommt.« Hinzu komme, daß eine Demokratie nur als Rechtsstaat lebenswert ist, »denn eine Demokratie ohne Rechtsstaatlichkeit kann sich zu einer übleren Tyrannei auswachsen als die härteste Ein-Mann-Diktatur«.

Als »Aufhänger« seiner Kolumnen benutzt Zehm oft eine Alltagsbeobachtung, ein neu erschienenes Buch oder eine Konstellation, die ihm nicht schlüssig erscheint. Von diesem Einstieg ausgehend, setzt Zehm den Gegenstand einer besonderen Perspektive aus, die oftmals Verblüffendes zutage fördert und nicht selten in einer Art logischem Schluß mündet. Beispielsweise ließ er sich durch den Erfolg des Films »E.T.« nicht zu Schelten über die amerikanische Filmindustrie hinreißen, sondern findet den Film »ausgezeichnet«. Er sei allerdings kein Kinderfilm, weil er zwischen Erwachsenen und Kindern eine absolute Schranke errichte, die Sozialisierung, das Ziel jeder Erziehung, verhindere. In Kolumnen, in denen er die politische Gegenwart aufs Korn nimmt, wird der Ton entsprechend schärfer. So warf er den »Rotgrünen« in den achtziger Jahren ihren Jubel »über die Zuzügler aus Asien«, die »geradezu wollüstig geförderte Umwandlung ganzer Stadtteile in islamische Oasen« und den Gebärstreik vor und sah darin ein »blindes, leidenschaftliches Wüten gegen die Lebensinteressen der eigenen ›Ethnie‹, des eigenen Volkes …«

**»In der Politik und in den Medien haben wir schon fast DDR-Verhältnisse. Die als »demokratisch« bezeichneten Parteien unterscheiden sich in ihrer Programmatik nicht mehr voneinander und in den entscheidenden Medien – Fernsehen, große Regionalzeitungen, Verlage usw. – herrscht blanke Meinungsdiktatur. Ganze Kohorten von selbsternannten Zensoren sorgen gnadenlos für geistige Einheitslinie.«**
Günter Zehm in einem JF-Interview vom 9. Februar 2001

Nach dem Tod Axel Springers im September 1985 wurde die Ausrichtung der *Welt* schleichend eine andere. Zehm mußte sich bald gerichtlich mit den Springer-Erben herumstreiten und wurde nach längeren Auseinandersetzungen mit dem damaligen *Welt*-Chefredakteur Manfred Schell über den Kurswechsel aus dem Blatt gedrängt. Die Pankraz-Kolumne konnte dennoch weiter erscheinen, bis Zehm mit ihr 1990 zum *Rheinischen Merkur* wechselte. Die Zusammenarbeit hielt allerdings nicht lange, so daß die JUNGE FREIHEIT am 17. Juni 1994 ihre erste Pankraz-Kolumne veröffentlichen konnte. Der Kontakt rührte von einem Interview her, das Günter Zehm im Februar jenes Jahres der JUNGEN FREIHEIT zum Niedergang konservativer Publizistik und zur Politik der Unionsparteien gegeben hatte.

In der nun von der JF gedruckten Kolumne »Pankraz, die Predigt Zarathustras und die Veteranenfalle« ging es um die alliierten Feiern in der Normandie zum 50. Jahrestag des D-Days, die Zehm als »Sandkastenspiele von Zweijährigen« veralberte, nicht ohne den Hochmut der Sieger zu geißeln: »Sieger und Besiegte tauschen à la longue nicht nur die Plätze, sondern hocken beim Kampf ums Überleben im selben Boot, sind engstens aufeinander angewiesen.« Deshalb sollten die Sieger ihren Hochmut nicht zu weit treiben. Der *Rheinische Merkur* hatte die Kolumne kurzfristig aus dem Blatt genommen und seine Leser wissen lassen: »Pankraz ist in dieser Woche verreist«, was eine doppelte Lüge war. Erstens war Zehm nicht verreist, und zweitens wäre das kein Grund gewesen, die Kolumne nicht zu liefern. In all den Jahrzehnten war sie pünktlich in der Redaktion, so schwierig die Umstände auch sein mochten. (Keine Regel ohne Ausnahme: Am 30. Januar 2009 war es soweit, und die Kolumne mußte das allererste Mal ausfallen, aus Krankheitsgründen.)

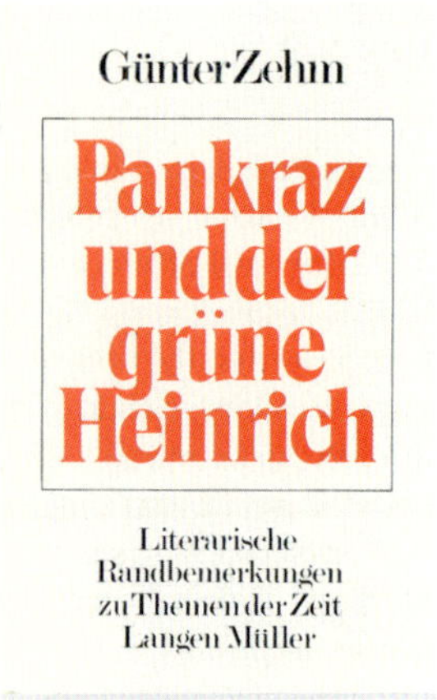

**Gesammelte Pankraz-Kolumnen, erschienen 1981 und 1988**

In Wahrheit hatte der Chefredakteur des *Rheinischen Merkur*, Thomas Kielinger, die Kolumne kurz vor Drucklegung aus politischen Gründen aus dem Blatt gekippt. Er nahm vor allem an einer Passage Anstoß: »Auch die Helden des D-Day nebst Onkel Joe, dem Moskauer Verbündeten, haben sich bei der Ausgestaltung ihres Sieges in den anschließenden Jahrzehnten bekanntlich nicht mit Ruhm bekleckert, haben Millionen von Kriegsgefangenen zu Tode gehungert, Zehntausende von Frauen vergewaltigt, haben schließlich die halbe Welt in ein einziges, über vierzig Jahre lang betriebenes Dauer-KZ verwandelt.« Kielinger wollte in diesem Satz einen »offensichtlichen Extremismus« erkennen, eine absurde Verdächtigung, »wie es nicht einmal dem wildesten Nationalisten in den Sinn käme«. Durch die ganze Pankraz-Kolumne ziehe sich »ein roter Faden ressentiment-gespeister Ungeschichtlichkeit«. Dem Chefredakteur des *Rheinischen Merkur* schien »das alles krauses Zeug zu sein, gelinde gesagt«, wie er in einem langen Rechtfertigungsbrief an Zehm schrieb. Die Parallele zwischen den »Helden des D-Day« und Stalin sei, so Kielinger, eine »Anstößigkeit, mit der ›Pankraz‹ leben mag, nicht aber der *Rheinische Merkur*«.

So landete Günter Zehm, der diesen Willkürakt nicht hinnehmen wollte, schließlich im Januar 1995 endgültig mit seiner Pankraz-Kolumne bei der JUNGEN FREIHEIT, die dort seitdem in der gewohnten Regelmäßigkeit erscheint. Pankraz ist den Weg von der *Welt* zur JF nicht allein gegangen. Ihm sind unter anderen noch Carl Gustaf Ströhm und Günther Deschner gefolgt, was seinen Grund nicht zuletzt in der Linksverschiebung der gesamten Medienlandschaft hat, die einem konservativen Journalisten, der seinen Überzeugungen treu bleiben will, kaum eine andere Wahl läßt.

Wenn man sich die Pankraz-Kolumnen, die mittlerweile in fünf Auswahlbänden vorliegen, anschaut, kann man über die Jahre einige Grundüberzeugungen immer wiederfinden, die sich im besten Sinne als konservativ bezeichnen lassen. Erstens: Den Glauben an Rettung darf man nie aufgeben.

**Günter Zehms »Jenaer Vorlesungen« in der Edition Antaios**

Aber die Rettung braucht einen Ort, weshalb man Institutionen nie zu früh aufgeben darf. Zweitens: Zehm geht es immer um den einzelnen Menschen, den man nicht einer Utopie opfern darf. Drittens: Er läßt dabei durchblicken, daß ihm die Hebel dieser Utopien durchaus bekannt sind und daß nur Ehrfurcht vor dem Leben dazu führt, daß man diesen Hebel nicht anrührt. Viertens: Einfache Lösungen gibt es nicht, vieles stellt sich zwiespältig dar. In Zehms Beurteilung von Sinn und Nutzen der Utopie kommen alle Punkte zur Geltung. Einerseits, schreibt er in den achtziger Jahren, ist sie abzulehnen, weil »abstrakt-utopische Sozialentwürfe« gleichbedeutend »mit einer Flucht vor dem Leben, wie es nun einmal ist«, sind. Andererseits, so Zehm nach dem Sieg des liberalen Systems, habe sie durchaus ihre Berechtigung: »Im Klima geschlossener Kollektive wirkt die Utopie benebelnd und leistungshemmend, im Wind offener Gesellschaften jedoch entfaltet sie, die ja zur Zukunft hin selber offen ist, Temperament und Stimulanz.« Auch liberale Staaten, so Zehm, brauchen utopische Horizonte, nur ein »bißchen Common sense, ein bißchen Kunst des Durchwurstelns« genügen nicht.

**»Zehm spricht frische, deutliche Warnungen aus: vor Optimierern, Panikmachern, Gesinnungsethikern, in ihrer Scheininszenierung erstarrten Politikern.«**
Harald Seubert über Günter Zehms Buch *Gesunder Menschenverstand*, JF-Ausgabe vom 15. Mai 2009

Dabei geht es Zehm gerade um den gesunden Menschenverstand, den Common sense. Er ist vielleicht das deutlichste Merkmal seiner Kolumnen, mit denen er ausdrücklich die »Sehnsucht nach ›common sense‹ stillen helfen« will, gegen die Sensation und die Verrücktheiten. Er versteht ihn als »heimliche Opposition gegen das allumfassende Plänemachen und Kategorisieren«, das dem Leben nicht entspricht. Nicht ein System, sondern das einzelne Phänomen steht im Mittelpunkt dieser Lebensphilosophie im besten Sinne und wird als solches gewürdigt. Zehm orientiert sich am Erfahrungsschatz, der sich nur durch diese Einstellung ständig erweitern kann. Denn: »Niemand ist so gern bereit, sich an neuer Erfahrung zu korrigieren, wie der gesunde Menschenverstand.« Blitzartige Erhellungen beim Leser sind daher das Ziel der Kolumne. Sie setzen allerdings ein Grundeinverständnis darüber voraus, was »normal« und »selbstverständlich« ist – was immer weniger vorhanden ist. Doch auch so bleibt der gesunde Menschenverstand eine »brauchbare Methode des Aushaltens und des Sichzurechtfindens in der modernen Welt«.

Mit dem gesunden Menschenverstand setzt auch ein anderes Kapitel im Leben von Zehm ein. Nach der Wende gab es in Mitteldeutschland das Bedürfnis nach Wiedergutmachung, und in diesem Rahmen erhielt Zehm 1991 eine Philosophieprofessur in Jena, die ihn zu neuer geistiger Produktivität anregte und ihm viel Freude bereitete, die lediglich von einigen Antifa-Protesten gegen seine Person überschattet wurde. Die erste Vorlesung, die Zehm nach dem

**Günter Zehm mit JF-Redakteur Felix Krautkrämer und dessen jüngstem Sohn Hermann auf dem Sommerfest 2011**

Zusammenbruch des Kommunismus und der deutschen Wiedervereinigung hielt, behandelte den gesunden Menschenverstand. Er hielt diese Vorlesung vor Studenten, für die sich gerade alles geändert hatte und die nach Orientierung suchten. Der gesunde Menschenverstand bietet sich dazu an. Er »ist kein Theoriegebäude, er ist aber auch keine bloße Ansammlung von Ratschlägen und Allerweltsweisheiten. Er kann als geordnetes ›System‹ sichtbar und lehrbar gemacht werden …« Auch für diejenigen, die Zehm damals nicht hören konnten, ist diese Vorlesung als Buch mittlerweile zugänglich. Im nachhinein, so Zehm, demonstriere sie indirekt, »wie gut sich der gesunde Menschenverstand, der common sense, gerade in historischen und existentiellen Krisensituationen bewährt und wie er denen, die auf ihn vertrauen, Halt und Genugtuung verschafft«. Zehm rollt das Thema historisch auf, nicht ohne das historische Material an der Gegenwart zu prüfen. Dabei kommen die Polemik und der Bezug zur Alltagswirklichkeit nicht zu kurz, so daß man sich stellenweise an Pankraz erinnert fühlt. Die Vorlesungstätigkeit in Jena ist seitdem neben die Pankraz-Kolumne getreten. Aus ihr sind mittlerweile neun Bände publiziert worden (Seite 125), die eine Ahnung von der Themenvielfalt, Belesenheit, aber auch Lebensnähe des Philosophieprofessors Zehm vermitteln.

Die Verbindung von Journalismus und Philosophie hat sich bei Zehm als segensreich erwiesen, weil er es bis heute versteht, beides in den Gesamtzusammenhang des Lebens zu stellen. Dadurch haben sowohl seine Kolumnen als auch seine Vorlesungen den Charakter einer Unterweisung im gründlichen Denken, im genauen Hinschauen und im anspruchsvollen Kombinieren. Über die Jahrzehnte hat er gegen »Feigheit und Dummheit, Rechthaberei und Intoleranz« angeschrieben. Damit hat Zehm nicht zuletzt das Bewußtsein wachgehalten, daß es immer, in Politik und Gesellschaft, auf den einzelnen ankommt – und daß keine politische Konstellation ewig hält: »Lerne unterscheiden zwischen Konstellationen und Tatsachen. Eine politische Konstellation mag zwar furchterregend stabil aussehen, wie für die Ewigkeit gebaut, indessen, wenn sie nicht auf solider Volksbasis ruht, kann sie sich über Nacht verflüchtigen wie Tau vor der Sonne.«

---

**Dr. Erik Lehnert,** Jahrgang 1975, arbeitete als Lektor und Redakteur der Zeitschrift *Sezession*. Seit 2008 ist er Geschäftsführer des Instituts für Staatspolitik (IfS).

# 8

# Die Autorenzeitung

Die JUNGE FREIHEIT ist eine klassische Autorenzeitung. Beim Wochenzeitungsstart im Januar 1994 bestand die Stammredaktion in Potsdam neben Chefredakteur Dieter Stein gerade einmal aus zwei angestellten Mitarbeitern: Martin Schmidt als sein Stellvertreter und Andrzej Madela als Chef vom Dienst. Heute, siebzehn Jahre später, arbeiten in der Berliner Redaktion auch nur insgesamt dreizehn festangestellte Redakteure, ein Volontär und zwei Vollzeit-Grafikerinnen. Hauptsächlich wird die JF noch immer von ihren freien Autoren getragen. Ihre Bedeutung für die Entwicklung der Zeitung, deren Profil, Kompetenz und Wahrnehmung in der Öffentlichkeit kann gar nicht hoch genug veranschlagt werden. Ohne ihre Autoren, die teilweise sogar ehrenamtlich, teilweise gegen ein höchst bescheidenes Zeilenhonorar arbeiten, wäre die JUNGE FREIHEIT sicher nicht da, wo sie heute steht. Die folgende alphabetische Übersicht stellt stellvertretend einige Autoren und ihre Beziehung zur JUNGEN FREIHEIT vor, wobei die Auswahl angesichts von weit über hundert regelmäßig für die Zeitung schreibenden Autoren notwendigerweise auf einige wenige beschränkt werden mußte.

## Herbert Ammon

Jahrgang 1943, studierte Geschichte, Anglistik, Amerikanistik und Soziologie in München, New Orleans und Erlangen-Nürnberg. Er unterrichtete als Gymnasiallehrer in Bayern und war von 1975 bis 2003 Dozent für Geschichte und Soziologie am Studienkolleg für ausländische Studierende der Freien Universität Berlin. Die JUNGE FREIHEIT fiel ihm erstmals Anfang 1994 an einem Kiosk auf. Durch einen Freund lernte er dann Dieter Stein und die Redakteure Martin Schmidt und Andrzej Madela kennen. Im März 1994 erschien in der JF ein Interview mit ihm (»Wenn ich die Nation nicht anerkenne, ist mir die Vergangenheit Wurst«, JF 12/94), das Linksextremisten an der Universität zum Anlaß für eine Kampagne gegen den »neurechten FU-Dozenten« nahmen. Ammon reagierte mit Trotz und steuerte fortan weitere Beiträge für die JF bei. »Allein aus schierer Lust zum Widerspruch gegen das linksliberale Unisono (weder links noch liberal), gegen den Gleichklang der bundesrepublikanischen political correctness, hielt ich es für richtig, weiterhin der JF mit Artikeln und Rezensionen die Stange zu halten.« Seit 2006 ist er ständiger Kolumnist der Zeitung. Bedauerlich findet er, »daß die JF in den Mainstream-Medien nach wie vor ignoriert wird, obgleich sie dank einer Reihe von hervorragenden Autoren längst zu den anspruchsvollen Organen der Meinungsbildung in Deutschland gehört«. Als »Korrektiv zum herrschenden Konformismus« hält Herbert Ammon die JF für unverzichtbar.

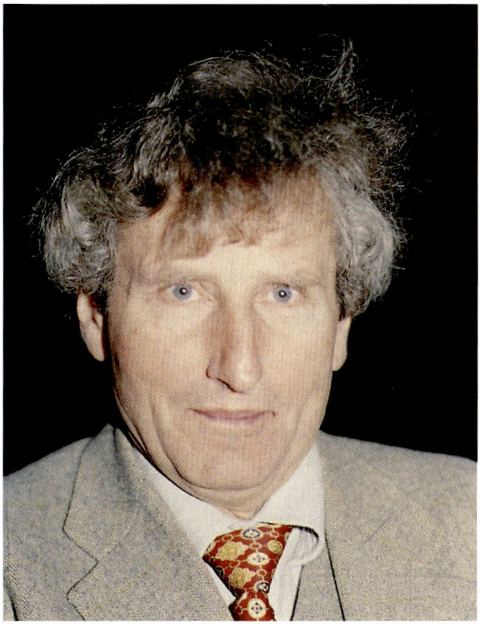

Herbert Ammon

Roland Baader

Bruno Bandulet

Alain de Benoist

## Roland Baader

Jahrgang 1940, Diplom-Volkswirt, arbeitete nach dem Studium der Nationalökonomie und Soziologie bei Friedrich A. von Hayek in Freiburg im Breisgau und in München von 1968 bis 1985 als Industriemanager und Unternehmensleiter. Auf die JUNGE FREIHEIT aufmerksam geworden ist der libertäre Publizist und frühe Euro-Kritiker etwa um das Jahr 1997 durch einen damaligen ihm bekannten JF-Redakteur. Die JUNGE FREIHEIT, erinnert Baader sich, erschien ihm als »ein einsamer Querbalken im Strom der Mainstream-Medien. Hier traf man auf Widerstand gegen Etatismus, Zentralismus, Bürokratismus und Sozialismus sowie gegen die geistige Massenerkrankung der 68er. Das waren mutige Positionen, die zwar in eine konservative Grundhaltung eingebettet waren, die sich jedoch vielfach auch mit klassisch-liberalen Vorstellungen deckten.« Der erste Auftritt Baaders, der sich selbst als »Radikalliberaler« versteht, in der JF war ein Interview, das am 26. Juni 1998 unter dem Titel »Es gibt nur persönliche Freiheit« erschien. Einen ersten eigenen Text von Baader konnte die Zeitung dann im Jahr darauf veröffentlichen (»Kasino-Sozialismus«, JF 33/99). Seither sind über dreißig weitere Beiträge von ihm in der JUNGEN FREIHEIT erschienen. Für Roland Baader ist die Zeitung heute »ein Leuchtturm der intellektuellen Redlichkeit und Prinzipientreue in einem Medienmeer, das überwiegend dem geistig-moralischen Zerfall huldigt«. Baader ist Redaktionsbeirat und regelmäßiger Autor des libertären Magazins *eigentümlich frei*.

Wichtigste Buchveröffentlichungen: *Kreide für den Wolf. Die tödliche Illusion vom besiegten Sozialismus* (1991), *Die Euro-Katastrophe. Für Europas Vielfalt – gegen Brüssels Einfalt* (1993), *Fauler Zauber. Schein und Wirklichkeit des Sozialstaates* (1997), *Die belogene Generation. Politisch manipuliert statt zukunftsfähig informiert* (1999), *Geld, Gold und Gottspieler. Am Vorabend der nächsten Weltwirtschaftskrise* (2004), *Geldsozialismus. Die wirklichen Ursachen der neuen globalen Depression* (2010).

## Bruno Bandulet

Jahrgang 1942, studierte Geschichte, Hispanistik, Politische Wissenschaft und Volkswirtschaft in Würzburg, Berlin und Madrid. Er war Chefredakteur der Zeitung *student*. 1973 wurde er Chef vom Dienst der Tageszeitung *Die Welt*, 1975 Mitglied der Chefredaktion der Illustrierten *Quick*. Seit 1979 ist er Herausgeber des monatlichen Informationsdienstes *Gold & Money Intelli-*

*gence* (G&M). Außerdem gibt er seit 1995 den politischen Hintergrunddienst *Deutschland Brief* heraus, der seit 2009 in der libertären Zeitschrift *eigentümlich frei* integriert ist. Der JUNGEN FREIHEIT ist Bandulet bereits seit den neunziger Jahren als Interviewpartner und Autor verbunden, seit 2003 ist er auch regelmäßiger Kolumnist der Zeitung. Mit seiner reichhaltigen journalistischen Erfahrung sowie seiner finanz- und wirtschaftspolitischen Kompetenz bildet er auf diesem Sektor zusammen mit Bernd-Thomas Ramb, Wilhelm Hankel und Klaus Peter Krause ein »Magisches Viereck«. Der Verleger und frühe Euro-Kritiker Bandulet war von der Idee, die JUNGE FREIHEIT als überregionales Blatt zu etablieren, »von Anfang an angetan«. Ihn beeindruckte, »mit welcher Beharrlichkeit die Mannschaft um Dieter Stein ihr Projekt gegen die anfänglich enormen Widerstände durchgesetzt hat«. Heute verbindet er mit der JUNGEN FREIHEIT »die Aversion gegen das Diktat der politischen Korrektheit, eine mit der Zeit zunehmende Enttäuschung über den Kurs der Unionsparteien, das Prinzip der Freiheit, auch der geistigen, und nicht zuletzt die Benennung und Verteidigung deutscher Interessen. Kurzum: eine kritische, realistische, aber nicht pessimistische Grundhaltung«.

Wichtigste Buchveröffentlichungen: *Was wird aus unserem Geld?* (1998), *Tatort Brüssel* (1999), *Die letzten Jahre des Euro* (2010).

## Alain de Benoist

Jahrgang 1943, studierte Jura, Philosophie und Religionswissenschaften, lebt als Publizist in Paris und ist Herausgeber der Zeitschriften *Nouvelle École* und *Krisis*. Von der JUNGEN FREIHEIT hörte Benoist zum ersten Mal durch Armin Mohler, mit dem er befreundet war. Sein erster in der Zeitung veröffentlichter Text, im Februar 1991, war »Die Heuchelei des Westens« betitelt, – aber er war zuerst in der linken Berliner Tageszeitung *taz* vom 13. Dezember 1990 erschienen! Im Juni 1991 veröffentlichte die JF dann seine Antwort auf eine Leserumfrage »Licht in der Finsternis«. Zwei Jahre später, 1993, haben Armin Mohler und Dieter Stein ein langes Interview mit ihm als Broschüre herausgegeben: »Im Gespräch mit Alain de Benoist«. Die engere Zusammenarbeit mit der JUNGEN FREIHEIT begann dann am 14. Oktober 1994 mit dem Aufsatz »Justiz unter Einfluß«. Seither schreibt Benoist regelmäßig für die Zeitung. In der Edition JF sind bisher sieben Bücher von ihm erschienen (siehe Kapitel 13, Seite 228ff.).

## Rolf Dressler

Jahrgang 1941, volontierte beim *Westfalen-Blatt* und arbeitete als Nachrichtenredakteur im Politik-Ressort der in Bielefeld erscheinenden Tageszeitung. Von 1978 bis 1990 war er stellvertretender Chefredakteur, danach leitete er bis zu seiner Pensionierung das *Westfalen-Blatt* als Chefredakteur. Anfang 2009 konnte die JUNGE FREIHEIT Rolf Dressler als Kolumnisten gewinnen, sein erster Beitrag erschien im März jenes Jahres (»Tummelplätze des Alarmismus«, JF 12/09). Seither hat er sich immer wieder in Kolumnen, Kommentaren und Meinungsbeiträgen zu Wort gemeldet. »Hohe Anerkennung gebührt der JUNGEN FREIHEIT für ihre unerschütterliche Grundwertefestigkeit – sie ist ihr herausragendes Markenzeichen«, sagt Dressler mit Blick auf seine eigene langjährige leitende journalistische Arbeit für das *Westfalen-Blatt*, »eine der wohl letzten noch verbliebenen wirklich konservativen regionalen Tageszeitungen in Deutschland«. An der JF ist ihm wichtig, daß sie – »unerschütterlich, geradlinig und meinungsfreudig« – seit nun schon 25 Jahren »den Zeitgeisterreitern der fast übermächtig erscheinenden Niedermachungs- und Desinformationsindustrie erfolgreich widersteht«.

## Karl Feldmeyer

Jahrgang 1938, studierte Politische Wissenschaften und Geschichte. Seit 1971 Redakteur der *Frankfurter Allgemeinen Zeitung*, war er von 1976 bis zu seinem Ausscheiden Ende 2004 Parlamentskorrespondent in Bonn und später in Berlin. Sein erster Beitrag für die JUNGE FREIHEIT war im Juli 2005 ein Nachruf auf den ehemaligen Generalinspekteur der Bundeswehr, Dieter Wellershoff (JF 31-32/05), und kurz darauf schrieb er eine sehr ausführliche Lageanalyse zum Einsatz deutscher Soldaten in Afghanistan (»Die Bundeswehr am Hindukusch«, JF 43/05). 2006 wurde Karl Feldmeyer für sein Lebenswerk mit dem renommierten Theodor-Wolff-Preis des Bundesverbandes der deutschen Zeitungsverleger ausgezeichnet. Seit dem Februar 2008 kommentiert er in seinem Blog die aktuelle politische Lage in der Bundesrepublik Deutschland. Internet: www.karlfeldmeyer.de

## Wilhelm Hankel

Jahrgang 1929, war von 1959 bis 1967 Direktor und Leiter der Abteilung Volkswirtschaft und Planung der Kreditanstalt für Wiederaufbau, danach im Bun-

**Rolf Dressler**

**Karl Feldmeyer**

**Wilhelm Hankel**

**Klaus Hornung**

desministerium für Wirtschaft unter Karl Schiller Leiter der Abteilung Geld und Kredit. 1971 erhielt er an der Goethe-Universität in Frankfurt am Main eine Honorarprofessur für Währung und Entwicklungspolitik, von 1972 bis 1973 stand er als Präsident an der Spitze der Hessischen Landesbank. Gastprofessuren in den USA und Beratungsaufträge der Gesellschaft für Technische Zusammenarbeit (GTZ) unter anderem in den Vereinigten Arabischen Emiraten, Südkorea, Ägypten, der Volksrepublik China, Jordanien, im Jemen, Rußland, Georgien. Wilhelm Hankel gehört zu den Euro-Kritikern der ersten Stunde. Internet: www.dr-hankel.de

Wichtigste Buchveröffentlichungen: *Gegenkurs. Von der Schuldenkrise zur Vollbeschäftigung* (1984); *John Maynard Keynes. Die Entschlüsselung des Kapitalismus* (1986); *Vorsicht, unser Geld* (1989); *Eine Mark für Deutschland* (1990); *Die sieben Todsünden der Vereinigung* (1993); *Dollar und ECU. Leitwährungen im Wettstreit* (1993); *Das große Geld-Theater. Über DM, Dollar, Rubel und Ecu* (1995); *Die Euro-Klage. Warum die Währungsunion scheitern muß* (zus. mit Wilhelm Nölling, Karl Albrecht Schachtschneider, Joachim Starbatty, 1998); *Die Euro-Illusion. Ist Europa noch zu retten?* (zus. mit Wilhelm Nölling, Karl Albrecht Schachtschneider, Joachim Starbatty, 2001); *Revolution der Krankenversicherung. Prinzipien, Thesen und Gesetz* (zus. mit Karl Albrecht Schachtschneider und Angelika Emmerich-Fritsche, 2002); *Die EURO-Lüge … und andere volkswirtschaftliche Märchen* (2007).

## Klaus Hornung

Jahrgang 1927, studierte Geschichte, Politikwissenschaft, Germanistik, Anglistik in Tübingen und München. Bis zu seiner Emeritierung 1992 lehrte er Politische Wissenschaft an der Universität Stuttgart-Hohenheim. Von 2001 bis 2004 war er Präsident des Studienzentrums Weikersheim. Klaus Hornung hatte seinen ersten Auftritt in der JUNGEN FREIHEIT im März 1992 mit einem großen Interview, in dem es um die »Jugoslawisierung« Europas und die Zumutungen des Parteienstaates hierzulande ging (JF 3/92). Zuletzt veröffentlichte er in der JF große Aufsätze zu »Europa am Scheideweg« (JF 12/10), zur islamischen Expansion in Europa (JF 30/10), zum Widerstand gegen den Parteienstaat (»Gelenkte Demokratie«, JF 44/10) und zur Geschichtspolitik als Herrschaftsinstrument (»Die Canossa-Republik«, JF 11/11). Internet: www.profdrhornung.de

Wichtigste Buchveröffentlichungen: *Der faszinierende Irrtum. Karl Marx und die Folgen* (1978); Totalitäre Herrschaft im 20. Jahrhundert (1980); *Mut zur Wende* (1985); *Das totalitäre Zeitalter. Bilanz des 20. Jahrhunderts* (1993);

*Scharnhorst. Soldat – Reformer – Staatsmann* (1997); *Die offene Flanke der Freiheit. Studien zum Totalitarismus im 20. Jahrhundert* (2001); *Wege aus den Sackgassen. Erfahrung der Geschichte – Verteidigung der Freiheit* (2003).

### Ellen Kositza

Jahrgang 1973, studierte Germanistik, Geschichte und Philosophie und arbeitete kurzzeitig als Lehrerin. Heute ist die Mutter von sieben Kindern Redakteurin der vom Institut für Staatspolitik herausgegebenen politisch-kulturellen Zeitschrift *Sezession*. Für die JUNGE FREIHEIT schreibt Ellen Kositza seit nunmehr bald zwanzig Jahren. Wie es dazu kam, schildert sie selbst so: »In meinem Schulbus kam ich gelegentlich neben meinem Nachbarn zu sitzen, einem etwas älteren Studenten. Wir kamen ins Gespräch über Musik, das Nachtleben im Rhein-Main-Gebiet, die Jugendszene in Offenbach. Hin und wieder berührte die Unterhaltung auch (kultur-)politische Fahrwässer, und einmal kündigte der junge Mann an, er werde mir mal ein paar Nummern einer Zeitung in den Briefkasten werfen. ›Wenn ich Dich richtig einschätze, dürfte Dir das gefallen.‹ Der Nachbar hieß Claus Wolfschlag, die Zeitung war die JUNGE FREIHEIT.« Ihren ersten Artikel für die JF schrieb Ellen Kositza im Juni 1992 – gemeinsam mit Wolfschlag – über die noch junge Techno-Bewegung, die damals im Ruch stand, ein avantgardistisch-»rechtes« Lebensgefühl zu transportieren (»Deutschland im Tekkno-Taumel«, JF 6/92). Heute widmet sie sich vor allem Fragen der Familien-, Erziehungs- und Bildungspolitik, rezensiert Bücher und Filme. 1994 gehörte Ellen Kositza zu den zwölf Beiträgern des Sammelbandes *Wir '89er. Wer wir sind und was wir wollen*, der von JF-Autor Roland Bubik in der Reihe Ullstein-Report herausgegeben wurde. 2008 veröffentlichte sie in der Edition Antaios den Kaplaken-Band *Gender ohne Ende. Was vom Manne übrigblieb* – eine scharfe Abrechnung mit der feministischen Ideologie und der Politik des Gender Mainstreaming. Ebenfalls 2008 erhielt sie den Gerhard-Löwenthal-Preis für Journalisten.

### Klaus Peter Krause

Jahrgang 1936, arbeitete von 1966 an als Redakteur für die *Frankfurter Allgemeine Zeitung*, zuletzt von 1991 bis zu seiner Pensionierung war er dort verantwortlich für die Wirtschaftsberichterstattung. Von 1994 bis 2003 war er zudem Geschäftsführer der FAZIT-Stiftung, die an der F.A.Z. GmbH die Mehrheit hält und ist heute als selbständiger Journalist und Autor tätig. Seit 2004 schreibt er regelmäßig für die JUNGE FREIHEIT, nachdem er irgendwo gelesen hatte, daß die JF fälschlich als »rechtsextrem« verleumdet wird. Daraufhin kaufte er sich die Zeitung ein paar Male, um sich selbst ein Urteil zu bilden. »Das fiel positiv aus, und aus Ärger über die Verleumdung habe ich meine Mitarbeit angeboten«, erläutert Krause. »Ich wollte mithelfen, dieser Verleumdung entgegenzutreten.« Gleich sein erster Beitrag in der JF befaßte sich mit einem seiner Schwerpunktthemen, die er bis heute beharrlich verfolgt: den Enteignungen in der Sowjetischen Besatzungszone (SBZ) und in der späteren DDR sowie der Behandlung dieses Unrechts nach 1990. Der lange Text erschien im September 2004 unter der Überschrift »Kampf um das Eigentum« und der Unterzeile »Enteignungen: Vor dem Europäischen Gerichtshof für Menschenrechte wollen deutsche Bürger ihr Recht erstreiten« (JF 39/04). Heute ist die JUNGE FREIHEIT für ihn ein Blatt, »das sich dem Zeitgeist und Mainstream in Politik und Publizistik entgegenstemmt und über das wachsende Bestreben, unsere Freiheit immer mehr einzuschränken, so klar wie vielfältig informiert und ihm beharrlich Widerstand leistet«. Internet: http://kpkrause.de

## Detlef Kühn

Jahrgang 1936, studierte Rechtswissenschaften in Berlin. Von 1972 bis 1991 war er Präsident des Gesamtdeutschen Instituts in Bonn und von 1992 bis 1998 Direktor der Sächsischen Landesanstalt für privaten Rundfunk und neue Medien. Auf die JUNGE FREIHEIT wurde Detlef Kühn aufmerksam, als sie noch als Monatszeitung erschien und am 3. November 1990 in Koblenz – zusammen mit den Zeitschriften *wir selbst* und *Europa/Zeitenwende* – eine Tagung unter dem Motto »Initiative Deutschland '90« veranstaltete, bei der er einen Vortrag zur Lage Deutschlands halten sollte. »Das mißfiel allerdings der parlamentarischen und außerparlamentarischen Linken«, erinnert sich Kühn, »sie versuchte mich als Behördenleiter unter Druck zu setzen, ich solle meine Zusage zurückziehen und mich nicht ›zum Steigbügelhalter der Rechten‹ machen. Das lehnte ich allerdings mit dem Hinweis ab, gerade als Beamter in der politischen Bildung würde ich überall reden, wo man bereit sei, meine Argumente zur Kenntnis zu nehmen.« Ein direkter Kontakt zwischen Detlef Kühn und der JUNGEN FREIHEIT kam dann im September 1996 zustande, als die JF mit ihm ein ausführliches Interview über Deutschlandpolitik und seinen Kampf im Westen Deutschlands für die deutsche Einheit führte (»Es gab nie eine offensive Politik«, JF 40/96). Kühns erster eigenständiger Beitrag für die JUNGE FREIHEIT stammt aus dem Januar 1997, eine umfangreiche Besprechung zweier Bücher von und über Egon

Ellen Kositza

Klaus Peter Krause

Detlef Kühn

Klaus Motschmann

Bahr (JF 6/97). Seither ist er regelmäßiger Autor der JF. Die Zeitung macht dem Vertreter nationalliberaler Positionen alter Schule »Hoffnung, daß Deutschland vielleicht doch noch nicht verloren ist«.

## Klaus Motschmann

Jahrgang 1934, studierte Evangelische Theologie, Politologie und Neuere Geschichte in Berlin. Bis zu seiner Emeritierung lehrte er Politische Wissenschaft an der Hochschule der Künste in Berlin. Von 1972 bis 1980 war er Schriftleiter der Zeitschrift *Konservativ heute*, die dann mit Caspar von Schrenck-Notzings Zeitschrift *Criticón* fusionierte, deren Redaktionsmitglied er bis 2001 war. Von 1985 bis 2001 war er zudem Schriftleiter der Monatszeitschrift *Erneuerung und Abwehr*. Für die JUNGE FREIHEIT schreibt er seit Februar 1993 (»Sozialismus-Recycling in der evangelischen Kirche«, JF 2/93), vier Jahre später wurde er ständiger Kolumnist.

Wichtigste Buchveröffentlichungen: *Sozialismus – Das Geschäft mit der Lüge* (1977); *Oskar Brüsewitz: Sein Protest – sein Tod – seine Mahnung* (1978); *Sozialismus und Nation – Wie deutsch ist die DDR* (1979); *Zwischen Widerstand und Anpassung. Positionen der Evangelischen Kirche zum Totalitarismus* (1980); *Herrschaft der Minderheit. Die verratene Basis* (1983); *Angst als Waffe* (1984); *Mythos Sozialismus – Von den Schwierigkeiten der Entmythologisierung einer Ideologie* (1990); *Abschied vom Abendland? Die Moderne in der Krise* (als Herausgeber, 1997); *Zeugnis und Widerstand. Der Christ in Kultur- und Kirchenkämpfen unserer Zeit* (als Herausgeber, 2007).

## Elliot Neaman

Jahrgang 1957, lehrt Neuere europäische Geschichte an der University of San Francisco. Aufgewachsen im englischsprachigen Kanada, konnte Neaman vor seinem 21. Lebensjahr kein einziges Wort Deutsch sprechen. Durch ein Studium der Soziologie lernte er mit Kant, Hegel und Marx auch die deutsche Sprache. »Damals identifizierte ich mich mit den deutschen Linken«, erinnert sich Neaman. »Es war die Zeit der Friedensbewegung und alternativen Post-68er-Kultur. Meine ›Konversion‹ passierte ironischerweise, als ich dann 1985 in der Radikalhochburg der Linken in Berkeley mein Doktorstudium anfing. Ich schrieb meine Doktorarbeit über Ernst Jünger! Ich bin aber kein traditioneller Konservativer geworden, sondern ein ›Libertarian‹, eine Denkweise, die sich eigentlich in Amerika aus dem Geist der sechziger Jahre entwickelte (*Reason Magazine*, gegründet 1968). Ich fühle mich zu Hause bei den Vätern dieser Bewegung: die anti-staatliche, laissez-faire, österreichische Schule: Friedrich Hayek, Ludwig von Mises und Carl Menger. Ich verstehe meine Rolle bei der JF als Reporter aus den USA in Sachen Politik, Kultur und Wirtschaft.« Die JF schätzt er als »einen geistigen Ort, wo sich diverse und unabhängige Köpfe rechts der Mitte sammeln. In diesem Spektrum vertrete ich den frei-liberalen Standpunkt.«

## Michael Paulwitz

Jahrgang 1965, studierte Geschichte, Altertumswissenschaften, lateinische und slavische Philologie in München und Oxford. Mitgründer der Studentenzeitung *Münchner Freiheit*, seit 2001 ist er als Journalist, Lektor und Referent freiberuflich tätig. Ein ganz frühes Zeugnis seiner Autorschaft für die JUNGE FREIHEIT findet sich in der März-Ausgabe 1992: die Besprechung zweier Bücher von Gabriele Goettle. Regelmäßig für die JF schreibt er seit ungefähr zehn Jahren, vor allem Hintergrund- und Meinungsbeiträge, seit einigen Jahren besonders häufig auch die Blattaufmacher.

Buchveröffentlichungen: *Der andere Mohler: Lesebuch für einen Selbstdenker. Armin Mohler zum 75. Geburtstag* (als Mitherausgeber, 1995); *Deutsche Opfer, fremde Täter* (zus. mit Götz Kubitschek, 2011).

## Thomas Paulwitz

Jahrgang 1973, jüngerer Bruder von Michael Paulwitz, studierte an der Universität Erlangen zunächst Biologie, dann Geschichte und Politik (Hauptfach Neuere und Neueste Geschichte). Noch während seines Studiums wurde er Mitbegründer der Zeitschrift *Deutsche Sprachwelt*, deren Schriftleiter er seither ist. Einen ersten Kontakt zur JUNGEN FREIHEIT bahnte Thorsten Hinz an. »Prinzipiell bin ich an Ihren Berichten interessiert«, schrieb der damalige JF-Kulturredakteur am 27. März 1998 an Paulwitz. Dennoch sollte es noch vier Jahre dauern, bis er seinen ersten Beitrag in der JF veröffentlichte. Für ihn hatte die Gründung seiner eigenen Zeitung Vorrang. Am 25. Januar 2002 erschien dann in der JF sein erster Beitrag, der Kommentar »Wahlkampf auf engleutsch«. In der Folgezeit sollten es so viele Beiträge vor allem zum Schutz der deutschen Sprache werden, daß die Edition JF im Herbst 2004 den Sammelband *Rettet die deut-*

*sche Sprache* herausbrachte, in dem mehrere seiner Texte, die er für die JUNGE FREIHEIT geschrieben hatte, abgedruckt sind. 2006 wurde er mit dem Gerhard-Löwenthal-Preis für Journalisten ausgezeichnet. An der JF schätzt Paulwitz, »daß sie seit vielen Jahren den Themen Sprachpolitik und Sprachpflege Platz einräumt«.

## Bernd-Thomas Ramb

Jahrgang 1947, studierte Mathematik, Physik und Betriebswirtschaftslehre in Gießen und Marburg. Ausbildung zum Programmierer und Systemanalytiker, 1973 Diplom-Mathematiker. 1976 Promotion zum Dr. rer. pol., 1984 Habilitation im Fach Volkswirtschaftslehre. Bernd-Thomas Ramb lehrte unter anderem an der Universität-Gesamthochschule Siegen und arbeitet als selbständiger Unternehmer. Wie Wilhelm Hankel gehört er zu den frühen Kritikern einer europäischen Einheitswährung. »Wir schneiden uns ins eigene Fleisch«, warnte Ramb bereits im Dezember 1995 in einem ersten Interview mit der JUNGEN FREIHEIT (JF 49/95). Seit 1996 ist er ständiger Mitarbeiter der JUNGEN FREIHEIT; zeitweise leitete er verantwortlich das Wirtschaftsressort. Für die Zeitung schreibt er, »nicht aus der Rationalität theoretischer oder taktischer Erwägungen, sondern aus der Konsequenz meiner Lebenserfahrung. Ich bin ein Kind der Nachkriegszeit. Die Trümmergrundstücke im zerbombten Kassel waren meine ersten Spielplätze. Die Pfingsttreffen der Vertriebenenverbände, zu denen sich Schüler freiwillig melden konnten, um die Ortstafeln zu tragen, meine erste politische Demonstration, obwohl ich selbst nicht aus dem Osten stamme. Der Ungarn-Aufstand, der Bau der Berliner Mauer, die Zerschlagung des Prager Frühlings haben meine jungen politischen Erfahrungen geprägt. Das in dieser Zeit gelesene Buch von Hayek *Der Weg zur Knechtschaft* halte ich heute noch für eines der wichtigsten politischen Werke, den Wahlkampfslogan von Franz Josef Strauß ›Freiheit statt Sozialismus‹ für das beste und kürzeste politische Manifest. In den Jahren der sogenannten Studentenrevolution diktatorischer Agitatoren bin ich aber auch zu der Erkenntnis gelangt, daß Freiheit erkämpft werden muß. Stummes Erdulden der Unfreiheit, reaktionsloses Ertragen des Terrors, den die Feinde der Freiheit tagtäglich ausüben, vor allem aber das tatenlose Zusehen, wie sozialistisch-kommunistische Verlogenheit die Köpfe der Jüngeren in Besitz nimmt, wird für mich nie akzeptabel sein.«

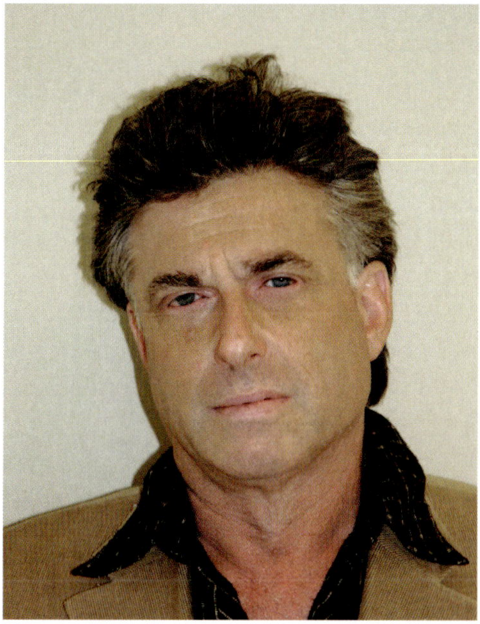

Elliot Neaman

Michael Paulwitz

Thomas Paulwitz

Bernd-Thomas Ramb

## Stefan Scheil

Jahrgang 1964, studierte Geschichte und Philosophie in Mannheim und Karlsruhe, promovierte 1997 zum Dr. phil. und lebt als freiberuflicher Historiker und Publizist in der Nähe von Mannheim. Er veröffentlicht unter anderem in der *FAZ*, seit dem Jahr 2002 schreibt Stefan Scheil regelmäßig auch für die JUNGE FREIHEIT, vor allem im Ressort Geschichte & Wissen. 2005 erhielt er den Gerhard-Löwenthal-Preis für Journalisten. Der Wiener Historiker Lothar Höbelt würdigte in seiner Laudatio das Werk Stefan Scheils als »ein Bekenntnis zur Vernunft, sich nicht in Bekenntnislyrik zu ergehen, sondern zu schauen, wie es eigentlich gewesen ist, es bedeutet die Rückkehr der Geschichtswissenschaft zu ihrem eigentlichen Thema und die Emanzipation der Geschichte vom Diskurs«.

Wichtigste Buchveröffentlichungen: *Logik der Mächte Europas. Europas Problem mit der Globalisierung der Politik. Überlegungen zur Vorgeschichte des Zweiten Weltkrieges* (1999); *Die Entwicklung des politischen Antisemitismus in Deutschland zwischen 1881 und 1912* (1999); *Legenden, Gerüchte, Fehlurteile – ein Kommentar zur Neuauflage der Wehrmachtsausstellung* (2003); *Fünf Plus Zwei. Die europäischen Nationalstaaten, die Weltmächte und die vereinte Entfesselung des Zweiten Weltkrieges* (2004); *1940/41 – Die Eskalation des Zweiten Weltkrieges* (2005).

## Peter Scholl-Latour

Jahrgang 1924, studierte Philologie, Politikwissenschaft und Arabistik. 1948 volontierte er bei der *Saarbrücker Zeitung*, 1954/55 war er Regierungssprecher des Saarlandes. Journalistisch arbeitete er unter anderem als Afrika-Korrespondent und Studioleiter der ARD in Paris sowie als Programmdirektor des WDR-Fernsehens. Danach wurde er Chefkorrespondent und Leiter des Pariser ZDF-Studios, später Chefredakteur und Herausgeber des Magazins *Stern* sowie Vorstandsmitglied im Verlag Gruner+Jahr. Bis heute ist er als freier Publizist für verschiedene Zeitungen und Zeitschriften tätig sowie als Autor zahlreicher Dokumentarfilme und Buchautor. Im Mai 2000 veröffentlichte die JUNGE FREIHEIT ihr erstes Interview mit Peter Scholl-Latour. Darin ging es um den Bürgerkrieg auf den Philippinen und die drohende Islamisierung (JF 21/00). Nach den Anschlägen in New York im September 2001 folgte ein Gespräch über den von George W. Bush angekündigten Vergeltungsschlag, die blinde Gefolgschaft Deutschlands und die kulturelle Aggression des Westens gegen den Islam. Scholl-Latour prophezeite: »Die Amerikaner werden aller

Voraussicht nach ihren Feldzug nicht gewinnen« (JF 39/01). Nach weiteren Interviews konnte die JUNGE FREIHEIT im August 2003 einen ersten Meinungsbeitrag von Peter Scholl-Latour veröffentlichen, in dem er vor einer Eskalation der Gewalt im Irak warnte (JF 36/03). 2008 erhielt er den Gerhard-Löwenthal-Ehrenpreis. Zur JUNGEN FREIHEIT sagt er: »Ihre Zeitung bedeutet für mich, daß es in der Medienlandschaft noch unabhängige Geister gibt und Journalisten, die das Risiko eingehen, gegen den Strom zu schwimmen.«

Buchveröffentlichungen (Auswahl): *Der Tod im Reisfeld – Dreißig Jahre Krieg in Indochina* (1980); *Mord am großen Fluß – Ein Vierteljahrhundert afrikanische Unabhängigkeit* (1986); *Der Ritt auf dem Drachen – Indochina – von der französischen Kolonialzeit bis heute* (1990); *Eine Welt in Auflösung – Vor den Trümmern der Neuen Friedensordnung* (1993); *Im Fadenkreuz der Mächte – Gespenster am Balkan* (1994); *Das Schlachtfeld der Zukunft – Zwischen Kaukasus und Pamir* (1996); *Allahs Schatten über Atatürk – Die Türkei in der Zerreißprobe zwischen Kurdistan und Kosovo* (1999); *Afrikanische Totenklage – Der Ausverkauf des Schwarzen Kontinents* (2001); *Der Fluch des neuen Jahrtausends – Eine Bilanz* (2002); *Weltmacht im Treibsand – Bush gegen die Ayatollahs* (2004); *Koloss auf tönernen Füßen – Amerikas Spagat zwischen Nahem und Fernem Osten* (2005); *Rußland im Zangengriff – Putins Imperium zwischen Nato, China und Islam* (2006); *Zwischen den Fronten* (2007); *Der Weg in den neuen Kalten Krieg* (2008).

## Rolf Stolz

Jahrgang 1949, Diplom-Psychologe, engagierte sich seit 1967 im Sozialistischen Deutschen Studentenbund (SDS) und 1969/70 in der KPD/ML. 1980 gehörte er zu den Mitbegründern der Grünen und wurde Mitglied des Bundesvorstandes. »Es ist ein Glück und eine große Leistung, daß die JUNGE FREIHEIT demokratisch-patriotische Linke wie mich stets offen, freundschaftlich, fair und solidarisch behandelt hat«, sagt Rolf Stolz über seine Beziehung zur JF. Als er vor anderthalb Jahrzehnten zum ersten Mal in der JF zu Wort kam, war sein Kampf als Linker gegen die stalinistische Diktatur und für die Einheit Deutschlands (mit der »Vereinigten Linken« in den siebziger und mit der »Linken Deutschland-Diskussion« in den achtziger Jahren) nicht ganz erfolglos gewesen. Zur JUNGEN FREIHEIT fand Stolz »ganz zwangsläufig«, wie er sich erinnert, »weil nach der relativ großen Meinungsfreiheit der Nach-Wende-Ära schon bald die faschistoide Gleichschaltung der Political Correctness um sich griff und die Meinungsfabrikanten die unabhängigen Geister aussperrten«. Heute verbindet er mit der JF »das große Ziel, daß in ihr demokratische Linke und demokratische Rechte ihre Gemeinsamkeiten und ihre Differenzen klären, um die Angriffe der Antidemokraten (von den neoliberalen Verfechtern einer Diktatur des großen Geldes bis zu den Scharia-Fanatikern, von den Neostalinisten bis zu den Neonazis) zurückzuschlagen, die Werte und die Kultur des Abendlandes und der deutschen Nation zu verteidigen und eine tatsächliche Demokratie (zu deutsch: Volksherrschaft) durchzusetzen«.

Wichtigste Buchveröffentlichungen: *Der deutsche Komplex. Alternativen zur Selbstverleugnung* (1990); *Die Mullahs am Rhein. Der Vormarsch des Islam in Europa* (1994/2005); *Kommt der Islam? Die Fundamentalisten vor den Toren Europas* (1997/2001); *Deutschland, deine Zuwanderer* (2002).

## Karlheinz Weißmann

Jahrgang 1959, studierte Geschichte und Evangelische Theologie in Göttingen, promovierte 1989 zum Dr. phil. Seit 1983 arbeitet der Studienrat als Lehrer für evangelische Religion und Geschichte an einem Göttinger Gymnasium. Zudem ist er wissenschaftlicher Leiter des von ihm mitbegründeten Instituts für Staatspolitik (IfS). Karlheinz Weißmann hat für die *FAZ*, die *Welt*, den *Rheinischen Merkur*, die Zeitschriften *Criticón* und *Mut* sowie für eine Reihe kleinerer Publikationen geschrieben. Seinen ersten Beitrag in der JUNGEN FREIHEIT veröffentlichte er noch unter dem Pseudonym Martin Christadler (»Die Ortung des Konservativen«, JF 3/91). Anläßlich der Vorstellung seines Buches *Rückruf in die Geschichte* auf der Frankfurter Buchmesse gab er der JF dann ein erstes langes Interview (»Den Deutschen werden noch große Aufgaben zuwachsen«, JF 10/92). Heute sind die Beiträge Karlheinz Weißmanns, der zu den klügsten konservativen, rechtsintellektuellen Köpfen Deutschlands zählt, aus der JUNGEN FREIHEIT nicht mehr wegzudenken. Internet: www.karlheinzweissmann.de

Wichtigste Buchveröffentlichungen: *Die Zeichen des Reiches. Symbole der Deutschen* (1989); *Schwarze Fahnen, Runenzeichen. Die Entwicklung der politischen Symbolik der deutschen Rechten zwischen 1890 und 1945* (1991); *Rückruf in die Geschichte* (1992); *Der Weg in den Abgrund. Deutschland unter Hitler von 1933–1945* (1995); *Westbindung. Chancen und Risiken für Deutschland* (1993); *Der nationale Sozialismus* (1998); *Arnold Gehlen. Vordenker eines neuen Realismus* (2000); *Alles was recht(s) ist. Ideen, Köpfe und Perspektiven der politischen Rechten* (2000); *Nation?* (2001); *Die preußische Dimension. Ein*

Stefan Scheil

Peter-Scholl-Latour

Rolf Stolz

Karlheinz Weißmann

*Essay* (2001); *Mythen und Symbole* (2002); *Männerbund* (2004); *Das Hakenkreuz. Symbol eines Jahrhunderts* (2006); *Deutsche Zeichen. Symbole des Reiches, Symbole der Nation* (2007); *Das konservative Minimum* (2007); *Faschismus. Eine Klarstellung* (2009); *Kleine Geschichte der konservativen Intelligenz nach 1945* (2011); *Armin Mohler. Eine politische Biographie* (2011).

... und viele weitere Autoren, darunter (in alphabetischer Reihenfolge): Menno Aden, Manfred Backerra, Philipp Bagus, Thomas Bargatzky, Christian Bartsch, Matthias Bath, Jost Bauch, Paola Bernardi, Günter Bertram, Jörg Bernhard Bilke, Martin J. G. Böcker, Heino Bosselmann, Ernst Brandl, Carlo Clemens, Günther Deschner, Panayotis H. Doumas, Lion Edler, Eike Erdel, Siegmar Faust, Joachim Feyerabend, Fabian Flecken, Jan von Flocken, André Freudenberg, Norbert Geis, Günther Gillessen, Andreas Graudin, Harald Harzheim, Hans-Olaf Henkel, Sebastian Hennig, Eckhard Henscheid, Robert Hepp, Thorsten Hinz, Lothar Höbelt, Michael Howanietz, Stefan Hug, Gernot Hüttig, Jens Jessen, Michael Johnschwager, Wolfgang Kaufmann, Birgit Kelle, Volker Kempf, Bernhard Knapstein, Jens Knorr, Daniel Körtel, Dag Krienen, Götz Kubitschek, Gabriele Kuby, Karl-Heinz Kuhlmann, Thor Kunkel, Ansgar Lange, Hans-Joachim von Leesen, Erik Lehnert, Paul Leonhard, Martin Lichtmesz, Frank Liebermann, Jürgen Liminski, Frank Lisson, Mechthild Löhr, Konrad Löw, Michael Ludwig, Heinrich Lummer, Michael Manns, Günter Maschke, Hans-Georg Meier-Stein, Andreas Mölzer, Heinz-Joachim Müllenbrock, Heinz Magenheimer, Marco Meng, Baal Müller, Daniel Napiorkowski, Georg Alois Oblinger, Wolfgang Ockenfels, Werner Olles, Rudi Pawelka, Georg Pfeiffer, Wolfgang Philipp, Bernd Rabehl, Manfred Ritter, Paul Rosen, Albrecht Rothacher, Alexander Rüstau, Rolf Sauerzapf, Wolfgang Saur, Wolfgang Schaarschmidt, Ulrich Schacht, Karl Albrecht Schachtschneider, Ute Scheuch, Wolfhard H. A. Schmid, Martin Schmidt, Fabian Schmidt-Ahmad, Ekkehard Schultz, Gerd Schultze-Rhonhof, Björn Schumacher, Manfred Graf von Schwerin, Harald Seubert, Billy Six, Hans B. von Sothen, Patrick Sourek, Arnd Steinmeyer, Harald Ströhlein, Carl Gustaf Ströhm jun., Dominik Tischleder, Derek Turner, Franz Uhle-Wettler, Torsten Uhrhammer, Udo Ulfkotte, Werner Veith, Gerhard Vierfuß, Michael Vollstedt, Peter Wassertheurer, Nils Wegner, Tobias Westphal, Michael Wiesberg, Lubomir T. Winnik, Dirk Wolff-Simon, Claus-M. Wolfschlag, Günter Zehm, Fritz Zwicknagel.

# 9

# Die Redaktion

**MATTHIAS BÄKERMANN,** 1969 in Varel/Friesland geboren, studierte Geschichte und Literaturwissenschaft. Seit 2001 Redakteur der *JF*, ist er heute Chef vom Dienst und verantwortlich für die Ressorts Literatur sowie Geschichte & Wissen.

---

**Was verbindest Du mit der JF?** Mut, gegen den Strom zu schwimmen.
**Was wolltest Du als Kind gern werden?** Pilot, davor Müllwagenfahrer.
**Warum arbeitest Du für die JF?** Nur dort kann ein Konservativer journalistisch wirken.
**Dein Lebensmotto?** Kalendersprüche dürfen kein Richtmaß sein.
**Was bedeutet Dir Heimat?** Erdung, Kraftborn, Rückzugsraum.
**Was ist Dir wichtig im Leben?** Meine Familie, Freiheit des Geistes.
**Deine Charaktereigenschaften?** Geselligkeit, Impulsivität, Gerechtigkeitssinn.
**Deine Lieblingsbeschäftigung?** Kochen, schwimmen, feiern, Ausflüge mit der Familie.
**Dein Lieblingsautor?** Walter Kempowski.
**Deine Lieblingsmusik?** E: Richard Strauss, Alexander Borodin, Gabriel Fauré; U: Bad Religion, Dead Kennedys, Björk.
**Dein Lieblingsfilm?** »Die Unbestechlichen«, »Die zwölf Geschworenen«.
**Dein Lieblingsbuch?** Viele, grundsätzlich aber die Bibel und die ZDv 3/11.
**Dein Vorbild?** Früher war das Pitje Puck, der stets gut gelaunte Briefträger.
**Wen würdest Du gern kennenlernen?** Barack Obama, Kaiser Wilhelm II., meinen 1945 ermordeten Großvater aus Danzig.
**Worüber kannst Du Dich aufregen?** Ignoranz, Ungerechtigkeit, Bigotterie.
**Was entschuldigst Du am ehesten?** Alle menschlichen Schwächen.
**Was verachtest Du?** Ideologen, Hundehaufen auf Berliner Bürgersteigen.
**Worüber kannst Du lachen?** Selbstironie, und einen gut aufgelegten Harald Schmidt.
**Woran glaubst Du?** An Gott und die ZDv 3/11.
**Was möchtest Du verändern?** Die Abwicklung Deutschlands stoppen.
**Wo siehst Du die JF in zehn Jahren?** Auf einem guten Wege dahin.
**Letzte Worte?** Noch unsicher: Mehr Licht! oder Tschüssikowski bis dannimanski!

**CHRISTIAN DORN,** 1970 in Blankenburg/Harz geboren, studierte Germanistik, Philosophie und Soziologie. Für die JF arbeitet er seit 2005, heute ist er verantwortlicher Redakteur für die Leserbriefe.

---

**Was verbindest Du mit der JF?** Wiedereintritt in die Geschichte.
**Was wolltest Du als Kind gern werden?** Dichter.
**Warum arbeitest Du für die JF?** Um der Wahrheit willen.
**Dein Lebensmotto?** Man ist nie fertig.
**Was bedeutet Dir Heimat?** Eine schöne Idee.
**Was ist Dir wichtig im Leben?** Ordnung – als anzustrebender Zustand.
**Deine Charaktereigenschaften?** Gerechtigkeitssinn.
**Deine Lieblingsbeschäftigung?** Schöne Sätze bauen.
**Dein Lieblingsautor?** Marko Martin.
**Deine Lieblingsmusik?** PANKOW und André Herzberg.
**Dein Lieblingsfilm?** »Bill-Cosby-Show«.
**Dein Lieblingsbuch?** *Der Fragebogen* von Ernst von Salomon.
**Dein Vorbild?** Der Aufbruch im Herbst ’89.
**Wen würdest Du gern kennenlernen?** Jedenfalls nicht mich.
**Worüber kannst Du Dich aufregen?** Über viel zu vieles.
**Was entschuldigst Du am ehesten?** Die eigenen Fehler.
**Was verachtest Du?** Feigheit.
**Worüber kannst Du lachen?** Über Fragebögen.
**Woran glaubst Du?** Daß die Kapitulation doch noch zu vermeiden ist.
**Was möchtest Du verändern?** Die Auflagenhöhe der JF.
**Wo siehst Du die JF in zehn Jahren?** An der *Zeit* vorbei.
**Letzte Worte?** Das war’s noch nicht.

**JÖRG FISCHER,** 1964 in Gera geboren, ist Fernmeldeelektroniker und Diplom-Volkswirt und arbeitet seit Januar 2000 für die JF. Er ist verantwortlicher Redakteur für die Ressorts Wirtschaft sowie Natur & Technik.

---

**Was verbindest Du mit der JF?** Zwei Jahrzehnte als Leser bzw. Redakteur.
**Was wolltest Du als Kind gern werden?** Naturforscher.
**Warum arbeitest Du für die JF?** Mein Beitrag zur Meinungsfreiheit.
**Dein Lebensmotto?** Üb' immer Treu und Redlichkeit.
**Was bedeutet Dir Heimat?** Deutschland.
**Was ist Dir wichtig im Leben?** Arbeit, Familie, Vaterland.
**Deine Charaktereigenschaften?** –
**Deine Lieblingsbeschäftigung?** Unter anderem Lesen.
**Dein Lieblingsautor?** Als Kind: Karl May.
**Deine Lieblingsmusik?** Metal, Mittelalter, Klassik.
**Dein Lieblingsfilm?** Als Kind: Hoimar von Ditfurths »Querschnitt« und Gerhard Löwenthals »ZDF-Magazin«.
**Dein Lieblingsbuch?** Beckmanns Welt-Lexikon.
**Dein Vorbild?** Kurt Schumacher, Walter Eucken. Aber man sollte von vielen lernen.
**Wen würdest Du gern kennenlernen?** Deutsche Politiker und Manager mit Rückgrat.
**Worüber kannst Du Dich aufregen?** Die Verwahrlosung der Bahn und der Großstädte.
**Was entschuldigst Du am ehesten?** Fehler, aus denen gelernt wird.
**Was verachtest Du?** Lobbyisten fremder Interessen und Mächte.
**Worüber kannst Du lachen?** Den naiven Glauben an Euro, Riester-Rente usw.
**Woran glaubst Du?** Unter anderem an deutsche Ingenieurskunst.
**Was möchtest Du verändern?** Die Zusammensetzung des Bundestages.
**Wo siehst Du die JF in zehn Jahren?** Unter den großen Wochenzeitungen.
**Letzte Worte?** Bis dahin ist hoffentlich noch viel Zeit.

**RONALD GLÄSER,** 1973 in Berlin geboren, studierte Amerikanistik und Geschichte. Seit 1995 Autor der JF, ist er seit September 2010 verantwortlicher Redakteur für das Ressort Medien und Mitarbeiter der Online-Redaktion.

---

**Was verbindest Du mit der JF?** Briefkasten.

**Was wolltest Du als Kind gern werden?** Journalist. Oder Rennfahrer.

**Warum arbeitest Du für die JF?** Weil ich das Geld brauche. Und weil es mehr Spaß macht als andere Jobs.

**Dein Lebensmotto?** Nihil sine deo, omnia pro patria (Nichts ohne Gott, alles fürs Vaterland).

**Was bedeutet Dir Heimat?** Viel.

**Was ist Dir wichtig im Leben?** Meine Frau und mein Sohn, Gesundheit, Freiheit.

**Deine Charaktereigenschaften?** Klug, bescheiden, ehrlich.

**Deine Lieblingsbeschäftigung?** James-Bond-Filme schauen.

**Dein Lieblingsautor?** Peter Scholl-Latour.

**Deine Lieblingsmusik?** These boots are made for walking.

**Dein Lieblingsfilm?** Abseits der 007-Welt: »Schtonk!«

**Dein Lieblingsbuch?** Kochbuch meiner Mutter. Darin war das Rezept für Königsberger Klopse.

**Dein Vorbild?** Josselin Beaumont in »Der Profi«.

**Wen würdest Du gern kennenlernen?** Harald Schmidt.

**Worüber kannst Du Dich aufregen?** Leute, die an der Supermarkt-Kasse winzige Beträge mit ihrer Plastikkarte bezahlen, was die Wartezeit verlängert.

**Was entschuldigst Du am ehesten?** Fehler, die jemand unabsichtlich macht.

**Was verachtest Du?** Leute, die sehenden Auges Fehler begehen.

**Worüber kannst Du lachen?** »Und Eva sagt, ich habe Mundgeruch.«

**Woran glaubst Du?** An Gott.

**Was möchtest Du verändern?** Ich möchte, daß in Tempelhof wieder Flugzeuge starten und landen können.

**Wo siehst Du die JF in zehn Jahren?** 100 000 Auflage, eigener Fernsehkanal.

**Letzte Worte?** Kurzes »Schtonk!«

**FELIX KRAUTKRÄMER,** 1979 in Freiburg im Breisgau geboren, studierte Geschichte, Politik und Öffentliches Recht und arbeitet seit November 2007 für die JF. Er ist Redakteur für Innenpolitik und verantwortlich für die Online-Redaktion.

---

**Was verbindest Du mit der JF?** Idealismus.

**Was wolltest Du als Kind gern werden?** Bauarbeiter.

**Warum arbeitest Du für die JF?** Aus Überzeugung.

**Dein Lebensmotto?** Wähle Ungnade, wo Gehorsam keine Ehre bringt.

**Was bedeutet Dir Heimat?** Alles.

**Was ist Dir wichtig im Leben?** Meine Familie und meine Heimat.

**Deine Charaktereigenschaften?** Cholerisch.

**Deine Lieblingsbeschäftigung?** Eine Skatrunde in meiner Stammkneipe; Grillen mit Freunden.

**Dein Lieblingsautor?** Hans Fallada.

**Deine Lieblingsmusik?** Guns ’N Roses.

**Dein Lieblingsfilm?** »Schtonk!«

Dein Lieblingsbuch? *Wolf unter Wölfen* von Hans Fallada.

**Dein Vorbild?** Hans Kohlhase.

**Wen würdest Du gern kennenlernen?** Meine Großväter sowie deren Väter und Großväter.

**Worüber kannst Du Dich aufregen?** Über so ziemlich alles.

**Was entschuldigst Du am ehesten?** Jugendlichen Übermut.

**Was verachtest Du?** Grüne Gutmenschlichkeit, linke Selbstgerechtigkeit, christdemokratische Prinzipienlosigkeit und liberale Beliebigkeit.

**Worüber kannst Du lachen?** Über vieles – allerdings nicht über Mario Barth, Thomas Hermanns, Dirk Bach und andere Möchtegernkomiker.

**Woran glaubst Du?** An Gott.

**Was möchtest Du verändern?** Den Schuldkult.

**Wo siehst Du die JF in zehn Jahren?** In Berlin.

**Letzte Worte?** Gott strafe England.

**ANNI MURSULA,** 1979 in Jyväskylä/Finnland geboren, studierte Englisch und Soziologie. Seit 2006 arbeitet sie für die JF als Redakteurin und Reporterin; derzeit in Elternzeit.

---

**Was verbindest Du mit der JF?** Kampf.
**Was wolltest Du als Kind gern werden?** Polizistin.
**Warum arbeitest Du für die JF?** Aus Idealismus und Widerstand.
**Dein Lebensmotto?** »Die Wahrheit wird euch frei machen.«
**Was bedeutet Dir Heimat?** Verwurzelung.
**Was ist Dir wichtig im Leben?** Gott, Familie, Vaterland.
**Deine Charaktereigenschaften?** Neugier.
**Deine Lieblingsbeschäftigung?** Malen.
**Dein Lieblingsautor?** Väinö Linna.
**Deine Lieblingsmusik?** Jean Sibelius.
**Dein Lieblingsfilm?** »Ist das Leben nicht schön?« von Frank Capra.
**Dein Lieblingsbuch?** *Huckleberry Finn* von Mark Twain.
**Dein Vorbild?** Meine Großmutter.
**Wen würdest Du gern kennenlernen?** Johnny Cash.
**Worüber kannst Du Dich aufregen?** Unkritisches Denken.
**Was entschuldigst Du am ehesten?** Taten aus Überzeugung.
**Was verachtest Du?** Opportunismus.
**Worüber kannst Du lachen?** Über so ziemlich alles.
**Woran glaubst Du?** An Gott.
**Was möchtest Du verändern?** Nichts weniger als die Welt!
**Wo siehst Du die JF in zehn Jahren?** Hoffentlich nicht im Mainstream.
**Letzte Worte?** Die Frage ist mir zu pathetisch.

**HINRICH ROHBOHM,** 1971 in Stade geboren, studierte Geschichte, Rechts- und Politikwissenschaft sowie Internationale Fachjournalistik. Seit Mai 2008 arbeitet er für die JF als Reporter.

---

**Was verbindest Du mit der JF?** Erfolg, publizistische Alternative zur 68er-Presse und die Freiheit, über das schreiben zu dürfen, was manch andere Redaktionen nicht veröffentlicht sehen wollen.

**Was wolltest Du als Kind gern werden?** Astronaut.

**Warum arbeitest Du für die JF?** Weil die JF eine Zeitung ist, der in einer langsam aber kontinuierlich schrumpfenden linken Medienlandschaft die Zukunft gehören wird und mir die Arbeit dort einfach Spaß macht.

**Dein Lebensmotto?** Der Mensch kann viel, unendlich viel, wenn er nur ernsthaft will.

**Was bedeutet Dir Heimat?** Heimat ist wie die Braut eines Seemanns. Bei aller Mobilität ist sie der Ankerplatz des Lebens.

**Was ist Dir wichtig im Leben?** Etwas aus dem gegebenen Leben gemacht zu haben.

**Deine Charaktereigenschaften?** Die Positiven nenne ich nicht. Eigenlob stinkt. Die Negativen nenne ich erst recht nicht. Denn das würde mir dann stinken.

**Deine Lieblingsbeschäftigung?** Ein atemberaubendes, spannendes und torreiches Fußballspiel anschauen sowie das Lesen eines spannenden Buches auf einer gut gepolsterten Liege am Meer.

**Dein Lieblingsautor?** Alfred Hitchcock.

**Deine Lieblingsmusik?** HSV forever.

**Dein Lieblingsfilm?** »Kevin allein zu Haus«.

**Dein Lieblingsbuch?** *Der Zirkel* von Wolfgang Schwanitz.

**Dein Vorbild?** Heinrich Hellwege.

**Wen würdest Du gern kennenlernen?** E.T.

**Worüber kannst Du Dich aufregen?** Über fahrlässige Querpässe und Ballgeschiebe im Mittelfeld.

**Was entschuldigst Du am ehesten?** Einen Cappuccino mit zuviel Zucker.

**Was verachtest Du?** Feigheit.

**Worüber kannst Du lachen?** Über Situationskomik, über andere, über mich selbst.

**Woran glaubst Du?** An Gott und daran, daß der HSV doch noch mal irgendwann wieder Deutscher Meister wird.

**Was möchtest Du verändern?** Die gegenwärtig noch vorherrschende geistige und seelische Versklavung unserer Gesellschaft durch die Unkultur der 68er.

**Wo siehst Du die JF in zehn Jahren?** Bei einer doppelt so hohen Auflage wie heute.

**Letzte Worte?** Weitermachen und niemals aufgeben.

**MARCUS SCHMIDT,** 1973 in Hamburg geboren, studierte Geschichte, Politikwissenschaft und Öffentliches Recht. Er arbeitet seit September 2004 für die JF und ist heute Ressortleiter Innenpolitik.

---

**Was verbindest Du mit der JF?** Die Lust am Widerspruch.

**Was wolltest Du als Kind gern werden?** Ursprünglich so wie die, die durch die Nacht mit wilden Pferden fahren. Später dann: Historiker und irgend etwas mit Journalismus.

**Warum arbeitest Du für die JF?** Aus jugendlichem Idealismus.

**Dein Lebensmotto?** Daran und an einem Lebensentwurf arbeite ich noch. Bis dahin gilt: Anständig durchs Leben kommen.

**Was bedeutet Dir Heimat?** Vertrautheit und Geborgenheit.

**Was ist Dir wichtig im Leben?** Was soll man als frischgebackener Vater einer Tochter darauf antworten?

**Deine Charaktereigenschaften?** Meine Bescheidenheit läßt mich hier zögern.

**Deine Lieblingsbeschäftigung?** Hängt von der Stimmung ab.

**Dein Lieblingsautor?** Alle, die mir etwas zu sagen haben oder mich gut unterhalten. Rilke beispielsweise, Dostojewski, aber auch Fontane – und die vielen anderen natürlich.

**Deine Lieblingsmusik?** Gerne barock, mit Pauken und Trompeten oder einer Stimme die ins Herz zielt: Henry Purcell versteht sich darauf.

**Dein Lieblingsfilm?** »Und täglich grüßt das Murmeltier«.

**Dein Lieblingsbuch?** Gogols *Tote Seelen*.

**Dein Vorbild?** Sein Vorbild zu nennen, bedeutet sein Scheitern einzugestehen – oder zu offenbaren, daß man gar kein Vorbild hat.

**Wen würdest Du gern kennenlernen?** Die, die mich wirklich interessieren, sind längst tot.

**Worüber kannst Du Dich aufregen?** Schlampigkeit.

**Was entschuldigst Du am ehesten?** (Fast) alles, wenn man mich aufrichtig darum bittet.

**Was verachtest Du?** Hinterlist.

**Worüber kannst Du lachen?** Über mich.

**Woran glaubst Du?** An Gott.

**Was möchtest Du verändern?** Die Vergangenheit.

**Wo siehst Du die JF in zehn Jahren?** Ich hoffe, immer noch auf Papier gedruckt.

**Letzte Worte?** Wie einst Horst Hrubesch fällt mir dazu nur ein Wort ein: Vielen Dank!

**MORITZ SCHWARZ,** 1971 in Heilbronn am Neckar geboren, arbeitet seit November 1999 für die JF. Er ist verantwortlicher Redakteur für die Seite »Im Gespräch«.

---

**Was verbindest Du mit der JF?** Die letzte Hoffnung.
**Was wolltest Du als Kind gern werden?** König von England, weil ich glaubte, die Engländer seien die Sieger der Geschichte.
**Warum arbeitest Du für die JF?** »Hier stehe ich und kann nicht anders.«
**Dein Lebensmotto?** Deutsch sein heißt, eine Sache um ihrer selbst willen zu tun.
**Was bedeutet Dir Heimat?** Alles!
**Was ist Dir wichtig im Leben?** Sagte ich das nicht eben?
**Deine Charaktereigenschaften?** Feigheit vor dem Feind.
**Deine Lieblingsbeschäftigung?** Spazierengehen in der Stunde da die Sonne untergeht.
**Dein Lieblingsautor?** Yukio Mishima.
**Deine Lieblingsmusik?** Filmmusik »Mishima – ein Leben in vier Kapiteln« von Philip Glass.
**Dein Lieblingsfilm?** »Mishima – ein Leben in vier Kapiteln« von Paul Schrader.
**Dein Lieblingsbuch?** *Das Meer der Fruchtbarkeit* von Yukio Mishima.
**Dein Vorbild?** Claus Schenk Graf von Stauffenberg und jeder, der im Scheitern besteht.
**Wen würdest Du gern kennenlernen?** Götz Kubitschek – Was für ein Glück, es war mir vergönnt!
**Worüber kannst Du Dich aufregen?** Daß Hamlet jedesmal scheitert, egal wie oft man das Stück anschaut!
**Was entschuldigst Du am ehesten?** Feigheit vor dem Feind (warum wohl).
**Was verachtest Du?** Entschuldigung, aber ich beantworte keine intimen Fragen.
**Worüber kannst Du lachen?** Über den sprudelnden Humor in der JF-Redaktion – ich frage mich nur, warum davon nie auch nur das geringste ins Blatt gelangt … ein Rätsel …?
**Woran glaubst Du?** An Gott, aber ich vertraue ihm nicht.
**Was möchtest Du verändern?** Europa sollte wieder lernen zu träumen.
**Wo siehst Du die JF in zehn Jahren?** Nach wie vor in der Falle.
**Letzte Worte?** Auch Henker und Gehenkter ziehen am gleichen Strang.

**DR. CHRISTIAN SCHWIESSELMANN,** 1980 in Güstrow geboren, studierte Politikwissenschaften, Philosophie und Germanistische Literaturwissenschaft. Seit Juli 2010 arbeitet er für die JF als verantwortlicher Redakteur für die Ressorts Forum und Sein & Zeit.

---

**Was verbindest Du mit der JF?** Stolz und Trotz.

**Was wolltest Du als Kind gern werden?** Bauer.

**Warum arbeitest Du für die JF?** Für Brot und Butter, gegen Rückgratverkrümmung.

**Dein Lebensmotto?** Hoffe auf den Herrn und tue Gutes; bleibe im Lande und nähre dich redlich (Ps. 37,3).

**Was bedeutet Dir Heimat?** Laage in Mecklenburg.

**Was ist Dir wichtig im Leben?** Das größte Glück der größten Zahl.

**Deine Charaktereigenschaften?** Kopp klüftig / Hand driftig / Hart warm / kann nich verdarb'n (Richard Wossidlo).

**Deine Lieblingsbeschäftigung?** Klavierspielen.

**Dein Lieblingsautor?** Theodor Fontane (tot). Robert Harris (lebendig).

**Deine Lieblingsmusik?** Alles von Johann Sebastian Bach.

**Dein Lieblingsfilm?** »Der letzte Lude«.

**Dein Lieblingsbuch?** John Brinckman: *Kasper Ohm un ick.*

**Dein Vorbild?** Bud Spencer (Carlo Pedersoli).

**Wen würdest Du gern kennenlernen?** Jesus Christus vor Pontius Pilatus.

**Worüber kannst Du Dich aufregen?** Arroganz.

**Was entschuldigst Du am ehesten?** Ignoranz.

**Was verachtest Du?** Sozialingenieure.

**Worüber kannst Du lachen?** Über einige Parodien von Mathias Richling.

**Woran glaubst Du?** An Gottes Gnade.

**Was möchtest Du verändern?** Mich!

**Wo siehst Du die JF in zehn Jahren?** Eine etablierte Wochenzeitung, in der auch Friedrich Merz schreibt.

**Letzte Worte?** Ich habe genug! Mein Trost ist nur allein …

**MATTHIAS SEEGRÜN,** 1976 in Berlin geboren, studierte Politikwissenschaft. Seit September 2010 arbeitet er als Schlußredakteur bei der JF.

---

**Was verbindest Du mit der JF?** Ein wichtiges Korrektiv zur Entwicklung eines differenzierten Geschichtsbildes.

**Was wolltest Du als Kind gern werden?** Feuerwehrmann, Polizist und Soldat.

**Warum arbeitest Du für die JF?** Mir liegt viel an der Entwicklung eines zeitgemäßen Konservatismus jenseits von Liberalismus und Sozialismus. In meiner Funktion als Schlußredakteur liegt mir die Pflege der deutschen Sprache sehr am Herzen. Das konsequente Festhalten an der bewährten klassischen Rechtschreibung rechne ich der JF deshalb besonders hoch an.

**Dein Lebensmotto?** »Du sollst an Deutschlands Zukunft glauben, an deines Volkes Aufersteh'n ...«

**Was bedeutet Dir Heimat?** Auf Deutschland bezogen der Berliner Südwesten; in globaler Perspektive der gesamte deutsche Kultur- und Sprachraum.

**Was ist Dir wichtig im Leben?** Siehe Lebensmotto und andere Fragen hier.

**Deine Charaktereigenschaften?** Wahrheitsliebe, Treue, Gerechtigkeitssinn.

**Deine Lieblingsbeschäftigung?** Lesen und nachdenken.

**Dein Lieblingsautor?** Ernst Jünger.

**Deine Lieblingsmusik?** Elektronische Tanzmusik (aber nicht ausschließlich).

**Dein Lieblingsfilm?** Verfilmung des Fontane-Romans »Vor dem Sturm«.

**Dein Lieblingsbuch?** Wolfgang Venohr: *Stauffenberg – Symbol des Widerstands.*

**Dein Vorbild?** Claus von Stauffenberg; der deutsche Soldat im allgemeinen.

**Wen würdest Du gern kennenlernen?** Jedenfalls nicht Lady Gaga.

**Worüber kannst Du Dich aufregen?** Erstens: Die Selbstgerechtigkeit der Nachgeborenen gegenüber der Kriegsgeneration. Zweitens: Das liberale Individuum, das nicht mehr um seine eigenen Voraussetzungen weiß.

**Was entschuldigst Du am ehesten?** Kleinere individuelle Schwächen.

**Was verachtest Du?** Menschen, die ihr Volk/ihre Heimat verraten.

**Worüber kannst Du lachen?** Über vieles.

**Woran glaubst Du?** An die Durchheiligung der Welt. Was auch passiert, wir sind in Gott geborgen.

**Was möchtest Du verändern?** Die verzerrte historische Selbstwahrnehmung der Deutschen überwinden. Versöhnung der Deutschen mit sich selbst.

**Wo siehst Du die JF in zehn Jahren?** Im Idealfall als Leitmedium einer sich allmählich – biologisch, kulturell, politisch – regenerierenden Nation.

**Letzte Worte?** Spare ich mir.

**DIETER STEIN,** 1967 in Ingolstadt geboren, studierte Geschichte und Politik. Er gründete 1986 die JF, ist seither deren Chefredakteur und seit 1990 auch Geschäftsführer des Verlages.

---

**Was verbindest Du mit der JF?** Pressefreiheit.

**Was wolltest Du als Kind gern werden?** Architekt.

**Warum arbeitest Du für die JF?** Im Medienzeitalter werden politische Veränderungen durch Medien vorbereitet. Ich möchte Deutschland verändern.

**Dein Lebensmotto?** Alles wird gut.

**Was bedeutet Dir Heimat?** Sich nicht erklären müssen. Geborgenheit.

**Was ist Dir wichtig im Leben?** Familie, Freiheit, Liebe.

**Deine Charaktereigenschaften?** Hartnäckigkeit und Harmoniebedürfnis.

**Deine Lieblingsbeschäftigung?** Schreiben.

**Dein Lieblingsautor?** Walter Kempowski.

**Deine Lieblingsmusik?** Der Gesang meiner Kinder.

**Dein Lieblingsfilm?** »Das Boot« von Wolfgang Petersen.

**Dein Lieblingsbuch?** Ernst von Salomon *Der Fragebogen*.

**Dein Vorbild?** Mein Vater.

**Wen würdest Du gern kennenlernen?** Steve Jobs – und ihn fragen, wie er aus einer Garagenfirma einen Weltkonzern schuf.

**Worüber kannst Du Dich aufregen?** Eigene Rechtschreibfehler.

**Was entschuldigst Du am ehesten?** Menschliche Schwächen.

**Was verachtest Du?** Opportunismus.

**Worüber kannst Du lachen?** Trockenen Humor.

**Woran glaubst Du?** Gott.

**Was möchtest Du verändern?** Die Mentalität von uns Deutschen, unseren Überlebenswillen stärken.

**Wo siehst Du die JF in zehn Jahren?** Mindestens in doppelt so vielen Haushalten wie heute.

**Letzte Worte?** »Das falsche Glas, Sir.«

**THORSTEN THALER,** 1963 in Berlin geboren, Verwaltungsfachangestellter, studierte Betriebswirtschaftslehre und schreibt seit 1989 für die JF. Heute ist er Ressortleiter Kultur und stellvertretender Chefredakteur.

---

**Was verbindest Du mit der JF?** Widerstand gegen Zumutungen.

**Was wolltest Du als Kind gern werden?** Älter; später dann: irgendwas im Journalismus oder Anwalt.

**Warum arbeitest Du für die JF?** Das ist mein Beitrag zum Widerstand (siehe oben). Nebeneffekt: Es erfüllt mich beruflich und macht, alles in allem, auch noch Spaß.

**Dein Lebensmotto?** Das wechselt je nach Gemütsverfassung.

**Was bedeutet Dir Heimat?** Ort der Kindheit.

**Was ist Dir wichtig im Leben?** Innere Freiheit, Gesundheit, meine Familie und eine ganz besondere Freundschaft (Gruß an A. E.).

**Deine Charaktereigenschaften?** Arroganz, Unduldsamkeit, Großzügigkeit.

**Deine Lieblingsbeschäftigung?** Lesen, Faulenzen.

**Dein Lieblingsautor?** Ernst Jünger, Charles Bukowski und ein Dutzend andere.

**Deine Lieblingsmusik?** Cecilia Bartoli, Barbra Streisand, Bruce Springsteen; Klassik, Hardrock/Heavy Metal, Country.

**Dein Lieblingsfilm?** Peter Jacksons Trilogie »Der Herr der Ringe«.

**Dein Lieblingsbuch?** *Der Waldgang* von Ernst Jünger.

**Dein Vorbild?** Mich faszinieren alle Charaktere mit Haltung, von Leonidas über Pierre Drieu la Rochelle bis zu den Höllenengeln.

**Wen würdest Du gern kennenlernen?** Wie Ernst Jünger oder Charles Bukowski sind die meisten leider schon lange tot.

**Worüber kannst Du Dich aufregen?** Dummheit, Ignoranz, Opportunismus sowie tausenderlei »Kleinigkeiten«.

**Was entschuldigst Du am ehesten?** Fehler, die unabsichtlich und/oder aus Leidenschaft begangen werden.

**Was verachtest Du?** Dafür reicht der Platz hier bei weitem nicht aus.

**Worüber kannst Du lachen?** Situationskomik und eine Reihe von Comedians.

**Woran glaubst Du?** An die absolute Freiheit des Willens. Und natürlich an mich.

**Was möchtest Du verändern?** Die deutsche Politik.

**Wo siehst Du die JF in zehn Jahren?** Auf einem heute noch von manchen Kleingeistern für unmöglich gehaltenen Erfolgskurs.

**Letzte Worte?** Aus heutiger Sicht: Es war das falsche Leben.

**CHRISTIAN VOLLRADT,** 1973 in Braunschweig geboren, studierte Geschichte und Evangelische Theologie. Seit 1998 Autor der JF, ist er heute Ressortleiter Entwicklungsredaktion und verantwortlich für die Titel- und die Meinungsseite.

---

**Was verbindest Du mit der JF?** Mich verbindet mit der JF seit 1991 eine ununterbrochene Beziehung.

**Was wolltest Du als Kind gern werden?** Treckerfahrer.

**Warum arbeitest Du für die JF?** Weil ich irgendwann feststellen mußte, daß ich besser schreiben als Trecker fahren kann.

**Dein Lebensmotto?** Das Motto für mein Leben hat ein Anderer bestimmt.

**Was bedeutet Dir Heimat?** Freiheit und Geborgenheit.

**Was ist Dir wichtig im Leben?** Meine drei Frauen im Alter von 1 bis 36.

**Deine Charaktereigenschaften?** Darüber sollten eher andere urteilen.

**Deine Lieblingsbeschäftigung?** Zur Zeit wieder umständehalber: Lego-Bauen.

**Dein Lieblingsautor?** Walter Kempowski finde ich echt »primig«!

**Deine Lieblingsmusik?** Alles mit viel »Blech«, egal ob Posaunenchor oder Big-Band.

**Dein Lieblingsfilm?** Ein Klassiker: »Schtonk!«, weil er so herrlich humorvoll deutsche Verdruckstheiten bloßstellt.

**Dein Lieblingsbuch?** *Alkor* von meinem Lieblingsautor (siehe oben).

**Dein Vorbild?** Da gibt es zu viele.

**Wen würdest Du gern kennenlernen?** Mich selbst als Greis; ob's klappt?

**Worüber kannst Du Dich aufregen?** Über die Trostlosigkeit jener Partei mit »U«, in die ich vor über 20 Jahren einmal eingetreten bin ...

**Was entschuldigst Du am ehesten?** Daß man mir diesen etwas komischen Fragebogen vorgelegt hat.

**Was verachtest Du?** Rückblickend immer noch, daß es möglich war, 20 Kilometer von meiner Heimatstadt entfernt einen Zaun mit Schießbefehl zu errichten.

**Worüber kannst Du lachen?** Mittlerweile am meisten darüber, worüber ich eigentlich weinen müßte.

**Woran glaubst Du?** An den, der mein Lebensmotto entworfen hat (siehe oben).

**Was möchtest Du verändern?** Ich sollte bei meinem Bauchumfang anfangen ...

**Wo siehst Du die JF in zehn Jahren?** Hoffentlich schön dick immer donnerstags im Briefkasten.

**Letzte Worte?** »Wir irrten uns an einander; es war eine schöne Zeit!« (nicht von mir, sondern Goethe).

**DR. CURD-TORSTEN WEICK,** 1963 in Peine geboren, studierte Politikwissenschaft und schreibt seit Dezember 2004 für die JF. Er ist verantwortlicher Redakteur für die Ressorts Ausland und Hintergrund.

---

**Was verbindest Du mit der JF?** Freiheit.
**Was wolltest Du als Kind gern werden?** Cowboy.
**Warum arbeitest Du für die JF?** Lust am unkonventionellen Schreiben.
**Dein Lebensmotto?** Immer kühles Blut bewahren.
**Was bedeutet Dir Heimat?** Schwelgen in Erinnerungen.
**Was ist Dir wichtig im Leben?** Lebensfreude.
**Deine Charaktereigenschaften?** Verschmitzt & unverzagt.
**Deine Lieblingsbeschäftigung?** Sport treiben, Musik hören.
**Dein Lieblingsautor?** Tommy Jaud.
**Deine Lieblingsmusik?** Alles außer Freejazz und Phil Collins.
**Dein Lieblingsfilm?** »Die Piefke-Saga«, »Willkommen bei den Sch'tis«
**Dein Lieblingsbuch?** *Wandelgermanen* von Oliver Uschmann.
**Dein Vorbild?** Fehlanzeige.
**Wen würdest Du gern kennenlernen?** Meine Großväter.
**Worüber kannst Du Dich aufregen?** Allein vor dem Tor und dann – daneben.
**Was entschuldigst Du am ehesten?** Kommafehler.
**Was verachtest Du?** Die Verächter.
**Worüber kannst Du lachen?** »Switch reloaded« auf Pro7.
**Woran glaubst Du?** Die Macht der Liebe.
**Was möchtest Du verändern?** Herren-Schuhmode.
**Wo siehst Du die JF in zehn Jahren?** Ganz oben.
**Letzte Worte?** »Wo ist Behle?«

**Büroräume der JF 1994 in Potsdam-Bornstedt**

# Die Sonderbeilagen

Früh in ihrer Geschichte als Wochenzeitung hat die JUNGE FREIHEIT damit begonnen, ihren Lesern in Form von Sonderbeilagen zu besonderen Themen einen Mehrwert über den eigentlichen Zeitungsumfang hinaus zu bieten. Anlässe dafür sind zumeist Jahrestage von herausragenden geschichtlichen Ereignissen (20. Juli 1944, Kriegsende, Mauerfall), bedeutsame, aber im sonstigen Medienbetrieb ausgeblendete beziehungsweise nur am Rande und zudem höchst einseitig vorkommende Themen (Bombenkrieg, Vertreibung), Erinnerungen an Persönlichkeiten der Zeitgeschichte (Ernst Jünger, Joachim Fernau) oder die eigenen JF-Jubiläen. Bereits im ersten Jahr nach dem Start als Wochenzeitung 1994 erschienen gleich zwei solcher Sonderbeilagen, eine zum hundertsten Geburtstag des Schriftstellers Ernst Jünger, der zu den Lesern der JUNGEN FREIHEIT gehörte, und eine zum fünfzigsten Jahrestag des Kriegsendes am 8. Mai, in der JF-Leser schildern, wie sie diese Zeit erlebten. In dem folgenden Überblick werden einige der bis heute über ein Dutzend JF-Sonderbeilagen vorgestellt.

## Hundert Jahre Ernst Jünger

In der Beilage Ende März 1995 anläßlich des hundertsten Geburtstages Ernst Jüngers (JF 12/95) zitiert Götz Kubitschek in seinem Vorwort den Jahrhundertautor mit einem Satz aus dessen Buch *Das abenteuerliche Herz. Aufzeichnungen bei Tag und Nacht* (1929): »So beruht auch das unvergleichliche Entzücken, dessen nur ganz junge Menschen beim Lesen fähig sind, vor allem darin, daß sie ihre geheimsten Wertungen als gültig bestätigt sehen.« Kubitschek, der als damaliger Redakteur diese Sonderbeilage verantwortete, knüpft hieran an und schreibt, daß die Leserschaft Jüngers im Grunde eine Schar von Träumern und Romantikern sei, »die unter der platten Oberfläche das Tiefe, Geheimnisvolle weiß und nun den Ausdruck dafür sucht«. Ernst Jünger spreche aus, »was wir ahnen: das Vorhandensein eines nicht faßbaren Hintergrundes, den man nicht ›haben‹ kann, sondern höchstens ab und zu berühren«. Jünger habe durch »unzählige Pforten der Wahrnehmung mit den verschiedensten magischen Schlüsseln den Weg zu diesen Räumen gesucht«. Als Individualist habe er sich den Platz für seine Entfaltung und die Ausforschung seiner Persönlichkeit genommen. »Das ist oft nicht konform und wiederum der Grund dafür«, meint Kubitschek, »daß so viele Erzkonservative nicht zurechtkommen mit Jünger. Er war nie ein Marschierer, Funktionierer, kurz: kein angepaßter Langweiler.«

Zu den weiteren Autoren der Jünger-Beilage zählen unter anderen der Historiker Karlheinz Weißmann (»Adnote zum Arbeiter«), die mit einer Arbeit über Heidegger und Jaspers promovierte Philosophin und damalige Leiterin des JF-Kulturressorts, Angelika Willig (»Das ›Sein‹ in anderer Bedeutung«), der Publizist und Privatgelehrte Gerd-Klaus Kaltenbrunner (»Eine mythische Existenz«), Patrick Neuhaus (»Jugend und Wandervogelzeit«) und Burkhart Berthold (»Der Soldat«) sowie mit einem Nachdruck der Jünger-Biograph Heimo Schwilk (»Die Nichtbeteiligung am Niedrigen«).

## Der 8. Mai 1945

Aufgeteilt in die Kapitel »Besiegt«, »Kriegsgefangen«, »Geflohen und vertrieben«, »Besetzt oder befreit« schildern 26 JF-Leser in der Sonderbeilage Anfang Mai 1995 ihre Erlebnisse und Erinnerungen im Zusammenhang mit dem Kriegsende am 8. Mai 1945 (JF 18/95). Unter ihnen finden sich der spätere Landesschulrat von Berlin, Herbert Bath, der aus Böhmen stammende, noch am 1. Mai 1945 verwundete Richard W. Eichler, der nach dem Krieg als Kunsthistoriker Karriere machte, der aus seiner sudetendeutschen Heimat vertriebene

Verleger Herbert Fleissner sowie das vormalige Mitglied der Widerstandsgruppe »Weiße Rose«, Hans Hirzel. Viele haben ihre zum Teil erschütternden Berichte mit Fotos von sich aus jener Zeit bereichert. In einem Vorwort der Redaktion heißt es zu den Schilderungen: »Viele Deutsche, die den 8. Mai 1945 selbst erlebt haben, finden sich in diesen offiziellen Wertungen des 50. Jahrestages der bedingungslosen Kapitulation der deutschen Wehrmacht kaum wieder. Ihre damaligen Erlebnisse und Gedanken konnten schließlich nicht von dem geprägt sein, was heute als richtig erachtet wird.«

## Journalismus für Deutschland

Zum zehnjährigen Gründungsjubiläum der JUNGEN FREIHEIT im Sommer 1996 beschreibt Chefredakteur Dieter Stein Auftrag und Programm einer konservativen Publizistik: »Politische Ideen und Vorstellungen müssen, wenn sie Wirkung entfalten sollen, den öffentlichen Raum erreichen. Zirkulieren sie lediglich in der Binnenwelt einer Randgruppe, so sind sie wirkungslos. Die JUNGE FREIHEIT ging deshalb einen Weg, der immer die offene Auseinandersetzung mit eigenen und fremden Positionen suchte.« (JF 25/96)

Zum Jubiläum gratulieren mit eigenen Stellungnahmen neben anderen die Politiker Peter Gauweiler, Heinrich Lummer und Manfred Brunner, der Berliner Historiker Ernst Nolte, Filmregisseur Will Tremper, die Schriftsteller Ulrich Schacht und Siegmar Faust. Der ebenfalls um ein Grußwort gebetene Herausgeber des Nachrichtenmagazins *Der Spiegel*, Rudolf Augstein, läßt schriftlich mitteilen, er sei »zur Zeit sehr mit anderen Texten beschäftigt«. Weiter heißt es in dem Absagebrief seines Büros, der in der Beilage als Faksimile abgedruckt ist: »Er wünscht Ihnen aber weiterhin viel Erfolg mit der JUNGEN FREIHEIT – womöglich melden Sie sich zum zwanzigjährigen Jubiläum noch einmal.« Leider ist Rudolf Augstein im November 2002 gestorben, bevor die JF 2006 die Probe aufs Exempel machen konnte.

## Der Tag, als die D-Mark kam

Ein halbes Jahr vor Einführung des Euro als Buchgeld zum 1. Januar 1999 erinnert die JUNGE FREIHEIT Mitte Juni 1998 unter dem Titel »Der Tag, als die D-Mark kam« wiederum in Form von Erzählungen ihrer Leser an die Währungsreform vom 20. Juni 1948 (JF 26/98). Die Schilderungen der Jahre zwischen Zusammenbruch und Wiederaufbau sind bewegend und zeigen, welch symbolhafte

Beilage zum 50. Jahrestag des Kriegsendes, JF vom 18. August 1995

Beilage zum zehnjährigen Bestehen der Zeitung, JF vom 25. Oktober 1996

SONDERBEILAGE
ERNST JÜNGER
21

**Nachruf:** Ernst Jünger und die Ignoranz des Establishments / *Von Rolf Hochhuth*

Ein Anarch auf großer Fahrt

Was Ernst Jünger mit „Auf den Marmorklippen" riskiert hat innerhalb Nazi-Deutschlands, das kann unsere – bisher – glückverdummte Generation, die niemals politischen Zwängen und Terrorismen unterworfen worden ist, gar nicht mehr ermessen! Er war der letzte lebende Deutschschreibende, der noch zur Weltliteratur gehörte. Mit ihm geht eine Ära auch der deutschen Geistesgeschichte zu Ende, die nie zu schreiben ist, ohne auch Jüngers exemplarische Existenz darzustellen. Sein Essay „Der Waldgang" ist der bedeutendste, der nach dem Hitlerkrieg geschrieben worden ist – eine Magna Charta des zivilen Ungehorsams, *die* Anleitung, nicht konformistisch zu werden in einer Welt der Anpassung und des Mangels an Zivilcourage; und die Mahnung, daß seit Sokrates – den Jünger hier selbstverständlich als Märtyrer erwähnt – auch der Staatsform Demokratie das äußerste Mißtrauen entgegenzusetzen ist, weil auch sie dazu neigt, Minderheiten zu unterdrücken – was umso schlimmer ist, als es kaum auffällt.

Jünger hat wie nur noch Gottfried Benn auch in seiner Person, in seinem Werk bereits alles vorweggenommen und ausgesprochen, was auch meine Generation gedanklich, historisch, traditionell und sprachlich geprägt und programmiert hat. Sein Bestes wird man lesen, so lange man Deutsch liest.

Frank Schirrmacher behauptete in der *Frankfurter Allgemeinen*, ich sei der einzige Schriftsteller gewesen, der Jünger die letzte Ehre erwiesen hat. Sollte das wahr sein – ich vermag's nicht zu glauben – so wäre das eine Schande für unsere Akademien. Wahr ist, daß die Bundesregierung nicht nennenswert vertreten gewesen ist, auch eine Schande – während zur Beisetzung Heinrich Bölls selbstverständlich Bundespräsident von Weizsäcker erschienen ist. Immerhin haben drei Generale der Bundeswehr dem letzten Träger des Pour le mérite das letzte Geleit gegeben.

**Rolf Hochhuth**, Jahrgang 1931, ist Dramatiker und Schriftsteller. 1995 erschien im Siedler Verlag das Buch „Ernst Jünger: Im Gespräch mit von Boehm und Hochhuth"

Sonderbeilage zum Tod von Ernst Jünger, JF vom 27. Februar 1998

Auf die Barrikaden: Beilage zur 1848-Revolution, JF vom 13. März 1998

Bedeutung die Einführung der stabilen Währung Deutsche Mark hatte. Stellvertretend für die Empfindungen anderer schreibt ein JF-Leser: »Der fragliche Tag, der 20. Juni 1948, ist ein Sonntag voller Sonnenschein; ein gutes Vorzeichen. Ich stehe in der Schlange mit den übrigen Dorfbewohnern und halte bald zwei neue Zwanzigmarkscheine in der Hand. Damit hat sich in unserem Dorf noch nichts verändert. Doch die erste Fahrt mit dem immer noch zusammengebastelten Fahrrad in die Kreisstadt macht mich sprachlos. Über Nacht sind die Ladenfenster mit Gebrauchsgütern aller Art voll, sogar Fahrräder gibt es.« Und eine Leserin schreibt: »Ja, dann geschah das große Wunder: Die Schaufenster waren nicht mehr mit Attrappen, sondern mit echter Ware voll, und wir hatten unser Kopfgeld von 40 DM pro Person in der Hand. Ich glaube, daß wir zunächst mal den Kindern Schuhe kauften, da sie bisher nur mit abgelegten Exemplaren auskommen mußten.«

## Ja zu Deutschland – Nein zum Doppelpaß

»Mit der doppelten Staatsangehörigkeit für etwa drei Millionen Ausländer und der automatischen deutschen Staatsangehörigkeit für alle Kinder von hier geborenen Ausländern bereitet Rot-Grün den finalen Ausstieg aus dem Staat der Deutschen vor. Ziel ist die andere Republik …«, schreibt JF-Autor Hans-Georg Münster zur Einleitung der Sonderbeilage »Ja zu Deutschland – Nein zum Doppelpaß«, die Anfang März 1999 erscheint, ein halbes Jahr nach Bildung der Regierungskoalition von SPD und Grünen (JF 10/99). Der ehemalige Berliner Innensenator und CDU-Bundestagsabgeordnete Heinrich Lummer benennt 14 Gründe, die gegen den geplanten Doppelpaß sprechen. Unter anderem bremse die Regelung die Integration von Ausländern, sie führe zu Parallelgesellschaften, verletze den Gleichheitsgrundsatz und das Völkerrecht, zerstöre das Staatsvolk, fördere weitere Zuwanderung.

Für einen Volksentscheid über das Staatsbürgerschaftsrecht plädiert Michael Ronellenfitsch, Professor für Öffentliches Recht in Tübingen. In einem Interview erklärt er: »Der Gesetzgeber leitet seine Legitimation vom bisherigen Staatsvolk her. Er ist nicht berechtigt, das Staatsvolk zu erweitern. Diese Entscheidung kann nur das Staatsvolk selbst treffen.« Berichte von JF-Auslandsautoren über die Situation in England, den Niederlanden, Frankreich und Italien ergänzen die Beilage. Die acht Sonderseiten werden in einer Gesamtauflage von 100 000 Exemplaren gedruckt und verteilt (JF 22/99).

## Der Weg in die Freiheit

»Geschichte von unten« ist das Motto der JF-Sonderbeilage im November 1999 zum zehnten Jahrestag des Mauerfalls (JF 45/99). Zahlreiche Leser sind einem Aufruf der Zeitung gefolgt und haben in Berichten und Erzählungen ihren Weg in die Freiheit geschildert. Unter den ausgewählten insgesamt 26 Beiträgen sind auch die Texte von Matthias Bäkermann und Jörg Fischer, die beide später als Redakteure bei der JUNGEN FREIHEIT anheuerten. Während der aus Thüringen stammende Jörg Fischer bereits am 11. September 1989 über die ungarisch-österreichische Grenze in den Westen kam und von dem Mauerfall wegen einer nachrichtenlosen Geburtstagsfeier in der Nähe von Karlsruhe erst am nächsten Morgen hörte, mußte der gebürtige Friese Matthias Bäkermann, der zu jener Zeit seinen Grundwehrdient ableistete, in Glückstadt auf dem Kasernenhof antreten. »Niemals ist mir die angetretene Formation so diszipliniert und ruhig in der Erinnerung wie an diesem Abend. Man kann eine Stecknadel fallen hören«, schildert er die Atmosphäre am 9. November. »Langsam schreitet nun der Inspektionschef den langen Weg von der Straße auf den Vorplatz. Nachdem er ungewohnt ernst einen guten Abend gewünscht hat, beginnt er, in theatralischer Manier die Tragweite des Augenblicks zu beschreiben. Mir steigt das Blut in den Kopf.«

## Schicksale im Bombenkrieg

Zeitzeugenberichte von über 70 JF-Lesern versammelt die Sonderbeilage »Der Tod fiel vom Himmel«, die Mitte Februar 2003 zum Jahrestag der Bombardierung Dresdens erscheint (JF 8/03). Die Schilderungen aus allen Teilen Deutschlands lassen einem das Blut in den Adern gefrieren. Ein Leser aus Hamburg schreibt: »Liegend sah ich brennende Menschen über den Löschplatz laufen und in den Kanal springen oder auf dem Löschplatz als brennende Fackeln hilflos und infernalisch schreiend verenden.« Eine Leserin aus Bremen: »Draußen war ein unvorstellbares Inferno: Mütter rannten mit ihren Kindern durch die in Flammen stehenden Häuserreihen mit brennenden Sommerkleidern und nackten Füßen. Niemand konnte helfen.« Ein Leser aus Rüsselsheim: »Wir legten uns auf den Boden, meine Mutter legte ihre beiden Arme und ihren Körper über uns Kinder, um uns zu beschützen. Sie stammelte und betete, aber das war kaum zu hören durch das nahende, immer lauter werdende Pfeifen einer Bombe.« Ein Leser aus Chemnitz: »Es formierte sich regelmäßig ein Strom von Flüchtenden, die die todwunde Stadt verließen. Total überladene Hand- oder Kinderwagen wurden von völlig erschöpften Menschen gezogen.« Flankiert werden die Texte von einer in dieser Form einmaligen Chronik der anglo-amerikanischen Bombenangriffe 1940 bis 1945 auf deutsche Städte.

## 17. Juni 1953

Wie der Historiker, Fernsehjournalist und Publizist Wolfgang Venohr als West-Berliner Student den Volksaufstand in der DDR erlebt hat, schildert er in einem Interview in der Sonderbeilage (JF 25/03) zum 50. Jahrestag des 17. Juni 1953. »Wir sind alle Deutsche! Reih' dich ein!« riefen ihm die Demonstranten auf der Ost-Berliner Stalinallee am Morgen des 17. Juni 1953 zu, und so marschierte er mit den Protestierern in Richtung Brandenburger Tor. »Die Sowjets griffen zunächst nicht ein, im Gegenteil, die Russen gaben sich zunächst erstaunlich entspannt«, erinnert sich Venohr. »Plötzlich schien es möglich, das zu fordern, was man sich wirklich wünschte, was man mehr noch als die Rücknahme der Normerhöhung und der überhöhten Preise wollte: Freiheit und Einheit! Also begann man das Deutschlandlied zu singen, auf einmal waren überall schwarzrotgoldene Fahnen zu sehen, und auf dem Brandenburger Tor wurde die Deutschlandfahne gehißt.«

Dieter Stein schreibt in seinem Geleitwort: »Der 17. Juni 1953 ist ein unbequemes Datum. Er ist für jenen Teil der Linken ein peinliches Datum, die Hoffnungen in den ›realexistierenden Sozialismus‹ gesetzt haben oder die den Sowjetkommunismus für ein humanes Projekt gehalten haben. Nahezu genauso unangenehm ist die Erinnerung an den Volksaufstand für jenen Teil der westdeutschen Rechten, die die Westintegration der Bundesrepublik Deutschland für wichtiger erachteten als die Einheit Deutschlands, weil der 17. Juni das Projekt der Westbindung hätte zunichte machen können.«

## 60 Jahre Ende des Zweiten Weltkrieges

Zwanzig Sonderseiten umfaßt die Beilage Anfang Mai 1995 zum 60. Jahrestag des Endes des Zweiten Weltkrieges (JF 19/05); es ist die umfangreichste in der JF-Geschichte. In einem Vorwort schreibt Dieter Stein: »Zweifellos war der 8. Mai das Ende einer verbrecherischen Diktatur in Deutschland, es ist der symbolische Tag der Freiheit für alle Deportierten und Verfolgten des NS-Regimes. Aber er ist weder der ›Tag der Befreiung‹ noch der Be-

Vor der Euro-Einführung:
Beilage zur D-Mark, JF vom 19. Juni 1998

Rot-Grün will mehr Einbürgerungen:
JF-Sonderbeilage, März 1999

Beilage zum 10. Jahrestag des Mauerfalls,
JF vom 5. November 1999

Beilage zum 50. Jahrestag des 17. Juni 1953,
JF vom 13. Juni 2003

ginn der Freiheit für alle Deutschen. Er ist der Tag der Zerschlagung des Deutschen Reiches, der Auflösung Preußens, der Abtrennung Ostpreußens, Schlesiens, Pommerns und des Sudetenlandes, der Beginn jahrelanger Besatzung und der Teilung Deutschlands und der Unterwerfung der einen Hälfte Deutschlands unter eine rote statt einer braunen Diktatur.« Weil die historischen Ereignissse immer weiter entrücken und das tatsächliche Geschehen jenseits der nachträglichen Deutungen zunehmend hinter einer Nebelwand verschwindet, erläutert Stein, läßt die JUNGE FREIHEIT 55 ihrer Leser schildern, wie sie das Kriegsende erlebten.

Zur Auseinandersetzung um die Deutung des 8. Mai 1945 erklärt der Historiker Karlheinz Weißmann in einem Interview: »Mit dem Verschwinden der Erlebnisgeneration wird das Datum 8. Mai 1945 abstrakter, und je entschlossener man dann den Befreiungsaspekt in den Vordergrund schiebt, um so unverständlicher wirken alle Zweifel an der entsprechenden Vorstellung. (...) Ohne Zweifel ist das politische und kulturelle Establishment daran interessiert, den Befreiungsbegriff durchzusetzen.«

## 60 Jahre Vertreibung

»Die Vertreibung der Deutschen aus den Ostgebieten, ihre Abtrennung und der Verlust von Siedlungs- und Kulturräumen in Osteuropa ist in Deutschland kein relevantes Thema mehr, nicht einmal kulturell und historiographisch«, leitet Doris Neujahr (Thorsten Hinz) die Mitte Oktober 2005 erscheinende Sonderbeilage zu 60 Jahren Vertreibung der Deutschen ein (JF 42/05). Weiter schreibt Neujahr: »Wo das Fundament eines aufgeklärten Geschichts- und Identitätsbewußtseins vorhanden sein müßte, erstreckt sich ein Trümmerhaufen, auf den andere ihre Mythen pflanzen. (...) Das finale Argument ist der kausale Nexus zwischen Holocaust und Vertreibung, für den es zwar keine faktischen Belege gibt, den aber niemand in Frage zu stellen wagt, dem Karriere und gesellschaftliche Reputation lieb sind.«

In einem Interview erklärt der US-amerikanische Völkerrechtler und Historiker Alfred de Zayas: »Die Vertreibung war ein Verbrechen gegen die Menschheit.« Er halte es »nicht für akzeptabel, daß die Anglo-Amerikaner, die nach eigenem Anspruch gegen Hitlers verbrecherische und rassistische Politik zu Felde gezogen sind, am Ende des Krieges selbst eine menschenverachtende und rassistische Politik« betrieben oder zugelassen haben.

Ein weiterer Beitrag von Rolf Stolz (»Vertreibungen sind durch nichts zu rechtfertigen«) sowie Erlebnisschilderungen von JF-Lesern ergänzen die Beilage. Durchgehend illustriert ist sie mit Zeichnungen von Helmut Hellmessen, eines 1924 in Karlsbad geborenen und aus dem Sudetenland vertriebenen Künstlers.

### 20 Jahre JUNGE FREIHEIT

Fast dreißig Jahre lang, von 1976 bis zu seiner Pensionierung 2004, hat Karl Feldmeyer die Parlamentsberichterstattung der *Frankfurter Allgemeinen Zeitung* geprägt. Wie er als Leser bereits seit Ende der achtziger Jahre die JUNGE FREIHEIT wahrnahm, für die er heute auch als Autor schreibt, schildert er im Oktober 2006 in einer Sonderbeilage zum zwanzigjährigen Jubiläum der Zeitung (JF 22/06): »Was sie unverwechselbar machte und sie mir als einen zentralen Teil meiner eigenen politischen Identität erscheinen ließ, das war die Selbstverständlichkeit, mit der sie die Ausübung des Selbstbestimmungsrechts des deutschen Volkes einforderte und dafür eintrat, daß es für seine Interessen mit der gleichen Unbefangenheit eintrat, wie dies alle anderen Nationen mit der größten Selbstverständlichkeit taten.« Daß die JF dafür angefeindet wurde, sei ihm damals ebenso selbstverständlich erschienen wie die Anfeindungen, die er selbst aus dem gleichen Grund erfahren habe. Feldmeyer weiter: »Einig mit dem Blatt und seinen Machern wußte ich mich auch in der Ächtung jeder Form von Willkürherrschaft, Rechtsbruch und Totalitarismus, gleichgültig ob es sich um die Massenmorde eines Hitler, eines Stalin oder ›nur‹ um den Rechtsbruch der Beibehaltung der ›Bodenreform‹ durch die Regierung Kohl handelte. Und von essentieller Bedeutung war von Anfang an selbstredend die Übereinstimmung in der Bewunderung für die Männer des 20. Juli 1944, denen der Versuch, das ihnen heilige Deutschland zu retten, das Opfer ihres Lebens wert war.«

### Das Vermächtnis des 20. Juli 1944

Im Vorgriff auf den hundertsten Geburtstag Claus Schenk Graf von Stauffenbergs im November 2007 interviewt die JUNGE FREIHEIT für eine Sonderbeilage im Juli dieses Jahres (JF 30/07) unter dem Titel »Es lebe das heilige Deutschland« zum Vermächtnis des 20. Juli 1944 den Mitverschwörer Philipp Freiherr von Boeselager. Stauffenberg »war erfüllt von echter Vaterlandsliebe. Es ging ihm darum, den Krieg zu beenden und die Ehre Deutschlands wiederherzustellen. Er hat sein Gewissen über seine Interessen gestellt. (…) Stauffenberg tat, ohne an sich zu denken, alles für unser Vaterland. Ja, er war ein Held, ein deutscher Held«, schildert Boeselager seinen Eindruck einer persönlichen Begegnung mit Stauffenberg.

Christian Vollradt schreibt in der Beilage über die »Operation Walküre« und porträtiert Stauffenberg (»Konservativer Edelmann«). Karlheinz Weißmann widmet sich der Fahne und dem Eid der Verschwörer des 20. Juli (»Wir glauben an die Zukunft der Deutschen«), sein Historikerkollege Stefan Scheil schreibt über deren außenpolitische Vorstellungen, der Publizist Baal Müller über Stauffenberg und das Geheime Deutschland (»Wunderbar undeutbar für heut«), und der ehemalige *FAZ*-Redakteur und Hochschulprofessor Günther Gillessen steuert einen geschichtspolitischen Aufsatz zum Kampf um die Deutung der Motive der Verschwörer bei (»Der lange Weg in den Widerstand«).

## Joachim Fernau

Hinter der Maske des Spaßvogels erlaubte sich der konservative Schriftsteller Joachim Fernau »ungeheure Ketzereien gegen bundesrepublikanische Denk- und Sprachregelungen«, schreibt JF-Autor Martin Lichtmesz im September 2009 zum Geleit einer Sonderbeilage (JF 38/09) anläßlich des hundertsten Geburtstages des Autors der Erfolgsbücher *Deutschland, Deutschland über alles ..., Disteln für Hagen, Rosen für Apoll, Cäsar läßt grüßen* und *Sprechen wir über Preußen*. »Dabei haben Fernaus Ironie und Spöttelei«, so Lichtmesz, »nichts mit jener nihilistischen Attitüde gemein, die die Dinge zu entwerten, zu relativieren und lächerlich zu machen sucht. Seine Verneinungen verbergen nur um so größere Bejahungen, die auch heute noch den Biedermännern des Zeitgeists skandalös erscheinen müssen, seine Respektlosigkeit ist die Kehrseite einer tiefen Demut.«

Erik Lehnert porträtiert den 1988 verstorbenen Fernau, der bis heute sein Stammpublikum hat, als »Preußen aus Leidenschaft«, eine »charakterliche Prägung, die es geben kann, obwohl Preußen nicht mehr existiert«. Im weiteren Mittelpunkt der Beilage steht eine Erzählung der Lehrerin und Autorin Uta Müller von ihrer ersten Begegnung mit Fernau (»Reise nach Florenz«), illustriert mit in Öl gemalten Landschaftsbildern von Fernau selbst, dessen Liebe neben dem Schreiben auch der Bildenden Kunst gehörte.

Bombenkrieg gegen Deutschland: JF-Beilage vom 14. Februar 2003

Beilage zum 60. Jahrestag des Kriegsendes, JF vom 6. Mai 2005

60 Jahre Vertreibung der Deutschen: JF-Beilage vom 14. Oktober 2005

Beilage zum 20jährigen Bestehen der Zeitung, JF vom 26. Mai 2006

## Die Nacht, die zum Tag der Deutschen wurde

»Eine ganze Nacht standen wir bei klirrender Kälte auf der Mauer. Nie wieder erlebte Glücksgefühle überwältigten uns«, schreibt Dieter Stein im Vorwort der Sonderbeilage zum zwanzigsten Jahrestag des Mauerfalls, »Die Nacht, die zum Tag der Deutschen wurde« (JF 46/09). Er war am Morgen des 10. November kurz entschlossen mit vier Freunden im Auto aus dem 850 Kilometer entfernten Kirchzarten bei Freiburg im Breisgau nach Berlin gefahren, um das historische Ereignis hautnah mitzuerleben. Die Beilage dokumentiert noch einmal seine mitreißende Reportage aus der JUNGEN FREIHEIT vor zwanzig Jahren (JF 6/89). Außerdem enthält sie neben einer Chronologie der Grenzöffnung, Erlebnisschilderungen von JF-Lesern, einem Blick auf die Streiter für die Wiedervereinigung von Detlef Kühn (»Sie hatten recht«) und einem Interview mit dem Gorbatschow-Berater Wjatscheslaw Daschitschew (»Die deutsche Tragödie mildern«) eine reizvolle Gegenüberstellung der beiden JF-Redakteure Christian Vollradt und Christian Dorn. Beide erlebten den Fall der innerdeutschen Grenze in unmittelbarer Nachbarschaft – und doch in ganz unterschiedlichen Lebenswelten. Vollradt, Jahrgang 1973 im westlichen Wolfenbüttel, wo er aufgewachsen ist; Dorn, Jahrgang 1970, in seiner mitteldeutschen Heimat Halberstadt.

Beilage zum 100. Stauffenberg-Geburtstag, JF vom 20. Juli 2007

Beilage zu 15 Jahren Wochenzeitung, JF vom 23. Januar 2009

Beilage zum 100. Geburtstag von Joachim Fernau, JF vom 11. September 2009

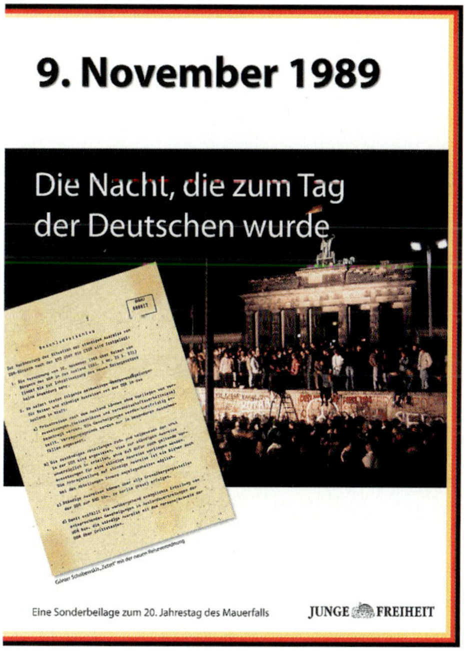


Beilage zum 20. Jahrestag des Mauerfalls, JF vom 6. November 2009

11

# Die Titelseiten

In der 25jährigen Geschichte der JUNGEN FREIHEIT hat es mehrere große sichtbare Entwicklungssprünge gegeben. Von der ersten Ausgabe Mai/Juni 1986 mit einem Umfang von acht Seiten bis zur Ausgabe November/Dezember 1987 mit einem Umfang von 16 Seiten erschien die JF im DIN-A5-Format. In den Jahren 1988/1989 wurde die Zeitung zweimonatlich im DIN-A4-Format gedruckt. Optisch wirkte die JUNGE FREIHEIT in diesen Anfangsjahren noch ganz wie ein Schüler- und Studentenblättchen. Die Umstellung auf das sogenannte »Berliner Format« erfolgte mit der ersten Ausgabe 1990; sie hatte einen Umfang von zehn Seiten und erweckte nun auch erstmals den Eindruck einer »richtigen Zeitung«. Zudem erschien die JF zum ersten Mal mit einer Zusatzfarbe, der sogenannten Schmuckfarbe HKS 17, die bis heute das »JF-Rot« geblieben ist. Vorbild für das von Dieter Stein entworfene Layout der Zeitung war die italienische Zeitung *La Stampa*. Der nächste Entwicklungsschritt folgte 1991 mit der Umstellung auf eine monatliche Erscheinungsweise. Zweifellos den wichtigsten Schub brachte dann die wirtschaftlich mutige Entscheidung Dieter Steins, alles auf eine Karte zu setzen und aus der JUNGEN FREIHEIT eine am Kiosk erhältliche Wochenzeitung zu machen. Die erste Ausgabe erschien am 21. Januar 1994 mit einem Umfang von 24 Seiten. Der nächste augenfällige Sprung erfolgte im April 2000 mit der Umstellung auf das größere »Nordische« Zeitungsformat, in dem alle wichtigen überregionalen Zeitungen in Deutschland gedruckt werden; zudem erschien die JF nun fortan regelmäßig mit einer farbigen Titelseite, was bis dahin nur bei ganz besonderen Ausgaben der Fall war. Die im folgenden dokumentierten Titelseiten aus 25 Jahren JF-Geschichte spiegeln diese Änderungen wider.

# Junge Freiheit

Nr. 1 Mai/Juni 1986 1. Jahrgang

## Der Freiheit eine Gasse!

### Aufgabenstellung der JUNGEN FREIHEIT

von Dieter Stein

In einer Zeit babylonischer Sprachverwirrung tut Klarheit not. Die Union hat, wie nun auch dem letzten einsichtig geworden ist, ihre 13-jährige Oppositionszeit nutzlos verplempert, d.h. sie dazu genutzt, sich auf ihren scheinbaren Lorbeeren auszuruhen, die letzten ihrer in irgendeiner Form gesamtdeutsch oder konservativ profilierten Persönlichkeiten niederzubügeln und eine mehr oder weniger stromlinienförmige Führungsriege des kleinsten gemeinsamen Nenners durchzusetzen.

Die Rolle von Franz Josef Strauß war es, einerseits die westdeutschen Konservativen an die Union zu binden, und andererseits - nicht zuletzt bei der Bundestagswahl 1980 - zu zeigen, wie unappetitlich und provinziell westdeutscher Konservatismus ist. Nachdem nun die Union 1982 die Regierung übernommen hatte, die propagandistischen Nebelwerfer des Bundestagswahlkampfes '83 zum Schweigen gekommen waren, kehrte bei den Konservativen schon bald Ernüchterung und Katerstimmung ein. Die CDU/CSU war nicht in der Lage und - was weit schwerwiegender ist - nicht willens, in auch nur einem Ressort oder Gebiet der politischen Konturenlosigkeit klare Alternativen entgegenzusetzen. Daß eine ständig um die, auf divergierenden Wählerschichten basierende, absolute Mehrheit ringende Partei dies auch niemals schaffen wird, ist einsichtig. Die Konservativen beginnen langsam zu erkennen, daß sie eine Mehrheit nicht überzeugen, sondern ebenso wie die Liberalen ihre spezifischen Forderungen und Interessen nur über eine Partei außerhalb und gegen die Union durchsetzen können. Über Entwicklungen im freiheitlich-konservativen Bereich und anderen nahestehenden Organisationen werden wir berichten.

Beliebte und bewärte Parolen wie "Freiheit vor Einheit", "Freiheit statt Sozialismus" und "Für Frieden in Freiheit" gilt es auf ihren wahren Sinn zu hinterfragen.

Überkommene Freiheitsbegriffe in Bezug zu stellen zu Nation, Familie, Staat, Volk und anderem sehen wir als Aufgabe unserer jungen Redaktion.

Wir werden das Tagesgeschehen kommentieren, nonkonforme Thesen diskutieren, historische Überblicke geben, in fremde Töpfe blicken und aus unseren eigenen berichten.

> Lieber Leser,
> mit der JUNGEN FREIHEIT eine freiheitliche, junge Zeitschrift zu schaffen, die regelmäßig erscheint, kann nur mit Ihrer Mithilfe gelingen.
> Mit einer jungen, idealistischen Redaktion aus dem ganzen Bundesgebiet wollen wir vorerst die JUNGE FREIHEIT mit ausnahme der beiden Sommermonate zweimonatlich erscheinen lassen.
> Abonnieren Sie deshalb die JUNGE FREIHEIT mit beiliegender Bestellkarte, fordern Sie Bestellkarten an und verteilen Sie diese unter Freunden.
> Für Spenden sind wir natürlich besonders dankbar. Die nächste Ausgabe erscheint nach der Sommerpause im September/Oktober. Die Redaktion.

**Der Freiheit eine Gasse: Erste JF-Ausgabe Mai/Juni 1986**

# Junge Freiheit

Nr. 8 September/Oktober 1987 2. Jahrgang ISSN 0932-660X

## Parteien und Eliten

### Von der Krise des Parteiensystems

von Dieter Stein

Sinkende Wahlbeteiligung, Wahlboykott, Flucht in die Wahl von Splitterparteien und in der Folge das Schwinden des Wählerpotentials der sogenannten Volksparteien in Westdeutschland haben eins deutlich gemacht: Das starre Parteiensystem der Bonner Republik, in dem sich seit den Sechziger Jahren drei Parteien - Union, FDP und SPD - in trauter Einigkeit den Kuchen der Stimmen mit nur geringen Prozentverschiebungen aufteilten, droht nun auseinanderzubrechen.

Das Wort von der "schwindenden Integrationskraft der Volksparteien" macht die Runde. Erster und härtester Betroffener dieses einsetzenden Erosionsprozesses war die Sozialdemokratie mit dem Einzug der Grün-Alternativen in die Parlamente Ende der Siebziger, Anfang der Achtziger Jahre. Nach einer kurzen Zeit unverholener Schadenfreude auf Seiten der Union über das scheinbare gegenseitige Aufreiben der beiden linken Parteien, SPD und Grüne, hat sich nun bei den Bürgerlichen nach einer langen Kette dramatischer Wahlschlappen Ratlosigkeit breitgemacht. Bereits nach dem äußerst schlechten Bundestagswahlergebnis vom Januar 1987 für die Union hat Generalsekretär Heiner Geißler ein Konzept zur Erschließung neuer Wählerschichten für die Union in die Diskussion eingebracht; man setzte nun auf die berufstätige Frau, neue Arbeitnehmerschichten und den für Menschenrechte sensiblen jungen Menschen. Man ahnte in München wohl schon ein weiteres Abwandern traditioneller Stimmenklientel, weshalb um die medienwirksame Chile-Reise des stellvertretenden CDU-Vorsitzenden Norbert Blüm ein allgemeines, hektisches Schattenboxen bayerischer und rheinischer Repräsentanten der Schwesterparteien inszeniert wurde.

Strauß muß, als er den Mauerbauer Honecker in München mit sämtlichen nur denkbaren protokollarischen Ehren empfing (und damit das Bonner Protokoll noch überbot!), deutlich geworden sein, daß die Menschenrechtsdebatte vielleicht zu delikat werden könnte, weshalb er nun in falschen "Strategien" des Generalsekretärs und seiner vertrackten "Lagertheorie" den Grund allen Übels sehen wollte.

Hinter diesem jammervollen Debakel der "Volksparteien" steht ein Irrtum, den einzusehen für die Berufspolitiker die Futtertröge in Bonn und anderswo kosten würde, denn sie müßten eingestehen, daß der Vertrauensschwund der Bevölkerung in die politischen Parteien keine Krise der (intakten und funktionsfähigen) Demokratie ist, sondern, daß sich das Selbstverständnis der Parteien gefährlich von dem entfernt hat, was politische Parteien in einer parlamentarischen Demokratie zu leisten haben.

Parteien müssen Kristallisationspunkt politischer Denkrichtungen eines Staates sein, Bannerträger einer Idee und Wächter zu bewahrender Grundwerte. Unsere Parteien sind jedoch, mit dem Ziel, "Volksparteien" zu werden, mit anderen Worten, in den Genuß ungeteilter Macht zu kommen, zu Marketingunternehmen degeneriert, die, dem Schokoladengroßhändler ähnelnd, der je nach Saison Weihnachtsmänner oder Osterhasen

(Fortsetzung Seite 2)

**Krise des Parteiensystems: JF-Ausgabe September/Oktober 1987**

Seite 6: Die Deutsche Frage im Unterricht M 4084 F

# Junge Freiheit

Deutsche Zeitung für Politik und Kultur

Nr. 2/88 März/April 1988 3. Jahrgang ISSN 0932-660X

### Junge Union auf der Suche nach der Jugend

Wuppertal (JF/Tsp) - Die "Junge Union Deutschlands", Jugendorganisation der CDU, hat 1987 bundesweit mehr als 5.000 ihrer 242.000 Mitglieder verloren. In den ersten beiden Monaten habe man bereits 4.000 neue Austritte registrieren müssen.

Auf dem Nordrhein-Westfalen-Tag der JU in Wuppertal forderte der JU-Landesvorsitzende Ronald Pofalla, die CDU dürfe nicht zu einer "bloßen Kanzlerpartei verkümmern", sie müsse ferner lernen, über die Zukunft der Gesellschaft zu diskutieren. Geradezu aufsehenerregend war die Aufforderung Pofallas an die JU, das Lebensgefühl derer kennenzulernen, "die in unserem Alter sind". Wie weit neben der Kappe die JU sich bereits befindet, wurde an der Schlußfolgerung Pofallas deutlich, es sei deshalb "eben kein Fehler, statt der 23. Veranstaltung der Ost- und Mitteldeutschen Vereinigung eine Diskothek aufzusuchen."

Bis zum Redaktionsschluß konnte nicht ermittelt werden, in welcher der nordrhein-westfälischen Diskotheken nun die JU ihre neuen Inhalte vermitteln will.

### FPÖ im Aufwind

(JF) - Nach einer am 23. Februar 1988 in den "Salzburger Nachrichten" veröffentlichten Meinungsumfrage würde die FPÖ Jörg Haiders bei Neuwahlen einen Stimmenanteil von 12,8 Prozent erreichen. Das entspräche einem Zuwachs von 3,1 Prozent.

Die neuen Ideale der westdeutschen Jugend

## Erfolg, Leistung, Sieg

### Materialistische Yuppiegeneration oder Rückbesinnung auf konservative Werte?

[illegible] Generation, Objekt schlimmster Vorahnungen der Erwachsenenwelt zu sein. Jedes Jahrhundert hat in den [illegible] jugendlicher Kultur und Lebens den drohenden Verfall der jeweiligen [illegible] Kultur und anderer Werte gesehen.

Die Jugendbewegung Anfang dieses Jahrhunderts in Deutschland war zu ihrer Zeit in der bürgerlichen Welt verpönt, weil [illegible] gegen den "bürgerlichen Mief" war. Heute wird diese Bewegung Jugendlichen gerne verklärt als Vorbild vorgehalten, mit der Absicht aber, sie jener bürgerli-

(Fortsetzung Seite 5)

Gerangel um deutschlandpolitisches Papier

## Die Union auf Schlingerkurs

### CDU/CSU räumt neuerlich konservative Grundpositionen

(JF) - Für erhebliche Irritationen in weiten Teilen der Union, insbesondere in ihrem konservativen Umfeld sorgt ein deutschlandpolitisches Papier der christdemokratischen Chefideologen Heiner Geißler (CDU-Generalsekretär) und Wulf Schönbohm (Chef der Planungsabteilung im Konrad-Adenauer-Haus), das auf dem Bundesparteitag im Juni verabschiedet werden soll.

Der Inhalt war durch eine Vorabveröffentlichung im "Spiegel" (Nr. 7/88) an die Öffentlichkeit gespielt worden. Der "Spiegel" schloß sogleich messerscharf aus dem brisanten Inhalt, endlich nehme die Union von der Wiedervereinigung Abschied. Die mittlerweile leicht modifizierten Kernaussagen lassen diesen Schluß auch zu.

So heißt es in dem Papier u.a.: "Das Ziel der Einheit ist von den Deutschen nur mit Einverständnis ihrer Nachbarn in Ost und West zu erreichen." Die Wiedervereinigung als Akt souveräner Selbstbestimmung wird also von der Zustimmung aller Nachbarn abhängig gemacht und so zur leeren Forderung entschärft. Ferner werden nun auch offizielle Kontakte zur DDR-Volkskammer zur Forderung der Union gemacht, wird der Wille zum Dialog mit sämtlichen Institutionen der DDR zum Ausdruck gebracht.

Schwer viel es dem CSU-Vorsitzenden Strauß, sich von diesem Papier abzusetzen, als deutlich wurde, daß - angeführt von der FAZ - das konservative Lager auf diese Pläne nervös reagierte. Strauß ist nämlich im wesentlichen zuzuschreiben, daß Widerstände in der Union gegen eine Fortsetzung der Brandt-Scheelschen Ost- und Deutschlandpolitik beseitigt wurden, da er mit der "Einfädelung" der Milliardenkredite 1983 an die DDR den Beginn der Aufgabe von deutschlandpolitischen Positionen der Union setzte.

(Siehe auch Kommentar S. 2)

*Führt die Union nach links: Heiner Geißler*



**Union auf Schlingerkurs: JF-Ausgabe März/April 1988**

# Junge Freiheit

Deutsche Zeitung für Politik und Kultur

Nr. 2/89 März/April 1989 4. Jahrgang ISSN 0932-660X

### Vorsitz der Deutschen Burschenschaft geht an Wien

Berlin (JF) - Zur Sensation wurde im Vorfeld der 37. Berliner Arbeitstagung der Deutschen Burschenschaft in Berlin die überraschende Wahl der Burschenschaft Olympia Wien zur amtierenden Vorsitzenden der DB. Wie auf diesem zweiten Teil des im Mai 1988 wegen langer Auseinandersetzungen ausgesetzten Burschentages verlautete, herrscht beim [illegible] Flügel der DB deshalb Betroffenheit darüber, da in diese Amtsperiode die 175-Jahr-Feier der Deutschen Burschenschaft fällt, die 1990 mit großem Aufwand in Berlin stattfinden soll.

[illegible] wurde die Bundesregierung dringend aufgefordert, sich mit den Thesen des Bundestagsabgeordneten Friedmann ernsthaft auseinanderzusetzen. Auch möge Bonn die geplante leichtere Einbürgerung von Ausländern "neu überdenken", da dies ein "untaugliches Mittel zur Lösung der demographischen Probleme" sei.

### Haider triumphiert bei Landtagswahlen

(JF) - Bei den Landtagswahlen am 12. März erlitt die große bürgerliche "Österreichische Volkspartei" ähnliche Verluste wie die westdeutsche CDU in der Bundesrepublik bei den Wahlen in Berlin und Hessen.

Eindeutiger Gewinner ist die "Freiheitliche Partei Österreichs" (FPÖ) mit ihrem populären Vorsitzenden Jörg Haider, dem es gelang, die FPÖ vom Rande der politischen Existenz auch unter Betonung (deutsch-)nationaler Inhalte zu sensationellen Erfolgen zu führen. Kärnten SPÖ 46 % (-5,7), ÖVP 21 % (-7,3), FPÖ 29 % (+13). Salzburg ÖVP 44 % (-6,1), SPÖ 31,3 % (-3,8), FPÖ 16, 4 % (+7,6), Grüne 6,1 %. Tirol ÖVP 48,7 % (-15,9), SPÖ 22,9 % (-2,4), FPÖ 15,6 % (+9,6).

Interview mit Günter Rohrmoser

## "Kohl ist am Ende"

### Der Ex-Strauß-Berater: Niedergang der CDU "Resultat einer Knochenerweichung" / Koalitionsabsage an REP "unklug"

Stuttgart (JF) - Er war Berater des ehemaligen CDU-Ministerpräsidenten Filbinger und von Franz Josef Strauß. Er prägte den Werbeslogan der CDU von 1976, "Freiheit statt Sozialismus", war selbst jedoch nie Mitglied der CDU. Seit 1982 ist Günter Rohrmoser Professor für Sozialphilosophie an der Universität Hohenheim, der schärfste konservative Kritiker der Kohl-Regierung. Ihn suchten Ende März vier Redakteure der JUNGEN FREIHEIT auf und interviewten ihn zur Lage der Union nach Berlin und Hessen.

*Junge Freiheit*: Sehen Sie die Erfolge der Rechten bei den Wahlen in Berlin und Hessen als ein Zeichen der Normalität für unser Parteiensystem?

Rohrmoser: Daß es eine gewisse Normalisierung bedeutet, daran dürfte es eigentlich keinen Zweifel geben. Aber natürlich hängt diese Beurteilung davon ab, wie man diese neuen rechten Parteien rechts von der CSU selber beurteilt.

Ich habe [illegible], was alle rechten Gruppierungen und Splitter rechts von den Republikanern angeht, aber die Republikaner als solche sind in ihrer Zusammensetzung das, was man eine rechtspopulistische Partei nennt. Und das müßte und sollte eigentlich zur Normalisierung der Demokratie beitragen.

*Junge Freiheit*: Glauben Sie denn, daß die Republikaner eine Zukunft in diesem Parteiensystem haben?

(Fortsetzung Seite 3)

**...Empörung und Wut.**

## Bildungspolitische Alternativen

### Brauchen wir private Hochschulen?

Ginge es nach Bundesbildungsminister Möllemann, so sollte es in jedem Bundesland mindestens eine private Hochschule geben. Einmal abgesehen davon, daß dieses Ziel noch in weiter Ferne liegt, stößt das Anliegen des Ministers in Kiel auf großen Widerstand. Widerstand aber nicht nur der dortigen Landesregierung, sondern vor allem der schleswig-holsteinischen Wirtschaft. Aus diesem Grund fordert die "Nordische Universität in Flensburg und Neumünster" einen Landeszuschuß von 80 Prozent des Gesamtetats.

Dies wirft die Frage auf, inwieweit eine private Universität dieses Attribut noch verdient, wenn weit über 50 Prozent der finanziellen Trägerschaft staatlich ist. So steht zu befürchten, daß die junge Gründung schon bald wieder ihre Tore schließen muß, da im strukturschwachen Norden eben nicht genügend privatwirtschaftliche Förderung aufzutreiben sein wird. Aber ein 80-prozentiges staatliches Engagement wäre zu ertragen, denn außergewöhnliche Situationen verlangen ebensolche Lösungen. Dies dachte sich wohl auch Lothar Späth und überlegt nun, ob das von ihm initiierte Sofortprogramm für die Universitäten im Musterländle unter anderem aus dem Topf für die Privathochschule in Mannheim finanziert werden soll. 69 Millionen hat der Finanzausschuß des Landtages erst einmal gesperrt.

Bei den großen Problemen, die die wenigen privaten Universitäten also haben, stellt sich erneut die Frage nach dem Sinn und Nutzen dieser Institutionen.

Nach der Wende hatte es sich die Bundesregierung zur Aufgabe gemacht, die Forderungen aus der Wirtschaft nach einer anwendungsorientierten Ausbildung der Studenten umzusetzen.

Nachdem die staatlichen Universitäten äußerst empfindlich auf verstärkte private Förderung von Forschungsprogrammen reagierten, versuchte man den berechtigten Interessen der Industrie durch Gründung privater Hochschulen entgegenzukommen.

(Fortsetzung Seite 2)

**»Kohl ist am Ende«: JF-Ausgabe März/April 1989**

JUNGE FREIHEIT

Nr. 3/90 Juni 1990 5. Jahrgang Deutsche Zeitung für Politik und Kultur

IM GESPRÄCH

Carl Zimmerer: „Die Mediokratie ist mir zuwider"

Gregor Gysi und die SED-Nachfolgeorganisation PDS / Neue Volksfront?

Der Hoffnungsträger der Linken

Neuformierung der Länder unter dem Diktat der Wirtschaft?

Für die Renaissance der Regionen

MELDUNGEN

Kommt eine bundesweite Ausdehnung der DSU?

Die CSU zwischen Bonn und Kreuth

THEMEN

Erste JF-Ausgabe im Berliner Zeitungsformat, Juni 1990

Andreas Mölzer: „Österreich und das Anschluß-Trauma", Seite 7

JUNGE FREIHEIT

Nr. 6/91 Juni 1991 Deutsche Zeitung für Politik und Kultur 6. Jahrgang

IM GESPRÄCH

Eine Regierung muß klar sagen, wohin die Reise gehen soll

Die Politik braucht Ziele

Ist Deutschland noch handlungsfähig?

MELDUNGEN

Großbritanniens Konservative nach Thatcher / Major-Kritiker sammeln sich

Mutieren die Torys zu „Christdemokraten"?

Die Bonner Antifa läßt bei der SPD die Puppen tanzen

Engholms VVN-Connection

THEMEN

Politik braucht Ziele: JF-Ausgabe Juni 1991

Jochen Böhme: „Abschied vom Gestern – Die Krise der Utopie", Seite 11

JUNGE FREIHEIT

Nr. 6/92 Juni 1992 Deutsche Zeitung für Politik und Kultur 7. Jahrgang

Die Verfassung wird demontiert

Entmachtung des Souveräns

MELDUNGEN

Allenthalben Krise der Demokratie?

JF-INTERVIEW

„Deutsche und Russen müssen sich jetzt die Verantwortung teilen"

THEMEN

Entmachtung des Souveräns: JF-Ausgabe Juni 1992

Seite 17-24: Literaturbeilage zur Leipziger Buchmesse

JUNGE FREIHEIT

Nr. 6/93 Juni 1993 Deutsche Zeitung für Politik und Kultur 8. Jahrgang

Die Altparteien vor dem Offenbarungseid

Die Stunde der Demokraten

MELDUNGEN

Die SPD ist eine Partei ohne ernste Alternativen

Die Baracke meldet sich ab

JF-INTERVIEW

„Die Zeiten von Heiner Geißler und Rita Süßmuth sind endgültig vorbei"

THEMEN

Die Stunde der Demokraten: JF-Ausgabe Juni 1993

**Wolfgang Venohr: „Der 20. Juli 1944 – eine konservative Revolution gegen Hitler“, Seite 3**

# JUNGE FREIHEIT

Nr. 23/94 Potsdam, 3. Juni 1994 Wochenzeitung für Politik und Kultu 9. Jahrgang 2A 4084 C DM 3,80/ÖS 30,-

Alarmierende Verbrechensstatistik für 1993

## Deutschland im Griff von Kriminellen

Einmal im Jahr hält der Bundesinnenminister Bilanz. Die polizeiliche Kriminalstatistik ist ein unerbittliches Protokoll der gesellschaftlichen Realität. An ihr müssen alle wohlklingenden Konzepte gemessen werden, die den Bürgern eine sichere Zukunft verheißen. Und von Sicherheit ist im Europawahlkampf bei allen großen Parteien viel die Rede.

Eine Zunahme der Sicherheit konnte die Polizei 1993 nicht feststellen. Eine gute Nachricht hat sie zu vermelden: „Die Anteile deutscher Tatverdächtiger und derjenigen nichtdeutschen Tatverdächtigen, die sich in der Regel bereits seit langem in Deutschland aufhielten, wie Arbeitnehmer, Gewerbetreibende, Schüler und Studenten, sind rückläufig.“ Sonst aber spricht die Statistik eine brutale Sprache. Der dramatische Anstieg der Straftaten in Deutschland um 500.000 auf 6,8 Millionen ist – so mußte Manfred Kanther trotz der Zensurversuche seines Parteifreundes Geißler zugeben – in erster Linie einer Ursache geschuldet: der „besorgniserregenden Entwicklung im Bereich der Ausländerkriminalität“. Blanker Zynismus, wie Heuchler und Schönfärber die Offenlegung dieser Tatsachen durch Verbot der gesonderten Aufführung der durch Ausländer verübten Straftaten verhindern wollen.

Dabei sind die Zahlen der Polizei frappierend: „Überdurchschnittlich hoch ist der Tatverdächtigenanteil Nichtdeutscher insbesondere im Bereich der Kraftfahrzeugkriminalität (Hehlerei von Kraftfahrzeugen: 49,2 %), der Rauschgiftkriminalität (illegaler Handel mit Kokain: 51,0 %), des Menschenhandels (47,6 %) sowie des Taschendiebstahls (73,6 %). Die Asylbewerber stellten auch 1993 die größte Gruppe unter den nichtdeutschen Tatverdächtigen. Die Zahl der tatverdächtigen Asylbewerber ist in den alten Bundesländern einschließlich Gesamtberlin von 172.728 (33,9 %) im Jahr 1992 auf 225.501 (37,1 %) im Jahr 1993 gestiegen. 1993 nahm gegenüber dem Vorjahr damit die Zahl der tatverdächtigen Asylbewerber um ca. 30 % zu.“ Asylbewerber stellten „jeden achten Tatverdächtigen (Deutsche eingeschlossen) bei Mord und Totschlag, Vergewaltigung, Raub, Wohnungseinbruch oder Handel und Schmuggel von Heroin“. Werden diese Tatsachen in Deutschland auf politischen Veranstaltungen zitiert, werden die Betreffenden als geistige Brandstifter bezeichnet und landen in der Statistik der politischen Extremisten.

Man muß Manfred Kanther Respekt zollen, daß er es wagt, knapp zwei Wochen vor der Europawahl, anläßlich welcher wildgewordene Polit-Pensionisten erneut an Schlagbäumen rütteln und sich europaduselig in einen antinationalen Rausch reden, auf nackte Realitäten zu verweisen. Das Hauptproblem ist erkannt: Vagabundierenden Banden und cleveren Flüchtlingen, die auf dem Asylticket nach Deutschland kommen, müssen die Tore verschlossen werden. Fast schon wahlkampfschädigend für die in Maastricht-Euphorie nach Brüssel statt nach nach Berlin abdampfende Regierungspartei Helmut Kohls, was Kanther als simple Lösung vorschlägt: „Zur Eindämmung der grenzüberschreitenden Kriminalität ist schließlich eine weitere Verstärkung der Sicherheit der deutschen Außengrenzen erforderlich.“

Dennoch ist angesichts der bisherigen Erfahrungen mit der Bonner Koalition und den Mehrheitsverhältnissen im Bundesrat kaum mit grundlegenden Änderungen über diese rhetorischen Übungen hinaus zu rechnen. Die Bürger sollten wohl den Hinweis des Innenministers ernst nehmen, ihr Eigentum selbst „besser zu schützen und die Angebote moderner Sicherheitstechnik stärker zu nutzen“. Schließlich würden viele Taten erst „durch die angelehnte Balkontür oder den unter der Fußmatte versteckten Schlüssel möglich“. Diese sensiblen Hinweise unterstrich der Vorsitzende der Gewerkschaft der Polizei, Hermann Lutz, der sich darüber beschwerte, der Staat mißbrauche die Polizei „außerhalb der normalen Bürozeiten“. Die Polizei sei nicht „Mädchen für alles“, man solle verstärkt private Sicherheitsdienste einschalten.

Es wird kaum zu erwarten sein, daß sich die Kriminellen in Deutschland an die Bürozeiten im öffentlichen Dienst halten werden. Der Bürger wird die Arroganz der Verantwortlichen zu quittieren wissen.

**Dieter Stein**

Wird der Europawahlkampf zu einer Volksabstimmung über Maastricht, oder bleibt es bei Nadelstichen weniger Protestwähler? Den Maastricht-Kritikern unter den Parteien widmet sich ein Hintergrund-Bericht auf Seite 4 dieser Ausgabe.

Instrumentalisierung des Anschlags von Solingen

## Was wußte der Verfassungsschutz?

Es hat schon etwas Unheimliches, Skurriles. Während der eine – kirchliche – Buß- und Bettag der Finanzierung einer ominösen Pflegeversicherung geopfert werden darf, etabliert sich, gar nicht still und heimlich, ein anderer Termin des nationalen *nostro maximae culpa*. Der Tag, die Stunde, die Minute, in welcher eine Handvoll von hirnlosen Mordbrennern das Wohnhaus einer Solinger Familie anzündete, wird zum jährlichen Memento aller Guten, zum Canossa aller Verdammenswerten. Die Divergenz der beiden Pole ist klar: hie das Aufgeklärte, Fortschrittliche, Menschliche, dort das Tumbe, Vulgäre, Menschenverachtende. Noch nicht mit Brandflaschen wird ausgegrenzt, wer zur Büßergemeinde nicht gehören darf. Da gibt es Subtileres. Zivilcourage gegen *Rechts* fordert jener (Johannes Rau), der kurz zuvor erst das einende, unparteiische höchste Staatsamt anvisierte. Die strikte Handhabe des staatlichen Gewaltmonopols deklamiert ein anderer, dessen liberale Partei jahrzehntelang nichts Besseres zu tun hatte, als eben dieses staatliche Recht permissiv durch Mordbuben früherer Jahre interpretieren zu lassen.

Nein, an Solingen scheidet sich nicht die Moral, allen Gegenreden am vergangenen Sonntag zum Trotz. Wer gutheißt, was dort am 29. Mai letzten Jahres passierte, darf sich getrost die Kugel geben. Und zwar nicht eine aus weißer Trüffelschokolade, sondern ein bleiernes Projektil. Der zweite Grund, weshalb sich Solingen in den Köpfen der Deutschen zementieren soll: Die Tat eignet sich vortrefflich zum kollektiven Schuldbekenntnis. Die mediale Berichterstattung am vergangenen Wochenende erweckte den Eindruck, als sei der Brandanschlag nicht vor einem Jahr, sondern vor einigen Stunden geschehen. Da wird es vermutlich bald welche geben, die sich das unfreiwillig übergestülpte Täterhemd vom Leib reißen werden. Das Fanal von Solingen als ideologische Keimzelle für neue politische Märtyrer?

Es hat schon etwas für sich, anzunehmen, der Staat und das politische Establishment hätten ein Interesse an diesem Popanz. Wenn wahr ist, daß ein Verfassungsschützer Kenntnis der pyromanischen Absichten der Täter hatte und seine Vorgesetzten nichts gegen den Brandanschlag unternahmen, dann ist *das* der Skandal, der die Presse erschüttern sollte. Die Agenturen meldeten vor wenigen Tagen, daß NRW-Innenminister Herbert Schnoor bereits seit einem Jahr darüber informiert gewesen sein soll, daß Bernd Schmitt, Leiter der Solinger Kampfsportschule „Hak-Pao“ (Treffpunkt der des Brandanschlags angeklagten Jugendlichen), als Vertrauensmann für den Verfassungsschutz gearbeitet haben soll. Die CDU-Opposition warf der SPD „Mauertaktik“ vor. So gesehen ist dann auch folgerichtig, wenn es sich Johannes Rau nicht entgehen läßt, den Mordfall für seine Sache zu instrumentalisieren. Wie der Evangelist, nach dem der NRW-Ministerpräsident seinen Vornamen erhielt, trennt er Gläubige von vermeintlich Gottlosen. Das Sakrament der richtigen Gesinnung erhält, wer sich ihm und seinesgleichen zur Gefolgschaft verpflichtet; das Spiel ist leicht zu durchschauen.

Eine junge Türkin, die am Sonntag an der Kundgebung zum Jahrestag des Anschlages teilgenommen hatte, beklagte: Die schweigende Mehrheit hätte mehr Anteil nehmen müssen. Tatsächlich hat der übergroße Teil der Bevölkerung dies ohne Zweifel bereits im letzten Jahr getan. Wer mehr verlangt, treibt Schindluder. Ebenso abwegig wäre es zu verlangen, sämtliche Türken müßten jeweils am ersten Januar den Trauerschal umlegen. Schließlich meuchelte 1993 im schleswig-holsteinischen Ahrensbök ein Türke just an diesem Tag eine fünfköpfige deutsche Familie. Wer über das erforderliche Quantum an krimineller Energie und sittlicher Verderbtheit verfügt, wird sich von seinen Vorhaben nicht durch achttausend Demonstranten abhalten lassen. Ächtung von Gewalt, sicher. Aber nicht, wenn das nur für solche Rechtsverstöße gilt, die zur fortwährenden durchsichtig parteiischen Mobilisierung der Wahlbevölkerung mißbraucht werden.

**Max Goldbeck**

**THEMEN:**



**Abtreibungsgesetz: Fristenregelung mit Beratungspflicht**

BONN. Mit knapper Mehrheit hat der Bundestag am 26. Mai das neue Abtreibungsgesetz beschlossen. 264 Abgeordnete stimmten für, 260 gegen den Entwurf der Regierungskoalition, 26 enthielten sich. Das Gesetz sieht eine Fristenregelung mit Beratungspflicht vor, obgleich die CDU sich früher stets gegen die Fristenregelung gewandt hatte. Wenn sich eine Frau zuvor beraten läßt, bleibt in den ersten drei Monaten ihrer Schwangerschaft die Abtreibung straffrei. Bestraft werden können aber Menschen, die Frauen unter Druck setzen, abtreiben zu lassen. Mit deutlicher Mehrheit abgelehnt wurde ein Alternativentwurf der Unionsparlamentarier Manfred Carstens (CDU) und Norbert Geis (CSU), die eine Bestrafung für Abtreibungen forderten und Schwangeren zusätzliche soziale Hilfen zusichern wollten. Das Gesetz bedarf noch der Zustimmung des Bundesrates, der sich am 8. Juni damit beschäftigt. Man erwartet, daß es dort von der SPD zu Fall gebracht wird.

**Organisationsleiter der Republikaner ausgetreten**

BONN. Nach der Bundesschriftführerin Martina Rosenberger ist am vergangenen Dienstag Udo Bösch, seit zwei Jahren Organisationsleiter der Republikaner, aus der Rechtspartei ausgetreten. Der Oberstleutnant der Bundeswehr kritisierte u. a. die unglückliche Selbstdarstellung der Partei und die unprofessionelle Führung Schönhubers: „Wenn die Offiziere meutern, so ist die Parteispitze kritisch gefragt.“ Von seiten des stellvertretenden Vorsitzenden der Republikaner, Rolf Schlierer, hieß es zum Austritt Böschs: „Für den ehemaligen BND-Agenten Bösch gilt der Spruch: Einmal Dienst – immer Dienst.“

**Solschenizyn: Schirinowski ist die „Karikatur eines Patrioten“**

WLADIWOSTOK. Nach der Heimkehr aus dem amerikanischen Exil hat Alexander Solschenizyn heftige Kritik an der politischen Führung des Landes geübt. Der Verfasser des Archipel GULag warf der neuen Führungselite vor, sie sei ihrer Macht nicht würdig, insbesondere fehle ihr der Wille zum reumütigen Umgang mit der Geschichte des sowjetischen Schreckenssystems. Schirinowskij bezeichnete er als „Karikatur eines Patrioten“ und warnte seine Landsleute erneut davor, in den westlichen Demokratien Vorbilder für die eigene Entwicklung zu sehen.

**JF-INTERVIEW**

### „Die Männer des 20. Juli waren Patrioten, weil sie Nation über Ideologie stellten“

Die etablierte Geschichtswissenschaft, so der Historiker und Publizist Wolfgang Venohr, habe das Staatsverständnis und Traditionsbewußtsein der Männer des 20. Juli 1944 verfälscht und deren geistige Herkunft aus der Konservativen Revolution vehement bestritten. Nun sei es an der Zeit, den Widerstandspatrioten Gerechtigkeit widerfahren zu lassen: Sie seien keine Vorläufer einer demokratisch verfaßten BRD.

Lesen Sie das Interview auf Seite 3.

**Deutschland im Griff von Kriminellen: JF-Ausgabe Juni 1994**

Hans Hausberger: „Politiksimulation und Rechtsintellektuelle“, Seite 11


# JUNGE FREIHEIT

**Wochenzeitung für Politik und Kultur**

Redaktion und Verlag: Postfach 60 14 51 • 14414 Potsdam — Telefax: 03 31/5 67 13 14 — Telefon: 03 31/5 67 13-0 (Redaktion) • 01 72/3 06 85 92 (Leserdienst)

Nr. 22/95 Potsdam, 2. Juni 1995 10. Jahrgang 2A 4084 C DM 4,20/ÖS 34,-


Die PDS streitet über ihren Kurs

## Identität gesucht

Produkt oder Partei?

Im Anschluß an die jüngsten Landtagswahlen ist die FDP nicht die einzige Partei, die von internen Auseinandersetzungen gebeutelt wird. Seit dem 2,37-Prozent-Durchfall an der Weser (in NRW war man erst gar nicht angetreten) brachen bislang notdürftig übertünchte Konflikte auf. Unter dem Motto „In großer Sorge“ meldeten sich im *Neuen Deutschland* Kritiker des PDS-Bundesvorstandes zu Wort. Den vom PDS-Bundestagsabgeordneten Uwe-Jens Heuer initiierte Aufruf wird u. a. von Bismarck-Biograph Engelberg, Maler Sitte, Theaterregisseur Wekwerth (Akademie der Künste der DDR) und Friedrich-II.-Biographin Mittenzwei unterstützt.

Die Initiatoren werfen die PDS-Führung unter Gysi und Bisky vor allem vor, eine „gespenstische Schlacht in den eigenen Reihen unter der absurden Losung 'Reformer gegen Stalinisten'“ angezettelt zu haben. Ferner lasse sich die PDS von „klugen SPD-Politikern“ durch „Anpassungsforderungen“ so unter Druck setzen, daß sie „letztlich überflüssig“ werde. Die Kritiker sehen vor allem in drei Fragen den innerparteilichen Konsens der PDS gefährdet: „Aufweichung des Oppositionsverständnisses“, „Verabschiedung vom Klassenkampf und Ausklammerung der Eigentumsfrage zugunsten eines Gesellschaftsvertrages“ und „Einschränkung des Pluralismus in der Partei“.

Was in den Medien kernig als Kampf zwischen modernen, demokratischen Reformern und ewiggestrigen, rückwärtsgewandten Kommunisten charakterisiert wird, ist wesentlich komplizierter. Gregor Gysi und Lothar Bisky haben den Versuch unternommen, aus der Ostpartei und SED-Erbin ein frisches, omnikompatibles Westprodukt zu stylen. Gysi nennt es einen „Kampf um ideologische Vorherrschaft“, Bisky veredelt das Ganze mit der Absage an „restaurative Tendenzen“. Es geht vordergründig um die Stellung zur DDR-Vergangenheit und Marxismus-Leninismus. Dahinter verbirgt sich aber die unbeantwortete Frage, wie die Realität einer im Grunde bürgerlichen, geordnete Lebensverhältnisse gewohnten Parteibasis (der Appell ist von 38 mehrheitlich ausrangierten DDR-Wissenschaftlern und Intellektuellen verfaßt) mit dem Bild in Einklang zu bringen ist, das Gysi und Bisky produzieren: Multikulturalität, bedingungslose Modernität samt Rundumentschuldigungen vom Fließband. Die Verunsicherung eines westlinken *Konkret*-Autors kommt nach einem Besuch bei der PDS-Basis zum Ausdruck: „Vor einer großen Sachsenfahne ein Fähnlein gutsituierter Familienväter, ausstaffiert mit bunten Kappen, im Angebot allerhand Kleinkunst und landsmannschaftliche Nippes, Mieterinfos und Traktätchen aus Dresden und anderswo. Attraktion des Standes waren Bockwürste und ein Endlosvideo in schrillen Farben über irgendeinen PDS-Einsatz, vor allem aber – düdeldü – ein Volksliedermacher mit seiner Elektroorgel. Irgendein Humtata im Dreivierteltakt über 'Rote Socken', gesungen zur Melodie von 'Rosamunde', gab mir schließlich den Rest.“ Was der *Konkret*-Autor ersehnt, nämlich ein Bündnis von westlinken Ideologen der Leistungsverweigerung und Deutschlandhassern mit den Modernisierungsskeptikern aus dem Osten unter einem linksrevolutionären Banner („Wäre die PDS nur halb so rebellisch, hätte sie ihre Koalos gebürstet und die Linksopposition gestärkt“), kann nicht funktionieren. Das zeigte auch die Dauer-Pleite *Junge Welt* mit ihren Westkolonisatoren, die die doofen Ossis Mores lehren wollten.

Was sich da so hinter sozialistisch-gestrigen Formeln zu verbarrikadieren scheint, ist zu einem guten Teil auch eine in Mitteldeutschland latent vorhandene Irritation über alles, was in einem kompromißlosen Gesamtpaket als „modern“, „reformerisch“, und „unbelastet“ verkauft und übergestülpt wird. Eine schweigende Mehrheit in der Partei ist mit dem Gysi-Konzept einer linksökologischen Multikulti-Partei, die einem libertären „Anything goes“ Vorschub leistet, nicht einverstanden. Mangels Stimme und Alternative klammert man sich an die dargebotene DDR-Nostalgie und macht sich zum nützlichen Helfer von tatsächlichen stalinistischen Strategen aus dem Westen – Gremliza & Co. werden das Feuer weiter schüren und den Mythos aufrechterhalten, bei Bisky und Gysi handele es sich um „Rechte“, bei den Kritikern unisono um „Linke“.

Ob es Gysi dauerhaft gelingt, die Partei allein mit den gegen ihn erhobenen Stasi-Vorwürfen und der regelmäßig folgenden Solidarisierung aller Fraktionen der PDS zusammenzuhalten, ist fraglich.

**Dieter Stein**

## „Für eine Schlafwagenatmosphäre ist die Situation der FDP viel zu ernst“

### Jürgen W. Möllemann will Parteivorsitzender werden

BONN. Auf dem Mainzer FDP-Parteitag wird es um den Parteivorsitz zu einer Kampfabstimmung kommen, nachdem der frühere Bundeswirtschaftsminister Jürgen W. Möllemann seine Kandidatur gegen den hessischen Landesvorsitzenden Wolfgang Gerhardt angekündigt hat. Ohne sich inhaltlich festzulegen, kündigte Möllemann für den Fall seiner Wahl seinen „kämpferischen Beitrag“ zur Rettung der desolaten Partei an. Ernsthafte Chancen werden Möllemann jedoch nicht eingeräumt. Der ehemalige Landtagsfraktionsvorsitzende in Nordrhein-Westfalen, Achim Rohde, forderte die Ablösung von Justizministerin Leutheusser-Schnarrenberger und Wirtschaftsminister Rexrodt. Begründung: „Wegen mangelnder politischer Profilierung und falscher politischer Themenwahl.“ Wolfgang Gerhardt ließ inzwischen deutliche Distanz sowohl zum linksliberalen „Freiburger Kreis“ als auch zur nationalliberalen Gruppe um Alexander von Stahl erkennen.

### Berliner Türken pfählen Thailänder

BERLIN. Im Berliner Stadtbezirk Kreuzberg hat am vergangenen Sonnabend eine 30köpfige türkisch-arabische Jugendgang die Teilnehmer einer Geburtstagsparty mit Baseballschlägern, abgebrochenen Flaschen und Messern attackiert. Dabei wurden sechs Gäste schwer verletzt. Ein 23jähriger Thailänder, der von einer angespitzten Eisenstange durchbohrt wurde, erlag im Krankenhaus seinen Verletzungen. Nachdem türkische Jugendliche vergeblich versucht hatten, Zugang zur Geburtstagsfeier der 18jährigen Bianca W. zu erhalten, erfolgte gegen 22.00 Uhr der Angriff auf die rund 50 Personen umfassende internationale Geburtstagsgesellschaft. Dem 21jährigen Cousin der Jubilarin wurde ein Messer in den Oberschenkel gerammt und in der Wunde herumgedreht. Als ein Täter versuchte, den 16jährigen Bodo W. mit einer Eisenstange niederzustechen, und ihn ein thailändischer Bekannter zur Seite stieß, wurde der junge Familienvater durchbohrt. Anschließend sprangen vier der Randalierer auf den tödlich verwundeten Mann und quälten ihn mit Fußtritten. Vier mutmaßliche Täter wurden festgenommen, aber wieder auf freien Fuß gesetzt. Rat der Polizei an Bodo W.: Er solle sich aus Sicherheitsgründen vorübergehend einen anderen Wohnort suchen.

### Erwartungsgemäß: Auch Amis besitzen Beutekunst

LEIPZIG. Auch die Amerikaner haben nach dem Krieg systematisch Kunstgüter aus Mitteldeutschland abtransportiert. Nach einer Sendung des Mitteldeutschen Rundfunks (MDR) sollen Spezialisten des US-amerikanischen Geheimdienstes bis Juli 1945 fast 10.000 Eisenbahnwaggons mit Rüstungsgütern und Kunstschätzen aus der soäteren sowjetischen Besatzungszone Richtung Westen abransportiert haben. Die meisten Kunstschätze seien aus Sachsen-Anhalt verschwunden, das drei Monate von US-Truppen und danach von der sowjetischen Armee besetzt war. Nach Expertenschätzungen fehlen Kunstwerke im Wert von dreistelligen Millionenbeträgen. Am stärksten betroffen sei das Kulturhistorische Museum in Magdeburg. Während der US-Besatzung sollen fast 500 wertvolle Gemälde in einem Auslagerungsschacht in Staßfurt verbrannt sein. Man geht heute aber davon aus, daß nicht alle Bilder verbrannt sind. Da die amerikanischen Geheimdienstakten nicht zugänglich sind, ist ein zweifelsfreier Nachweis zur Zeit nicht möglich.

### Lockerungsübungen

Auch die unangenehme Erfahrung, daß sie in der Öffentlichkeit recht wenig zu melden haben, konnte die Konservativen nicht aus der Fassung bringen. Mögen Medien, Bildungssektor und Kultur nur verrückt spielen und herumphantasieren, Hauptsache, die Institutionen, auf die es wirklich ankommt, funktionieren und folgen still und bescheiden ihren Eigengesetzlichkeiten: die Wirtschaft kümmert sich um ihren Erfolg, Politik und Verwaltung sorgen sich um das Mögliche und Notwendige, die Justiz pflegt artig das Recht.

Nun hat diese für heil erklärte Welt ihre Sprünge bekommen. Dank effizienter Personalpolitik sorgt selbst das Bundesverfassungsgericht für immer neue und immer wieder überraschende Auslegungen des Grundgesetzes. Rot-grüne Bündnisse auf (fast) allen Ebenen arbeiten an der Modernisierung des Morgenthau-Plans. Auch viele Manager sind (da sie so überlastet sind, mit einem gehörigen Time-Lag) auf den Zug gesprungen: Nicht nur, daß ihre Produkte unterdessen vor allem die Umwelt schonen und sonstige sentimentale Bedürfnisse der neuen Mittelschichten befriedigen. Nein, ihre gesamte Philosophie ist so richtig postmaterialistisch geworden. Schade, daß immer noch produziert werden muß, wo man sich doch viel lieber entspannt und nachdenklich unterhalten würde!

**„DIE DEUTSCHE WIRTSCHAFT IST FLEXIBEL – AUCH GEGENÜBER DER NACHFOLGEPARTEI DER FDP“**

Wenn sich die Wirtschaft mit den Grünen anfreundet, ist dies also nicht nur die Einsicht in ein vielleicht auch auf Bundesebene unausweichliches Schicksal. Schon drei Tage nach dem Triumph der Alternativen in Bremen und Düsseldorf durfte Franz Schosser, Hauptgeschäftsführer des Deutschen Industrie- und Handelstages, beglückt vier der Sieger bewirten. Natürlich wäre bereits der bloße Dialog ein Erfolg gewesen. Aber Schosser konnte noch mehr bilanzieren: richtig kompetent und aufgeschlossen seien sie gewesen, seine neuen Freunde. „Wie früher die FDP.“ Da wird sich Wolfgang Gerhardt ganz schön ins Zeug legen müssen.

Auch Dieter Härthe, Hauptgeschäftsführer des Bundesverbandes mittelständischer Wirtschaft, kann unterdessen mit der FDP-Nachfolgepartei ganz gut leben. Hans-Dieter Schäfer vom Europa-Verband der Selbständigen ist sogar enthusiastisch: Die Grünen seien „in vielen Fragen ganz auf Linie der Klein- und Mittelbetriebe“. Erneut bietet sich für die deutsche Wirtschaft die Chance, ihre Flexibilität unter Beweis zu stellen. Für die Großen könnte es noch interessanter werden, das Engagement im Ausland zu wagen. Für den Mittelstand bleibt immerhin die Anpassung.

**Karl Heinzen**

Identität gesucht:
JF-Ausgabe Juni 1995

**Gerhoch Reisegger: Europa und die Abschaffung des Nationalstaats, Seite 13**


# JUNGE FREIHEIT

Wochenzeitung für Politik und Kultur

Redaktion und Verlag: Zi[…] • 10117 Berlin — Telefax: 030/20 39 91–14 — Telefon: 030/20 39 91–19 (Leserdienst) • 030/20 39 91–0 (Redaktion) — e-mail 101613.2125@CompuServe.com

Nr. 24/96 Berlin, 7. Juni 11. Jahrga[…] DM 4,50 sfr 4,50 ÖS 36,— Lit 6.000,—

Nationalliberale Wortführer der FDP (von links): Heiner Kappel, Alexander von Stahl, Klaus Rainer Röhl, Achim Rohde

Die FDP-Führungsspitze gefällt sich in Selbstbespiegelung

## Angst vor den Mitgliedern

In der FDP-Führungsspitze geht vor dem Parteitag an diesem Wochenende in Karlsruhe die Angst um – die Angst vor den eigenen Mitgliedern, die mehr Mitspracherechte beanspruchen könnten, und die Angst vor den nationalliberalen Reformern in der Partei. Seit die in der „Liberalen Offensive" zusammengeschlossenen Reformer um den hessischen Landtagsabgeordneten Heiner Kappel, den früheren Fraktionsvorsitzenden in Nordrhein-Westfalen, Achim Rohde, und den ehemaligen Generalbundesanwalt Alexander von Stahl per Unterschriftensammlung einen Mitgliederentscheid der FDP über die „Abschaffung der D-Mark und Einführung des Euro" fordern, ist die Nervosität im Thomas-Dehler-Haus, der Bonner Parteizentrale der Blau-Gelben, zum Greifen spürbar.

FDP-Chef Gerhardt hat seine Partei denn auch vorsorglich gewarnt, einen „Anti-Europa-Kurs" einzuschlagen. „Es darf keine Rückkehr zu alter nationaler Politik geben", diktierte er Journalisten in den Block. Zugleich prophezeite er den innerparteilichen Kritikern eine Niederlage in Karlsruhe. „Die FDP wackelt nicht, der Parteitag wird es mit seiner Mehrheit klarmachen", sagte Gerhardt.

Das sehen selbst die nationalliberalen „Quälgeister" (*Spiegel*) nicht anders. „Wir werden wieder keine Mehrheit haben, sondern vermutlich erneut auf die Mütze bekommen", gibt sich Heiner Kappel, stellvertretender Fraktionsvorsizender der FDP im hessischen Landtag, auf Anfrage der JUNGEN FREIHEIT keinen Illusionen hin. In die gleiche Kerbe haut auch sein Mitstreiter Markus Roscher: „Wir können nicht durch Mehrheiten glänzen, sondern nur mit Positionen", sagt der 32jährige Vorsitzende der „Kritischen Liberalen" in der Berliner FDP im Gespräch mit dieser Zeitung.

Dennoch wollen die Reformer nicht zulassen, daß der Parteitag zu einer „reinen Selbstdarstellung der Führungsspitze" und zu einer langweiligen „Pflichtveranstaltung" verkommt. Mit Anträgen zur Bildungs- und Erziehungspolitik, zur Rückgabe von enteignetem Grund und Boden in der ehemaligen DDR, zum Ausländerrecht sowie zur Europäischen Währungsunion hoffen sich die Nationalliberalen auf dem Parteitag Gehör zu verschaffen. Kritik üben wollen sie vor allem an der „überstürzten Einführung der Europäischen Währungsunion ohne die notwendigen stabilitätspolitischen Absicherungen". Ohne gleichzeitige Verankerung in einer politischen Union sei die Währungsunion „undenkbar".

„Was der FDP fehlt, ist ein nationaler Hintergrund", bemängelt Roscher das Defizit seiner Partei. Auch er fordert eine „kritischere Haltung gegenüber der Aufgabe der D-Mark" ein. Bereits im Januar hatte Roscher in einem JF-Interview „die strikte Tabuisierung aller Probleme, die mit dem Maastricht-Vertrag zusammenhängen" beklagt und sich gegen „gleichmacherische Tendenzen" ausgesprochen. „Wir sind nicht gegen Europa, aber gegen einen Zentralismus, der gewachsene und bewährte Strukturen zerstört", faßte Roscher das europapolitische Anliegen der FDP-Reformer zusammen.

Daß immer mehr Mitglieder an der Basis, in den Orts- und Kreisverbänden, womöglich ähnlich denken könnten, bereitet der Bonner Führung zunehmend Kopfschmerzen. Mit gemischten Gefühlen sehen der Parteivorsitzende Gerhardt, Generalsekretär Westerwelle und Fraktionschef Solms dem Ausgang der Unterschriftenkampagne der „Liberalen Offensive" für einen Mitgliederentscheid entgegen. Den Antrag unterstützen müssen bundesweit mindestens fünf Prozent aller FDP-Mitglieder (rund 4.200) – keine unüberwindbare Hürde, wie insgeheim auch die Parteioberen befürchten.

Schon einmal ist die Basis dem Kurs ihrer Führungsmannschaft nicht gefolgt. Bei einer Mitgliederbefragung im Dezember vorigen Jahres zum „großen Lauschangriff" votierte eine Mehrheit der Mitglieder für dessen gesetzliche Verankerung. Die düpierte Justizministerin Leutheusser-Schnarrenberger, eine Ikone des linksliberalen „Freiburger Kreises", nahm daraufhin ihren Hut.

Daß Nationalliberale wie Heiner Kappel in dem Karlsruher Parteitag nur „eine Etappe" sehen, ist mit dieser Erfahrung im Rücken kaum verwunderlich.

**Thorsten Thaler**

### Lockerungsübungen

„Es ist geil, jung zu sein", zwitschert ein Milchgesicht namens Julian in einem braven Clip über die Musikkanäle. Diese Behauptung ist seinsvergessen und dreist. Die Schlägerkappen, die seine verwachsenen Mitzappler als Dokumente ihrer Verblödung verkehrt herum aufgesetzt haben, die Kinder-Dessous, die sie in ihren Handtäschchen mit sich herumtragen, weil jung sein folgenlos bleiben soll – all dies haben ihnen ihre Eltern und nicht sie sich selbst ermöglicht.

Wenn sie in einer Diskothek abhängen, nutzen sie eine Einrichtung, die Erwachsene für sie bereitgestellt haben. Wenn sie mit öffentlichen Verkehrsmitteln zu ihren lächerlichen Vergnügungen fahren, weil sie ihr Mofa schonen wollen, zahlen ihre Eltern den Fahrpreis, und der Steuerzahler subventioniert sie dabei. Es ist nur ein schwacher Trost, daß es überwiegend ältere Menschen sind, die ihnen ihr aufsässig erpreßtes Taschengeld zur Befriedigung ihrer kleinen Bedürfnisse wieder abnehmen.

Was über diese so unerfreuliche wie unvermeidliche Alterskohorte zu sagen ist, hat für alle Zeiten Robert Poulet festgehalten: „Um uns zu bezaubern, brauchen die jungen Leute nur das zu sein, was sie sind, nämlich schön und dumm. Aber leider sind sie nicht einmal immer schön." Und auch ein Rezept für den richtigen Umgang mit ihnen hat er empfohlen: „Man müßte die Kinder bis zu zwanzig Jahren in den Windeln lassen."

**„DAS STRASSENBILD IN DEUTSCHLAND WIRD BEREINIGT UND GARANTIERT JUGENDFREI SEIN"**

Daß Poulet unvergessen ist, beweist ein Vorstoß von Norbert Geis, mit dem er der mächtigen Jugend-Lobby den Kampf ansagt. Der rechtspolitische Sprecher der Unionsfraktion im Bundestag, der vier Kinder am eigenen Leib erlebt hat, fordert für Halbwüchsige unter 17 Jahren ein Ausgehverbot zwischen 20 Uhr abends und 6 Uhr morgens. Diese Anregung, die widerlegt, daß Juristen immer nur mit dem Grundgesetz unter dem Arm herumlaufen, gibt vor, bloß ein Beitrag zur Kriminalitätsbekämpfung zu sein. Doch sie leistet mehr: Sie bereinigt das deutsche Straßenbild und nimmt dadurch eine Zukunft vorweg, in der es auch ohne besondere Verordnungen garantiert jugendfrei sein wird.

Bedenklich ist aber, daß sich Geis auf amerikanische Vorbilder beruft. Hier hätte er Poulet genauer lesen sollen: „Amerika ist ein junges Land. Wenn man daran erinnert, daß Amerika (...) die Welt in die Lage gebracht hat, in der sie sich heute befindet, dann hat man damit das Schlimmste (und Richtigste) gesagt, was sich zum Thema Jugend sagen läßt."

**Karl Heinzen**

„Wir sind für eine Begrenzung der Ausländerzahl in der Schweiz"

Roland Borer, Vorsitzender der Schweizer Freiheitspartei (FPS) im Gespräch auf Seite 3

Film: „Diabolisch" von Jeremiah Chechik, Seite 15

**Zwischen Perfektion und Kälte**

### CSU: Nicht nur immer Deutschland im Bußgewand

MÜNCHEN. Die CSU will einen Beitritt Tschechiens zur Europäischen Union nur dann zustimmen, wenn Prag die Vertreibung der Sudetendeutschen unmißverständlich als Unrecht anerkennt. Diese Bedingung nannte CSU-Generalsekretär Bernd Protzner in der vergangenen Woche vor Journalisten in München. Wer zu Europa gehören wolle, müsse auch zu den Fehlern der Geschichte stehen. „Ich sehe nicht ein, daß in dieser Welt immer nur ein Land im Büßergewand herumlaufen soll", sagte er. Protzner warf dem tschechischen Ministerpräsidenten Vaclav Klaus vor, die Auseinandersetzung mit der Vergangenheit zu verweigern. Echte Aussöhnung könne es aber nur geben, wenn die Geschichte aufgearbeitet werde. Die Deutschen hätten immer wieder für das Geschehene um Verzeihung gebeten. Das müsse auch der tschechische Staat tun.

### Die Mehrheit gegen den „Euro" wird immer größer

BERLIN. Die Ablehnung der geplanten Eurowährung in Deutschland wird größer. 71 Prozent der Deutschen glauben, daß ihnen die gemeinsame Währung eher Nachteile bringen wird, nur 25 Prozent erwarten Vorteile. In Mitteldeutschland beträgt die Ablehnungsquote sogar 82 Prozent, dafür sind 14 Prozent. Das beeinflußt auch die Zustimmung zur Europäischen Union (EU): Nur noch 53 Prozent der Deutschen hält die EU-Mitgliedschaft für gut. Vor einen Jahr lag die Zustimmung bei 56 Prozent, zwischenzeitlich sogar bei 66 Prozent. Das ergab eine vom Nachrichtensender n-tv beim Emnid-Institut in Auftrag gegebene Umfrage. Unterdessen haben Deutschland und elf andere Staaten der EU wegen übermäßiger öffentlicher Defizite „blaue Briefe" erhalten. Lediglich Luxemburg, Irland und Dänemark erfüllen nach Ansicht einer Mehrheit der EU-Finanzminister derzeit die Stabilitätskriterien für die Währungsunion.

### 300 linksextreme Periodika in Deutschland

BONN. Auf die Frage des Abgeordneten Heinrich Lummer (CDU): „Wie viele und welche Medien wurden im vergangenen Jahr als linksextremistisch eingestuft und – zusätzlich zu den kürzlich von der Pressestelle des Deutschen Bundestags vermeldeten 37 rechtsextremistischen Medien – in die Liste der jugendgefährdenden Schriften aufgenommen?", antwortete die Parlamentarische Staatssekretärin Gertrud Dempwolf: „ Im Jahre 1995 haben nach der Bundesregierung vorliegenden Erkenntnissen linksextremistische und linksextremistisch beeinflußte Organisationen bis zu 300 periodische Publikationen herausgegeben. Aufnahme in die Liste der jugendgefährdenden Schriften sind mangels diesbezüglicher Anträge (§ 11 Abs. 2 Satz 1 des Gesetzes über die Verbreitung jugendgefährdender Schriften – GjS) nicht erfolgt.

### Bundeskanzler: Verhütung ist Gewissensfrage

BONN. Drei Wochen vor dem geplanten Deutschlandbesuch des Papstes hat Bundeskanzler Helmut Kohl den Vatikan gebeten, seine Haltung zur Empfängnisverhütung zu überdenken. In einem Interview mit Kirchenzeitungen sagte Kohl, viele Katholiken hätten bei diesem Thema Probleme mit der Position der Kirche. Für ihn sei Verhütung eine Frage des Gewissens.

4 394147 904502 24

**Angst vor den Mitgliedern:**
**JF-Ausgabe Juni 1996**

**Gegen neue Ghettos**
Kazim Aydin, Vorsitzender des Türkischen Elternvereins Berlin, S. 3

**Anti-Euro-Kurs**
Republikaner starten bundesweite Kampagne, S. 4

**Erschöpfte Sozialhilfe**
Neuer Ansturm auf Sozialhilfe aus dem EU-Ausland erwartet, S. 5

**Apel tritt ein Pferd**
Kirchen-Streit: Hans Apel greift linke Bischöfin Jepsen an, S. 22

Redaktion und Verlag: Hohenzollerndamm 27 a • 10713 Berlin — Telefax: 030 / 86 49 53–14 — Telefon: 030 / 86 49 53–19 (Leserdienst) • 030 / 86 49 53–0 (Redaktion) — E-mail: redaktion@jungefreiheit.de — Internet: http://www.jungefreiheit.de

# JUNGE FREIHEIT

WOCHENZEITUNG FÜR POLITIK UND KULTUR

Nr. 24/97 | Berlin, 6. Juni 1997 | 12. Jahrgang | A 4084 C | DM 4,50 öS 36,– sfr 4,50 Lit 6.000,–

**KOLUMNE**

*VON ALFRED MECHTERSHEIMER*

## *Hoffnung*

Über Deutschland breitet sich Angst aus, Angst vor Arbeitslosigkeit, vor Fremden, vor der Zukunft und Angst vor der eigenen Meinung. Für heikle Themen hält der Durchschnittsbürger zwei Positionen parat: die politisch korrekte und seine tatsächliche. Ganz nach den jeweiligen Umständen ruft er mal die eine, mal die andere ab. Und weiß er nicht, was gefragt ist, verstummt er.

So verhalten sich Untertanen. Die Bonner Republik macht aus ihren Bürgern Duckmäuser. Verfassungsschutz tendiert zum Regierungsschutz. Früher oder später zerbricht jede Herrschaft, wenn die Kluft zwischen Obrigkeit und Bürger zu groß wird. Die wachsende Parteien-, Politik- und Politikerverdrossenheit ist eine ohnmächtige und resignative Antwort auf diese schleichende Entdemokratisierung.

Ducken hat Tradition in Deutschland. Die Maienblüten des freiheitlichen nationalen Aufbegehrens auf der Wartburg, auf dem Hambacher Schloß oder in der Paulskirche gerieten immer wieder in den Hagelschlag der Reaktion. Heute liegt die historische Mission des Freiheitlichen bei Kräften, die oft mehr an den Staat als an das Volk glauben. Sie sollten sich bei dem Amerikaner Henry David Thoreau „Über die Pflicht zum Ungehorsam gegen den Staat" klug machen. Wer den Staat vergöttert, bleibt ihm eben auch dann treu, wenn er ihm die Luft zum Atmen nimmt.

Bekennermut und Kraft zum Widerstand können diejenigen, die zu besonderen Leistungen berufen sind, nur entfalten, wenn sie mit jener „Urteilskraft der Seele" ausgestattet sind, von der Arthur Schopenhauer in Anlehnung an Baltasar Gracian spricht. Nicht abstrakte Prinzipien sollen das Handeln leiten, sondern jene Grundsätze, „die ihm in Blut und Saft stekken, indem sie das Resultat alles seines Denkens, Fühlens und Wollens sind". Diejenigen zu finden und zu sammeln, in denen diese innere Kraft von Jugend heranreift, ist auch heute der einzige Weg aus der Knechtschaft.

Die Bevölkerung spürt diese Tugend bei den Bonner Politikern nicht und sucht sie auch sonst bisher vergebens. Ohne sie kann kein politischer Wille entstehen, der Identität stiftet und den Menschen einen Halt gibt in dem Strudel von Einzelinteressen, Lügen, Einschüchterung und Irreführung. Ohne diesen personellen Kern kann es keine Selbstachtung und Selbstbestimmung geben, die das Volk vor der Dominanz fremder Interessen schützt. Jeder neue politische Ansatz ist daran zu messen, ob er diese Aktivbürger zusammenführt. Findet er sie, dann besteht Grund zur Hoffnung.

**Dr. Alfred Mechtersheimer** ist Gründer und Leiter des „Friedenskomitee 2000"

**Bundesbank-Entmachtung:** Angriff der Regierung auf die Verfassung

# Der Waigel-Putsch

BERND-THOMAS RAMB

Der „Marsch auf die Feldherrnhalle" findet 1997 mittels Hubschrauber statt. Zielpunkt ist kein bajuwarisch-martialischer Gedenkort, sondern ein Monument nachkriegsdeutscher Solidität und internationalen Respekts: die Deutsche Bundesbank. Und der beim Entmachtungsversuch der D-Mark-Hüter an vorderster Front Marschierende ist kein geringerer als der amtierende Finanzminister.

Die Widerstandslinie ist klar. Die Bundesbank widerspricht in ungewöhnlich deutlicher Form und entgegen dem von ihr sonst bevorzugten Stil diskreter Marktoperationen dem Vorhaben der Bundesregierung, durch eine Höherbewertung der Goldreserven die Grundlage für eine Haushaltssanierung trickreich zu bewerkstelligen.

Knallhart formulieren dagegen die Verteidiger der Deutschen Mark: „Bei einer Ausschüttung noch im Jahre 1997, dem Referenzjahr für die Auswahl der EWU-Teilnehmerländer, besteht die Gefahr der Einbuße an Vertrauen in die Stabilität der künftigen europäischen Währung. Bundesregierung und Bundesbank haben bisher stets betont, daß die Konvergenzkriterien des Maastricht-Vertrages glaubwürdig und dauerhaft erfüllt werden müssen. Eine formale Erfüllung der fiskalpolitischen Kriterien durch die Ausschüttung des Neubewertungsgewinns wird aus der Sicht der Bundesbank diesen Anforderungen nicht gerecht. Zu einer nachhaltigen Verbesserung der öffentlichen Finanzen kann die Ausschüttung nur einen begrenzten Beitrag leisten. Dagegen wären negative Rückwirkungen auf die Interpretation der Beitrittskriterien und die stabilitätspolitische Glaubwürdigkeit der Auswahl des Teilnehmerkreises im Mai 1998 kaum zu vermeiden."

FOTO: DPA

**Kaum zu glauben:** „Helmut, da hinten tragen wir Deine Barren raus!"

Die Bundesregierung glaubt sich sowohl von den Abstimmungsmehrheiten in der Lage als auch von der Verfassung legitimiert, das Bundesbankgesetz handstreichartig ändern zu können. Beides wäre zu überprüfen. Zumindest verletzt sie ein ehernes, wenn auch ungeschriebenes Grundgesetz: Die Unabhängigkeit der Deutschen Bundesbank in den ihren Tätigkeitsbereich betreffenden Entscheidungen ist unantastbar. In den Worten der Bundesbank: „Eine Ausschüttung stiller Reserven wäre je nach Größenordnung geldpolitisch beherrschbar. Wird sie jedoch gesetzlich vorgeschrieben, bedeutet dies einen Eingriff in die Geldpolitik der Bundesbank. Eine solche Maßnahme stünde im Widerspruch sowohl zur deutschen Tradition als auch zu den Vorstellungen des Maastricht-Vertrages über die Unabhängigkeit der Notenbanken."

Der Verzweiflungsakt Waigels, kennzeichnet die panikartige Situation, in die sich die Regierungskoalition durch das bedingungslose Festhalten an dem Euro-Währungsabenteuer hineinmanövriert hat. Daß ein möglichst vollständiger Teilnehmerkreis, die Erfüllung der Konvergenzkriterien und die Einhaltung des Zeitpunktes 1. Januar 1999 nicht gleichzeitig zu erreichen sind, war nahezu seit Anbeginn des Maastricht-Planes absehbar. Allein das gebetsmühlenhafte Wiederholen des Glaubenssatzes, man werde das Trippel-Ziel doch noch erreichen, ohne alternative Notpläne bei Nichterfüllung einzelner Voraussetzungen zu entwerfen, tangiert schon die Grenzen der deutschen Verfassung. Der Gold-Putsch verletzt sie vollends.

**KANZLERSCHRECK**

FOTO: DPA

**Lieblingsgenosse:** Der Druck auf die SPD-Parteiführung, ihren Kanzlerkandidaten nicht erst im Frühjahr 1998 zu bennen, wächst: In einer Umfrage des Bielefelder Emnid-Instituts sprachen sich mehr als zwei Drittel der 1.400 befragten Sozialdemokraten dafür aus, den Kohl-Herausforderer noch in diesem Jahr zu bestimmen. Klarer Favorit für die Kanzlerkandidatur ist Gerhard Schröder. Knapp 70 Prozent der SPD-Mitglieder ziehen den niedersächsischen Ministerpräsidenten ihrem Parteichef Oskar Lafontaine vor, für den sich nur 27 Prozent erwärmen können.

## diese woche

**Enteignungs-Opfer streiten für ihr Recht**

Unbewältigtes Kapitel der deutschen Nachkriegsgeschichte: die Bodenreform in der Sowjetzone. Wer sind Opfer und Profiteure der kommunistischen Enteignung? **HINTERGRUND 6-7**

**Qian Mu: Ein chinesischer Nationalkonservativer**

Wolfgang Lasars, Verfassungsrechtler und Asien-Experte, untersucht auf dem Forum die Theorien des Gelehrten Qian Mu. Gibt es einen chinesischen Konservatismus? **FORUM 12**

**Pankraz, Wolfgang Harich und die Sünden eines gütigen Kalfaktors**

Günter Zehm über den Briefwechsel zwischen Wolfgang Harich und Georg Lukács. Das Wesen des Kalfaktors, so Pankraz, sei es, auf Seiten der Zuchthausleitung zu stehen. **KULTUR 13**

**Kino: Wenn Kabarettist Matthias Beltz assistiert**

Ein Film über rechte Verschwörungstheoretiker: Angriff auf die harte Gesinnung oder die deutschen Lachnerven? Rezensentin Ellen Kositza meint über den Dokumentarfilm „Deckname Dennis": köstlicher Film, unbedingt sehen! **KULTUR 15**

**Die Jugenderinnerungen Wolfgang Venohrs**

Der legendäre Fernsehjournalist und Publizist Wolfgang Venohr veröffentlichte den ersten Band seiner Erinnerungen: es ist das Andenken an eine verführte Jugend, die dem Nationalsozialismus begeistert erlag. **LITERATUR 16**

**Geburtsstunde des flämischen Nationalismus**

Die Geschichte des flämischen Nationalismus am Beispiel des Politikers und Parteiführers Joris van Severen. Ein Schicksal zwischen Freiheit und dem Vorwurf der Kollaboration. **ZEITGESCHICHTE 19**

**Paris: Buhlen um die Gunst der Öko-Wähler**

Bei den Parlamentswahlen in Frankreich profitierten Rotgrüne von der Uneinigkeit im Öko-Lager: die konservativen Kandidaten fielen durch. **NATUR&UMWELT 20**

4 394147 904502 24

Der Waigel-Putsch:
JF-Ausgabe Juni 1997

*50 Jahre Luftbrücke – Interview mit dem US-Piloten Jack Bennett, Seite 3*

# JUNGE FREIHEIT

WOCHENZEITUNG FÜR POLITIK UND KULTUR

Redaktion und Verlag: Hohenzollerndamm 27 a • 10713 Berlin — Telefax: 030 / 86 49 53–14 — Telefon: 030 / 86 49 53–19 (Leserdienst) • 030 / 86 49 53–0 (Redaktion) — E-mail: redaktion@jungefreiheit.de — Internet: http://www.jungefreiheit.de

Nr. 24/98 | Berlin, 5. Juni 1998 | 13. Jahrgang | A 4084 C | DM 4,80 öS 39,- sfr 4,80 Lit 6.400,–

**Gesellschaft:** Liebe und Sexualität in den Zeiten der späten Kohl-Ära

## Die Impotenz des Westens

Am 4. Juni jährte sich der 200. Todestag Giacomo Girolamo Casanovas, der in die Geschichte als größter Frauenliebhaber aller Zeiten einging. Doch Casanova war mehr als nur ein Wüstling im Reich der Spitzenwäsche: er war Freigeist, Diplomat, Naturwissenschaftler, Okkultist. 1757 gelang ihm die nahezu unmögliche Flucht aus den venezianischen Bleikammern, die ihn in ganz Europa berühmt machte. Der Berliner Soziologe Nicolaus Sombart kennzeichnete Casanova einmal als einen „souverän-anarchistischen" Abenteuertypus. Ein Glücksritter jenseits bürgerlicher Moralvorstellungen, der unbeirrt seinen Weg diesseits des Lustprinzips ging und sich mit seinem individuellen Freiheitsbegriff unnachahmlich vom gegenwärtigen Bild des dressierten Mannes abhebt, der sich eingebunden sieht in Arbeitsalltag und Familienroutine.

Gegen den festgefügten bürgerlichen Moralbegriff hatten nicht zuletzt die Protagonisten von 1968 mit ihrem Schlagwort der Sexuellen Befreiung opponiert: wild und ohne Beschränkung sollte der nunmehr befreite Mensch seine Aggressionen verlieren und die liebevolle Blumenkinderrevolte gestalten. Die Institution jedoch, die diese wirren Zeiten als Siegerin überstand, war keine andere als die Ehe selbst; sie überlebte das Kommunenwesen. Trotz vieler außerehelicher monogamer Verbindungen hat sich die Zahl der Eheschließungen seit 1970 nur unerheblich verringert und erlebte 1990 einen neuen Boom.

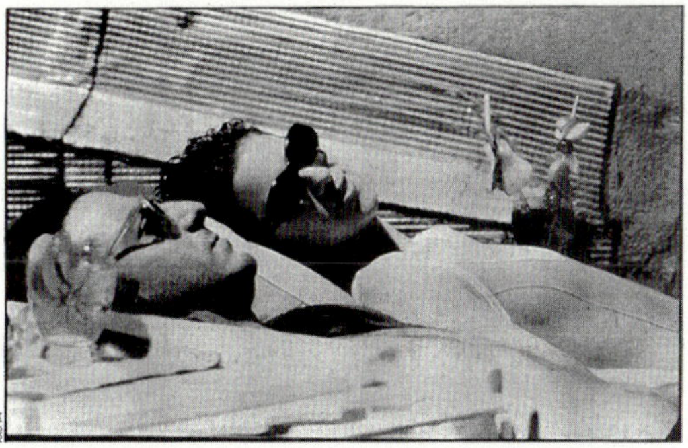

**Verlust von Leidenschaft:** Die Pille „Viagra" als Antwort auf die westliche Lustlosigkeit

Das Lebensgefühl der achtziger Jahre war nach all den Eskapaden eher kühl und rational: es fanden sich schöne Menschen in schönen Wohnungen zu einer Zweckgemeinschaft zusammen. Alternative Modelle fanden nur noch im studentischen Abseits statt. Gegen diesen frigiden Lebenskult setzten die gefühlvollen Neunziger die Renaissance der Romantik: Treue, Liebe, Virginität erhielten wieder einen längst verloren geglaubten Wert. Kinoschlager wie „Pretty Woman", in dem eine Prostituierte das Herz eines Millionärs erobert oder vor allem natürlich der Welterfolg „Titanic" waren die passende cineastische Kulisse dieser Ära.

Doch diese „Entdeckung des Herzens" wurde in den letzten Wochen aus den USA in Form der Potenzpille Viagra gründlich konterkariert. Denn das blaue Wunder, das die katholische Kirche als „Kunstdünger für die männlichen Lenden" ironisch begrüßte, torpediert nachhaltig die neue Romantik und reduziert den Mann zum phallusdominierten Samenspender, als wollte die Pharmaindustrie im nachhinein Freuds Lehre überprüfen. Doch die Venuspille hat wie alles ihre Tücken: Nicht nur, daß sie neben den Genitalien auch ins Geld geht; mittlerweile sind weltweit auch bereits die ersten Todesopfer des Aphrodisiakums gemeldet worden; es kam vor, daß der Herzschlag aussetzte. Die von der Pille bewirkte pure Lust statt reiner Leidenschaft ist zugleich eine treffende Zustandsillustration des sinnentleerten Zeitgeists kurz vor der Jahrtausendwende. Das haben in dieser Form wohl selbst die 68er nicht gewollt. Der Mann gerät dabei zur Kunstfigur: chemisch präpariert und artifiziell aufgepumpt vollzieht er im Schlafzimmer seinen Dienst.

Die schleichende Impotenz der westlichen Industriegesellschaften, deren Indiz Viagra ist, ist des weiteren ein bedenkliches Signal der Dekadenz. Die mangelnde Natürlichkeit, die sich im abendlichen Griff nach dem Mittel ausdrückt, erscheint als Ausdruck des Niedergangs, dessen Tendenz von der sinkenden Geburtenrate zusätzlich unterstützt wird. Dagegen steigen die Bevölkerungszahlen in den armen Regionen Asiens und Afrikas mit atemberaubender Geschwindigkeit. Hier kündigt sich der Kampf der Kulturen als natürliche Revolte an. Die Impotenz der westlichen Welt ist zunächst eine Folge von Streß, zu geringer Erholung und falscher Ernährung, zum anderen aber auch Ergebnis einer überalterten Kultur. Dem begegnet das rationale Abendland wie gewohnt mit wissenschaftlichen Methoden. Trotz der Überschwemmung der Medienlandschaft mit Erotik bis hin zur Pornographie ist in vielerlei Hinsicht die Zeit für Lust und Leidenschaft in der Hektik der Gegenwart abhanden gekommen. Die zum Teil aufdringliche Präsenz der Sexualität ist oft nur bunter Schein, der der Wirklichkeit nicht standhält. Casanova ist ein Prototyp einer vergangenen Zeit, dessen Lebenswandel den Verlust anzeigt, den die Moderne bedingt.

OLIVER GELDSZUS

## *Kleinere Übel*

*VON HEINRICH LUMMER*

Immer wieder ist zu hören, Politik verderbe den Charakter. Es wird der Eindruck vermittelt, man könne in anderen Berufen eher seine Unschuld bewahren und unangefochten den Prinzipien der Ethik dienen. Diese Auffassung erscheint mir in mehrfacher Hinsicht zweifelhaft, wenn nicht gar falsch. Ich bin fest davon überzeugt, daß man in der Politik unangefochtener bestehen kann als zum Beispiel in der Bauwirtschaft. Richtig ist natürlich, daß ein Politiker vielfachem Druck ausgesetzt ist. Er braucht ein gerüttelt Maß Standfestigkeit, um bestehen zu können. Denn allen kann er es nicht recht machen. Die Versuchung ist dann groß, wenn man um die Gunst möglichst vieler Wähler ständig Versprechungen macht. Man muß lernen, nein zu sagen, wenn Unbilliges gefordert wird. Insofern können in der Politik nur solche bestehen, die einen relativ starken Charakter haben. Dann verdirbt nicht die Politik den Charakter, sondern schwache Charaktere verderben die Politik.

Zweifellos ist die Teilhabe an der Macht für manche eine Versuchung. Vielleicht treibt gerade diese Versuchung der Macht manche in die Politik. Insofern erscheint die Befürchtung nicht unbegründet, daß bestimmte Charaktere, die davon träumen, am Rad der Geschichte mitzudrehen oder Macht über andere ausüben zu können, eher die Neigung entwikkeln, die Politik zum Beruf werden zu lassen. Danach würde aber auch nicht die Politik den Charakter verderben, wohl aber würde die Politik in diesem Falle eher zweifelhafte Charaktere anziehen.

Daneben gibt es eine wirklich grundsätzliche Problematik, die den Politiker immer wieder in schwierige Situationen bringt und es ihm unmöglich macht, „schmutzige Hände" zu vermeiden. Er kann sich vor Entscheidungen oft nicht drücken. Auch dann nicht, wenn er zwischen zwei Übeln zu wählen hat. Ein Beispiel: Am 23. August 1961 – zehn Tage nach dem Bau der Mauer – ließ Ost-Berlin auf zwei S-Bahnhöfen in West-Berlin Stellen einrichten, wo Passierscheine zum Betreten Ost-Berlins gekauft werden konnten. Der Senat stand vor einer schwierigen Frage. Das Schließen der Stellen bedeutete die Zerstörung eines Stückes Menschlichkeit. Verwandte und Freunde konnten sich nicht sehen. Die Zulassung der Stellen bedeutete, daß Ost-Berlin Hoheitsrechte auf den S-Bahnhöfen beanspruchte und praktizierte. Jede Entscheidung war ein Übel. Politiker haben in solchen Fällen nur die Chance, das kleinere Übel zu wählen. Man muß abwägen und entscheiden. Eine solche Güterabwägung zwischen zwei Übeln ist geradezu charakteristsich für die Politik.

**Heinrich Lummer**, Berliner Innensenator a.D., ist seit 1987 Bundestagsabgeordneter der CDU



24

4 394147 904809

**Die Impotenz des Westens:**
**JF-Ausgabe Juni 1998**

*Interview mit Helmut Haussmann, FDP-Spitzenkandidat zur Europawahl, S. 3*

# JUNGE FREIHEIT

WOCHENZEITUNG FÜR POLITIK UND KULTUR

Redaktion und Verlag: Hohenzollerndamm 27 a • 10713 Berlin — Telefax: 030 / 86 49 53–14 — Telefon: 030 / 86 49 53–19 (Leserdienst) • 030 / 86 49 53–0 (Redaktion) — E-mail: redaktion@jungefreiheit.de — Internet: http://www.jungefreiheit.de

Nr. 23/99 Berlin, 4. Juni 1999 14. Jahrgang A 4084 C DM 4,80 öS 39,- sfr 4,80 Lit 6.400,–

**Euro-Kurs:** Die europäische Währung befindet sich auf einer ungebremsten Talfahrt

## Der Absturz des Ikarus

**Wim Duisenberg und der Euroverfall seit Januar:** Der Chef der Europäischen Zentralbank ist besorgt

Nach den Argumenten vom Jahresanfang müßte jetzt die Ausgabe von Euro-Noten und Münzen um zwölf Jahre auf den 1. Januar 2014 verschoben werden. Das wäre jedenfalls der rechnerische Umkehrschluß aus den Forderungen von Politikern der CDU, SPD und FDP, den Termin wegen des damaligen 2-Cent-Anstieges des Euros um zwei Jahre vorzuverlegen. In der Tat stellt der zwölfprozentige Verfall des Euro jenen kein gutes Zeugnis aus, die behaupteten, der Euro werde härter als die D-Mark.

Neue argumentative Bastion der einschlägigen Kreise ist nun, es handle sich nicht um eine Euro-Schwäche, sondern um eine Dollar-Stärke. Daran ist wahr, daß ein unterschiedlicher Konjunkturverlauf und nun auch unterschiedliche Zinserwartungen dem Euro im Verhältnis zum Dollar schaden. Aber bereits ein Blick auf den schlechten Stand des Euro im Vergleich zum Britischen Pfund und zum Schweizer Franken schwächen das Argument. Auch der massive Verlust des Euro nach der Stabilitätsausnahme für Italien zeigt, daß die Schwäche der europäischen Kunstwährung hausgemacht ist und es Unsicherheiten über den europäischen Stabilitätswillen sind, die dem Dollar seinen Sicheren-Hafen-Status geben.

Daß die Genehmigung einer marginalen Zielveränderung italienischer Haushaltspolitik zu so markanten Reaktionen der Finanzmärkte führt, hat seinen Grund darin, daß dem Stabilitäts- und Wachstumspakt von Anfang an nicht geglaubt wurde. Der Pakt beruhte auf einer von den Vertragspartnern augenzwinkernd akzeptierten statistischen Fabel: Wenn die Europäische Kommission nun den Antrag Italiens auf Ausnahmegenehmigung als „ungeschickt“ bezeichnet, heißt dies im Klartext, Italien hätte Zahlen, an die ohnehin niemand glaubt, nicht oder zumindest nicht jetzt berichtigen sollen. Italien wollte aber zum erstmöglichen Zeitpunkt deutlich machen, daß der Stabilitätspakt überholt ist. Viele andere EU-Staaten sind insgeheim darüber erfreut.

Die ganze Entwicklung ist nur für den eine Überraschung, der dem Stabilitätspakt von Amsterdam ein anderes Ziel zutraute, als die Beruhigung der skeptischen deutschen Öffentlichkeit. Nur zu diesem Ziel hat ihn Waigel erfunden, Stoiber als Fortschritt begrüßt, Kohl und Kinkel gepriesen. Der Stabilitätspakt war nur eine der vielen Täuschungen und Lügen in der Gründungsgeschichte des Euro.

Der Vorwurf des jetzigen CDU-Vorsitzen Schäuble, der amtierende Bundeskanzler Schröder habe wegen seiner Zustimmung zur Italien-Ausnahme versagt, ist deshalb ein Beispiel für die Scheinheiligkeit christdemokratischer Oppositionspolitik. Schröder und seine Kollegen haben den Stabilitätspakt so angewandt, wie er von der alten Regierung gemeint war. Allenfalls hätte man den Umfall hianuszögern können, was Kohl sicher bis nach der Europawahl gelungen wäre.

Welche Folgen könnte der Euroverfall für uns haben? Eine anhaltende Kapitalverschiebung in Richtung USA wird die Zinsen in der Eurozone nach oben treiben. Der Druck auf die Import- und Produzentenpreise wird durch Preissteigerungen auf die Verbraucher weitergegeben und (zusammen mit der anstehenden Mehrwertsteuererhöhung) das fast vergessene Wort Inflation in Erinnerung rufen.

Die politischen Folgen sprach dieser Tage Bundesbankpräsident Tietmeyer gegenüber der französischen Wirtschaftszeitung *Les Echos* aus: Da die nationalen Regierungen und die Öffentlichkeit nicht bereit seien, mit den Zwängen einer Währungsunion zu leben, seien supranationale Regelungen notwendig. Langfristig reiche der Maastricht-Vertrag hier nicht aus. Das klingt nach noch mehr Zentralismus. Und ob sich die supranationale Behörde des Herrn Tietmeyer dann wie gewünscht als Stabilitätsdiktatur verhalten wird? Wie man den Laden kennt, werden die undemokratischen Aspekte des Tietmeyer-Vorschlages Wirklichkeit werden, aber nicht dessen Stabilitätsziel. Das weiß Tietmeyer auch und er wußte es auch, als er mit einem Gefälligkeitsgutachten für die Regierung Kohl dem Euro den Weg ebnete und über die in meinem Prozeß aufgestellten Hürden des Bundesverfassungsgerichtes half. „Die Feigheit der Mächtigen“ ist auch eine Kapitelüberschrift in der Unglücksgeschichte europäischer Währungspolitik.

**MANFRED BRUNNER**

**Manfred Brunner** ist Rechtsanwalt und prominenter Euro-Kritiker

## *Machtwechsel*

*VON PETER SICHROVSKY*

„Ein Stück Machtwechsel“ – ja, genau so nannte der grüne Außenminister J. Fischer die Wahl des neuen deutschen Bundespräsidenten Johannes Rau. Was er wohl damit gemeint haben kann? Wie groß ist so ein Stück Präsident im Rahmen des gesamten Machtwechsels? Sehr groß oder nur sehr klein? Oder so mittelgroß, mittelklein? Und wie sehen die anderen „Stücke“ aus? Was einen am meisten irritiert an der „neuen“ deutschen Regierung ist die Tatsache, daß ihre Sprache so „alt“ ist. Austauschbar sind die Worte von links, rechts und grün oder sonst einer Richtung. Austauschbar die Reden und Gesten, und einer langweilt so wie der andere.

Erstarrt in Formalismen und Klischees, die in regelmäßigen Abständen zu verschiedenen Themen wiederholt werden, stehen sie alle in den gleichen Anzügen und reden dasselbe. Sie greifen nach den Uniformen in ihren Kleiderkästen und wählen je nach Zuhörer das Lässige oder Formelle und präsentieren die jeweils vorbereitete Rede.

Einfallslos und dumpf, aber desto lauter gebrüllt werden diese Warnungen vor dem Bösen, und die unsichtbare Hand auf der Schulter des Meinungsgenossen beruhigt mit einer leichten Berührung. Dort drüben sitzen sie alle, rufen sie dann einander zu und strecken den Arm vor! Dort drüben auf der anderen Seite des Flusses, am anderen Ufer, weit weg von uns doch viel zu nah! Dort sammeln sich die, die das Böse wollen und fordern und nicht einsehen wollen, daß wir nur das Böse mit dem Bösen vertreiben können und uns so auch gut fühlen dürfen.

Der Krieg hat seine eigene Sprache, auch für ehemalige Pazifisten. Er rechtfertigt immer nur die Gewalt mit dem Argument, auf Gewalt zu verzichten, und verurteilt die Gewaltlosen als gewalttätig und für die Gewalt verantwortlich. Einst schrie ein Österreicher den Deutschen zu: Wollt Ihr den totalen Krieg! Und wenn es noch so unfair klingen mag, es ist das Schreien, das Hysterische in den Stimme, das einen den kalten Schauer auch heute noch über den Rücken laufen läßt, wenn man den Debatten um den Nato-Einsatz zuhört.

Falls die Überzeugung eine Methode des demokratischen Dialoges sein soll, so hat er zum Thema Kosovo noch nicht stattgefunden. Hier zählen die Lautstärke, die Drohungen, die Verleumdungen und der Vorwurf für oder gegen ein mörderisches Regime zu sein oder nicht. So retten die Vertriebenen, ohne es zu wissen oder zu wollen, eine links-grüne Regierung, die uns allen weismachen möchte, daß sie zu deren Rettung angetreten ist. Wie sagt man dazu in Wien: Wenn man solche Freunde hat, braucht man sich vor seinen Feinden nicht mehr zu fürchten.

**Peter Sichrovsky** ist Publizist und österreichischer Europaabgeordneter. Er lebt in Wien und San Franzisko.



23
4 394147 904809

**Der Absturz des Ikarus: JF-Ausgabe Juni 1999**

Nr. 23/00
2. Juni 2000
15. Jahrgang

# JUNGE FREIHEIT

WOCHENZEITUNG FÜR POLITIK UND KULTUR

A 4084 C

## Das Ende der Billig-Uni

Deutsche Hochschulen planen neue Zulassungsbeschränkungen und Studiengebühren

**Studenten im Lesesaal der Berliner Humboldt-Universität:** Staatliche Bildungspolitik ist gescheitert

BERND-THOMAS RAMB

### Ausstieg aus der Wehrpflicht

Generalinspekteur a.D. Dieter Wellershoff über den Bericht der Wehrstrukturkommission

### Das Schwert der Diktatur

Vera Lengsfeld über den Tod des MfS-Chefs Mielke

### Ein Politbüro in Brüssel?

Andreas Razumovsky über moderne Hexenjagden

EINSTELLUNGSGESPRÄCHE

## Kinder sind kein Problem, oder doch?

DIETER STEIN

INHALT

PRO & CONTRA
Studiengebühren einführen?

OSTPREUSSEN
Die Bahn koppelt Königsberg ab

Pankraz, der Runenduft und die Leipziger Gotikwelle

FRANKREICH UND EU
Ein Innenminister geht auf Distanz

THOMAS MANN
Konservative Berührungspunkte

KUMMER-ECKE
Der Abschied vom Journalismus

Große Abo-Kampagne 2000

1587

**Das Ende der Billig-Uni:**
**JF-Ausgabe Juni 2000**

Nr. 23/01
1. Juni 2001
16. Jahrgang
JUNGE FREIHEIT Verlag GmbH & Co.
Hohenzollerndamm 27 a
10713 Berlin

# JUNGE FREIHEIT

WOCHENZEITUNG FÜR POLITIK UND KULTUR

A 4084 C
DM 5,20/
öS 42,–/sfr 5,20

## Nicht mehr aufzuhalten

Interview mit dem Genforscher Wolfgang Engel von der Universität Göttingen

Alle reden über Gentechnik, und die meisten wissen gar nicht, was das ist. So findet das Klonen von Lebewesen nicht auf der Ebene der Gene statt, sondern bei den Zellen. Auch das Heranzüchten von „Stammzellen" betrifft ganze Zellen. In den ersten Tagen läßt sich aus den embryonalen Zellen jede gewünschte Zellart bilden. Auf diese Weise können Organe z. B. für nierenkranke Menschen beschafft werden. Die Gentechnik hingegen befindet sich noch im Experimentierstadium. Der inzwischen lesbare „Text" im Zellkern ist für uns noch weitgehend Fremdsprache. Immerhin lassen sich bei der Pränataldiagnostik bestimmte Fehler erkennen, die auf Erbkrankheiten verweisen. Die Resultate können zum Anlaß für Abtreibungen werden. Doch werden Abtreibungen schließlich schon aus viel nichtigeren Gründen vorgenommen.

IM GESPRÄCH S. 3

## Schlag ins Gesicht

Am 7. Juni wählen die Briten ein neues Parlament

Eine Woche vor den Parlamentswahlen beschäftigen Großbritannien vor allem zwei Themen: die Erhöhung der Steuern und der Kinnhaken, den Blairs Vize einem Demonstranten versetzte. Sachlichkeit hat im Wahlkampf nur begrenzte Chancen. Die ersten Wochen brodelten von der Rede, die der konservative Hinterbänkler John Townend zum Thema Einwanderung gehalten hatte. Von „Untergang" und „Zerstörung" einer „homogenen angelsächsischen Gesellschaft" sprach er. Die Presse phantasierte von einer „extremistischen Unterwanderung" der Konservativen Partei, und alle „Gutgesinnten" distanzierten sich. Was nicht Wahlkampfthema wird, sind die 300.000 Asylbewerber, die trotz Ablehnung im Land leben. Wenn Labour siegt, wie alle Meinungsforscher behaupten, werden sie kaum abgeschoben. Und Rassenunruhen wie gerade in Oldham könnten die Regel werden.

POLITIK S. 6

## Kriterien müssen her

Einwanderung als Lösung des Bevölkerungsproblems

Ganz so idealistisch, wie die öffentliche Meinung behauptet, geht es in der Politik nicht zu. Die Gastarbeiter haben wir nicht ins Land geholt, damit Deutschland bunter und vielfältiger werde, sondern weil auf dem Bau und in den Fabriken Arbeitskräfte fehlten. Als dieser Bedarf nicht mehr bestand, verfügte die Regierung 1973 einen Anwerbestopp. Wer jetzt noch kam, mußte auf den Asylartikel im Grundgesetz setzen. In der Zukunft wird es anders aussehen. Inzwischen ist klar geworden, daß unser Renten- und Sozialsystem auf einer demographischen Annahme beruht, die längst nicht mehr den Tatsachen entspricht. Einwanderung muß sein, heißt es überall, wenn wir weiter so gut leben wollen wie bisher. Sie ist also wieder ökonomisch begründet und nicht humanitär. „Wir brauchen mehr Einwanderer, die uns nützen, und weniger, die uns ausnützen", erklärt die CSU ganz offen.

FORUM S. 14

# Aufbruch in die neue Welt

### Gentechnik-Debatte: Die monströse Vision vom idealen Menschen

**Mensch der Zukunft:** Künstlich gezeugt, vorselektiert und gentechnisch optimiert

In der Diskussion in den Unionsparteien um die Gentechnik verkündete der stellvertretende Parteivorsitzende Jürgen Rüttgers jüngst selbstbewußt: „Die CDU ist gegen Selektion. Behindertes Leben ist für uns gleich wertvoll. Es gibt kein Recht auf ein gesundes Kind." Viele deutsche Wissenschaftler, die einen Eingriff in das menschliche Erbgut ablehnen, denken ähnlich. Das Thema „genetische Manipulation des Menschen" wird von ihnen in der Regel gemieden. Man fürchtet das Mißtrauen einer ohnehin eher wissenschaftskritischen veröffentlichten Meinung. Also gibt man sich skeptisch im Hinblick auf die Möglichkeiten, die die Gentechnik eröffnen könnte. So Jens Reich, Molekularbiologe am Max-Delbrück-Zentrum in Berlin: Der „Mensch nach Maß" sei „eine irrige Allmachtsphantasie". Es treffe zwar zu, so Reich, „daß die meisten biologischen Merkmale eine erbliche Kompenente" hätten. Deren Ausprägung sei jedoch so „unauflösbar verzahnt mit Einflüssen der Umwelt und der Lebensweise", daß eine „gezielte Beeinflussung komplexer Merkmale wie Verhalten oder Intelligenz" ausgeschlossen sei. „Allenfalls", so Reich, „könnte man Unerwartetes erreichen: Pfusch und Fehlbildung".

Reich, der durchaus stellvertretend für viele Wissenschaftler seines Faches in Deutschland spricht, steht mit seiner Skepsis international gesehen allerdings eher alleine dar. Insbesondere in den USA, aber auch in Rußland, herrscht im Hinblick auf die sich abzeichnenden Möglichkeiten der Gentechnik eher eine euphorisch-grenzenlose Aufbruchstimmung.

Wie sich die humangenetische Zukunft der Menschheit gestalten wird, dürfte im nicht unerheblichen Maße in den USA entschieden werden, deren Biotech-Industrie von keinerlei ethischen Skrupeln geplagt zu sein scheint. Im kalifornischen Sorrento Valley findet sich kaum ein Firmenschild, auf dem nicht die Begriffe „Bio", „Gen" oder „Lifescience" auftauchen. Sequenom ist eine der hier ansässigen Firmen. Deren technischer Direktor Charles Cantor macht kein Hehl daraus, was Forschungsgegenstand von Sequenom ist: „Wir suchen", so Cantor in einem Interview für ein Feature des Deutschlandfunks, „die Unterschiede zwischen verschiedenen Menschen. Die nennen wir Snips. Das sind im Grunde kleine Tippfehler in den Buchstaben des Erbgutes ... Wir wollen mit den Snips Genprofile erstellen, so daß jeder Patient in Zukunft eine auf sein Erbgut abgestimmte Behandlung erhält ... Wenn wir die Snips dann irgendwann besser verstehen, werden wir wirklich Ursachen von Krankheiten behandeln können und nicht nur Symptome."

Daß für die Realisierung dieses hochgesteckten Zieles die Anwendung der in Europa verbotenen Keimbahntherapie unabdingbar ist, ist für Cantor kein Thema. Wohin die Reise gehen soll, daran lassen Wissenschaftler wie er keinen Zweifel: „Wir haben jetzt erstmals die Möglichkeit, unsere eigene Evolution zu beeinflussen, und wir werden uns irgendwann selbst verändern. Da habe ich gar keinen Zweifel. Ich hoffe nur, daß es wir es klug anstellen. Denn davon hängt ab, ob wir als Art überleben."

Ähnlich wie Cantor beurteilt French Anderson, der „Papst der Gentherapie", die Entwicklung. Er spricht sich zwar gegen die Anwendung der Keimbahntherapie beim Menschen innerhalb der nächsten 15 bis 20 Jahre aus, weil er diese (noch) für nicht sicher hält. Daß aber die gentechnische Manipulation des Menschen möglich werden wird, davon ist Anderson überzeugt: „Welche Eltern würden ihrem Kind ein angeborenes Gen zumuten, das es tötet oder zu einer schweren Krankheit führt, wenn sie das verhindern könnten? (...) Sobald Gene sicher sind, ohne Risiko und mit Erfolg verändert werden können, werden die Eltern es wollen. Davon bin ich fest überzeugt. In 30 Jahren wird die Keimbahntherapie Routine sein."

Daß dann auch einem möglichen Mißbrauch der Gentechnik der Weg bereitet werden könnte, wird von ihren Kritikern immer wieder beschworen. Schwierigkeiten bereitet aber schon die Frage, wo genau dieser Mißbrauch beginnt. Wer legt die Grenzen fest? Mit diesen Fragen hat sich Lee Silver, ein Molekularbiologe von der Universität Princetown, in seinem in den USA stark diskutierten Buch „Remaking Eden. How genetic Engineering and Cloning will transform the American Family" (1998) beschäftigt. Im Gegensatz zu Jens Reich hält Silver die Manipulation menschlicher Gene nicht für eine „irrige Allmachtsphantasie", sondern für ein bereits eingetretenes Faktum. Er ist der Überzeugung, daß der Kapitalismus die Gesellschaft spalten wird: in die Habenden und Nichthabenden. Die Ha-benden werden ihren Kindern die für sie vorteilhaften Gene kaufen können. Generation für Generation werden die Habenden ihr Erbgut verbessern können. Daß sich dadurch die Schere zwischen gentechnisch manipulierten und nicht manipulierten Kindern immer weiter öffnen könnte, ist für Silver eine „schreckliche Vision für die Zukunft". Solange wir aber den Kapitalismus akzeptierten, so Silver, sehe er keine Möglichkeit, daß diese „Vision" verhindert werden könnte.

Von Silvers „Vision" zu Aldous Huxleys Zukunftsroman „Brave New World" ist dann nur noch ein kleiner Schritt. In der eugenischen Utopie von Huxley werden Menschen nicht mehr geboren, sondern künstlich erzeugt und dann anschließend konditioniert. Noch vor der Geburt erfolgt eine Einteilung in sechs Klassen, die von Alpha bis Eta reichen. Es gibt jedoch auch in Huxleys Schöner Neuer Welt noch einige Menschen, die natürlich gezeugt worden sind und außerhalb der Städte in Reservaten leben.

Ob die Visionen, die Huxley oder Silver beschwören, jemals Wirklichkeit werden könnten, kann vom heutigen Standpunkt aus nicht beurteilt werden. Eines aber kann festgehalten werden: nämlich daß die ethischen Prinzipien, die im Hinblick auf die gentechnische Manipulation des Menschen innerhalb der EU gelten, von außereuropäischen Staaten nicht geteilt werden. Staaten wie die USA oder Rußland werden deshalb die Taktzahl in der Humangenetik vorgeben. Es sei nur an eine Aussage des Petersburger Humangenetikers Wladislaw Baranow erinnert, der vor kurzem auf einer Humangenetik-Konferenz seinen westlichen Kollegen beschied, daß diese in Rußland mit menschlichen Föten so viel arbeiten könnten, wie sie wollten. Gesetze, die die Genforschung behindern oder beeinträchtigen, gibt es in Rußland nicht.

Auch deutsche Wissenschaftler dürften immer heftiger auf eine Änderung der hiesigen Gesetzeslage drängen. Im Hinblick auf die weitere Entwicklung der Humangenetik muß damit gerechnet werden, daß die Eigendynamik der Forschung die heutigen ethischen Grenzen auch in Europa weiter verschieben wird.

MICHAEL WIESBERG

---

EUROPÄISCHE UNION

## „L'Europe, c'est moi"

An der lang erwarteten Stellungnahme Frankreichs zu den deutschen EU-Zukunftsvisionen konnte eigentlich nur verwundern, warum sich der französische Ministerpräsident Lionel Jospin so viel Zeit für so wenig Überraschendes ließ. Europa als „Vereinigte Staaten" ist den Franzosen seit je ein Greuel, weil damit de Gaulles Idee vom Europa der Vaterländer aufgehoben wird. Aber auch die vom deutschen Außenminister Fischer geäußerte Vorstellung einer Föderation europäischer Staaten wird mißtrauisch beäugt, steht doch das Wort Föderation als ein Synonym für einen für Frankreich unakzeptablen Versuch, Europa in eine politische Gemeinschaft zu überführen.

Überhaupt sieht Jospin keinen Anlaß zu einer institutionellen Reform oder gar Weiterentwicklung der EU. Warum auch, nachdem bereits der Gipfel in Nizza eine Schwächung der französischen Vertretung im künftigen Ministerrat der osterweiterten EU vorsah. So verwundert es nicht, daß die aufnahmeheischenden Osteuropäer keine Erwähnung in Jospins Rede fanden. Die Vorstellung des deutschen Bundeskanzlers, die EU-Machtverhältnisse zugunsten des Europaparlaments und zu Lasten des Ministerrates zu verschieben, mußte ebenfalls die heftigsten Widersprüche Frankreichs hervorrufen. Schließlich birgt der Ministerrat immer noch eine größere Bevorzugung Frankreichs gegenüber Deutschland als das Europaparlament, und alles was Frankreich in Europa institutionell schwächen könnte, kann nicht im Interesse Frankreichs liegen.

Wohl aber liegt es im Interesse der Franzosen, wenn in Europa französische Politik praktiziert wird. Jospins Ruf nach politischen Inhalten statt institutionellen Reformen verdeckt nichts anderes als das Begehren Frankreichs, französische Grundwerte auf Europa zu übertragen. Nachdem das Bemühen um die Beseitigung der hegemonialen D-Mark bereits vom Euro-Erfolg gekrönt wurde, steht logischerweise als nächster Schritt die Verwirklichung einer französisch gefärbten Wirtschafts- und Finanzpolitik auf dem Plan. So gehen die Forderungen nach Harmonisierung der Steuergesetzgebung und verstärktem Arbeitnehmerschutz sowie das Begehren, nationale Wirtschaftspolitik habe künftig die „Empfehlungen" der europäischen Partner einzuholen, über das natürliche Charakteristikum einer sozialistisch-kommunistischen Regierung hinaus. Das ist französische planification pure. Europa leidet weiter unter dem französischen Trauma: Frankreichs Verlust des Statùs als Grande Nation. Dies scheint seit dem Zweiten Weltkrieg jede französischen Regierung über alle Parteifarben hinweg mindestens ebenso intensiv zu beschäftigen wie die deutsche Frage und das Problem, den Einfluß Deutschlands in Europa zu kontrolliert. Die Deutschen aber werden ein weiteres Mal an der Nase herumgeführt. Erst versprach man den Euro als Krönung des gemeinsamen Marktes, dann sollte er die Vorreiterrolle spielen und nun wird der gemeinsame freie Markt der Vorstellung Frankreichs vom staatlich regulierten Markt geopfert. L'Europe, c'est moi. Von Freiheit war in Jospins Europa-Visionen nicht die Rede.

BERND-THOMAS RAMB

## INHALT

**USA**

### Schurke ist immer der andere

Besitzt der amerikanische Präsident eigene Macht, oder vertritt er nur die Interessen jener, die seinen Wahlkampf finanziert haben? Nach fünf Monaten Regierungszeit ist George Bush mit den Angriffen gegen Irak, dem Raketenabwehrsystem und dem verweigerten Klimaschutz allen Erwartungen von Militär und Industrie nachgekommen.

MEINUNG S. 2

**SACHSEN**

### Die Ehre des Namens

„Wenn jemand ins Gerede kommt, dann muß etwas faul sein." So denken die Sachsen auch über Kurt Biedenkopf. Schon immer neigte er zur Vermischung von Dienst- und Privatbereich. Doch erst seit seine Politik Abnutzungserscheinungen zeigt, werden ihm der Barockschreibtisch und das Dienstpersonal am Chiemsee vorgerechnet.

POLITIK S. 5

**KRANKENKASSEN**

### Leistung kommt von leisten können

Auch die Medizin ist ein Geschäft. Lange Zeit täuschten wir uns darüber hinweg, weil ein anderer zahlte: die Krankenkasse. Doch die ist pleite, und in Zukunft wird jeder für seine medizinische Versorgung selber aufkommen müssen. Nur ein Grund- oder Mindestanspruch soll die ärgsten Schmerzen beheben.

WIRTSCHAFT&UMWELT S.7

### Pankraz, Sean Connery und die Hebammenkunst

Viele kennen die großen literarischen Werke nur aus Verfilmungen. James-Bond-Darsteller Sean Connery will jetzt das Wagnis einer Philosophie-Verfilmung eingehen und das Leben des Sokrates für die Leinwand aufbereiten. Doch wo ist da der Plot?

KULTUR S. 9

**KIRCHE**

### Grenzlinie verwischt

„Das längste Interview der Kirchengeschichte" führte der Journalist Peter Seewald mit Joseph Kardinal Ratzinger. Der Kardinal baut auf die Vernunft. Europa, sagt er, verträgt keine „absurde" Religion. Doch gegen die Absurditäten einer modernen Welt ist der Kirchenmann selbst nicht ganz immun.

GESCHICHTE&WISSEN S. 13

**ZEITSCHRIFTEN**

### Tips für Alpha-Typen

„Auf die Dauer hilft nur Frauenpower", skandierten einst die Emanzen. Die Powerfrauen von heute holen sich ihre Hilfe bei Magazinen wie Allegra oder Cosmopolitan. Und der emanzipierte Mann liest keinen Playboy mehr, sondern begeistert sich für den eigenen Körper – vorausgesetzt, der ist richtig trainiert.

ZEITGEIST&MEDIEN S. 16

Redaktion und Verlag: Hohenzollerndamm 27 a • 10713 Berlin — Telefax 0 30-86 49 53 14 — Telefon: 0 30-86 49 53-0 (Redaktion) • 0 30-86 49 53 19 (Leserdienst) — email verlag@jungefreiheit.de — Internet www.jungefreiheit.de

**Aufbruch in die neue Welt: JF-Ausgabe Juni 2001**

Nr. 24/02
7. Juni 2002
17. Jahrgang
JUNGE FREIHEIT Verlag GmbH & Co.
Hohenzollerndamm 27 a
10713 Berlin

# JUNGE FREIHEIT

WOCHENZEITUNG FÜR POLITIK UND KULTUR

A 4084 C
EUR 2,80/
Österreich/EUR 3,20/sfr 5,20

## Literatur muß provozieren

Interview mit dem Schriftsteller und Satiriker Eckhard Henscheid

Schon vor Walser ist der deutsche „Literaturpapst" Marcel Reich-Ranicki von Schriftstellern karikiert worden. Darunter ist Eckhard Henscheid wohl der bekannteste. Frank Schirrmacher hat dessen 1984 erschienenen Text lobend gegen Walsers hervorgehoben. Henscheid selber meint allerdings, daß die Akzeptanz seiner Ranicki-Kritik sich nur dem damaligen liberalen Diskussionsklima verdanke. Inzwischen seien die führenden Vertreter des Zeitgeistes sakrosankt geworden. Ganz unabhängig von der literarischen Qualität, die bei Walsers Roman noch gar nicht zu beurteilen sei, gehe es hier klar um eine ideologische Auseinandersetzung. Oder noch schlimmer: Die Auseinandersetzung zwischen FAZ-Chef Frank Schirrmacher und dem Schriftsteller Martin Walser dient nur dem Geschäft, das jede Seite mit Walsers neuem Buch machen will.

IM GESPRÄCH S. 3

## Bundesstaat Rußlands

Wolfgang Seiffert über die Chancen für Königsberg

Mehr als alle anderen verlorenen Gebiete ist Königsberg bis heute ein Mythos. Königsberg ist historisch die Keimzelle des Staates Preußen gewesen. Aus der bescheidenen Stadt ging mit Immanuel Kant die Weltrevolution des neuzeitlichen Denkens hervor. Königsberg erfuhr aber auch nach 1945 ein besonderes Schicksal. Das Gebiet wurde nach der Vertreibung nicht neu besiedelt, sondern zum militärischen Sperrgebiet der Sowjets innerhalb des „sozialistischen Bruderlandes" erklärt und in dieser Funktion im Zustand der verbrannten Erde erhalten. Die Hoffnung, den Status quo ändern und neu anfangen zu können, liegt hier besonders nah. Dennoch ist sie verfehlt. Die Zugehörigkeit der Exklave zur Russischen Föderation sowie der uneingeschränkte Zugang sind völkerrechtlich eindeutig festgeschrieben – auch wenn Polen und Litauen demnächst der EU beitreten sollten.

HINTERGRUND S. 12

## Moralische Überinstanz

Verkrampfungen zwischen Juden und Nichtjuden

Der seit Wochen schwelende Streit zwischen dem FDP-Politiker Jürgen W. Möllemann und dem stellvertretenden Vorsitzenden des Zentralrats der Juden in Deutschland, Michel Friedman, hat das schwierige Verhältnis zwischen Juden und Nichtjuden hierzulande in ein grelles Scheinwerferlicht gerückt. Die gegenseitigen Antisemitismus-Vorwürfe spielen auf eine Vergangenheit an, die auch bald sechzig Jahre nach dem Untergang des Dritten Reiches nicht vergehen will. Doris Neujahr analysiert und reflektiert dieses besondere Verhältnis Deutschlands zu Juden und Israel. Auszug: „Wie sicher Juden sich hierzulande fühlen können, ist der Gradmesser der eigenen Zivilität. Dieses Verhältnis hat inzwischen eine problematische Überhöhung erfahren, die an den Bereich des Religiösen heranreicht. Die Zwillingsschwester dieser Überhöhung ist die Hypermoral."

FORUM S. 18

## Das Klima des Verdachts

Möllemann, Walser und die Republik der Denunzianten

„Der Denunziant" (Zeichnung von A. Paul Weber): „Blutspur der stigmatisierten oder vernichteten Existenzen"

Sind wir Deutschen ein Volk von Denunzianten? Wenigstens ist das Denunziantentum das einzige Feld, auf dem in Deutschland noch Spitzenleistungen gelingen. Der Angriff von FAZ-Herausgeber Frank Schirrmacher auf Martin Walser wegen eines unveröffentlichten Romanmanuskripts ist sogar rekordverdächtig.

Früher lag das Corpus delicti, wie lächerlich es auch war, wenigstens nachprüfbar auf dem Tisch. Jetzt werden die Verbrechen schon präventiv, im Stadium des unterstellten Gedankenverbrechens, geahndet. Eine vergleichbare Praxis kannte man bisher nur aus der DDR. Auch dort wurden gegen Schriftsteller wie Alexander Solshenizyn, Reiner Kunze oder Wolf Biermann Hetzkampagnen losgetreten, ohne daß das Publikum ihre Texte kannte und sich eine eigene Meinung bilden konnte.

Nichts geht mehr in Deutschland ohne die Letztbegründung durch den Holocaust und den Vorwurf seiner „Verharmlosung". Sie sind zu Argumenten für jede Gelegenheit verkommen, mit denen Diskussionen abgewürgt oder in eine bequeme Richtung gelenkt werden können. Die Inquisitoren wollen keinen Meinungsstreit, sie dulden nur das Schuldbekenntnis und die Unterwerfung.

Es muß keine politische Strategie mehr dahinterstecken, die Medienaufregung trägt ihren Wert in sich selbst. Im Konkurrenzkampf der Presse, des inzestuösen, durch innige Freundfeindschaften verbundenen deutschen Feuilletons, müssen Themen besetzt werden, was am besten gelingt, wenn man sie selber erfindet und dazu die Faschismus-Pauke schlägt. Es ist unfaßbar, daß nun auch das FAZ-Feuilleton auf dieses Mittel verfallen und zu einer Kreuzung aus Frankfurter Rundschau und Bild herabgesunken ist und das schlimmste Geschichtskapitel für den niedrigsten Zweck instrumentalisiert.

Was sind die Folgen dieser Entwicklung? Da ist die Blutspur der stigmatisierten oder vernichteten Existenzen, für die Namen wie Jenninger, Nolte, Syberberg oder Heitmann stehen. Vor allem erfährt das geistige Leben eine haarsträubende Regression. Während im Ausland über den „Aufstieg und Fall der großen Mächte" und den „Kampf der Kulturen" nachgedacht wurde, über demographische Probleme und über die Möglichkeiten, den globalisierten Kapitalismus in zivilisierte Bahnen zu zwingen, hat Deutschland in den letzten 15 Jahren nichts weiter hervorgebracht als einen wertlosen „Historikerstreit", dazu die „Wehrmachtsausstellung", die „Goldhagen-Debatte", schließlich den „Walser-Bubis-Streit". Jetzt steht eben ein „Antisemitismusstreit" auf der Tagesordnung, von dem jeder weiß, daß er jeder Grundlage entbehrt und deshalb – wie alle anderen „Debatten" auch – ohne Ertrag und Nutzen bleiben wird.

Damit ist eine geistige Situation gekennzeichnet, die dieses Land langweilig, intellektuell und ästhetisch uninspiriert, provinziell und lächerlich macht. Einerseits wird stets betont, daß die intellektuellen Ressourcen die einzigen sind, über die Deutschland verfügt, um sie dann weiter sinnlos zu verpulvern, statt sie endlich auf die wichtigen Probleme zu lenken. Hier liegt die tiefere Ursache dafür, daß es trotz ungeheuerer Geldmittel bisher nicht gelungen ist, die Ex-DDR auf Westniveau zu transformieren und gleichzeitig die reformbedürftige BRD umzubauen und damit ein Modell für Europa zu liefern.

Schirrmacher sieht im Blechtrommler Oskar Matzerath, der partout nicht erwachsen werden will, erklärtermaßen das Sinnbild der alten BRD. Als Sinnbild des heutigen Deutschland muß man Diederich Heßling, den „Untertan" aus Heinrich Manns gleichnamigen Roman, nennen. Schirrmacher selbst setzt die von Heßling verkörperte Dialektik von Machtrausch und Unterwerfung in postmoderner Ausprägung fort: Das ewige Wunderkind, das ängstlich darauf achtet – und darunter leidet –, seine Klugheit nicht durch Lebenserfahrung und persönliches Risiko untermauern zu müssen. Seine Erfahrungslosigkeit kompensiert er durch Sympathien für Joschka Fischer und eine gestörte Wahrnehmung, in der eine sinkende Auflagenzahl als Alarmruf des Schicksals und die eigene Giftspritzerei als tollkühnes Stahlgewitter erscheinen.

Wenn der Angriff auf Walser wenigstens als grandioser Vatermord dahergekommen wäre, verübt mit dem Recht des jugendlichen Stürmers und Drängers! Stattdessen nur biedere Zitatenklitterung und die Tücke des Heckenschützen. Der Herausgeber der „Zeitung für Deutschland" drängelt sich vor, um in der als „Aufstand der Anständigen" camouflierten Menschenjagd schnell noch einen prominenten Skalp zu ergattern. Da ist der landestypische, pathologische Haß des intelligenten – in diesem Fall sogar: hyperintelligenten – Mittelmaßes auf jedwede Größe und geistige Eigenständigkeit verräterisch zum Durchbruch gekommen.

Allmählich werden die Gründe klar, warum die Bundesrepublik einer grundsätzlichen Auseinandersetzung mit der Stasi-Problematik ausweicht, warum sie sie so konsequent zur alleinigen Angelegenheit der Ex-DDR erklärt. Es geht nicht bloß um die unentdeckten Spitzel in Parteizentralen und Zeitungsredaktionen, vor allem fürchtet man den Blick in den Spiegel. Denn die Verhaltensweisen damals und heute weisen große Ähnlichkeiten auf. Es gibt ein ähnliches Duckmäusertum, ein ähnliches Auseinanderklaffen von öffentlicher und privater Rede, eine ähnliche Befolgung der Sklavenrhetorik. Wer in der DDR Mißstände kritisierte, mußte wortreich vorausschicken, daß er damit die edle Sache des Sozialismus stärken wollte. Wer heute dem faulen Zeitgeist widerspricht, muß beteuern, daß er um Himmels willen nicht das Dritte Reich „verharmlosen" will.

Natürlich sind die Zustände in der DDR und in der aktuellen BRD nicht dieselben. Sie sind heute besser und schlechter zugleich. Besser, weil in der DDR das Zuchthaus Bautzen drohte, in der BRD nur der Karriereknick. Schlechter, weil die DDR-Bürger wenigstens wußten, daß sie unfrei waren.

Vielleicht hat Schirrmacher dem Land ungewollt einen Dienst erwiesen. Sein „Offener Brief" an Walser könnte die berühmte Überdrehung der Schraube, das Quentchen Quantität sein, das den qualitativen Umschlag bringt. In den Chor der üblichen Klageweiber (Walter Jens, Ralph Giordano, Hellmuth Karasek usw.) mischt sich schon jetzt ein unüberhörbares Aufstöhnen, ein verzweifeltes: „Nicht schon wieder!"

Doch nichts kommt von allein, und wer seine Hoffnungen auf die großen Institutionen und etablierte Autoritäten setzt, baut auf Sand. Es liegt an jedem einzelnen, sich in einem formell freiheitlich verfaßten Staat tatsächlich wie ein freier Mensch zu benehmen.

DORIS NEUJAHR

Lesen Sie hierzu auch die Seiten 13 und 14

APPELL FÜR DIE PRESSEFREIHEIT

## Grundsätzliche Erwägungen

Seit Anfang Mai sammelt die JUNGE FREIHEIT Unterschriften für einen „Appell für die Pressefreiheit". Als wir den Aufruf starteten, konnten wir nicht ahnen, welche Brisanz er durch die sogenannte Karsli-Möllemann-Affäre erhalten sollte.

Das Interview, das die JUNGE FREIHEIT mit dem aus den Grünen ausgetretenen Deutsch-Syrer geführt hatte (JF 19/02), war Auslöser für die bis heute tobende Debatte um Möllemann und den Kurs der FDP. Im Rahmen der Presseberichte über das Karsli-Interview wurde überdeutlich, welche Konsequenz die Praxis des NRW-Verfassungsschutzes hat, die JUNGE FREIHEIT seit 1995 mit dem Vorwurf „tatsächlicher Anhaltspunkte für den Verdacht auf rechtsextremistische Bestrebungen" zu überziehen und auf zehn Seiten im Kapitel „Rechtsextremismus" zu „erwähnen". Unkritisch verkürzen viele Medien die „Verdachtsäußerung" des NRW-Innenministers und bezeichnen die JF kurzerhand als „rechtsextremistisch" (so zum Beispiel Express, taz, Tagesspiegel, Süddeutsche Zeitung).

Der Vorwurf des Rechtsextremismus wurde von einigen Zeitungen sogar durch den mittlerweile inflationär gebrauchten Vorwurf des „Antisemitismus" zu maximaler Größe aufgeladen. Entscheidend dabei ist, daß sich die betreffenden Zeitungen, die diese Verdächtigungen artikulieren, hierbei nicht auf eigene Recherche, sondern allein auf die skandalösen Denunziationen des NRW-Verfassungsschutzes stützen.

Inzwischen hat sich die „schwer nachvollziehbare und offenbar parteipolitisch motivierte Einstufung" (Die Welt) der JF endgültig als öffentlicher Skandal entwickelt. Bis heute haben über 2000 Bürger aus dem In- und Ausland den Appell (siehe Seite 6) unterschrieben. Zu den Unterzeichnern zählen inzwischen so bekannte Namen wie der Fernsehjournalist Franz Alt, der SPD-Politiker und Bundesforschungsminister a. D. Andreas von Bülow, Ferdinand Fürst von Bismarck, der Verleger Herbert Fleissner, der CDU-Bundestagsabgeordnete Martin Hohmann, der Soziologe Prof. Erwin K. Scheuch, der Staatsrechtler und langjährige Präsident des bayerischen Senats, Prof. Walter Schmitt-Gläser, der Staatsrechtler Prof. Wolfgang Seiffert, der Philosoph Prof. Robert Spaemann und der CSU-Politiker Otto von Habsburg.

Nun wurde am 3. Juni der Appell in einer ganzseitigen Anzeige in der FAZ publiziert, am 5. Juni halbseitig in der Süddeutschen Zeitung. Ein Erfolg. Wie schwierig der Einsatz für die Pressefreiheit und wie gering die Solidarität unter deutschen Zeitungen bedauerlicherweise ist, dokumentieren aber folgende Vorgänge: Die FAZ lehnte es aus „grundsätzlichen Erwägungen" ab, die ganzseitige Anzeige im am meisten gelesenen politischen Teil zu plazieren und war nur bereit, sie im Kulturteil zu drucken. Die Springer-Zeitung Die Welt lehnte eine Veröffentlichung des Appells kategorisch „aus grundsätzlichen Erwägungen", die taz und die Frankfurter Rundschau ohne Begründung ab. Ein zutiefst beschämender Vorgang, der helles Licht auf den Zustand geistiger Freiheit in Deutschland wirft.

DIETER STEIN

### INHALT




ABOMETER
KAMPAGNE
2002
Gewinne/Verluste der letzten Woche*:
27 Abo
25 Schnupperabo
118 Probeabo
15 Kündigung
Abo-Saldo der Woche: +37
Noch 1689 neue Abos bis zum Ziel!
* Stand: 03.06.2002
Demokratie braucht Meinungsfreiheit!


Redaktion und Verlag: Hohenzollerndamm 27 a • 10713 Berlin — Telefax 0 30-86 49 53 14 — Telefon: 0 30-86 49 53-0 (Redaktion) • 0 30-86 49 53 19 (Leserdienst) — email verlag@jungefreiheit.de — Internet www.jungefreiheit.de

**Das Klima des Verdachts:**
**JF-Ausgabe Juni 2002**

Nr. 24/03
6. Juni 2003
18. Jahrgang
JUNGE FREIHEIT Verlag GmbH & Co.
Hohenzollerndamm 27 a
10713 Berlin

# JUNGE FREIHEIT

WOCHENZEITUNG FÜR POLITIK UND KULTUR

EUR 2,90/
Österreich/EUR 3,20/sfr 5,20
A 4084 C

## „Religiöser Populismus“

Interview mit dem Vorsitzenden der Konferenz bekennender Gemeinschaften in der EKD

Der erste Ökumenische Kirchentag wurde in allen Medien als buntes Fest der Toleranz präsentiert. Doch tatsächlich konnten mißliebige Kritiker, etwa Christen konservativer Provenienz, nicht mit Nachsicht rechnen. Die katholische Anti-Abtreibungsgruppe „Aktion Leben“ wurde genötigt, ihren Stand wieder abzubauen, dem lettischen Erzbischof, einem Gegner der Frauenordination, wurde die Einladung durch die protestantische SELK-Gruppe verweigert. Statt dessen, so Pastor Ulrich Rüß, Vorsitzender der „Konferenz bekennender Gemeinschaften“, der Dachorganisation konservativer Christen in der EKD, gebe es jede „Offenheit für politische Ideologien und fremde Religionen ... die den Prozeß der Säkularisierung beschleunigen“. Trauriger Höhepunkt: der Auftritt des Dalai Lama in Berlin, für Rüß ein klarer Fall von „religiösem Populismus“. IM GESPRÄCH S. 3

## „Wir sind doch alle Deutsche“

Wolfgang Venohr erinnert sich an den 17. Juni 1953

Ohne die sowjetischen Besatzungstruppen wäre es wahrscheinlich schon dreißig Jahre früher zu Ende gewesen mit der DDR, nämlich am Tag des Volksaufstandes vom 17. Juni 1953. Schon jetzt sahen die Leute, wie schlecht sich die sozialistische Planwirtschaft auf die Entwicklung des Landes auswirkte. Zumal jeder noch in die Westsektoren fahren durfte und dort mit eigenen Augen sah, daß die allgegenwärtigen Knappheiten im Osten nicht mehr der Nachkriegszeit, sondern einem falschen Wirtschaften geschuldet waren. Ein Drittel Deutschlands fühlte sich abgehängt und vom erfolgreichen Wiederaufbau ausgeschlossen. Die Wut eskalierte, als ausgerechnet an der pompösen Stalinallee den Bauarbeitern das Material ausging. Wolfgang Venohr traf damals vom Westen her auf die Demonstranten. Neben Berlin gehörte Görlitz zu den wichtigsten Zentren des Aufstandes. BRENNPUNKT S. 6–7

## Lauschangriff auf die Zukunft

Management-Techniken auf den Staat anwenden

In der Wirtschaft gibt es keine Demokratie. „Wer zahlt, schafft an“, lautet eine schöne bayerische Redensart. Auch in Unternehmen mit „lockerem Umgangston“ herrschen streng hierarchische Strukturen. Daß die Mannschaft „spurt“, ist die Grundvoraussetzung für den Erfolg. Über die Gewinne aus diesen Leistungen verfügen aber die Leistungsträger nur in einem immer geringeren Maße. Statt dessen werden sie als sogenannte Lohnnebenkosten und Steuergelder durch den demokratisch gewählten Souverän verteilt, und zwar nicht nach Leistung, sondern nach Bedürftigkeit. Dieses Kriterium ergibt sich zwangsläufig daraus, daß die Leistungsschwachen erheblich zahlreicher sind als die Leistungsstarken. Kurz gesagt, die Demokratie führt zur Ausbeutung der Leistungsträger. FORUM S. 18

WEGE AUS DER KRISE

# Der Siebenjahresplan

Kanzlerdämmerung: Gerhard Schröders Agenda 2010 wird scheitern

**SPD-Parteitag:** Die Zustimmung der Delegierten zur Agenda 2010 brachte Schröder nur eine Verschnaufpause

Über acht Monate sind seit der Bundestagswahl vergangen, passiert ist in Deutschland relativ wenig. Nach der knappen Wiederwahl der rot-grünen Koalition gab es zunächst eine Serie von Abgabenerhöhungen. Seit März geht Kanzler Gerhard Schröder nun mit seiner „Agenda 2010“ spazieren. Nach einer quälenden Diskussion segnete ein SPD-Sonderparteitag am vergangenen Sonntag das Reformkonzept, das den Patienten Deutschland wieder gesunden lassen soll, mit 90 Prozent Zustimmung ab. Das Ergebnis läßt sich voraussagen: Die „Agenda 2010“ wird aus Deutschland kein Wirtschaftswanderland machen. Und auch Schröder irrt sich gewaltig, wenn er meint, er habe auf dem Parteitag einen persönlichen Sieg errungen.

Man muß zunächst einen Blick auf die wirtschaftliche Lage werfen und dann die Maßnahmen der Agenda daran messen. Die wirtschaftliche Lage ist desaströs. Das Wachstum dürfte bestenfalls einen Wert zwischen null und 0,5 Prozent erreichen. Die Arbeitslosigkeit könnte zum Jahresende auf bis zu fünf Millionen steigen. Die Neuverschuldung des Bundeshaushaltes könnte auf bis zu 30 Milliarden Euro anwachsen. Die Sozialkassen sind allesamt pleite. Die Krankenversicherungen nehmen Kredite auf in der Hoffnung, diese Schulden durch Sonderbeiträge von Urlaubs- und Weihnachtsgeld der Beschäftigten wieder zurückzuzahlen. Diese Rechnung ging bereits im letzten Jahr nicht auf. Die Rentenversicherung hat praktisch keine Reserven mehr, so daß eine Beitragssatzerhöhung bereits im Herbst nicht mehr auszuschließen ist. Die Wirtschaft schafft neue Arbeitsplätze höchstens noch im Ausland.

Schröder will Deutschland wieder fit machen, indem er die Bezugsdauer des Arbeitslosengeldes von bis zu 32 auf nur noch zwölf Monate verringert. Zudem sollen Arbeitslosen- und Sozialhilfe auf dem niedrigeren Niveau der Sozialhilfe zusammengelegt werden. Beide Maßnahmen sollen erst ab 2006 wirksam werden. Sie sind jedoch doppelt unsinnig. Erstens kommen sie zu spät, und zweitens bekommt ein älterer Arbeitsloser keinen neuen Job, wenn man ihm nicht mehr so lange Arbeitslosengeld zahlt. Wirkungslos verpuffen dürfte auch die zweite große Maßnahme der Agenda, nämlich die Herausnahme des Krankengeldes aus der paritätischen Finanzierung von Arbeitgebern und Arbeitnehmern.

Jetzt sollen die Arbeitnehmer die Kosten alleine tragen, was die Arbeitgeber nur unwesentlich entlastet, den Konsum der Arbeitnehmer jedoch weiter einschränkt. Schröders Agenda wird, auch wenn viele Wirtschaftsexperten sie als Schritt in die richtige Richtung bezeichnen, scheitern. Die Kosten der Sozialsysteme laufen viel schneller davon.

Schröder hat einen entscheidenden Fehler begangen. Die Probleme, mit denen seine Regierung nicht mehr fertigwird, sind nicht neu. Besonders die Folgen der Arbeitslosigkeit und des Geburtenrückgangs sind seit mehreren Jahren selbst für Laien absehbar. Schröder hat sie jedoch bereits während seiner ersten Amtszeit völlig ignoriert. Erst half ihm die CDU-Spendenaffäre, dann rettete er sich mit der Pazifismus-Diskussion über eine Wahl, die er eigentlich nicht mehr hätte bestehen dürfen.

Seither treibt Schröder Säue durchs Dorf. Man kann es auch vornehmer ausdrücken: Er behandelt den Patienten Deutschland mit weißer Salbe. Erst kam die Hartz-Kommission, von der niemand mehr spricht und deren Ergebnisse keine Spuren hinterließen. Gleiches gilt für die Rürup-Kommission. Schröders Rede vom 14. März im Bundestag und die dort vorgestellte Agenda entpuppten sich als reines Blendwerk. Die Mehrheit der Deutschen glaubt nicht an Erfolge der Regierungsmaßnahmen. Das ist schlimm, denn nicht erst seit Ludwig Erhard ist bekannt, daß die Wirtschaft von guten Stimmungen lebt.

Politisch sind Schröder und seine rot-grüne Koalition längst am Ende. Zeit für Reformen wäre 1999 gewesen, als die Union im Bundesrat noch nicht über eine so erdrückende Mehrheit verfügte. Doch damals lebte der Niedersachse nach dem Motto „Regieren macht Spaß“ und vernachlässigte seine Amtspflichten. Jetzt bekommt Schröder im Bundesrat nichts mehr oder nur noch Bruchstücke durch, egal was er anpacken würde. Die großen politischen Kräfte in Deutschland neutralisieren sich gegenseitig.

Viele Sozialdemokraten haben längst begriffen, daß mit dem Spieler Schröder kein Stich mehr zu machen ist. Man sieht Wahlniederlagen von historischem Ausmaß entgegen. Bremen war eine lokale Ausnahme. Das rot-grüne Projekt neigt sich dem Ende zu. Bei den Grünen dürfte dies Außenminister Joschka Fischer zuerst begriffen haben, als er sich von guten Freunden für einen Job bei der EU in Brüssel empfehlen ließ. Das Wetterleuchten, dessen folgendes Unwetter Rot-Grün in Berlin wegspülen könnte, kommt von Westen: In Nordrhein-Westfalen steht die rot-grüne Koalition vor dem Aus – und dies beileibe nicht nur wegen der Magnetbahn „Metrorapid“. Der Vorrat an Gemeinsamkeiten ist schon lange verbraucht. Es gibt kein Geld mehr, das man in neue Multi-Kulti-Projekte stekken könnte. Nicht nur die Autofahrer stehen täglich, das gesamte Land Nordrhein-Westfalen steht seit langem in einem Stau.

Vom größten Bundesland Nordrhein-Westfalen gingen immer die politischen Signale für den Bund aus. Schröders Schicksal hängt inzwischen an einem seidenen Faden. Der Beifall für den Agenda-Kritiker Ottmar Schreiner auf dem Sonderparteitag hat gezeigt, daß Schröder zwar eine opportunistische Mehrheit, aber nicht mehr die Seele der Partei hinter sich hat. Man läßt den Kanzler und SPD-Vorsitzenden gewähren, bis sich eine Chance auf Ablösung ergibt.

Auf dem Sonderparteitag sprangen Schröder nur noch die Parteisenioren Erhard Eppler und Hans-Jochen Vogel zu Seite. Ihr Einsatz bringt dem Kanzler eine Verschnaufpause. Schröder muß jetzt mit seinen Plänen durch den Bundestag (vom Bundesrat gar nicht zu reden), wo die Mehrheit alles andere als komfortabel ist. Der Niedersachse kann nicht ständig mit Rücktritt drohen oder die Vertrauensfrage stellen. Über ihm hängt das Damoklesschwert, eine Politik zu vertreten, die alles andere als sozial gerecht ist.

In Wirklichkeit brachte der Sonderparteitag keine Stabilisierung, sondern er markiert den Beginn der Schröderschen Kanzlerdämmerung. Wenn es Nacht wird, wird Schröder stürzen – möglicherweise noch in diesem Jahr. Und der Tag wird Deutschland eine neue Regierung bringen, vermutlich eine Große Koalition von SPD und Union, die nicht ständig im Bundesrat scheitern würde.

PAUL ROSEN

EUROPA

## Selbstbewußt – aber ohne Ideologie

Dieser Tage meldeten sich mehrere westliche Intellektuelle wie Umberto Eco, Richard Rorty und Adolf Muschg zu Wort, die in arrivierten Zeitungen wie der *Süddeutschen*, der *Neuen Zürcher Zeitung*, *El País* oder *La Repubblica* über den künftigen Weg Europas angesichts des Irak-Krieges und der US-Hegemonialpolitik räsonierten.

Ausgegangen war die Initiative von Jürgen Habermas, der gemeinsam mit seinem philosophischen Kollegen Jacques Derrida von zwei entscheidenden Daten sprach, die gemeinsam in die Geschichtsbücher eingehen würden: dem 30. Januar 2003, an dem auf Initiative des spanischen Ministerpräsidenten Aznar acht Irak-kriegswillige europäische Regierungen hinter dem Rücken des übrigen Europas in der Londoner *Times* und anderen Zeitungen ein Loyalitätsbekenntnis zu dem Kurs des US-Präsidenten veröffentlichten – und danach den 15. Februar, als in den EU-Metropolen die größten Antikriegsdemonstrationen seit 1945 stattfanden.

Habermas und Derrida sprachen in der *FAZ* unter der Überschrift „Unsere Erneuerung“ euphorisch von der „Geburt einer europäischen Öffentlichkeit“ – eines „Kerneuropas“, wie Muschg in der *NZZ* titelte –, das sich gegenüber den USA zusammenschließen müsse. Man solle mit einer gemeinsamen Sicherheits- und Verteidigungspolitik den Anfang machen. Fast wie eine Drohung klingt die Forderung von Habermas, von einem solchen „Kern“ werde eine Sogwirkung ausgehen – und im Rahmen der künftigen europäischen Verfassung dürfe und könne es „keinen Separatismus geben“.

Was aber will Habermas tun, wenn irgendwo doch noch ein paar miese „Separatisten“ auftauchen sollten, die einfach in Ruhe gelassen sein wollen, weil sie an der schönen neuen Europa-Welt nicht interessiert sind? Will er sie vielleicht züchtigen, einsperren oder köpfen? Hier zeigt sich die fatale Neigung der „Frankfurter Schule“ zur Zwangsbeglückung. Hinzu kommt die unheilbare linke Illusion, man könne in Europa – als Gegengewicht zur Macht der USA – eine „kosmopolitische Ordnung auf der Basis des Völkerrechts verteidigen“, in der auch „unterlegene Minderheiten“ solidarisch (mit der Mehrheit) sind. Da ist nun wirklich der Wunsch Vater des Gedankens – denn das setzt, so Habermas, ein Gefühl der Zusammengehörigkeit voraus. Was aber, wenn es dieses Gefühl zwischen einem finnischen Holzfäller und einem spanischen Olivenbauern nicht gibt?

Gegen die intellektuellen Träume eines Europa, das den Kampf gegen Amerika aufnimmt, ohne über die Machtmittel dafür zu verfügen, gibt es als Ernüchterung nur ein Zitat von Mao Tsetung: „Alle Macht kommt aus den Gewehrläufen.“ Solange sich Europa aus der Bequemlichkeit seines Clubsessels nicht erhebt, um wirklich ernsthaft europäische Machtpolitik zu betreiben, hat George W. Bush die stärkeren Bataillone auf seiner Seite – jedenfalls zunächst. Um aber Europa auch machtpolitisch auf die Beine zu stellen, müssen wir den Ideologien eine klare Absage erteilen – auch jener von Habermas.

CARL GUSTAF STRÖHM

INHALT



Redaktion und Verlag: Hohenzollerndamm 27 a • 10713 Berlin — Telefax 0 30-86 49 53 14 — Telefon: 0 30-86 49 53-0 (Redaktion) • 0 30-86 49 53 19 (Leserdienst) — epost: verlag@jungefreiheit.de — Internet www.jungefreiheit.de

**Der Siebenjahresplan: JF-Ausgabe Juni 2003**

Nr. 24/04
4. Juni 2004
19. Jahrgang

JUNGE FREIHEIT Verlag GmbH & Co.
Hohenzollerndamm 27 a
10713 Berlin

# JUNGE FREIHEIT

WOCHENZEITUNG FÜR POLITIK UND KULTUR

EUR 2,90/
Österreich/EUR 3,20/sfr 5,20
A 4084 C Postvertriebsstück Gebühr bezahlt

## Schweigen und überleben

Interview mit dem kanadischen Zeithistoriker James Bacque

Wer als deutscher Soldat nach 1945 in amerikanische Kriegsgefangenschaft geriet, schätzte sich glücklich. Die Russen, so wußte man, waren furchtbar. Doch auch in amerikanischen Lagern, nicht nur den Rheinwiesen, fanden Schikanen und vermeidbare Hungersnöte statt. Es wurde sogar geschlagen und getötet. Nachdem vierzig Jahre darüber geschwiegen wurde, um den Mythos der Befreiung nicht zu gefährden, erschien 1989 das Buch eines kanadischen Historikers und bestätigte die Erlebnisse, die Betroffene höchstens ihren Verwandten erzählt hatten. „Der geplante Tod" von James Bacque rief eine Flut von Leserbriefen in Deutschland hervor. In den USA bekam der Autor Schwierigkeiten: „Ich hatte sehr zu leiden, alte Freunde mieden mich plötzlich. Viele hielten mein Buch für unpatriotisch." Doch Unwahrheit ist nie patriotisch.

IM GESPRÄCH S. 3

## Eine Flut von Halbgebildeten

Bildungswesen wird ohne Begeisterung europäisiert

Im letzten Wintersemester wurde es plötzlich ernst: Der baden-württembergische Wissenschaftsminister befahl den Universitäten die baldige Einführung der neuen europäischen Studiengänge „Bachelor" und „Master". Die bisherigen Diplom- und Magisterabschlüsse soll es künftig nicht mehr geben. Der Beginn dieser Euro-Bildung liegt im Mai 1998. Damals wurde die Sorbonne-Erklärung unterzeichnet, es folgte 1999 die Bologna-Erklärung mit einem Plan zur Vereinheitlichung des europäischen Bildungswesens. Ziel ist die Mobilität der Studenten durch europaweit anerkannte Abschlüsse. Daneben hat die Umstellung für deutsche Verhältnisse den Vorteil, die Studienzeiten bei einem Großteil der Studenten zu verkürzen. Mit dem Hochschulrahmengesetz 2001 ist der Wechsel festgeschrieben. Die Hochschulrektorenkonferenz befürchtet allerdings Verschlechterungen.

HINTERGRUND S. 12

## Dialogwille reicht nicht

Herausforderung Islam IV: Genaue Kenntnis ist nötig

Am gefährlichsten sind nicht die Gewaltprediger und Terrorfürsten. Nicht einmal ein Metin Kaplan kann uns wirklich schaden, weil wir ihn zwar nicht effektiv verfolgen können, aber doch wissen, mit wem wir es zu tun haben. Die vielen Moscheen und Islam-Zentren in Deutschland hingegen, die sich kooperativ und dialogbereit geben, stürzen sogar Fachleute in Verwirrung. Manche Einrichtungen sind harmlos. Aber wie lange werden sie es bleiben? Und wo findet unter dem Vorwand der Religionsausübung bereits eine politische Propaganda gegen den Westen statt? Gerade die deutsche Öffentlichkeit neigt zur kritiklosen Liberalität. Die größte Bedrohung liegt im Geburtenreichtum der Muslime.

Herausforderung Islam

FORUM S. 22

# An der Seite der Sieger

In der Normandie steht Schröders Geschichtsverständnis auf dem Prüfstand

Schon aus seinem Selbstverständnis als Medienkanzler heraus kann Gerhard Schröder sich diesen Termin nicht entgehen lassen. Am 6. Juni, dem 60. Jahrestag der Landung der Alliierten in Westeuropa, wird er sich an den Normandiestränden im Kreis der Mächtigen dieser Welt zeigen, mit Bush, Blair, Chirac, Putin und weiteren Staats- und Regierungschefs. Die Bilder sollen dem Publikum zu Hause signalisieren, daß Deutschland von einem weltweit geschätzten Staatsmann regiert wird. Eine Woche vor der Europawahl kann das nicht schaden.

Es gibt aber auch strengere, politische Gründe für die Reise. Schröder wird versuchen, gemeinsam mit Chirac und Putin, die ebenfalls den Irak-Krieg ablehnten, ein Gegengewicht zu Bush und Blair herzustellen, die diese Jubelfeier nutzen wollen, um ihren mißratenen Feldzug durch die historische Analogie zu legitimieren. Mit einem spöttischen Lächeln, einer ironischen Volte – keine Frage, so etwas beherrscht Schröder meisterhaft – lassen sich solche Bemühungen konterkarieren. Schröder kann zeigen, daß weder die USA noch das „neue Europa" ohne das „alte" zurechtkommen. Vielleicht gibt es sogar Gelegenheit für politische Gespräche.

Landung der Alliierten in der Normandie am 6. Juni 1944: „Erlöst und vernichtet in einem" (T. Heuss)

Aber reicht das aus, um die Bedenken zu zerstreuen, die Schröders Vorgänger Helmut Kohl 1984 und 1994 veranlaßten, die Einladungen zu den „D-Day"-Jubiläen abzulehnen? „Es ist für den deutschen Bundeskanzler kein Grund zum Feiern, wenn andere ihren Sieg in einer Schlacht begehen, in der Zehntausende Deutsche elend umgekommen sind" – das war eine Geste der Demut und des Stolzes. Schröder aber glaubt, diesen Tag symbolpolitisch umwidmen zu können: Die Einladung an ihn besage, daß der Zweite Weltkrieg und die Nachkriegszeit vorbei seien. Aus der Perspektive des politischen Pragmatismus ist das eine Banalität, geschichtspolitisch aber liegen die Dinge komplizierter. Schröders Medienprofessionalismus stößt hier an seine Grenzen bzw. verliert sich im Unverbindlichen. Es sei daran erinnert, daß er in einem vorangegangenen Wahlkampf ein Foto seines Vaters, der als Wehrmachtssoldat gefallen war, auf seinem Schreibtisch plazierte und dafür sorgte, daß die Öffentlichkeit davon erfuhr. Eine folgenlose Geste: Auf deutliche Worte des Kanzlers zur Wehrmachtsausstellung wartete man vergebens.

Schröder glaubt, daß er den Vertretern der Siegermächte in der Normandie auf gleicher Augenhöhe begegnen kann. Das ist aber nur scheinbar und nur so lange der Fall, wie er sich auf die Ebene begibt und die Voraussetzungen akzeptiert, welche die anderen vorgegeben haben. Um echte Souveränität zu demonstrieren, müßte Schröder nachweisen, daß sein Geschichtsbewußtsein weiter reicht als das in den Liturgien verkündete. Gerade strahlt das ZDF eine Doku-Serie des Medienzampanos Guido Knopp über die letzten Kriegsmonate aus, die apodiktisch „Befreiung" heißt. Ein deutliches Zeichen, daß Deutschland dabei ist, ein voluntaristisches Geschichtsbild zu verinnerlichen, in dem es als die mythisierte Verkörperung des Bösen fungiert, das von gütigen Siegern erlöst werden mußte. Das kommt – drastisch gesprochen – einem geistigen und geschichtspolitischen Nachvollzug der bedingungslosen Kapitulation von 1945 gleich. Natürlich kann ein Kanzler die Mystifikationen der Sieger nicht unwirksam machen. Er könnte aber dazu eine Position beziehen, die deutlich zu erkennen gibt, daß geschichtliche Wahrheit und politische Kräfteverhältnisse nicht dasselbe sind.

Sukzessive wird Abschied genommen von einer Formel, die der erste Bundespräsident Theodor Heuss zum 8. Mai 1945 geprägt hat. „Im Grunde genommen bleibt dieser 8. Mai die tragischste und fragwürdigste Paradoxie der Geschichte für uns. Warum? Weil wir erlöst und vernichtet in einem gewesen sind." Heuss war ein entschiedener Hitler-Gegner, doch ihm war gegenwärtig, daß der Zweite Weltkrieg nicht primär als Kampf zwischen widerstreitenden moralischen Prinzipien ausbrach, sondern aufgrund längerfristiger Konflikte, machtpolitischer Konstellationen und geopolitischer Gegebenheiten. Er ging nicht einfach auf einen „deutschen Irrweg" zurück, der in Hitler seinen konsequenten Vollstrecker gefunden hatte.

Nicht umsonst sprach Winston Churchill von einem Dreißigjährigen Krieg, der 1914 ausgebrochen war, und dekretierte die von US-Präsident Truman im Mai 1945 unterzeichnete Direktive JCS 1067, Deutschland sei nicht zum Zwecke seiner Befreiung besetzt worden, sondern als besiegter Feindstaat. Die gängigen Standardwerke deutscher Großhistoriker bieten kein annähernd vollständiges Bild der komplexen Vorgeschichte des Zweiten Weltkriegs. Grundsätzliche Informationen werden unterschlagen, wenn sie die monokausale Deutung durchbrechen könnten. Die dauernden polnischen Pressionen gegen Danzig, die Übergriffe gegen die deutsche Minderheit, die hybriden Drohungen aus Warschau, siegreich in Berlin einzumarschieren – um nur diese Beispiele anzuführen – kommen gar nicht vor oder werden als Goebbels-Propaganda abgetan. Der deutsche Widerstand wollte die Selbst-Befreiung Deutschlands und dadurch das Ende des Krieges und der Greuel herbeiführen. Er wollte das Reich aber auch als politisches Subjekt erhalten und barmte um die Zusicherung erträglicher Friedensbedingungen, um in Deutschland die Basis für einen Umsturz verbreitern zu können. Die Antwort war negativ, es blieb bei der Forderung nach „bedingungsloser Kapitulation", weil es um die Ausschaltung Deutschlands als machtpolitischen Faktors ging.

Die Alliierten waren danach lernfähig. Sie erkannten, daß Europa ohne den Beitrag der westlichen Besatzungszonen nicht gegen den Kommunismus zu verteidigen war, und veranlaßten die Gründung des Bonner Separatstaats, der für das ganze Deutschland sprechen sollte. Als Datum für die Verkündung des Grundgesetzes wurde der 23. Mai 1949 bestimmt. Dieser Termin sollte den 23. Mai 1945 neutralisieren, an dem sie die letzte Reichsregierung unter Großadmiral Karl Dönitz in Flensburg verhaftet hatten, wodurch die deutsche Staatlichkeit unterbrochen worden war.

Die westlichen Sieger von 1945 waren also klug genug zu sehen, daß die Bundesrepublik Deutschland, wenn sie sich behaupten sollte, nicht aus der „Befreiungs"-Retorte zu erschaffen war, sondern in ihre historische, politische, kulturelle und rechtliche Kontinuität eingesetzt werden mußte, die jenseits von Hitler bestand. Hinter diesen Stand zurückzufallen, bedeutet Selbstpreisgabe. Schröder muß also aufpassen, daß er keinen falschen Kniefall begeht und die Uhren symbolpolitisch hinter den 23. Mai 1949 zurückdreht.

DORIS NEUJAHR

ERINNERUNG

## Wenn Denkmale verfallen

Es sind kleine Nachrichten, die die Lage Deutschlands charakterisieren. Überregional nicht wahrgenommen, meldeten lediglich sächsische Medien folgendes: Nach einem Bericht der *Leipziger Volkszeitung* wird der Freistaat Sachsen ab 2006 aus der „Stiftung Völkerschlachtdenkmal" aussteigen und keine Gelder mehr für die Rekonstruktion bereitstellen. Dann müßte die Stadt Leipzig die Sanierung zum größten Teil finanzieren. Dies sei jedoch angesichts knapper Kassen nicht gesichert. Bisher wurden knapp 8 Millionen Euro in die Sanierung investiert. Insgesamt soll die Sanierung des Denkmals 30 Millionen Euro kosten.

Völkerschlachtdenkmal

Wenn man die wichtigsten Höhe- und Wendepunkte der deutschen, ja sogar der europäischen Geschichte nennen und ins Gedächtnis rufen will, spielt die Abwehrschlacht bei Leipzig 1813 in den Befreiungskriegen gegen Napoleon eine bedeutende Rolle. Zwischen dem 16. und 19. Oktober 1813 stehen Napoleons Streitmacht vor den Toren Leipzigs die verbündeten Armeen Rußlands, Preußens, Österreichs und Schwedens gegenüber. Eine halbe Million Soldaten kämpfen um das Schicksal ihrer Nationen. Napoleon muß der Übermacht seiner Gegner schließlich weichen. Rund 110.000 Männer lassen in dieser Schlacht ihr Leben.

Das hundert Jahre danach eingeweihte monumentale Völkerschlachtdenkmal ist neben dem Brandenburger Tor, der Neuen Wache, dem Kyffhäuserehrenmal, dem Hermannsdenkmal im Teutoburger Wald eines der nationalen Denkmäler von Rang in Deutschland, an denen sich unsere geschichtliche Identität kristallisiert.

Man könnte erwarten, daß Deutschland als eine der reichsten Industrienationen keine Schwierigkeiten hat, seine nationalen Erinnerungsstätten instand zu halten. Das Gegenteil ist jedoch der Fall. Es gibt kein öffentliches Interesse mehr an einer Erinnerungskultur, die positive Daten der deutschen Geschichte wachhält. Erinnerungsarbeit verengt sich, millionenschwer gefördert, immer stärker auf die dunklen zwölf Jahre des Nationalsozialismus.

Der Rest muß, privatisiert, in Eigeninitiative instand gehalten werden. Oder die Denkmäler verfallen und werden abgeräumt. So kümmert sich auch im Falle des Völkerschlachtdenkmals ein 1998 gegründeter Förderverein Völkerschlachtdenkmal um die Erhaltung dieser Sehenswürdigkeit.

Es ist beschämend und für die Krise Deutschlands kennzeichnend, daß sich der Staat aus der Erhaltung nationaler Kulturgüter immer weiter zurückzieht. Es ist aber auch die Stunde des Bürgers und der Eigeninitiative. *(Siehe auch Seite 14).*

DIETER STEIN



Redaktion und Verlag: Hohenzollerndamm 27 a • 10713 Berlin — Telefax 0 30-86 49 53 14 — Telefon: 0 30-86 49 53-0 (Redaktion) • 0 30-86 49 53 19 (Leserdienst) — epost: verlag@jungefreiheit.de — Internet www.jungefreiheit.de

**An der Seite der Sieger: JF-Ausgabe Juni 2004**

Nr. 23/05 – 3. Juni 2005 – 20. Jahrgang

EUR 3,00 – Österreich EUR 3,20/sfr 5,20 A 4084 C

# JUNGE FREIHEIT

WOCHENZEITUNG FÜR POLITIK UND KULTUR

## Merci beaucoup!

### Die Ablehnung der EU-Verfassung in Frankreich ist die Chance für ein anderes, besseres Europa

Die Grande Nation, die sich bis zum heutigen Tag als gar nicht so heimliche eigentliche Führungsmacht Europas versteht, hat nun also mit satter Mehrheit eine klare Absage an den europäischen Bundesstaat erteilt. Nichts anderes nämlich bedeutet der vorliegende Verfassungsvertrag für Europa: in seiner Kerntendenz die Entwicklung hin zu einem zentralistischen Bundesstaat, mit letztendlicher Aufhebung der Souveränitäten der einzelnen Mitgliedsstaaten. 55 Prozent der Franzosen haben – gewiß auch aus innenpolitischen Gründen und aus Frustration über ihre eigene politische Klasse – für ein Nein gestimmt. „Les partisans du Non" haben also obsiegt.

Was von der Eurokratie als politische Katastrophe empfunden wird, könnte sich allerdings als riesige Chance für Europa, nämlich für ein anderes Europa, entpuppen: als Signal zur Umkehr, zur Neuorientierung und zum Aufbruch eines solchen anderen Europas.

Während die politischen Parteien in Frankreich, seien es die Verfassungsgegner von ganz links oder jene von ganz rechts, in erster Linie die innenpolitische Komponente vor Augen haben und auf ein Ende der Ära von Präsident Jacques Chirac hoffen, sind auf der europäischen Ebene die Beschwichtiger und die Bedenkenträger ausgerückt: Es komme gar nicht in Frage, daß der Ratifizierungs-Prozeß nunmehr gestoppt wird, und es sei doch zu überlegen, ob die Franzosen früher oder später nicht ein zweites Mal abstimmen sollten.

Die intellektuelle Klasse quer durch Europa, angefangen von der Literatur-Nobelpreisträgerin Elfriede Jelinek bis hin zu den obligaten Wortspendern aus der Kunstszene, lassen allesamt mehr oder weniger deutlich verlauten, daß das französische Volk offenbar unreif, weil uneuropäisch, abgestimmt habe und daß man da schlicht und einfach schleunigst volkspädagogische Maßnahmen setzen müsse. Wie denn die aussehen sollten – womöglich Gehirnwäsche oder Pro-EU-Umerziehung –, das läßt man uns nicht wissen. Einen „Plan B" für den Fall des Scheiterns der Verfassung gibt es in den Schubladen der EU-Gewaltigen in Brüssel jedenfalls nicht, so hört man.

**Unbesiegbare Gallier:** Nach dem Nein der Franzosen zur EU-Verfassung kann dem Brüsseler Establishment nun eine neue Diskussion über das Grundgesetz der europäischen Völker aufgenötigt werden

Statt dessen wäre es hoch an der Zeit, daß nunmehr die Vorkämpfer und Verfechter des bereits zitierten anderen Europas ihre Strategie entwickeln und als Alternative für das offensichtlich gescheiterte bundesstaatliche Europa der abgelehnten Verfassung auf den Tisch legen. Da sind die Europapolitiker der Linken mit ihrer Gegnerschaft zur schrankenlosen Globalisierung und zum entfesselten Neoliberalismus mit ihrer nur zu berechtigten Kapitalismuskritik genauso gefragt wie die Euroskeptiker und Eurokritiker von rechts, die einen europäischen *melting pot* befürchten und nunmehr eine Chance sehen, die nationalen Identitäten der europäischen Völker zu erhalten.

Jene, die nach dem französischen Nein zur Verfassung die Chance erhoffen, den Einfluß der multinationalen Konzerne in Europa zurückdrängen zu können, das Abwandern der Arbeitsplätze in die Dritte Welt zu stoppen und die schamlose Tendenz zu schrankenloser Gewinnmaximierung einer entfesselten, längst übernationalen Wirtschaft zu beenden, müßten dabei allerdings die Fähigkeit haben, nicht bloß altmarxistische, antikapitalistische Reflexe zu bedienen, sondern zu erkennen, daß eine Renationalisierung der Wirtschaft auch eine politisch-kulturelle Renationalisierung bedeuten müßte.

Zweifellos hat die Angst vor der EU-Dienstleistungsrichtlinie (der „Bolkestein-Richtlinie") in Frankreich massiv zum Triumph der Verfassungsgegner beigetragen. Die Erkenntnis, daß hier der Nutzen der Konzerne und der Wirtschaft im Vordergrund vor dem Wohl der Bürger Europas und der Völker steht, war also für die Franzosen mit ausschlaggebend.

Andererseits müßte nunmehr von seiten jener Kräfte, die für ein Europa der freien selbstbestimmten Völker und von einem Staatenbund souveräner Mitglieder träumen, endlich eine energische Initiative ausgehen, um die Verfassungsdiskussion in ebenjene Richtung zu drängen. Nachdem nunmehr die Tendenz zum Bundesstaat wohl wirklich ad acta gelegt werden muß, hätte der Staatenbund – oder der „Staatenverbund", wie das deutsche Höchstgericht einst urteilte – eine neue Chance.

Dabei sollte man sich nicht dazu hinreißen lassen, das Kind mit dem Bade auszuschütten. Ein sich integrierendes Europa mit derzeit 25 Mitgliedern, auch ein europäischer Staatenbund, bräuchte sehr wohl ein Grundgesetz, eine Konstitution, die diesen Verbund zusammenhalten müßte. Es sollte nur eine andere Verfassung sein als jene, die im vormaligen Konvent mehr schlecht als recht zusammengezimmert wurde.

Denn eines ist klar, europäische Integration als Projekt der Friedenssicherung, als Projekt des Ausgleichs zwischen den einzelnen nationalen Interessen und auch als Projekt, die Europäer gemeinsam auf der Bühne der Welt und in der Geopolitik mit einer starken Stimme auftreten zu lassen, dies ist eine Sache, die massiv weiterbetrieben werden muß. Das Kunststück allerdings, eine gemeinsame starke Außen- und Sicherheitspolitik zu entwickeln – bei Beibehaltung der größtmöglichen Souveränität der einzelnen Mitgliedsstaaten, bei Beibehaltung der größtmöglichen Subsidiarität aller Untergliederung und bei massiver Förderung der einzelnen nationalen Identitäten, Kulturen und Sprachen der Mitgliedsvölker –, dieses Kunststück will bewältigt werden. Und diese Anstrengung bräuchte wohl auch eine Konstitution, um hier eine verbriefte und von allen Völkern und Bürgern Europas akzeptierte Grundlage zu schaffen.

Die europäische Rechte, all die patriotischen, identitären und nationalen Kräfte, die es quer durch die Mitgliedsstaaten der Europäischen Union gibt, wird sich bequemen müssen, eine solche Alternative für die gegenwärtige EU-Verfassung vorzulegen. Und man wird dabei wohl auch versuchen müssen, einen Schulterschluß mit jenen Kräften zu finden, die von der linken Seite her in erster Linie aus Globalisierungsängsten gegen das zentralistische bundesstaatliche Europa sind. Solcherart von links und rechts in die Zange genommen, könnte man dem Brüsseler Establishment der Eurokraten eine neue und wesentliche andere Verfassungsdiskussion aufnötigen: eine Verfassungsdiskussion, bei der man allerdings von Anbeginn an die europäische Öffentlichkeit, die Völker Europas, mit einbeziehen sollte, damit den Menschen klargemacht wird, daß es hier nicht um diplomatische Geheimniskrämerei im Kreise der europäischen Nomenklatur geht, sondern um ein Grundgesetz der europäischen Völker. ANDREAS MÖLZER

**Andreas Mölzer** ist Chefredakteur der Wiener Wochenzeitung „Zur Zeit", FPÖ-Mitglied und seit 2004 Abgeordneter des EU-Parlaments.



4 194147 903006 23

BILD-ZEITUNG

## Sperrt Diekmann für immer weg!

Man muß sich das noch einmal auf der Zunge zergehen lassen. Die *Bild*-Zeitung brachte im vergangenen November gemeinsam mit dem Weltbild-Verlag eine „Volksbibel" heraus: 2,5 Kilogramm schwer, mit Goldschnitt und einem Geleitwort von Bischof Karl Lehmann, dem Vorsitzenden der deutschen Katholischen Bischofskonferenz, und Bischof Wolfgang Huber, Chef der Evangelischen Kirche in Deutschland (EKD). Die Auflage von 250.000 Exemplaren war dank des Werbedrucks der mit zwölf Millionen Lesern einflußreichsten und größten Zeitung Deutschlands innerhalb von drei Wochen vergriffen. Man muß nur ein einziges Exemplar der *Bild*-Zeitung in die Hand genommen haben, um zu wissen, wie pervers dies ist.

Am Donnerstag, den 19. Mai, konnte *Bild*-Chefredakteur Kai Diekmann gemeinsam mit den Bischöfen Lehmann und Huber, die brav neben ihm antraten, beim Hamburger Bauer-Verlag die „Goldene Feder 2005" für die Idee der Volksbibel entgegennehmen. Der Bauer-Verlag: In diesem Haus erscheint unter anderem das Jugendmagazin *Bravo*. Nicht ohne Grund sind mehrmals Ausgaben dieses Blattes als jugendgefährdend indiziert worden. Wer kann einem eigentlich erklären, warum diese beiden höchsten Repräsentanten der christlichen Kirche in Deutschland einen Preis eines Verlages entgegennehmen, der eine derart sozial und moralisch desorientierend wirkende Zeitschrift wie *Bravo* verantwortet?

**Kai Diekmann**

Warum haben die Eminenzen nicht – wie einst Jesus im Tempel von Jerusalem die Händler – die Repräsentanten des Bauer-Verlages mit harten Prügelschlägen aus dem Saal gejagt und Kai Diekmanns ölige Frisur mit einem Exemplar der „Volksbibel" in Form gebracht?

Statt dessen ließen sich die Kirchenführer für einen durchsichtigen PR-Coup mißbrauchen, mit dem diese beiden Verlage, die an der Ausbeutung des Intimlebens von Minderjährigen, an der Förderung der Prostitution (siehe die Anzeigenseiten ihrer einschlägigen Blätter) Millionen verdienen, ihr amoralisches Image aufpolieren wollen.

Es gibt keine Zeitung, die derart menschenverachtend das Privatleben auch einfacher Bürger ausschlachtet wie die *Bild*-Zeitung. Diekmann meint kaltschnäuzig, die Inhalte stünden zur Bibel nicht im Widerspruch: „Auch die Bibel berichtet über Untreue, Vergewaltigung, Mord, Verrat, Schurken – und zwar nicht weniger detailliert als wir." Der Gipfel war die von Kai Diekmann höchstpersönlich mit Vernichtungswillen betriebene Menschenjagd gegen den bekennenden Christen Martin Hohmann, der als „CDU-Hetzer" regelrecht zum Abschuß freigegeben wurde. Hohmann fiel *Bild* und nicht etwa linken Medien zum Opfer – das ist die ganze Wahrheit.

Vor wenigen Tagen brachte *Bild* eine ihrer typischen pseudomoralischen Schlagzeilen auf dem Titel: „Diese toten Kinder klagen an: Sperrt Triebtäter für immer weg!" Es ging um Sexualstraftäter, mit denen die Justiz zu milde umging. Blätterte man in dieser Ausgabe weiter, so quollen einem auf jeder zweiten Seite gespreizte Beine und blanke Busen entgegen. Wenn jemand die Triebtäter von morgen produziert, dann dieses Blatt! Die *Bild*-Schlagzeile müßte deshalb konsequenterweise lauten: „Sperrt Diekmann für immer weg!" DIETER STEIN

**Merci beaucoup!:**
**JF-Ausgabe Juni 2005**

Nr. 23/06 – 2. Juni 2006 – 21. Jahrgang

EUR 3,00 – Österreich EUR 3,20/sfr 5,20 A/Luxemburg EUR 3,40, A 4084 C

# JUNGE FREIHEIT

WOCHENZEITUNG FÜR POLITIK UND KULTUR

## Die Stunde der Patrioten

**Die Matussek-Debatte:** Pünktlich zur WM entdecken linke Intellektuelle urplötzlich die Notwendigkeit eines **normalen Nationalbewußtseins**. Ist es wirklich mehr als nur heiße Luft?

***Seiten 1, 3 und 13***

## Ohne Nation geht's nicht

**Deutsche Identität:** Es ist höchste Eisenbahn, daß wir unsere kollektive Neurose überwinden

Am Horizont erhebt sich drohend die gestundete Zeit. Die sogenannten „78er", die „lebenskulturellen Kriegsgewinnler der 68er Revolte", für die (laut ihrem Erfinder Reinhard Mohr) Politik nur „in der ersten Person" stattfand und die es sich als postnationale Frührentner bequem gemacht hatten, befinden sich in der Lebensphase zwischen Prostata-Vorsorge und Rentenloch. Die von den Aufbau-Generationen hinterlassenen Vorräte sind aufgebraucht, eigene haben sie nie angelegt. Aug' in Aug' mit der eigenen Hybris, stellt *Spiegel*-Redakteur Matthias Matussek (Jahrgang 1954), Autor des Buches „Wir Deutschen", jetzt fest: „Ohne eine positive Identifikation mit unserer Nation (...) fliegt uns in den Zeiten der Globalisierung und der dschihadistischen Konfrontationen unser Land um die Ohren."

Wohl wahr! Vom deutschen Sozialhilfeempfänger bis zum freigekauften Entführungsopfer im Irak wissen alle, daß eine effektivere Ordnungsstruktur als der Nationalstaat noch nicht erfunden ist. Er bietet den Individuen einen Schutz- und Freiraum und sorgt, indem er ihre Kräfte und Fähigkeiten bündelt, nach außen für Wehr- und Handlungsfähigkeit. Ohne diese Struktur blieben die einzelnen haltlose Individuen, die von den Stürmen der Globalisierung umhergewirbelt werden.

Wenn ein Vertreter der „Nie wieder Deutschland"-Generation jetzt Identifikation, innere Verbundenheit, Zuneigung zum eigenen Land verlangt, dann in der Einsicht, daß Deutschland nur so lange Bestand haben und handlungsfähig bleiben kann, solange seine Bewohner, wie Brecht sagt, es „lieben und beschirmen". Denn was würde sie sonst daran hindern, wie Heuschrecken über es herzufallen und Unberufene zum großen Fressen einzuladen, blind für den Schaden, den sie sich und nachfolgenden Generationen zufügen?

Dieses Lieben und Beschirmen heißt: Patriotismus. Dessen Abwesenheit hat uns gehindert, das Eigene den anderen als etwas Erstrebenswertes anzubieten. Als Folge, so Matussek, bestimmt die „Kanak"-Sprache von „Türkenprolls" Schulhöfe und Diskotheken, potentiell sogar das geistig-kulturelle Niveau. Die Angsträume in Deutschland, die wirklichen, werden künftig nicht durch Rechtsextremisten definiert, deren Zahl bereits aus demographischen Gründen überschaubar bleibt, sondern von ethnischen Unterschichten.

Nur hat man halbmutige Vorstöße wie diesen schon zu oft erlebt, um an die kathartische Wirkung zu glauben. Ein oder zwei virtuelle Akte sogenannter Ausländerfeindlichkeit haben genügt, um die Diskussion über eine nationale Ausländer- und Integrationspolitik abzubrechen und das Land in die Paralyse zurückzuführen. Bestimmte Funktionseliten aus dem linken und linksliberalen *juste milieu* haben sich dabei besonders hervorgetan – schließlich ist es der paralytische Zustand des Landes, der ihnen den Elitestatus sichert.

Es ist unergiebig, sich länger mit denen auseinanderzusetzen, die meinen, das Land habe sich wegen höherer Prinzipien (Menschenrechte!) seinen zumeist ungebetenen Neuaufsiedlern anzupassen, nicht umgekehrt. Alles führt auf die Forderung des Frankfurter Philosophen Jürgen Habermas zurück, die Deutschen hätten ihren Identitätsanspruch und ihr kollektives Selbstwertgefühl „durch den Filter universalistischer Wertorientierung" zu treiben. Der Bezug auf universelle Werte ist nicht falsch, doch in der Formulierung von Habermas von sadistischer Konsequenz. Eine derart gefilterte Identität wäre eine reine Abstraktion, ein ungeschichtlicher, lebensverneinender, unlebbarer Wahnsinn. Diese vorweggenommene Selbstabschaffung heißt: Verfassungspatriotismus.

Wie tief er in das Bewußtsein der bundesdeutscher Funktionseliten eingesenkt ist, die selber Kinder der Bundesrepublik sind, demonstriert die Verfassungsrichterin Christine Hohmann-Dennhardt mit der Erklärung, die „spezifische" Geschichte Deutschlands erlaube nicht, „als zu Rettendes die Nation" zu betrachten. Bevor die Dame als doppelte Quotilde (SPD-Mitglied plus Frau) nach Karlsruhe berufen wurde, war sie eine unbedeutende Landesministerin in Hessen. Sie sagte nicht: „das Rettende", sondern das „zu Rettende". Die deutsche Nation verdient es ihrer Meinung nach nicht, erhalten zu werden.

Solche Autoaggressionen lassen sich nicht, wie Matussek meint, allein darauf zurückführen, daß Deutschland einst zu tief in die „Pulle" des Nationalismus geschaut hatte. Dem Nationalrausch wäre der antinationale Kater gefolgt, und 60 Jahre danach hätte sich das Bewußtsein auf eine gesunde Mittellage eingepegelt. Nein, es handelt sich um Pathologien, hervorgerufen durch zwei universalistisch angelegte Ideologien bzw. Weltmodelle, die siegreich über Deutschland hinweggebraust sind.

Zum einen das linke Modell, das die Weltgeschichte von einem einzigen Punkt, vom Klassenkampf aus erklärt und den Nationalstaat als Vokabel eines falschen Bewußtsein bestimmt. Erst dessen Überwindung erlaube den Marsch in das Reich der Freiheit. Dieses theoretische Glücksversprechen verband sich in der Praxis mit der Macht des sowjetischen Riesenreichs. Dessen unrühmliche Geschichte erscheint deshalb im milden Licht, weil Stalin schließlich Hitler besiegt hat!

Das andere Modell ist das liberal-kapitalistische, das idealtypisch vom „American way of life" verkörpert wird. Dieses Modell stellt das Zusammenleben auf die Basis eines Gesellschaftsbegriffs, der auf die unmittelbarsten Regung der menschlichen Seele, den Hunger nach Sättigung und Besitz, zurückgreift, um sie in den Mittelpunkt des Lebens selbst zu stellen. Patriotismus ist eine millionenfach sich wiederholende Geschäftshandlung, in der die eine Seite Glück und Aufstieg verspricht, die andere den Bürgereid zusichert. Für eine Einwanderungsnation wie die USA ist das die bestmögliche Selbstdefinition, für Deutschland, weil es über andere historische Wurzeln verfügt, bedeutet es Selbstaufgabe.

Beiden universalistischen Modellen gemeinsam ist die Dynamik, der Anspruch auf Beherrschung und Durchdringung von Großräumen und, im Umkehrschluß, die Feindschaft gegenüber kleinräumigen Kulturen, Nationen, Identitäten. Beide reichten sich 1945 über der Elbe die Hand, die totale Niederlage Deutschlands besiegelnd. Seither ist seine Zeit eine gestundete, auch aus eigener Schuld und Schwäche. Das emphatische Bekenntnis, die Deutschen hätten „ihre Lektion gelernt", impliziert Unterwürfigkeit und geschichtliche Resignation. Anstatt nach Machtinteressen zu fragen und die Niederlage zu historisieren, wird sie als Gottesurteil angenommen. Manchen dämmert jetzt, was aus ihrer Schwäche für sie selber folgt.

DORIS NEUJAHR

FAMILIENPOLITIK

## Der Blick ist verstellt

Noch bis vor wenigen Tagen wurde die demographische Krise in Deutschland auf eine Zahl zugespitzt: 40 Prozent der deutschen Akademikerinnen seien kinderlos. Wie das Deutsche Institut für Wirtschaftsforschung (DIW) jetzt in einer neuen Studie belegte, liegt die Zahl hingegen bei 25 Prozent. Damit weicht die Zahl kinderloser Akademikerinnen weit geringer ab vom Durchschnitt (ca. 20 Prozent) als bislang behauptet.

Laut *FAZ* soll die SPD-Bundesfamilienministerin Renate Schmidt jahrelang diese überhöhte Zahl bewußt verbreitet haben – entgegen allen wissenschaftlichen Erkenntnissen. Der Grund: Es ging unter Schmidt und geht auch unter der jetzigen CDU-Familienministerin von der Leyen um eine Familienpolitik, die die Realität ignoriert, weil man immer noch glaubt, diese einer ideologisierten Politik unterwerfen zu können.

Die gängige Familienpolitik krankt daran, daß sie Familiengründung und Kinder als Betriebsunfall und Hindernis auf dem Wege der individualistischen Selbstverwirklichung ansieht. Und dies sowohl für Männer als auch für Frauen. Das gesellschaftliche Leitbild ist die erfolgreiche berufliche Karriere – ohne Familie, höchstens mit Familie als erduldetem, kostenneutralem Anhängsel.

Endlos wird nun darüber debattiert, wie durch finanzielle Anreize, Ganztagesbetreuung und andere Maßnahmen eine Art Vollkaskoschutz aufgebaut wird für den großen „Belastungsfall" Kind, der über junge Ehepaare hereinbricht wie ein Totalschaden.

Mutter mit Kind

Fast alle familienpolitischen Vorschläge sprechen in aller Brutalität die materialistischen Instinkte potentieller Eltern an. Kinder seien eine Kostenfalle, eine Karriererisiko, schränken die Mobilität ein – also soll der Staat den Geldhahn aufdrehen. Daß der Staat den betreffenden Bürgern meistens das Geld zuvor aus der einen Tasche gezogen hat, um es ihm wieder in die andere hineinzustecken, steht auf einem anderen Blatt.

Derzeit wird kaum bedacht, daß auf die Krise der Familie ganz woanders als auf materieller Ebene reagiert werden müßte: Wir müssen endlich über ein anderes gesellschaftliches Leitbild reden. Wenn derzeit die Erwerbstätigkeit der Maßstab gesellschaftlicher Anerkennung ist, ist es falsch, mit einem staatlichen „Müttergehalt" zu antworten. Mutterschaft muß vielmehr wieder einen immateriellen Rang haben, eben einen höheren als den der Erwerbstätigkeit.

Ein anderes Beispiel: Die Schulen verwenden große Energie darauf, in Sexualkunde Jugendliche darüber aufzuklären, wie sie Schwangerschaften *verhindern* können. Die Sexualaufklärung ist sinnvoll. Wie Schwangerschaften hingegen *gelingen* und daß sie mitsamt der Familiengründung zum selbstverständlichen Lebensplan und gesellschaftlichen Auftrag von Frau und Mann gehören, ist kein zentraler Lehrplaninhalt.

Familiengründung und Kinder in die Welt zu setzen, ist ein Wert, der dem Materialismus unserer Zeit entgegensteht. Es bedeutet, nicht danach zu fragen: „Was bekomme ich dafür?" Es bedeutet das In-den-Dienst-Stellen für eine immerwährende Generationenfolge, für die Gemeinschaft an sich. Ein Wert, ohne den kein Staat zu machen ist. Noch aber feiert der Individualismus seine letzten Exzesse.

DIETER STEIN

INHALT




Redaktion und Verlag: Hohenzollerndamm 27 a • 10713 Berlin — Telefax 0 30-86 49 53 14 — Telefon: 0 30-86 49 53-0 (Redaktion) • 0 30-86 49 53 19 (Leserdienst) — epost: verlag@jungefreiheit.de — Internet www.jungefreiheit.de


**Ohne Nation geht's nicht: JF-Ausgabe Juni 2006**

Nr. 23/07 – 1. Juni 2007 – 22. Jahrgang

EUR 3,20 – Österreich EUR 3,50/ Schweiz CHF 5,80/ Spanien EUR 4,00/ A 4084 C

# JUNGE FREIHEIT

WOCHENZEITUNG FÜR POLITIK UND KULTUR



**Rechtsanwalt und Burschenschafter Sascha Jung (im Vordergrund), weitere Mitglieder der Münchner Danubia:** Beschädigte Biographien

## Einen strafen, tausend erziehen

Gesinnungsdruck: Von der Arroganz der Macht in einem schwachen Staat, der sich stark fühlen möchte

Wenn staatliches Handeln ideologisch wird, häufen sich die beschädigten Biographien. Über dem wohlgefälligen Gefühl, etwas für die Verbesserung der Welt und die Verfestigung der eigenen Machtposition getan zu haben, übersehen Ideologen gern die dabei willkürlich Ausgebremsten, Abservierten, ins Abseits Gestellten. Anders als Berufsverbote gegen links sind berufliche Diskriminierungen gegen mißliebige Konservative bislang kaum Anlaß zu solidarisierender Empörung gewesen. Der Fall des Rechtsanwalts Sascha Jung, dem als Mitglied der Münchner Burschenschaft Danubia aufgrund eines nachweisbar unsinnigen Eintrags im bayerischen VS-Bericht verweigert wird, dem Rechtsstaat als Richter zu dienen, ist ein Prüfstein für den Stand der Freiheit im Staate.

Berufsverbote bestrafen Staatsbürger an ihrem persönlichen Lebensentwurf für ihre Gesinnung. Totalitäre Regime lieben es, ihre Staatssubjekte mit dieser Handhabe zu disziplinieren. „Berufsverbot" war für die Linke daher ein griffiges Reizwort, um sich gegen den „Radikalenerlaß" von 1972 und seine Anwendung zu wehren. Um die Verteidigung des Rechtsstaates ging es dabei freilich den wenigsten; während Betroffene auf der Linken zuverlässig breite Kampagnen-Unterstützung erwarten konnten, wurden berufliche Diskriminierungen gegen konservativ oder „rechts" verortete Bürger ebenso zuverlässig ignoriert, wenn nicht gar begrüßt und eingefordert.

Nun also das Berufsverbot gegen Sascha Jung: Ein Burschenschafter wird wegen seiner Mitgliedschaft in einer freiheitlichen, nationalkonservativen, traditionell eher obrigkeitskritischen Verbindung von der Staatsmacht schikaniert, nicht weil er etwas Unrechtes getan hätte, sondern weil er die negative Bewertung seines Bundes durch die Regierung nicht teilt. Da liegt es nahe, Bayerns Innenminister Beckstein mit einem modernen Metternich zu vergleichen oder in ihm den Wiedergänger eines SED-Büttels zu erblicken. Die Sache ist indes verzwickter.

Der Vergleich mit der DDR oder der „Demagogenverfolgung" der Restaurationszeit greift allenfalls auf den ersten Blick. Die Bundesrepublik Deutschland ist – alles in allem – ein demokratischer Rechtsstaat, der allerdings in Gefahr steht, ausgehöhlt und für Partikularinteressen mißbraucht zu werden.

Der Begriff der „wehrhaften Demokratie" suggeriert einen starken Staat, der in Wahrheit ein schwacher ist. Schon die Tatsache, daß Deutschland als Sonderfall unter den westlichen Demokratien glaubt, einen Inlandsgeheimdienst wie den „Verfassungsschutz" zu brauchen, spricht für mangelndes Selbstbewußtsein. Ein freiheitlicher Staat hat es nicht nötig, seine Bürger zu bespitzeln – abweichende Meinungen kann er ertragen, Gesinnungsdelikte sind ihm unbekannt, und für die präventive Bekämpfung krimineller Machenschaften ist die Polizei zuständig.

Fataler noch ist, daß die Anwendung des „Verfassungsschutzes" und anderer Instrumente der „wehrhaften Demokratie" nicht einer vordefinierten Staatsraison folgt, sondern dem Geschick einzelner Interessengruppen, den Staat auf ihre Linie zu bringen. Da sind zum einen die Parteien, die gern das Wohl des Gemeinwesens mit dem eigenen bzw. dem ihrer Gefolgsleute verwechseln. Die Partei des Herrn Beckstein ist ein Paradebeispiel dafür, wie Parteipolitiker den „Verfassungsschutz" als Instrument zur Absicherung eigener Interessen zweckentfremden.

Paradigmatisch hierfür ist der Umgang mit der rechtsdemokratischen Partei der Republikaner. Die Zahl der Staatsdiener ist Legion, die unter Verweis auf beharrlich vorgetragene und nie erhärtete „Anhaltspunkte auf Vorliegen verfassungsfeindlicher Bestrebungen" mit beruflichen Nachteilen wegen ihres Mitwirkens in dieser Partei überzogen wurden: Polizeibeamte, die trotz bester Beurteilungen nicht mehr befördert wurden, Berufssoldaten und Verwaltungsbeamte, die strafversetzt bzw. mit Disziplinarverfahren bedroht wurden – keiner, der den Rechtsweg beschritt, hat seinen Prozeß verloren, doch viele haben dem doppelten beruflichen und privaten Druck nicht standgehalten. Inzwischen verschwinden die Republikaner aus den VS-Berichten, die beschädigten Biographien bleiben.

Mit parteiegoistischem Wegbeißen von Konkurrenz allein ist kaum zu erklären, warum gerade Unionspolitiker sich derart verbissen der Bekämpfung konservativer Milieus widmen, in denen sie früher mal beheimatet waren. Freuen kann sich darüber nur das Netzwerk der „Antifaschisten", das konsequent daran arbeitet, den Staat zum Hilfswerkzeug seines ideologischen Kampfes um Meinungshegemonie zu machen. Mit dem Ergebnis, daß ausgewiesene Linksextremisten heute statt mit Berufsverboten mit Fördergeldern für den Kampf „gegen Rechts" rechnen können, der sich unter achselzuckender bis tatkräftiger Beteiligung der Unionsparteien gegen deren eigene Substanz richtet.

Dieser ideologische Machtkampf ähnelt unter dem Markennamen „Aufstand der Anständigen" einer McCarthy-Inquisition unter anderen Vorzeichen und hat ähnlich viele Lebensentwürfe ramponiert. Am prominenten Ende der Liste stehen Namen wie der als „Antisemit" diffamierte Ex-Bundestagsabgeordnete Martin Hohmann und der schäbig in den Ruhestand gejagte General Reinhard Günzel; zu den beiläufigen Opfern zählt jene Jung-Unionistin, die sich wegen ihrer Mitgliedschaft im harmlosen Jung-Weikersheim-Zirkel als fünfte Kolonne einer rechten Verschwörung gebrandmarkt fand und erschreckt ihre Karrierepläne in der Stuttgarter Staatskanzlei aufgab.

Funktionieren kann das nur im Zusammenspiel mit Meinungsmachern, die auf Stichwort den Staat mit hysterischen Kampagnen unter Druck setzen. Der Empörungsmaschinerie ist es gleich, wem sie das Leben ruiniert, um Schlagzeilen zu machen: den Soldaten, die vom Dienstherren sofort fallengelassen werden, als Fotos vom Landser-Unfug mit Totenschädeln in Afghanistan in die Boulevardpresse kommen; oder zwei jungen Männern, die als gemeingefährliche „Nazis" vorverurteilt werden, weil ein politisch überkorrekter Generalbundesanwalt eine Trunkenheitsschlägerei mit einem eingebürgerten Äthiopier zur Staatssache aufgeblasen hat.

Wer gegen solche Fehlentwicklungen auftritt, ist ein Verfassungsfreund. Der Solidaritätsappell für Sascha Jung zeigt vorbildlich, wie Bürger der Demokratie zu Hilfe eilen können, um sie vor Mißbrauch zu schützen. Noch ist es nicht zu spät, den Schaden an Sascha Jungs Biographie und am Rechtsstaat selbst zu heilen.

MICHAEL PAULWITZ

FAMILIENPOLITIK

## Der Staat als Totengräber

Warum gibt es überhaupt die traditionelle Familie? Eine Familie mit Kindern, in der Vater und Mutter verheiratet sind, zusammenhalten und ein Elternteil (im Zweifel die Frau) wenigstens einige Jahre – wenn nicht auf Dauer – keiner Erwerbstätigkeit nachgeht? Doofe Frage? Finde ich nicht. Man könnte ja auch auf die Idee kommen, daß es dieses „traditionelle Familienmodell" gibt, weil es irgendwelchen sentimentalen Romantikern einmal so eingefallen ist. Oder weil irgendwelche Religionsführer sich in diese reaktionäre Idee vernarrt haben.

Vor allem existiert dieses Familienmodell wohl, weil es existentiell notwendig ist, um das Fortkommen und Überleben des Nachwuchses sicherzustellen und um die daran Beteiligten abzusichern. Und weil sich dieser Verband als der überlebensfähigste kleinste solidarische menschliche Zusammenschluß bewährt hat. Natürlich steht im Zentrum die Liebe zwischen den Ehepartnern – wer wird das vergessen. Dennoch: Wird die existentielle Notwendigkeit zur Familiengründung restlos beseitigt, dann ist es folgerichtig, wenn die Familie untergeht – aber schließlich mit ihr auch die Kultur, die auf sie gegründet ist.

Nichts anderes erleben wir derzeit im Zeichen der demographischen Selbstaufgabe, die für die westlichen Industrienationen kennzeichnend ist. Und eines ist frappierend: Je komfortabler das soziale System, je umfangreicher „Betreuungsangebote" ausfallen, um so nachhaltiger die Auflösungserscheinungen der jeweiligen Familienstrukturen. Denn: An die Stelle des solidarischen Schutzverbandes Familie tritt der Staat. Um so bereitwilliger er mit immer neuen Lockangeboten, Prämien, Betreuungsangeboten segensreich zur Stelle ist, um vermeintlich strauchelnde Familien generös zu stützen, um so stärker beschleunigt sich deren Auflösungsprozeß.

Familie schützt

So ist auch die Debatte um das in der vergangenen Woche publizierte Urteil des Bundesverfassungsgerichts zum Unterhaltsrecht und die Polemik gegen das von der CSU geforderte „Betreuungsgeld" für Mütter zu werten. Karlsruhe stellte nun uneheliche Kinder ehelichen im Falle von Unterhaltsansprüchen nach einer Trennung der Eltern gänzlich gleich – bislang endete der Unterhaltsanspruch unehelicher Kinder zu einem früheren Zeitpunkt als bei ehelichen. Isoliert betrachtet womöglich eine korrekte Entscheidung. Nur: Im Kontext zahlloser Gesetzesänderungen und anderer Entscheidungen ist dies einer der Nägel zum Sarg des besonderen Schutzes der Ehe und damit der Familie. Die Familie wird ihres exklusiven Schutzcharakters beraubt, statt dessen springt der Staat ein.

Nicht anders bei der aktuellen Kita- und Betreuungsgeld-Debatte: Der Staat begünstigt mit Milliardensubventionen an neue Kinderbetreuungseinrichtungen einen Lebensentwurf, der Müttern eine möglichst rasche Rückkehr in den Beruf ermöglicht. Er hält es aber nicht einmal in gleichem Maße für förderungswürdig, wenn Familien die Betreuung selbst leisten, indem ein Elternteil (in der Regel natürlich die Mutter) zu Hause bleibt. Nun heißt es, wenn der Staat nicht die Betreuung frühzeitig an sich ziehe, dann gingen die Kinder zugrunde ... Mit einer solchen Weltanschauung tragen wir nicht nur die Familie, sondern zum Schluß auch den Staat zu Grabe.

DIETER STEIN

INHALT

IM GESPRÄCH

H. Merkel

**Bürger für die Freiheit:** „Hier geht es nicht nur gegen Konservative, hier geht es gegen politisch mißliebige Bürger jeder Couleur!" Der ehemalige Bonner Spitzenbeamte Hans Merkel will mit einer Bürgerinitiative im Fall Sascha Jung den Kampf aufnehmen. S. 3

MEINUNG

**G8-Gipfel:** Viel Rauch um wenig. S. 2

POLITIK

**Hambacher Fest:** In zeitgeistigem Licht. S. 4

**G. Beckstein:** Rätselhafter Gipfelstürmer. S. 5

**G8 und die NPD:** Nationale Autarkie. S. 5

**Ralph Giordano:** Probleme mit Muslimen. S. 6

**Irland:** Wahlsieg in einem vergifteten Kelch. S. 7

**Brief aus Brüssel:** Von Andreas Mölzer. S. 8

WIRTSCHAFT & UMWELT

**Chrysler:** Keine Angst vor Heuschrecken. S. 9

**Verkauf von Agrarland:** Rote Seilschaften. S. 9

HINTERGRUND

**Afghanistan:** Tradition einer Freundschaft. S. 10

KULTUR

**Pankraz.** S. 11

**Wie alles anfing:** Die 68er und die RAF. S. 11

**Anna Netrebko:** Mehr als Sex-Appeal. S. 12

**Edward Elgar:** Faible für Märsche. S. 13

**Karl Valentin:** Ein komischer Held. S. 14

LITERATUR

**Friedrich Meinecke:** Weite Toleranzgrenze. S. 15

GESCHICHTE & WISSEN

**V. Weizsäcker:** Unklarheiten im Lebenslauf. S. 16

**20. Juli:** Umsturzplanungen im März 1943. S. 17

FORUM

**Konservatismus:** Ohne Kirche geht's nicht. S. 18

ZEITGEIST & MEDIEN

**G8-Kritik:** Ein großes Woodstock. S. 20

**Hinweis:** Wegen des Streiks in der Druckindustrie kann es zu Qualitätsschwankungen und Verzögerungen bei der Auslieferung kommen. Wir bitten um Nachsicht.

Redaktion und Verlag: Hohenzollerndamm 27 a • 10713 Berlin — Telefax: 030-86 49 53 14 — Telefon: 030-86 49 53-0 (Redaktion) • 030-86 49 53 25 (Leserdienst) — E-Post: verlag@jungefreiheit.de — Internet: www.jungefreiheit.de

**Einen strafen, tausend erziehen: JF-Ausgabe Juni 2007**

Nr. 24/08 – 6. Juni 2008 – 23. Jahrgang

EUR 3,30 – Österreich EUR 3,60/ Schweiz CHF 5,90/ übriger Euroraum EUR 4,00/ PVSt., DPAG, Entg. bez., 4084

# JUNGE FREIHEIT

WOCHENZEITUNG FÜR POLITIK UND KULTUR



## Laßt die Fahnen draußen!

Vor der EM: Selbstbewußter Patriotismus gehört nicht nur zu Sportereignissen, sondern in den Alltag

Schwarz-Rot-Gold ist wieder angesagt. Täglich mehr Autos im Flaggenschmuck, Fan-Zubehör in den Nationalfarben, das die Supermarkt-Sortimente dominiert – der Anpfiff für die Fußball-Europameisterschaft rückt unübersehbar näher, und die Deutschen rücken zusammen in der Hoffnung auf ein zweites „Sommermärchen". Und wer ein paar Wochen später die Olympischen Spiele am Bildschirm verfolgt, wird weniger um die Leistungen der einzelnen Athleten fiebern, sondern möchte wieder, diesmal im Medaillenspiegel, das eigene Land ganz oben sehen. Selten ist Patriotismus so positiv besetzt, ja geradezu erwünscht wie bei internationalen Sportwettkämpfen.

Natürlich werden sich bald genug wieder die Bedenkenträger zu Wort melden, denen die plötzliche Aufwallung nationaler Gefühle ohne jegliche ironische Brechung oder kritische Distanzierung unheimlich ist. Auch die Spötter, die sich an der kommerziellen Vollversorgung der Fußballbegeisterten mit allerlei schwarzrotgoldenen Artikeln und am vermeintlich oberflächlichen „Partyotismus" stören, werden sich wieder einfinden. Beides ist indes unangebracht. Denn patriotische Gefühle stehen nicht im Gegensatz zum Geist des internationalen Sportwettbewerbs, sie sind das Salz in der Suppe, das ihren besonderen Reiz erst ausmacht.

Die Bändigung instinktiver Impulse und Triebe im Ritual ist eine der Grundlagen aller Zivilisation. So gesehen ist das unblutige Sich-Messen der Nationen im friedlichen sportlichen Wettstreit eine zivilisatorische Meisterleistung des Abendlandes – noch dazu eine, die auf dem ganzen Erdball Schule gemacht hat.

**Warum sieht man Schwarz-Rot-Gold nicht ganz selbstverständlich in jedem Klassenzimmer?**

Bereits in der griechischen Antike gehörte zu den Olympischen Spielen der Olympische Friede: Wenn die Athleten kämpften, schwiegen zwischen den Hellenen die Waffen. Auf dem Spielfeld und auf den Zuschauerrängen dürfen Stolz auf das eigene Land und patriotische Begeisterung für die Leistungen seiner Besten, aber auch nationale Antagonismen ausgelebt werden, ohne daß anderen Schaden entsteht. Da mögen einige Schlachtenbummler auch überholte Feind-Metaphern auspacken oder mit nationalen Klischees auf den Zuschauerrängen provozieren, ohne daß es wirklich jemandem wehtut.

Das Zeitalter der Globalisierung hat die nationalen Leidenschaften nicht obsolet gemacht, im Gegenteil. Selten lag Franz Beckenbauer so falsch wie vor zehn Jahren, als er das baldige Verschwinden der Nationalmannschaften und die Verdrängung der Länderspiele durch eine Europa- oder gar Weltliga der Spitzenclubs herbeireden wollte. Als gäbe letztlich nur den Ausschlag, womit sich das meiste Geld verdienen läßt. Die Fußball-Geschäftsleute haben die Kraft der gewachsenen Bindungen unterschätzt: Die gemeinschaftsstiftende Identifikation ganzer Völker mit „ihrer" Nationalmannschaft ist so real wie die Existenz der Nationen und Nationalstaaten selbst, die auch im 21. Jahrhundert der gültige Ordnungs- und Identitätsrahmen für das Zusammenleben der Menschen auf diesem Planeten bleiben werden.

Gewiß: Wo das Gemeinschaftserlebnis die Alltagssorgen für eine Weile vergessen macht, bleiben profane Interessen nicht aus, die aus dem kollektiven Hochgefühl ihren Nutzen ziehen wollen. Kommerziellen natürlich vorneweg; Sponsoring kannten schließlich schon die alten Griechen, wenngleich sie sich die Dimensionen, in denen Uefa und IOC heute mit Milliarden jonglieren, sicher nicht hätten vorstellen können.

Erst recht wollen Politiker gern etwas vom Glanze abhaben, wenn die Völker in bester Stimmung vereint sind. Der Austragungsort internationaler Sportwettbewerbe ist immer ein Politikum; kein Staat, der nicht aus seiner Gastgeberrolle für das eigene nationale Interesse Vorteil schlagen wollte. Und gibt er sich dabei allzu große Blößen, ist schnell ein neidischer Konkurrent mit Boykottdrohungen bei der Hand.

Fußballverächter zu sein, kann kein Politiker sich leisten, wenn Europa- oder Weltmeisterschaften die Nachrichten dominieren. Tapfer sitzen sie auf den Tribünen, und selbst wenn das Geschehen auf dem Platz ihnen nicht wirklich etwas sagt, können sie sich der gemeinschaftlichen Begeisterung nicht entziehen: Sie springen auf, schreien und jubeln mit, um dem von ihnen regierten Volk einmal so nahe zu sein, wie sie es im grauen politischen Alltag wohl niemals fertigbrächten.

Die Bundeskanzlerin hat zwar wohl nie wie Amtsvorgänger „Acker" Schröder im Verein gebolzt, aber sie ist rationale Analytikerin genug, um bei der WM vor zwei Jahren gelernt zu haben, wie man sich ein Scheibchen vom Beifall der Nation für ihre Helden abschneidet. So findet sie denn nicht erst nach wichtigen Meisterschaftsspielen, sondern sogar schon nach dem letzten EM-Testspiel den Weg in die Kabine der Nationalmannschaft.

Vielleicht nimmt sie diesmal ja etwas von ihren Erfahrungen im Stadion mit nach draußen und stellt sich nach dem Abpfiff die richtigen Fragen: Warum eigentlich gestattet die politische Klasse sich – und uns – unbefangenen Patriotismus und Deutschland-Begeisterung ohne düster-depressive Selbstzweifel nur im seltenen Ausnahmezustand sportlicher Großereignisse? Warum sieht man unseren ehrwürdigen urdemokratischen Dreifarb nicht ganz selbstverständlich und viel öfter im täglichen Leben, zum Beispiel in jedem Klassenzimmer? Warum lernt man dort nicht die Nationalhymne und probiert es mal mit der integrierenden Kraft des Nationalstolzes, so wie andere westliche Demokratien auch? Warum all die verklemmten Kampagnen „gegen rechts" und „gegen Rassismus", als dürfte man nicht stolz auf sein Land und seine Nationalmannschaft sein, ohne gleichzeitig demonstrativ sein schlechtes Gewissen zu markieren?

Mehr Selbstbewußtsein und mehr Gemeinschaftssinn können diesem Land nur guttun. Deshalb: Laßt die Fahnen draußen nach dieser EM – wir brauchen uns ihrer auch ohne Fußball nicht zu schämen. MICHAEL PAULWITZ

DEBATTE

## Lieber Thomas Schmid,

als Chefredakteur schrieben Sie in der letzten *Welt am Sonntag* einen Leitartikel zur CDU. Überschrift: „Die CDU ist kraftlos dem Geist der Zeit ausgesetzt". Dort analysieren Sie den wenig offensiven Charakter der Partei und den Mangel an Standhaftigkeit. Die Union habe „längst alle nie geführten Schlachten verloren". Sie fordern die CDU zu einem metapolitischen Angriff heraus, doch bislang bemühe man sich nicht, „auf dem Feld der kulturellen Symbolpolitik in Richtung Hegemonie voranzukommen".

Sie beschuldigen die Merkel-Truppe der Kapitulation vor der Linken: Die Parteiführung sei „zu der unverrückbaren Überzeugung gekommen, daß erstens das Wort 'konservativ' aus dem Sprachschatz der Partei zu streichen sei und es zweitens gar keine tragfähige Alternative zum Mitschwimmen im Strom des politisch Korrekten gebe". Es fehle an „Ideen und Prinzipien", schreiben Sie weiter, „entkernt und angepaßt" sei die Partei, zum kommenden „Lagerwahlkampf" sei das Konrad-Adenauer-Haus „gar nicht fähig".

Fast alles in Ihrem Leitartikel läßt sich unterschreiben. Doch woran liegt es, daß die CDU auf so morschen Pfeilern steht? Sie selbst beschleicht in Ihrem Text eine Ahnung. Es könne nämlich sein, daß es „kein bürgerliches Milieu gibt, das sie selbstbewußt stützen und begleiten würde", weshalb die CDU auch keine Anstalten mache, Widerstand zu leisten.

Wer war denn einst die mediale Stimme jenes bürgerlich-konservativen Milieus in Deutschland? Es war Axel Springer, der sich dies zu seiner Aufgabe gemacht hat. Der bis zu seinem Tod 1985 dafür gesorgt hat, daß seine Blätter *Welt* und *Bild* am Ziel der Wiedervereinigung Deutschlands festhielten, und für den „Antikommunist" kein Schimpfwort war. Der konservative Journalisten – Hans Zehrer, Günter Zehm, Enno von Löwenstern, Matthias Walden, Carl Gustaf Ströhm – in seine Blätter holte und ihr politisches Profil schärfen ließ.

„Welt"-Chef Thomas Schmid

Lieber Thomas Schmid, Ihr Verlag selbst hätte es in der Hand, den Kampf um eine kulturelle, geschichtspolitische Hegemonie zu führen, doch er tut es nicht. Inzwischen bestimmen allein Renditeziele die Politik Ihres Hauses. Die politisch-kulturelle Inferiorität Ihres Hauses demonstrieren Sie selbst als Chefredakteur der *Welt*, indem Sie neben Ihrem Leitartikel einen wirren Text des linken Historikers Wolfgang Wippermann drucken, der just eine „Offensive für konservative Werte" und eine „nie scharf gezogene Grenze zwischen Konservatismus und Faschismus" beklagen und Eva Herman wiederholt und zu Unrecht zu einer Verklärerin des Dritten Reiches stempeln darf.

In der Personalangabe ist es Ihnen wichtig, zu betonen, daß die Redaktion der *Bild*-Zeitung Wippermann Leserbriefe von *Bild*-Lesern „zur Verfügung stellte", die dieser jetzt in seinem Buch „Autobahn zum Mutterkreuz: Historikerstreit der schweigenden Mehrheit" verwurstete.

Bei der CDU machen Sie als Ursache für ihr Anpassertum eine Mischung aus „vorauseilender Aufgeklärtheit und dumpfer Resignation" aus. Die Springer-Blätter sind in dieser Hinsicht der CDU noch um einiges voraus – und das ist bedauerlich.

*Herzlichst, Ihr Dieter Stein*

„Super-Deutschland-Sommer!"

**Im Gespräch:** Wird sich mit der EM die Patriotismuswelle der WM wiederholen? Die zwanzigjährige Nicole Stocker ist Fußballfan – und spätestens seit 2006 auch Patriotin: „Ich wette auf einen Super-Deutschland-Sommer!", S. 3

Nicole Stocker



Redaktion und Verlag: Hohenzollerndamm 27 a • 10713 Berlin — Telefax: 030-86 49 53 14 — Telefon: 030-86 49 53-0 (Redaktion) • 030-86 49 53 25 (Leserdienst) — E-Post: verlag@jungefreiheit.de — Internet: www.jungefreiheit.de

**Laßt die Fahnen draußen:**
**JF-Ausgabe Juni 2008**

Nr. 24/09 – 5. Juni 2009 – 24. Jahrgang

EUR 3,40 – Österreich EUR 3,60/ Schweiz CHF 5,90/ übriger Euroraum EUR 3,90/ PVSt., DPAG, Entg. bez., 4084

# JUNGE FREIHEIT

WOCHENZEITUNG FÜR POLITIK UND KULTUR



Mit Seelenverkäufern setzen afrikanische Flüchtlinge ins Land ihrer Hoffnung über

## Sturm auf Europa

Ungebremste illegale Einwanderung stellt die EU vor enorme Herausforderungen

Alt und schwach, aber wohlhabend – so wirkt Europa auf die Hungrigen dieser Welt. Sie rütteln an den Toren der müden Festung, von Ceuta und Melilla, den spanischen Exklaven auf afrikanischem Boden, über Lampedusa und Malta und die thrakischen Grenzflüsse bis in die Waldgebirge, die Polen von der Ukraine und Weißrußland trennen. Doch die Besatzung der belagerten Festung ist sich nicht einig, wie mit der Herausforderung umzugehen ist.

Unaufhörlich schwillt der Strom der illegalen Einwanderer an. 140.000 wurden im Jahr 2007 aufgegriffen, 175.000 im Jahr 2008, für 2009 erwartet die EU-Agentur Frontex einen weiteren Anstieg. Die Aufgegriffenen sind dabei nur die Spitze des Eisbergs. Moderne Grenzüberwachungstechnik wird nur punktuell eingesetzt, in den Staaten, die die Außengrenzen kontrollieren, steht sie oft nicht zur Verfügung. Meist fehlt auch der Wille. Eine kleine und stiefmütterlich ausgestattete EU-Behörde kann diesen Mangel nicht wettmachen.

Sind es vier Millionen illegale Einwanderer, die sich derzeit auf dem Territorium der 27 EU-Mitgliedstaaten aufhalten, sind es acht? Niemand scheint das genau zu wissen. Mancher skrupellose Geschäftsmann in Süditalien oder Spanien verdient gut an der Beschäftigung illegaler Einwanderer; die gesellschaftlichen Folgekosten tragen ja andere. Für die unmittelbar Betroffenen in den Städten und Vororten dagegen bedeutet illegale Einwanderung statt Bereicherung weit häufiger Unruhe und Bedrängnis.

**An der politischen Spitze in Berlin herrscht ängstliches Schweigen und Abwarten.**

In Griechenland explodierte der aufgestaute Unmut kürzlich in regelrechten Straßenschlachten zwischen Bürgern und Einwanderern und zwischen Illegalen und der Polizei. Jeder zweite aufgegriffene Illegale wird im Land der Hellenen gefaßt, die Dunkelziffer nicht mitgerechnet. Mindestens 400.000 Illegale halten sich in Griechenland auf, schätzt die Polizei. In Athen besetzen sie leerstehende Neubauten, nehmen ganze Straßenzüge ein, Touristen bleiben weg, die Einheimischen fühlen sich vertrieben. Die Auseinandersetzungen sind ein Vorgeschmack künftiger Verteilungskämpfe. Doch die Regierung resigniert und ruft nach der EU, sie solle ihr die Last der Illegalen abnehmen.

Anders Italien. Zwischen Kapitulation oder entschlossener Abwehr setzt Rom auf die zweite Lösung. Illegaler Aufenthalt als Straftatbestand, Abschiebelager, Legalisierung von Bürgerwehren – das sind deutliche Signale, die im Volk ankommen. Italiens Marine drängt Flüchtlingsschiffe von den eigenen Küsten nach Libyen ab, statt wie die erfolglosen Frontex-Patrouillen nur Schleuserboote magisch anzulocken und die Illegalen an Bord zu nehmen.

Ministerpräsident Berlusconi hat die Gesetzesverschärfungen mit der Vertrauensfrage durchgesetzt. Italiens Lega-Nord-Innenminister Roberto Maroni legt sich als treibende Kraft dieses Kurses mit Multikulturalisten und Einwanderungslobbyisten sowohl im eigenen Land als auch in den internationalen Organisationen an. Das erfordert Mut und Standfestigkeit – Eigenschaften, die die meisten europäischen Regierungen nicht aufbringen. Schon gar nicht die Institutionen und Abteilungen der wuchernden Eurokratie, die oft genug von Einwanderungslobbyisten und -ideologen dominiert werden, die sich wohldotiert und ungestört von demokratischer Kontrolle ihren multikulturellen Tagträumen hingeben.

Da werden Papiere verbreitet, die in plattestem Ökonomismus utopische Einwanderungszahlen aus demographischen Gründen postulieren, so als wären die europäischen Völker ausgebrannte Regimenter, die man beliebig mit Rekruten von überallher auffüllen müßte; da richtet man in Nordafrika „Beratungsbüros" ein, die illegale Einwanderer eher ermuntern als von ihrem Vorhaben abbringen dürften; da winkt das Europäische Parlament eine Asylrichtlinie durch, die Asylbewerber vom Fleck weg mit quasi-staatsbürgerlichen Rechten ausstatten will. Viel Energie verwendet man auf die „Blue Card" zur Anwerbung „Hochqualifizierter, doch die wenigen Beschlüsse zum Umgang mit illegaler Migration verharren im Allgemeinen und Unverbindlichen.

Was die EU tut oder läßt, hängt freilich wesentlich von der Haltung ihrer größten und einflußreichsten Mitgliedstaaten ab. Doch während aus Italien, Frankreich und Skandinavien ermutigende Ansätze kommen, fällt das größte und wirtschaftsstärkste EU-Mitglied, Deutschland, als Impulsgeber praktisch aus.

An der politischen Spitze herrscht ängstliches Schweigen und Abwarten. Das Wehklagen der üblichen Verdächtigen über die strikten Maßnahmen von Franzosen oder Italienern ist aus Deutschland lauter zu vernehmen als eine dringend benötigte Unterstützung der Bundesregierung für einen entschlossenen Kurs. Eine politische Klasse ohne nationales Identitäts- und Interessenbewußtsein vermag unter dem Druck der lautstarken Lobbyisten deren Begehrlichkeiten allenfalls hinhaltenden Widerstand entgegenzusetzen.

Illegale Einwanderung ist zweifellos ein europäisches Problem und verlangt europäisches Handeln. Doch ohne nationale Maßnahmen, die den eigenen Interessenrahme abstecken, geht es nicht. Berlin darf sich nicht hinter europäischen Konsensrunden und Alibi-Agenturen oder der Drittstaatenregelung verstecken, es muß selbst das Heft in die Hand nehmen. Im nationalen Rahmen heißt das: Wiedereinführung scharfer Grenzkontrollen und Streichung der Einwanderungsanreize im Sozialsystem. Auf europäischer Ebene lautet die Aufgabe, Regierungen wie die italienische zu unterstützen, die in der Einwanderungsfrage eine klare Haltung einnehmen, und in konzertierter Aktion einer restriktiven Einwanderungspolitik in Europa zum Durchbruch zu verhelfen. Und nicht zuletzt verlangt der Kampf gegen die Hydra der Einwanderungs- und Multikulturalismuslobby, daß ihren Behörden und Agenturen, die vom Geld der europäischen Steuerzahler ausgehalten werden, der Geldhahn abgedreht wird. Viel zu tun – die Alternative hieße indes Selbstaufgabe.

MICHAEL PAULWITZ

NEUE JF-SERIE

## Der lange Weg zum Weltkrieg

Die Vergangenheit ist allgegenwärtig. Sie vergeht nicht, so sehr sich auch manche Schlußstriche wünschen. Sie greift immer wieder ins politische Geschehen ein, wie der Kampf um das Zentrum gegen Vertreibungen zeigt. 2009 ist ein besonders geschichtsmächtiges Jahr: 20 Jahre Mauerfall, 60 Jahre Grundgesetz und Gründung der Bundesrepublik Deutschland. Auch die nachgewachsene Generation im wiedervereinigten Deutschland beschäftigt die Frage nach dem Warum: Wie kam es dazu, daß Deutschland so lange besetzt und geteilt war? Weshalb wurden zwölf Millionen Deutsche aus dem Osten vertrieben, und weshalb verlor Deutschland Schlesien, Pommern, West- und Ostpreußen, Elsaß-Lothringen? Weshalb scheiterte die Weimarer Demokratie? Warum marschierten die Deutschen in einen neuerlichen Weltkrieg? Haben wir das Militarismus-Gen?

Tatsächlich fiel die weltpolitische Eskalation 1939 nicht vom Himmel. Eine der wichtigsten Ursachen für den neuerlichen Weltenbrand gebaren die Siegermächte des Ersten Weltkrieges in einem berühmten Pariser Vorort. Just jährt sich auch dieses Jahr zum 90. Mal die Unterzeichnung des Versailler Vertrages, jenes von allen Weimarer Parteien von links bis rechts als „Diktat" gegeißelten Papiers, das den Grundstein für das Scheitern der ersten deutschen Republik legte. Die himmelschreienden Bedingungen dieses Vertrages waren das Todesurteil für die junge Republik. Heute ist das Wissen um die Lage der Zeit verschüttet, überlagert von einer ideologischen öffentlichen Geschichtsdeutung, die fast ungebrochen monokausal von einem deutschen „Griff zur Weltmacht" als Kriegsursache ausging.



Für die Widerherstellung des stereoskopischen Blickes auf die Historie, die Wahrnehmung der Multikausalität, kämpfen kritische Historiker. Gerd Schultze-Rhonhof ist einer von ihnen – wenn auch seine Profession zunächst eine andere war. Der im Jahre des Kriegsausbruchs Geborene wurde in der neu aufgebauten Bundeswehr Berufssoldat. Als Generalmajor bat er 1996 um seine Entlassung, nachdem man ihm wegen seiner klaren Kritik an der Wehrdienstverkürzung und am „Soldaten sind Mörder"-Urteil des Bundesverfassungsgerichtes „Illoyalität" vorgeworfen hatte.

Schultze-Rhonhof nutzte die vergangenen Jahre, um der Frage nach den Hintergründen des Kriegsausbruchs auf den Grund zu gehen. Frucht seiner Bemühungen ist das populärwissenschaftliche Buch „Der Krieg, der viele Väter hatte", das inzwischen sensationelle sechs Auflagen und eine Gesamtauflage von über 30.000 Exemplaren erreicht hat.

Exklusiv für die JUNGE FREIHEIT verfaßte Gerd Schultze-Rhonhof eine zwölfteilige Serie, die in dieser Ausgabe startet (*siehe Seite 20*). Er faßt hier den gesamten Zeitraum der „Zwischenkriegszeit" von 1919 bis 1939 in den Blick, um insbesondere für nachgeborene Leser zu ergründen, wie es zum Kriegsausbruch kam. Seine Serie beginnt mit dem Kapitel „Die Hypotheken von Versailles". Es war alles viel komplizierter …

DIETER STEIN

**Einwanderung: „Illegal ist kriminell"**

**Im Gespräch:** „Unsere Gesetze sind neu, das erste Mal, das so etwas in Europa möglich ist!" Andrea Gibelli ist einwanderungspolitischer Sprecher der Lega-Nord-Fraktion in Rom. Dank ihr ist Italien heute Vorreiter im Kampf gegen illegale Einwanderung, S. 3

**Andrea Gibelli**

MEINUNG

**Beschränkt und bösartig:** Antideutsche Jungsozialisten, S. 2

POLITIK

**Der Linkspartei so nah:** Die wüsten Vorwürfe der Jusos, S. 4

**„Einer unter Tausenden":** Diskussion um den „Fall Kurras", S. 4

**Rette sich, wer kann:** Wahlen treiben die Politik in die Enge, S. 5

**Hilflose EU:** Der Wahlmüdigkeit mit Glasfasern begegnen, S. 5

**Brennpunkt Europawahl:** Der große JF-Parteientest, S. 6/7

**Die Kinder sind desinteressiert:** 60. Sudetendeutscher Tag, S. 8

**Odyssee der Zigeuner:** Berliner Eiertanz um Gast-Migranten, S. 8

**„Europa vor Lissabon retten":** Gespräch mit Declan Ganley, S. 9

**Roter Korridor:** Auch nach der Wahl bleibt Indien instabil, S. 9

**Hochburg der Linksextremisten:** Multikulti-Pulverfaß Athen, S. 10

WIRTSCHAFT

**„Bad Book"-Analyse:** Finanzkrise und Konjunkturprogramme, S. 11

HINTERGRUND

**Lauernde Migranten:** Report aus Spaniens Exklave Melilla, S. 12

KULTUR

**Pankraz,** der Religionsrat und die Kosten von Yoga, S. 13

**Mythos in Gefahr:** Die Linke und das Desaster von 1968, S. 13

**Kunstvoll, nicht gekünstelt:** Bob Dylans neues Album, S. 14

**Kinder, Küche und Karriere:** Würdige preußische Frauen, S. 16

**Ente mit Pfeffer:** Donald Duck ist in die Jahre gekommen, S. 17

LITERATUR

**Die Europafalle:** Hans Peter Martin rechnet mal wieder ab, S. 19

GESCHICHTE

**Vergessen:** Die Skagerrakwache zieht nicht mehr auf, S. 20

**Dammbruch im Ostblock:** Solidarnosc und das Jahr '89, S. 21

FORUM

**Wahlfarce:** Immergleiche Stücke in kunterbunten Kostümen, S. 22

ZEITGEIST

**Gegen den körperlichen Verfall:** Die 7. Faßathlon-WM, S. 24

4 194147 903402 24

Redaktion und Verlag: Hohenzollerndamm 27 a • 10713 Berlin — Telefax: 030-86 49 53 14 — Telefon: 030-86 49 53-0 (Redaktion) • 030-86 49 53 25 (Leserdienst) — E-Post: verlag@jungefreiheit.de — Internet: www.jungefreiheit.de

**Der gelobte Kontinent:**
**JF-Ausgabe Juni 2009**

Nr. 23/10 – 4. Juni 2010 – 25. Jahrgang – www.jungefreiheit.de

EUR 3,50 – Österreich EUR 3,70/ Schweiz CHF 6,–/ übriger Euroraum EUR 4,–/ PVSt., DPAG, Entg. bez., 4084

# JUNGE FREIHEIT

WOCHENZEITUNG FÜR POLITIK UND KULTUR

**Köhlers Rücktritt: Menetekel für Schwarz-Gelb?** Seiten 1, 2 und 5

**Mythos Südafrika**

**Vor dem Start der Fußball-WM: Politik und Medien verschweigen die harte und gewalttätige Realität der multikulturellen Regenbogennation**

*Seiten 1, 3, 10 und 17*

**Blick von Kapstadt aus auf das Tafelbergmassiv; Südafrikanerin mit Nationalfarben auf der Wange:** Schleichender Abstieg in die Dritte Welt

## Schiffbruch am Kap

Gescheitertes Multikultopia: Ein umgekehrter Rassismus stürzt Südafrika ins Chaos

Die Fußballbegeisterten aus aller Welt, die in diesen Wochen zur WM nach Südafrika reisen, kommen in ein Land, in dem sich ein seltsames Experiment vollzieht: die Transformation eines westlich geprägten Industriestaats in ein Entwicklungsland. Gut anderthalb Jahrzehnte nach Ende der weißen Vorherrschaft ist die mit viel Vorschußlorbeeren bedachte multikulturelle Utopie der „Regenbogennation" gescheitert, das Land gespalten, die wichtigsten Entwicklungsindikatoren des Landes weisen inzwischen rasant nach unten. Übrig ist die rosa Brille, mit der politische und mediale Schönredner auf das Chaos am Kap blicken.

Wer Südafrika heute als „Schwellenland" bezeichnet, sollte hinzufügen, daß die Republik an der Schwelle zur Kellertreppe steht. Das „gefährlichste Land der Welt", in dem in einem Jahr mehr Menschen gewaltsam zu Tode kommen als in Afghanistan unter Kriegsbedingungen, leidet unter ausufernder Kriminalität und dem Niedergang der Sicherheitskräfte, unter der Ausbreitung von Aids und dem Verfall des Gesundheitssystems, unter der Ausbreitung der „afrikanischen Krankheiten" Korruption und Vetternwirtschaft, einem rasanten Anstieg der Arbeitslosigkeit und hoher Armutsrate trotz aller kostspieligen WM-Infrastrukturprojekte, unter zunehmenden Versorgungsengpässen zum Beispiel bei der Energieversorgung, dem schleichenden Zusammenbruch von Bildungswesen, öffentlicher Infrastruktur und Rechtsstaatlichkeit.

**Südafrika ist gespalten – zwanzig Prozent der Weißen haben das Land schon verlassen.**

Das größte Problem des neuen Südafrika ist indes ein altes: Rassendiskriminierung und Rassenhaß. Lediglich die Vorzeichen haben sich geändert. Offener Haß Schwarzer auf Schwarze trifft vor allem Einwanderer aus benachbarten afrikanischen Krisenstaaten wie Simbabwe, während Südafrikas Weiße einem System vielfältiger Diskriminierung von der institutionellen Benachteilung bis zur geduldeten systematischen Gewalt, Raub und Mord unterliegen: „Zwanzig Prozent der Weißen haben das Land schon verlassen", so Flip Buys, Vertreter der weißen Minderheit im JF-Interview (*siehe Seite 3*). Doch die gut ausgebildeten weißen Leistungsträger werden in die Emigration getrieben, ohne daß die neuen Herren sie ersetzen könnten.

Ein gängiges Erklärungsmuster versucht jegliche Mißstände als Folge der Entmündigung und Entrechtung der schwarzen Bevölkerung unter dem System der Apartheid zu entschuldigen. Doch daß „unsere Führer einfach die Ausbeutungsmentalität ihrer einstigen Unterdrücker kopiert" hätten, wie der Kommunist Moeletsi Mbeki, Bruder des Ex-Präsidenten Thabo Mbeki, kritisiert, ist allenfalls ein kleiner Teil der Wahrheit. Mit der Verdrängung der Buren und Engländer gehen auch die europäischen Maßstäbe, nach denen sie den Staat einst aufgebaut haben. Die Machtübernahme des ANC 1994 bedeutete einen fundamentalen kulturellen Paradigmenwechsel, der Südafrika in eine vorhersehbare Krise geführt hat.

Die Blauäugigkeit und ideologische Voreingenommenheit westlicher Meinungsmacher und der von ihnen getriebenen Politiker hat daran beträchtlichen Anteil. Daß es sich beim ANC nicht um eine friedliche Bürgerrechtsbewegung, sondern um eine terroristische Organisation handelt, die vor allem im letzten Jahrzehnt das alte Südafrika durch massiven Terror und systematische Aufstachelung zur Gewalt Schwarzer gegen Schwarze zu destabilisieren suchte, übersah man in der westlichen Öffentlichkeit meist ebenso geflissentlich, wie man im Namen der guten Sache und der vermeintlichen Volksbefreiung auf fernen Kontinenten stets über die Verbrechen kommunistischer und sozialistischer Bewegungen von Mao und Ho Chi Minh bis zu Fidel Castro oder Nicaraguas Sandinistas hinwegzusehen pflegte.

Die Fortsetzung war die zumindest fahrlässige Illusion, daß eine Bewegung vom Schlage des ANC nach ihrer Machtergreifung im Bunde mit Kommunisten und revolutionären Gewerkschaftern zum Garanten multikultureller Aussöhnung und Erbauer eines liberalen Musterlandes werden würde. Um im „Traumland" zu bleiben, klammerte man sich an den zur Lichtgestalt verklärten Übergangspräsidenten Nelson Mandela und blendete geflissentlich aus, was das optimistische Bild vom schönen neuen Südafrika störte.

Ein Symptom dieser Ignoranz ist, daß die westliche Öffentlichkeit zwar einiges über Farmermorde und Staatsversagen in Simbabwe weiß, aber kaum je von den Tausenden ermordeten weißen Farmern in Südafrika gehört hat. Mandelas Nachfolger verhalten sich kaum anders als ihre Nachbarn in Simbabwe oder Namibia: Die eigene Klientel wird mit Umverteilung aus der vorhandenen Substanz befriedigt. Wenn sich die Krise verschärft, müssen „die Weißen" wieder als Sündenbock herhalten. Doch die Bevorzugung Schwarzer aufgrund rassischer statt fachlicher Kriterien durch das „Black Economic Empowerment"-Programm hat, wie jede positiv diskriminierende Quotenregelung, lediglich Niveaus abgesenkt und die Spaltung verschärft, auch innerhalb der schwarzen Bevölkerung.

Nur vereinzelt werden differenziertere Stimmen laut, die vor dieser Fahrt in den Abgrund warnen. Ironischerweise kommen diese oft aus denselben Wirtschaftskreisen, die einst um der besseren Wiedereinbindung Südafrikas in die globale Finanz- und Rohstoffwirtschaft willen den Druck zur Beendigung der weißen Vorherrschaft mit verstärkt hatten. Wenn Südafrika noch zu retten sein soll, ist eine Voraussetzung die Abkehr von multikulturellen Illusionen. Mit bloßem „One man, one vote" läßt sich ein multiethnisches Staatswesen nicht regieren, ohne daß strukturelle ethnische Mehrheiten die Minderheiten übervorteilen. Ein Vielvölkerstaat kommt nicht ohne extreme Föderalisierung und institutionelle Mechanismen zum Minderheitenschutz aus.

Das immerhin läßt sich aus dem Scheitern der Utopie der Regenbogennation lernen: Multikulturelle Gesellschaften, die Differenzen ignorieren, funktionieren nicht. Nirgends. Südafrikas Absturz ist somit auch ein Menetekel für die Zukunft Europas. MICHAEL PAULWITZ

RÜCKTRITT DES BUNDESPRÄSIDENTEN

## Männer über Bord

Nur eine Woche, nachdem Hessens Ministerpräsident Roland Koch fröhlich seinen Abschied aus der Politik erklärte, wirft Bundespräsident Horst Köhler mit einer tränenerstickten Erklärung hin. Wer bislang noch nicht begriffen hat, daß Deutschland durch den trudelnden Euro nicht nur in einer wirtschaftlich bedrohlichen Situation steht, dürfte spätestens jetzt erkennen, daß wir auch in einer schweren politischen Krise stecken.

Es gab bislang keinen schöneren politischen Altersruhesitz in der Republik zu vergeben als das Amt des Bundespräsidenten – solange wir uns in Schönwetterperioden bewegten. Doch schon seit einigen Wochen ist das Staatsoberhaupt genötigt, von der Legislative im Eiltempo durchgepaukte „alternativlose" Milliarden-Rettungspakete am Fließband zu unterschreiben. Köhler sah sich zuletzt mit wachsender Kritik konfrontiert, weil er als Staatssekretär im Bundesfinanzministerium und späterer Sparkassenpräsident bestritten hatte, daß im Falle der Euro-Einführung Deutschland in die aktuell eingetroffene Situation kommen könne, bei der es für die Schulden anderer Euro-Staaten einstehen müsse.

Köhlers Rücktritt ist eine Sensation und keinesfalls mit der Verärgerung zu erklären, man habe ihn wegen Äußerungen zu Auslandseinsätzen der Bundeswehr respektlos behandelt. Der Rücktritt verweist vielmehr auf tieferliegende Verwerfungen in der politischen Tektonik der Republik, die durch die schweren Herausforderungen der letzten Wochen erschüttert ist. Und er hat mit Sicherheit seinen Kern in einem zerrütteten Verhältnis zur Kanzlerin, die durch den Rücktritt unter zusätzlichen Druck gerät. Köhlers Wahl 2004 zum Bundespräsidenten war ursprünglich der Auftakt des von CDU-Chefin Angela Merkel betriebenen schwarz-gelben Projekts im Bund. Sein Rücktritt wird jetzt zum Symbol des Scheiterns dieser Koalition werden.

Was für Politiker führen Deutschland, fragen sich fassungslos seine Bürger! Sowohl Roland Koch als auch Horst Köhler galten als Schwergewichte mit finanz- und wirtschaftspolitischem Sachverstand. In einer solchen Krise, bei der Millionen Bürger besorgt sind, ob ihre Ersparnisse und Renten gesichert bleiben oder eine Währungsreform droht, wäre Führung gerade von diesen Männern zu verlangen. Offenbar waren sie mit ihrem Latein am Ende – und verlassen rechtzeitig das sinkende Schiff.

**Horst Köhler**

Eine Person wächst in dieser krisenhaften Situation auf geradezu gespenstische Weise: Angela Merkel. Parlament, Präsident, Bundesverfassungsgericht – überrumpelt, ausgeschaltet, latent entmachtet. Um die Kanzlerin herum schrumpfen die Männer auf Gartenzwergniveau: Guido Westerwelle, der sich zum Führer des bürgerlichen Lagers aufschwingen wollte, hat sie alle Zähne gezogen. Nicht die FDP kündigt womöglich das schwarz-gelbe Bündnis, sondern faktisch die kühl agierende Kanzlerin, die nach dem NRW-Debakel auf eine neue Große Koalition im Bund zusteuert. Das Regieren mit Notverordnungen („Rettungspaketen") – die Kanzlerin weiß die Stunde zu nutzen. DIETER STEIN

**„Die Weißen verlassen das Land"**

**Im Gespräch:** „Südafrika ist vom Begriff 'Rasse' geradezu besessen (...) Minderheiten sind vom politischen Prozeß de facto ausgeschlossen", warnt Flip Buys, Gewerkschafter und Vertreter der weißen Buren-Minderheit im Land, S. 3

**Flip Buys**

MEINUNG
**CDU:** Der Abgang Roland Kochs hinterläßt ein Vakuum, S. 2

POLITIK
**Studentenverbindung:** Burschentag in Eisenach, S. 4
**Innere Sicherheit:** Gewalt gegen Polizisten steigt dramatisch, S. 4
**Bundespräsident:** Horst Köhlers überstürzter Rücktritt, S. 5
**FDP:** Unmut in den eigenen Reihen wächst, S. 5
**Kriminalität:** Der Handel mit Schmuggelzigaretten blüht S. 6
**Sachsen:** Tillich soll CDU-Bundes-Vize werden, S. 6
**Spanien:** Die Problemefälle sind größer als in Griechenland S. 7
**Niederlande:** Die Wahlkämpfer streiten um den Sozialstaat , S. 7
**Korea:** Mehr als Säbelrasseln im Land der Morgenstille? S. 8
**Tschechei:** Parlamentswahlen pflügen Parteienlandschaft um, S. 8

WIRTSCHAFT
**Finanzspekulationen:** Flucht in den Euro-Faschismus, S. 11

HINTERGRUND
**Südafrika:** Schwarze und Weiße in leben zweierlei Welten, S. 12

KULTUR
**Pankraz,** C. Venter und das synthetische Genom, S. 11
**Guerilla-Gärtner:** Botanischer Terrorismus, S. 11
**Romantik:** Zum 200. Geburtstag von Robert Schumann, S. 12
**Villa Massimo:** Grüne Insel mitten im römischen Moloch, S. 13
**Ausstellungen:** Caravaggio und Edward Hopper in Rom, S. 14

LITERATUR
**Politfloskeln:** Wolfgang Clement und Friedrich Merz, S. 15

GESCHICHTE
**Sudetenland:** Das Massaker von Postelberg, S. 16
**Südafrika:** Das Scheitern der Regenbogennation, S. 17

FORUM
**Krise des Westens:** Können wir von Byzanz lernen?, S. 18

ZEITGEIST
**Google:** Der Fluch des digitalen Segens, S. 20

Redaktion und Verlag: Hohenzollerndamm 27 a • 10713 Berlin — Telefax: 030-86 49 53 14 — Telefon: 030-86 49 53-0 (Redaktion) • 030-86 49 53 25 (Leserdienst) — E-Post: verlag@jungefreiheit.de — Internet: www.jungefreiheit.de

**Mythos Südafrika:**
**JF-Ausgabe Juni 2010**

Nr. 22/11 – 27. Mai 2011 – 26. Jahrgang

EUR 3,60 – Österreich EUR 3,80/ Schweiz CHF 6,00 – www.jungefreiheit.de

# JUNGE FREIHEIT

25 Jahre – Der Freiheit eine Gasse.

WOCHENZEITUNG FÜR POLITIK, WIRTSCHAFT, KULTUR, WISSEN UND DEBATTE

Eine Zeitung schreibt Geschichte.

## Der Kampf geht weiter

**Symbol gefährdeter Pressefreiheit: Wie aus einem kleinen Studentenblatt die Wochenzeitung aus der Hauptstadt wurde / Höhe- und Wendepunkte einer atemberaubenden Geschichte**

***28 Seiten Sonderbeilage***

## Der Griff lockert sich

**25 Jahre JF:** Die Pressefreiheit bleibt bedroht / Eine Herausforderung für Konservative

DIETER STEIN

Die JUNGE FREIHEIT wurde vor 25 Jahren aus der Intention heraus gegründet, einen Mangel zu beheben. Die Studenten und Schüler, die den Anstoß zu diesem Zeitungsprojekt gaben, fühlten sich durch die fehlende Repräsentanz von Konservativen in Politik und Medien herausgefordert. Wer sich für die deutsche Einheit einsetzte, galt als reaktionär. Karl Feldmeyer, langjähriger Parlamentskorrespondent der *FAZ*, schrieb über die Zeit, als die JF erstmals erschien: „Ein großer Klärungsprozeß setzte damals in Bonn ein und schied jene, für die die Wiedervereinigung existentiell war und nicht zur Disposition gestellt werden konnte, von der überwältigenden Mehrheit: Es wurde einsam um uns, die an der Einheit festhielten."

Die deutsche Frage war das Kernthema dieser Zeitung und blieb es, auch als die ersehnte Wiedervereinigung nach dem glücklichen Mauerfall von 1989 eintrat. Die Selbstverständlichkeit der Deutschen, eins zu sein und einen souveränen Platz als selbstbewußte Nation zu behaupten, darum ringen wir bis heute. Die Frage stellt sich automatisch in bezug auf die Rolle Deutschlands in der EU, in der aktuellen Auseinandersetzung um den Euro, zur Einwanderung und zum Konzept einer Integrationspolitik, die nicht klärt, in was eigentlich integriert werden soll.

Die Begleitumstände des Aufbaus dieser Zeitung wurden zum Politikum. Offenkundig stellte das Blatt eine enorme Provokation dar. Selten ist mit so viel Energie versucht worden, ein Presseorgan an seiner Entfaltung zu hindern, wie bei der JF.

Formal garantiert das Grundgesetz in Artikel 5 die Freiheit der Meinung, wenn es heißt, jeder habe „das Recht, seine Meinung in Wort, Schrift und Bild frei zu äußern und zu verbreiten und sich aus allgemein zugänglichen Quellen ungehindert zu unterrichten. Die Pressefreiheit und die Freiheit der Berichterstattung ... werden gewährleistet. Eine Zensur findet nicht statt."

Wir haben den Selbstversuch gemacht. Mit der JUNGEN FREIHEIT lernten wir die Verfassungswirklichkeit dieses Grundrechts kennen. Bereits als das erste öffentliche Interesse einsetzte, brachen ab 1992 wellenartig Angriffe von Angehörigen einer linksfaschistischen Antifa-SA los: 1994 brannte unsere Druckerei, gingen Autos der Redaktion und des Vertriebes in Flammen auf. Das Bestürzende: Dies geschah – von wenigen rühmlichen Ausnahmen abgesehen – unter dem ohrenbetäubenden Schweigen der Öffentlichkeit, durch die ein Aufschrei der Empörung gegangen wäre, hätte es ein linkes Blatt getroffen. Mehr noch: Die linksradikalen Angreifer konnten sich ab 1995 für zehn Jahre des moralischen staatlichen Flankenschutzes erfreuen. In Gestalt des Verfassungsschutzes von NRW, der die JUNGE FREIHEIT jahrelang willkürlich dem Verdacht des Extremismus aussetzte.

Der daraus folgende Druck auf Anzeigenkunden, die Beschneidung der Vertriebswege, die Attacken und wiederkehrende Boykottaufrufe gegen den freien Kioskverkauf der JF, sie versetzten die junge Zeitung in eine existenzbedrohende Lage. Aus dieser Situation heraus einen zehnjährigen und über drei Instanzen dauernden Prozeß gegen das Innenministerium des Landes Nordrhein-Westfalen durchzustehen, war zermürbend.

Der erlösende Sieg vor dem Bundesverfassungsgericht im Mai 2005 bedeutete – auch von linken Medien unbestritten – einen Duchbruch für die Pressefreiheit. Dem Staat und seinen Behörden sind nun engere Grenzen gesetzt, durch bloße Verdachtsäußerungen Meinungs- und Pressefreiheit einzuschränken.

Die JF steht stellvertretend für den Anspruch von Konservativen, politisch und publizistisch in der Öffentlichkeit Einfluß zu nehmen. Weder gibt es im Parlament eine konservative Partei noch eine überregionale Zeitung von Rang, die dieser politischen Strömung Geltung verschafft. Wir fordern dies ein und werden hierfür bekämpft.

„Es wird eine Herausforderung sein, die Freiheit der Rede und Debatte durchzusetzen."

Es mehren sich indes Anzeichen dafür, daß sich der Wind dreht. Thilo Sarrazin hat im vergangenen Jahr ein Fenster aufgerissen und für einen Stoß frischer Luft gesorgt. Mit seinen Thesen sei er, wie er reflektierte, „nach allen überkommenen Maßstäben der deutschen Republik nicht nur politisch tot, sondern auch bürgerlich ein Leichnam" gewesen. Doch er überlebte – wenn auch mit dem Verlust seines Bundesbank-Amtes. Norbert Bolz sprach den 1,4 Millionen Käufern von Sarrazins Buch aus dem Herzen, als er im letzten Herbst bei Anne Will ausrief: „Die Leute lassen sich nicht länger für dumm verkaufen, sie lassen sich nicht länger zum Schweigen bringen! Die Leute sind nicht mehr bereit, sich von der politischen Klasse und von besonders arroganten neuen Jakobinern, auch in den Feuilletons, den Mund verbieten zu lassen." Noch haben die Jakobiner in den Feuilletons das Heft weiter in der Hand, der Griff lockert sich jedoch, und es ist die Aufgabe wacher Bürger und souveräner Journalisten, es ihnen zu entreißen.

Bei allen Debatten um Tabus und die durch sie verstellte Meinungsfreiheit stößt man indes immer wieder zu einem spezifisch deutschen Problem vor: Letztlich ist der archimedische Punkt die Haltung zur eigenen Nation und zur deutschen Vergangenheit – damit das Anliegen dieser Zeitung. Der Historikerstreit wies mit der durch ihn aufgeworfenen Frage nach Kausalität und Relativität deutscher und europäischer Geschichte auf diesen Kern der deutschen Debatte, die nach Martin Walser von „Meinungssoldaten" umstellt ist. Hier ist das letzte Wort noch nicht gesprochen.

Das Internet mit seinen unabhängigen Foren, seiner unverstellteren Sprache, den neuen Möglichkeiten direkter Mitwirkung, setzt die angestammten Kartelle unter Druck. Es wird eine Herausforderung sein, die Freiheit der Rede durchzusetzen und Deutschland geistig handlungsfähig zu machen. Dadurch, daß politische Alternativen überhaupt wieder frei verhandelt werden und zur Abstimmung stehen. Dem gilt als Medium einer kritischen Gegenöffentlichkeit unser ganzer Einsatz.

### Im Herzen frisch

Von Altersmilde keine Spur. Roman Herzog, deutsches Staatsoberhaupt a.D., ist zu einem der schärfsten Kritiker der EU geworden: Der Superstaat muß gestoppt werden.

► INTERVIEW, Seite 3

### Im Streben frei

Wer als Frau in Malmö-Rosengård nicht schariakonform lebt, bekommt Probleme. Eine Reportage aus der islamisch-extremistischen Parallelgesellschaft in Schweden.

► HINTERGRUND, Seite 12

### Im Wollen stark

Die Abkehr vom Schuldenstaat und vom Einheitseuro fordert der frühere BDI-Chef Hans-Olaf Henkel. Sein Vorschlag: Staaten mit Stabilitätskultur bilden einen „Nordeuro".

► FORUM, Seite 18

### Im Handeln treu

Die Trennung von der Mutter ist für Kleinkinder ein ungeheurer Streßfaktor. Für Hanne K. Götze Grund genug, eine Philippika gegen Krippen zu schreiben.

► LITERATUR, Seite 21

Geschichtspolitik

## Kotau in Königsberg

Wer in der DDR aufgewachsen ist, erinnert sich: Zu den runden Jubiläen des 8. Mai, der offiziell als „Tag der Befreiung" begangen wurde, schmückten Plakate mit der Zeile „Dank Euch, Ihr Sowjetsoldaten" die Häuserwände und Litfaßsäulen. Mit Kranzniederlegungen an sowjetischen Ehrenmälern erreichte das Unterwerfungsritual des „Brudervolks" seinen Höhepunkt.

Eine Tradition, die der Außenminister des wiedervereinten Deutschland fortsetzt. Vergangene Woche traf er sich in Königsberg (Kaliningrad) mit seinen russischen und polnischen Amtskollegen. „Vor Beginn der offiziellen Gespräche gedachten die drei Außenminister am 'Mahnmal der 1.200 Gardisten' der bei Einnahme der Stadt im Zweiten Weltkrieg gefallenen sowjetischen Soldaten", heißt es in einer Meldung des Auswärtigen Amtes. Eine Kranzniederlegung Westerwelles für deutsche Kriegstote fand nicht statt, so teilte das Ministerium auf Nachfrage mit.

Was sich in St. Petersburg, Kiew oder Minsk selbstverständlich gehört, stellt in der ehemaligen Hauptstadt Ostpreußens eine Obszönität dar. Der Besetzung durch die sowjetischen Truppen am 9. April 1945 folgten willkürliche Erschießungen, Gewaltmärsche, Vergewaltigungen, bestialische Folterungen. Hunger und Seuchen komplettierten die Qualen. Von den 110.000 Deutschen, die sich am Tag der Kapitulation in der Stadt befanden, lebten 1948 noch knapp 15.000.

**»Westerwelle ist kein Zyniker oder böser Mensch. Er hat bloß die Lehrsätze der bundesdeutschen Klippschule verinnerlicht.«**

KOLUMNE VON **THORSTEN HINZ**

Westerwelle ist kein Zyniker oder böser Mensch. Er hat bloß die Lehrsätze der bundesdeutschen Klippschule verinnerlicht. Die zwei wichtigsten sind die sakrale Sonderstellung des Holocaust und der Vorrang des Befreiungsmotivs. Deutsche Kriegsopfer hingegen sind selber schuld an ihrem Leiden oder als Kollateralschäden zu verbuchen. Ernst Nolte, der im Historikerstreit vor 25 Jahren politisch, nicht aber als Wissenschaftler unterlag *(siehe Seite 19)*, meinte 1995, daß die Vergangenheitsbewältiger „durch die Wiedervereinigung ihres besten Trostes beraubt" worden seien, der Teilung des Landes als adäquater Sühne für den Holocaust. Würden die Westdeutschen den Eindruck gewinnen, daß die Mitteldeutschen nur am Wohlstand, nicht aber am geistig-moralischen Inventar der Bundesrepublik inklusive der Vergangenheitsbewältigung interessiert seien, könnte das auf eine neue mentale Teilung hinauslaufen.

Es ist viel schlimmer gekommen: Die „kritische Geschichtsaufarbeitung" des Westens und das antifaschistische Unterwerfungsritual der offiziellen DDR haben sich zu einem antifaschistischen Geschichtskonsens vereint, der den würdelosen Auftritt Westerwelles in Königsberg überhaupt erst möglich machte. Als Kommentar genügen zwei Worte: Pfui Teufel!



Redaktion und Verlag: JUNGE FREIHEIT • Hohenzollerndamm 27 a • 10713 Berlin — Telefax: 030-86 49 53 14 — Telefon: 030-86 49 53-0 — E-Post: verlag@jungefreiheit.de — www.jungefreiheit.de

**Der Kampf geht weiter: JF-Ausgabe Mai 2011**

# Die Karikaturen

Die Karikatur zeigt Frankreichs König Louis-Philippe I. als gefräßigen Riesen Gargantua nach der gleichnamigen Romanfigur von François Rabelais. Der als dicke Birne gezeichnete Bürgerkönig verschlingt das Volksvermögen, während er hinten gleichzeitig Orden, Ehrenzeichen und sonstige Pfründen an höfisch gekleidete Gestalten ausscheidet, die dem Palais Bourbon, dem Sitz der französischen Nationalversammlung, auf dem die Trikolore weht, zustreben. Die Karikatur stammt von Honoré Daumier (1808–1879), der damit die Bereicherung und Korruption in der sogenannten Julimonarchie Louis-Philippes (1830–1848) anprangerte. Veröffentlicht wurde sie im Dezember 1831 in der satirischen Zeitschrift *La Caricature*. Die überspitzte Darstellung des Bürgerkönigs als unersättlicher Vielfraß trug Daumier eine Anklage wegen Majestätsbeleidigung ein; er wurde zu einer Gefängnisstrafe von sechs Monaten verurteilt, die er auch tatsächlich absitzen mußte. Der Vorgang machte Daumier schlagartig bekannt. Heute gilt er als der berühmteste Karikaturist des 19. Jahrhunderts und Begründer der modernen Bildpresse.

Der Begriff Karikatur geht auf das italienische Verb »caricare« (überladen, übertreiben) zurück und umschreibt die meist überzeichnete, satirische komische Darstellung von Menschen oder gesellschaftlichen Zuständen. Nicht nur Satireblätter bedienen sich dieses Ausdrucksmittels, auch viele Zeitungen und Zeitschriften drucken regelmäßig Karikaturen. Der Münchner Kunstmaler, Pu-

**Gargantua-Karikatur von Honoré Daumier, 1831**

blizist und Redakteur Anton Sailer (1903–1987) stellte in seinem Buch *Die Karikatur in der Werbung* bereits 1969 fest, »eine Zeitung aber, die etwas auf sich hält, hat ihren eigenen ständigen Karikaturisten«.

In der JUNGEN FREIHEIT gehört eine Karikatur ebenfalls zum festen Bestandteil. Die erste eines »JF-Karikaturisten« erschien im Mai 1993, damals noch in Schwarzweiß und auf der Titelseite. Sie zeigt Richter am Bundesverfassungsgericht, die gerade einen Awacs-Beschluß ausfertigen. In der Zeile darunter heißt es: »Die Regierung hat beschlossen ...« Anlaß für diese Karikatur war die Auseinandersetzung um die Beteiligung der Bundeswehr mit Awacs-Aufklärungsflugzeugen im Bosnien-Konflikt. In dem Aufmachertext (»Die Regierung im Sitzstreik«) von Klaus Kunze heißt es dazu: »Der Beschluß der Bonner Koalitionsrunde, sich vor dem Bundesverfassungsgericht selbst zu verklagen, hat selbst denjenigen die Sprache verschlagen, die von einer Staats- oder Systemkrise bisher nichts wissen wollten und den dramatischen Legitimationsschwund als Politikverdrossenheit verharmlosen« (JF 5/93).

Gezeichnet werden die JF-Karikaturen von dem Österreicher Helmut Schatzmayr. Ursprünglich hatte die Zeitung bei Horst Grimm angefragt, der Mitte der achtziger Jahre mit der Mittelalter-Satire *Faustus* erster deutschsprachiger Comiczeichner in einem Ehapa-Album war, für die *Aula* sowie später auch für die Freiheitliche Partei Österreichs (FPÖ) und die von Andreas Mölzer verant-

**Selbst-Karikatur des JF-Zeichners Helmut Schatzmayr**

wortete Wochenzeitung *Zur Zeit* arbeitete. Grimm überließ den Auftrag aber seinem damaligen Mitarbeiter Helmut Schatzmayr. Der 1972 geborene Schatzmayr entstammt einer künstlerischen Familie, ist inzwischen selber dreifacher Vater und derzeit hauptberuflich als Artdirektor der Kreativmanufaktur »Frischzellen für kreative Leistungen« in Klagenfurt und Wien (www.frischzellen.at) tätig. Seine Arbeitsschwerpunkte dort sind die Konzeption und Gestaltung von Unternehmensberichten, Corporate Design und Editorial Design. Für die JF fertigt Schatzmayr seine Illustrationen vorwiegend mittels Tusche- und Aquarelltechnik. Unvergeßlich ist ihm bis heute, wie er selbst noch während seiner Wehrdienstzeit im Grenzeinsatz die Karikaturen im Zweimannzelt zeichnete und später vom Stützpunkt aus in die Redaktion faxte. »Es war der wahre Horror – am Boden mit Pinsel und Tusche ohne Licht«, erinnert er sich. Mittlerweile sind die Arbeitsbedingungen deutlich komfortabler geworden.

Kuriosität am Rande: Viele Jahre lang war Helmut Schatzmayr für die Redaktion »ein großer Unbekannter« – jedenfalls von Angesicht zu Angesicht. Erst im Sommer 2003, also rund zehn Jahre nach Beginn der Zusammenarbeit, lernten wir uns bei einem Sommerfest der JUNGEN FREIHEIT in Berlin persönlich kennen.

**Die Regierung hat beschlossen …** **(JF-Ausgabe Mai 1993)**

**Expertenkommission** **(JF-Ausgabe vom 26. September 1997)**

**Hilfe! Überall Nazis!** **(JF-Ausgabe vom 8. Januar 2000)**

Die neue CDU: Jetzt noch aggressiver! (JF-Ausgabe vom 4. Oktober 2002)

Wir sind so frei! (JF-Ausgabe vom 20. August 2004)

Endlich: Schröder führt SPD aus Umfragetief

(JF-Ausgabe vom 17. März 2006)

»Süper, dann fällt den Deutschen künftig die Integration in unserem Kiez leichter ...«

(JF-Ausgabe vom 28. November 2008)

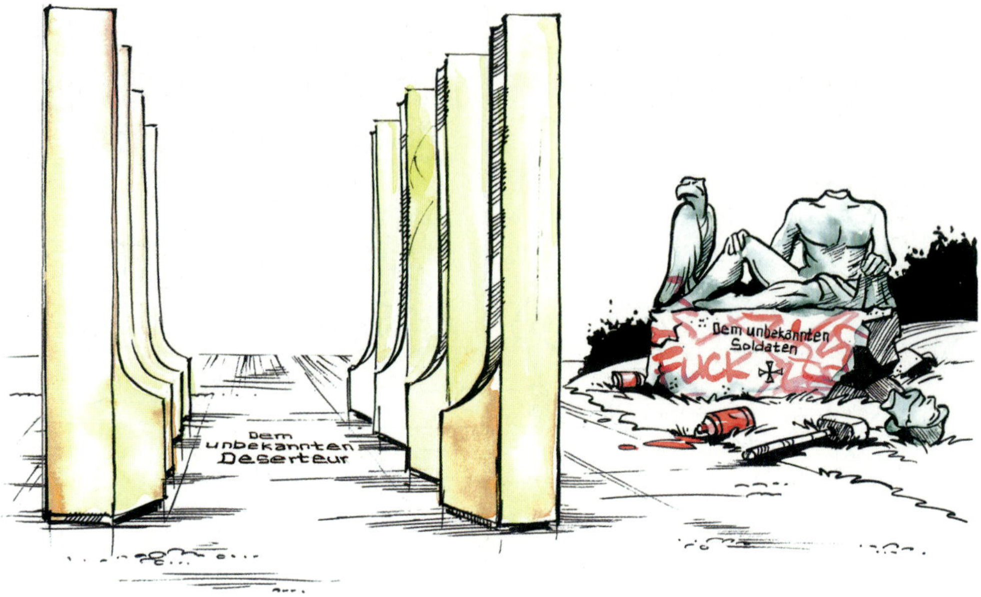


»Man erkennt den Charakter eines Volkes auch daran, wie es nach einem verlorenen Krieg mit seinen Soldaten umgeht.« *Charles de Gaulle* (JF-Ausgabe vom 21. Mai 2009)

»Der nächste bitte ...« (JF-Ausgabe vom 30. April 2010)

13

# Edition JF

Zum Verlag der JUNGEN FREIHEIT gehört neben dem Buchdienst auch die Edition JF. 1999 ins Leben gerufen, erscheinen in der Edition JF sowohl Dokumentationsbände als auch politisch-kulturelle und zeitgeschichtliche Titel. Koordiniert wird die Herausgabe der Bücher von dem stellvertretenden Chefredakteur der Zeitung Thorsten Thaler.

Den programmatischen Auftakt in der Edition JF machte der französische Philosoph und langjährige JF-Autor Alain de Benoist mit einem »Europäischen Manifest für das 21. Jahrhundert«. Die Aufsatzsammlung unter dem Titel *Aufstand der Kulturen* beschäftigt sich vor allem mit den sozialen Folgen der Globalisierung und eines auf die Identitäten und Freiheiten der Völker zerstörerisch wirkenden Liberalismus. Dabei erinnert der Titel nicht zufällig an Samuel Huntingtons 1996 erschienenen *Kampf der Kulturen*. Benoist widerspricht der »ausschließlich negativen Betrachtung« des US-amerikanischen Politikwissenschaftlers und stellt eine andere Sicht vor: »... nicht etwa einen Kampf der Kulturen, sondern ein Bündnis aller starken kollektiven Identitäten, aller Kulturen, die sich nicht damit abfinden, unter der Dampfwalze der Globalisierung zu verschwinden«. Benoist vertritt die Ansicht, daß die kulturellen Unterschiede, die Vielfalt der Völker und der Kulturen »den eigentlichen Reichtum der Menschheit« ausmachen. Diese Verschiedenheit sei gefährdet, nicht durch die Verschiedenheit der anderen, ihre »Andersheit«, sondern durch eine »weltweite Ausweitung des Gleichen«. Benoists Vorwort schließt mit der Erkenntnis: »Wir lebten gestern im Zeitalter der Staaten, der Nationen und der Völker. Heute leben wir im Zeitalter der Kontinente, der Gemeinschaften und der Netze. Die Revolution ist zwar nicht mehr möglich, aber die Revolte ist es immer noch. Die Zukunft gehört den Rebellen.«

Erfreulicherweise entwickelte sich gleich dieses erste Buch der Edition JF zu einem Dauerbrenner. Dank der anhaltenden Nachfrage erschien 2003 eine zweite, um einen weiteren Aufsatz zur Globalisierung, eine historische Betrachtung der Fortschrittslehre und einen Essay über die Wiederkehr des Politischen deutlich erweiterte Auflage. Alain de Benoist hat seither eine Vielzahl weiterer Bücher in der Edition JF veröffentlicht. Zuletzt erschienen in einer neu gestalteten Buchreihe mit politischer Essayistik in dichter Folge die Titel *Carl Schmitt und der Krieg* (2007), *Wir und die anderen* (2008) sowie *Abschied vom Wachstum* (2009).

## Reihe »dokumentation«

Auf ein an zeitaktuellen Fragen interessiertes Publikum sind die Dokumentationsbände der Edition JF gestoßen. Sie enthalten im wesentlichen Artikel und Interviews, die zuvor in der JUNGEN FREIHEIT veröffentlicht wurden. Anlaß für den ersten Band in dieser Reihe waren die Terroranschläge vom 11. September 2001 auf die beiden Türme des Welthandelszentrums in New York und das US-Verteidigungsministerium bei Washington. Die Dokumentation unter dem Titel »Tragödie des Westens« bündelt JF-Interviews mit dem in aller Welt erfahrenen Auslandsjournalisten Peter Scholl-Latour, der indischen Schriftstellerin Arundhati Roy, dem Chefredakteur des arabischen Nachrichtensenders al-Dschasira, General a.D. Franz Uhle-Wettler, Alain de Benoist und Rolf Stolz. Wiedergegeben sind zudem Zeitungsartikel aus der JUNGEN FREIHEIT, unter anderem von Michael Wiesberg, Jessica Rohrer und Dieter Stein. In seiner Einleitung zu diesem Sammelband schreibt der JF-Chefredakteur: »Es ist wohl nicht damit getan, mit der unüberlegten Behauptung, bei den Anschlägen handele es sich um einen ›Angriff auf die zivilisierte Welt‹, das Denken einzustellen und bedingungslos allen kriegerischen Maßnahmen der USA zuzustimmen.«

Terrorismus und Krieg bilden auch den Hintergrund für zwei weitere Bände in dieser Reihe. *Die Wurzeln des Hasses* (2002) enthält einen Essay von Alain de Benoist zu den Ursachen des globalisierten Terrorismus. Seine Kernaussage: »Der Hauptfeind ist und bleibt – heute mehr denn je – die globale Entfesselung der Logik des Kapitals und die nahtlose Integration sozialer Belange in die Marktwirtschaft.« In dem Band *Die Schlacht um den Irak* (2003) widmet sich wiederum Alain de Benoist den »wahren Motiven der USA bei ihrem Kampf um Vorherrschaft«. Er analysiert die ökonomischen und politischen Gründe des Irak-Konflikts um Macht und Einfluß. Zusammenfassend schreibt er: »Wir dürfen nicht in absoluten Begriffen von Gut und Böse denken. Aber wir dürfen und müssen erkennen, daß Amerika derzeit der übelste ›Schurkenstaat‹ der Welt und damit unser Hauptfeind ist. Der Hauptfeind ist nicht unbedingt derjenige, den man am meisten haßt oder mit dem man am wenigsten gemeinsam hat. Der Hauptfeind ist lediglich der mächtigste Feind, dessen Machenschaften die schlimmsten Folgen haben, dessen Einfluß am stärksten und am dauerhaftesten ist, dessen Produkte die Medien am meisten durchdringen, der über die meisten Überwachungsgeräte verfügt, der am ehesten Druck auf die Finanzmärkte ausübt, dessen militärische Präsenz die Welt am stärksten zu spüren bekommt, von dem die meisten multinationalen Konzerne abhängig sind.« Und weiter Benoist: »Nichts bedroht die Identität der Völker so sehr wie die kapitalistische Denkweise, für die jede kulturelle oder menschliche Besonderheit ein Hindernis darstellt, das es plattzuwalzen gilt. Nichts bedroht das menschliche Dasein so sehr wie die Werte des Geschäfts, die Kultur des Profits und die Diktatur des Marktes. Nichts bedroht die Vielfalt so sehr wie die unilaterale Durchsetzung der Logik des Kapitals.«

Die hier und in seinem *Aufstand der Kulturen* angesprochenen Themen vertieft Benoist dann noch einmal in dem Band *Kritik der Menschenrechte* (2004). Er begründet darin, warum Universalismus und Globalisierung die Freiheit bedrohen. »Die Ideologie der Menschenrechte, die sich theoretisch auf das Prinzip der Toleranz gründet, führt zu extremer Intoleranz, zu absolutem Ausschluß. Die Versprechungen der Menschenrechte sind eher Kriegserklärungen als Liebeserklärungen«, so Benoist. In Verbindung mit der »Expansion der Märkte« diene die Rhetorik der Menschenrechte als »ideologische Verkleidung der Globalisierung«, sie müsse als ein »Instrument der Herrschaft« begriffen werden.

Mit zwei völlig anderen Gegenständen beschäftigen sich die Bände *Der Streit um Martin Walser* (2002) und *Rettet die deutsche Sprache* (2004). Der erste dokumentiert die verbissen geführte Auseinandersetzung um Walsers Roman *Tod eines Kritikers* und die von Frank Schirrmacher mit einem Aufsatz im *FAZ*-Feuilleton noch vor Erscheinen des Romans ausgelösten Antisemitismusvorwürfe gegenüber dem Schriftsteller. Die Sammlung dazu enthält genehmigte Nachdrucke von Martin Walser und Heimo Schwilk, Texte aus der JUNGEN FREIHEIT unter anderem von Doris Neujahr (Thorsten Hinz), Thorsten Thaler und Günter Zehm, außerdem JF-Interviews mit Eckhard Henscheid und dem Literaturkritiker Joachim Kaiser. Der andere Band versammelt Beiträge und Interviews der JUNGEN FREIHEIT aus den Jahren 1999 bis 2004 zum Kampf gegen die Rechtschreibreform und Anglizismen in der deutschen Sprache. In seinem Vorwort weist JF-Redakteur Thorsten Thaler darauf hin, daß sich die JUNGE FREIHEIT von Beginn an der unsinnigen Reform verweigert und an der bewährten Rechtschreibung festgehalten hat. Noch heute (2011) steht deswegen im Impressum der Zeitung der Satz: »Die Wochenzeitung JUNGE FREIHEIT hält sich an die traditionelle deutsche Rechtschreibung, wie sie bis zum 1. August 1999 gültig war.«

Ein für das Selbstverständnis und die Ausrichtung der JUNGEN FREIHEIT bis heute ebenfalls ganz wichtiger Dokumentationsband erschien 2005 in der Edition JF: Dieter Steins *Phantom »Neue Rechte«*. Der Chefredakteur beschreibt darin, weshalb der Begriff »Neue Rechte« jenseits seiner Verwendung als »polemischer Kampfbegriff des Verfassungsschutzes und einer radikalen Linken bedeutungslos ist«. Stein: »Die ›Neue Rechte‹ ist ein Phantom des Verfassungsschutzes, sie ist ein Potemkinsches Dorf, eine Projektionsfläche, mit der eine

ALAIN DE
BENOIST
Aufstand der Kulturen
Europäisches Manifest für das 21. Jahrhundert
Erweiterte Auflage
EDITION JF

Alain de Benoist
Totalitarismus
Kommunismus
und Nationalsozialismus
– die andere Moderne.
1917–1989
Mit einem Vorwort von Ernst Nolte
EDITION JF

Alain de Benoist
Carl Schmitt und der Krieg
EDITION JF

Alain de Benoist
Wir und die anderen
jf
EDITION JF

gespenstische Gefahr beschrieben werden soll. Gefährlich ist jedoch nicht das, was mit dem Begriff ›Neue Rechte‹ dämonisch gejagt werden soll, gefährlich ist der Mißbrauch dieses Begriffs durch den Verfassungsschutz. Es geht nämlich nicht mehr um die Verfolgung tatsächlichen Rechtsextremismus', was Aufgabe des Verfassungsschutzes neben der Verfolgung des Linksextremismus ist. Es geht um die Desavouierung der ›Rechten‹, der einen Hälfte des Spektrums der Demokratie insgesamt.« An anderer Stelle schreibt Stein weiter, in Deutschland sei der Spielraum der geistigen Freiheit »immer enger« geworden. »Eine von der politischen Klasse und den Medien selbstauferlegte ›Political Correctness‹, allgemein akzeptierte staatliche Meinungslenkung durch Verfassungsschutzämter und immer wieder gewalttätige Ausschreitungen gegen Andersdenkende erzeugen ein totalitäres Klima.«

Außer dem Text von Dieter Stein enthält der Band noch ein aufschlußreiches Gespräch mit Alain de Benoist über die »Nouvelle Droite« in Frankreich und den Begriff »Neue Rechte«.

## Günter Zehm alias Pankraz

Von den in Buchform gesammelten Pankraz-Kolumnen sind zwei Bände in der Edition JF erschienen: eine erste Auswahl im Jahr 2000, eingeleitet von Günter Zehms ehemaligem Chefredakteur bei der *Welt*, Herbert Kremp, und eine weitere 2006 unter dem Titel *Pankraz-Lieblingskolumnen* mit einem Vorwort des Schriftstellers Ulrich Schacht. »Pankraz handelt von Pretiosen«, schreibt Kremp, der Günter Zehm seit 1968 kennt, »von der Humanität und dem Skandal ihrer immerwährenden Gefährdung; von der seltsamen Legierung aus deutscher Spaß- und Schuldgesellschaft, an der eines nicht stimmen kann, Schuld oder Spaß.« Pankraz errege etwas, so Kremp, »das die Politik der Präsenzzeit, die Ventokratie, die Herrschaft des Bauches, ganz besonders kaltläßt: die Angst vor dem Ende der Kultur, die Angst um Heimat, um Vaterland, Familie und Tradition, um Schleier, Mythos, Tanz und Musik, ja, um Humanität, mit einem Wort«. Nichts biete dafür Ersatz.

Ulrich Schacht hebt in seinem Geleitwort für den zweiten Auswahlband hervor, daß die »funkelnden Facetten« von Zehms Texten manchem mitunter »wie schmerzhafte Blicke über die Augen ins Hirn dringen«, gehöre dazu und treffe in der Regel nur diejenigen, denen das »geistig Stumpfe und Dumpfe, das lügnerisch Häßliche und demagogisch Böse, ideologischer Moralkitsch also, Norm ist und damit das Unfreie schlechthin«.

Zwischen diesen beiden Pankraz-Bänden widmete die JUNGE FREIHEIT Gün-

Alain de Benoist
Abschied vom Wachstum
Für eine Kultur des Maßhaltens
jf
EDITION JF

GÜNTER ZEHM
PANKRAZ
Lieblings-kolumnen
Mit einem Vorwort von Ulrich Schacht

GÜNTER ZEHM
PANKRAZ
Kolumnen aus der JUNGEN FREIHEIT
EDITION
JUNGE FREIHEIT
Vorwort von Herbert Kremp

Über den Tag hinaus
Festschrift für Günter Zehm
EDITION JF

ter Zehm zu dessen siebzigstem Geburtstag 2003 eine opulente, fast 400 Seiten starke Festschrift. Titel: *Über den Tag hinaus.* Zu den Beiträgern gehören unter anderem JF-Autoren wie Thorsten Hinz, Klaus Hornung, Detlef Kühn, Klaus Motschmann, Baal Müller, Wolfgang Saur, Harald Seubert und Karlheinz Weißmann, außerdem alte Weggefährten aus *Welt*-Tagen und Freunde wie Herbert Kremp, Carl Gustaf Ströhm, Günther Deschner, Siegmar Faust, Ulrich Schacht, Heimo Schwilk, dazu der Historiker Ernst Nolte und der Schriftsteller Martin Mosebach. Der Leipziger Maler Wolfgang Mattheuer spendierte für die Zehm-Festschrift exklusiv eine Originalzeichnung. In ihrem Geleitwort würdigen Dieter Stein und Thorsten Thaler besonders die geistige und charakterliche Haltung des Jubilars: Günter Zehm sei »das Denken in eingefahrenen Gleisen zuwider«, jeder Form von »Schubladisierung« begegne er »mit Argwohn, Vorschriftenmacher müssen mit seinem entschiedenen Widerspruch rechnen. (...) Noch suspekter sind ihm jene selbsternannten Debattenaufseher und geistigen Blockwarte in Politik, Kultur und Medien, die jeden von der Norm abweichenden Gedanken unter Ideologieverdacht stellen, ihn als nicht diskutabel denunzieren und kriminalisieren. Unnachgiebig ficht Zehm-Pankraz für einen freien Diskurs, den unbehinderten Austausch von Meinungen jenseits von Verbotstafeln. Die stickige Atmosphäre der intellektuellen und politischen Auseinandersetzung mit Frischluft zu versorgen, ist ihm höchstes Anliegen«.

## Thorsten Hinz

Zu den absoluten Rennern der Edition JF zählen die beiden Bücher von Thorsten Hinz; *Das verlorene Land* und *Die Psychologie der Niederlage* sind die meistverkauften Titel des Verlages. Der Sammelband *Das verlorene Land*, erstmals im März 2008 erschienen und seit März 2010 in bereits dritter Auflage vorliegend, enthält 47 Artikel und Aufsätze zur deutschen Geschichtspolitik, die Thorsten Hinz zwischen 2002 und 2007 für die JUNGE FREIHEIT geschrieben hat. Immer wieder kreist Hinz' Denken um eine »Geschichtspolitik mit ideologischem Einschlag, die zunehmend auf Tabuisierungen und Mythologisierungen zurückgreift und sich gleichzeitig als ein Ereignis aufgeklärter Vernunft feiert«. Einen Schwerpunkt seines Buches bildet die »Sakralisierung des Holocaust als den verordneten Angelpunkt des deutschen Selbstverständnisses«. Der Staat habe es inzwischen übernommen, eine bestimmte Sicht für verbindlich und unhintergehbar zu erklären und mit Strafe zu bewehren. Die NS-Vergangenheit könne nicht vergehen, schreibt Hinz, weil man ihre Historisierung nicht zulasse. Die »Moralisierung der Geschichte« verenge den Blick, sie ma-

Wolfgang Venohr
DIE ABWEHR-SCHLACHT
Jugenderinnerungen 1940-1955
EDITION JF

EIN LEBEN FÜR DEUTSCHLAND
GEDENKSCHRIFT FÜR WOLFGANG VENOHR 1925-2005
EDITION JF

Gerhard Löwenthal
Ich bin geblieben
Erinnerungen
EDITION JF

Thorsten Hinz
Das verlorene Land
Aufsätze zur deutschen Geschichtspolitik
EDITION JF

che »blind für große Teile der historischen Faktizität und wird damit dogmatisch. Um sich zu behaupten, greift sie zur moralischen und zunehmend auch zur juristischen Erpressung, ihr Ton ist ins Hysterische, Bösartige abgekippt«, ein allgemeines »Muckertum« habe sich ausgebreitet. Die von Thorsten Hinz selbst ausgewählten Texte für *Das verlorene Land* drehen sich um die Vorgeschichte des Zweiten Weltkriegs, das Holocaust-Mahnmal in Berlin, den öffentlichen Gebrauch des Antisemitismusvorwurfs, die Beschädigung der Meinungsfreiheit und der demokratischen Willensbildung, außerdem in einem zweiten Schwerpunkt um den Streit über das in Berlin geplante Zentrum gegen Vertreibungen.

Wie es zu dieser Lage kommen konnte, vertieft Hinz in seinem erstmals 2010 veröffentlichten Buch *Die Psychologie der Niederlage*, das in einer erweiterten Fassung seit April 2011 ebenfalls in dritter Auflage vorliegt. Hinz beschreibt darin die totale Niederlage Deutschlands im Zweiten Weltkrieg, die von den alliierten Siegern auch als eine geistige und kulturelle gedeutet wurde, als jenes Kern-Ereignis, das die Nachkriegszeit bis heute bestimmt. Eine Nation aber, so Hinz, die ihre komplette Geschichte verwirft und unter moralischen, ja kriminellen Generalverdacht stellt, konzediert ihre eigene Unmöglichkeit und gibt den moralischen Anspruch auf eine selbstbestimmte Zukunft preis.

Ein Rezensent lobte dieses Buch von Thorsten Hinz über die deutsche Mentalität als »Meisterwerk«, zwei Kundenbesprechungen beim Internetversandhändler Amazon empfehlen das Werk als »Pflichtlektüre«; ein Leser schreibt, man könne das Buch in eine Reihe stellen mit Armin Mohlers *Nasenring* und Caspar von Schrenck-Notzings *Charakterwäsche*, es sei deren Fortschreibung.

## Wolfgang Venohr · Gerhard Löwenthal

Die beiden konservativen Journalisten Gerhard Löwenthal (1922–2002) und Wolfgang Venohr (1925–2005) gehören zu den großen publizistischen Gestalten der Nachkriegszeit. Venohr starb wenige Monate vor seinem achtzigsten Geburtstag, weshalb aus einer zu diesem Anlaß ursprünglich geplanten Festschrift unvermittelt eine Gedenkschrift werden mußte. Sie erschien im Sommer 2005 in der Edition JF. Noch drei Jahre zuvor hatte Venohr seine Jugenderinnerungen an die Jahre 1940 bis 1955 in der Edition JF veröffentlicht. Der Gedenkband nun versammelt Weggefährten und Kollegen Wolfgang Venohrs, unter ihnen der Historiker Peter Brandt, die Völkerrechtler Wolfgang Seiffert und Alfred de Zayas, General a.D. Günter Kießling, weitere Texte steuerten neben anderen Herbert Ammon, Jörg Bernhard Bilke, Günther Deschner, Sieg-

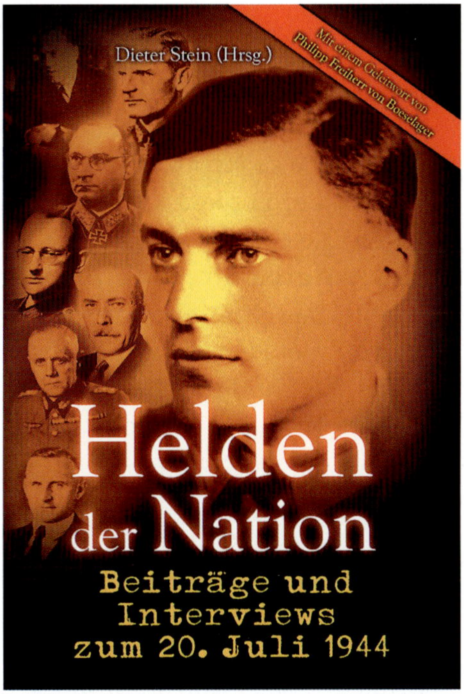


mar Faust, Lothar Groppe, Thorsten Hinz, Lothar Höbelt, Klaus Hornung, Detlef Kühn, Klaus Motschmann, Werner Olles, Ulrich Schacht, Stefan Scheil, Rolf Stolz, Karlheinz Weißmann und Franz Uhle-Wettler bei. Ergänzt wurde die Gedenkschrift um Aufsätze und Interviews von Wolfgang Venohr sowie eine vollständige Bibliographie und Filmographie. In seinem Vorwort schreibt Dieter Stein über Venohr: »Vom ersten Moment seiner journalistischen Aktivitäten setzte er alle seine Energien für die Wiedergewinnung der deutschen Einheit ein. (…) Wir jungen Redakteure haben ihn stets bewundert und als Vorbild gesehen.«

Ein unerschütterlicher Streiter für die Einheit Deutschlands war auch Gerhard Löwenthal. Anfang 2006 durfte die Edition JF die erstmalig 1987 unter dem Titel *Ich bin geblieben* erschienenen, inzwischen aber lange vergriffenen Lebenserinnerungen des legendären Fernsehmoderators des »ZDF-Magazins« neu herausbringen. Sie hat damit ein einzigartiges zeitgeschichtliches Dokument wieder der Öffentlichkeit zugänglich gemacht. In einer editorischen Notiz schreibt die Witwe Ingeborg Löwenthal, sie sei der Bitte der JUNGEN FREIHEIT gern nachgekommen, »weil mein Mann viele Jahre lang der Zeitung als Gesprächspartner freundlich verbunden gewesen ist«.

## Stauffenberg

Daß sich die JUNGE FREIHEIT dem Erbe des Widerstands der Männer vom 20. Juli 1944 verpflichtet fühlt, macht die Zeitung mit einer Fülle von Leitartikeln, Porträts, Interviews und Rezensionen seit jeher immer wieder erneut deutlich. Gebündelt liegen diese Texte seit 2008 in dem in der Edition JF erschienenen und von Dieter Stein herausgegebenen Band *Helden der Nation* vor. Zu den Gesprächspartnern gehören unter anderem Widerständler und ihre Angehörigen wie Ewald-Heinrich von Kleist, Freiherr von Boeselager, Carl Szokoll, Freya von Moltke, Astrid Gräfin von Hardenberg und Wolf Dieter Graf Yorck von Wartenburg. Porträtiert werden neben Stauffenberg selbst auch Henning von Tresckow, Carl Friedrich Goerdeler, Fritz-Dietlof Graf von der Schulenburg, Karl-Heinrich von Stülpnagel, Ulrich von Hassell und Julius Leber. Die Geleitworte zur Einführung in die Sammlung stammen von Philipp Freiherr von Boeselager und dem Verleger Wolf Jobst Siedler. »Jahrzehntelang war die Tat Stauffenbergs vergessen und verdrängt«, schreibt Siedler, »erst ganz allmählich wird deutlich, daß mit diesem Namen ein Geschehen heraufgerufen wird, von dem die neue deutsche Armee, die Bundeswehr, so lange nichts wissen wollte. Es bedurfte eines halben Jahrhunderts, bis die JUNGE FREIHEIT den Namen Stauffenberg und alles, was mit ihm verbunden war, aus dem Vergessen riß.«

Bereits vier Jahre zuvor, im August 2004, erschien in der Edition JF eine Neuauflage des seinerzeit lange vergriffenen Buches *Geist der Freiheit. Der 20. Juli* von Eberhard Zeller. Das Buch hatte 1952 die Stauffenberg-Forschung begründet, und Zeller selbst gab – wenige Wochen vor seinem Tod – die Anregung zu dieser Neuauflage. In einem knappen Geleitwort dazu schreibt die Witwe Nina Gräfin von Stauffenberg: »*Geist der Freiheit* gehört zu den intelligentesten Werken über meinen Mann, aber auch zu den sympathischsten.«

14

# Angriff auf die Pressefreiheit

Die JUNGE FREIHEIT (JF) wurde 1986 von Dieter Stein mit anderen Schülern und Studenten in Freiburg im Breisgau als Zweimonatszeitschrift ins Leben gerufen. 1990 gründeten die Redakteure den Verlag, 1993 siedelte die JF nach Berlin beziehungsweise von Oktober 1993 bis Oktober 1995 nach Potsdam über, um ab Januar 1994 als Wochenzeitung zu erscheinen. Nachdem die Umstellung auf wöchentliches Erscheinen auf einer Pressekonferenz auf der Frankfurter Buchmesse im Oktober 1992 angekündigt worden war, verstärkten sich linksextremistische Angriffe, Drohungen und Verleumdungen gegen dieses unabhängige Zeitungsprojekt. In der folgenden Chronologie werden die wichtigsten Ereignisse dokumentiert, die die skandalöse und in der deutschen Pressegeschichte einmalige Diskriminierung einer Zeitung verdeutlichen.

**21. Januar 1994:** Die erste Ausgabe der JUNGEN FREIHEIT als Wochenzeitung erscheint. Die *Potsdamer Neuesten Nachrichten* melden: »Rund 100 Demonstranten hatten sich gestern morgen gegen 9 Uhr unweit des Restaurants ›Klosterkeller‹ versammelt. Ihre Anwesenheit galt der Pressekonferenz der rechtskonservativen Zeitung JUNGE FREIHEIT, die diese in der Gaststätte durchführen wollte, wegen der angekündigten Proteste jedoch abgesagt hatte. An der Kundgebung der Antifa Potsdam nahm unter anderem auch die ›Jugend gegen Rassismus in Europa‹ (JRE) aus Kreuzberg teil. Auf Flugblättern forderten die Demonstranten das Verbot der JF, die ›faschistisches Gedankengut‹ unter die Menschen bringe.«

**25. Januar 1994:** Die Evangelische Presseagentur (epd) meldet: »Jusos fordern Widerstand gegen JUNGE FREIHEIT«. Weiter berichtet epd: »Die Potsdamer Jungsozialisten (Jusos) haben die Bevölkerung aufgefordert, sich gegen die ab 21. Januar in der Landeshauptstadt erscheinende rechtskonservative Zeitung JUNGE FREIHEIT (JF) zu wehren. Potsdam dürfe kein Zentrum rechtsextremistischer Ideologen werden, forderte Juso-Vorsitzender Harald Geywitz am 20. Januar vor Journalisten in Potsdam. Zeitungshändler sollten auf den Vertrieb verzichten … Auch dürfe Vertretern der JUNGEN FREIHEIT kein Raum für Veranstaltungen zur Verfügung gestellt werden, betonte der Juso-Vorsitzende.«

**5. Mai 1994:** Die *Märkische Allgemeine Zeitung* berichtet, daß die Stadtverordnetenversammlung von Potsdam den Eigentümer des Mietshauses, in dem sich die Büroräume der JUNGEN FREIHEIT befinden, aufgefordert hat, »die von ihm an die als rechtsextremistisch eingeschätzte Wochenzeitung JUNGE FREIHEIT vermieteten Räume zu kündigen. Die Stadtverwaltung soll den

Eigentümer ermitteln und ihm die Willenserklärung übersenden.« Nach Einschaltung eines Rechtsanwaltes und der Aufforderung auf Unterlassung läßt Oberbürgermeister Horst Gramlich (SPD) mitteilen, daß es »keine rechtlich geschützte Möglichkeit der Ermittelung der Anschrift des Eigentümers« gebe und deshalb »die Stadtverwaltung nicht zur Ausführung des Beschlusses angewiesen« werde.

**25. Mai 1994:** Linksradikale Organisationen machen seit 1992 gegen den Vertrieb der JUNGEN FREIHEIT unter dem Motto »Stoppt Nazi-Zeitungen« mobil. Statt dies als Angriff auf die Pressefreiheit zu problematisieren, veröffentlicht die *Frankfurter Rundschau* einen sympathisierenden Artikel unter der Überschrift »Rechte Hetze zwischen Comics und Gummibärchen – Engagierte Jugendliche wollen Kioskbetreiber überzeugen, ›Nazi-Zeitungen‹ aus dem Sortiment zu nehmen«. Weiter heißt es über die »engagierten Jugendlichen« in diesem Artikel: »In den letzten Tagen wurden rund 20 Kioske in Kronberg, Oberursel und Bad Homburg schriftlich aufgefordert, den Verkauf bestimmter ›Nazi-Zeitungen‹ einzustellen. Die Jugendlichen haben ihren Briefen an die Zeitungsverkäufer auch Informationen über die *Deutsche Nationalzeitung*, die JUNGE FREIHEIT und andere ›rechtsextreme und nationalkonservative Publikationen‹ beigefügt. (...) In etwa zwei Wochen sollen persönliche Gespräche mit den Händlern geführt werden, die Öffentlichkeitsarbeit verstärkt werden.« Durch diese bundesweiten Boykottdrohungen erleidet der Vertrieb der JF schwere Einbrüche. Der geschätzte Schaden beläuft sich bis heute auf jährlich schätzungsweise 500 000 Euro.

**29. Oktober 1994:** Bei einer Demonstration von rund 1 000 Mitgliedern linksextremer Gruppen gegen die JUNGE FREIHEIT kommt es in Potsdam-Bornstedt zu schweren Ausschreitungen. 200 Bereitschaftspolizisten schaffen es mit Mühe, die JF-Redaktion zu schützen. Die *B.Z.* in Berlin schreibt am 30. Oktober 1994: »Mit Pflastersteinen und Feuerwerkskörpern wollten sie sich eine Schneise durch die Polizeiabsperrung schlagen. In dem darauffolgenden Handgemenge, bei dem zwei Polizisten verletzt wurden, nahmen die rund 200 eingesetzten Beamten den harten Kern der Autonomen fest.« Von Verurteilungen wurde nichts bekannt.

**4. Dezember 1994:** Auf die zur *FAZ* gehörende Weimarer Union-Druckerei, in der die JF gedruckt wurde, verüben Linksterroristen einen Brandanschlag, bei dem es zu einem Sachschaden von 1,5 Millionen Mark kommt. Die *FAZ* schreibt am 7. Dezember: »›Revolutionäre Lesbenfrauengruppen und andere revolutionäre Gruppen‹ haben sich am Dienstag des Brandanschlags auf die Union-Druckerei in Weimar bezichtigt, bei der in der Nacht zum Sonntag ein Sachschaden von mehr als einer Million Mark entstanden war. In dem Selbstbezichtigungsschreiben heißt es, man wolle mit Brandanschlägen das Ende der Zeitung JUNGE FREIHEIT beschleunigen.« Die *taz* veröffentlicht am 21. Dezember das Bekennerschreiben, dem auch zu entnehmen ist, daß die Täter hinter einem Anschlag gegen den Pressevertrieb Berlin stehen, bei dem ein Lieferwagen in Flammen aufging. Wörtlich heißt es in diesem Bekennerschreiben: »Am 4. Dezember 1994 haben wir verschiedene Objekte in Berlin und Weimar angegriffen. Sie alle sind an der Herstellung und am Vertrieb der faschistischen Wochenzeitung JUNGE FREIHEIT beteiligt. Wir wollen mit unseren Brandsätzen gegen die Druckerei, einen Kiosk und gegen Fahrzeuge von Vertriebsfirmen das Ende dieses Machwerks beschleunigen.«

**13. Dezember 1994:** Einen von der JF initiierten Appell »Die Freiheit ist immer die Freiheit der Andersdenkenden – Appell anläßlich des Anschlags auf die Druckerei der JUNGEN FREIHEIT« unterschreiben neben anderen Daniel Cohn-Bendit, Peter Gauweiler, Richard Herzinger, Alfred Mechtersheimer, Ulrike Poppe, Thomas Schmid und Rolf Stolz. Erst nach diesem Appell berichten zahlreiche Medien ausführlicher über diesen Terroranschlag. Obwohl der Generalbundesanwalt die Ermittlungen wegen des »Verdachts auf Bildung einer terroristischen Vereinigung« an sich zieht, werden die Täter nie ermittelt.

**18. Dezember 1994:** Der *Berliner Tagesspiegel* meldet: »Die Weimarer Union-Druckerei hat ihren Vertrag mit der rechtskonservativen Wochenzeitung JUNGE FREIHEIT fristlos gekündigt. Grund sei der Brandanschlag auf die Druckerei ..., teilte Geschäftsführer Ernst-Ulrich Dill am Wochenende in Weimar mit.«

**10. Januar 1995:** Die *Welt* berichtet unter der Überschrift »Institut äußert Sorge um Pressefreiheit in Deutschland«: »Auf das sonst so leuchtend helle Bild von Pressefreiheit in Deutschland ist 1994 ein Schatten gefallen. Zum ersten Mal seit der deutschen Vereinigung 1990 erwähnt der Jahresbericht des Internationalen Presseinstituts (IPI) in London die Bundesrepublik im Zusammenhang mit einer Reihe ›bedenklicher Vorkommnisse‹. Bis 1989 stand ausschließlich die DDR auf der Anklageliste. (...) Der IPI-Direktor sieht die Presse- und Informationsfreiheit aber nicht nur durch Politik und Justiz gefährdet. Auf Befragen bezog er auch die Anschläge sogenannter autonomer Gruppen auf die Druckerei der rechtsorientierten Wochenzeitung JUNGE FREIHEIT in seine Kommentierung ein. Wenn undemokratische Gruppierungen mit Gewalt die Veröffentlichung unbequemer Meinungen verhindern wollten, so müsse das genauso gerügt werden wie der ›Druck von Politik und Justiz auf die Presse‹.«

**15. Januar 1995:** In einem Beitrag für die *FAZ* (»Mit den Wölfen schweigen – Polemische Bemerkungen zu einer zeitgemäßen Form der Unterdrückung, die die Demokratie bedroht«) schreibt Peter Gauweiler: »Man nehme zum Beispiel die auf diese Weise faktisch unbekannt gebliebene Tatsache, daß im Monat Dezember durch einen Brandanschlag das bundesweite Erscheinen einer immerhin nicht ganz unbekannten Wochenzeitung verhindert werden konnte, ohne daß dieser an sich unerhörte Vorgang auf größere journalistische, politische und/oder sonstige gesellschaftliche Proteste gestoßen wäre: Die Druckerei der in Potsdam erscheinenden Wochenzeitung JUNGE FREIHEIT, deren Abonnentenkartei bereits im Oktober von ›militanten Autonomen‹ mit Waffengewalt erbeutet worden war, wurde durch drei hintereinander zur Explosion gebrachte Brandsätze völlig zerstört. (...) Nichts hören, nichts sehen, nichts sprechen, lautete dazu die Devise der Meinungsmacher. Wenn der Satz richtig ist, daß, wer schweigt, zustimmt, dann haben die sonst so redseligen öffentlichen Instanzen des wiedervereinigten Deutschland, inklusive seiner Verleger- und Journalistenverbände, gegen diese Untat nichts einzuwenden gehabt. Man stelle sich einmal vor, der Anschlag hätte nicht der JUNGEN FREIHEIT, sondern der Westberliner *taz* gegolten, die in ihrer politischen Ausrichtung mindestens so links ist wie die JUNGE FREIHEIT rechts: Der öffentlich erklärten Betroffenheiten wäre bis hinauf in das Präsidium des Deutschen Bundestages kein Ende gewesen.«

**18. Januar 1995:** Bei einem erneuten Anschlag auf die JF geht das Auto von Chefredakteur Dieter Stein in Flammen auf. Die Antifa-Postille *Göttinger Drucksache* meldet begeistert: »Nichts als Pech hat die neurechte Zeitung JUNGE FREIHEIT in letzter Zeit: Nach dem Anschlag auf ihre Druckerei stand der Chefredakteur Dieter Stein am 18. Januar vor seinem völlig zerstörten Auto. Die ›Autonom-Antifaschistische Gruppe Michael Gäbler‹, die sich zum Anschlag bekannte, bezeichnete ihren Brandsatz als ›kleine Entscheidungshilfe‹. Wollen wir hoffen, daß nicht mehr viele solcher ›Hilfen‹ nötig sind, bis diese Zeitung endlich ihr Erscheinen einstellt.«

**13. März 1995:** Der *Spiegel* berichtet exklusiv, der nordrhein-westfälische Innenminister habe die »Beobachtung« der JUNGEN FREIHEIT angeordnet. Es läge ein 30seitiges Dossier vor, in dem die Zeitung schwer belastet würde. Reißerisch hebt das Magazin den Vorwurf des Antisemitismus hervor, der sich auf eine 1994 in der JF veröffentlichte Glosse stütze, die tatsächlich aber gegen Antisemitismus gerichtet war. Die JF reicht am 26. März eine Beschwerde beim Deutschen Presserat gegen den *Spiegel* ein. Der Presserat fällt in seiner Sitzung vom 18. Juli im Beschwerdeausschuß einen Beschluß: »Als Beleg für die von *Der Spiegel* behauptete Tendenz der JUNGEN FREIHEIT zitiert *Der Spiegel* in dem angegriffenen Beitrag einen Satz, der isoliert gelesen, vorurteilshaften und hetzerischen Charakter hat. Das Zitat ist in der gesamten Veröffentlichung der JUNGEN FREIHEIT jedoch Gegenstand distanzierender Formulierungen. Mit der Herauslösung aus dem Kontext wird der Eindruck erweckt, die JUNGE FREIHEIT mache sich die Aussagen der zitierten Passage, die Gegenstand distanzierender Äußerungen ist, inhaltlich zu eigen. Das war nach Überzeugung des Beschwerdeausschusses unzulässig und als Verstoß gegen die redaktionelle Pflicht zu werten, Dokumente sinngetreu wiederzugeben (Ziffer 2 Pressekodex). (...) Der Beschwerdeausschuß hielt den Verstoß gegen Ziffer 2 des Pressekodex für so schwerwiegend, daß er gemäß § 10 der Beschwerdeordnung die Maßnahme der Mißbilligung wählte. Nach § 13 (2) BO besteht zwar keine Pflicht, Mißbilligungen in den betroffenen Publikationsorganen abzudrukken. Im Hinblick auf eine faire Berichterstattung empfiehlt dies jedoch der Beschwerdeausschuß.« Der *Spiegel* druckte die Information und den Hinweis auf die Mißbilligung durch den Presserat nicht ab und beließ seine Leser im Glauben, seine Berichterstattung sei korrekt gewesen.

**17. März 1995:** Frühmorgens fahren sechs Redakteure der JF nach Hamburg zum Sitz der *Spiegel*-Redaktion, um dort gegen die verleumderische Berichterstattung über die JF zu protestieren. Am *Spiegel*-Hochhaus wird ein riesiges Transparent (»Rudolf räum den sAUSTall auf!«) angebracht und Plakate (»DDR-light? Nein danke!«) aufgestellt. Jeder Mitarbeiter des Hamburger Magazins, der das Gebäude betritt, erhält ein Exemplar der aktuellen JF-Ausgabe, die unter der Überschrift »Der *Spiegel* läuft Amok – Rufmord mit Verdrehungen und Verleumdungen« gegen die auf das Dossier des NRW-Verfassungsschutzes gestützte Berichterstattung protestiert. Mit einer Besetzung des Empfangsbereichs erzwingen schließlich die JF-Redakteure ein Gespräch mit dem verantwortlichen Ressortleiter, nachdem ein Gespräch mit *Spiegel*-Chefredakteur Stefan Aust verweigert worden war. Für seine unwahren Behauptungen hat sich der *Spiegel* nie entschuldigt.

**Mai 1995:** Das Innenministerium des Landes Nordrhein-Westfalen erhebt im Verfassungsschutzbericht für 1994 erstmals den Vorwurf, es existierten »tatsächliche Anhaltspunkte für den Verdacht rechtsextremistischer Bestrebungen in der JF«. Viele Zeitungen stürzen sich nun auf diesen Vorwurf und verdrehen

**Dieter Stein mit Roland Wehl (Bild oben) am 17. März 1995 bei einer Demonstration vor dem *Spiegel*-Hochhaus in Hamburg**

ihn zu der Behauptung, die JF werde als »rechtsextremistisch« eingeordnet – juristisch ein himmelweiter Unterschied. Die JF bereitet juristische Schritte gegen NRW vor.

**21. Juli 1995:** Auf Wunsch der JUNGEN FREIHEIT kommt es in Frankfurt am Main zu einem Treffen zwischen Dieter Stein, einem weiteren JF-Redakteur und Ignatz Bubis, dem Vorsitzenden des Zentralrates der Juden in Deutschland, in dessen Büro. Auslöser des Gesprächs waren Vorwürfe von Bubis in der Öffentlichkeit gegen »intellektuelle Schreibtischtäter« von rechts. In diesem Zusammenhang hatte er wiederholt die JUNGE FREIHEIT als Beispiel für diese »Schreibtischtäter« erwähnt. Wir wollten dies nicht stehenlassen und hatten Kontakt zu ihm aufgenommen. Nach Bubis' Tod berichtete Dieter Stein in der JF erstmals öffentlich über dieses Treffen: »Während Bubis ein Schälchen Eis auslöffelt, kommen wir gleich auf das Thema des Schreibens zu sprechen. Ich unterstreiche, wie sehr uns der Vorwurf der ›Schreibtischtäterschaft‹ und des ›geistigen Brandstiftertums‹ empört und daß wir diesen Vorwurf nicht hinnehmen können. Bubis hört aufmerksam zu. Vor ihm liegt ein Stoß mit Papieren und Akten. Als oberstes sehe ich ein Dossier des Landesamtes für Verfassungsschutz Nordrhein-Westfalen. Da nimmt Bubis den Bericht vom Stapel und zitiert daraus den Vorwurf des Antisemitismus gegen die JF. Begründet werde dies mit einer vermeintlich antisemitischen Glosse, die in der JF erschienen sei. Wir geben Bubis die Glosse (›Antisemiten!‹), die im Ressort von Roland Bubik erschienen ist und Antisemiten im Gegenteil explizit verächtlich machte. Bubis liest sie durch, legt die Kopie zur Seite und schlägt das verleumderische Dossier zu. Für ihn ist dieser Fall nun offenbar erledigt. Übrigens hat der Verfassungsschutz NRW diesen Vorwurf später nicht wieder erneuert.« (JF 34/99, 20. August 1999) Ignatz Bubis unterläßt ab diesem Treffen die Angriffe auf die JF. In einem Gespräch mit der *FAZ* kommt er einmal darauf zu sprechen: »Ich habe einige Diskussionen mit der Neuen Rechten. Auch mit Redakteuren der Zeitung JUNGE FREIHEIT zum Beispiel. (...) Bei den jungen Leuten der Neuen Rechten gibt es einen interessanten Trend. Die sagen nämlich: Auschwitz war da. Auschwitz ist nicht zu leugnen. Das war alles schrecklich, und wir müssen damit leben und wir müssen das wissen. Aber das sollte uns nicht unser nationales und konservatives Denken behindern – was immer auch sonst da noch nachkommen mag. (...) Dieser Trend ist deutlich für mich erkennbar seit etwa zwei Jahren.« (Ignatz Bubis/Wolfgang Schäuble, *Deutschland wohin?* Hrsg. von Frank Schirrmacher, Herder 1996)

**24. August 1995:** In einem Interview mit der *Wochenpost* billigt die stellvertretende PDS-Vorsitzende Angela Marquardt den Brandanschlag auf die JF.

Auf die Frage des Redakteurs, wie sie es finde, »wenn Brandanschläge auf die Druckerei der rechtsgerichteten JUNGEN FREIHEIT stattfinden«, antwortet sie: »Ich halte es für legitim, zu verhindern, daß die JUNGE FREIHEIT gedruckt werden kann.« Aufgrund einer folgenden Strafanzeige wegen Billigung einer Straftat nimmt die Staatsanwaltschaft Ermittlungen gegen Marquardt auf. Sie wird vor Gericht am 4. Februar 1997 freigesprochen.

**Oktober 1995:** Die JF zieht von Potsdam nach Berlin um. Der Potsdamer Vermieter hatte unter dem Druck der Anschläge und auch der Presseberichterstattung der JF gekündigt. Innerhalb kürzester Zeit wird der neue Vermieter in Berlin derart unter Druck gesetzt, daß der JF wieder gekündigt wird und sie erneut umziehen muß. Seit Oktober 1996 befindet sich der Verlag nunmehr in Berlin-Wilmersdorf.

**25. Oktober 1995:** Unbekannte Täter verüben einen Nebelbomben-Anschlag auf den Großen Kursaal in Bad Cannstadt. Die örtliche FDP veranstaltete eine Podiumsdiskussion, zu der neben Ex-Generalbundesanwalt Alexander von Stahl auch JF-Chefredakteur Dieter Stein eingeladen war. Auf der Veranstaltung kommt es deswegen zu Tumulten. Die *Stuttgarter Zeitung* schreibt: »Als Dieter Stein, der Chefredakteur der JUNGEN FREIHEIT, sprechen wollte, drängten sich einige der Demonstranten ans Rednerpult. (...) Im Pulk strömten Demonstranten aufs Podium, wo sie ein Transparent mit der Aufschrift ›Kampf den Nazis mit Schlips und Kragen‹ entrollten.«

**2. November 1995:** Der frühere FDP-Fraktionsvorsitzende in NRW, Achim Rohde, gerät wegen eines Interviews mit der JF unter Druck. Vorwurf: Die JF werde vom NRW-Verfassungsschutz als rechtsextrem eingestuft. Der *Bonner Generalanzeiger* titelt: »Achim Rohde und die JUNGE FREIHEIT – Nationale Töne ihres ehemaligen Fraktionsvorsitzenden beunruhigen die Liberalen in NRW«.

**4. März 1996:** Eine Hamburger Zeitung meldet: »›Wir wollen keine ideologischen Brandstifter und deren Handlanger.‹ Unter diesem Motto macht jetzt die Initiative ›Stoppt Nazi-Zeitungen‹ in der Hansestadt Hamburg mobil gegen den Verkauf von rechtsextremen Publikationen. In den letzten Wochen protestierten Mitglieder der Gruppe mit Transparenten und Flugblättern vor Kiosken in der Elbestadt, an denen *Deutsche Nationalzeitung* ... und JUNGE FREIHEIT direkt neben *Frankfurter Rundschau* und *Süddeutscher Zeitung* liegen. (...) Der Druck gegen den Verkauf dieser Blätter müsse erhöht werden, denn in vielen Läden lägen die Blätter unterm Tisch und würden auf Verlangen ausgehändigt. (...)

Die JUNGE FREIHEIT ist das Forum der ›Neuen Rechten‹ und transportiert rechtsradikales Gedankengut im intellektuellen Schafspelz. Für die wöchentlich erscheinende Zeitung, die als Bindeglied zwischen Nationalkonservativen und Rechtsextremisten fungiert, interessiert sich inzwischen auch der nordrhein-westfälische Verfassungsschutz.«

**6. Juni 1996:** In den ARD-Tagesthemen wird ein Beitrag gesendet, der die *FAZ* bezichtigt, Werbung von »rechtsextremen Verlagen« zu schalten, darunter Werbeanzeigen der JUNGEN FREIHEIT. Belastet wird die JF durch ein ebenfalls in den Tagesthemen gesendetes Interview mit dem Chef des NRW-Verfassungsschutzes Fritz-Achim Baumann, der ebenfalls die *FAZ* für ihre Anzeigenpolitik kritisiert. Ein skandalöser Eingriff in die Pressefreiheit, der für diesen Beamten keine Konsequenzen hat. Konsequenzen zieht allein die *FAZ*: Seit dieser Tagesthemen-Sendung verweigert sie die Schaltung von Werbeanzeigen der JF im redaktionellen Teil des Blattes.

**9. August 1996:** Die JUNGE FREIHEIT stellt Antrag auf Einstweilige Anordnung und erhebt Klage im Hauptsacheverfahren gegen das Innenministerium des Landes NRW auf Unterlassung der Beobachtung der JF im Verfassungsschutzbericht.

**24. Oktober 1996:** Beschluß des Verwaltungsgerichts Düsseldorf. Der Antrag der JUNGEN FREIHEIT auf einstweiligen Rechtsschutz gegen das Land NRW wird abgelehnt (Az 1 L 3150/96).

**14. Februar 1997:** Urteil des Verwaltungsgerichts Düsseldorf. Die Klage der JUNGEN FREIHEIT gegen das Land NRW wird abgewiesen (Az. 1 K 9318/96). Das Gericht läßt im Urteil jedoch eindeutig festhalten: »Der Beklagte macht (...) geltend, die Klägerin zu keinem Zeitpunkt als rechtsextremistisch im Sinne eines endgültigen Werturteils bezeichnet zu haben.«

**17. April 1997:** Die JUNGE FREIHEIT stellt Antrag auf Berufung gegen das Urteil des Verwaltungsgerichts Düsseldorf vor dem Oberverwaltungsgericht Münster.

**5. Juni 1997:** Der Verband der Verlage und Buchhandlungen Berlin-Brandenburg im Börsenverein des Deutschen Buchhandels lehnt den Antrag der JUNGEN FREIHEIT auf Mitgliedschaft ab. Begründung: Der NRW-Verfassungsschutz bezeichne die JF als »extremistisch«. Die JF mußte den Antrag auf Mitgliedschaft stellen, weil die Mitgliedschaft im Börsenverein für die Aufnahme von Kundenbeziehungen von Buchgrossisten wie Lingenbrink (Libri) als Bedingung vorausgesetzt wird. Die JF protestiert daraufhin beim Vorstand des Börsenvereins des Deutschen Buchhandels in Frankfurt am Main. Mit Schreiben vom 4. November 1997 wird der JF mitgeteilt, daß sich der Börsenverein »außerstande« sieht, den JUNGE FREIHEIT Verlag als Mitglied aufzunehmen: »Denn der Hintergrund, vor dem dieses Unternehmen arbeitet, z.B. Beobachtung der JUNGEN FREIHEIT durch den Verfassungsschutz und schwebende Gerichtsverfahren über die Verbreitung rechtsextremistischen Gedankenguts, schädigt die Interessen des Börsenvereins bzw. diejenigen seiner Mitglieder.« Mit dem »schwebenden Verfahren« ist der Prozeß der JF gegen das Land NRW gemeint. Bis heute hat der Börsenverein seine skandalöse Entscheidung nicht korrigiert.

**2. Dezember 1997:** Antwort der Bundesregierung auf eine Kleine Anfrage der PDS (Drucksache 13/9345) hinsichtlich der abweichenden Bewertung der JF durch den NRW-Verfassungsschutz, der sie im Gegensatz zum Verfassungsschutz des Bundes als »rechtsextrem« einschätze. Die Bundesregierung stellt klar: »Im Verfassungsschutzbericht des Landes Nordrhein-Westfalen für das Jahr 1996 wird die JUNGE FREIHEIT nicht als rechtsextremistisch eingeschätzt. Vielmehr weist der Bericht darauf hin, daß Anhaltspunkte für den Verdacht verfassungsfeindlicher Bestrebungen vorliegen. In Abweichung zum Bundesbericht ermöglichen §§ 3 Abs. 1 und 15 Abs. 2 des Gesetzes über den Verfassungsschutz Nordrhein-Westfalen das Sammeln und Auswerten von Informationen sowie die Aufklärung der Öffentlichkeit bereits dann, wenn tatsächliche Anhaltspunkte für den Verdacht extremistischer Bestrebungen vorliegen.«

**2. April 1998:** Der parlamentarische Staatssekretär im Bundesverteidigungsministerium, Klaus Rose, rechtfertigt in einem Schreiben an den CDU-Bundestagsabgeordneten Heinrich Lummer interne Warnungen der Bundeswehr vor dem Bezug der JUNGEN FREIHEIT durch Soldaten, insbesondere Wehrpflichtige in Kasernen damit, daß nach »Auffassung« des NRW-Verfassungsschutzes »Anhaltspunkte für den Verdacht auf Bestrebungen gegen die freiheitlich-demokratische Grundordnung« vorlägen. Zuvor war öffentlich geworden, daß der Militärische Abschirmdienst (MAD) in Informationen für Sicherheitsbeauftragte der Bundeswehr gestützt auf den NRW-Verfassungsschutz die JF als »Beispiel rechtsextremistischer Periodika« nannte.

**26. März 1999:** Die JF (13/99) veröffentlicht ihr erstes Interview mit Jörg Schönbohm, damals Landesvorsitzender und Spitzenkandidat der brandenburgischen CDU. Das Interview löst helle Empörung bei der regierenden SPD und bei den Medien aus. »Brandenburgs SPD spricht von einem ›Skandal‹« (*Tages-*

*spiegel*), »Schönbohm verteidigt JUNGE FREIHEIT-Interview« (*Berliner Zeitung*) lauten einige der Schlagzeilen. Skandalös sei das Interview mit der JF, weil diese vom NRW-Verfassungsschutz beobachtet werde.

**18. Juni 1999:** Hans Mathias Kepplinger, Professor für Publizistik und Kommunikationswissenschaft am Institut für Publizistik in Mainz und geschäftsführender Leiter des Instituts, wird für sein Interview in der JF zum Ausgang der Europawahlen vom Allgemeinen Studentenausschuß (AStA) in Mainz massiv attackiert. In einer Pressemitteilung (Überschrift: »Institutsleiter gibt rechtsextremer Publikation Interview«) erklärt der AStA am 8. Juli 1999: »Auf Anregung des AStAs der Johannes Gutenberg-Universität Mainz beschloß das Studierendenparlament auf seiner gestrigen Sitzung ohne Gegenstimmen einen Brief an den Präsidenten der Universität, um seinen Protest gegen ein Interview auszudrücken, das der Leiter des Instituts für Publizistik an der Mainzer Universität, Hans Mathias Kepplinger, der als rechtsextrem geltenden Wochenzeitung JUNGE FREIHEIT gegeben hatte. Die Studierendenvertretung sieht in diesem Interview eine gedankenlose Verharmlosung demokratiefeindlicher Tendenzen und eine potentielle Schädigung der wissenschaftlichen Reputation des Studienfaches Publizistik in Mainz, zumal sich nicht ›irgendein‹ Dozierender, sondern der Institutsleiter gegenüber der JUNGEN FREIHEIT geäußert hat. Das Studierendenparlament sieht darin auch potentielle Einbußen der Studierenden bei ihrer späteren Berufswahl aufgrund einer konstruierbaren Nähe des Institutes zum Rechtsextremismus. Die Studierendenvertretung fordert daher vom Präsidenten der Universität eine schriftliche Stellungnahme sowie den umgehenden Hinweis an alle Lehrenden der Universität Mainz auf ihren Amtseid, wonach sie der Verfassung zu dienen haben. Das Wochenblatt JUNGE FREIHEIT wird von Verfassungsschutzbehörden gelesen und in NRW mit nachrichtendienstlichen Mitteln überprüft.« Gegenüber der Presse bleibt Kepplinger jedoch standhaft. So schreibt die *Mainzer Rhein-Zeitung* (MRZ) am 14. Juli 1999: »Für ›völlig aus der Luft gegriffen‹ hält Professor Hans Mathias Kepplinger die Vorwürfe, die StuPa und AStA der Uni gegen ihn erheben. Die Studentenvertreter hatten den Leiter des Institutes für Publizistik der Mainzer Uni wegen eines Interviews in der rechtsgerichteten Wochenzeitung JUNGE FREIHEIT attackiert. (...) ›Wenn mir jemand vernünftige Fragen stellt, gebe ich auch Antworten‹, rechtfertigt er auf *MRZ*-Anfrage das Gespräch zum Thema Europawahl. Obschon er ganz sicher nicht im Sinne des Fragestellers geantwortet habe, sei das Interview einwandfrei abgedruckt worden. ›Bei Rundfunk- und Fernsehsendern habe ich in dieser Beziehung schon schlechtere Erfahrungen gemacht.‹« Nicht immer können Interviewpartner der JF dem massiven Druck von linksradikalen Gruppen und

Medien standhalten, wenn zudem der Vorwurf im Raum steht, der NRW-Verfassungsschutz belaste die JF.

**Juli 1999:** In einer Broschüre »50 Jahre Verfassungsschutz und politischer Extremismus in Nordrhein-Westfalen« legt der NRW-Innenminister offen, sich jahrelang bemüht zu haben, auch andere Landesämter zur Beobachtung der »Neuen Rechten« (auf gut deutsch: der JUNGEN FREIHEIT) zu bewegen, dabei aber erfolglos gewesen zu sein: »Seit 1992 (waren) Abstimmungsversuche des Innenministeriums NRW vorausgegangen, mit dem Bund und den Landesbehörden zu einer einheitlichen Auffassung zu gelangen. Ein bundesweiter Konsens wurde bis heute nicht gefunden.«

**7. Januar 2000:** Die JF publiziert ein Interview mit dem baden-württembergischen CDU-Landtagsabgeordneten Arnold Tölg zur Frage deutscher Zwangsarbeiter im Zweiten Weltkrieg. Tölg erntet für dieses Interview einen Proteststurm seitens der Grünen und der SPD im Stuttgarter Landtag. Tölg habe den »Konsens der Demokraten« verlassen, so die Fraktion der Grünen. Tölg wird massiv kritisiert, sich gerade in der JF geäußert zu haben, weil diese vom NRW-Verfassungsschutz beobachtet werde. Die *Stuttgarter Zeitung* und die *Sindelfinger Zeitung* hatten einen linksgerichteten Stuttgarter Historiker mit der Aussage zitiert, die JF schmücke sich mit fremden Federn, ohne die Autoren um die Zustimmung zum Abdruck der Texte gebeten zu haben. Die JF verklagte sowohl den Wissenschaftler als auch die Zeitungen auf Unterlassung dieser Behauptung und obsiegte auf ganzer Linie. Das *FAZ*-Feuilleton berichtete am 3. Juli 2000 ausführlich darüber (»Fremde Federn vor Gericht – nie war sie mit solcher Genugtuung Kläger: Die JUNGE FREIHEIT prozessiert um Meinungen«). Dieser *FAZ*-Beitrag ist übrigens ein Musterbeispiel für den Unernst, mit dem sich Redaktionen, die sich bürgerlich nennen, mit der Problematik der Pressefreiheit im Fall der JF umgehen. Der *FAZ*-Redakteur befragte für seinen Artikel zwar den Beklagten, Gerhard Hirschfeld, Direktor der Bibliothek für Zeitgeschichte in Stuttgart, nicht aber Dieter Stein, den Kläger. Entsprechend einseitig fiel der Text aus.

**Februar 2000:** Der Rektor der Universität Potsdam, Wolfgang Loschelder, untersagt die Verbreitung der Studentenzeitung *Gaudeamus*, weil sie eine Werbeanzeige der JF enthält. Als Begründung für das Verbot verweist der Rektor auf den Verfassungsschutz NRW, der »die JUNGE FREIHEIT (...) in die Rubrik ›Rechtsextremismus‹ eingeordnet« habe. Die JF erhebt Klage gegen die Universität Potsdam vor dem Verwaltungsgericht. Der Antrag auf den Erlaß einer

Einstweiligen Verfügung gegen den Unirektor wurde vom Verwaltungsgericht Potsdam am 4. Mai 2000 abgewiesen. Der Ausgang des Hauptsacheverfahrens ist bis heute offen.

**28. April 2000:** Der ehemalige Generalbundesanwalt Alexander von Stahl kritisiert in der JF die neuerlichen Vorwürfe des NRW-Verfassungsschutzes in seinem Jahresbericht 1999. Stahl stellt fest, es gehe »bei der Auseinandersetzung zwischen der JF und den kleinen Metternichs aus NRW um die Meinungs- und Pressefreiheit, die es als Urrecht aller demokratischen Freiheiten gegen die politisch Korrekten zu verteidigen gilt. Gerade in diesem unserem Lande müssen wir als Betroffene im Hinblick auf unsere jüngste Vergangenheit den Anfängen wehren. Tun wir es und seien wir mit der JF im Kampf um die Meinungs- und Pressefreiheit solidarisch.«

**18. August 2000:** Der Präsident der Deutschen Akademie für Sprache und Dichtung, Christian Meier, wird für sein Interview in der JF in den Medien scharf angegriffen, Darmstädter Stadtverordnete sprechen bezüglich der dort ansässigen Akademie unter Berufung auf den NRW-Verfassungsschutz von einer »skandalösen Veröffentlichung« »angesichts der wachsenden Bedrohung durch gewalttätigen Rassismus und Neonazismus«.

**August 2000:** Potsdamer und Berliner Zeitungen berichten über Boykott-Aktionen von Linksextremisten gegen den freien Verkauf der JUNGEN FREIHEIT an den Kiosken. Der *Tagesspiegel* berichtet am 24. August 2000: »Zwölf junge Leute der Potsdamer Kampagne ›Stoppt Nazi-Zeitungen‹ rollen vor dem Zeitungskiosk im Nuthe-Havel-Center ein Plakat aus. »Rassistische und faschistische Propaganda stoppen« prangt darauf. (...) Die Jugendlichen wollen die Kioskbesitzer dazu bewegen, Zeitungen des rechten Spektrums wie die *National-Zeitung*, das NPD-Organ *Deutsche Stimme* und das Intellektuellen-Blatt JUNGE FREIHEIT aus dem Sortiment zu nehmen. (...) Die Beharrlichkeit der jungen Leute zahlte sich aus. Viele der angeschriebenen Kioske beugten sich dem Druck und stoppten den Verkauf der rechten Gazetten. Eine Inhaberin habe zwar von ›linkem Terror‹ gesprochen, die Zeitungen nahm sie trotzdem aus dem Laden.«

**6. September 2000:** Sachsens Justizminister Steffen Heitmann wird im Zuge einer Pressekampagne gegen ihn auch deshalb angegriffen, weil er sich früher in der JF geäußert hatte. Als skandalös wird dies erachtet, weil die JF vom NRW-Verfassungsschutz beobachtet werde. In einer Presseerklärung nimmt Generalbundesanwalt a. D. Alexander von Stahl Heitmann in Schutz: »Heitmann vorzuwerfen, daß er in der JUNGEN FREIHEIT geschrieben hat, stellt einen Angriff auf die Pressefreiheit dar.«

**22. September 2000:** Christoph Zöpel (SPD), Staatsminister im Auswärtigen Amt, wird von zahlreichen Medien massiv angegriffen, weil er sich in einem Interview in der JF geäußert hat. Die *FAZ* schreibt zu der Affäre: »Zöpel sagt im Gespräch mit dieser Zeitung, er habe mit dem Interview ›keinerlei Probleme‹: ›Ich halte das weiterhin für richtig.‹ Kritiker warfen Zöpel vor, die Zeitung JUNGE FREIHEIT werde in Nordrhein-Westfalen vom Verfassungsschutz beobachtet.« Die *taz* gibt Zöpel, der auch jahrelang Landesminister in Nordrhein-Westfalen war und sogar zur SPD-Linken zu zählen ist, folgendermaßen wieder: »Daß der nordrhein-westfälische Verfassungsschutz die JF in seinem Jahresbericht erwähnt, habe ihn nicht davon abgehalten, das Interview zu geben. (...) Zöpel verwies darauf, daß die Formulierungen des Verfassungsschutzberichtes keine eindeutigen Zuordnungen zum Rechtsextremismus seien. Was dort stehe, sei früher auch über Publikationen der Linken geschrieben worden.« Die *Bild*-Zeitung kommentiert den Vorgang: »Wenn die Bundesregierung glaubwürdig bleiben will, müssen Schröder und Fischer jetzt handeln.«

**28. September 2000:** Selbst in einer Bundestagsdebatte wird das JF-Interview thematisiert. Der damalige FDP-Generalsekretär Guido Westerwelle greift dort massiv die Bundesregierung an: »Man muß sich auch überlegen, wo man etwas sagt. Es gibt mehrere Mitglieder dieses Hauses, die dem vom Verfassungsschutz beobachteten Zeitungsorgan JUNGE FREIHEIT Interviews gegeben haben. Ich bedaure das. (Beifall bei Abgeordneten der PDS.) Diese Zeitung ist im Verfassungsschutzbericht genannt worden, und es wäre spätestens jetzt weiß Gott nicht mehr notwendig gewesen, diesem Blatt eine solche Aufmerksamkeit zukommen zu lassen. Ich muß der Bundesregierung, Herrn Minister Schily und den anderen Mitgliedern des Kabinetts sagen: Es ist nicht in Ordnung, daß ein Staatsminister dieser Bundesregierung der JUNGEN FREIHEIT in der vorvergangenen Woche ein Interview gegeben hat und damit diesem Blatt sogar noch das regierungsamtliche Siegel verleiht und der Eindruck entsteht, man könne sich mit einer solchen Zeitung normal unterhalten. (Beifall bei der FDP sowie bei Abgeordneten der SPD, der CDU/CSU und des Bündnis 90/Die Grünen.) Es geht nicht darum, was er gesagt hat. Es geht darum, daß er ein solches Blatt aufwertet. Das sollten Sie zurücknehmen, davon sollten Sie sich distanzieren. Das Interview war nicht nur ein Akt politischer Ungeschicklichkeit, sondern ich glaube, es war eine politische Aufwertung, die nicht sinnvoll ist.«

**11. Oktober 2000:** Der AStA der Universität Osnabrück greift den Hochschullehrer Manfred Spieker unter Berufung auf den NRW-Verfassungsschutz an, er habe in einer »Nazi-Zeitung« veröffentlicht. Von Spieker war am 28. April 2000 ein Forum-Aufsatz in der JF erschienen. Unter dem massiven Druck von Kollegen, Studenten und Presse distanziert sich Spieker schließlich von der JF. Gegen die *Neue Osnabrücker Zeitung* erhebt die JF Klage, weil sie behauptet, die JF sei ein »Organ, das vom Verfassungsschutz als rechtsextremistisch eingestuft wird«. (Siehe Meldung vom 29. März 2001.)

**13. Oktober 2000:** Die stellvertretende Vorsitzende des Zentralrates der Juden in Deutschland, Charlotte Knobloch, wird wegen eines Interviews mit der JF von zahlreichen Zeitungen massiv angegriffen. Es kommt zu einem Beschluß des Zentralrates, daß der JF keine Interviews mehr gegeben werden sollen. Vizepräsident Michel Friedman begründet dies damit, daß es problematisch sei, »einer Zeitung, die vom Verfassungsschutz beobachtet wird, weil sie als rechtsradikal eingestuft ist, ein Gespräch anzubieten«.

**27. Oktober 2000:** In einem Interview mit der JF äußert sich Friedhelm Farthmann, 1975 bis 1985 NRW-Sozialminister, von 1985 bis 1995 Fraktionsvorsitzender der SPD im nordrhein-westfälischen Landtag. Er spricht freimütig über das Thema Einwanderung und die »Leitkultur-Debatte« und sagt dann: »Es ist natürlich ein Mangel an Demokratie, wenn nicht das ganze Meinungsspektrum zum Ausdruck kommt. Deshalb ist auch die sogenannte political correctness, zumindest deren extreme Ausprägung, so verderblich.« Mit Christoph Zöpel und Friedhelm Farthmann haben sich damit schon zwei langjährige sozialdemokratische Landesminister aus NRW zur JF als publizistischer Plattform bekannt.

**November 2000:** An der Universität Jena entbrennt eine politische Kampagne gegen den dort lehrenden Philosophieprofessor Günter Zehm, weil er für die JUNGE FREIHEIT wöchentlich seine berühmte »Pankraz«-Kolumne verfaßt. Unter Berufung auf den nordrhein-westfälischen Verfassungsschutz werfen linksextreme Studenten Zehm Unterstützung des »Rechtsextremismus« vor.

**5. Januar 2001:** Mit einem sechszeiligen Schreiben kündigt die Deutsche Postbank der JUNGEN FREIHEIT ihr Hauptgeschäftskonto zum 8. April 2001, weil es »derzeit keine ausreichende Grundlage für eine Geschäftsbeziehung« gebe. Erst auf Nachfrage von Journalisten erklärt ein Sprecher der Postbank, Joachim Strunk, den Grund für die Kündigung: »Wir möchten mit extremen Organisationen keine Kundenbeziehung.« Wie sich in den folgenden Tagen herausstellt, stützt sich die Postbank bei ihrem Vorwurf auf die haltlosen Verdächtigungen des NRW-Verfassungsschutzes.

**16. Januar 2001:** Die JF stellt beim Landgericht Berlin Antrag auf Erlaß einer Einstweiligen Verfügung gegen die Deutsche Postbank AG wegen der Kontokündigung.

**22. Januar 2001:** Die Maßnahme der Postbank wertete der Vorsitzende des Journalisten-Verbandes Berlin, Alexander Kulpok, als »Angriff auf die Pressefreiheit«. Gegenüber dem Nachrichtenmagazin *Focus* erklärt er: »Eine Bank kann kein Medienunternehmen in den Ruin treiben, nur weil ihr dessen politische Richtung nicht paßt.«

**25. Januar 2001:** Gegenüber der *FAZ* wertet Postbank-Sprecher Joachim Strunk die Kontokündigung gegenüber der JF »als Beitrag für die Demokratie« und als »Zeichen gegen Gewalt und Fremdenhaß«.

**1. Februar 2001:** In großformatigen Anzeigen erscheint in *FAZ, Süddeutscher Zeitung, Berliner Morgenpost* und *Bonner Generalanzeiger* ein »Appell für die Pressefreiheit – Gegen die von der Postbank ausgesprochene politisch motivierte Kündigung des Hauptgeschäftskontos der Wochenzeitung JUNGE FREIHEIT«. Noch am Tag des Erscheinens des Appells zieht die Postbank gegenüber der JUNGEN FREIHEIT die Kontenkündigung zurück.

**2. Februar 2001:** Die *taz* schreibt: »Zivilcourage hat Konjunktur. Anfang Januar kündigte die Postbank der rechtsgerichteten JUNGEN FREIHEIT das Geschäftskonto. Der Journalistenverband sah darin einen Angriff auf die Grundrechte. Gestern veröffentlichten außerdem Ex-Generalbundesanwalt Alexander von Stahl, *Focus*-Chef Helmut Markwort, CSU-Politiker Peter Gauweiler und 35 weitere Unterzeichner in *FAZ* und *Süddeutscher Zeitung* einen ›Appell für die Pressefreiheit‹. (...) Die Reaktion der Postbank folgte prompt, das Konto bleibt bestehen. ›Wir haben unsere Entscheidung sachlich überprüft‹, begründete Sprecher Ralf Palm gestern den Rückzieher. (...) Die Berichte der Landesämter für Verfassungsschutz böten keine ausreichende Grundlage für die Kündigung, so Palm. Tatsächlich klagt die JF dagegen, daß der Verfassungsschutz NRW sie in seinem Bericht erwähnt hat.«

**2. Februar 2001:** Helmut Markwort kritisiert öffentlich die Praxis des NRW-Verfassungsschutzes: »Ich sehe eine Tendenz, daß man rechte Positionen immer mit rechtsextremen in einen Topf wirft. (...) Für mich ist die JUNGE FREIHEIT ein Medium, das innerhalb des demokratischen Systems steht.« »Der Verfassungsschutz in NRW beobachtet alles, was nicht auf dem linken Flügel der SPD beheimatet ist.« (*Tagesspiegel* und Nachrichtenagentur DDP, beide vom 2. Februar 2001)

**23. März 2001:** In einem Interview mit der JUNGEN FREIHEIT äußert sich Ephraim Kishon, für den Literaturnobelpreis nominierter israelischer Bestseller-Autor, zu den Vorwürfen des Verfassungsschutzes: »Sie sind ›rechtsgerichtet‹, weil Sie nicht linksgerichtet sind. Ihr niveauvolles Blatt ist nicht radikal, es ist nicht einmal, was man ›rechts‹ nennt, sonst hätte ich Ihnen kein Interview gegeben.«

**29. März 2001:** Das Oberlandesgericht Braunschweig bestätigt im Rechtsstreit der JUNGEN FREIHEIT gegen die *Neue Osnabrücker Zeitung* ein Urteil des Landgerichtes Göttingen vom 22. November 2000. Die *Neue Osnabrücker Zeitung* hatte in einem Artikel vom 10. Oktober 2000 behauptet, die JUNGE FREIHEIT sei ein »Organ, das vom Verfassungsschutz als rechtsextremistisch eingestuft wird«. Die JUNGE FREIHEIT hatte hiergegen Klage auf Unterlassung erhoben unter Verweis auf das Urteil des Verwaltungsgerichts Düsseldorf vom 14. Februar 1997, in dem festgehalten wurde, daß NRW die JF explizit nicht als rechtsextremistisch einordnet. Das Landgericht Göttingen urteilte jedoch, die Behauptung, die JF werde vom Verfassungsschutz als rechtsextremistisch eingestuft, enthalte einen »Tatsachenkern« und sei deshalb zulässig.

**April 2001:** Im Verfassungsschutzbericht für das Jahr 2000 verwirft der sächsische Innenminister die NRW-Praxis, unter dem Titel »Neue Rechte« unter anderem die JF des Extremismus zu verdächtigen: »In diesem Zusammenhang wird häufig der Begriff ›Neue Rechte‹ verwendet. Er ist aber nicht allgemein verbindlich definiert. Mit ihm werden sowohl die Intellektualisierung des Rechtsextremismus als auch Vertreter demokratisch konservativer Position in Verbindung gebracht. Wegen der Unschärfe eignet sich der Begriff nicht für die Arbeit der Verfassungsschutzbehörden.«

**22. Mai 2001:** Nach geschlagenen vier Jahren fällt das Oberverwaltungsgericht Münster im Verfahren der JF gegen das Land NRW den Beschluß, den Antrag der JUNGEN FREIHEIT auf Zulassung der Berufung gegen das Urteil des Verwaltungsgerichts Düsseldorf von 1997 nicht zuzulassen (Az. 5 A 2055/97). Angesichts der vorangegangenen, mit größter Not abgewendeten Kündigung des Hauptgeschäftskontos ist es Hohn, wenn das Gericht in seiner Urteilsbegrün-

PRESSE

# „Eine taz von rechts“

## Aus der Studentengründung „Junge Freiheit“ ist ein erfolgreiches Blatt geworden

**JETZT WÖCHENTLICH: Chefredakteur Dieter Stein will die Kulturrevolution von rechts**

Potsdams Oberbürgermeister Horst Gramlich nahm kein Blatt vor den Mund: „Wir wollen diese Zeitung in Potsdam nicht.“ Und Steffen Reiche, Brandenburgs SPD-Chef, ist „tief bestürzt“, daß „die“ in Potsdam sind.

Die derart Gescholtenen logieren seit zwei Monaten in einer Jugendstilvilla in Potsdam/Bornstedt. Nach sieben Jahren in Freiburg realisiert eine Handvoll smarter, frischgefönter Jung-Akademiker jetzt ihren Traum in einer neuen Heimat. Er heißt: „Junge Freiheit“.

**Und die Freiheit,** die sie meinen, liegt rechts außen.

Man würde sie nicht recht(s) ernst nehmen, wäre die „Junge Freiheit“ (JF) das Studentenblatt einiger Rep-Zöglinge und strammer Burschenschafter geblieben. Aber die „Junge Freiheit“, „die Kulturrevolution von rechts“, hat sich zum „Erfolgsblatt“ (FAZ) gemausert: Die Auflage des Monatsblattes kletterte von 400 im Gründungsjahr 1986 auf zuletzt 35 000. Soviel Erfolg macht mutig: Vom 21. Januar an erscheint die JF jede Woche. Startauflage: 100 000 Exemplare. Erklärtes Ziel von Deutschlands jüngstem Chefredakteur Dieter Stein, 27: „Wir machen eine rechte taz.“

Frech deklariert sich die JF zur Speerspitze der neuen „rechtsintellektuellen Elite“. Auf dem Boden des Grundgesetzes natürlich: Für dumpfe Revanchismus-Parolen à la Gerhard Frey („Nationalzeitung“) ist sich die JF zu fein. Ex-Rep Stein setzt auf „Salonfähigkeit“: zum Beispiel mit Promi-Partnern nicht nur aus der braunen Ecke.

So interviewt die JF neben Rep-Chef Schönhuber und FPÖ-Führer Haider auch Johann Scheringer, PDS-Fraktionschef in Mecklenburg-Vorpommern oder Wolfgang Kowalsky von der IG-Metall-Grundsatzkommission.

**Gelobt wird** die Nationalzeitung für Intellektuelle mittlerweile von Historiker Ernst Nolte („seriöse Texte“) oder dem Anti-Maastricht-Politiker Manfred Brunner („die haben kein Tabu“). Für den Ex-DDR-Maler Wolfgang Mattheuer füllt die JF gar „eine Lücke im Medienspektrum“: „Ich lese die ‚Junge Freiheit‘ mit ideellem Gewinn.“ Über Anzeigen unterstützt wird die JF auch von der Verlagsgruppe Ullstein Langen Müller. Deren Chef Herbert Fleissner hält die JF für „ein zukunftsträchtiges Projekt“.

Daß Verbindungen der JF weit in die militante Neonazi-Szene reichen, ist dem Chefredakteur offensichtlich peinlich. JF-Redakteur und Ex-Rep Thorsten Thaler erschien im „Einblick“, der Anfang Dezember „Todeslisten“ von linken „Feinden“ abdruckte. Dieter Stein: „Davon weiß ich nichts.“ ■

Nana Brink

mich nicht mundtot machen – weder von den CDU-Blockflöten noch von Ex-Stasis oder einigen Medien.“ Vor allem die „Bild“-Zeitung („Stasi-Jäger Arnold selbst bei der Stasi“) hatte Arnold im Visier. Als Informant fungierte niemand anderes als PDS-Fraktionschef Klaus Bartl, der in seinem Panzerschrank angeblich belastendes Stasi-Material gegen Arnold und andere Abgeordnete liegen haben will.

Geht es gegen „Typen wie Arnold“, ist sich die Bartl-„Bild“-Connection mit Teilen der Christdemokraten einig.

Auch für CDU-Fraktionschef Herbert Goliasch heißt der Störenfried nicht Bartl, sondern Arnold: „Ich habe einen regelrechten Haß auf den Nörgler“, so Goliasch, der bei der alten Blockflöten-CDU ein Jahr für die Lenkung der parteieigenen Presse zuständig war.

Eine zur IM-Zulassung notwendige Änderung des Landeswahlgesetzes scheint allerdings noch unwahrscheinlich.

Die PDS jedoch will es wissen: Sie hat beim Bundesverfassungsgericht Klage gegen das Gesetz eingereicht, um Ex-IMs auf die Liste nehmen zu können. „Und wahrscheinlich“, sinniert Goliasch vieldeutig, „haben sie damit sogar Erfolg.“ ■

Nana Brink

**SELBST GEJAGT: Stasi-Jäger Michael Arnold**

**SELBST MIT DER CDU einig: Klaus Bartl von der PDS**

**SELBST BLOCKFLÖTE: CDU-Mann Herbert Goliasch**

FOCUS 2/1994 Fotos: Zentralbild (2), Aspect, D. Gust/Zenit 37

**Berichterstattung über die JF im *Focus*, Januar 1994**

dung zu dem durch den NRW-Verfassungsschutz verursachten wirtschaftlichen Schaden bei der JF schreibt: »Selbst wenn die Klägerin durch die Veröffentlichung in den Verfassungsschutzberichten des Beklagten wirtschaftliche Nachteile erlitten hätte, die durch einen verstärkten Zulauf von Lesern aus dem rechtsextremistischen Spektrum nicht kompensiert worden wären, käme diesem Umstand für die rechtliche Bewertung keine Bedeutung zu. Hierbei würde es sich, wie das Verwaltungsgericht zutreffend ausgeführt hat, lediglich um faktische Folgewirkungen handeln, die einer Organisation, welche sich am politischen Willensbildungsprozeß beteiligt, durch zulässige öffentliche Kritik an ihrem Standpunkt entstehen.«

**Juni 2001:** Die JF feiert ihr 15jähriges Bestehen. Anläßlich dieses Jubiläums schreibt die *Welt* zum Thema NRW-Verfassungsschutz: »Beweise für eine rechtsextremistische Tendenz hat er nie gefunden, nur ›Anhaltspunkte‹.«

**23. Juni 2001:** Die JUNGE FREIHEIT reicht Verfassungsbeschwerde gegen die Entscheidung des OVG Münster vor dem Bundesverfassungsgericht Karlsruhe ein. Das Verfahren ist seitdem in Karlsruhe anhängig.

**12. Juli 2001:** Die Kölner Boulevardzeitung *Express* schlagzeilt: »Geheimdienst warnt vor der JUNGEN FREIHEIT – Innen-Experte ging Rechten auf den Leim«. Hintergrund: Der SPD-Bundestagsabgeordnete Peter Enders hatte der JF ein Interview gegeben.

**18. Juli 2001:** Gegen den CDU-Bundestagsabgeordneten Axel F. Fischer kommt es zu einer Pressekampagne, weil dieser auf seiner Internetseite einen Link (Verbindung) zur JUNGEN FREIHEIT gesetzt hat. *Die Badischen Neuesten Nachrichten* empfinden dies als skandalös, weil »das Blatt vom nordrhein-westfälischen Verfassungsschutz beobachtet« wird. Der Abgeordnete wird jedoch von der Zeitung zitiert, er habe das »geprüft«, die JF sei aber »eine konservative Zeitung« und der Link bleibe bestehen.

**16. August 2001:** Götz Kubitschek, seit Jahren freier Autor und zeitweise Ressortleiter der JF, Oberleutnant der Reserve, wird völlig überraschend vom Personalamt der Bundeswehr aus einer laufenden Wehrübung entlassen. In dem ihm zugestellten Schreiben von Generalmajor von Scotti hieß es: »In der Zeit vom 23.06.1995 bis 24.01.1997 waren Sie verantwortlicher Redakteur des Ressorts ›Sicherheit und Militär‹ der Publikation JUNGE FREIHEIT. Auch danach sind Veröffentlichungen von Ihnen, u. a. am 21.04.2000, in der Publikation JUNGE

FREIHEIT erschienen. Sie haben sich somit an rechtsextremistischen Bestrebungen beteiligt.« Die JF initiiert daraufhin einen »Appell an die Bundeswehr – Gegen die Entlassung konservativer Soldaten«, den weit über 2000 Bürger unterzeichnen.

**Januar 2002:** Hamburger Medien greifen den der Schill-Partei angehörenden Bausenator Mario Mettbach massiv an, weil er im Oktober 2000 einen Beitrag für die JF geschrieben hatte. Zeitungen und die Opposition fordern seinen Rücktritt. Grund für den Skandal? »Die Zeitung wird im Verfassungsschutzbericht des Landes Nordrhein-Westfalen mit Anhaltspunkten für einen Verdacht auf rechtsextremistische Tendenzen erwähnt.« (*Die Welt*, 26. Januar). *Bild*: »In der gestern neu bekannt gewordenen Presse-Affäre hatte Mettbach zunächst abgestritten, jemals einen Artikel für die von Verfassungsschützern als rechtsextremistisch eingestufte Zeitung JUNGE FREIHEIT geschrieben zu haben. Jetzt gibt er es zu. Angeblich hatte er auch das vergessen.«

Die »Affäre Mettbach« bricht abrupt ab, als die *taz* am 30. Januar berichten muß, daß die ehemalige Vorstandssprecherin der Grün-Alternativen Liste (GAL), Kordula Leites, ebenfalls sogar vor Mettbach im Juli 2000 einen kurzen Gastbeitrag für die JF geschrieben hatte.

**4. Februar 2002:** Der Extremismusforscher und Politikprofessor der TU Chemnitz, Eckhard Jesse, schreibt in einem Beitrag für die *Welt* (»Die Tabuisierung des Extremismusbegriffs – Die Gefahr von rechts wird vielfach hochgespielt, die von links hingegen verharmlost«) über die JF: »Offenkundig wird mit zweierlei Maß gemessen. Als linksextremistisch gilt vielfach nur noch eine gewalttätige Variante, als rechtsextremistisch hingegen bereits jede Form der ›neuen Rechten‹. Wer im *Neuen Deutschland* einen Artikel schreibt, kommt ›ungeschoren‹ davon; wer der JUNGEN FREIHEIT ein Interview gibt, provoziert eine Kampagne. Die Erosion der Abgrenzung zwischen demokratisch und extremistisch geschieht am linken, nicht am rechten Rand, wie gemeinhin behauptet.«

**13. Februar 2002:** Nach erfolglosem Gegendarstellungsbegehren gegen die *Hamburger Morgenpost*, die behauptet hatte, die JF werde von »mehreren Landesämtern für Verfassungsschutz als rechtsextremistisch eingestuft« beziehungsweise geschrieben hatte, die JF sei eine »als rechtsextremistisch eingestufte NPD-nahe Zeitung«, erhebt die JF Klage vor dem Landgericht Hamburg im Einstweiligen Verfügungsverfahren. Die Klage wird abgewiesen, trotz der ausdrücklichen Erklärung des NRW-Verfassungsschutzes im Prozeß der JF gegen NRW, die JF werde nicht als rechtsextremistisch eingeordnet, es bestünden lediglich »Anhaltspunkte für den Verdacht«. Dem Landgericht Hamburg genügt es, daß die JF »unter dem Oberbegriff Rechtsextremismus« im Verfassungsschutzbericht zu finden ist, die diskriminierende Wertung sei deshalb zulässig.

**19. Februar 2002:** In einer Rezension des von Hans-Helmuth Knütter herausgegebenen Buches *Der Verfassungsschutz – Auf der Suche nach dem verlorenen Feind* schreibt die *Welt*: »Seit jüngstem äußert sich auch eine fundierte konservative und ›rechte‹ Kritik am Verfassungsschutz. Sie entzündet sich an der schwer nachvollziehbaren und offenbar parteipolitisch motivierten Einstufung der konservativen Wochenzeitung JUNGE FREIHEIT durch den nordrhein-westfälischen Verfassungsschutz. Hier wurde zum ersten Mal die Beobachtung eines rechten, aber sich zur Demokratie bekennenden Mediums problematisiert. Der Fall, den der nationalliberale Jurist Manfred Brunner akribisch dokumentiert, steht deshalb auch nicht umsonst im Zentrum des Sammelbandes. Die JF wurde über Jahre vom Verfassungsschutz NRW als ›rechtsextremistisch‹ beziehungsweise ›dessen verdächtig‹ bezeichnet. Brunner sieht in diesem Vorgehen einen Verstoß gegen das Demokratieprinzip (Art. 20 II GG), weil so die Publikation aus dem demokratischen Diskurs herausgedrängt wird.«

**9. März 2002:** Andreas von Bülow, 1976 bis 1980 Staatssekretär im Verteidigungsministerium, Bundesforschungsminister von 1980 bis 1982 und langjähriger SPD-Bundestagsabgeordneter, hatte der JUNGEN FREIHEIT ein langes Interview gegeben, das in zwei Teilen am 1. und am 8. Februar 2002 in der JF erschienen war. Gegenüber der *Frankfurter Rundschau*, die daraufhin von einer Ausladung (die wiederum mit den Verdächtigungen des NRW-Verfassungsschutzes begründet wurde) von Bülows von einer Veranstaltung berichtet hatte, äußerte sich von Bülow folgendermaßen: »Die ihm zugesandten Belegexemplare der JUNGEN FREIHEIT (...) lassen eine Verfassungswidrigkeit auch nicht im Ansatz erkennen, schrieb von Bülow an die *FR*.«

**März 2002:** Um die Klage der JF gegen den NRW-Verfassungsschutz zu stärken, tritt der ehemalige Generalbundesanwalt Alexander von Stahl als Prozeßbevollmächtigter in das Verfahren ein und löst damit den Münchner Rechtsanwalt Manfred Brunner ab.

**21. März 2002:** Die Wochenzeitung *Die Zeit* veröffentlicht einen sensationellen Aufmacher ihres Redakteurs Jens Jessen. Er schreibt dort offensichtlich auch mit Blick auf den »Fall NRW«: »Wer heute eine wirklich kontroverse Position formuliert, wird sogleich Skandalgeschrei vernehmen, wenn nicht gefähr-

**Generalbundesanwalt a. D. Alexander von Stahl vertritt die JF vor dem Bundesverfassungsgericht**

lichen Tabubruchs verdächtigt werden. Die liberale Öffentlichkeit neigt dazu, andere als liberale Meinungen gar nicht mehr zuzulassen. (...) Kritiker Amerikas gelten als Antiamerikaner, Euroskeptiker als Nationalisten.« Und weiter schreibt Jessen: »Der Liberalismus hat gesiegt, aber dieser Sieg besteht darin, daß er seine Toleranz verloren hat. Es ist ein verfolgender Liberalismus entstanden, der alles Denken unter Radikalismusverdacht stellt, das nach Alternativen zu den bestehenden Verhältnissen sucht. Linkes Denken gilt immer schon als linksextrem, rechtes Denken als rechtsextrem. Der siegreiche Liberalismus hat die Mentalität eines Staatsschutzes angenommen, der überall Verfassungsfeinde sieht. Denn Staatsräson ist zum Kern des Liberalismus geworden, nachdem er den Staat erfolgreich gekapert hat. Heilig ist der Status quo der Bundesrepublik; wer an ihm rüttelt, gilt schon als totalitär. (...) Als Faschist gilt heutzutage jemand schneller, als er blinzeln kann.« Jessen, der eine Intoleranz nach links und nach rechts konstatiert, kommt zu dem Ergebnis: »Wir müssen wieder lernen, daß abweichende Meinungen nicht unbedingt der Bosheit entspringen, sondern auch Argumenten, vielleicht nur einem anderen Lebensgefühl. Eine kämpferische Demokratie darf nicht nur gegen ihre Feinde, sondern muß auch für die Freiheit kämpfen. Wenn es bloß darum ginge, alle Meinungen auf die Mitte des politischen Spektrums zu begrenzen, was wäre der Unterschied zur Diktatur?«

**April 2002:** Der »Appell an die Bundeswehr« und die zahlreichen Proteste von Lesern der JF beim Bundesverteidigungsministerium haben Erfolg: Das Personalamt der Bundeswehr widerruft die Vorwürfe, die sich auf die Verleumdungen des NRW-Verfassungsschutzes stützten, gegenüber Götz Kubitschek in allen Punkten, er kann wieder an Wehrübungen teilnehmen und ist voll rehabilitiert.

**11. April 2002:** In einem siebenseitigen persönlichen Brief fordert der ehemalige Berliner Innensenator Heinrich Lummer Ministerpräsident Wolfgang Clement auf, die Verdächtigungen gegen die JF durch den NRW-Verfassungsschutz zu stoppen: »Sehr geehrter Herr Ministerpräsident, überprüfen Sie bitte diesen Fall und sorgen Sie dafür, daß diese diskriminierende, elementare Grundrechte verletzende Behandlung einer unbequemen Zeitung beendet wird. Sorgen Sie dafür, daß die Berichterstattung über die JUNGE FREIHEIT im veröffentlichten Verfassungsschutzbericht des Landes Nordrhein-Westfalen eingestellt wird!« Nach zwei Monaten, am 12. Juni 2002, antwortet der Chef der Staatskanzlei in einem achtzeiligen Brief, daß sich an der Praxis des NRW-Verfassungsschutzes nichts ändern werde.

**3. Mai 2002:** Die JF veröffentlicht ein Interview mit dem aus den Grünen ausgetretenen NRW-Landtagsabgeordneten Jamal Karsli und seine Übertrittsabsichten zur FDP. Wochenlang beschäftigt der »Fall Karsli« die deutsche Innenpolitik und wird im Verlaufe des folgenden Bundestagswahlkampfes zum »Fall Möllemann«, der den Übertritt des Deutsch-Syrers betrieben hat. Unter Berufung auf die Verdächtigungen des NRW-Verfassungsschutzes schreiben zahlreiche Blätter vom angeblichen »Extremismus« der JF.

**17. Mai 2002:** Die *Rhein-Neckar Zeitung* tituliert die JUNGE FREIHEIT in einem Bericht zur »Karsli-Affäre« als »Neonazi-Zeitschrift«. Die JF erhebt Klage vor dem Landgericht Mannheim und dem Oberlandesgericht Karlsruhe gegen die *Rhein-Neckar Zeitung*. Das Gericht hält es unter Berufung auf die Erwähnung der JF im Verfassungsschutzbericht im Rahmen der Meinungsfreiheit für zulässig, die JF in dieser Weise zu bezeichnen.

**27. Mai 2002:** Stuttgarter Zeitungen setzen den Präsidenten des Studienzentrums Weikersheim, Klaus Hornung, unter Druck, weil er für die »vom Verfassungsschutz NRW beobachtete« JF schreibe. Die *Stuttgarter Nachrichten* fragen Hornung in einem Interview: »Werden Sie trotz mancher Proteste weiterhin für die umstrittene Zeitung JUNGE FREIHEIT schreiben?« Hornung antwortet darauf: »Ich werde weiter als Autor für die Zeitung tätig sein. Die Proteste sind eine Kampagne und der Versuch, mich in die rechtsextreme Ecke zu drängen. Die JUNGE FREIHEIT ist nicht weiter rechts, als die *taz* links. Die Zeitung steht im Einklang mit der Verfassung, egal, was der rot-grüne Verfassungsschutz in Nordrhein Westfalen dazu sagt.«

**Juni 2002:** Am 3. Juni erscheint in der *FAZ* ganzseitig, am 5. Juni in der *Süddeutschen Zeitung* halbseitig der von der JF initiierte »Appell für die Pressefreiheit – Gegen die Verletzung demokratischer Grundrechte durch den NRW-Verfassungsschutz«, den bis April 2003 über 3000 Menschen unterschrieben haben. Bezeichnenderweise lehnt die *FAZ* – im Gegensatz zur *Süddeutschen Zeitung*! – eine Schaltung der Anzeige im ersten, politischen Teil der Zeitung ab – aus altbekannten Gründen, nämlich der Angst vor dem NRW-Verfassungsschutz (siehe 5. Juni 1996). In über 200 persönlichen Schreiben protestieren Bürger direkt bei Ministerpräsident Wolfgang Clement gegen die Praxis des NRW-Verfassungsschutzes.

**November 2002:** Eine riesige Pressekampagne bricht über den brandenburgischen Innenminister und stellvertretenden Ministerpräsidenten Jörg Schönbohm herein, der der JF (Ausgabe 47/02, 15. November) ein langes Interview gegeben hat. PDS und Grüne fordern öffentlich seinen Rücktritt. Zentraler Vorwurf: Die JF werde »vom Verfassungsschutz NRW beobachtet«. Bundestagspräsident Wolfgang Thierse (SPD) erklärt in einem Interview mit dem *Berliner Tagesspiegel* am 21. November auf die Frage, ob er der JF ein Interview geben würde: »Nein. Warum sollte ich einer Zeitung ein Interview geben, die nach Auskunft des Verfassungsschutzes zwischen rechtsextremistischer und konservativer Grundhaltung angesiedelt ist und mich zum Feindbild erkoren hat?« In einer heftigen Landtagsdebatte, in der die PDS erneut Schönbohms Rücktritt fordert, stellt sich Ministerpräsident Matthias Platzeck (SPD) vor Schönbohm.

**23. Januar 2003:** In Halle/Saale kommt es zu Ausschreitungen während eines Vortrages des JF-Chefredakteurs Dieter Stein auf einem Verbindungshaus. Steins Auto wird schwer demoliert, Front-, Heck- und zwei Seitenscheiben durch Pflastersteine zertrümmert. Alarmierte Anrufer benachrichtigten die Polizei. Ein weiteres Auto eines Unbeteiligten wird von den linksextremen Tätern ebenfalls schwer beschädigt, vermutlich weil es ebenfalls ein auswärtiges Kennzeichen hatte. Das »Ermittlungsverfahren« gegen Unbekannt aufgrund der Strafanzeige der JF wird von der Staatsanwaltschaft Halle ohne Ermittlungen eingestellt.

**April 2003:** In seinem Jahresbericht für 2002 erneuert der NRW-Innenminister seine Vorwürfe gegen die JF. In einem weiteren ergänzenden Schriftsatz an das Bundesverfassungsgericht fordert die JF die baldige Verhandlung der Verfassungsbeschwerde, die seit 2001 anhängig ist. In einem weiteren Schritt wird ein neues Verwaltungsstreitverfahren gegen NRW vorbereitet, um auch gegen den aktuellen Verfassungsschutzbericht zu klagen. Seit nunmehr neun Jahren verbreitet der NRW-Innenminister, es lägen »Anhaltspunkte für den Verdacht auf rechtsextremistische Bestrebungen« bei der JF vor, neun Jahre, in denen es dem Innenminister nicht gelang, diesen »Verdacht« zu erhärten oder zu entkräften. Warum auch? Das Ziel der Denunziation ist ja erreicht. Stattdessen beklagt der Innenminister im Verfassungsschutzbericht die breite Unterstützung für die JUNGE FREIHEIT bei ihrem Kampf um die Pressefreiheit. Zitat: »In mehreren Wellen hat die JF im Jahr 2002 versucht, Leser, Sympathisanten und prominente Persönlichkeiten gegen den NRW-Verfassungsschutz zu mobilisieren. Sie startete dazu eine umfangreiche Kampagne, in der sie ihre Leser aufforderte, den ›Appell für die Pressefreiheit. Gegen die Verletzung demokratischer Grundrechte durch den NRW-Verfassungsschutz‹ zu unterzeichnen. Nach ihrem Scheitern im Verwaltungsstreitverfahren gegen das Land Nordrhein-Westfalen, in dem die Bewertung der JUNGEN FREIHEIT durch

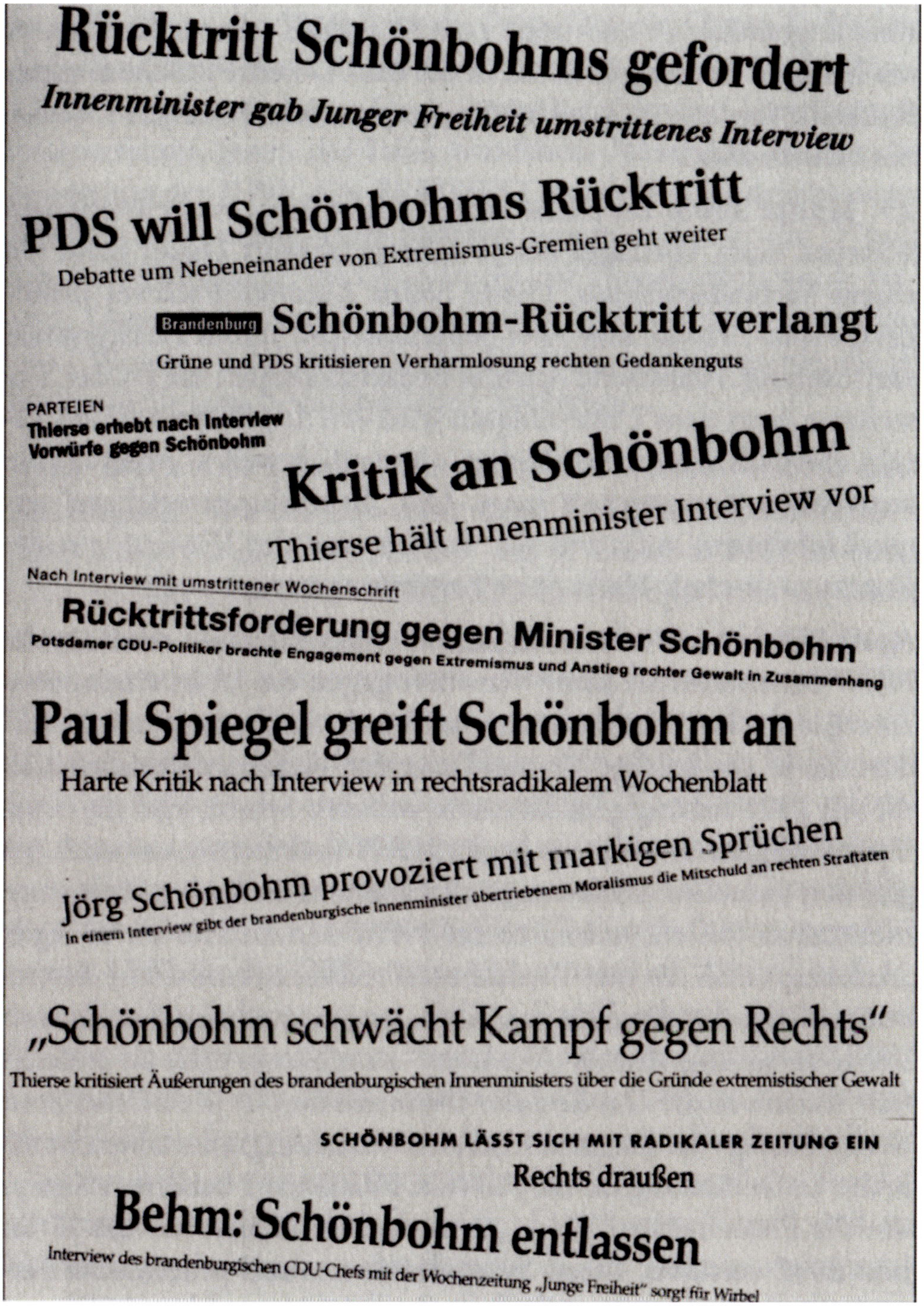

**Rücktritt Schönbohms gefordert**

*Innenminister gab Junger Freiheit umstrittenes Interview*

**PDS will Schönbohms Rücktritt**

Debatte um Nebeneinander von Extremismus-Gremien geht weiter

Brandenburg **Schönbohm-Rücktritt verlangt**

Grüne und PDS kritisieren Verharmlosung rechten Gedankenguts

PARTEIEN

**Thierse erhebt nach Interview Vorwürfe gegen Schönbohm**

**Kritik an Schönbohm**

Thierse hält Innenminister Interview vor

Nach Interview mit umstrittener Wochenschrift

**Rücktrittsforderung gegen Minister Schönbohm**

Potsdamer CDU-Politiker brachte Engagement gegen Extremismus und Anstieg rechter Gewalt in Zusammenhang

**Paul Spiegel greift Schönbohm an**

Harte Kritik nach Interview in rechtsradikalem Wochenblatt

Jörg Schönbohm provoziert mit markigen Sprüchen

In einem Interview gibt der brandenburgische Innenminister übertriebenem Moralismus die Mitschuld an rechten Straftaten

„Schönbohm schwächt Kampf gegen Rechts"

Thierse kritisiert Äußerungen des brandenburgischen Innenministers über die Gründe extremistischer Gewalt

SCHÖNBOHM LÄSST SICH MIT RADIKALER ZEITUNG EIN

Rechts draußen

**Behm: Schönbohm entlassen**

Interview des brandenburgischen CDU-Chefs mit der Wochenzeitung „Junge Freiheit" sorgt für Wirbel

**Schlagzeilen zu einem JF-Interview mit dem CDU-Politiker Jörg Schönbohm**

den nordrhein-westfälischen Verfassungsschutz bestätigt wurde, versucht die JF nun mit der Behauptung, ihr Grundrecht auf Pressefreiheit werde verletzt, Unterstützer auch im demokratischen Spektrum zu gewinnen.« Womit wieder nebenbei der Eindruck erweckt wurde, die JF gehöre nicht zum demokratischen Spektrum ...

**April 2003:** Das Düsseldorfer Innenministerium bereitet eine »Fachtagung« vor, die sich unter dem Titel »Die Neue Rechte – eine Gefahr für die Demokratie?« am 8. Oktober 2003 in erster Linie mit der JUNGEN FREIHEIT beschäftigen soll. Aufsehen erregt diese Tagung bereits im Vorfeld, weil mit Geldern des Innenministeriums Referenten mit eindeutig linksextremistischem Hintergrund als »Extremismusexperten« auftreten dürfen. So soll Dietrich Heither, Mitarbeiter des linksextremistischen Duisburger Instituts für Sprach- und Sozialforschung (DISS), ebenso referieren wie der unter dem Pseudonym »Anton Maegerle« für linksextremistische Antifa-Zeitschriften schreibende Autor Gernot Modery, der Kölner Politikwissenschaftler Christoph Butterwegge, der bereits 1987 für die DKP-nahen *Marxistischen Blätter* und danach für das linksextreme Organ *Der Rechte Rand – Informationen von und für Antifaschisten* schrieb. Verantwortlich für die Tagung zeichnet Thomas Pfeiffer, der seit Januar 2002 hauptamtlich für den NRW-Verfassungsschutz tätig ist. Brisant auch hier: Pfeiffer selbst publizierte wie Butterwegge in *Der Rechte Rand*. Sowohl die *Antifaschistischen Nachrichten* als auch *Der Rechte Rand* sind im Verfassungsschutzbericht des Bundes in der Rubrik »Agitations- und Kommunikationsmedien« als »linksextremistische/linksextremistisch beeinflußte Publikationen« aufgeführt. Über die Zeitschrift *Antifaschistische Nachrichten* ist dort zu lesen, daß sie dem »antifaschistischen Kampf von Linksextremisten« verpflichtet sei. Das Blatt stamme aus einer »Vorfeldorganisation des inzwischen in der PDS weitgehend aufgegangenen ›Bundes Westdeutscher Kommunisten‹«.

**27. Juli 2003:** Die *Welt am Sonntag* greift die Frage der Kooperation des NRW-Verfassungsschutzes mit Linksextremisten auf (Schlagzeile: »CDU will Hinweise auf Verbindungen der NRW-Behörde zur radikalen Szene haben. Innenministerium weist Vorwürfe zurück – Arbeitet Verfassungsschutz mit Linksextremisten?«). So schreibt die Zeitung: »›Es ist skandalös, daß bei dieser Tagung eine Reihe von Experten für Rechtsextremismus auftreten, die ihrerseits in eindeutig linksextremistische Zusammenhänge verstrickt sind‹, heißt es in einem Brief der CDU, der der *Welt am Sonntag* vorliegt. Ansehen und Glaubwürdigkeit des Verfassungsschutzes sieht die Union dadurch massiv beschädigt. Das NRW-Innenministerium hält auf Nachfrage dagegen: ›An dieser Tagung nehmen Experten teil, die das gesamte demokratische Spektrum abdecken, sich aber keinesfalls außerhalb des demokratischen Spektrums bewegen.‹ Eingeladen zu der Tagung wurde unter anderem Professor Christoph Butterwegge von der Universität Köln. ›Die Liste der linksextremistischen Aktivitäten von Christoph Butterwegge ist ellenlang‹, behauptet die CDU. Butterwegge soll Mitglied des Beirats einer DKP-Vorfeldorganisation gewesen sein und Berater des PDS-Bundesvorstandes. Der *Focus* schrieb einmal über ihn: ›Butterwegge legitimiert oder modernisiert marxistisch-leninistische Umsturztheorien – im Gewande staatstheoretischer und gesellschaftskritischer Analysen.‹ Butterwegge war auch Autor im ›Handbuch deutscher Rechtsextremismus‹. Über dieses Buch teilte die Bundesregierung 1998 mit: ›Eine größere Anzahl der Autoren des Sammelbandes ist im Zusammenhang mit linksextremistischen Bestrebungen bekannt geworden.‹ Darunter seien Mitglieder bzw. ehemalige Mitglieder der DKP, des früheren Kommunistischen Bundes (KB), der PDS, Personen der autonomen/antiimperialistischen Szene sowie ständige Autoren in linksextremistischen beziehungsweise linksextremistisch gesteuerten Publikationen. Autoren in diesem Buch waren neben Butterwegge auch Gernot Moderi (richtig: Modery, JF), Wolfgang Gessenharter und Dietrich Heither. Sie alle sind auch als Experten zu der Tagung im Oktober eingeladen worden. Moderi tritt allerdings unter seinem Künstlernamen Anton Maegerle auf.« Und weiter: »Besonders reibt sich die CDU aber an Thomas Pfeiffer, Mitarbeiter des NRW-Verfassungsschutzes und Hauptorganisator der Veranstaltung. Laut CDU soll er noch im Herbst 2000 als Referent im Rahmen einer ›Antifa-Woche‹ in Dortmund aufgetreten sein. In der Zeitschrift *Der Rechte Rand – Informationen von und für Antifaschisten* hat Pfeiffer Artikel verfaßt. Die Zeitschrift wird vom Bundesamt für Verfassungsschutz als linksextremistisch eingestuft.«

**4. September 2003:** Die CSU-Parteizeitung *Bayernkurier* kritisiert in einem Beitrag (»Verfassungsschutz auf Abwegen – Alle in einen Sack«) den NRW-Verfassungsschutz: »Die CDU in Nordrhein-Westfalen erhebt schwere Vorwürfe: Der Verfassungsschutz des Landes führe einen ›Kampf gegen Rechts‹, der CDU und CSU in ähnlicher Weise treffen soll wie den Rechtsextremismus. Das Landesamt kooperiere dabei mit Linksextremisten.« Und weiter zur Düsseldorfer Fachtagung: »Gleich mehrere Redner sollen Kontakte zur DKP, zur PDS und zu Antifa-Gruppen haben.« Der innenpolitische Sprecher der FDP im nordrhein-westfälischen Landtag, Horst Engel, stellt eine kritische Kleine Anfrage an die Landesregierung wegen der Düsseldorfer Fachtagung. Der Inhalt ist brisant. Bezeichnenderweise läßt sich der Innenminister so viel Zeit, daß die Antwort erst nach der Tagung am 9. Oktober veröffentlicht wird. Hier der vollständige Wortlaut der Anfrage und der Antworten:

*Nordrhein-Westfalen Drucksachen 13/4458*
*LANDTAG NORDRHEIN-WESTFALEN*
*13. Wahlperiode*

*Drucksache 13/4458*
*13. 10. 2003*

*Antwort*
*der Landesregierung*
*auf die Kleine Anfrage 1417*
*des Abgeordneten Horst Engel FDP*
*Drucksache 13/4294*

*Sogenannte Fachtagung des Innenministeriums zur »Neuen Rechten«*

*Wortlaut der Kleinen Anfrage 1417 vom 4. September 2003:*

*Das Innenministerium des Landes Nordrhein-Westfalen lädt zu einer sogenannten Fachtagung zum Thema »Die Neue Rechte – eine Gefahr für die Demokratie?« für Vertreter aus Wissenschaft, Medien, Bildung und Verfassungsschutz für den 8. Oktober 2003 in die Räume der Bezirksregierung in Düsseldorf ein. Bei einer als Fachtagung ausgewiesenen Veranstaltung des Innenministeriums ist zu unterstellen, daß diese inhaltlich ausgewogen und fachlich neutral durchgeführt wird zumal vor dem Hintergrund des Adressatenkreises. Bei dem Spektrum der teilnehmenden Redner/Diskutanten kann/muß diese neutrale Ausgewogenheit aber teilweise in Frage gestellt werden.*

*Daher frage ich die Landesregierung:*

*1. Nach welchen Kriterien wurden die Redner bzw. Diskutanten ausgewählt?*

*2. Warum wendet sich die sogenannte Fachtagung nicht auch an die Politik?*

*3. Wie bewertet die Landesregierung folgende Aussage von Prof. Dr. Christoph Butterwegge, die er nach Angaben des Nachrichtenmagazins* Focus *(15/1998 S. 102) im Februar 1980 im Organ des »Sozialistischen Hochschulbundes« (SHB) frontal getätigt haben soll: »Wer dem sozialistischen Staat, der sich von seinen Vorgängern grundlegend unterscheidet, nicht das Recht zugesteht, im Rahmen der gültigen Gesetze Gewalt anzuwenden, um die Machtstellung der Arbeiterklasse zu verteidigen, verläßt den Boden des wissenschaftlichen Sozialismus.«?*

*4. Wie bewertet die Landesregierung die regelmäßige publizistische Tätigkeit von Prof. Dr. Butterwegge für die Zeitung* Junge Welt *(zuletzt am 19. Juni 2003) und* Der Rechte Rand, *welche die Bundesregierung für linksextremistisch hält (siehe Antwort auf »Schriftliche Fragen« Drucksache 15/1474 Seiten 21 u. 22)?*

*5. Aus welchem Grund hält die Landesregierung Prof. Dr. Christoph Butterwegge für geeignet, auf der Tagung des Innenministeriums aufzutreten?*

Antwort des Innenministers vom 9. Oktober 2003 namens der Landesregierung:

*Vorbemerkung*

*Am 08. Oktober 2003 veranstaltet das Innenministerium Nordrhein- Westfalen eine Fachtagung zum Thema »Die Neue Rechte – eine Gefahr für die Demokratie?«. Unter der »Neuen Rechten« versteht der Verfassungsschutz NRW eine intellektuelle Strömung innerhalb des Rechtsextremismus, die sich um Einfluß auf die öffentliche Meinung bemüht. Als Referenten und Teilnehmer der Podiumsdiskussion wurden ausgewiesene Experten gewonnen, welche die Vielfalt demokratischer Grundhaltungen repräsentieren; zudem vertreten die beteiligten Rechtsextremismusforscher unterschiedliche wissenschaftliche Ansätze. Auf diese Weise sollen die »Neue Rechte« und auch ihr Gefährdungspotential für den demokratischen Verfassungsstaat differenziert dargestellt und analysiert werden.*

**Zur Frage 1** *Die Referenten der Tagung und die Teilnehmer der Podiumsdiskussion wurden ausschließlich nach ihrer Sachkompetenz zum Thema Rechtsextremismus ausgewählt.*

**Zur Frage 2** *Der Leiter der Abteilung Verfassungsschutz im Innenministerium NRW hat den Fragesteller selbst und die anderen Innenpolitischen Sprecher der Fraktionen im Landtag mit Schreiben vom 17. April 2003 zu der Fachtagung eingeladen. Darüber hinaus wurde die Veranstaltung in der 36. Sitzung des Hauptausschusses des Landtags am 26. Juni 2003 angekündigt.*

**Zur Frage 3** *Die Landesregierung lehnt es ab, zu einem aus dem Zusammenhang gerissenen Satz Stellung zu nehmen, der vor 23 Jahren geäußert worden sein soll und nicht eindeutig als persönliche Stellungnahme des Zitierten zu erkennen ist.*

**Zur Frage 4** *Nach den Kriterien des Gesetzes über den Verfassungsschutz in Nordrhein-Westfalen reicht eine Autorenschaft in Medien, welche die Verfassungsschutzbehörden als extremistisch einschätzen, zur Qualifizierung einer Einzelperson als verfassungsfeindlich nicht aus (§ 3 Abs. 1 und 3 VSG NRW). Siehe auch Antwort zu Frage 5.*

**Zur Frage 5** *Herr Prof. Dr. Christoph Butterwegge ist Geschäftsführender Direktor des Seminars für Sozialwissenschaften an der Universität zu Köln. Er ist ein profilierter Rechtsextremismusforscher und hat zahlreiche Studien zu diesem Themenfeld vorgelegt. Zudem ist Herr Prof. Butterwegge mehrfach als Experte für öffentliche Institutionen tätig gewesen, so als Leiter der Projekte »Kinderarmut in Deutschland«, »Armut und Kindheit« im Programm »Offensive zukunftsorientierte Spitzenforschung«, »Sozialstaatsentwicklung: Großstadt, Migration und (Jugend-)Gewalt« sowie als Autor einer Medienexpertise im Auftrag der »Landesarbeitsgemeinschaft der kommunalen Migrantenvertretungen Nordrhein-Westfalen« (LAGA NRW). Diese Projekte wurden durch die nordrhein-westfälischen Ministerien für Wissenschaft, Familie, Jugend und Arbeit gefördert. Darüber hinaus ist Herr Prof. Butterwegge vielfach für renommierte Einrichtungen als Referent tätig gewesen, zum Beispiel die Konrad-Adenauer-Stiftung und das Katholische Bildungswerk Köln. Im übrigen teilt die FDP-Fraktion im nordrhein-westfälischen Landtag offensichtlich die Einschätzung, daß an der wissenschaftlichen Qualifikation und demokratischen Haltung von Herrn Prof. Butterwegge keinerlei Zweifel bestehen. Sie selbst hat ihn im Juni 2003 für den Forschungsauftrag »Kommunale Familienpolitik« im Auftrag der Enquetekommission »Zukunft der Städte in NRW« vorgeschlagen.*

**8. Oktober 2003:** Auf einer Düsseldorfer Tagung des NRW-Verfassungsschutzes erhebt Innenminister Fritz Behrens (SPD) erneut schwere Vorwürfe gegen die JUNGE FREIHEIT. In der Pressemitteilung unter der Überschrift »Behrens: Intellektuelle Rechtsextremisten genauso gefährlich wie brutale Neonazis« heißt es wörtlich: »Die Neue Rechte verwischt die Trennungslinien zwischen demokratischem und rechtsextremistischem Spektrum. Ihr Ziel ist es, den Pluralismus einer offenen Gesellschaft gegen zementierte Wertvorstellungen auszutauschen. Dazu gehört auch, das Individuum ethnisch verstandenen Kollektiven wie Volk und Nation unterzuordnen. ›Hinter dem gemäßigten Duktus der Neuen Rechten verbergen sich oft antidemokratische und fremdenfeindliche Konzepte. Diese zu enttarnen ist eine der Kernaufgaben unseres Verfassungsschutzes‹, betonte der Minister. Eine der bedeutendsten Publikationen der Neuen Rechten ist die Berliner Wochenzeitung JUNGE FREIHEIT, die vom nordrhein-westfälischen Verfassungsschutz seit etwa zehn Jahren beobachtet wird. Gerichte haben bislang uneingeschränkt bestätigt, daß die Zeitung Anhaltspunkte für den Verdacht verfassungsfeindlicher Bestrebungen liefere. Um sich als pluralistisches Medium darzustellen, bemüht sich die JUNGE FREIHEIT mit Erfolg, neben Rechtsextremisten demokratische Persönlichkeiten als Autoren und Interviewpartner zu gewinnen.«

**10. Oktober 2003:** *Spiegel online* berichtet (Schlagzeile: »Braune in Nadelstreifen«) über den Verlauf der Düsseldorfer Tagung des NRW-Innenministeriums. In einem ergänzenden Interview mit dem NRW-Verfassungsschutz Hartwig Möller kommt es zu einem aufschlußreichen Dialog: *Spiegel online*: Wer liest Blätter wie etwa die rechte Wochenzeitung JUNGE FREIHEIT? *Möller:* Wir wissen nicht, wie die JUNGE FREIHEIT neue Leser gewinnt. Die Stammleser kennen jedenfalls diese Codewörter, wie etwa die Hinweise auf die »konservative Revolution«. Es ist in jedem Fall ein anspruchsvolles Publikum. Und die wissen genau Bescheid, was sie tun. Man muß sich diese Leute als seriös erscheinende, rechtsextremistische Intellektuelle vorstellen. *Spiegel online*: Rechtsextremismus in Nadelstreifen? *Möller:* So könnte man es nennen Hier finden wir die rufschädigende Wirkung der permanenten Verdächtigung durch den NRW-Verfassungsschutz in verdichteter Form vor. Aus den im Verfassungsschutzbericht geäußerten »Anhaltspunkten für den Verdacht rechtsextremistischer Bestrebungen« wird die Feststellung, daß die »Neue Rechte« eine Strömung innerhalb des Rechtsextremismus sei, zu der die JUNGE FREIHEIT zu rechnen ist. Dann werden sogar aus Abonnenten der JUNGEN FREIHEIT kurzerhand pauschal »Rechtsextremisten in Nadelstreifen«. Die »Neue Rechte« ist eine vom NRW-Verfassungsschutz lancierte Chiffre, mit der demokratische Konservative, demokratische

Rechte in Deutschland unter Extremismusverdacht gestellt und im öffentlichen Diskurs für indiskutabel erklärt, also mundtot gemacht werden sollen.

**14. Oktober 2003:** Die Tageszeitung *Die Welt* berichtet ebenfalls über die Tagung. Laut *Welt* habe NRW-Verfassungsschutzchef Möller erklärt, »für die ›Geisteshaltung der Münchner Sprengstoffattentäter‹ (der mutmaßlichen Neonazi-Terroristen, die kurz zuvor wegen Planung eines Anschlags auf die Jüdische Gemeinde verhaftet worden waren, JF) macht er gleichwohl die JUNGE FREIHEIT ›mitverantwortlich‹.«

**2. November 2003:** Die *Welt am Sonntag* kritisiert in einem großen Beitrag (»Wer kontrolliert in NRW die Kontrolleure? – Der fragwürdige Umgang des Verfassungsschutzes mit der ›Neuen Rechten‹«) die Düsseldorfer Fachtagung. Weiter heißt es im Text: »›Angesichts solcher Simplifizierungen‹ fordert Theo Kruse, der innenpolitische Sprecher der CDU-Landtagsfraktion, der Verfassungsschutzbericht müsse ›unmißverständlicher zwischen bürgerlichen und extremen Meinungen unterscheiden‹ – gerade weil der Bericht Autorität genieße und sein Urteil Gewicht habe. ›Bürgerliche Skepsis gegenüber Multikulti-Ideen beispielsweise darf nicht leichtfertig diffamiert werden.‹ Alexander von Stahl geht noch einen Schritt weiter: ›Hier sollen Meinungen, die keineswegs extrem sind, diskriminiert werden‹, vermutet der vormals höchste Staatsanwalt der Republik. Als ›Spiritus Rector‹ im Hintergrund hat er Dr. Thomas Pfeiffer ausgemacht, den zuständigen wissenschaftlichen Mitarbeiter – dem nicht nur von Stahl ›einen ziemlich linken Hintergrund‹ attestiert. In seiner Klageschrift argumentiert von Stahl denn auch, beim Verfassungsschützer Pfeiffer bestünden ›Anhaltspunkte für den Verdacht linksextremistischer Bestrebungen‹. So schrieb Pfeiffer noch in den letzten Jahren in der Zeitschrift *Der rechte Rand*, die das Bundesamt für Verfassungsschutz als »linksextremistisch« charakterisiert; auch soll er als Gastredner bei autonomen Antifa-Gruppen aufgetreten sein. Aber in Nordrhein- Westfalen kann offenbar durchaus für den Verfassungsschutz arbeiten, wer sich noch vor kurzem im linksextremen Milieu wohlfühlte. Weshalb sich von Stahl fragt: ›Wer kontrolliert eigentlich die Kontrolleure in NRW?‹«

**2. Februar 2004:** In der *Neuen Juristischen Wochenschrift* (NJW) Nr. 6/2004 erscheint ein Kommentar von Günter Bertram, ehemaliger Vorsitzender Richter am Landgericht, zur Düsseldorfer Tagung des NRW-Verfassungsschutzes (Überschrift: »Hoheitliche Tugendwächter: Verfassungsschutz und ›Neue Rechte‹«). Selten ist eine derart scharfe und gleichzeitig exzellente Abrechnung mit der absurden Verdachtsberichterstattung des NRW-Verfassungsschutzes erschienen, weshalb wir besonders ausführlich zitieren.

Bertram steigt mit der im Oktober 2003 vom Düsseldorfer Innenministerium veranstalteten Fachtagung ein: »Ein Gespenst geht um ... ›Die Neue Rechte – eine Gefahr für die Demokratie?‹ fragt Düsseldorfs Innenminister in der Einladung zur ›Fachtagung für Vertreter aus Wissenschaft, Medien, Bildung und Verfassungsschutz‹ am 8. 10. 2003: Sie seien gefährlicher als Neonazis, Schläger, offene Ausländerfeinde und Antisemiten. Die Neue Rechte komme anders daher: als eine intellektuelle ›Strömung‹, geistig anspruchsvoll, im Ton durchweg moderat. Gerade dieser geschickten Mimikry wegen sei sie um so gefährlicher: als Brücke zur gesellschaftlichen Mitte, in die hinein sie ihre Themen transportiere, um letztlich die ›kulturelle Hegemonie‹ zu erobern. Ihr Flaggschiff – Inkarnation ihres Geistes – sei die rechtsintellektuelle Berliner Wochenzeitung JUNGE FREIHEIT, die deshalb seit vielen Jahren unter der Beobachtung seines Verfassungsschutzes stehe ...«

Bertram war ausweislich des Textes Gastteilnehmer der Düsseldorfer Tagung, die wegen der Teilnahme von Referenten mit linksextremistischem Hintergrund wie Christoph Butterwegge Schlagzeilen machte und für parlamentarische Anfragen im Bundestag und Landtag sorgte. Diese Tagung wird nun in der *NJW* als tendenziöse, parteiliche Propagandaveranstaltung entlarvt. Bertram beschreibt aufmerksam die sich obendrein gegenseitig wild widersprechenden Aussagen der Referenten, um dann zum vom NRW-Verfassungsschutz aufgebauschten Popanz »Neue Rechte« zu kommen, mit dem man die JUNGE FREIHEIT gekonnt in die rechtsextremistische Schublade stecken will.

Der Autor zum abenteuerlichen Konstrukt der NRW-Schlapphüte: »Die JUNGE FREIHEIT (Neue Rechte) strebe nach kultureller Hegemonie und letztlich der politischen Macht (...) Man faßt sich (spätestens hier!) an den Kopf: Das Blatt hat, wie der Verfassungsschutz schätzt, eine wöchentliche Auflage von circa 10000 Exemplaren. Über Deutschland regnen täglich 30–40 Millionen Zeitungen nieder, wöchentlich circa 250 Millionen Stück. Die elektronischen Medien wirken noch tiefer, so daß alles in allem, wie immer man rechnet, die lächerlich wenigen Exemplare der JUNGEN FREIHEIT ein Tropfen im Ozean sind – selbst unter dem Mikroskop kaum zu finden. Und von dort soll der Sturm auf die kulturellen Kommandohöhen drohen? Leidet der Verfassungsschutz unter Verschwörungsängsten?«

Wenn auch die JF-Redaktion hofft, daß der Einfluß ihrer Zeitung nicht nur wie ein »Tropfen im Ozean« ist, so hat doch Bertram das Geschwafel von den »Hegemoniebestrebungen«, geschweige denn »Umsturzplänen« von »neurechten« Intellektuellen als durchsichtiges Scheinargument der NRW-Verfassungsschützer enttarnt. Mit dem Gummibegriff einer »Neuen Rechten« als Brückenspektrum zwischen »demokratischen Konservativen« und Rechtsextremisten soll schlicht die komplette Hälfte des demokratischen Spektrums, nämlich die »rechte«, unter ständigen Generalverdacht gestellt und nach Gusto politisch erpreßbar werden.

In Wahrheit komme der Griff nach »kultureller Hegemonie« schon lange von einer ganz anderen Seite, so Bertram: »Man sollte das kuriose Wort von der kulturellen Hegemonie einmal unter die Lupe nehmen: Gibt es die überhaupt, und wer besitzt sie heute? Abstrakt gestellt, führt die Frage ins Nichts; aber konkret – anhand der Schriften des nordrhein-westfälischen Verfassungsschutzes und tausend anderer – ist sie schnell beantwortet: Die Definitionshoheit über das, was thematisch als diskursfähig gilt, was gesagt werden kann und (vor allem!) wie man es sagen darf oder muß, und was vor der Tür zu bleiben hat: die liegt links.«

Wenn also überhaupt davon die Rede sein kann, daß jemand seine politische Macht durch eine »kulturelle Hegemonie« dauerhaft zu zementieren sucht, dann ist es die Linke in Gestalt der nordrhein-westfälischen SPD, die sogar mit Hilfe des Verfassungsschutzes unbequeme Konservative und demokratische Rechte durch hoheitliche Maßnahmen diskriminiert.

Viele Beobachter, aber auch vor allem Leser dieser Zeitung fragen sich, weshalb ausgerechnet die JUNGE FREIHEIT mit derartiger Penetranz vom NRW-Verfassungsschutz drangsaliert wird. Bertram vermutet, daß es an der besonderen Uneinsichtigkeit der JF gegenüber einer im öffentlichen Raum zu exekutierenden political correctness liegt: »Und wer sich so wenig an die dort (auf der Linken, JF) aufgestellten Regeln hält wie die JUNGE FREIHEIT, deren Redakteure durchweg schreiben, wie ihnen der Schnabel gewachsen ist, verpönte Themen nicht umschiffen, sondern sie ausdrücklich zur Sprache bringen – Fragen, die man, wie es heißt, ›nicht in den Wahlkampf zerren‹ soll oder die sich öffentlich nicht gefahrlos ›vermitteln‹ lassen –, der greift Herrschaft und Hegemonie frontal an. Mag sein, daß eine Zeitung, die political correctness so demonstrativ mißachtet, gerade ihrer Winzigkeit wegen einen um so größeren Grimm erregt. Jedenfalls wird ihr just diese Unbotmäßigkeit im Verfassungsschutzbericht 2001 als Kampagne und fortgesetzter Versuch der Delegitimierung des demokratischen Rechtsstaates eigens ins Sündenregister gesetzt ...«

Doch es bleibt nicht bei dieser scharfen Kritik am nordrhein-westfälischen Innenministerium. Bertram wirft dem NRW-Innenminister Behrens darüber hinaus eine Täuschung der Teilnehmer der besagten Fachtagung vor. Als Rechtfertigung für die nunmehr zehn Jahre andauernde Gängelung der JUNGEN FREIHEIT durch die Erwähnung in den Verfassungsschutzberichten verweist Behrens zum wiederholten Male auf die für die JF negativen Entscheidungen der Verwaltungsgerichte in Düsseldorf und Münster, die doch eine fortgesetzte Beobachtung der Zeitung stützten. Bertram jedoch dazu: »Eine glatte Irreführung, denn das VG Düsseldorf hatte am 14. 2. 1997 lediglich über die Berichte 1994 und 1995 geurteilt. Der 5. Senat (Präsidentensenat) des OVG Münster hatte dann über die Berufungszulassung zu beschließen, über vier Jahre geschwiegen und am 22. 5. 2001 einen Zurückweisungsbeschluß gefällt, der eigens anmerkt, da die Entscheidung lediglich die Jahre 1994 und 1995 betreffe, komme es nicht darauf an, daß die alte (ungünstige) Beurteilung ›derzeit‹ unter Umständen nicht mehr zutreffe.«

Bertram kritisiert weiter die Unfähigkeit der Düsseldorfer Behörde, den erwachsenen Teilnehmern der Fachtagung ein eigenständiges Urteil über die JUNGE FREIHEIT zuzutrauen, indem wenigstens Ansichtsexemplare ausgelegt würden, geschweige denn, daß man souverän genug gewesen wäre, einen JF-Vertreter oder neben des Linksextremismus verdächtigen Referenten wenigstens einen konservativen Extremismusexperten einzuladen: »Da die Neue Rechte als solche nicht augenscheinsfähig ist, wäre zu erwarten gewesen, daß einige Dutzend Exemplare der JUNGEN FREIHEIT jedenfalls zur Pausenlektüre auslagen. Ist doch, wie es heißt, gerade sie die Inkarnation neu-rechten Geistes. Aber keine einzige Nummer war zu finden. Es gab zur Selbstbedienung noch nicht einmal einen Giftschrank (worin man in der DDR die Westliteratur für zuverlässige Kader einzuhegen pflegte).«

Der *NJW*-Autor stellt in seinem Text an einer anderen Stelle auch noch einmal klar, daß man die JUNGE FREIHEIT zwar verfolge, aber in Wahrheit dabei jemand anderen meine, nämlich »das bürgerliche, konservative, nationale Lager, eigentlich alles, was nicht links ist. Da nun in der praktischen Tagespolitik eine Unterscheidung von links und rechts schon längst unmöglich geworden ist, läßt sich nur noch mit rein psychologischen Kampagnen etwas ausrichten, die mit Gut und Böse hantieren und der Konkurrenz die verwerflichsten Motive und Teufeleien zuschreiben: Chauvinismus, Ausländerfeindlichkeit, Antisemitismus, Revisionismus, Rassismus etc.«

Bertram erkennt eine Strategie beim NRW-Innenministerium, die nicht gegen rechten Extremismus, sondern »schlicht gegen Rechts« mobilisieren soll: »Wie man die Neutralität der Verfassungsschutzämter generell einschätzen muß, ist eine Frage für sich. Nordrhein-Westfalen jedenfalls bekennt ganz offen seine Parteilichkeit: ›www.NRWgegenRechts.de‹ stand bis zum Verfassungsschutzbericht 2001 auf deren Cover und auf anderen seiner Schriften (man stelle sich vor, eine bürgerliche Regierung ließe ihren amtlichen Schriftstücken ›www.gegenLinks.de‹ aufdrucken: ein Skandal fürs ganze Jahr!).«

Bertram hat erkannt, daß NRW im Kern die politische Konkurrenz im bürgerlichen Lager unter Druck setzen will: »Hier soll die Erfindung der Neuen

Rechten aushelfen. ... Wenn einer der Ihren (der Union; JF) sich der JUNGEN FREIHEIT als Interviewpartner zur Verfügung stellt und das von der anderen Seite an die große Glocke gehängt wird, dann ist das viel peinlicher, als wenn der Bordellbesuch eines Kollegen in die Öffentlichkeit dringt. Wer mit der Neuen Rechten in Verbindung gebracht werden kann, ist schon halb verloren.«

Bertram fordert nun eine korrigierende Entscheidung des Bundesverfassungsgerichtes in Karlsruhe, das den außer Rand und Band geratenen NRW-Verfassungsschutz endlich in die Schranken der staatlichen Neutralität verweisen soll: »Das Bundesverfassungsgericht wird darüber zu entscheiden haben, ob die Charakterisierung der JUNGEN FREIHEIT in den Verfassungsschutzberichten als rechtsextremistisch (formal wohl beschränkt auf die Jahre 1994/95) vor dem Grundrecht der Meinungs- und Pressefreiheit bestehen kann.«

**14. Mai 2004:** Der langjährige Osteuropa-Korrespondent der Tageszeitung *Die Welt* und regelmäßige JF-Mitarbeiter Carl Gustaf Ströhm stirbt. Die JF fragt beim zum Springer-Verlag gehörenden Ullstein-Bilderdienst, der ansonsten alle Medien bedient, nach, ob aus Anlaß des Todes dieses verdienten Springer-Mannes Fotos aus seiner Zeit bei der *Welt* in der JF gedruckt werden können. Unter Verweis auf die Erwähnung der JF in den Verfassungsschutzberichten von NRW lehnt es der Springer-Verlag ab, Bilder von Ströhm an die JF zu liefern, selbst, als Mitglieder der Familie Ströhm persönlich beim Springer-Verlag darum bitten.

**7. Juni 2004:** Der *Spiegel* berichtet (Schlagzeile: »Scholl-Latour lobt rechtes Blatt«), daß der »Buchautor und Fernsehjournalist Peter Scholl-Latour« für die »rechtsgerichtete Wochenzeitung JUNGE FREIHEIT« werbe. Scholl-Latour läßt sich auf einer Werbekarte der JF mit dem Satz zitieren: »Die JF bedeutet für mich, daß es noch unabhängige Geister in der deutschen Medienlandschaft gibt und Journalisten, die das Risiko eingehen, gegen den Strom zu schwimmen.« Der *Spiegel* weist darauf hin, weshalb ein Lob für diese Zeitung problematisch ist: »Für den NRW-Verfassungsschutz ist die von Dieter Stein geleitete Zeitung ›einer um Intellektualisierung bemühten geistigen Strömung innerhalb des Rechtsextremismus zuzurechnen‹.«

Der *Spiegel*-Bericht löst eine Welle von weiteren Presseberichten aus, die den Fall skandalisieren. Die Schlagzeilen lauten: »Scholl-Latour wirbt für rechtsextreme Zeitung« (*Badische Zeitung*), »Scholl-Latour wirbt für rechtsextremes Blatt« (*Lübecker Nachrichten*), »Scholl-Latour im Zwielicht« (*Südwest-Presse*). Wer nun geglaubt hatte, Scholl-Latour werde aufgrund dieser Medienkampagne einknicken, der irrte. Er weist die Kritik an seiner Person zurück und äußert sich dazu in einem folgenden Interview in der JUNGEN FREIHEIT (25/04, 11. Juni 2005):

> *Herr Professor Scholl-Latour, der* Spiegel *beklagt in seiner aktuellen Ausgabe, daß Sie in einem Werbefaltblatt der* JUNGEN FREIHEIT *bekundet haben, die JF bedeute für Sie den Beweis, daß es »noch unabhängige Geister in der deutschen Medienlandschaft gibt und Journalisten, die das Risiko eingehen, gegen den Strom zu schwimmen«.*
> **Scholl-Latour:** Ach wissen Sie, ich bin es gewohnt, gelegentlich Heckenschützen aus dem Kollegenkreis ausgesetzt zu sein. Die dort formulierten Vorwürfe sind schlicht absurd, und im übrigen habe ja nicht nur ich mich mit Interviews und Artikeln in der JF zu Wort gemeldet, beziehungsweise Ihre Zeitung unterstützt, sondern ebenso solch untadelige Persönlichkeiten wie etwa Peter Gauweiler, Jörg Schönbohm, Helmut Markwort, Ephraim Kishon, Martin van Creveld oder Frederick Forsyth.
>
> *Fürchten Sie eine Kampagne gegen sich?*
> **Scholl-Latour:** Diese Kampagne hat doch bereits stattgefunden. Im *Spiegel* zum Beispiel wurden mir Prognosen zum Irak-Krieg unterstellt, die ich gar nicht gemacht habe. Ebenso vom Leiter des Berliner Aspen-Instituts Jeffrey Gedmin, der damit nur seine eigene gezielte Fehlinformation der Öffentlichkeit über den Irak zu kompensieren suchte.
>
> *Dem* Spiegel *haben Sie gesagt, »Zensur ... brauchen wir nicht«, Sie finden es »ganz gut, wenn Unkonventionelles veröffentlicht wird«. Heißt das, daß Ihnen die deutsche Medienlandschaft zu uniform ist?*
> **Scholl-Latour:** Leider ist unter den deutschen Journalisten die – stets variierende – Political Correctness zur obersten Leitschnur geworden.

**Juni 2004:** Das einstige SED-Zentralorgan *Neues Deutschland* veröffentlicht ein Interview mit Heino Vahldieck (CDU), Leiter des Hamburger Verfassungsschutzes. Vahldieck gibt dort eine bemerkenswerte Erklärung zur unterschiedlichen Beobachtungspraxis der Landesverfassungsschutzämter ab: »Der Verfassungsschutzverbund ist föderalistisch strukturiert. Deshalb wird es immer wieder vorkommen, daß die Länder unterschiedliche Einschätzungen zu bestimmten Organisationen abgeben. Ein Beispiel: Der nordrhein-westfälische Verfassungsschutz stuft die Zeitung JUNGE FREIHEIT als extremistisch ein und steht damit allein auf weiter Flur.«

**Juli 2004:** In der *Neuen Zeitschrift für Verwaltungsrecht* (NVwZ, 7/2004, S. 769ff) erscheint ein sensationeller Aufsatz aus der Feder des Freiburger Staatsrechtlers Dietrich Murswiek. Titel: »Der Verfassungsschutzbericht – das scharfe Schwert der streitbaren Demokratie. Zur Problematik der Verdachtsberichterstattung«. Murswiek zeigt in dieser Abhandlung (auch unter ausdrücklichem Hinweis auf den Fall der JUNGEN FREIHEIT), »daß die gegenwärtig praktizierte Verdachtsberichterstattung verfassungswidrig ist«. Der Verfassungsschutz dürfe nicht über Organisationen berichten, wenn lediglich »tatsächliche Anhaltspunkte für den Verdacht« vorlägen, daß diese verfassungsfeindlich seien. Erstmals werden die Folgen des anhaltenden Mißbrauchs exakt umrissen. Bekämpft der Staat mit Hilfe des Verfassungsschutzberichts eine Organisation aufgrund eines bloßen Verdachts, die in Wahrheit nicht verfassungsfeindlich ist, dann »bekämpft der Verfassungsschutzbericht nicht Verfassungsfeinde, sondern dann bekämpft er die Demokratie. Dann verletzt er nicht nur die Grundrechte der Betroffenen, sondern zugleich ein zentrales Prinzip der freiheitlichen demokratischen Grundordnung.« Die Möglichkeit der Verdachtsberichterstattung eröffne »große Mißbrauchsmöglichkeiten«, schreibt Murswiek: »Ein Verdacht läßt sich schnell auf der Grundlage einiger Anhaltspunkte – Äußerungen einzelner Funktionäre oder Mitglieder – begründen. Und es ist möglich, einen solchen Verdacht über viele Jahre hinweg in der Schwebe zu halten, ohne zu einem definitiven Ergebnis zu kommen. Die betroffene Organisation wird dann faktisch so behandelt, wie wenn die Verfassungsfeindlichkeit ihrer Zielsetzung nachgewiesen wäre, und sie hat keine Möglichkeit, sich dagegen zu wehren, selbst wenn mehr dagegen als dafür spricht, daß der Verdacht begründet ist. Auf diese Weise ist es möglich, eine politische Organisation aus dem politischen Wettbewerb zu eliminieren. Wenn sich der Ruch des Extremismus in der öffentlichen Wahrnehmung der betroffenen Organisation erst festgesetzt hat, wird sie ihn nicht mehr los; sie ist politisch so gut wie tot, auch wenn sie noch vor sich hin existiert.« Murswieks Fazit: »Derartige Manipulationsmöglichkeiten darf es in der freiheitlichen Demokratie nicht geben.«

**7. November 2004:** Egon Bahr, einstiger Vertrauter des SPD-Vorsitzenden und Bundeskanzlers Willy Brandt, löst eine Pressekampagne aus, weil er der JUNGEN FREIHEIT ein Interview gegeben hat (JF 46/04, 5. November 2004). Der *Tagesspiegel* schreibt: »Der ehemalige Bundesminister und Vertraute von Willy Brandt hat dem Chefredakteur des ultrarechten, von mehreren Verfassungsschutzbehörden beobachteten Wochenblattes JUNGE FREIHEIT ein langes Interview gegeben – in der Zentrale der SPD, dem Willy-Brandt-Haus im Berliner Stadtteil Kreuzberg. ›Das ist unfaßbar‹, sagte der SPD-Bundestagsabgeordnete und Rechtsextremismusexperte Sebastian Edathy am Sonnabend dem *Tagesspiegel*. Es sei ›ein absolutes Unding, einer als rechtsradikal geltenden Zeitung im Willy-Brandt-Haus Gastrecht zu gewähren‹.« Zahlreiche Zeitungen greifen Egon Bahr in gleicher Weise an. Bahr weist jedoch die Kritik an ihm zurück und nimmt die JUNGE FREIHEIT in Schutz. Im Fernsehmagazin »Kulturzeit« (3sat) erklärt Bahr wörtlich: »Ich habe die Zeitung über Monate ein bißchen verfolgt, fand sie interessant, intelligent, rechtskonservativ – aber nicht nazistisch – und habe gedacht, nachdem ich auch gesehen habe, daß sie auch den 20. Juli fabelhaft behandelt haben, einschließlich der dortigen Sozialdemokraten, ich könnte ein Interview geben. Mir kommt es doch auf den Inhalt an! Ich sehe mit Entsetzen, daß man sich darauf beschränkt, zu diskutieren, ob ich der Zeitung ein Interview hätte geben sollen.«

**26. Januar 2005:** Der Filmemacher, ehemalige Chefredakteur von »stern-tv« und »Lübbe-TV«, Publizist und langjährige JF-Autor Wolfgang Venohr stirbt. Eine von der JF in Auftrag gegebene Todesanzeige wird von der *FAZ* gedruckt – und von der Tageszeitung *Die Welt* trotz ursprünglicher Annahme wieder aus dem Blatt genommen. Nachdem JF-Chefredakteur Dieter Stein bei Springer-Chef Mathias Döpfner protestiert hat, läßt dieser über die Anzeigenleitung mitteilen, daß Anzeigen der JF wegen der Beobachtung durch den NRW-Verfassungsschutz in jedem Fall – auch von Todesanzeigen – nicht gedruckt werden.

**1. Februar 2005:** Peter Glotz, Vordenker der SPD und einstiger Bundesgeschäftsführer, löst ebenfalls eine Pressekampagne aus, nachdem er der JUNGEN FREIHEIT ein Interview gegeben hat (JF 5/05, 28. Januar 2005). Der *Tagesspiegel* schreibt: »Die SPD wird den Ärger mit der ultrarechten Wochenzeitung JUNGE FREIHEIT nicht los. Diesmal ist es Peter Glotz, einst Bundesgeschäftsführer der Partei und einer ihrer Vordenker, der dem von mehreren Verfassungsschutzbehörden beobachteten Blatt ein Interview gegeben hat. (...) Der innenpolitische Sprecher Dieter Wiefelspütz verwies auf eine Übereinkunft der SPD-Bundestagsfraktion, dem Wochenblatt keine Interviews zu geben.«

**19. Februar 2005:** Der *Tagesspiegel* greift den Schriftsteller Rolf Hochhuth an, weil dieser der JUNGEN FREIHEIT (Ausgabe 8/05, 18. Februar 2005) ein Interview gegeben hat und dort unter anderem den britischen Historiker David Irving gegen den Vorwurf der Holocaust-Leugnung verteidigte. Eine Welle von Presseartikeln erscheint, die wiederum skandalisieren, daß er sich überhaupt in der JF geäußert habe, die »unter Beobachtung des Verfassungsschutzes steht« (*Die Zeit*). Ralph Giordano, der später bekennt, das Interview nicht vollständig gelesen zu haben, erklärt in einem am 24. Februar im Berliner Boulevardblatt *B.Z.*

veröffentlichten Offenen Brief: »Daß die JUNGE FREIHEIT, diese ultrarechte Stimme bekennender Unbelehrbarkeit, viel gefährlicher ist als die hirnlosen Gewalttäter an der Front des Ausländerhasses und des Antisemitismus – davon hätten Sie nichts gewußt?« Hochhuth war von einer Zeitung zitiert worden, er habe nicht gewußt, wer die JF sei – obwohl er sich bereits mehrfach in ihr geäußert hatte. Als Reaktion auf dieses Interview zieht die Deutsche Verlags-Anstalt (DVA) die angekündigte Autobiographie von Hochhuth zurück.

**25. Februar 2005:** Die JUNGE FREIHEIT publiziert zum wiederholten Mal eine Kolumne des hessischen CDU-Landtagsabgeordneten und stellvertretenden Fraktionsvorsitzenden Hans-Jürgen Irmer (JF 9/05). Im Wiesbadener Landtag wird daraufhin Irmer von der Opposition angegriffen. Hessische Medien greifen diesen »Skandal« auf und heben vor allem darauf ab, daß die JF schließlich »vom Verfassungsschutz« beobachtet werde. Die *Hessisch-Niedersächsische Allgemeine* schreibt am 1. März: »Der umstrittene CDU-Landtagsabgeordnete Hans-Jürgen Irmer (Wetzlar) hat erneut für Protest bei Rot-Grün gesorgt. Anlaß war ein Beitrag des 53jährigen in der Wochenzeitung JUNGE FREIHEIT. Das Blatt gilt als Sprachrohr von Rechtsextremisten, die intellektuell verbrämt für rechtsextremistische Positionen werben.« Der CDU-Landesvorsitzende und Ministerpräsident Roland Koch läßt Irmer im Regen stehen. Es kommt zu einer hitzigen Landtagsdebatte am 15. März, bei der die Abgeordneten einstimmig (einschließlich aller Stimmen der CDU-Fraktion, auch die des unter dem Druck zusammengebrochenen Irmer) einen aberwitzigen »Dringlichen Entschließungsantrag« der FDP-Fraktion annehmen (»Betreffend klare Abgrenzung gegen Rechtsradikalismus und Rechtsextremismus«), in dem es unter Punkt 2 heißt: »Der Landtag stellt fest, daß die Wochenzeitung JUNGE FREIHEIT von mehreren Ämtern für Verfassungsschutz beobachtet und als rechtsextremistisch eingestuft wird. Der Landtag fordert deshalb alle Kollegen auf, sich nicht ›in einer Grauzone von demokratischem Konservatismus, Rechtsradikalismus und Rechtsextremismus zu bewegen‹, wie der Verfassungsschutz von Baden-Württemberg im Jahr 2000 über die JUNGE FREIHEIT urteilte.«

**4. März 2005:** In der JUNGEN FREIHEIT fordert in einem Interview der frühere SPD-Spitzenpolitiker Friedhelm Farthmann den Rücktritt von Joschka Fischer als Außenminister wegen dessen Verstrickung in den Visa-Skandal (JF 10/05). Sofort macht dieses Gespräch mit dem einstigen NRW-Landesminister und langjährigen SPD-Fraktionsvorsitzenden im Düsseldorfer Landtag Schlagzeilen. Der *Bonner Generalanzeiger* (4. März) auf der Titelseite: »SPD-Politiker attakkiert Fischer in JUNGE FREIHEIT«. Sogleich wird im Artikel wie auch in allen anderen Zeitungen, die dieses Thema aufgreifen, darauf hingewiesen, daß die JF »vom Verfassungsschutz beobachtet« werde. Auf die helle Empörung, daß Farthmann dennoch mit der JF gesprochen habe, erklärt dieser laut Nachrichtenagentur Reuters: »Weil die mich gefragt haben.« Er fügte hinzu: »Die ständige Bekämpfung (der JF) durch das Meinungskartell finde ich schlimm.« Er habe an dem Blatt nichts Anstößiges finden können.

**5. März 2005:** Die Grünen greifen den designierten neuen FDP-Generalsekretär Dirk Niebel an, weil er bereits einmal als Autor bei der JF im Rahmen des »Pro & Contra« hervorgetreten war (JF 8/02, 15. Februar 2002). Die *Rheinische Post* berichtet: »Der designierte FDP-Generalsekretär Dirk Niebel ist als Autor für die umstrittene Wochenzeitung JUNGE FREIHEIT in Erscheinung getreten. Im Jahr 2002 schrieb Niebel in dem Blatt über die Arbeitsvermittlung in Deutschland. Nach Verfassungsschutz-Erkenntnissen enthielten etliche Beiträge in der Zeitung ›Anhaltspunkte für rechtsextremistische Bestrebungen‹. Ein FDP-Sprecher sagte, Niebel habe seinerzeit nicht gewußt, ›was das für ein Blatt ist‹.« Niebel erklärt, daß er sich nie wieder in der JF äußern würde.

**11. März 2005:** Tagelanges Presseecho und zahlreiche Fernsehberichte löst ein Interview des Bezirksbürgermeisters von Berlin-Neukölln, Heinz Buschkowsky (SPD), mit der JF aus (11/05), in dem er angesichts der Realitäten in seinem Stadtteil scharf mit der Idee einer multikulturellen Gesellschaft abrechnet. Die Zeitungen schlagzeilen »Krach um Skandal-Interview« (*Bild*, 12. März), »Rücktritt von Neuköllns Bürgermeister gefordert – CDU und Verdi für Ablösung Buschkowskys / Er hatte rechtsgerichteter Zeitung ein Interview gegeben« (*Berliner Zeitung*, 14. März), »Buschkowsky: Nach Interview fordert die CDU Konsequenzen« (*Die Welt*). Unbesehen dessen, daß Dutzende von Unions-Spitzenpolitikern bereits selbst Interviewpartner der JF waren, entblödet sich die CDU in Neukölln und auf Landesebene nicht, den mutigen und verdienten SPD-Politiker wegen des JF-Interviews unter Druck zu setzen. Erst durch eine reumütige Entschuldigung kann Buschkowsky seinen Kopf retten.

**24. März 2005:** Die Wochenzeitung *Jüdische Allgemeine* erscheint mit einem »Pro & Contra« zum Thema »Darf man der rechtsextremen JUNGEN FREIHEIT Interviews geben?«. Das Pro schreibt Peter Glotz und meint: »Wenn ich etwas hasse, dann sind es Berührungsängste. Man muß seine Positionen verteidigen, und zwar gegenüber (fast) jedermann.«

**29. März 2005:** Wie der *Tagesspiegel* berichtet, wurde im Bundesvorstand der

JUNGE FREIHEIT
Nr. 11/05 · 11. März 2005

IM GESPRÄCH

SEITE 3

# „Multikulti ist gescheitert“

Der SPD-Politiker und Bürgermeister Heinz Buschkowsky über den Ehrenmord von Neukölln und die Gefahren von Parallelgesellschaften

**Heinz Buschkowsky**

Der SPD-Politiker ist Bürgermeister des Berliner Stadtbezirks Neukölln. Bundesweit bekannt wurde der Sozialdemokrat spätestens mit der Debatte um die „multikulturelle Gesellschaft“ im November 2004. Bereits zuvor hatte sich Buschkowsky immer wieder mit scharfer Kritik an „Multikulti“ in der Presse zu Wort gemeldet. Seit dem Herbst ist er gefragter Gesprächspartner nicht nur überregionaler, sondern auch ausländischer Medien. Geboren 1948 in Berlin, wuchs Buschkowsky in Neukölln auf und ist seit 22 Jahren in der Kommunalpolitik tätig, seit 32 Jahren ist er Mitglied der SPD.

**Bezirk Neukölln:** Der Berliner Bezirk Neukölln gilt mehr noch als Kreuzberg als der soziale und ethnische Brennpunkt in der Bundeshauptstadt. Von den etwa 307.000 Einwohnern sind knapp über 30 Prozent Ausländer. 70 Prozent der jugendlichen Ausländer der Neuköllns haben keinen Schulabschluß, 80 Prozent der Straftäter sind ausländischer, 86 Prozent der Verbrechensopfer deutscher Herkunft.

*Herr Buschkowsky, am 7. Februar wurde die Türkin Hatin Sürücü vermutlich von Angehörigen ihrer Familie in Berlin ermordet, weil sie ihrem (zwangsverheirateten) Ehemann, „davongelaufen“ war. Der erste sogenannte Ehrenmord in Deutschland, über den die Presse wochenlang ausführlich berichtet hat.*

**Buschkowsky:** In dieser Intensität sicherlich nur deshalb, weil es infolge des Mordes zu Beifallsbekundungen einiger Schüler an der Berliner Thomas-Morus-Schule gekommen ist, das Opfer habe es „doch verdient, die Hure lebte wie eine Deutsche“.

*Offiziell zählt man seit 1996 in Deutschland 45 solcher Ehrenmorde.*

**Buschkowsky:** Ich halte diese Zahl für verharmlosend. Wir wissen nicht, wie viele Frauen zurück in ihre Heimatländer geschickt oder verschleppt wurden und was ihnen dort passierte. Wir wissen auch nicht, wie viele Ehrenmorde unentdeckt geblieben sind, weil sie von unseren Ermittlungsbehörden nicht als solche erkannt wurden.

*Bis vor kurzem hat die breite Öffentlichkeit Ehrenmorde für ein Phänomen in Ostanatolien gehalten. Ist es nicht erstaunlich, wie normal es uns offenbar erscheint, daß diese Verbrechen nun eben auch hierzulande stattfinden?*

**Buschkowsky:** Ich weiß nicht, ob „normal“ der richtige Begriff ist, gleichwohl ist die Resonanz auf Gewalttaten unterschiedlich. Es liegt in der Tat eine gewisse Doppelmoral darin, daß es viele zum Beispiel weit mehr empört, wenn Ausländer rechtsextremistischer Gewalt zum Opfer fallen, als wenn türkische Frauen aus Gründen der Familienehre erschossen, erschlagen oder gepeinigt werden. Vermutlich hängt das mit der deutschen Fixierung auf den Nationalsozialismus zusammen, die ich zwar verstehen kann, die aber nicht davon ablenken darf, was heute in unserem Land passiert. Wir müssen uns klarmachen, daß diese Ehrenmorde die Spitze eines Eisberges mannigfacher Formen der Unterdrückung von Frauen darstellen und daß diese wiederum die Spitze des Eisberges der Probleme und Gefahren sind, die die Existenz von Parallelgesellschaften in unserem Land birgt.

## „Vor zehn Jahren wäre ich noch politisch ‘gekreuzigt’ worden“

*Nach der Ermordung des holländischen Filmregisseurs Theo van Gogh im November 2004 wurde in zahlreichen Medien über Sie berichtet, weil Sie schon zuvor immer wieder auf die Existenz von Parallelgesellschaften in Deutschland hingewiesen und vor deren Gefahren gewarnt haben. In der ZDF-Sendung „Berlin Mitte“ zum Beispiel haben Sie die „Vision von der multikulturellen Gesellschaft“ dafür verantwortlich gemacht.*

**Buschkowsky:** Der sogenannten „multikulturellen Gesellschaft“ haben wir es vor allem zu verdanken, daß in unseren Städten Gebiete der sozialen und ethnischen Segregation entstanden sind. Über das Konzept der multikulturellen Gesellschaft wurde bei uns nie mit den Betroffenen diskutiert oder demokratisch abgestimmt – also haben die Leute mit dem Möbelwagen abgestimmt.

*Was meinen Sie damit?*

**Buschkowsky:** Viele alteingesessene Bürger fühlen sich einfach nicht mehr wohl. Sie haben persönlich vielleicht gar keine schlechten Erfahrungen mit Ausländern gemacht, aber sie sind in ihrer Straße nicht mehr zu Hause. Gehen Sie doch einmal bei uns in Neukölln durch die Sonnenallee – dann wissen Sie, was ich meine! Menschen, die seit Generationen hier wohnen, können mittlerweile nicht einmal mehr die Schilder in den Auslagen der Geschäfte lesen, weil sie des Arabischen oder Türkischen nicht mächtig sind. Die Leute sagen sich: „Das ist Beirut oder Bagdad, aber nicht mehr meine Sonnenallee!“ Sie ziehen fort. Und das sehen nicht nur die Deutschen so. Unlängst erst sprach mich ein Türke an. „Das könnt Ihr doch nicht zulassen, das ist doch kein deutsches Straßenbild mehr!“ Meine Antwort: „Wir sind ein liberales Land.“ Da hat er nur den Kopf geschüttelt. Ausländer reagieren häufig mit Unverständnis darauf, daß wir Fehlentwicklungen nicht stärker entgegentreten.

*Berlins Migrations- und Integrationsbeauftragter wirft Ihnen vor, mit Ihren Äußerungen „den Haß zu schüren“.*

**Buschkowsky:** Das ist Quatsch. Der Mann leidet an Wirklichkeitsverweigerung. Schönreden und Wegschauen ist die gescheiterte Integrationspolitik der letzten 25 Jahre. Bedauerlicherweise neigte man in den achtziger Jahren, als die Stellen der Ausländerbeauftragten – so hießen die damals – geschaffen wurden, dazu, sie bevorzugt mit Gutmenschen und sozialromantischen Multikulti-Träumern zu besetzen. Und das hat sich bis in die jüngste Zeit fortgesetzt.

*Integrationsbeauftragte verstanden sich damals als Anwälte der Interessen der Ausländer und Einwanderer, während sich heute allmählich durchsetzt, daß sie genauso Vertreter der Gesellschaft gegenüber den Migranten sein müssen.*

**Buschkowsky:** Das ist sicher ein Paradigmenwechsel. Einen solchen vor zehn Jahren zu fordern, hätte die handelnde Person mit hoher Wahrscheinlichkeit politisch nicht überlebt, übrigens egal in welcher Partei.

*Wie erklären Sie sich dieses Klima, das sich ja erst seit kurzem zu wandeln begonnen hat?*

**Buschkowsky:** In einem Gespräch mit der taz habe ich einmal gesagt: „Ich hätte nicht mehr Presse haben können, wenn ich meine Mutter ermordet hätte, als mit dem Satz ‘Multikulti ist gescheitert’“. Für die Dinge, die ich heute ausspreche, wäre ich vor Jahren noch politisch „gekreuzigt“ worden.

*Aber was halten Sie für die Ursache dafür?*

**Buschkowsky:** Das war die Glückseligkeit derer, die glaubten, die einzigen zu sein, die aus der Geschichte gelernt hätten. Es war der Hochmut der moralisch Selbstgerechten. Das war die „Mafia der Gutmenschen, die über Parteigrenzen hinweg bestens funktioniert“, wie es der türkische Schriftsteller Senocak formuliert.

*Ein hartes Wort.*

**Buschkowsky:** Natürlich, aber schauen Sie sich doch die politischen Akteure dieser Zeit an. Da unterschieden sich CDU-Mitglieder in nichts von linken Sozialdemokraten und grünen Politikern, die sich keineswegs heute für die entstandene Misere verantwortlich fühlen. Immerhin hat sich die ehemalige Berliner Ausländerbeauftragte Barbara John in den letzten drei Monaten beachtlich gewandelt, wenn sie heute zugibt, immer nur neue Gelder auf soziale Probleme zu schütten, bringe nichts. Statt dessen sollten wir lieber „großzügig mit der Erlaubnis zur Arbeit und knauserig mit der Sozialhilfe“ sein und auf ethnische „Rabatte“ in der Strafverfolgung künftig verzichten.

## „Parallelgesellschaften gleichen ‘tickenden Zeitbomben’“

*Woher rührt der Einfluß dieser „Mafia“?*

**Buschkowsky:** Die Ursache ist die Political Correctness.

*Und die ist jetzt verschwunden?*

**Buschkowsky:** Nein, aber immerhin sind die, die mit ihrer Hilfe die Diskussion unterdrückt haben, in eine defensive Position geraten. Es ist allerdings erstaunlich, wie lange eine Gesellschaft glaubte, es sich erlauben zu können, Zwischenrufe aus der Realität ignorieren zu können. Denn in meinen Aussagen – etwa, daß Parallelgesellschaften „tickenden Zeitbomben“ gleichen – teile ich doch nichts Neues oder Unbekanntes mit. Ich sage nur, was jeder schon weiß, was sich nur lange niemand zu sagen traute.

*Formulierungen wie „tickende Zeitbomben“ sind natürlich provokativ.*

**Buschkowsky:** Ich glaube, daß wir heute darüber entscheiden, ob Gebiete wie Wedding, Moabit, Marzahn oder Neukölln-Nord in zehn Jahren unregierbare Elendsgebiete sein werden oder weiterhin gesellschaftlich im Wertekanon einer demokratischen pluralistischen Gesellschaft stehen. Und das gilt nicht nur für Berlin. Die Probleme, die ich anspreche, bestehen inzwischen in jeder Mittel- und Großstadt in Deutschland, ja in ganz Europa und darüber hinaus überall da, wo ein Bildungs- und Wohlstandsgefälle herrscht.

## „Eine multikulturelle Gesellschaft kann es gar nicht geben“

*Wie definieren Sie „Parallelgesellschaft“?*

**Buschkowsky:** Parallelgesellschaft beschreibt nicht das Einkaufen beim Landsmann oder die Mitgliedschaft im Kulturverein. Parallelgesellschaften im positiven Sinne können Schutzräume sein, in denen sich eine Gemeinschaft Hilfestellung und Rückhalt gibt. Eine Parallelgesellschaft in abgekapselter, von außen unzugänglicher Form mit eigenen Verhaltensnormen und Regeln, die nicht denen der Mehrheitsgesellschaft entsprechen, birgt die Gefahr des rechtsfreien Raums und des Entstehens von Lebenswelten jenseits unserer Verfassungsnorm.

*Was empfehlen Sie?*

**Buschkowsky:** Als allererstes müssen wir den Menschen sagen, daß sie herzlich willkommen sind und daß, wenn sie bei uns bleiben wollen, wir von ihnen erwarten, daß sie sich in unsere Werte- und Rechtsordnung integrieren und sie auch aktiv leben. Die Parallelgesellschaften müssen ausgetrocknet, die Menschen wieder in in die Gemeinschaft aller „hereingeholt“ werden. Dazu müssen Schulen wieder Orte der Integration werden statt Ursache der Vertreibung – die Leute ziehen nämlich spätestens dann weg, wenn ihre Kinder in eine Schule gehen sollen, die über sechzig Prozent und mehr Ausländeranteil verfügt. Wir brauchen ein aktives Quartiersmanagement, das Nachbarschaften schafft, damit die Menschen nicht nur beziehungslos nebeneinander leben. Wir müssen der Verwahrlosung des öffentlichen Raums die Stirn bieten, dazu sind die neuen Berliner Ordnungsämter ein erster Schritt. Insbesondere bei der Jugendkriminalität muß der Abschreckungscharakter der Sanktionen stärker beachtet werden. Wir haben in Neukölln 29 jugendliche Intensivstraftäter, davon haben 27 einen Migrationshintergrund. Rücksicht auf die Herkunft von Straftätern können wir uns also nicht mehr länger leisten. Zwangsehen müssen strafbewehrt werden, moslemische Mädchen müssen an allen Schulfächern teilnehmen, Kopftücher müssen als Symbol der Unterdrückung der Frau klar benannt werden. Sprach- und Integrationskurse müssen Pflicht werden. Deshalb dürfen auch Kindertagesstätten in Segregationsgebieten nicht länger als Spielschulen und Lernort des Sozialverhaltens verstanden werden, sondern sie sind dort eine schulvoraussetzende Bildungsinstanz zur Vermittlung elementarster Kulturtechniken. Das setzt voraus, daß die Kinder überhaupt dort hingeschickt werden. Das tun aber viele Eltern nicht, wenn es Geld kostet und die Oma es umsonst macht. Das heißt konkret Kindergartenpflicht in diesen Gebieten.

*Das heißt, die Kultur der Einwanderer mit einem starken Sozial- und Rechtsstaat herauszufordern?*

**Buschkowsky:** So ist es. Traditionelle Kultur und tradierte Rollenmuster hin oder her, bei uns gilt das Grundgesetz. Und das muß mit Nachdruck durchgesetzt werden!

*Besteht nicht die Gefahr, daß dadurch der Ausländer-Extremismus ansteigt, weil sich die Atmosphäre verschärft, ausländische Familien sich herausgefordert oder gar unter Druck gesetzt fühlen?*

**Buschkowsky:** Das glaube ich nicht. Die Gefahr des Extremismus geht nach den bisherigen Erfahrungen von gebildeten und scheinbar gut integrierten Migranten aus. Wenn die Mehrheitsgesellschaft die Integrationsforderung nicht stellt, dann muß sie sich auch nicht wundern, wenn das Bestreben nach ihrer Erfüllung keine Priorität genießt.

*Claudia Roth sieht die Schuld an den bisherigen Problemen bei denen, die verhindert haben, daß wir das Konzept der multikulturellen Gesellschaft mit ganzer gesellschaftlicher Kraft betrieben haben. Und hält eine reformierte multikulturelle Gesellschaft nach wie vor für die geeignete politische Zielvorstellung.*

**Buschkowsky:** Ich bin der Überzeugung, daß es eine multikulturelle Gesellschaft gar nicht geben kann, wenn man darunter versteht: Alle Menschen geben ihre kulturelle Identität auf und leben in einer neuen multikulturellen Schöpfung. Möglich ist dagegen natürlich eine multiethnische Gesellschaft, die friedlich in einer gemeinsamen demokratischen Rechts- und Werteordnung lebt. Dafür setze ich mich ein.

## „Wer die Signale länger ignoriert, erlebt ein böses Erwachen“

*Bundeskanzler Schröder hatte während der Aufregung über den Mord an van Gogh erklärt, die Intergration zur Chefsache zu machen. Haben Sie in Neukölln davon mittlerweile schon etwas gemerkt?*

**Buschkowsky:** Von seiten des Landespolitik ja, hier beginnen sich Dinge konkret zu bewegen. Bundespolitik ist so schnell vor Ort nicht spürbar. Nach einer aktuellen Umfrage der *Berliner Morgenpost* stimmten 83 Prozent der Befragten der Aussage zu, Deutsche und Ausländer lebten in bestimmten Stadtteilen Berlins so stark voneinander separiert, daß man mit Recht von „zwei getrennten Gesellschaften“ sprechen kann. Wer solche Signale noch länger ignoriert, der wird einmal ein ebenso böses Erwachen erleben wie 1989 das SED-Politbüro.

MORITZ SCHWARZ

**Passanten in Berlin-Neukölln:** „Viele Alteingesessene haben gar keine schlechten Erfahrungen gemacht, aber sie sind in ihrer Straße einfach nicht mehr zu Hause: ‘Das ist Beirut oder Bagdad, aber nicht mehr meine Sonnenallee’“

**Im Gespräch**

Die JUNGE FREIHEIT veröffentlichte bereits Interviews mit: Rolf Hochhuth, Friedhelm Farthmann, Ernst Gottfried Mahrenholz, Peter Glotz, Egon Bahr, Reinhard Klimmt, Christoph Zöpel, Andreas von Bülow, Peter Harry Carstensen, Peter Müller Jörg Schönbohm, Laurenz Meyer, Wolfgang Böhmer, Christoph Böhr, Peter Gauweiler, Michael Meister, Vera Lengsfeld, Günter Rexrodt, Hermman Otto Solms, Franz Alt, Ephraim Kishon, Hans-Herbert von Arnim, Peter Scholl-Latour.

Immanuel **Bloch**

## Physiker für Deutschland

Die diesjährige Verleihung eines der Leibniz-Preise an den 32jährigen Physiker Immanuel Felix Bloch kam nicht überraschend. Der mit 1,55 Million Euro dotierte Förderpreis der Deutschen Forschungsgemeinschaft (DFG) soll „die Arbeitsbedingungen herausragender Wissenschaftler verbessern“. Bloch untersucht Materiestrukturen bei Temperaturen nahe am absoluten Nullpunkt. Er hat dabei bahnbrechende Experimente durchgeführt.

Der Weg Blochs an die internationale Spitze der Forschung war äußerst geradlinig. 1972 in Fulda geboren, studierte er in Bonn und sammelt seither Spitzenzensuren und Auszeichnungen. 2003 wurde er schließlich auf eine Professur an die Uni Mainz berufen. Rufe an die US-Elite-Universitäten Yale und Stanford hatte er zuvor abgelehnt. Denn – und das offizielle Deutschland traute letzte Woche kaum seinen Ohren –, so Bloch auf Nachfrage verwunderter Journalisten, die Forschungsbedingungen in Deutschland seien für ihn optimal. So etwas hört man selten und gern! Das sieht die DFG natürlich als Bestätigung ihrer Förderpolitik und stellt es fast schon provokatorisch heraus.

Eine zentrale Rolle bei Blochs Forschung spielen die Bose-Einstein-Kondensate. Diese Kondensate sind Materie nahe am absoluten Nullpunkt der Temperatur (minus 273,15 Grad Celsius). Hier weisen die Atome ein besonderes Verhalten auf. Sie verlieren gewissermaßen ihren individuellen Charakter. Der junge indische Physiker Satyendra Nath Bose hatte das schon 1924 theoretisch vorhergesagt. Bose schickte seine Theorie an den damals bereits berühmten Einstein. Der erweiterte die Theorie daraufhin und sorgte so dafür, daß sie unter dem Namen Bose-Einstein-Kondensat bekannt wurde.

Als rein theoretischer Grenzfall war das Bose-Einstein-Kondensat lange Zeit ein gerne abgefragtes Thema bei akademischen Prüfungen zur statistischen Thermodynamik und Quantenmechanik. Praktische Relevanz erhielt es erst in den neunziger Jahren, als es Forschergruppen in den USA gelang, diesen besonderen Zustand der Materie im Labor zu charakterisieren. Das brachte im Jahr 2001 drei Forschern den Physik-Nobelpreis ein. Darunter war der Deutsche Wolfgang Ketterle. Im Jahr 2002 gelang es deutschen und schweizerischen Forschergruppen gemeinsam, das Bose-Einstein-Kondensat durch gekreuzte Laserstrahlen umzuformen. Einer der beteiligten Wissenschaftler war Immanuel Bloch.

Die bei dem Experiment entstandene Mott-Isolator-Phase mit ihren isolierten Atomen hat interessante praktische Eigenschaften. Am faszinierendsten ist die Möglichkeit, die Atome für eine Art atomaren Rechenschieber zu benutzen. Ein solcher Quantencomputer hätte eine Rechenkapazität weit jenseits derer heutiger Maschinen. Sollten Bloch und Co. so ein „Gerät“ tatsächlich einmal am Forschungsstandort Deutschland entwickeln – der Dank des Vaterlandes wäre ihnen gewiß.

DIRK ZAHN

**Interview mit dem SPD-Bezirksbürgermeister Heinz Buschkowsky in der JF-Ausgabe vom 11. März 2005**

SPD ein Leitfaden zum Thema Rechtsextremismus vorgelegt. Dort wird empfohlen, der JUNGEN FREIHEIT grundsätzlich keine Interviews mehr zu geben.

**17. Mai 2005:** Der Obmann im Visa-Untersuchungsausschuß, der CSU-Bundestagsabgeordnete Hans-Peter Uhl, gerät ins Visier einer Kampagne, weil er wiederholt als Autor und Interviewpartner in der JUNGEN FREIHEIT in Erscheinung getreten ist. Die *Süddeutsche Zeitung* (»Peinlicher Auftritt – CSU-Mann Uhl schreibt ungeniert für Rechts-Blatt«) kritisiert seinen Auftritt in der JF wie andere Zeitungen auch – unter Verweis auf Verfassungsschutzberichte.

**22. Mai 2005:** Die rot-grüne nordrhein-westfälische Landesregierung, die 39 Jahre von einem SPD-Ministerpräsidenten geführt worden war, verliert die Landtagswahlen. Es ist unklar, ob die neue CDU/FDP-Landesregierung unter Ministerpräsident Jürgen Rüttgers (CDU) die Verfassungsschutz-Praxis ihrer Vorgänger in bezug auf die JF ändert.

**28. Juni 2005:** Die Sensation ist da. Die Pressestelle des Bundesverfassungsgerichtes teilt mit:

*Bundesverfassungsgericht – Pressestelle –*
*Pressemitteilung Nr. 57/2005 vom 28. Juni 2005*
*Zum Beschluß vom 24. Mai 2005 – 1 BvR 1072/01 –*

*Erfolgreiche Verfassungsbeschwerde gegen Aufnahme in Verfassungsschutzbericht*

*Die Beschwerdeführerin (Bf) ist Verlegerin und Herausgeberin der Wochenzeitung JUNGE FREIHEIT. Ihre Verfassungsbeschwerde (Vb), mit der sie sich gegen die Aufnahme ihrer Wochenzeitung in die Verfassungsschutzberichte des Landes Nordrhein-Westfalen der Jahre 1994 und 1995 wandte, war erfolgreich. Der Erste Senat des Bundesverfassungsgerichts hob die angegriffenen Entscheidungen des Verwaltungsgerichts (VG) und Oberverwaltungsgerichts (OVG) auf, da sie die Beschwerdeführerin (Bf) in ihrem Grundrecht auf Pressefreiheit (Art. 5 Abs. 1 Satz 2 GG) verletzen. Die Sache wurde an das VG zurückverwiesen. Dieses hat unter Berücksichtigung der vom Senat dargestellten verfassungsrechtlichen Anforderungen erneut zu prüfen, ob die tatsächlichen Anhaltspunkte für einen Verdacht verfassungsfeindlicher Bestrebungen der Bf ausreichen. Insbesondere ist erneut zu bewerten, ob der Bf die in Artikeln Dritter, die nicht der Redaktion angehören, veröffentlichten verfassungsfeindlichen Positionen zugerechnet werden können. (...)*

*Der Entscheidung liegen im wesentlichen folgende Erwägungen zugrunde:*
*1. Die Nennung der Wochenzeitung der Bf im Verfassungsschutzbericht berührt das Grundrecht der Pressefreiheit. Durch die Erwähnung im Verfassungsschutzbericht wird die Bf zwar nicht gehindert, die Zeitung weiter zu vertreiben und auch zukünftig Artikel wie die beanstandeten abzudrucken. Ihre Wirkungsmöglichkeiten werden jedoch nachteilig beeinflußt. Potentielle Le-*

*ser können davon abgehalten werden, die Zeitung zu erwerben, und es ist nicht unwahrscheinlich, daß etwa Inserenten, Journalisten oder Leserbriefschreiber die Erwähnung im Verfassungsschutzbericht zum Anlaß nehmen, sich von der Zeitung abzuwenden oder sie zu boykottieren. Dies kommt einem Eingriff in die Pressefreiheit gleich.*

*2. Ein Eingriff in die Pressefreiheit bedarf der Rechtfertigung durch ein allgemeines Gesetz (Art. 5 Abs. 2 GG). Ein solches Gesetz ist § 15 Abs. 2 VSG NRW. Bei der Nutzung der Ermächtigung des § 15 Abs. 2 VSG NRW zur Veröffentlichung von Informationen im Verfassungsschutzbericht ist der Verhältnismäßigkeitsgrundsatz zu beachten. Um den Verdacht einer verfassungsfeindlichen Bestrebung zu bejahen oder die negative Sanktion einer Veröffentlichung im Verfassungsschutzbericht zu ergreifen, müssen hinreichend gewichtige tatsächliche Anhaltspunkte vorliegen. Die bloße Kritik an Verfassungswerten reicht nicht aus. Denn die Meinungs- und Pressefreiheit läßt auch eine kritische Auseinandersetzung mit Verfassungsgrundsätzen zu. (...)*

*3. Die Begründung der Fachgerichte, warum die zum Beleg herangezogenen Artikel Ausdruck der verfassungsfeindlichen Bestrebungen von Verlag und Redaktion und nicht nur ihrer Autoren sein sollen, genügt nicht den verfassungsrechtlichen Anforderungen. Die Gerichte sind irrig davon ausgegangen, die JUNGE FREIHEIT könne allein deshalb nicht als »Markt der Meinungen« verstanden werden, weil sie nur für ein bestimmtes politisches Spektrum offenstehe. Von der Pressefreiheit ist auch die Entscheidung erfaßt, ein Forum nur für ein bestimmtes politisches Spektrum zu bieten, dort aber den Autoren große Freiräume zu gewähren und sich in der Folge nicht mit allen einzelnen Veröffentlichungen zu identifizieren. (...)*

*Ferner haben sie zu prüfen, ob die Art der Veröffentlichung den Anforderungen des Verhältnismäßigkeitsgrundsatzes entsprach. Obwohl die Behörde nur von Anhaltspunkten für einen Verdacht ausgegangen ist, hat sie die Bf ohne jede Differenzierung in der Gliederung oder in den Überschriften des Berichts auf die gleiche Stufe gestellt wie Gruppen, für die sie verfassungsfeindliche Bestrebungen festgestellt hat. (...)*

Das Urteil stellt einen schweren Schlag für den NRW-Verfassungsschutz dar, dessen Praxis im Falle der JF weitgehend für verfassungswidrig erklärt wird. Das 1996 begonnene Verfahren wird im neunten Jahr zur erneuten Verhandlung an die erste Instanz, das Verwaltungsgericht Düsseldorf, zurückverwiesen. Wer nun geglaubt hatte, das NRW-Innenministerium würde sich für die verfassungswidrige Praxis entschuldigen, gar ankündigen, künftig die Beobachtung der JUNGEN FREIHEIT zu unterlassen, sah sich noch am Tag der Urteilsverkündung eines Besseren belehrt. Innerhalb von wenigen Stunden veröffentlichte der Verfassungsschutz-Chef Hartwig Möller eine Presseerklärung, in der folgendes verkündet wurde (Überschrift: »NRW-Verfassungsschutz warnt weiter vor Gefahren durch JUNGE FREIHEIT – Nach BVG-Beschluß muß Verwaltungsgericht erneut entscheiden«): »Der NRW-Verfassungsschutz ist weiter davon überzeugt, daß die Wochenzeitung JUNGE FREIHEIT zu Recht in seinen Verfassungsschutzberichten 1994 und 1995 erwähnt ist. ›Wir sehen der erneuten

Prüfung durch das Verwaltungsgericht Düsseldorf zuversichtlich entgegen. Das Bundesverfassungsgericht hat grundsätzlich für zulässig erachtet, daß die JUNGE FREIHEIT als Presseorgan Gegenstand der Berichterstattung des Verfassungsschutzes sein kann. Dazu fordert es allerdings, daß die verfassungsfeindlichen Positionen externer Autoren der JUNGEN FREIHEIT zuzurechnen sind. Dies werden wir eindeutig belegen‹, erklärte Dr. Hartwig Möller, Leiter des Verfassungsschutzes, heute in Düsseldorf. ›Wir werden weiterhin darauf aufmerksam machen, welche Gefahren der Demokratie durch den intellektuellen Rechtsextremismus drohen.‹« Weiter heißt es in dieser unglaublichen Pressemitteilung: »›Die Pressefreiheit ist unbedingt zu schützen. An dieses Prinzip hält sich der Verfassungsschutz Nordrhein-Westfalen bei seinem gesetzlichen Auftrag, vor den Gefahren durch Extremisten aller Art zu warnen‹, betonte Möller. Das Bundesverfassungsgericht hat bestätigt, daß das Verfassungsschutzgesetz NRW, nach dem tatsächliche Anhaltspunkte für den Verdacht rechtsextremistischer Bestrebungen ausreichen, einen Eingriff in die Pressefreiheit rechtfertigen kann. (...) Die Berliner Zeitung JUNGE FREIHEIT gehört zu den wichtigsten Publikationen der ›Neuen Rechten‹. Das Oberverwaltungsgericht in Münster und das Verwaltungsgericht Düsseldorf hatten bislang uneingeschränkt bestätigt, daß die JUNGE FREIHEIT Anhaltspunkte für den Verdacht verfassungsfeindlicher Bestrebungen liefert. ›Die ›Neue Rechte‹ verwischt die Trennungslinien zwischen demokratischem und rechtsextremistischen Spektrum‹, sagte Möller. ›Hinter ihrem gemäßigten Duktus verbergen sich oft antidemokratische und fremdenfeindliche Konzepte. Dies zu enttarnen bleibt eine der wichtigsten Aufgaben unseres Verfassungsschutzes.‹«

**29. Juni 2005:** Das Karlsruher Urteil wird im Fernsehen totgeschwiegen. In den Printmedien löst es jedoch ein großes Echo aus. Die *FAZ* (»JUNGE FREIHEIT siegt in Karlsruhe – Aufnahme der Zeitung in Verfassungsschutzberichte war rechtswidrig«) kommentiert: »Verfassungsschutzberichte gelten gemeinhin als seriöse Quellen. Ihre Inhalte werden oft zitiert, als handele es sich um letzte Wahrheiten. (...) Daß die nordrhein-westfälische Behörde Publikationen, die sie als rechtsaußen betrachtet, indiziert, überrascht nicht wirklich. Daß aber sogar das Oberverwaltungsgericht des Landes meint, das Grundrecht der Pressefreiheit sei gar nicht berührt, wenn eine Zeitung unter der Überschrift ›Rechtsextremismus‹ geführt wird, sagt nichts Gutes über die Rechtskultur. Vor gut zehn Jahren, als die jetzt beanstandeten Berichte erschienen, wurde ein Brandanschlag auf die Druckerei der JUNGEN FREIHEIT verübt – und weitgehend beschwiegen. Das sagt auch etwas über die Pressefreiheit, an die das Bundesverfassungsgericht nun wieder erinnert hat.«

Gericht: Junge Freiheit nicht rechtsextremistisch

PRESSERECHT Verfassungsschutz verteidigt seine Einschätzung auch nach dem Urteil aus Karlsruhe

«Junge Freiheit» gewinnt

*Urteil des Bundesverfassungsgerichts*

„Junge Freiheit“
siegt in Karlsruhe

Rechts-Blatt
„Junge Freiheit“
klagt erfolgreich
in Karlsruhe

Aufnahme der Zeitung in Verfassungsschutzbericht war rechtswidrig

Rechts-Blatt „Junge Freiheit“
obsiegt in Karlsruhe

Verfassungsschutz darf „Junge
Freiheit“ nicht mehr beobachten

Junge Freiheit siegt vor
Verfassungsgericht

Verfassungsschutzbericht

„Junge Freiheit“ gewinnt
Rechtsstreit in Karlsruhe

Junge Freiheit
bekam Recht

Eingriff in
Pressefreiheit

„Junge Freiheit“ darf nicht
ohne weiteres in den Ver-
fassungsschutzbericht.

„Junge Freiheit“ siegt

Richter: „Junge Freiheit“ ist
nicht rechtsextremistisch

„Junge Freiheit“ nicht
rechtsextremistisch

Verfassungsbericht darf Zeitung nicht nennen

Gericht: Pressefreiheit gilt auch für „Junge Freiheit“

Gericht gibt „Junger Freiheit“ Recht

VS-Bericht verletzt Pressefreiheit

Rechtsextreme Wochenzeitung klagte erfolgreich vorm Bundesverfassungsgericht

Persilschein für die
»Junge Freiheit«

Karlsruhe: Zeitung nicht rechtsextrem

„Junge Freiheit“
siegt in Karlsruhe

*Junge Freiheit*
siegt in Karlsruhe

Pressefreiheit gilt auch für Rechtsextreme

Die nationale Postille „Junge Freiheit“ siegt vor dem Bundesverfassungsgericht: Über die Aufnahme des Blatts in verschiedene Verfassungsschutzberichte muss nun neu entschieden werden. Die Richter werten Erwähnung als Eingriff in Grundrechte

„Junge Freiheit“ erzielt
einen Erfolg in Karlsruhe

Verletzung der Pressefreiheit - Fall geht zurück nach Düsseldorf

Karlsruhe gibt Wochenblatt Recht

Markt der rechten Meinungen

Karlsruhe stellt hohe Anforderungen an die Aufnahme in Verfassungsschutzberichte

JUNGE FREIHEIT

Attacke gegen
Verfassungsschutz

Rechte Zeitung
siegt in Karlsruhe

„Junge Freiheit“ vor
Gericht erfolgreich

**Pressecho auf den Sieg der JF beim Bundesverfassungsgericht**

Die *Frankfurter Rundschau* kommentiert: »Von einem großen Tag für die Pressefreiheit ist die Rede. Zumindest für die JUNGE FREIHEIT stellt sich dieser Dienstag nach der erfolgreichen Verfassungsbeschwerde so dar. Es ist vielleicht kein großer, wohl aber ein bedeutender Tag für die Republik.«

Die linksalternative *tageszeitung* urteilt: »Die Presse ist frei. Diese hehren vier Worte gelten auch für die JUNGE FREIHEIT. Das Urteil des Bundesverfassungsgerichts in Sachen Aufnahme der Wochenzeitung in den nordrhein-westfälischen Verfassungsschutzbericht ist eindeutig – und richtig. Das Label ›rechtsextrem‹ für das extrem rechte Blatt hat ausgedient. Man braucht es auch nicht: Von der ›Rechtspostille‹ über das ›Organ der Neuen Rechten‹ bis zur ›rechtskonservativen Zeitschrift‹ gibt es genügend Umschreibungen für die JUNGE FREIHEIT. Doch wer hier bloß etikettiert, macht es sich ohnehin zu leicht: Ein markiges Label ersetzt nun einmal nicht die inhaltliche Auseinandersetzung. Doch davon konnte in letzter Zeit nur noch selten die Rede sein. Die JUNGE FREIHEIT war rechtsextrem, und basta. Für das Blatt ergab sich so die wohlfeile Rolle des von der fiesen, nur scheindemokratischen Staatsmacht verfolgten Underdogs. Gratis-Legitimation für die eigenen Gesinnungsgenossen. Die jetzt veröffentlichte Entscheidung des höchsten Gerichts – die ziemlich exakt vier Jahre nach der JF-Verfassungsbeschwerde erfolgte – macht damit Schluß.«

Die *Süddeutsche Zeitung* kritisiert das Bundesverfassungsgericht für seine Entscheidung: »Was wie ein Sieg für die Pressefreiheit daherkommt (und als solcher natürlich von den Begünstigten bejubelt wird), ist eine Niederlage der ›wehrhaften Demokratie‹. Die kann und muß sich zwar vieles gefallen lassen, auch die von Karlsruhe reihenweise und leider mit Recht erlaubten Demonstrationen von Neonazis. Sie muß jedoch nicht taten- und wortlos zusehen, wenn eine Publikation von demokratie- und ausländerfeindlichen Beiträgen durchtränkt ist.«

**30. Juni 2005:** In einem weiteren Beitrag greift die *FAZ* erneut das Karlsruher Urteil zur JF auf und kritisiert scharf die Praxis des NRW-Verfassungsschutzes sowie das Schweigen der Öffentlichkeit: »Die Wochenzeitung JUNGE FREIHEIT, nationalkonservativ in der Ausrichtung, hat vor dem Bundesverfassungsgericht einen juristischen Erfolg über das nordrhein-westfälische Landesamt für Verfassungsschutz erstritten. In den Berichten des Amtes war die Zeitung wiederholt dem ›rechtsextremen‹ Spektrum zugeordnet worden. Bisher war die JUNGE FREIHEIT mit ihren Beschwerden vor den Gerichten gescheitert, nun wurde ihr recht gegeben. Die Entscheidung ist an der Zeit, und verwunderlich erscheint dabei nur, daß die allzeit wache deutsche Intelligenz den Fall nicht entschiedener zu ihrer Sache gemacht hat – immerhin war sie in den siebziger Jahren,

Nr. 27/05 - 1. Juli 2005 - 20. Jahrgang

EUR 3,00 – Österreich EUR 3,20/sfr 5,20 A 4084 C

# JUNGE FREIHEIT

WOCHENZEITUNG FÜR POLITIK UND KULTUR

# Sieg für die Pressefreiheit

## Bundesverfassungsgericht gibt Beschwerde der JF recht!

Die Nachricht war ein Paukenschlag. An diesem Dienstag verkündete das Bundesverfassungsgericht in Karlsruhe seine Entscheidung über die Verfassungsbeschwerde dieser Zeitung gegen das Land Nordrhein-Westfalen. Kurz und bündig titelt die Pressemitteilung des höchsten deutschen Gerichtes: „Erfolgreiche Verfassungsbeschwerde gegen Aufnahme in Verfassungsschutzbericht".

Die bereits am 24. Mai gefällte, aber erst jetzt der Öffentlichkeit vorgestellte Entscheidung des Ersten Senates unter Leitung des Präsidenten des Bundesverfassungsgerichtes, Hans-Jürgen Papier, ist eine schallende Ohrfeige für das NRW-Innenministerium, das seit 1995, also zehn Jahren, die JUNGE FREIHEIT in verfassungswidriger Weise durch Erwähnung im Verfassungsschutzbericht politisch schwer diskriminiert. Eine Ohrfeige letztlich auch für eine politisch-mediale Klasse, die sich zum unkritischen Handlanger des staatlichen Mißbrauchs des Verfassungsschutzes gemacht hat und immer noch macht.

Rückblende: Am 13. April 1995 berichtet der *Spiegel* exklusiv, der NRW-Innenminister habe die „Beobachtung" der JUNGEN FREIHEIT angeordnet. Im Mai 1995 legt dann Nordrhein-Westfalen den Verfassungsschutzbericht für das Jahr 1994 vor, in dem erstmals der Vorwurf erhoben wird, es lägen „tatsächliche Anhaltspunkte für den Verdacht auf rechtsextremistische Bestrebungen" bei dieser Zeitung vor.

Seitdem hat es das dortige Innenministerium zwar nicht vermocht, diesen Verdacht zu erhärten, die alleinige „Erwähnung" im Verfassungsschutzbericht, der in der modernen deutschen Demokratie in seiner ächtenden Wirkung dem Pranger des Mittelalters gleichkommt, hat ihr Ziel erreicht, die Folgen für ein unabhängiges Medium sind verheerend.

Gebetsmühlenartig wiederholen viele Medien in immer wiederkehrenden Pressekampagnen die Stereotype, die JUNGE FREIHEIT sei so „umstritten", so „besorgniserregend", so „gefährlich", weil sie „vom Verfassungsschutz NRW" wahlweise „beobachtet", „erwähnt" oder „eingeordnet" werde.

Scharenweise sind im Laufe dieser Jahre prominente Interviewpartner abgesprungen, weil diese staatliche Warnung aus Düsseldorf existierte. Autoren zogen Beiträge zurück, Abonnenten schreckten vor dem Bezug der Zeitung zurück, aus Sorge, der Nachbar oder Arbeitgeber könne womöglich mitbekommen, daß man eine von dieser unfehlbaren staatlichen moralischen Instanz namens NRW-Verfassungsschutz als des Extremismus „verdächtigte" Publikation beziehe. Erst in den letzten Monaten sahen sich namhafte JF-Interviewpartner wie die SPD-Politiker Egon Bahr, Peter Glotz oder der ehemalige Verfassungsrichter Ernst Gottfried Mahrenholz unter Berufung auf die Verdächtigungen aus NRW aberwitzigen Vorwürfen ausgesetzt, nur weil sie mit der JF gesprochen hatten!

Nach anfänglichem Zögern und trotz ohnehin größter Sorgen in der Phase des Wochenzeitungsstartes entschloß sich die JF, als kleiner Verlag gegen das 17-Millionen-Einwohner-Land Nordrhein-Westfalen zu klagen. Am 9. August 1996 reichten wir Klage beim Verwaltungsgericht Düsseldorf ein. Das Gericht soll dem Land die weitere Verleumdung der Zeitung untersagen, sowie es dazu verurteilen, es zu unterlassen, die JUNGE FREIHEIT in Zusammenhang mit extremistischen Bestrebungen zu bringen.

Das Verwaltungsgericht Düsseldorf fällte am 14. Februar 1997 ein Urteil, das NRW in seiner Haltung bestätigte. Das Urteil war insofern aber interessant, weil dort festgehalten wurde, daß das Land die JF ausdrücklich nicht als „rechtsextremistisch" einordne, sondern lediglich „tatsächliche Anhaltspunkte für den Verdacht auf rechtsextremistische Bestrebungen" artikuliere. Ein gravierender Unterschied, den 90 Prozent der Journalisten borniert ignorierten und – von Presserechtsentscheidungen gedeckt – stets verkürzend behaupteten, die JF werde vom NRW-Verfassungsschutz als rechtsextrem im Sinne einer endgültigen Feststellung eingeordnet.

Der von der JF am 17. April 1997 gestellte Antrag auf Berufung gegen das Urteil des VG Düsseldorf wurde nach geschlagenen vier Jahren am 22. Mai 2001, abgelehnt. Während dieser Phase faktischer Prozeßverschleppung trafen die Folgen der Diskriminierung die JF gleich serienweise. Einer der Höhepunkte war die Kündigung des Hauptgeschäftskontos der JF durch die Deutsche Postbank am 5. Januar 2001. Die Postbank begründete ihre Kündigung im Rahmen des von der Bundesregierung angezettelten „Kampfes gegen Rechts" ausdrücklich mit der Erwähnung der JF im NRW-Verfassungsschutzbericht! Erst nachdem ein „Appell für die Pressefreiheit" mit zahlreichen Prominenten, an der Spitze *Focus*-Herausgeber Helmut Markwort, die Postbank zur Rücknahme der Kündigung aufforderte, nahm die Bank ihre Entscheidung zurück.

Die Entscheidung des Bundesverfassungsgerichtes bedeutet einen riesigen Triumph nicht nur für die JUNGE FREIHEIT, sondern für die Pressefreiheit insgesamt in Deutschland. Die Machtarroganz des NRW-Verfassungsschutzes, der als verfassungswidriges Kampfinstrument der 39 Jahre lang regierenden SPD mißbraucht worden ist, stellt nur die Spitze des Eisberges einer die demokratische freiheitliche Gesellschaft in unverschämter und unerträglicher Weise domestizierende Political Correctness dar. Karlsruhe hat hier einen bitter notwendigen Warnschuß abgegeben. DIETER STEIN

*Das vollständige Urteil des Bundesverfassungsgerichtes finden Sie auf Seite 4–5.*

### INHALT



27
4 194147 903006

DOKUMENTATION: AUS DER PRESSEMITTEILUNG DES BUNDESVERFASSUNGSGERICHTES

## Erfolgreiche Verfassungsbeschwerde gegen NRW

Die Beschwerdeführerin (Bf) ist Verlegerin und Herausgeberin der Wochenzeitung „Junge Freiheit". Ihre Verfassungsbeschwerde (Vb), mit der sie sich gegen die Aufnahme ihrer Wochenzeitung in die Verfassungsschutzberichte des Landes Nordrhein-Westfalen der Jahre 1994 und 1995 wandte, war erfolgreich. Der Erste Senat des Bundesverfassungsgerichts hob die angegriffenen Entscheidungen des Verwaltungsgerichts (VG) und Oberverwaltungsgerichts (OVG) auf, da sie die Beschwerdeführerin (Bf) in ihrem Grundrecht auf Pressefreiheit (Art. 5 Abs. 1 Satz 2 GG) verletzen. Die Sache wurde an das VG zurückverwiesen. Dieses hat unter Berücksichtigung der vom Senat dargestellten verfassungsrechtlichen Anforderungen erneut zu prüfen, ob die tatsächlichen Anhaltspunkte für einen Verdacht verfassungsfeindlicher Bestrebungen der Bf ausreichen. Insbesondere ist erneut zu bewerten, ob der Bf die in Artikeln Dritter, die nicht der Redaktion angehören, veröffentlichten verfassungsfeindlichen Positionen zugerechnet werden können. (...)

**Der Entscheidung liegen im wesentlichen folgende Erwägungen zugrunde:**

1. Die Nennung der Wochenzeitung der Bf im Verfassungsschutzbericht berührt das Grundrecht der Pressefreiheit. Durch die Erwähnung im Verfassungsschutzbericht wird die Bf zwar nicht gehindert, die Zeitung weiter zu vertreiben und auch zukünftig Artikel wie die beanstandeten abzudrucken. Ihre Wirkungsmöglichkeiten werden jedoch nachteilig beeinflußt. Potentielle Leser können davon abgehalten werden, die Zeitung zu erwerben, und es ist nicht unwahrscheinlich, daß etwa Inserenten, Journalisten oder Leserbriefschreiber die Erwähnung im Verfassungsschutzbericht zum Anlaß nehmen, sich von der Zeitung abzuwenden oder sie zu boykottieren. Dies kommt einem Eingriff in die Pressefreiheit gleich.

2. Ein Eingriff in die Pressefreiheit bedarf der Rechtfertigung durch ein allgemeines Gesetz (Art. 5 Abs. 2 GG). Ein solches Gesetz ist § 15 Abs. 2 VSG NRW. Bei der Nutzung der Ermächtigung des § 15 Abs. 2 VSG NRW zur Veröffentlichung von Informationen im Verfassungsschutzbericht ist der Verhältnismäßigkeitsgrundsatz zu beachten. Um den Verdacht einer verfassungsfeindlichen Bestrebung zu bejahen oder die negative Sanktion einer Veröffentlichung im Verfassungsschutzbericht zu ergreifen, müssen hinreichend gewichtige tatsächliche Anhaltspunkte vorliegen. Die bloße Kritik an Verfassungswerten reicht nicht aus. Denn die Meinungs- und Pressefreiheit läßt auch eine kritische Auseinandersetzung mit Verfassungsgrundsätzen zu. (...)

3. Die Begründung der Fachgerichte, warum die zum Beleg herangezogenen Artikel Ausdruck der verfassungsfeindlichen Bestrebungen von Verlag und Redaktion und nicht nur ihrer Autoren sein sollen, genügt nicht den verfassungsrechtlichen Anforderungen. Die Gerichte sind irrig davon ausgegangen, die JUNGE FREIHEIT könne allein deshalb nicht als „Markt der Meinungen" verstanden werden, weil sie nur für ein bestimmtes politisches Spektrum offenstehe. Von der Pressefreiheit ist auch die Entscheidung erfaßt, ein Forum nur für ein bestimmtes politisches Spektrum zu bieten, dort aber den Autoren große Freiräume zu gewähren und sich in der Folge nicht mit allen einzelnen Veröffentlichungen zu identifizieren. (...)

Ferner haben sie zu prüfen, ob die Art der Veröffentlichung den Anforderungen des Verhältnismäßigkeitsgrundsatzes entsprach. Obwohl die Behörde nur von Anhaltspunkten für einen Verdacht ausgegangen ist, hat sie die Bf ohne jede Differenzierung in der Gliederung oder in den Überschriften des Berichts auf die gleiche Stufe gestellt wie Gruppen, für die sie verfassungsfeindliche Bestrebungen festgestellt hat. (...)

*Bundesverfassungsgericht – Pressestelle –*
*Pressemitteilung Nr. 57/2005 vom 28. Juni 2005*
*Zum Beschluß vom 24. Mai 2005 – Az1 BvR 1072/01 –*

Redaktion und Verlag: Hohenzollerndamm 27 a • 10713 Berlin — Telefax 0 30-86 49 53 14 — Telefon: 0 30-86 49 53-0 (Redaktion) • 0 30-86 49 53 19 (Leserdienst) — epost: verlag@jungefreiheit.de — Internet www.jungefreiheit.de

**JF-Ausgabe vom 1. Juli 2005**

wenn es um das vorschnelle Abstempeln eines ›Verfassungsfeindes‹ ging, doch etwas sensibler und artikulierter. Aber der unausgesprochene, geistig um so verheerendere Zwang zum Konsensus der ›Mitte‹ lähmt dieses Land und seine besten Köpfe vielleicht mehr als eine Berliner Regierung, die sowieso vor dem Aus steht. (...) Die neue Landesregierung in Düsseldorf wird gut daran tun, das Landesamt für Verfassungsschutz gründlicher unter die Lupe zu nehmen – denn dort hat man sich über die Jahre zu Fachtagungen über ›Rechte‹ als Experten die merkwürdigsten Antifa-Matadore verschrieben und dergestalt die korrekte Definition dessen, was rechts und was extrem ist, von linksaußen liefern lassen.«

**2. Juli 2005:** In der *FAZ* und der *Süddeutschen Zeitung* erscheint eine jeweils halbseitige Anzeige der JF die auf den Erfolg vor dem Bundesverfassungsgericht hinweist und die Möglichkeit zum Probeabo bietet. Die ebenfalls angefragte Tageszeitung *Die Welt* weigert sich zum wiederholten Mal – trotz des erfolgreichen Urteils – aus politischen Gründen, die JF-Anzeige abzudrucken. Die *Neue Zürcher Zeitung* schreibt am selben Tag zum Karlsruher Urteil: »Die nordrhein-westfälische Praxis des Verfassungsschutzes im Kampf gegen angeblich intellektuelle Vordenker einer ›Neuen Rechten‹ war juristisch und politisch immer umstritten. Kritiker haben der am 22. Mai abgewählten rot-grünen Landesregierung vorgeworfen, ausgerechnet auf dem besonders sensiblen Feld der Pressefreiheit die Grenzen von Politik und Recht, von Parteiinteresse und Amtspflichten bewußt verwischt zu haben.«

**4. Juli 2005:** Der *Spiegel* meldet: »Die rechtsgerichtete Wochenzeitung JUNGE FREIHEIT will nach einem Teilerfolg in Karlsruhe zwei weitere Verfassungsschutzämter attackieren. Das Rechtsblatt hatte vor dem Bundesverfassungsgericht erreicht, daß es in den Berichten der nordrhein-westfälischen Nachrichtendienstler nur unter enger gefaßten Bedingungen erwähnt werden darf. (...) Jetzt plant die JUNGE FREIHEIT, auch das Bundesamt für Verfassungsschutz und das baden-württembergische Landesamt aufzufordern, in ihren jüngsten Berichten Passagen über das Blatt zu streichen.«

**11. Juli 2005:** In *Focus* (ganzseitig) und *Spiegel* (2/3 hoch) erscheinen großformatige Anzeigen ähnlich derjenigen in *FAZ* und *Süddeutscher Zeitung*, die auf den juristischen Sieg der JF hinweisen und zum Probeabonnement einladen.

**6. August 2005:** Aufgrund einer denunzierenden Pressemitteilung der Grünen skandalisieren mehrere Zeitungen die Tatsache, daß CDU/CSU-Bundestagsfraktionsvize Michael Meister der JF bereits als Gastautor und Interviewpartner zur Verfügung gestanden hatte. Die *Münchner Abendzeitung* (»Wirbel um CDU-Politiker Meister«) zitiert den Grünen-Politiker Volker Beck: »Er muß erklären, warum er sich offenbar gezielt in die Nähe von Rechtsradikalen begibt.« Die *Passauer Neue Presse* wählt Meister zum »Verlierer« des Tages und schreibt: »Unions-Fraktionsvize Michael Meister ist in die Schußlinie geraten, weil er für die JUNGE FREIHEIT schrieb. Die Wochenzeitschrift wird vom Verfassungsschutz im Zusammenhang mit Rechtsextremismus beobachtet.«

**9. August 2005:** Das bayerische Innenministerium antwortet im Münchner Landtag auf die Anfrage des SPD-Landtagsabgeordneten Florian Ritter vom 6. Juni (Drucksache 15/3832), der wissen wollte, weshalb im Verfassungsschutzbericht des Landes Bayern im Gegensatz zu NRW und Baden-Württemberg die JUNGE FREIHEIT keine Erwähnung findet. In der Antwort heißt es dazu: »Die Wochenzeitschrift JUNGE FREIHEIT (JF) ist derzeit in Baden-Württemberg und Nordrhein-Westfalen Beobachtungsobjekt der Verfassungsschutzbehörden. Deren Einschätzung, daß JF-Artikel mitunter Anhaltspunkte für rechtsextremistische Bestrebungen aufweisen, wird geteilt. Diese Anhaltspunkte sind aber – gemessen am Verhältnis zwischen Beiträgen von Autoren, die nicht im Verdacht verfassungsfeindlicher Bestrebungen stehen, und Artikeln mit rechtsextremistischen Tendenzen – nach Auffassung der übrigen 14 Landesämter wie auch des Bundesamts für Verfassungsschutz quantitativ noch nicht so bedeutend, daß sie zu einer systematischen Beobachtung der JF zwingen.«

Auf die Frage des SPD-Abgeordneten, ob die bayerische Staatsregierung künftig die Beobachtung der JF aufgrund »tatsächlicher Anhaltspunkte für den Verdacht« erwägt, antwortet der Innenminister: »Nein. Die Anhaltspunkte für rechtsextremistische Bestrebungen der Schrift reichen nicht aus, um die JF insgesamt als rechtsextremistische Publikation einstufen zu können. Es genügt derzeit, die Schrift sorgfältig zu analysieren, um etwa beginnende rechtsextremistische Bestrebungen rechtzeitig zu erkennen. Sollten neue belastende Erkenntnisse anfallen, kann entsprechend reagiert werden. (...) Angesichts der Tatsache, daß als Interviewpartner oder Autoren fast ausschließlich Personen aus dem demokratischen Spektrum fungieren, ist die JF in der Gesamtschau als rechtskonservatives Blatt am rechten Rand des demokratischen Spektrums einzuordnen.«

**2. September 2005:** Die 1. Bürgermeisterin von Duisburg Doris Janicki (Grüne) wird von ihrer eigenen Parteiführung wegen eines Interviews in der JUNGEN FREIHEIT zur multikulturellen Gesellschaft scharf angegriffen. Grünen-Chefin Claudia Roth rügt im *Berliner Tagesspiegel* das Interview ihrer Parteifreundin als »erschreckendes Fehlverhalten«. Der Grünen-Politiker Omid Nouripour sagt, die Partei sei über das Interview »entsetzt«. Dies beziehe sich sowohl auf den Inhalt des Interviews als auch auf die Tatsache, daß Janicki mit der JF gesprochen habe. Janicki hatte in dem Interview kritisiert, die Parteiführung verschließe vor der multikulturellen Realität in Städten wie Duisburg die Augen: »Solche Tatsachen passen nicht ins ideale grüne Weltbild (...) ich möchte die Grünen in Berlin daran erinnern, daß es nichts nützt, die multikulturelle Gesellschaft nur zu postulieren.«

Auch die regionale Presse nimmt Janicki unter Beschuß: »Peinliches Interview«, »Interview schlägt Wellen«, »Janicki in der Bredouille«, lauten die Schlagzeilen. Die *Rheinische Post* berichtet, man denke über »parteiinterne Konsequenzen« nach. Duisburgs Grünen-Chef Dieter Kantel: »So etwas darf nicht noch einmal passieren!«

**29. September 2005:** In der *Neuen Juristischen Wochenschrift* (NJW) erscheint ein Fachkommentar zur Entscheidung des Bundesverfassungsgerichtes (NJW, Heft 40 vom 29. September 2005). Unter der Überschrift »Eine Lanze für die Pressefreiheit« begrüßt der ehemalige Vorsitzende Richter am Landgericht Günter Bertram das Urteil: »Mit seinem Beschluß vom 24. 5. 2005 hat der Erste Senat des BVerfG eine fällige Entscheidung getroffen. Fällig schon im zeitlichen Sinne, denn die jährliche Anprangerung der beschwerdeführenden JUNGEN FREIHEIT (JF) durch den Verfassungsschutz Nordrhein-Westfalen hält seit über zehn Jahren an; (...). Fällig aber vor allem als Intervention und Ordnungsruf in der Sache: daß dem Staat von Verfassung wegen verboten sei, die Presse nach Gutdünken zu schurigeln: auch eine sogenannte ›rechte‹ Zeitung nicht!«

Das Bundesverfassungsgericht hat das von der JF angestrengte Verfahren mit hohen Auflagen an das Verwaltungsgericht Düsseldorf zurückverwiesen. Bertram schreibt dazu: »Deshalb muß diesem Eingriff in die Sphäre gesellschaftlicher Freiheit, der offenen, kontroversen Kommunikation ein rasches Ende bereitet und der Verfassungsschutz wieder auf seine eigentlichen Aufgaben beschränkt werden. (...) Der inzwischen ›bürgerlichen‹ Düsseldorfer Landesregierung sollte dieser Schritt eigentlich leichtfallen. (...) Vielleicht wird man später einmal den größten Nutzen des Beschlusses vom 24. 05. 2005 darin sehen, daß durch die Autorität des höchsten Gerichts eine Regierungsentscheidung ermutigt und psychologisch ermöglicht worden ist, die um der politischen Kultur Deutschlands willen längst überfällig war.«

Der Volljurist gibt allerdings auch zu bedenken, daß gerade »Bürgerliche« sich schwertun, »Kampagnen gegen Rechts«, wie vom früheren NRW-Innenmi-

**Diese Appell-Anzeige erschien am 8. Februar 2006 in diesem Format in der „Frankfurter Allgemeinen" und der „Süddeutschen Zeitung"!**

# Appell für die Pressefreiheit

## gegen die von der Leipziger Buchmesse ausgesprochene politisch motivierte Ausladung der Wochenzeitung JUNGE FREIHEIT

Die Leipziger Buchmesse hat mit Schreiben vom 30. Januar 2006 der Berliner Wochenzeitung JUNGE FREIHEIT aus politischen Gründen die Teilnahme als Aussteller an der diesjährigen Leipziger Buchmesse (16.-19. März) verweigert. Angeblich gefährde die Präsenz der JUNGEN FREIHEIT die „ordnungsgemäße Durchführung" der Buchmesse. Die Gesellschafter der Leipziger Messe GmbH sind der Freistaat Sachsen und die Stadt Leipzig. Der Ausschluß der Wochenzeitung JUNGE FREIHEIT ist eine Einschränkung der Meinungs- und Pressefreiheit, eine Einschränkung, die besonders schwer wiegt, wenn sie von einer öffentlichrechtlichen Institution vorgenommen wird. Wir protestieren gegen diesen Grundrechtseingriff und fordern die Leipziger Messe GmbH auf, den Ausschluß der Wochenzeitung JUNGE FREIHEIT von der Leipziger Buchmesse wieder zurückzunehmen.

**V.i.S.d.P.: Prof. Dr. Günter Zehm**

**ERSTUNTERZEICHNER: Herbert Ammon,** Publizist; **Dr. Bruno Bandulet,** Journalist, ehem. Chef vom Dienst der Tageszeitung „Die Welt"; **Prof. Dr. Arnulf Baring,** Hochschullehrer an der FU Berlin; **Andreas von Bülow,** SPD-Bundesminister für Forschung und Technologie a. D. im Kabinett Helmut Schmidt; **Prof. Dr. Martin van Creveld,** Hochschullehrer an der Hebräischen Universität von Jerusalem; **Mag. Wolfgang Dvorak-Stocker,** Geschäftsführer des Leopold Stocker Verlages Graz; **Gernot Facius,** Redakteur der Tageszeitung „Die Welt"; **Siegmar Faust,** Schriftsteller, Vizepräsident des Freien Deutschen Autorenverbandes (FDA); **Dr. Joachim Fest,** Historiker und ehem. Herausgeber der FAZ; **Dr. Herbert Fleissner,** Verleger; **Dr. Peter Gauweiler MdB,** Bayerischer Staatsminister für Umwelt a. D., Rechtsanwalt und CSU-Bundestagsabgeordneter; **Norbert Geis MdB,** Rechtsanwalt und CSU-Bundestagsabgeordneter; **Prof. Dr. Günter Gillessen,** Journalist und ehem. Redakteur der FAZ; **Dr. med. Reinhard Gnauck,** Vorstandsmitglied der Internationalen Gesellschaft für Menschenrechte (IGFM); **Dr. Otto von Habsburg,** Ehrenpräsident der Paneuropaunion; **Eckhard Henscheid,** Schriftsteller; **Hans Hirzel,** ehem. Mitglied der Widerstandsgruppe „Weiße Rose"; **Carl-Wolfgang Holzapfel,** Vorsitzender der Vereinigung 17. Juni 1953 e. V.; **Prof. Dr. Klaus Hornung,** em. Professor für Politikwissenschaften an der Universität Tübingen; **Peter-Alexander Hussock,** Verleger und Vorsitzender der Hilfsorganisation für die Opfer politischer Gewalt in Europa e. V. (HELP); **Prof. Dr. Jens Jessen,** Hochschullehrer; **Erich Kieckhöfel,** ehem. Chefredakteur der „Hessisch-Niedersächsischen Allgemeinen"; **Michael Klonovsky,** Schriftsteller; **Prof. Dr. Hans-Helmuth Knütter,** em. Professor für Politikwissenschaften an der Universität Bonn; **Prof. Dr. Folkmar Koenigs,** Hochschullehrer für Handels- und Wirtschaftsrecht an der TU Berlin; **Dr. Klaus Peter Krause,** Journalist, ehem. leitender Redakteur der FAZ; **Ferdinand Kroh,** Journalist; **Götz Kubitschek,** Geschäftsführer des Verlages „Edition Antaios"; **Detlef Kühn,** ehem. Direktor der Sächsischen Landesanstalt für privaten Rundfunk und neue Medien (SLM); **Thor Kunkel,** Schriftsteller; **Mechthild Löhr,** Bundesvorsitzende der Christdemokraten für das Leben (CDL); **Prof. Dr. jur. Konrad Löw,** em. Professor für Politikwissenschaft an der Universität Bayreuth und Mitglied des Kuratoriums der Internationalen Gesellschaft für Menschenrechte (IGFM); **Heinrich Lummer,** Innensenator a. D.; **Helmut Markwort,** Herausgeber des Nachrichtenmagazins FOCUS; **Helmut Matthies,** Chefredakteur der Evangelischen Nachrichtenagentur IDEA; **Dr. jur. Hans Merkel,** Ministerialdirigent a. D.; **Prof. Dr. Klaus Motschmann,** em. Professor für Politikwissenschaften an der Hochschule der Künste Berlin; **Prof. Dr. Ernst Nolte,** em. Professor für Neuere Geschichte an der FU Berlin; **Prof. Dr. Wolfgang Ockenfels,** Lehrstuhlinhaber für Christliche Sozialwissenschaften an der Universität Trier; **Prof. Dr. Helmut Quaritsch,** em. Professor für Staatsrecht an der Hochschule Speyer; **Prof. Dr. Gerard Radnitzky,** Wissenschaftstheoretiker; **Prof. Dr. Bernd-Thomas Ramb,** Hochschullehrer an der Universität Giessen; **Clemens Range,** Journalist, langjähriger Redakteur der Tageszeitung „Die Welt"; **Dr. Klaus Rainer Röhl,** Journalist und Ex-Herausgeber der Zeitschrift „Konkret"; **Ulrich Schacht,** Schriftsteller, ehem. leitender Redakteur der „Welt am Sonntag"; **Dr. Stefan Scheil,** Historiker und Träger des „Gerhard-Löwenthal-Preises für Journalismus" 2005; **Fritz Schenk,** langjähriger Moderator des ZDF-Magazins und Chef vom Dienst der ZDF-Chefredaktion; **Dr. Ute Scheuch,** Sozialwissenschaftlerin; **Prof. Dr. jur. Theodor Schweisfurth,** Hochschullehrer für öffentliches Recht und Völkerrecht; **Prof. Dr. Dr. h.c.mult. Robert Spaemann,** Universitätsprofessor; **Prof. Dr. Manfred Spieker,** Lehrstuhlinhaber für Christliche Sozialwissenschaften an der Universität Osnabrück; **Alexander von Stahl,** Generalbundesanwalt a. D.; **Arno Surminski,** Schriftsteller; **Dr. Horst Weisel,** Botschafter a. D.; **Dr. Karlheinz Weißmann,** Historiker; **Dr. Klaus Wippermann,** Publizist, ehem. leitender Redakteur der Zeitschrift „Aus Politik und Zeitgeschichte", **Prof. Dr. Alfred M. de Zayas,** Hochschullehrer für Völkerrecht an Universitäten in den USA, Kanada und Europa, langjähriger Sekretär des UN-Menschenrechtsausschusses, Generalsekretär des PEN International Genf; und **300 weitere Unterzeichner**

**Solidaritätskonto:** „Appell für die Pressefreiheit", Postbank Berlin,
Kto. 26 27 29 – 101, BLZ 100 100 10

**Weitere Informationen aktuell im Netz: www.jungefreiheit.de**

✂-----------------------------------------------------------------------

❑ Ja, auch ich unterstütze den Appell für die Pressefreiheit!

Bitte zurückfaxen oder senden an:

Herrn
Prof. Dr. Günter Zehm
JUNGE FREIHEIT
Hohenzollerndamm 27 a

10713 Berlin

**Fax: 030-86 49 53 14**

*Hier Ihre Anschrift und Telefonnummer bitte in deutlich lesbarer Schrift angeben. Danke!*

Vor- und Zuname ______________________

Beruf ______________________

Straße, Hausnummer ______________________

PLZ, Ort ______________________

Telefonnummer ______________________

**ANZEIGE 1-2006**

nister betrieben, »abzublasen, weil sie fürchten, dann selbst in die Schußlinie zu geraten ...«.

**Oktober 2005:** Gegenüber der im April vorgestellten Presseversion im Internet, die kurz nach der Entscheidung des Bundesverfassungsgerichtes vom Netz genommen wurde, findet sich in der Druckversion des Verfassungsschutzberichtes 2004 durch das NRW-Innenministerium kein Kapitel mehr über die JUNGE FREIHEIT.

**22. Oktober 2005:** Am vorletzten Tag der Frankfurter Buchmesse kommt es zu einem Polizeieinsatz am Messestand der JUNGEN FREIHEIT, weil sich ein Trupp autonomer Antifaschisten mit Megaphon am Stand aufgebaut hatte, um Besucher mit Gebrüll abzuschrecken. Herbeigerufene Polizeibeamte mußten die Störenfriede unter Androhung von Gewalt aus der Halle begleiten, bevor es zu ernsten Zwischenfällen kam. Unterdessen hatten sich Aussteller linker Verlage bereits mit den linksextremen Störern solidarisiert und bezeichneten es als »empörend«, daß solche »Brandstifter« wie die JUNGE FREIHEIT überhaupt auf der Buchmesse ausstellen dürften.

**22. November 2005:** Die JUNGE FREIHEIT meldet sich fristgerecht zur Leipziger Buchmesse an und erhält daraufhin die üblichen Werbematerialien. Anfang Januar 2006 fragt die JF telefonisch nach den Ausstellerunterlagen, eine Messeangestellte verweist auf Ende Januar.

**28. November 2005:** In den letzten Monaten haben Hunderte von Lesern und Freunden der JUNGEN FREIHEIT in Briefen an den nordrhein-westfälischen Ministerpräsidenten Jürgen Rüttgers (CDU) und Innenminister Ingo Wolf (FDP) gegen die Praxis der Düsseldorfer Behörde protestiert und an die politischen Entscheidungsträger appelliert, den Mißbrauch des Verfassungsschutzes zur Diskriminierung einer konservativen Wochenzeitung zu stoppen. Aus der CDU-Landesgeschäftsstelle erhält ein Leser der JF, der an Jürgen Rüttgers geschrieben hatte, folgende Antwort: »Die Zeitschrift JUNGE FREIHEIT ist mit ihren Artikeln dem äußersten rechten Rand zuzuordnen. Es mag ja richtig sein, daß diese Publikation viele interessante Informationen herausbringt. (...) Da Sie offensichtlich ein interessierter Leser dieser Zeitung sind, empfiehlt es sich, die Redaktion zu bitten, ihre Artikel so zu verfassen, daß behördlicherseits Kontrollen entfallen können.«

**16. Februar 2006:** Der Freiburger Staatsrechtler Dietrich Murswiek veröffentlicht in der *Neuen Zeitschrift für Verwaltungsrecht* (NVwZ, 2/2006) eine juristische Bewertung der Entscheidung des Bundesverfassungsgerichtes zur JUNGEN FREIHEIT. Er kommt zu dem Ergebnis, der »JF-Beschluß« des BVerfG setze »neue Maßstäbe für den Verfassungsschutzbericht«. Murswiek schreibt: »Der Beschluß markiert eine Wende der Rechtsprechung und schränkt die Voraussetzungen, unter denen im Verfassungsschutzbericht eine Organisation als ›extremistisch‹ eingestuft werden darf, erheblich ein.« Als Konsequenz des JF-Beschlusses folgert Murswiek: »Erstens reicht ein geringfügiger, auf wenige oder wenig aussagekräftige Anhaltspunkte gestützter Verdacht nicht aus. Vielmehr müssen Anhaltspunkte ›hinreichend gewichtig‹ sein. (...) Zweitens reicht es nach der neuen Entscheidung nicht mehr aus, daß für den Verdacht irgendwelche einleuchtenden Anhaltspunkte genannt werden und seine Äußerung somit nicht als willkürlich erscheint. Vielmehr verlangt das BVerfG jetzt, daß der Verdacht konkret begründet wird. (...) Dazu gehört notwendigerweise, daß nicht nur belastende, sondern auch entlastende Umstände in Betracht gezogen werden. (...) Nur wenn mit dem Ziel der Wahrheitsfindung, also vom Ansatz her neutral, ermittelt wird und positive ebenso wie negative tatsächliche Umstände in gleicher Weise in die Sachverhaltsermittlung eingehen, kann konkret beurteilt werden, ob das Gefahrenpotential so groß ist, daß es die Warnung im Verfassungsschutzbericht rechtfertigt.«

**24. bis 31. Januar 2006:** Die JF erfährt durch Dritte, daß sie nicht im vorläufigen Katalog der Buchmesse gelistet ist. Von einer Messeangestellten erfährt die JF schließlich, daß eine Anmeldung des Verlages der Messe »nicht vorliegt«. Erneut sendet die JF ihre Anmeldung an die Buchmesse.

Oliver Zille, Direktor der Leipziger Buchmesse, teilt in einem Schreiben (Posteingang 27. Januar) der JF mit, daß ihr keine Zulassung zur Messe erteilt wird. Wörtlich heißt es in dem Schreiben: »Ihre Ausstelleranmeldung liegt uns vor. Wir haben diese geprüft und befürchten, daß eine Standbeteiligung Ihres Verlages sowie die geplanten Veranstaltungen den ordnungsgemäßen Ablauf der Leipziger Buchmesse gefährden. Für die Leipziger Buchmesse erteilen wir Ihnen somit keine Zulassung.« Nach einem fruchtlosen Briefwechsel zwischen JF-Chefredakteur Dieter Stein und dem Messedirektor schreibt Stein am 31. Januar 2006 erneut an Zille, warnt vor der Dimension des Falles, wenn die Messe bei der Ablehnung bleibt: »Ihnen ist vielleicht nicht bewußt, daß Sie mit Ihrem Verhalten dabei sind, einen publizistischen Skandal erster Klasse loszutreten. (...) Ich appelliere an Sie, Ihre Entscheidung noch einmal zu überdenken. Die Leipziger Buchmesse hat öffentlich-rechtlichen Charakter. Sie haben eine demokratische Verantwortung, Meinungs- und Pressefreiheit zu verteidigen und auch zur Durchsetzung zu verhelfen. Wenn Sie beginnen, politische

Zensur bei der Auswahl Ihrer Aussteller auszuüben, dann ist das ein empörender Skandal, darüber müssen Sie sich im klaren sein.«

Auf diesen Brief antwortet die Messe nicht mehr.

**Februar 2006:** Die Ausladung der Leipziger Buchmesse ist ein Schock für die JUNGE FREIHEIT. Erst unter dem wachsenden Druck der Öffentlichkeit korrigiert die Leipziger Messe, die zu je 50 Prozent der Stadt Leipzig und dem Freistaat Sachsen gehört und damit als quasi öffentlich-rechtliche Einrichtung den zur Neutralität verpflichteten Staat repräsentiert, ihre Entscheidung und teilt der JUNGEN FREIHEIT mit, daß sie an der Buchmesse wie angemeldet teilnehmen kann – ohne jede Beschränkung. Die Chronologie der Ereignisse des Messe-Skandals:

**3. Februar 2006:** Der Buchverleger Herbert Fleissner (Herbig Langen Müller) bemüht sich, in dem Streit zu vermitteln und ein Einlenken der Messe zu erreichen – vergeblich. In einem Brief an den Messedirektor schreibt er schließlich: »Diese Entscheidung (…) scheint mir so vordergründig, daß ich dahinter eine ideologisch-politische Einstellung vermute, die nicht mit unseren Grundwerten vereinbar ist.« Von der Buchmesse gibt es weiter keine Antwort. Auch gegenüber der Öffentlichkeit hüllt sie sich in Schweigen. In der *FAZ* heißt es dazu: »Die Messe war erstaunlicherweise für keine Stellungnahme erreichbar.«

**8. Februar 2006:** In der *Süddeutschen Zeitung* und der *Frankfurter Allgemeinen Zeitung* erscheinen Anzeigen der JF mit ihrem Appell für die Pressefreiheit. Er richtet sich gegen die politisch motivierte Ausladung von der Leipziger Buchmesse. Zu den Erstunterzeichnern gehören unter anderem der Publizist Arnulf Baring, der Historiker und ehemalige *FAZ*-Herausgeber Joachim Fest sowie der Herausgeber des Münchner Nachrichtenmagazins *Focus*, Helmut Markwort. Dem Appell folgen im Laufe des Tages über 300 Personen des öffentlichen Lebens, darunter der frühere Vorsitzende des Bundesverbandes der Deutschen Industrie (BDI), Hans-Olaf Henkel, sowie der Verleger und Publizist Wolf Jobst Siedler.

Die Leipziger Buchmesse widerspricht in einer Pressemitteilung, es habe keine politisch motivierte Entscheidung gegeben. Heike Fischer, Leiterin des Presseabteilung der Messe, sagt gegenüber Journalisten: »Wir haben keine Angst vor einer Veranstaltung mit dem Titel Presse- und Meinungsfreiheit, sondern vor den möglichen Störern.« Und sie betont, ein Stand an der Messe wäre durchaus erlaubt worden – offenkundig eine Falschdarstellung.

*Spiegel-Online* berichtet über die Unterschriftenaktion mit dem Protest gegen den Ausschluß von der Buchmesse.

Nr. 8/06 – 17. Februar 2006 – 21. Jahrgang

EUR 3,00 – Österreich EUR 3,20/sfr 5,20 A/Luxemburg EUR 3,40, A 4084 C

JUNGE FREIHEIT

WOCHENZEITUNG FÜR POLITIK UND KULTUR

Messedirektor Oliver Zille

# Sieg für die Pressefreiheit

**JUNGE FREIHEIT setzt sich durch:**
1.500 unterzeichnen „Appell für die Pressefreiheit“ und protestieren gegen die politisch motivierte Aussperrung von der Leipziger Buchmesse. Mit Erfolg.
*Lesen Sie hierzu die Seiten 6 und 7*

# Die betäubte Gesellschaft

Kampf der Kulturen: Das Land krankt an seiner Unfähigkeit, sich in der Freiheit zu bewähren

Die Demonstrationen in den islamischen Ländern lassen Deutschland und Europa vibrieren. Die Folgen für die Meinungs- und Pressefreiheit sind schon eingetreten. In Berlin versteckt sich gerade ein Karikaturist, nachdem er wegen Karikaturen, die der Iran als beleidigend mißversteht, Morddrohungen erhalten hat. In der Düsseldorfer Kunstakademie wurde nach Drohanrufen eine islamkritische Skulptur abgebaut. Künstler und Journalisten geben Selbstzensur zu oder versuchen sie zu bemänteln. Leichtfertig wird eine Parität hergestellt zwischen Karikaturen und einem brandschatzenden Mob. Patentierte Apostel der Presse- und Meinungsfreiheit sprechen plötzlich von der Notwendigkeit, sensibel gegenüber religiösen Empfindungen zu sein, was auch zu Einschränkungen führen könne.

Die Forderungen klängen überzeugender, wenn ihre Verkünder zuvor in eine Selbstkritik über den Hohn und Spott eingetreten wären, den sie in der Vergangenheit über die eigene Herkunftsreligion und -kultur ausgegossen haben. Solange sie keine ehrliche Selbstreflexion nachweisen, handeln sie nicht aus Überzeugungen heraus oder aus neuer Ehrfurcht vor dem Sakralen – was man vom konservativen Standpunkt aus begrüßen könnte –, sondern aus Opportunismus, Gleichgültigkeit und Furcht. Es ist die Abwägung künftiger Machtverhältnisse, die sie zu vorauseilender Anpassung oder zynischem Einverständnis führt. Die Tatsache, daß dies sich unter der Herrschaft eines immer noch wehrhaften Rechtsstaates vollzieht, sollte wenigstens dazu führen, das Verhalten früherer Generationen in Diktaturen gerechter zu beurteilen.

Was eben noch als heiliges Gut der Demokratie gepriesen und gegen die imaginäre Gefahr von „rechts“ geschützt werden mußte, wird nun, da die Gefahr real und hart ist, allerdings aus einer völlig anderen Ecke droht, als verhandelbar erachtet. Geahnt hat man doch immer, wie unverbindlich das Gerede über Zivilcourage zur Verteidigung der Demokratie gemeint gewesen war! Die vergangenen Schlachten gegen Rechts, geführt im Gefühl der eigenen Übermacht, erscheinen heute als harmlose Glasperlenspiele. Trotzdem hat das eine mit dem anderen zu tun.

Gewiß, noch handelt es sich um Symptome, die aber alle in eine Richtung zeigen. Im übrigen erscheint die Gesellschaft wie betäubt, allen voran das linksliberale Juste Milieu, das von seiner Lieblingsklientel, dem edlen Wilden, nicht mehr gebraucht wird. Das eherne Gesetz der Demographie erlaubt ihm nämlich, seine Ansprüche selber zu formulieren, die freilich andere sind, als deutsche Pastorentöchter sich das vorgestellt haben. Ein britischer Moderator, der einen islamischen Geistlichen fragte, ob er nicht lieber in ein Land gehen wolle, wo die Scharia bereits herrsche, erhielt die Antwort, auch England gehöre Allah!

Einen ähnlichen Betäubungszustand gab es in der Endzeit der DDR. Mut, Phantasie und Euphorie reichten noch bis zum Mauerfall. Danach hatte man keine Sprache mehr für das, was notwendig war, um sich als Subjekt im geschichtlichen Prozeß zu behaupten. Es machte sich bemerkbar, daß es keinen präventiven geistigen Austausch, keine rechtzeitige Benennung der Probleme und ihre Diskussion im öffentlichen Raum gegeben hatte. In der DDR waren Presse- und Meinungsfreiheit nun mal Fremdwörter. Die Menschen hatten Glück, daß sie in ihrer Ratlosigkeit von etwas aufgefangen wurden, das verwandt und besser war.

Von wem wollen die Deutschen sich heute auffangen lassen? Die Probleme und Konflikte, die jetzt akut werden, waren ebenfalls lange absehbar. Trotzdem und obwohl das Grundgesetz, Artikel 5, die Presse-, Informations-, Kunst und Meinungsfreiheit verbrieft, sind sie in dessen Geltungsbereich nicht angemessen besprochen und verhandelt worden. Auch in der Bundesrepublik sahen Meinungsaustausch und freie Sprache sich in Privaträume oder, wenn es hochkam, in die Leserbriefspalten verbannt. Die Presse- und Meinungsfreiheit läßt sich heute so schlecht verteidigen, weil sie gründlich heruntergewirtschaftet worden ist. Man kann schlecht für etwas eintreten, was man für eine Ruine oder einen Illusionstrick hält, sei es zynisch oder resignierend.

Das informelle Gesetz, das die Presse- und Meinungsfreiheit am schlimmsten verhunzt und das Land in eine gefährliche Lage gebracht hat, ist der Humanitarismus, der den Satz „Die Würde des Menschen ist unantastbar“ als Einladung an eine schrankenlose Völkerfamilie interpretierte, sich unter die Fittiche des deutschen Sozialstaats zu begeben. Die herzerwärmende Familienmoral, der familiäre Solidaritätskomplex wurde auf die „Menschheit“ ausgedehnt, und jeder Einspruch, der auf dem Primat des Staates und der Interessen des Staatsvolks bestand, als nationalistisch, rassistisch, ausländerfeindlich oder rechts gebrandmarkt.

Die Folgen hat Arnold Gehlen vor fast 40 Jahren prophetisch vorweggenommen: „Man darf den beliebigen anderen Menschen nicht verletzen, muß in ihm den 'Bruder' sehen usw. Unterscheidende, differenzierende Rechte gegenüber anderen Gruppen werden damit gehemmt, und endlich langt man bei der Ideologie von der substantiellen Gleichheit aller Menschen an. Der nächste Schritt besteht dann in der Vorherrschaft des zahlenstärksten Volkes (sprich: der stärksten und virilsten Ethnien innerhalb des Landes – T. Hinz) kraft seiner biologischen Mächtigkeit.“

Solche Argumente wurden nie widerlegt, nur moralisch delegitimiert. Der Verweis auf den Nationalsozialismus reichte dazu aus. In der Folge krankt das Land an Duckmäusertum, Selbstzensur, geistiger Indoktrination, kurzum: an Unfähigkeit, sich in der Freiheit zu bewähren. Die Auslegung dessen, was Presse- und Meinungsfreiheit bedeuten und wo ihre Grenzen liegen, war allzu lange linken und linksliberalen Intellektuellen vorbehalten, die ihre Meinung gesellschaftlich verbindlich gemacht und in eine Zumutung für alle verwandelt haben, ohne die Verantwortung für die katastrophalen Folgen zu übernehmen. Der Gestus der Anklage aus der Position angemaßter moralischer Überlegenheit heraus ist ihre stärkste Waffe, die zur Zeit freilich ins Leere sticht.

Man wird genau zu beobachten haben, wie sie auf die neuen Konstellationen reagieren: ob sie abdanken, ein Saulus/Paulus-Erlebnis haben, oder ob sie ihren Humanitarismus in den Dienst derjenigen stellen, die sie als die potentiell Stärksten erkannt haben. Wer heute ernsthaft von der Verteidigung der Presse- und Meinungsfreiheit reden will, darf nicht darüber schweigen, daß sie zunächst einmal von ihren vorislamistischen Beschädigungen befreit werden muß.

THORSTEN HINZ

EUROPA UND DER ISLAM

## Die fetten Jahre sind vorbei

Mit ungeheurer Wucht haben die Proteststürme in der moslemischen Welt wegen der Mohammed-Karikaturen der dänischen Zeitung *Jyllands-Posten* die europäische Öffentlichkeit aus einem seligen Schlaf gerüttelt. Es ist, als sei in einer stickigen Wohnung die Tür geöffnet worden, als stieße ein starker Windstoß die schlecht verriegelten Fenster auf und eine Böe risse die auf dem Schreibtisch geordneten Blätter fort auf die Straße.

Botho Strauß

Der Mord an dem linksliberalen Filmemacher Theo van Gogh, die wochenlangen Unruhen arabischer Einwandererkinder in den Ghettos französischer Städte, nun die Aufwallungen im Rahmen des Karikaturen-Streits: Sie haben aus dem fernen Orient einen nahen gemacht.

Der Schrifisteller und Theaterautor Botho Strauß veröffentlichte jetzt im *Spiegel* einen Aufsatz („Der Konflikt“). Er skizziert den Übergang einer indifferenten Phase nach der Auflösung der Blockkonfrontation des Westens mit dem kommunistischen Sowjetreich zu einer neuen Polarisierung im Zuge der islamischen Herausforderung: „Der Konflikt ist nicht zu lösen, dafür aber fest umrissen und beendet die Periode der 'neuen Unübersichtlichkeit'. Mit der westlichen Einfühlung in einen unüberwindlichen Antagonismus, sakral/säkular, ist die herrschende Beliebigkeit, sind Synkretismus und Gleich-Gültigkeit in eine Krise geraten. Vielleicht darf man sogar sagen: Wir haben sie hinter uns. Es war eine schwache Zeit!“

Ob wir dieser anbrechenden „starken Zeit“ gewachsen sind, ist fraglich. Deutschland und Europa, lendenlahm und feige geworden, stehen einer vitalistischen Kultur gegenüber, die schon lange nicht mehr vor den Toren Europas steht, sondern in den vergreisenden europäischen Metropolen in den nächsten Jahrzehnten die Bevölkerungsmehrheit stellen wird. Die „Ethnomorphose“ (Irenäus Eibl-Eibesfeld) Europas, einst als bizarres Hirngespinst rechter Populisten abgetan, dämmert nun unerbittlich über dem Kontinent herauf. Der politisch-geistigen Klasse, die noch bis vor kurzem Warnungen vor dieser Entwicklung höhnisch verächtlich gemacht und der volkspädagogischen Aufsicht von Verfassungsschutzämtern unterstellt hat, rutscht das Herz in die Hose. Jetzt will man es nicht gewesen sein, der diesen Schlamassel herbeigeführt hat. Der Leichengeruch der eigenen Kultur zieht durch die Straßen, während die Morgenröte des Islam anbricht. Verdutzt sehen die Habermas-Adepten der morbiden „Zivilgesellschaft“ auf eine Parallelwelt mit kraftvollen Werten: „Selbstverständlich ist es für den aufgeklärten Westeuropäer der Born der Finsternis, der dies Leben in der Gemeinschaft unterhält und gut organisiert“ (Botho Strauß).

Der Dichter wünscht eine geistige Antwort auf diesen Konflikt. Doch woher soll sie kommen? *FAZ*-Herausgeber Frank Schirrmacher beklagte am Montag als Reaktion den demographischen Prozeß, der hinter dem islamischen Vormarsch in Europa steht. Doch er bleibt die konkrete Antwort schuldig. Er müßte dann den moralischen Bankrott der politischen Klasse beim Namen nennen, die Deutschland und Europa in diese vorhersehbare Krise geführt hat und unsere Kultur leichtfertig aufs Spiel setzte – für ein paar lächerliche fette, bequeme Jahre.

DIETER STEIN

INHALT

IM GESPRÄCH

Rohrmoser



Redaktion und Verlag: Hohenzollerndamm 27 a • 10713 Berlin — Telefax 0 30-86 49 53 14 — Telefon: 0 30-86 49 53-0 (Redaktion) • 0 30-86 49 53 19 (Leserdienst) — epost: verlag@jungefreiheit.de — Internet www.jungefreiheit.de

JF-Ausgabe vom 17. Februar 2006

**9. Februar 2006:** In einer Presseerklärung bekräftigt die JF noch einmal, daß für die Aussperrung von der Buchmesse offenkundig politische Gründe ausschlaggebend waren. Die Aussage der Messe, sie habe der JF den Stand lediglich wegen einer geplanten »Jubiläumsfeier« zum 20jährigen Bestehen des Verlages verweigert, sei eine »Schutzbehauptung«. Dieter Stein weist darauf hin, daß es seit jeher sowohl auf der Leipziger als auch der Frankfurter Buchmesse gängige Praxis sei, daß an Messeständen auch Veranstaltungen stattfinden. Außerdem sei die Messeleitung bis heute eine Erklärung dafür schuldig geblieben, warum auf mögliche Störungen eines Messestandes der JF nicht mit den gebotenen rechtsstaatlichen Mitteln, sondern mit der vorauseilenden Aussperrung des potentiell Geschädigten reagiert werde, so Stein.

Die Leipziger Buchmesse bricht eine Pressekonferenz zu ihrem Programm »Leipzig liest« abrupt ab, bei der zahlreiche Journalisten eine Aufklärung verlangen, weshalb die Messe den Stand der JF ablehnt. Direktor Zille will sich dazu jedoch weiterhin nicht erklären.

Die *Welt* schreibt: »Man möchte der Leipziger Messe gern glauben, daß es ihr nicht darum ging, einen politisch mißliebigen Aussteller fernzuhalten. Allein, das Sicherheitsargument ist auf eine so dummdreiste Weise an den Haaren herbeigezogen, daß einem die Pressesprecherin leid tut, die diesen Unsinn vertreten muß. Es gibt in diesem Fall in Leipzig keinen Anlaß, wegen der Sicherheit an der Freiheit Abstriche zu machen.«

**10. Februar 2006:** Immer mehr auch prominente Unterzeichner schließen sich dem »Appell für die Pressefreiheit« an, darunter der britische Bestsellerautor Frederick Forsyth, der ehemalige Bundesminister Carl-Dieter Spranger und der Widerstandskämpfer des 20. Juli 1944, Philipp Freiherr von Boeselager. Am Ende unterstützen über 1 500 Unterzeichner den Appell.

Am späten Freitagnachmittag meldet sich Messedirektor Zille telefonisch bei Dieter Stein: Der JUNGEN FREIHEIT wird nun doch ohne Auflagen die Zulassung zur Messe zu erteilt.

**12. Februar 2006:** Die *Frankfurter Allgemeine Sonntagszeitung* schreibt: »Die JUNGE FREIHEIT bekommt nun doch einen Stand auf der Leipziger Buchmesse. Am Freitagabend hat die Messeleitung die am vergangenen Mittwoch erteilte Ausladung der rechtsgerichteten Wochenzeitung von der Messe wieder rückgängig gemacht.« Einen Tag später schreibt die *FAZ*: »Die Leitung der Leipziger Buchmesse hat im Streit mit der Wochenzeitung JUNGE FREIHEIT eingelenkt.«

**4. März 2006:** In Braunschweig macht die »Jugend Antifa Aktion« mobil gegen den Verkauf der JUNGEN FREIHEIT im örtlichen Zeitschriftenhandel. In den vor Kiosken verteilten Flugblättern wird behauptet, die Händler machten sich »mitverantwortlich für die Verbreitung von geschichtsrevisionistischen, antisemitischen, nationalistischen und rassistischen Inhalten. Zeitungen wie die JUNGE FREIHEIT sind die geistigen Brandstifter für die fast täglichen Übergriffe, Brandanschläge und Morde.«

**22. März 2006:** Der Verfassungsschutz Nordrhein-Westfalen hat die JUNGE FREIHEIT aus seinem Verfassungsschutzbericht für das Jahr 2005 gestrichen.

**6. April 2006:** Das Land Baden-Württemberg stellt seinen Verfassungsschutzbericht für das Jahr 2005 vor. Die JUNGE FREIHEIT wird darin nicht mehr erwähnt.

**29. April 2006:** In Ulm protestiert der örtliche Jugendverband der SPD, die Jusos, gegen den freien Vertrieb der JUNGEN FREIHEIT. Im Brief der Jusos an Ulmer Kioskbesitzer heißt es: »Beim Einkauf in Ihrem Geschäft fiel uns auf, daß Sie die Wochenzeitung JUNGE FREIHEIT führen. Was uns zu diesem Schreiben veranlaßt, ist die Tatsache, daß die JUNGE FREIHEIT ein Publikationsorgan der sogenannten Neuen Rechten ist. Die Neue Rechte versucht bewußt, sich durch anpassendes Verhalten in die Gesellschaft zu integrieren. Um ihre Gesinnung zu verbreiten tritt sie nicht mehr in Bomberjacke und Springerstiefel auf, sondern mit Anzug und Aktentasche. Auf dieselbe Art und Weise publiziert die JUNGE FREIHEIT ihre rechtsradikalen Einstellungen, gezielt verzichtet sie auf die sonst übliche NS-Nostalgie und öffentliche Angriffe gegen unsere freiheitlich-demokratische Grundordnung. (…) Aus diesem Grund, möchten wir Sie darum ersuchen, die JUNGE FREIHEIT aus Ihrem Sortiment zu nehmen.«

Mit einem ähnlich lautenden Schreiben »informieren« die Jusos in Tübingen ebenfalls die dortigen Zeitschriftenhändler.

**22. Mai 2006:** Im Verfassungsschutzbericht des Bundes für das Jahr 2005 wird die JUNGE FREIHEIT nicht mehr erwähnt. Seit 1998 war die JF dort unter dem Stichwort »Intellektualisierungsbestrebungen im Rechtsextremismus« genannt worden. Als Konsequenz auf die Entscheidung des Bundesverfassungsgerichts haben die Innenministerien die Praxis der »Erwähnung« der JF nun flächendeckend eingestellt. »Damit hat eine elf Jahre dauernde Diskriminierung unserer Zeitung ein Ende gefunden«, wertet JF-Chefredakteur Dieter Stein die Entscheidung des Bundesinnenministeriums. »Wir warten aber noch auf eine offizielle Entschuldigung seitens der verantwortlichen Innenminister für den jahrelangen Eingriff in demokratische Grundrechte. Unserer Zeitung ist immenser materieller und immaterieller Schaden entstanden.« Es kam zu Ablehnungen von Anzeigen, Absagen von Interviewpartnern und Autoren, Zurückhaltung von Abonnenten und Kioskkäufern. Insgesamt beziffert der Verlag den geschätzten jährlich entstandenen Schaden infolge der Verfassungsschutz-Diskriminierung auf rund eine halbe Million Euro.

**1. Juni 2006:** Ein Autor und eine Mitarbeiterin der JUNGEN FREIHEIT werden beim Verteilen von Werbeexemplaren der aktuellen JF-Ausgabe von zwei Männern, die aus dem Rudi-Dutschke-Haus der *tageszeitung* (taz) gestürmt kommen, beschimpft und dann mit Schlägen und Fußtritten attackiert. Die hinzugerufene Polizei nimmt die Personalien der Täter auf, die beiden Opfer stellen gegen die mutmaßlichen Mitarbeiter der *taz* Strafanzeige wegen Körperverletzung. Dieter Stein erklärt, daß es sich bei den gewalttätigen Übergriffen auch um einen Anschlag auf die Pressefreiheit handelt. In einem Brief an Stein bestreitet *taz*-Chefredakteurin Bascha Mika die Vorwürfe pauschal – ohne sie im Detail zu dementieren. Auch sieht sich die *taz*-Chefin außerstande, die Prügelattacken zu verurteilen.

*Spiegel Online* schreibt dazu: »Sicher aber scheint, daß heute morgen gegen 8.30 Uhr eine Auseinandersetzung zwischen *taz*-Mitarbeitern und zwei Verteilern von Gratis-Exemplaren der JUNGEN FREIHEIT vor der *taz*-Zentrale stattfand. Zumindest bestreitet es niemand: ›Ja, die sind da ein bißchen wegvertrieben worden‹, sagt etwa *taz*-Meinungsredakteur Dietmar Bartz, der das Ganze ›mit Wohlwollen beobachtet‹ hat, wie er sagt.« Bartz weiter laut *Spiegel Online*: »Wir lassen eben nicht zu, daß irgend jemand hier rechtskonservatives Material verteilt.«

**23. Juni 2006:** In Kiel macht die örtliche »Antifa« mit Flugblattaktionen gegen den dortigen Bahnhofsbuchhändler mobil. Im Flugblatt heißt es: »Im Kieler Bahnhofsbuchhandel (...) ist sowohl das NPD-Parteiblatt *Deutsche Stimme* (DS) als auch die JUNGE FREIHEIT (JF) erhältlich. Beide Wochenzeitungen, die DS noch mehr als die JF, vertreten teils offen, teils verdeckt neonazistische Positionen und fördern die Vorurteile gegen alle Menschen, die nicht in das rechtsextreme Weltbild passen, und rufen dazu auf, aktiv gegen anders Denkende vorzugehen.«

**23. Juni 2006:** Die juristische Auseinandersetzung zwischen der Wochenzeitung JUNGE FREIHEIT und dem Land Nordrhein-Westfalen ist durch einen Vergleich mit Kostenteilung und dem Verzicht auf Schadensersatzforderungen vor dem Verwaltungsgericht Düsseldorf endgültig beendet worden. Alexander von

Stahl, Generalbundesanwalt a. D. und Prozeßbevollmächtigter der JUNGEN FREIHEIT, faßt zusammen: »Die JF wird nicht mehr im Verfassungsschutzbericht erwähnt. Damit haben wir das zentrale Ziel unseres Rechtsstreits erreicht. Ich begrüße es, daß die Behörde mit dem Vergleich nun ausdrücklich bestätigt, sich künftig strikt an Geist und Inhalt (›Maßgaben‹) des höchstrichterlichen Spruchs halten zu wollen.«

Herbert Kremp, ehemaliger Chefredakteur und Herausgeber der *Welt*, kommentiert das Ende des Rechtsstreites: »Es ging nicht um einen Irrtum und um Gerechtigkeit allein. Jede gewonnene Schlacht für die Pressefreiheit ist ein Sieg des Rechtsstaates. Aber höchstrichterliches Wort war erforderlich, bis man das in der ideologischen Niederung einsah.«

**7. Juli 2006:** Die JUNGE FREIHEIT schließt mit dem Land Baden-Württemberg einen ähnlich lautenden Vergleich. Damit sind die juristischen Auseinandersetzungen auch vor dem Verwaltungsgericht Stuttgart beendet.

**14. Juli 2006:** Die SPD-Fraktion im Landtag von Baden-Württemberg fordert in einem Antrag, die JUNGE FREIHEIT wieder in den Verfassungsschutzbericht des Landes aufzunehmen. Die JF lasse »offensichtlich keinen glaubwürdigen Abstand von rechtsextremistischen Autoren, Verlagen, Parteien und anderen Organisationen erkennen«, so Stephan Braun, Sprecher der SPD-Fraktion für Verfassungsschutzangelegenheiten und Fragen des Extremismus. Die Landesregierung lehnt den Antrag zwar ab, äußert sich aber nur ausweichend zu den Vorwürfen. Die Landeszeitungen berichten intensiv; die Schlagzeilen lauten »SPD: JUNGE FREIHEIT bleibt gefährlich« (*Esslinger Zeitung*), »Verfassungsschutz soll JUNGE FREIHEIT prüfen« (*Südwest Presse*), »SPD: JUNGE FREIHEIT wieder überwachen« (*Stuttgarter Zeitung*).

**August 2006:** Der Axel-Springer-Verlag boykottiert trotz veränderter juristischer Lage die JUNGE FREIHEIT weiterhin aus politischen Gründen. Anzeigenwerbung in der *Welt* und *Welt am Sonntag* ist der JF weiterhin nicht möglich. Die *VDI-Nachrichten* lehnen eine Beilage aus politischen Gründen ab.

**22. März 2007:** Gegen die Aufnahme eines Redakteurs der JUNGEN FREIHEIT in die Bundespressekonferenz (BPK) regt sich Protest. Dieter Wonka von der *Leipziger Volkszeitung*, Gunther Hartwig von der *Südwest-Presse* und Reinhard Urschel von der *Hannoverschen Allgemeinen Zeitung* erheben Einspruch gegen die Entscheidung der BPK, JF-Redakteur Marcus Schmidt als Mitglied in den Verein der Parlamentskorrespondenten aufzunehmen. Der Einspruch wird letztendlich abgelehnt, zumal bereits Anfang März der fünfköpfige Mitgliedsausschuß der Pressekonferenz nach einer kontroversen Debatte empfohlen hatte, den JF-Redakteur aufzunehmen, schließlich erfülle er alle Anforderungen. Der Vorstand der BPK werde prüfen, ob in der Vereinssatzung eine Grenze gegen »ganz extreme Positionen« aufgenommen werden könne. Bei der JUNGEN FREIHEIT sei eine solche Grenze jedoch nicht erreicht worden.

**23. Juni 2007:** Der ehemalige Bundeslandwirtschaftsminister Karl-Heinz Funke (SPD) wird für ein Interview in der JUNGEN FREIHEIT angegriffen. »Hinter vorgehaltener Hand kritisieren zahlreiche Parteigenossen des SPD-Urgesteins, daß er die zeitweise vom Verfassungsschutz beobachtete Zeitschrift durch seine Gesprächsbereitschaft deutlich aufgewertet habe«, schreiben das *Delmenhorster Kreisblatt* und der *Weser-Kurier*. Eine Woche zuvor, am 15. Juni 2007, hatte Funke in einem JF-Interview den Vorstoß seines Parteigenossen Johannes Kahrs, Sprecher des Seeheimer Kreises, unterstützt, die Anti-G8-Steinewerfer von Rostock und Heiligendamm wegen versuchten Mordes anzuklagen. Zu der heftig kritisierten Initiative Kahrs sagte Funke: »Sehr gut! (...) Wenn Demonstranten mit faustgroßen Plastersteinen zum Wurf ausholen, dann hat das für mich nichts mit Bürgerrecht, sondern mit Kriminalität zu tun (...) Das ist versuchter Mord (...) Das ist Terror.« Kritik übt Funke auch an der eigenen Partei. Ihr Schweigen zu Kahrs Vorschlag sei »schlimm«. Leider gebe es manchen in der SPD, der »die Prioritäten falsch setzt«. Vor allem SPD-Vertreter aus »großstädtischem Milieu, ausgestattet mit entsprechenden Illusionen« distanzierten sich nicht ausreichend von linksextremer Gewalt.

Auf die Kritik an diesem Interview reagiert Funke gelassen. Er habe nach der Veröffentlichung »Kritik, aber auch viel Zustimmung erfahren«, sagt Funke der *Hannoverschen Allgemeinen Zeitung*. Ihm wird unter anderem vorgeworfen, er habe ein Tabu gebrochen. Funke dazu: »Ich bin ja nicht der einzige Sozi, der der JUNGEN FREIHEIT Interviews gibt.«

**27. Juni 2007:** Auf Druck der Grünen wird die JUNGE FREIHEIT nicht mehr im sogenannten »Rügenbüdel« verteilt. Eine in Rostock ansässige Handelsgesellschaft läßt am Rügendamm, der Zufahrt zur Ferieninsel, in der Feriensaison täglich Taschen (»Rügenbüdel«) in einer Auflage von bis zu 3000 Exemplaren unter anderem mit Gratis-Werbeexemplaren von Zeitungen an Urlauber, die im Stau stehen, verteilen. Der Vorsitzende der Grünen in Mecklenburg-Vorpommern, Jürgen Suhr, bezeichnet es in der *Ostsee-Zeitung* als »bedrückend und nicht hinnehmbar«, daß die JF an Touristen verteilt wird. Die Nachrichtenagentur DPA schreibt, Suhr zitierend: »Es sei bedrückend, daß ein Publikationsorgan mit rechtskonservativen und rechtsextremistischen Haltungen zusammen mit Tourismusprospekten der Insel Rügen verteilt werde …«. Der Geschäftsführer der verantwortlichen Handelsgesellschaft verbannt die JF unter dem Druck der Medien umgehend aus dem »Rügenbüdel« und bricht damit einen rechtsverbindlichen Vertrag. Die Grünen begrüßen die prompte Reaktion des Unternehmers.

**28. Juni 2007:** Der *Nordkurier* berichtet über die Verteilung der JUNGEN FREIHEIT im »Rügenbüdel« unter der Überschrift »Rügenbeutel enthält auch Neonazi-Blatt«. Nach einem Protest der JF entschuldigt sich der Chefredakteur des *Nordkurier* für diese Formulierung.

**Juli 2007:** Durch massive linksradikale Kampagnen soll der freie Vertrieb der JF an den Kiosken stark eingeschränkt werden. Eine Zeitschriftenhändlerin aus Bad Doberan berichtet, ein Mann habe die Tür zu ihrem Laden aufgerissen und herumgebrüllt, warum sie »Nazizeitungen« an ihrem Kiosk aushänge. Er verlangt von ihr, die JUNGE FREIHEIT nicht mehr zu verkaufen. Er stellte sich als Mitarbeiter der örtlichen PDS-Landtagsabgeordneten vor. Die Händlerin schreibt einen Protestbrief an die Abgeordneten der Linkspartei.

In Potsdam werden im Umfeld von Kiosken, die die JUNGE FREIHEIT im Vertrieb hatten, illegal Hunderte von Aufklebern verklebt, die vor dem Kauf der »Nazizeitung« JF warnen. Kioskbesitzer werden von schwarz gekleideten jungen Linksextremisten angepöbelt. Ein JF-Leser berichtet: »Ich habe im Hauptbahnhof Potsdam vergeblich nach der neuen JUNGEN FREIHEIT gesucht. Auf meine Nachfrage beim Kassenpersonal wurde mir mitgeteilt, daß der Verkauf der JF sowie einiger weiterer Publikationen eingestellt worden sei, nachdem mit Brandstiftung für den Fall des Weiterverkaufs gedroht worden sei. Die Täter hätten sich ferner u. a. gerühmt, Potsdam zur JF-freien Zone gemacht zu haben.«

In Braunschweig wird in Flugblättern angekündigt: »Verleihung des goldenen Baseballschlägers (…) für die Verbreitung faschistischer Hetze und geistiger Brandstiftung«. Weiter heißt es in dem Flugblatt: »Stoppt die Nazipropaganda (…). Die JUNGE FREIHEIT ist ein Organ der sogenannten neuen Rechten, welches eine Mischung aus expansivem Nationalismus, völkischen Ideologien, geschichtsrevisionistischen Inhalten und Antisemitismus zum Besten gibt. Das Blatt versucht durch seriösen Schreibstil und vorsichtige Formulierungen gesellschaftliche Akzeptanz zu erreichen und stellt eine Art Bindeglied zwischen rechten konservativen und offenen Nazis dar.« Die Chaoten erreichen in Braunschweig ihr Ziel: Unter dem Druck der gewaltbereiten Demonstranten ist das Braunschweiger Vertriebsgebiet von der JF »gesäubert«.

**August 2007:** Der baden-württembergische Landtagsabgeordnete Stephan Braun, Sprecher der SPD-Fraktion für Fragen des Extremismus und des Verfassungsschutzes, veröffentlicht das Buch *Die Wochenzeitung* JUNGE FREIHEIT *– kritische Analysen zur Programmatik, Inhalten, Autoren und Kunden*. Mitherausgeberin ist die baden-württembergische Landesvorsitzende der SPD, Ute Vogt. Darin enthalten sind Vorträge, ergänzt und aktualisiert um weitere Beiträge, die im Stuttgarter Landtag während einer nichtöffentlichen »Fachtagung« mit dem Thema »Die JUNGE FREIHEIT – eine Gefahr für die Demokratie und eine Herausforderung für die politische Bildung« im November 2006 gehalten wurden. In diesem Buch wird auch die neue Strategie gegen die JF offengelegt: »Andererseits stellt sich die Frage, ob der Verfassungsschutz die dafür zuständige Behörde sein sollte, oder ob es nicht angemessener wäre, geeignete Institutionen der Politischen Bildung, wie etwa die ›Landeszentrale für Politische Bildung‹ oder eine neu einzurichtende, an einer der Hochschulen des Landes anzusiedelnde ›Beobachtungsstelle Rechtsextremismus‹ damit zu beauftragen und mit den erforderlichen Ressourcen auszustatten.« (…) »Anzustreben wäre ein Projekt, das die JF und generell relevante Entwicklungstendenzen im Umfeld des Rechtsextremismus zunächst über einen Zeitraum von zwei Jahren recherchiert und analysiert sowie auf dieser Grundlage Informationsmaterialien, insbesondere für Multiplikatoren, erstellt.« (…) »Eine solche Option hätte nicht nur den Vorteil, daß sie verfassungsrechtlich unbedenklich ist. Sie stellt zudem keine zwingende Alternative, sondern eine mögliche Ergänzung zu den Aktivitäten des Verfassungsschutzes dar.«

Auf der Internetseite der dem Bundesinnenministerium unterstellten Bundeszentrale für politische Bildung wird das Buch von Stephan Braun unter »Literaturtips« zum Thema Rechtsextremismus empfohlen. Auf der Internetseite der Bundeszentrale heißt es: »Unter dem Begriff Neue Rechte versteht man eine intellektuelle Strömung des Rechtsextremismus (…) Die wichtigste Zeitschrift der Neuen Rechten in Deutschland ist die JUNGE FREIHEIT (…) Trotz aller sprachlichen Modernisierung sind die Neuen Rechten in der Regel genauso rassistisch, nationalistisch, antisemitisch und autoritär eingestellt wie alle Rechtsextremisten.«

**31. August 2007:** Widerspruch und Empörung löst ein Interview aus, das der Bürgermeister von Mügeln, Gotthard Deuse (FDP), der JUNGEN FREIHEIT gibt. In der sächsischen Kleinstadt ist es am Rande eines Stadtfestes zu gewalttätigen Auseinandersetzungen gekommen, bei denen acht Inder sowie vier Deutsche, darunter zwei Polizisten, verletzt worden waren. Zahlreiche Medien vermuten, daß die Auseinandersetzungen einen rechtsextremistischen Hintergrund

Nr. 36/07 – 31. August 2007 – 22. Jahrgang
EUR 3,20 – Österreich EUR 3,50/ Schweiz CHF 5,80/ Spanien EUR 4,00/ A 4084 C

# JUNGE FREIHEIT

WOCHENZEITUNG FÜR POLITIK UND KULTUR

**Ortsschild der sächsischen Kleinstadt Mügeln, Pressemeute:** Ein zynischer Journalismus, dem der verlogene Moralismus aus allen Poren quillt

## Hetzjagd von Journalisten

Wetterleuchten eines geistigen Bürgerkriegs: Warum der „Fall Mügeln" auch ein riesiger Medienskandal ist

Die Hinrichtung der sächsischen Kleinstadt Mügeln als Hort des „Pöbels", des „rasenden Mobs", der „Hetzjagden" gegen Ausländer veranstaltet, ist skandalöser und in ihrer Bedeutung einschneidender als die Verunglimpfung von Sebnitz, das im November 2000 als kollektive Mörderhöhle angeprangert wurde. Damals konnte man zugunsten der Urheber annehmen, daß sie von der Dynamik ihrer Kampagne selber überrollt worden waren. Im Fall von Mügeln war von Anfang an kalter Vorsatz am Werk. Die polizeilichen Ermittlungen wurden allen Ermahnungen zum Trotz gar nicht abgewartet, alternative Darstellungen des Tathergangs als Relativierung und Verharmlosung diffamiert.

Es geht nicht um Tatsachen und auch nicht um die „acht Inder". Mügeln wird als Fanal gebraucht. Ein politischer Feldzug soll in Schwung gehalten werden, der auf eine umfassende Bewußtseins- und Gesellschaftsveränderung abzielt. Wir erleben das Wetterleuchten eines medialen Bürgerkriegs!

Die Anlässe der einzelnen Kampagnen können jeweils banal sein. Diesmal wollten Journalisten die sommerliche Saure-Gurken-Zeit offenbar dafür nutzen, sich bekannt zu machen. Der eine bringt im Herbst vielleicht ein Büchlein über Rechtsextremismus heraus und möchte seinen Namen vorab bekannt machen, ein anderer spekuliert auf eine Festanstellung, ein dritter hat womöglich Bekannte, die in Antirassismus-Projekten tätig sind, deren Finanzierung ausläuft.

Die Artikel und Analysen erheben den Anspruch auf Investigation, Engagement, Mut; in Wahrheit sind sie stromlinienförmig und appellieren an eingeschliffene Reflexe. Der Zynismus und die Lust an der öffentlichen Demütigung anderer ist die Kehrseite jenes verlogenen Moralismus, der diesem Journalismus aus allen Poren quillt. Dieses Muckertum hat auch dafür gesorgt, daß nur wenige Medien auf die Möglichkeit einer Sebnitz-Parallele hinwiesen und sich der Kampagne entzogen.

Der ehemalige sächsische Innenminister Heinz Eggert (CDU) hat einen weiteren Aspekt benannt: „Da äußern sich Westdeutsche über Ostdeutsche in einer Art, die ihnen zu Recht als Fremdenfeindlichkeit ausgelegt werden würde, wenn sie sich so über Ausländer äußerten." Es ist noch schlimmer. In den Internetforen liberaler Medien sondern Beiträger, die sich zweifelsohne zu den Guten und Anständigen zählen, über Menschen in den neuen Ländern Apartheid- und KZ-Phantasien ab. Es kann nicht bestritten werden, daß es in besagten Landstrichen spezifische Verwerfungen gibt. Die Ursachen sind vielfältig. Die Abhängigkeit von der finanziellen Alimentierung durch den Westen bei gleichzeitigem Oktroi seiner politischen Strukturen und Redeweisen, die an der Lebenswirklichkeit in der Ex-DDR vorbeigingen und -gehen, hat dort zu einem Gemisch aus verletztem Stolz und Sprachlosigkeit geführt, das sich mitunter aggressiv entlädt.

Doch darum geht es bei diesem Medienskandal und seiner Rezeption überhaupt nicht. Seine tieferen Gründe sind im Westen zu suchen, in den Projektionen, die er sich vom Osten zurechtgelegt hat, und in deren Funktion im eigenen Seelenhaushalt. Hinter dem Haß, der in den besagten Phantasien hervorbricht, steckt Angst. Diese rührt von dem Gefühl her, daß die bis an die Oder vergrößerte Bundesrepublik kein vergleichbar sichereres Bezugssystem mehr bietet wie früher Westdeutschland. Das hat aber hat eher mit den Anforderungen der Globalisierung zu tun als mit den Folgen der Wiedervereinigung.

Diese Verunsicherung wäre diskutier- und beherrschbar. Doch eine ruhige, weitgespannte Selbstbesinnung ist in Deutschland unmöglich, weil der Diskursraum von einer Intelligenzija – der Begriff Intellektuelle wäre zuviel der Ehre – besetzt gehalten wird, die seit Jahrzehnten nichts anderes tut, als das eigene Land zum Auswurf des Bösen zu erklären. Die aktuellen Geistkämpfer stehen voll in ihrer Tradition. Mügeln beweise, „daß Deutschland noch immer ein Land ist, in dem Alkohol und einige unbedachte Worte genügen, um aus einer feiernden Gesellschaft einen gewaltbereiten Mob zu machen, der selbst zum Töten bereit ist", heißt es in *Zeit online*. Noch immer! Die Mordlust muß wohl in den deutschen Genen liegen.

Da das unaufhörliche Kritisieren die einzige Existenzberechtigung dieser Kaste ist – denn ein Lob oder eine Bestätigung für etwas, das außerhalb von ihr in der praktischen Welt entstanden ist, könnte dort schnell den Gedanken wecken, daß sie überflüssig ist –, wird sie ihre Positionen niemals freiwillig räumen. Erst recht darf sie keine Fehlerdiskussion darüber zulassen, welchen Anteil sie selber an der Misere des Landes hat.

Armin Mohler hat vor über vierzig Jahren gewarnt, daß diese Intelligenzija das Auftauchen einer „Gegenfigur", des „Kommissars", provoziere. Dieser könne aus der Gesellschaft erwachsen, die der ewigen Schurigelei leid sei, es könne sich aber auch um einen Renegaten aus den eigenen Reihen handeln. Eingetroffen ist etwas viel Gefährlicheres. Die Intelligenzija wird selber zum Kommissar, dieser ist keine Gegen-, sondern eine Komplementärfigur, die sie vervollständigt und ihre Wirkungsmöglichkeiten steigert.

Dieser Prozeß vollzieht sich zum Beispiel durch ihr Einsickern in die politische Klasse. Hinter ihrer Forderung, die staatliche Finanzierung der ideologisch motivierten Programme „gegen Rechts" auszuweiten und zu „verstetigen", steckt gleichfalls der Wille, sich als unauflöslicher Teil des Staates zu etablieren und seinen Charakter von innen heraus zu verändern. Das geschieht durch Gesinnungsparagraphen, Sprachverbote, Versammlungs- oder Antidiskriminierungsgesetze, die Politisierung der Justiz.

Die Probleme, die die ideologische Weltsicht dieser Kaste überhaupt erst geschaffen hat, will sie dadurch lösen, daß sie ihre Benennung sanktioniert und ihr eigenes falsches Bewußtsein in das der Allgemeinheit hineintreibt. Endziel ist die Exekution einer ideologisierten Realität, in der es zum Beispiel keinen Sozialmißbrauch durch Ausländer mehr gibt, nur noch die „Menschenfeindlichkeit" der Deutschen. Die Frage, welchen Grund die Ex-DDR denn hat, die katastrophale Ausländerpolitik des Westens nachzuvollziehen, wäre in dieser Welt endgültig nicht mehr sagbar.

Im Windschatten der Medienkampagnen wird diese Entwicklung Stück um Stück vorangetrieben. Sie sind die Lokomotiven eines geistigen Bürgerkriegs. Daher muß man sich zu Mügeln die Fragen vorlegen: Wer sind hier die Hetzer? Wer ist das Gesindel? Wer ist hier der Mob, der rast?

DORIS NEUJAHR

INHALT



Abokampagne 2007

| | |
|---|---|
| ABO | + 56 |
| KÜNDIGUNG | - 10 |

Abosaldo der Woche
+46
Noch 2336 neue Abos bis zum Ziel
Kampagnentelefon 030/86 49 53-25

LINKE METAPOLITIK

## Die Kehrseite der Hysterie

Gleich einem Pawlowschen Reflex betet die Presse seit der Meldung einer Dorffestschlägerei aus Mügeln, deren Tathergang bis heute nicht aufgeklärt worden ist, das Thema „Gefahr von rechts" herauf und herunter. Familienministerin Ursula von der Leyen will auf Knopfdruck fünf Millionen Euro zusätzlich in rätselhafte „Kampf gegen Rechts"-Projekte pumpen. Dennoch gibt es seltene Lichtblicke.

So entdeckte am 26. August ein Redakteur der *FAZ*, die ansonsten nicht dadurch auffiel, das Mügeln-Theater in Frage zu stellen, daß laufend von einem „Kampf gegen Rechts" die Rede, tatsächlich aber der Kampf gegen Rechtsextreme gemeint sei. Die Formel vom „Kampf gegen Rechts", die viele Journalisten verwenden, sorge für eine Begriffsverschiebung: „Deswegen will ja niemand rechts sein, auch die Union nicht. Wer gar von einer rechten Mehrheit spricht, ist ein Fall für den Verfassungsschutz." So ist das wohl. Vielleicht wäre dies einmal einer tiefschürfenden Untersuchung wert, wie linke Parteien, Medien und Antifa-Netzwerke über die Begriffsschöpfung „Kampf gegen Rechts" das „nicht-linke" Lager in eine permanente Defensive getrieben haben.

Wilhelm Pieck

Schon mehrfach konnte man verfolgen, wie ausgehend von bewußt fehlinterpretierten Gewalttaten eine Maschinerie politischer Großkampagnen der Linken gegen Union und das gesamte bürgerliche Lager angeworfen wird: von 2000 (Start des „Aufstandes der Anständigen" nach einem bis heute ungeklärten Bombenanschlag in Düsseldorf und der Medienente vom „Fall Sebnitz") über den „Fall Hohmann" (2003) bis zum „Fall Ermyas M. (2006). Union und bürgerliche Medien, die dabei selbst ins Visier der durch Steuermillionen künstlich hochgerüsteten, links dominierten „Kampf gegen Rechts"-Projekte gerieten, haben diese Zusammenhänge saturiert, gelangweilt ignoriert.

Zumindest bei Nikolaus Münster von der *FAZ* ist der Groschen gefallen: „Jenseits aller wechselnden parteipolitischen Präferenzen ist diese in der Öffentlichkeit mittlerweile gefestigte Diskreditierung des rechten Spektrums ein kaum zu unterschätzender Erfolg der politischen Linken (und ihrer publizistischen Helfer)." Zu diesen „publizistischen Helfern" muß sich leider auch die *FAZ* zählen lassen. Nicht nur in der Hohmann-Affäre gab sie ein unglückliches Bild ab, vor wenigen Tagen erst wurde einem Autor des umstrittenen linksextremen Duisburger Instituts für Sprach- und Sozialforschung (DISS) fast eine halbe Seite im Feuilleton eingeräumt (*siehe auch Seite 11*).

Wie weit fortgeschritten die metapolitische Lufthoheit der Linken in geschichtspolitischen Fragen ist, zeigt ein kleiner lokaler Fall schlaglichtartig: Das brandenburgische Zechin hat in der vergangenen Woche entschieden, eine Straße nach dem ersten und einzigen DDR-Staatspräsidenten und Kommunisten Wilhelm Pieck zu benennen (*siehe Bericht auf Seite 6*). Die Teilnahmslosigkeit, mit der die Öffentlichkeit diesen Skandal hinnimmt, die Selbstverständlichkeit, mit der linkstotalitäre Traditionspflege und Geschichtsdeutung (teils unter dem Mantel des bedenkenlos verharmlosten Begriffs „Antifaschismus") öffentlich akzeptiert wird, ist erschreckend – während das Land von einer Hysterie über die potemkinsch-virtuelle „Gefahr von Rechts" in die nächste fällt.

DIETER STEIN

Redaktion und Verlag: Hohenzollerndamm 27 a • 10713 Berlin — Telefax: 030-86 49 53 14 — Telefon: 030-86 49 53-0 (Redaktion) • 030-86 49 53 25 (Leserdienst) — E-Post: verlag@jungefreiheit.de — Internet: www.jungefreiheit.de

**JF-Ausgabe vom 31. August 2007**

haben. Bürgermeister Deuse kritisiert in dem JF-Gespräch Medien, Politik und den »Kampf gegen Rechts«. Mit Blick auf seine Stadt spricht er von einem »neuen Sebnitz«: »Was Sebnitz ausmachte, war die Vorverurteilung einer Stadt durch Medien und Politik: Urteilen, ohne die Fakten zu kennen! Diese Definition paßt auch auf Mügeln, insofern sehe ich Mügeln in der Tat als neues Sebnitz (...) Viele Journalisten wollen gar nicht zuhören. Nachdem sie die Geschichte von der rechtsextremen Hetzjagd so schnell rausposaunt haben, haben sie jetzt natürlich das Problem, daß sie als die Blamierten dastünden, wenn sie jetzt alles zurücknehmen müßten.« Auch Politiker hätten mit »giftigen Parolen« gegen Mügeln ihren Teil beigetragen. Der »Kampf gegen Rechts« schließlich behindere die Aufklärung des Falles, denn er verbreite »Angst« unter den Bürgern und diene »vielen nur dazu, ihre Vorurteile zu bestätigen«. Rechtsextremismus als Ursache der Vorfälle in Mügeln sieht Deuse nicht: »Ich sage klipp und klar: Rechtsextremismus schließe ich aus.« Und: »Mügeln wird zu Unrecht als rechtsextremes Städtchen dargestellt.« Außerdem beklagt er, daß die Deutschen ihren Nationalstolz nicht zeigen dürfen: »Ich bin stolz ein Deutscher zu sein«, so Deuse in der JUNGEN FREIHEIT.

Das Interview löst eine Vielzahl von Reaktionen aus. Der stellvertretende Vorsitzende der CDU/CSU-Bundestagsfraktion, Wolfgang Bosbach, erklärt laut *Berliner Morgenpost*, aufrechte Demokraten hielten Abstand zur JUNGEN FREIHEIT. *Spiegel Online* schreibt, daß Sachsens Ministerpräsident Georg Milbradt (CDU) über seinen Sprecher hinsichtlich der JF ausrichten läßt: »Der Ministerpräsident gibt dieser Wochenzeitung keine Interviews und empfiehlt auch jedem anderen, dies nicht zu tun.« Der stellvertretende Vorsitzende der Linksfraktion im Bundestag, Bodo Ramelow, bezeichnet Deuses Interview als einen Bärendienst für den Osten, weil es alle in der Diskussion nach den ausländerfeindlichen Zwischenfällen hochgekommenen Vorurteile bestätige. Laut *Thüringer Allgemeine* verfestigte sich bei Ramelow der Eindruck, »daß der Bürgermeister in seinem tiefsten Herzen doch ausländerfeindlich ist«. Im TV-Sender N24 geht FDP-Chef Guido Westerwelle auf Distanz: »Ich würde einer solchen Zeitung kein Interview geben und rate auch dazu, es nicht zu tun.«

**1. September 2007:** In der *Bild* ist Deuse »Verlierer des Tages«. Begründung: »Gotthard Deuse (59), FDP-Bürgermeister von Mügeln, kommt immer stärker unter Druck. Gestern forderte der Zentralrat der Juden in Deutschland seinen Rücktritt. Nach der Menschenjagd auf Inder in seiner Stadt hatte er ausgerechnet in der Rechts-Postille JUNGE FREIHEIT bekannt: ›Ich bin stolz, ein Deutscher zu sein.‹ *Bild* meint: Geschmacklos!«

**20. September 2007:** Der *Weser-Kurier* veröffentlicht einen Artikel mit dem Titel »Uni-Professor in der Kritik«. Darin wird festgestellt, daß der Sozialpädagogik-Professor Gunnar Heinsohn von der Bremer Universität mit zwei umfangreichen Beiträgen in der »weit rechts angesiedelten Wochenzeitung« JUNGE FREIHEIT vertreten sei. Heinsohn sieht darin kein Problem: »Ich schreibe für Zeitungen und Zeitschriften von links bis rechts sowohl national als auch international.« Und Heinsohn fragt: »Warum fragen Sie mich denn nicht nach meinen Artikeln für die linksalternative *Tageszeitung*?«

**10. Dezember 2007:** Unter dem Titel »Ich sehe was, was du nicht siehst« greift der *Focus* die Kritik der JF an dem Buch *Die Wochenzeitung* JUNGE FREIHEIT *– kritische Analysen zur Programmatik, Inhalten, Autoren und Kunden* auf und berichtet: »Mindestens sechs Autoren des Buches schreiben parallel auch für Publikationen wie *Der rechte Rand, Antifaschistische Nachrichten, Jungle World, Enough is enough* oder *Graswurzelrevolution*, die allesamt von diversen Landesämtern für Verfassungsschutz als linksextremistisch eingestuft werden.«

**31. Dezember 2007:** Die *Frankfurter Rundschau* schreibt: »Die nationalkonservative Wochenzeitung JUNGE FREIHEIT und die SPD befehden einander, das ist kein Wunder. Daß aber das Magazin *Focus* an der Seite des – selbst nach Einschätzung der bayerischen Verfassungsschützer ›am rechten Rand des demokratischen Spektums‹ agierenden Blattes – mit Schmutz wirft, ist schon merkwürdig.«

**Januar 2008:** Der Historiker und JF-Autor Stefan Scheil erwirkt wegen mehrerer Falschbehauptungen über ihn in dem Buch *Die Wochenzeitung* JUNGE FREIHEIT *– kritische Analysen zur Programmatik, Inhalten, Autoren und Kunden* eine Unterlassungserklärung. Der Wiesbadener VS-Verlag für Sozialwissenschaften stoppt daraufhin zunächst die Auslieferung des Buches der beiden baden-württembergischen SPD-Landtagsabgeordneten Stephan Braun und Ute Vogt. Am 22. Januar 2008 spricht Stephan Braun gegenüber der *Sindelfinger Zeitung/Böblinger Zeitung* von einer »gezielten Kampagne aus dem Netzwerk und Umfeld der JUNGEN FREIHEIT«.

**25. Januar 2008:** Horst Milde, konservativer SPD-Politiker, von 1990 bis 1998 Präsident des niedersächsischen Landtags, gibt der JUNGEN FREIHEIT ein Interview zur inneren Verfassung der SPD. Der *Weser-Kurier* berichtet daraufhin: »Die Liste der SPD-Politiker aus Niedersachsen, die der ultrarechten Wochenzeitung JUNGEN FREIHEIT Interviews gewähren, wird länger …« Auf die Kritik und den Hinweis darauf, daß der SPD-Parteivorstand im März 2005 beschlossen habe, daß gegenüber Zeitungen wie der JUNGEN FREIHEIT eine strikte Trennlinie gezogen werden müsse und es keinerlei Beiträge oder Interviews geben dürfe, antwortet Milde: »Den Beschluß des SPD-Parteivorstandes zur JF kenne ich nicht, aber er interessiert mich auch nicht. Schließlich bin ich ein freier Bürger und lasse mir nicht vorschreiben, mit wem ich zu reden habe.«

**23. April 2008:** Thüringens Ministerpräsident Dieter Althaus (CDU) kündigt an, sechs neue Minister zu ernennen, unter anderem den ehemaligen Redakteur der JUNGEN FREIHEIT Peter Krause. Althaus möchte dem CDU-Vorsitzenden des Kreisverbandes Weimar und Landtagsabgeordneten Peter Krause das Amt des Kultusministers übertragen. Peter Krause war im Jahr 1998 als Redakteur für die JUNGE FREIHEIT tätig gewesen.

**24. April 2008:** Der SPD-Bundestagsabgeordnete Carsten Schneider erklärt, Krause sei »als Minister mit Ressortverantwortung für Schüler und Lehrer nicht geeignet«. Schneider fordert Krause auf, seine in der *Thüringer Landeszeitung* geäußerte Einschätzung der JF zurückzunehmen und diese eindeutig als »Sprachrohr der Rechtsextremisten« zu verurteilen. Andernfalls stehe Krauses »Haltung zur freiheitlichen demokratischen Grundordnung weiter in Frage« und er sei als verantwortlicher Minister für Schüler und Lehrer nicht geeignet. Kritik üben auch Thüringens SPD-Landesgeschäftsführer Jochen Staschewski und der Spitzenkandidat der Linken, Bodo Ramelow. Staschewski wirft Althaus vor, einen Minister »aus der Grauzone der extremen Rechten« ins Kabinett zu holen. Ramelow kritisiert, Krause habe bislang »keine klare Grenze zwischen Ultra-Konservativen und Neofaschisten gezogen«. Die Linke fordert Neuwahlen. *Spiegel Online* und *Süddeutsche.de* berichten über den »Fall Krause«.

**25. April 2008:** Nachdem Krause die JUNGE FREIHEIT zunächst als ein in der Presselandschaft anerkanntes Medium bezeichnete, distanziert er sich und betont, daß die JF nicht seine politische Linie vertrete. SPD, Zentralrat der Juden und der Leiter der KZ-Gedenkstätte Volkhard Knigge erklären ihre Mißbilligung der Nominierung Krauses. Die Grünen fordern Ministerpräsident Althaus auf, Krause zurückzuziehen: »Wer sich in der Sumpflandschaft zwischen Rechtsextremismus und Ultrakonservatismus tummelt, darf kein Ministeramt bekleiden.« Einen Tag später, am 26. April, erscheint die *taz* mit einer Titelseite zum Fall Krause und der Schlagzeile »Vom rechten Rand in Merkels Mitte«.

**28. bis 30. April 2008:** SPD-Generalsekretär Hubertus Heil nennt die Nominierung Krauses einen »Schlag ins Gesicht für Leute, die sich gegen Rechts engagieren«. Er fordert die Bundes-CDU auf, »ein Auge auf das Thema zu haben«. Einen Tag später fordert Grünen-Chefin Claudia Roth Ministerpräsident Althaus auf, die Benennung von Peter Krause zum Kultusminister umgehend zurückzunehmen, »um Schaden von der Demokratie abzuwenden«. Der Historiker Michael Wolffsohn erklärt dagegen im Deutschlandradio, man solle Krause »eine Chance geben«.

In einer persönlichen Erklärung teilt Peter Krause am 30. April mit, die JUNGE FREIHEIT vertrete eine politische Linie, »die ich nicht teile«. Jeder, der ihn kenne, wisse, »daß ich das Gegenteil eines Rechtsextremisten, eines Ideologen, bin«. Der ehemalige Regierungssprecher unter Rot-Grün und Vorsitzende des Vereins »Gesicht zeigen!«, Uwe-Karsten Heye, kritisiert die Nominierung von Krause. »Es ist fahrlässig, einen Kultusminister zu haben, dessen demokratische Seriosität nicht gesichert ist«, erklärt er der *Mitteldeutschen Zeitung*.

**1. bis 3. Mai 2008:** In der Nacht zum 1. Mai wird auf das Auto von Peter Krauses Frau ein Anschlag verübt. Ministerpräsident Althaus betont gegenüber dem MDR, daß er an Krause als Minister festhalten wird. Ex-Ministerpräsident Bernhard Vogel erklärt in einem Interview mit der *Thüringer Allgemeinen*, daß ihn die Art und Weise der Diskussion über Peter Krause betrübt. Der Leiter der Gedenkstätte Buchenwald, Volkhard Knigge, appelliert in einem Interview mit der *Thüringer Landeszeitung* an Krause, er möge von sich aus auf das Amt verzichten. Anderenfalls stehe er als Minister »ständig unter Bewährung«. In einem Artikel der *taz* wird gefragt, warum die Bundes-CDU bislang nicht eingegriffen habe. Krause sei als Ansprechpartner für die Jüdische Gemeinde und als Mitglied des Stiftungsrats der Gedenkstätte Buchenwald »unzumutbar«.

**4. Mai 2008:** Linke Gruppierungen rufen für den 8. Mai zu einer Demonstration gegen die Ernennung Krauses zum Kultusminister auf, darunter unter anderem die Jugendorganisationen von DGB, Grünen, die Linke sds und Jusos sowie die Rosa-Luxemburg-Stiftung und der Lesben- und Schwulenverband. CDU-Innenexperte Wolfgang Fiedler verteidigt Krause und betont, daß es keine stichhaltigen Beweise für Zweifel an der demokratischen Integrität Krauses gebe. Er vermutet zudem einen Zusammenhang zwischen der anhaltenden Kritik und dem Anschlag auf das Auto von Krauses Frau.

**5. Mai 2008:** Peter Krause gibt seinen Verzicht auf das Amt des Kultusministers des Freistaates Thüringen bekannt. Er habe Ministerpräsident Althaus gebeten, ihn nicht zu ernennen. »Ich sehe keine Möglichkeit, das sensible Amt in angemessener Sachlichkeit erfolgreich ausüben zu können.« Und weiter: »In meine private Sphäre wird in einer üblen Art und Weise eingegriffen, die ich nicht länger bereit bin zu ertragen. Ich sehe keine Möglichkeit, im Amt politisch souverän handeln zu können. Ich sehe keine Möglichkeit, im Amt ein halbwegs normales Leben führen zu können«, so Krauses Resümee mit Blick auf die zweiwöchige Kampagne gegen seine Person.

Der Spitzenkandidat der Thüringer Linken fordert den Rücktritt von Althaus, die SPD spricht sich für vorgezogene Neuwahlen aus. Die FDP hält den Verzicht zwar für richtig, äußert jedoch Unverständnis über die Ausmaße der Unterstellungen gegen Krause.

**Mai 2008:** Die Wochenzeitung *Die Zeit* startet unter dem Namen »Netz gegen Nazis« (www.netz-gegen-nazis.de) ein Internetportal im »Kampf gegen Rechts«. Als Fernsehpartner tritt das ZDF auf. Weitere Unterstützer sind der Deutsche Fußballbund, der Deutsche Olympische Sportbund sowie der Deutsche Feuerwehrverband. Neben extremistischen Organisationen führt das »Netz gegen Nazis« auch zahlreiche konservative Einrichtungen wie das Studienzentrum Weikersheim und das Institut für Staatspolitik sowie die JUNGE FREIHEIT auf. Der JF widmet das »Netz gegen Nazis« gleich mehrere Beiträge, darunter auch des emeritierten Politikwissenschaftlers Wolfgang Gessenharter. Dieser vertritt die Meinung, solange die JF nicht den radikalen Bruch mit der »neurechten Weltanschauung« vollziehe, »muß jeder, der sich mit dieser Zeitung gemein macht, wissen, daß er damit einer gefährlichen Relativierung des Grundgesetzes Vorschub leistet«.

Die JUNGE FREIHEIT wird unter der Rubrik »Lieblingszeitungen der (Nazi-)Szene« eingeordnet. Gegen dieses Vorgehen protestiert JF-Chefredakteur Dieter Stein bei *Zeit*-Chefredakteur Giovanni di Lorenzo und dem Geschäftsführer des *Zeit*-Verlages, Rainer Esser, sowie dem Intendanten des ZDF, Markus Schächter. Stein fordert eine Rücknahme der Verleumdungen.

**30. Mai 2008:** DFB-Ehrenpräsident Gerhard Mayer-Vorfelder ist empört, daß auf der von der *Zeit* ins Leben gerufenen Internetplattform »Netz gegen Nazis« sowohl die JUNGE FREIHEIT als auch das konservative Studienzentrum Weikersheim in die Nähe des Rechtsextremismus gerückt werden. »Man kann doch nicht konservative Institutionen wie die JUNGE FREIHEIT und das Studienzentrum Weikersheim in einen Topf mit Neonazis werfen«, sagt Mayer-Vorfelder gegenüber der JF. Der Sportfunktionär zeigt sich überrascht darüber, daß sich der Deutsche Fußball-Bund als Mitinitiator habe einbinden lassen. »Da war man wohl etwas voreilig gewesen«, meint der DFB-Ehrenpräsident.

Am 16. September protestiert Mayer-Vorfelder bei *Zeit*-Chefredakteur Giovanni di Lorenzo gegen das »Netz gegen Nazis«: »Sie sollten sich einmal die Mühe machen, die Autorenliste in der JUNGEN FREIHEIT einschließlich der Interviewpartner genauer in Augenschein zu nehmen. (...) Ich selbst bekenne offen, daß ich der JUNGEN FREIHEIT selbst während meiner aktiven Zeit als Politiker Interviews gegeben habe. (...) Von rechtsextremistischem Gedankengut habe ich nichts bemerkt.« Gerhard Mayer-Vorfelder war Kultus- und später Finanzminister der CDU in Baden-Württemberg.

Giovanni di Lorenzo antwortet Mayer-Vorfelder am 14. Oktober 2008: »Sie bitten nun darum, die Beiträge über die JF (...) von der Internetseite zu nehmen, weil sie (...) nichts von rechtsextremistischem Gedankengut bemerkt hätten. (...) Bitte respektieren Sie desgleichen, daß die Kollegen von ›Netz gegen Nazis‹ zu einer anderen, durchaus kritischen Bewertung kommen, die in unseren Augen aber keineswegs diffamierend ist.«

**30. Mai 2008:** Die *Berliner Zeitung* berichtet, daß SPD-Abgeordnete »scharfen Protest gegen die Aufnahme der rechtsgerichteten Wochenzeitung JUNGE FREIHEIT in die elektronische Pressedokumentation des Bundestages eingelegt« haben. »Die Dokumentation solle zwar ›einen möglichst breiten Überblick über die veröffentlichte Meinung in Deutschland‹ bieten. Jedoch sollte dieser Überblick ›nicht publizierte Positionen aus dem rechtsradikalen Spektrum einschließen‹, heißt es in einem verfaßten Schreiben an Bundestagspräsident Norbert Lammert (CDU)«. Darin heißt es: »Die Aufnahme der JUNGEN FREIHEIT stellt unseres Erachtens eine unnötige Aufwertung dieser rechtsradikalen Wochenzeitung dar.«

Auch Bündnis 90/Die Grünen fordern die Rücknahme der Entscheidung. Es sei eine »fatale Aufwertung eines Blattes, das notorisch die Grenzen zum Rechtsradikalismus verwischt«, teilt die Parteivorsitzende Claudia Roth mit.

**5. Juni 2008:** »Bundestagspräsident Norbert Lammert (CDU) sieht keinen Anlaß, die rechtslastige Wochenzeitschrift JUNGE FREIHEIT wieder aus dem Bundestagsarchiv zu nehmen«, berichtet die *Süddeutsche Zeitung*. Die JUNGE FREIHEIT finde keinen Eingang in den Pressespiegel, sondern sei nur im Archiv zur »internen Information«, schreibt Lammert.

**Februar 2009:** In Niedersachsen startet ein Bündnis aus SPD, Grünen und der Antifa eine Kampagne gegen den CDU-Lokalpolitiker Hinrich Rohbohm, weil dieser Mitarbeiter der JUNGEN FREIHEIT ist. Zum Zeitpunkt seiner Einstellung bei der Zeitung ist Rohbohm noch als Orts- und Fraktionsvorsitzender in der Kleinstadt Jork vor den Toren Hamburgs lokalpolitisch engagiert. Politiker von Grünen und

SPD skandalisieren seine Tätigkeit und fordern seinen Rücktritt als CDU-Fraktionsvorsitzender im Gemeinderat. Vertreter des Grünen-Kreisverbandes in Stade fordern im *Hamburger Abendblatt*: »Rohbohm muß gehen!« Die CDU-Bundestagsabgeordnete aus Stade und parlamentarische Geschäftsführerin der CDU/CSU-Bundestagsfraktion, Martina Krogmann, erklärt: »Wer für ein solches Blatt arbeitet, ist untragbar, wenn er gleichzeitig Ämter in der CDU wahrnimmt.« Und weiter: »Nach meiner Ansicht (gehen) vieler seiner Artikel in Inhalt und Tonlage über nationalen Konservatismus hinaus und verwischen ganz gefährlich die Grenze hin zu unerträglichem braunen Gedankengut.«

Rohbohm wird unter dem Druck der CDU-Spitze als Fraktionschef in Jork abgewählt. Freude über Rohbohms Abwahl herrschte laut dem *Hamburger Abendblatt* bei der SPD und den Grünen. »Er hat sich von der JUNGEN FREIHEIT nicht distanziert«, sagte die Grünen-Politikerin Regine Starck. Martina Krogmann (CDU) findet lobende Worte für das Verhalten der Jorker CDU-Fraktion: »Hut ab vor dieser Entscheidung«, sagt sie dem *Stader Tageblatt*. »Braunes Gedankengut« habe in der CDU nichts zu suchen. Die Distanzierung von Rohbohm sei richtig gewesen.

**26. Februar 2009:** Der hessische Landesdienst des Evangelischen Pressedienstes (epd) darf weiterhin ein Zitat des Parlamentarischen Staatssekretärs im Bundesjustizministerium, Alfred Hartenbach, verbreiten, der gesagt hatte: »Die JUNGE FREIHEIT wird von der Jugendorganisation der NPD gelenkt.« Hartenbach hatte dies in einer Rede während einer Preisverleihung an die Gewinner eines von der Bundesregierung ausgeschriebenen Wettbewerbs »Aktive Demokratie und Toleranz 2007« behauptet. Die JUNGE FREIHEIT hatte gegen diese Falschbehauptung geklagt, das Oberlandesgericht Frankfurt am Main wertete den Satz jedoch nur als Meinungsäußerung, gegen die kein Anspruch auf Gegendarstellung oder Unterlassung bestehe.

**20. März 2009:** Im Streit um den CDU-Lokalpolitiker und JF-Redakteur Hinrich Rohbohm greift der Schweriner Landtagsabgeordnete Mathias Brodkorb (SPD) die CDU-Bundestagsabgeordnete Martina Krogmann scharf an und wirft ihr vor, sich auf Kosten Rohbohms zu profilieren. Brodkorb, stellvertretender Vorsitzender der SPD Mecklenburg-Vorpommern, schreibt in einem Offenen Brief, er habe alle Artikel Rohbohms gelesen. »Und dort findet sich nichts, aber auch rein gar nichts, was den von Ihnen geäußerten Vorwurf erhärten könnte.« Er bezweifle, daß Krogmann ebenfalls alle Artikel gelesen habe. »Vielleicht haben Sie ja beim nächsten Mal den Mut, wenigstens Ihre eigenen Leute gegen absurde Vorwürfe zu verteidigen – vom politischen Gegner wage ich ja gar nicht zu träumen, das wäre wohl zuviel verlangt. Aber wenn Sie diesen Mut nicht aufbringen können, dann seien Sie in Zukunft doch nicht auch noch so feige, auf die eigenen Leute einzutreten, die vom Gegner bereits zu Boden geworfen wurden«, schließt Brodkorb.

**Juni 2009:** Die Jungsozialisten (Jusos) verweigern einem Mitarbeiter der JUNGEN FREIHEIT den Zutritt zu ihrem Bundeskongreß, die Linkspartei erteilt einem JF-Autor am zweiten Tag ihres Parteitages Hausverbot. In beiden Fällen werden politische Gründe angeführt. Daniel Bartsch, Mitarbeiter der Presseabteilung der Linkspartei, begründet den Rauswurf gegenüber der JF damit, daß seine Partei »rechte Journalisten« bei Parteitagen prinzipiell von der Berichterstattung ausschließe. Der SPD-Nachwuchs erklärt zum Ausschluß des JF-Reporters, daß er Personen, die »der rechtsextremen Szene zuzuordnen« oder in der »Vergangenheit durch rassistische, nationalistische, antisemitische oder sonstige menschenverachtende Äußerungen in Erscheinung getreten« seien, von der Berichterstattung ausschließe.

**Juni 2009:** Die Dekanatsversammlung lehnt es ab, den Rechtswissenschaftler Menno Aden als Honorarprofessor an der TU Dortmund zu führen. Aden habe unter anderem ein Interview mit der JUNGEN FREIHEIT geführt und sei Vorsitzender der Staats- und Wirtschaftspolitischen Gesellschaft (SWG). Auf der Versammlung steht er Rede und Antwort. Auf die JF angesprochen, soll sich laut Aden einer der Fragesteller geschüttelt und gesagt haben: »Wenn ich JUNGE FREIHEIT höre, nein, dann sträubt sich alles in mir.« Aden wird von dem Gremium nach seinem politischen Standort befragt, den er als konservativ bezeichnet. Ein klärendes Gespräch und eine Begründung für seine Ablehnung werden ihm von der Rektorin verweigert.

**30. Juni 2009:** Das ZDF beendet die Medienpartnerschaft mit dem umstrittenen Internetportal »Netz gegen Nazis«. Dies erfolge »aus rein formalen und nicht aus inhaltlichen Gründen«. Von Anfang an sei »klar vereinbart worden, daß das ZDF das Projekt – wie viele andere auch – nur befristet als TV-Partner unterstützt«, heißt es in einem Schreiben. Die JUNGE FREIHEIT wird beim »Netz gegen Nazis« unter der Rubrik »Lieblingszeitungen der (Nazi-)Szene« eingeordnet.

**14. August 2009:** Die dem Bundesinnenminister unterstellte Bundeszentrale für politische Bildung (BpB) stellt gemeinsam mit »jugendschutz.net« einen Projektbericht zu Rechtsextremismus im Internet vor. Einem JF-Mitarbeiter wird der Zutritt zur Pressekonferenz mit der Begründung verweigert, er habe sich nicht angemeldet und stehe nicht auf der Teilnehmerliste. Die Pressesprecherin ruft die Polizei, um den JF-Reporter aus dem Haus zu weisen. Auf Nachfrage der JF bekräftigt die BpB ihre Position: Eine Anmeldung sei nur per Fax möglich gewesen. Darauf war der JF-Mitarbeiter bei seiner telefonischen Anmeldung nicht hingewiesen worden. JF-Chefredakteur Dieter Stein bezeichnet die Erklärungen der Bundeszentrale als »skandalöse Ausflüchte« und fordert deren Chef Thomas Krüger auf, sich zu dem Vorfall zu äußern wie zu der Beobachtung, daß anderen Journalisten, die nicht angemeldet waren, dennoch Einlaß gewährt wurde.

**24. August 2009:** Im Verlag Kiepenheuer & Witsch erscheint *Das Buch gegen Nazis. Rechtsextremismus – was man wissen muß und wie man sich wehren kann.* Auf der Titelseite: ein Hakenkreuz. Die Vorworte zu diesem Buch stammen von dem Präsidenten der Bundeszentrale für politische Bildung, Thomas Krüger, und *Zeit*-Chefredakteur Giovanni di Lorenzo. In diesem von der Bundeszentrale geförderten *Buch gegen Nazis* sind weite Teile der Inhalte des umstrittenen Netzportals »Netz gegen Nazis« wiedergegeben. Im Kapitel über die JUNGE FREIHEIT heißt es zwar, die JF sei nicht rechtsextremistisch. Aber: »Die Mission der JF ist es, die Grenze zwischen demokratischen und anti-demokratischen Positionen zu verwischen und damit – typisch für die Neue Rechte – eine unterschwellige Veränderung des Meinungsklimas in der Gesellschaft zu versuchen. Dazu bietet das Blatt eindeutig verfassungsfeindlichen Autoren ein Podium – aber daneben finden sich stets unverfängliche oder ›nur‹ sehr konservative Texte von durchaus renommierten Persönlichkeiten wie Ex-*FAZ*-Redakteur Karl Feldmeyer oder Peter Scholl-Latour.« Zweifellos sei die JUNGE FREIHEIT seit ihrer Gründung »Schritt für Schritt gemäßigter geworden, doch demokratisch ist sie bis heute nicht«.

Bei der Bundeszentrale verweist man auf JF-Nachfrage nur auf das Impressum des Buches. Dort heißt es: »Diese Publikation stellt keine Meinungsäußerung der Bundeszentrale für politische Bildung dar. Für die inhaltlichen Aussagen tragen die Autorinnen und Autoren die Verantwortung.«

**25./26. August 2009:** Die Nachrichtenagentur DDP meldet am 26. August: »Der stellvertretende Berliner Linksfraktionsvorsitzende Udo Wolf hat den Innenexperten der CDU-Fraktion im Abgeordnetenhaus, Robbin Juhnke, wegen eines Interviews mit der rechtsgerichteten Wochenzeitung JUNGE FREIHEIT scharf kritisiert. Juhnke suche über das Blatt für die Unions-Kampagne gegen den Senat ›Anhänger im rechtsextremen Spektrum‹, sagte Wolf. Damit verlasse die

CDU den in vergangenen Jahren ›mühsam hergestellten Konsens‹ der demokratischen Parteien gegenüber Rechtsextremisten.« Anlaß für die Kritik ist ein Interview des innenpolitischen Sprechers der CDU-Fraktion im Berliner Abgeordnetenhaus mit der JUNGEN FREIHEIT. Darin äußert sich Robbin Juhnke zur Laxheit der Berliner SPD/Linke-Regierung gegenüber Linksextremisten: »Die Linke hat Angst, daß Licht in die Grauzone kommt, die es zwischen ihnen und den gewaltbereiten Linksextremisten gibt.«

**20. Oktober 2009:** Die *Stuttgarter Zeitung* titelt »Schulterschluß mit den Rechten«, bezeichnet die JUNGE FREIHEIT als »Vorzeigeblatt der Rechtsextremen« und greift die Waiblinger Stadträtin Susanne Gruber (CDU) an: »Gruber tönt im Interview mit einem Blatt, das als publizistische Brücke zwischen demokratischen Konservativen und Rechtsextremen fungiert und jahrelang unter der Beobachtung des Verfassungsschutzes stand, erneut, daß man in Waiblingen auf dem linken Auge blind sei.« Susanne Gruber hatte am 16. Oktober in einem Interview mit der JUNGEN FREIHEIT Kritik an einer einseitigen Kulturwoche gegen Rechtsextremismus geübt. »Wir kritisieren die laufende Jugendkulturwoche ›Bunt statt Braun 2009‹, weil sich die Veranstaltung – in einem städtischen Kulturhaus – nur gegen Extremismus von rechts, nicht auch gegen den von links wendet.« Gruber plant eine Gegenveranstaltung, in der Extremismus in jeder Form thematisiert werden soll. Sie erklärt dazu gegenüber der JF: »Wir möchten nicht nur kritisieren, sondern auch zeigen, wie man ohne Schlagseite aktiv werden kann. Die Veranstaltung soll ›Links- und Rechtsextremismus, Gefahren für unsere Demokratie‹ heißen. Ich hoffe, damit die Diskussion zu versachlichen. Außerdem wollen wir uns damit auch gegen die Tendenz in den Medien wehren, von diesen in die ›rechte Ecke‹ gestellt zu werden, sobald man sich gegen Linksextremismus wendet.«

Auf den Artikel in der *Stuttgarter Zeitung* reagiert JF-Chefredakteur Dieter Stein mit einem Protestbrief an die Chefredaktion des Regionalblattes; eine Antwort erhält er nicht. Der Fraktionsvorsitzende der CDU im Stadtrat von Waiblingen, Siegfried Kasper, distanziert sich von Susanne Gruber.

Am 10. Juni 2010 setzt CDU-Stadträtin Gruber den Waiblinger Oberbürgermeister davon in Kenntnis, daß sie ihr Mandat im Gemeinderat niederlegen werde. Die *Stuttgarter Zeitung* berichtet, daß CDU-Fraktionschef Kasper erst vom OB über Grubers Schritt informiert worden sei. Kasper zeigt sich wenig überrascht: »Sie hat sich mit ihren Äußerungen selbst an den Rand der Fraktion gestellt. Insofern erscheint mir ihr Rücktritt jetzt als ein nachvollziehbarer Schritt.« Die *Stuttgarter Zeitung* schreibt weiter: »Die umstrittene und streitbare Gruber war im vergangenen Jahr in die Kritik geraten, weil sie der rechtslastigen Wochenzeitung JUNGE FREIHEIT ein Interview gegeben und sich in dem islamfeindlichen, rechtsextremen Internetforum Politically Incorrect über die Jugendkulturwochen ›Bunt statt braun‹ im Waiblinger Kulturhaus Schwanen geäußert hatte.«

**Dezember 2009:** Die *Zeit* hat sich aus dem Impressum des »Netz gegen Nazis« zurückgezogen und läßt die Internetseite jetzt als »Projekt« der Amadeo-Antonio-Stiftung ausweisen. Die *Zeit* wird noch als »Kooperationspartner« geführt.

**8. Januar 2010:** Ins Visier einer Kampagne gerät Helmut Matthies, Leiter der evangelischen Nachrichtenagentur . Er soll den ihm am 5. Dezember von der gemeinnützigen Förderstiftung Konservative Bildung und Forschung (FKBF) in Kooperation mit der JUNGEN FREIHEIT verliehenen Gerhard-Löwenthal-Ehrenpreis für Publizistik zurückgeben. Matthies wurde der Preis »für seine Rolle als Pionier des christlich-konservativen Journalismus in Deutschland« zugesprochen.

In Briefen an Matthies und an Horst Marquardt, den Vorsitzenden des *idea*-Trägervereins, fordert Oberkirchenrat Christhard Wagner, Bildungsdezernent der Evangelischen Kirche in Mitteldeutschland (EKM), dazu auf, den Preis zurückzugeben. *Idea* müsse sich deutlich von der JUNGEN FREIHEIT distanzieren. »Wir sehen mit der Annahme des Preises die Gefahr verbunden, daß die Tabugrenze im Graubereich zum Rechtsextremismus weiter nach unten verschoben wird«, so Wagner. Das dürfe nicht unwidersprochen bleiben. »Als Leiter und Chefredakteur setzt Helmut Matthies nicht nur die publizistischen Leitlinien der Zeitschrift *idea-Spektrum* und der Agentur *idea*. Er repräsentiert *idea* auch in der Öffentlichkeit. Mit der Annahme des Gerhard-Löwenthal-Ehrenpreises läßt Matthies die gesamte *idea*-Redaktion auf dem Grat zum rechtsextremen Milieu balancieren.« Auf eine Nachfrage der JUNGEN FREIHEIT bei Oberkirchenrat Wagner, wo er in dieser Zeitung Belege für einen Rechtsextremismus finde, teilt das Kirchenamt der Evangelischen Kirche in Mitteldeutschland mit, daß Wagner zu einer Stellungnahme nicht bereit sei.

Ingeborg Löwenthal, Witwe des 2002 verstorbenen Fernsehjournalisten Gerhard Löwenthal, sagt gegenüber der JF: »Natürlich fühle ich mich auch persönlich verletzt, und ich empfinde es als ausgesprochen infam, Gerhard Löwenthal als Preisgeber dem Rechtsextremismus zuzuordnen.« Helmut Matthies zeigte sich mit Blick auf den Namensgeber des Preises ob solcher Vorwürfe aus den Reihen der Kirche empört. »Ich hätte es nie für möglich gehalten, daß ein von den Nationalsozialisten verfolgter prominenter deutscher Jude von einer deutschen Landeskirche je mit Rechtsextremismus in Verbindung gebracht werden könnte«, erklärt Matthies.

**14. Januar 2010:** Der Fraktionsvorsitzende der CDU im thüringischen Landtag, Mike Mohring, muß sich von den Grünen vorwerfen lassen, am rechten Rand zu fischen. Grund: Mohring hat zu mehr Nationalstolz aufgerufen. Die Integration der immer heterogeneren Gesellschaft werde besser gelingen, »wenn wir dem Stolz auf unser Land mehr Raum geben. Es muß erstrebenswert sein, dazuzugehören«, sagte er der JUNGEN FREIHEIT. Dies sei ein wesentlicher Beitrag, um die Bildung von Parallelgesellschaften zu verhindern. Dazu müsse man auch über »unsere Nation« ganz neu und anders nachdenken. »Eine große Herausforderung für Konservative«, so der CDU-Politiker. Auch Moslems müßten einen Platz in der deutschen Gesellschaft haben. Die Aufgabe der CDU sei es, so Mohring gegenüber der JF, dafür zu sorgen, »daß dieser Platz im Einklang mit der europäischen Leitkultur in Deutschland gefunden wird«.

Die Fraktionschefin der Grünen Anja Siegesmund erklärt, es sei zwar wichtig, sich mit Integrationspolitik zu beschäftigen, die JUNGE FREIHEIT sei aber ganz sicher nicht das richtige Medium dafür. Wenn Mohring das Profil seiner Partei schärfen wolle, so sei das nur legitim. Es dürfe aber auf keinen Fall dazu führen, daß von der Thüringer CDU-Fraktion künftig nationalistische Töne zu vernehmen seien. »Das paßt weder in unser Parlament, noch in eine Demokratie und ist zumindest bedenklich«, sagt Siegesmund nach einer Meldung der Nachrichtenagentur DDP. Der thüringische Vorsitzende der Linkspartei, Knut Korschewsky, wirft Mohring vor, mit dem Feuer zu spielen. Es sei unerträglich, wie sich Thüringens CDU-Fraktionschef »offenbar am rechten Rand profilieren will«. Mohring versuche, mit nationalistischer Stimmungsmache am rechten Rand zu fischen und den Kurs der Union nach rechts zu verschieben. Dabei bediene er sich einer der leidigsten Erfahrungen deutscher Geschichte, dem »Stolz auf unser Land«. Korschewsky fordert die Thüringer CDU-Vorsitzende Christine Lieberknecht auf, Mohring zurückzupfeifen. »Die gefährliche Erosion der Abgrenzung zum rechten Rand muß in der Thüringer CDU ein Ende haben.«

**28. Januar 2010:** Der Soziologe Jost Bauch, seit 2001 außerplanmäßiger Professor an der Universität Konstanz, soll wegen seiner Autorschaft für die JUNGE FREIHEIT seine Lehrtätigkeit verlieren. Die Vollversammlung der Studenten fordert seine Entlassung, die Hochschulleitung prüft entsprechende Schritte. Antifaschistische Hochschulgruppen bezichtigen Jost Bauch wegen seiner Rekurse auf Autoren wie Samuel Huntington oder Carl Schmitt des »kulturellen Rassismus«. Durch die Angriffe hat er bereits Lehraufträge und Dozententätigkeiten verloren; Bauch gerät existentiell unter Druck. Unter dem Titel »Bauch-Schmerzen am rechten Rand« hatte die Antifa bereits im Februar 2008 »KommilitonInnen« dazu aufgerufen, »Veranstaltungen von rechten DozentInnen« zu boykottieren. Im Fadenkreuz: der Dozent Jost Bauch. Die Antifa-Losung: »Macht keine Scheine bei braunen Vordenkern«.

Im aktuellen Fall wird der Soziologie-Professor unter anderem für den Satz kritisiert: »So ist seine (Gunnar Heinsohns) Prognose nicht abwegig, daß ›spätestens in fünfzig Jahren, Deutschland muslimisch sein wird‹.« – »Wenn er solche Aussagen macht, darf er sich über die Reaktionen nicht wundern«, meint Uni-Justitiarin Natascha Foltin. Viele fragten an, warum die Hochschule den Dozenten nicht »rausschmeißt«, erklärt die Juristin.

**5. Februar 2010:** Unter dem Punkt »Flop« der Rubrik »Top & Flop« führt die *Hamburger Morgenpost* den Journalisten Peter Scholl-Latour auf und schreibt: »Alter schützt vor Torheit nicht: Peter Scholl-Latour (86), ewig grantelnder Nahost-, Islam-, Afghanistan-, Terror-, Indochina-, Afrika-, Rußland- und Weltexperte, schreibt neuerdings für die Rechtsaußen-Postille JUNGE FREIHEIT. Thema: Alles schlimm, in Afghanistan …«

**März 2010:** Einem Autor der JUNGEN FREIHEIT, der an einer Bundeswehruniversität studiert, wird die »Genehmigung zur Nebentätigkeit« als Journalist entzogen. Linksradikale hatten ihn bei der örtlichen Israelitischen Kultusgemeinde denunziert, die dann an die Bundeswehr herantrat und für das Vorgehen des Vorgesetzten sorgte. Im Februar 2011 entscheidet das Truppendienstgericht zugunsten des Studenten; er wird rehabilitiert.

**21. März 2010:** Auf die Fassade des Geschäftshauses in Berlin, in dem die JUNGE FREIHEIT ihren Sitz hat, wird ein Farbanschlag verübt. Es werden mehrere Farbbeutel geworfen und das Firmenschild wird von den Tätern mit dem Schriftzug »Nazis« beschmiert. Am darauf folgenden Tag findet eine Nachbarin zwei Flugblätter, eine Art Bekennerschreiben. Dort heißt es: »Achtung! Rechtsextreme Zeitung! Auf den ersten Blick scheint die Wochenzeitung die JUNGE FREIHEIT (…) eine seriöse Zeitung zu sein. Doch schaut man genauer hin, erkennt man unterschwelligen Rassismus, Sexismus und Geschichtsrevisionismus. Die JUNGE FREIHEIT ist ein Sammelbecken der Neuen Rechten. Sie versucht eine moderne Gesellschaftskritik von rechts außen zu etablieren, geht dabei aber sehr subtil vor, um den Anschein einer normalen Wochenzeitung zu wahren. SympathisantInnen der JF kommen nicht nur aus eindeutig rechtsextremen Kreisen, sondern auch aus der CDU und FDP. (…) Deshalb rufen wir zu vielseitigen Aktionen gegen die JUNGE FREIHEIT auf. Werft ihnen Protestschreiben in den Briefkasten, hängt Transparente auf, macht Kioskbesitzer, welche die JF verkaufen, auf die Ideologie aufmerksam oder verschönert einfach die Fassade des Verlags. Kein Fußbreit den Faschisten!« Der Staatsschutz ermittelt.

**24. März 2010:** Der *Berliner Tagesspiegel* berichtet von einem Straßenbahnfahrer der Linie 99 in Potsdam, der »ein Exemplar der Wochenzeitung JUNGE FREIHEIT offen sichtbar in die Auslage hinter dem Fahrersitz gesteckt haben« soll. Martin Weis, Geschäftsführer der Potsdamer Verkehrsbetriebe, ließ offen, ob es Konsequenzen für den Fahrer habe: »Wir werden mit ihm sprechen.« In den Fahrzeugen sei nämlich »prinzipiell« auf politische, religiöse und weltanschauliche Meinungen zu verzichten.

**7. April 2010:** Mitglieder eines anonymen »Arbeitskreises Tauwetter« richten eine Internetseite ein und verteilen Flugblätter auf dem Schulhof eines Gymnasiums in Tübingen. Unter der Überschrift »Ein geeigneter Lehrer?« halten sie einem Biologie- und Chemielehrer vor, mindestens zwölf Leserbriefe in der JUNGEN FREIHEIT geschrieben zu haben. Das *Schwäbische Tagblatt* berichtet am 29. April und zitiert die Elternbeiratsvorsitzende: »Ein Lehrer an einem allgemeinbildenden Gymnasium sollte etwas zurückhaltender sein, was seine Meinungsäußerungen angeht.«

**Mai 2010:** Dem Sieger des Jung-Autorenwettbewerbs 2009 der JUNGEN FREIHEIT, Carlo Clemens, wird während der Ableistung eines Freiwilligen Sozialen Jahres in einem Frankfurter Gymnasium gekündigt. Eine Antifa-Initiative hatte ihn wegen seiner Autorentätigkeit für die JF bei der Direktion als »Rechtsextremisten« denunziert. Ohne jedes klärende Gespräch erhält er die Kündigung ausgehändigt.

**17. Mai 2010:** Die Initiatoren der Kampagne »Let's push things forward« (übersetzt: Laßt uns die Dinge voranbringen) wollen den Verkauf »rechter Zeitungen«, darunter auch die JUNGE FREIHEIT, an Kiosken und im Zeitschriftenhandel unterbinden, Sie alle würden »rassistische, sexistische, homophobe, militaristische und zum Teil sogar neonazistische Inhalte« verbreiten, heißt es in dem Aufruf im Internet. Daher müsse man diese Zeitungen aus dem offenen Verkauf zurück ins Abonnementgeschäft drängen, um so eine Schwächung der von ihnen verbreiteten Positionen zu erreichen. Zu den Unterstützern des Aufrufs gehören vor allem Antifa-Gruppen, aber auch Berliner Juso-Verbände und das Präsidium und die Geschäftsführung des Berliner Bezirksverbandes der Dienstleistungsgesellschaft Verdi-Berlin.

Das *Neue Deutschland* berichtet am 9. Juli 2010 unter der Überschrift »Kampagne gegen rechte Zeitungen« über diese »linke Kampagne« und zitiert deren Sprecherin Isabell Münch: »Es kann doch nicht sein, daß in diesen Blättern permanent nationalistische, rassistische, sexistische, homophobe, militaristische und zum Teil sogar neonazistische Inhalte verbreitet werden.« Das *Neue Deutschland* schreibt: »Schließlich wolle man, erläutert Münch, nicht den einzelnen Kioskbesitzer kritisieren, sondern vielmehr ein Klima schaffen, in dem sich der Großhandel überlegt, ob er es sich weiter leisten kann, rechtes bis extrem rechtes Schrifttum zu vertreiben. Um dem Ansinnen mehr Nachdruck zu verleihen, hat sich die Kampagne um Unterstützer bemüht. (...) Unterschrieben haben ver.di, die VVN/BdA, die Linksjugend, verschiedene Juso-Ortsgruppen sowie Antifa- und autonome Organisationen.«

**25. Juni 2010:** Die JUNGE FREIHEIT kann den Text eines Gesprächs mit der deutschen Fußball-Legende Horst Eckel nicht drucken. Eckel, neben Ottmar Walter und Hans Schäfer einer von drei noch lebenden Angehörigen der Weltmeisterelf von 1954, wollte den Text freigeben. Der Deutsche Fußball-Bund (DFB) übt jedoch massiven Druck aus und verhindert die Autorisierung des Interviews. Der Pressesprecher des DFB begründet die Ablehnung damit, daß die JF in der Vergangenheit kritisch über den DFB-Präsidenten Theo Zwanziger und dessen Unterstützung des »Netz gegen Nazis« berichtet habe.

Horst Eckel hatte in dem Gespräch wachgerufen, was zu einer siegreichen Mannschaft gehört: unbedingter Wille zum Sieg. Wer kleinmütig ist, hat schon verloren. Vor allem aber bekräftigt Eckel, daß es 1954 ebenso wie heute nicht um Geld gehe, wenn man für die Nationalmannschaft spielt, sondern nur um eins: Deutschland. Der altgediente Nationalspieler zeigt sich in dem Gespräch berührt davon, daß es heute wie damals der Nationalelf gelingt, die Landsleute zu patriotischer Begeisterung hinzureißen. Er zweifle auch nicht daran, daß der Patriotismus einer echten Identifikation mit der eigenen Nation entspringe. Andere Völker seien auch stolz auf ihr Land, erklärt der ehemalige Mittelfeldspieler, er finde es schön, daß es wieder normal werde, sich zu unseren Nationalfarben zu bekennen.

**17. September 2010:** Die brandenburgische CDU-Landes- und Fraktionsvorsitzende Saskia Ludwig wird dafür kritisiert, daß sie gegenüber der JF ihre Partei vor einem Profilverlust gewarnt hat. Die *Märkische Allgemeine Zeitung* schreibt: »In Brandenburgs CDU sorgte Ludwig damit für Irritationen und Entsetzen. Es sei ›äußerst unglücklich‹, wenn Ludwig ausgerechnet über die JUNGE FREIHEIT Kritik am Profil der Bundespartei übe, sagte ein Landesvorstandsmitglied. (...) Scharfe Kritik kam aus der SPD. Generalsekretär Klaus Ness sagte, Ludwig zeige, daß sie zum ›Rechtsaußen-Flügel‹ der CDU gehöre. ›Wer mit der JUNGEN FREIHEIT redet, der weiß, was er macht.‹«

**13. Oktober 2010:** Die *Stuttgarter Zeitung* empört sich darüber, daß der innenpolitische Sprecher der CDU-Fraktion in Baden-Württemberg, Hans Heinz, der JF zu Gesprächen zur Verfügung gestanden und sich hat zitieren lassen. Zitat aus der *Stuttgarter Zeitung*: »Erst kürzlich äußerte er sich zum umstrittenen Polizeieinsatz gegen Stuttgart-21-Gegner. (...) Für die Attacken gegen linke Drahtzieher, die die CDU hier wie dort hinter dem Widerstand vermutet, nutzte der Innenexperte ein bekanntes Podium: die rechtslastige Wochenzeitung JUNGE FREIHEIT. Intensiv bemüht sich die Redaktion – auch in Baden-Württemberg – Interviews oder zumindest Zitate von konservativen bürgerlichen Politikern zu bekommen. So will sie wohl den Ruf abstreifen, das Blatt bewege sich am äußersten Rand des demokratischen Spektrums. (...) Parlamentarier sind hingegen nicht verpflichtet, mit der Zeitung zu reden. Bei der SPD, berichtet der Landtagsabgeordnete Stephan Braun, habe sogar ein Bundesparteitag empfohlen, dem Blatt keine Interviews zu geben; zu verschwommen seien die Grenzen zwischen dem stramm konservativen und dem rechtsextremen Spektrum.«

**11. Januar 2011:** In Neu-Isenburg (Kreis Offenbach) werden in der unmittelbaren Umgebung eines Zeitungskiosks, der auch die JUNGE FREIHEIT führt, Flugblätter verteilt, in denen es unter anderem heißt: »Rechtskonservative Wochenzeitungen feiern derzeit Hochkonjunktur und erhöhen ihre Auflagen. In neuem Gewand versucht zum Beispiel die JUNGE FREIHEIT (im Folgenden JF) mit einer Neuauflage von 40 000 Exemplaren und Werbung in der *FAZ* und der *Süddeutschen Zeitung* aus ihrem Nischendasein der braunen Ecke zu entrinnen und ihrem Image einen neuen Touch zu verleihen. Sie bietet eine Schnittstelle zwischen neurechten Kreisen und dem rechtskonservativen Lager der CDU.« Das Flugblatt, mit dem offenbar Druck auf den Kioskbetreiber ausgeübt werden soll, endet mit der Aufforderung: »Je mehr Menschen sich gegen den Vertrieb solcher Hetze stellen, um so größer die Möglichkeit, rechtes Gedankengut aus der Gesellschaft fernzuhalten. Sprechen Sie die Vertreiber solcher Zeitungen offen an oder boykottieren Sie Unverbesserliche ganz!«

**Februar 2011:** Es wird bekannt, daß die Jugendfilmwerkstatt St. Pauli des Trägers GWA St. Pauli e.V. auf der Internetplattform YouTube einen selbstgedrehten Film mit dem Titel »Eine zündende Idee« veröffentlichte, den sie selber so beschreibt: »Eine Frau sitzt auf einer Parkbank und liest eine rassistische Zeitung (JUNGE FREIHEIT), als ein offensichtlich ausländisches Mädchen sich neben sie setzt und fragt, wo sie sei. Die Frau antwortet schnippisch ›in Deutschland‹, worauf das Mädchen gekränkt weggeht. Sie redet mit ihrer Freundin darüber und bekommt das, was sich die meisten Menschen nach so einer Begegnung wünschen: Die Gelegenheit anders zu reagieren ...« Diese Gelegenheit, anders zu reagieren, sieht dann wie folgt aus: Das Mädchen zündet die Zeitung JUNGE FREIHEIT der Frau an und rennt davon.

Nach Hunderten von Protestbriefen an die Verantwortlichen wird der Film von der Internetseite genommen.

**26. Juni 2011:** In einem Antrag an die Landesdelegiertenkonferenz der Jusos Hamburg wird die Forderung erhoben, zum Boykott der Verkaufsstellen »faschistoider Zeitungen« aufzurufen. Damit ist unter anderem auch die JUNGE FREIHEIT gemeint.

15

# Zeittafel

**1986**

Anfang Juni erscheint die erste Ausgabe der JUNGEN FREIHEIT (JF) in Freiburg im Breisgau. Die Zeitschrift im DIN-A5-Format mit einem Umfang von acht Seiten ist eine Gründung des damals 18jährigen Gymnasiasten Dieter Stein. Die Startauflage beträgt 400 Exemplare.

**1987**

In der Februar-Ausgabe zieht die JF-Redaktion ein Resümee der bisherigen Arbeit: »Es hat sich gezeigt, daß man sich als zarte Stimme im publizistischen Chor der konservativen Rechten nur dann Respekt verschaffen kann, wenn man rigoros mit dem eigenen Lager so umgeht, wie mit der Mitte und der Linken.« In der Ausgabe November/Dezember erscheint ein Interview mit dem CDU-Abgeordneten Bernhard Friedmann zur deutschen Wiedervereinigung.

**1988**

Nachdem die JF anfangs eher den Charakter einer Schüler- oder Jugendzeitung mit politischem Anspruch hatte, verfolgt sie nun das Konzept einer Studentenzeitung. Sie erscheint mit 12 Seiten im DIN-A4-Format und dem Untertitel »Deutsche Zeitschrift für Politik und Kultur«. In knapp zwei Dutzend Universitätsstädten wird die JF über Verteiler gratis unter die Studenten gebracht. In der Ausgabe 1/88 veröffentlicht die Zeitung einen Text des DDR-Schriftstellers Lutz Rathenow über »Die Zukunft der Mauer«.

**1989**

Interviews, unter anderem mit dem Sozialphilosophen Günter Rohrmoser und dem Sozialwissenschaftler Eike Hennig, bescheren der JF erstmals größere Aufmerksamkeit anderer Medien. Dieter Stein nimmt zum denunziatorisch verwendeten Schlagwort »Neue Rechte« Stellung und fordert für die JF die Selbstbestimmung ein: »Lassen wir uns nicht in die Rechtfertigungsecke drängen.« Zum Mauerfall erscheint die Reportage »Auf nach Berlin!« Der JF-Buchdienst wird gegründet.

**1990**

Die JF erscheint nun im sogenannten Berliner Zeitungsformat im Rollenoffset-Verfahren und hat den Sprung an die Kioske gewagt. Im Juni gründen zehn Autoren und Redakteure der Zeitung die »JUNGE FREIHEIT Verlag GmbH«. Auf dem Kongreß »Initiative Deutschland '90« stellt die JF im November ihr Entwicklungskonzept vor; es sieht vor allem das monatliche Erscheinen vor.

Alexander Schmidt (32),
Vertriebsleiter

Kerstin Greb (34),
Vertriebsassistentin

Bastian Behrens (37),
Presse- und Öffentlichkeitsarbeit

Friedhold Praetorius (55),
Buchdienst

## 1991

Die JUNGE FREIHEIT erscheint monatlich. Interviews mit dem israelischen Bestsellerautor Ephraim Kishon (Februar) und dem Historiker Michael Wolffsohn (März) sorgen für einiges Aufsehen. Im Juni feiert die Zeitung in Plettenberg ihr fünfjähriges Bestehen. In der Einladung heißt es: »Bewußt am Heimatort des großen deutschen Staatsrechtlers Carl Schmitt halten wir Rückschau, ziehen Bilanz und formulieren unsere Ziele auf dem Weg zu einer erfolgreichen nonkonformen Alternative auf dem deutschen Pressemarkt.« Zur Frankfurter Buchmesse erscheint die JF erstmals mit einer Literaturbeilage.

## 1992

Die linksalternative *tageszeitung* bescheinigt am 25. Mai der JUNGEN FREIHEIT, sie habe sich »zum Shooting-Star der rechtsintellektuellen Postillen gemausert«. Im Oktober ist die JF zum ersten Mal auf der Frankfurter Buchmesse vertreten. Auf einer Pressekonferenz unter dem Motto »Eine konservative Revolution« kündigt Dieter Stein das wöchentliche Erscheinen für Januar 1994 an. Seitdem häufen sich Boykottdrohungen gegen Vertrieb und Handel.

## 1993

Das Vorhaben, aus der JF eine Wochenzeitung zu machen, wird vorangetrieben. Zur Stärkung der Kapitalbasis wird die Gründung einer Kommanditgesellschaft beschlossen und unter den Lesern der JF für die Zeichnung von Anteilsscheinen geworben. Der Schriftsteller Martin Mosebach gibt der Zeitung im Juni ein ausführliches Interview (»Die Moderne hat sehr alte Eltern«, JF 6/93.) Im Juli erfolgt der Umzug von Redaktion und Verlag nach Berlin, im Oktober nach Potsdam. Werbung: Rheinisches aus Bonn. Preußisches aus Potsdam. Im September findet in Ravensburg eine erste Sommeruniversität der JF statt.

## 1994

Am 21. Januar erscheint die erste Ausgabe der JF als Wochenzeitung. Der Start findet ein deutschlandweites und auch ausländisches Presseecho. Im August findet in der Oberpfalz die zweite JF-Sommeruniversität statt. Spektakuläre Angriffe von Extremisten auf die neue unabhängige Zeitung sorgen für Aufsehen. Sie gipfeln im Dezember in einem durch Linksterroristen verübten Brandanschlag auf die JF-Druckerei in Weimar. Der Sachschaden beträgt 1,5 Millionen DM. In einem »Appell für die Pressefreiheit« solidarisieren sich Prominente von links bis rechts mit der JF, darunter neben anderen die Erstunterzeichner Daniel Cohn-Bendit, Peter Gauweiler und Thomas Schmid, heute *Welt*-Chefredakteur. Wegen dieses Brandanschlags wird die Bundesrepublik erstmals seit

Sandra Schulz (29),
Leserdienst

Marc Mühlbrandt (39),
Leserdienst

Sarah Dittmer (23),
Kaufmännische Auszubildende

Nadine Hillmann (29),
Empfangssekretärin

der Wiedervereinigung im Jahresbericht des Internationalen Presseinstituts (IPI) London kritisch erwähnt.

**1995**

Der Philosophieprofessor Günter Zehm, einst Feuilleton-Chef und stellvertretender Chefredakteur der *Welt*, veröffentlicht ab Januar seine legendäre wöchentliche »Pankraz«-Kolumne in der JF, die zuvor zwei Jahrzehnte lang in der *Welt* und im *Rheinischen Merkur* erschienen war. Im Mai erhebt das Innenministerium von Nordrhein-Westfalen in seinem Verfassungsschutzbericht für 1994 erstmals den Vorwurf, es existierten »tatsächliche Anhaltspunkte für den Verdacht rechtsextremistischer Bestrebungen in der JF«. Ende August findet in Neuhof bei Fulda die dritte und letzte JF-Sommeruniversität statt. Im Oktober zieht die JF-Redaktion von Potsdam nach Berlin-Mitte ins Mossezentrum.

**1996**

Die JUNGE FREIHEIT beschäftigt erstmals einen hauptberuflich angestellten Mitarbeiter für Marketing und Vertrieb sowie einen eigenen Grafiker. Im August reicht die Zeitung Klage auf Unterlassung der Erwähnung der JF im VS-Bericht gegen das NRW-Innenministerium ein. Im Oktober ziehen Verlag und Redaktion an den Hohenzollerndamm in Berlin-Wilmersdorf, wo sie bis heute ihren Sitz haben. Am 9. November startet die JF im Internet. Seitdem ist sie unter www.jungefreiheit.de weltweit zu erreichen.

**1997**

Die JUNGE FREIHEIT wehrt sich weiter mit allen juristischen Mitteln gegen den diffamierenden Vorwurf des NRW-Innenministeriums. Vertreten wird sie dabei von dem Rechtsanwalt und ehemaligen FDP-Politiker Manfred Brunner. *Focus*-Chefredakteur Helmut Markwort kritisiert die Einschränkung der Pressefreiheit durch das Land NRW: »Ich sehe eine Tendenz, daß man rechte Positionen immer mit rechtsextremen in einen Topf wirft. Für mich ist die JUNGE FREIHEIT ein Medium, das innerhalb des demokratischen Systems steht.«

**1998**

Die JF boykottiert die am 1. August eingeführte Rechtschreibreform und bleibt bei der bewährten traditionellen Rechtschreibung.

**1999**

Im Januar feiert die JF ihr fünfjähriges Bestehen als Wochenzeitung mit einer

Renate Renken (57),
Assistentin der Geschäftsführung

Kerstin Jarray (52),
Buchhalterin

Vera Wischnewsky (34),
Grafikerin

Andrea Müller (54),
Grafikerin

sechsseitigen Sonderbeilage. Auf einer kleinen Feier im März spricht Berlins ehemaliger Innensenator und JF-Kolumnist Heinrich Lummer.

**2000**

Die JUNGE FREIHEIT stellt ihr Zeitungsformat auf das größere »Nordische Format« um und erscheint mit einer vierfarbigen Titelseite. Im Juni stößt Carl Gustaf Ströhm, von 1972 bis 1999 Osteuropa-Korrespondent der Tageszeitung *Die Welt*, als Kolumnist zur JF. Interviews mit Christoph Zöpel, SPD-Staatsminister im Auswärtigen Amt, und Charlotte Knobloch, Vizepräsidentin des Zentralrats der Juden, sorgen im September und Oktober für ein breites Medienecho.

**2001**

Aus politischen Gründen kündigt die Postbank am 5. Januar das Geschäftskonto der JF. Nach einem von der Zeitung initiierten »Appell für die Pressefreiheit«, der sich gegen diese Willkürmaßnahme wendet und auch von vielen Prominenten unterzeichnet wird, lenkt die Postbank ein und erklärt die Kündigung für gegenstandslos. Die *tageszeitung* kommentiert: »Man muß die JUNGE FREIHEIT nicht mögen, um sie trotzdem zu verteidigen, wenn ihr Unrecht widerfährt.« Im Juni feiert die JF ihr 15jähriges Bestehen als Wochenzeitung mit einem »Tag der offenen Tür« und einer Dampferfahrt, an der über 300 Freunde und Mitarbeiter der Zeitung teilnehmen. Daraus erwächst eine feste alljährliche Institution. Am 23. Juni reicht die JF im Rechtsstreit mit dem Land NRW Verfassungsbeschwerde beim Bundesverfassungsgericht (BVerfG) in Karlsruhe ein.

**2002**

Der ehemalige Chefankläger der Bundesrepublik Deutschland, Generalbundesanwalt a.D. Alexander von Stahl, übernimmt von Manfred Brunner als Prozeßbevollmächtigter die Klage der JF gegen das Land NRW. In einer großen Abo-Kampagne wirbt die JF innerhalb von acht Monaten über 1800 neue Abonnenten hinzu. Der Ausbau der Zeitung kann gegen den Abwärtstrend der Pressebranche fortgesetzt werden.

**2003**

Im Oktober präsentiert die JF ihren neuen Internetauftritt. Seit Anfang November sieht sich der CDU-Bundestagsabgeordnete Martin Hohmann einer böswilligen Verleumdungskampagne wegen einer zu Unrecht als »antisemitisch« bezeichneten Rede ausgesetzt. Die JF interviewt dazu unter anderen

Vera Lengsfeld und die Publizistin Sonja Margolina und dokumentiert die vollständige Rede im Wortlaut.

## 2004

Zum zehnjährigen Bestehen als Wochenzeitung erklärt der Publizist Peter Scholl-Latour: »Die JF bedeutet für mich, daß es noch unabhängige Geister in der deutschen Medienlandschaft gibt und Journalisten, die das Risiko eingehen, gegen den Strom zu schwimmen.« Im November interviewt die Zeitung den SPD-Politiker Egon Bahr, der erklärt: »Wir müssen lernen, wieder eine normale Nation zu sein.« Im Dezember verleiht die JUNGE FREIHEIT erstmals den nach dem ZDF-Moderator benannten Gerhard-Löwenthal-Preis für Journalisten in Zusammenarbeit mit der Witwe, Ingeborg Löwenthal. Der mit 5000 Euro dotierte Preis wird fortan alljährlich an herausragende Nachwuchsjournalisten verliehen. Ein Gerhard-Löwenthal-Preis für Publizistik ehrt Persönlichkeiten für ihr Lebenswerk. Träger des Ehrenpreises sind bisher: Herbert Fleissner (2004), Caspar Freiherr von Schrenck-Notzing (2005), Elisabeth Noelle-Neumann (2006), Wolf Jobst Siedler (2007), Peter Scholl-Latour (2008) und Helmut Matthies (2009).

## 2005

Die JUNGE FREIHEIT führt ein neues Logo ein, das die Quadriga des Brandenburger Tores mit der Kuppel des Reichstages verbindet. Interviews mit den SPD-Politikern Peter Glotz und Heinz Buschkowsky, Bezirksbürgermeister von Berlin-Neukölln, sowie dem Dichter Rolf Hochhuth sorgen für erheblichen Pressewirbel. Im Juni erklärt das Bundesverfassungsgericht die Praxis des NRW-Verfassungsschutzes für verfassungswidrig. Alle Urteile gegen die JUNGE FREIHEIT werden aufgehoben. Der jahrelange Kampf der Zeitung ist damit von Erfolg gekrönt. Die JF wird in Verfassungsschutzberichten nicht mehr erwähnt.

## 2006

Der Direktor der Leipziger Buchmesse kündigt der JF einen bereits gebuchten Messestand aus politischen Gründen. Nach einem erneuten »Appell für die Pressefreiheit«, dem sich über 1500 Bürger, darunter namhafte Vertreter aus Medien, Politik, Wissenschaft und Kultur wie der ehemalige *FAZ*-Herausgeber und Historiker Joachim C. Fest, *Focus*-Chefredakteur Helmut Markwort sowie die Schriftsteller Eckhard Henscheid, Rolf Hochhuth und Frederick Forsyth anschließen, lenkt die Messeleitung ein. Im Juni feiert die JUNGE FREIHEIT ihr 20jähriges Bestehen mit einer Sonderbeilage, einem Film und einem Buch zur »Geschichte einer außergewöhnlichen Zeitung«.

**2007**
JF-Redakteur Marcus Schmidt wird Mitglied der Bundespressekonferenz e.V. (BPK). Am 15. November startet die JUNGE FREIHEIT mit einer neu gestalteten Internetpräsenz, die nun tagesaktuelle Meldungen beinhaltet. Am 24. November verleiht die Zeitung den Gerhard-Löwenthal-Preis für Journalisten erstmals in Kooperation mit der Förderstiftung Konservative Bildung und Forschung (FKBF).

**2008**
Seit Januar wird die Auflage der JF wie alle großen Zeitungen von der unabhängigen Informationsgemeinschaft zur Feststellung der Verbreitung von Werbeträgern e.V. (IVW) geprüft. Im Dezember liegt die Aboauflage der Zeitung bei 14 403 Exemplaren.

**2009**
Im April startet die JF ihren erneut überarbeiteten Internetauftritt mit noch mehr tagesaktuellen Meldungen. Ab Mai erscheint die Zeitung durchgängig vierfarbig. Im Dezember veranstaltet die JF ihr erstes Jungautoren-Seminar.

**2010**
Ab Oktober erscheint die JF mit neuer Optik, einem auf 24 Seiten erweiterten Umfang und einem neuen redaktionellen Zuschnitt. Sie trägt jetzt den Untertitel »Wochenzeitung für Politik, Wirtschaft, Kultur, Wissen und Debatte«. Wiederum im Dezember findet das zweite Jungautoren-Seminar der JF statt.

**2011**
Die JF feiert ihr 25jähriges Bestehen mit einem »Tag der offenen Tür« und einem großen Sommerfest, an dem 450 Förderer und Autoren teilnehmen. Ende Mai erscheint anläßlich des Jubiläums die Sonderbeilage »Eine deutsche Zeitungsgeschichte« mit 28 Seiten im sogenannten Tabloid-Format. Die Aboauflage steigt im Juni auf den Höchststand von 17 600 Exemplaren.

# Tabula Gratulatorum

## A

Manfred Aengenvoort, Oberhausen
Arno Alisch, Neißemünde
Horst Althaus, Hagen
Fritz Ander, Monzernheim
Prof. Dr. Jürgen Angerer, Uttenreuth
Harald Antonischki, Reppenstedt
Joachim Arlt, München
Marius und Anita Augustin, Poing

## B

Karl-Heinz Bachl, Chamerau
Alexander Bagus, Gerbrunn
Dipl.-Ing. Hans-Joachim Bahlcke, Chemnitz
Hinrich Bahlmann, München
Jörg A. Bahnemann, Remagen
Patrick Bais, Neu-Ulm
Othmar Ballmaier, Fulda
Andreas Bänsch, Leipzig
Andreas Bartl, Forstinning
Dr. Matthias Bath, Berlin
Christoph Bäuerle, Eschborn
Dieter Bauke, Untergruppenbach
Peter Baumgart, Groß Glienicke
Ralf Beez, Freudenstadt
Dr. med. Werner Behmann, Idar-Oberstein
Uwe Bendrig, Merseburg
Dr. Johannes M. Berchmann, Berlin
Dr. Jost Berstermann, Osnabrück
Marc Bettinger, Schörzingen
Karl Betz, Reiskirchen
Volker Blosen, Kaufbeuren
Joachim Böcher, Gelsenkirchen
Dipl.-Ing. Frank Böde, Mönchengladbach
Heidrun Boese, Berlin
Jürgen Böhm, Berlin

Dr. Dieter Bonfils, Alfeld
Dr. med. Peter Bonfils, Lengerich
Simon Braun, Pleinfeld
Dr. Wilfried Brennecke, Köln
Werner und Katharina Brenner, Gröbming (Österreich)
Edelbert Breu, Lauterhofen
Horst Nikolaus Bruns, Heusenstamm
Jürgen-Klaus Buchholz, Berlin
Karl Budde, Sevelten
Gottfried Buder, Dortmund
Peter Burichter, Bremen
Burschenschaft Suevia, Innsbruck

## C

Olaf Carstensen, Sylt-Ost
Josef Conradi, Kronberg
Rolf Cramer, Königswinter

## D

Peter Dahmen, Oberhausen
Emil Danler, Schwaz (Österreich)
Hans W. Deckers, Bad Herrenalb
Paul Defays, Malmedy
Heinz Dempewolf, Northeim
Jürgen Didong, Sinzig
Karl Dill, Kirchstetten (Österreich)
Uwe Bernd Dreyer, Königs Wusterhausen
Sigrid Duensing, Bonn

## E

Heinz Ebel, Werder
Manfred Eckstein, Coesfeld
Lion Edler, Mahlow

Enno Eglit, Berlin
Lutz Eichler, Schmölln
Dipl.-Kfm. Arvid Ellenberger, Sankt Augustin
Dr. Johannes Ellenberger, Friedelsheim
Hans-Detlef Elze, Bietigheim-Bissingen
Andreas Emmerich, Brombachtal
Gerhard Erdmann, Remseck
Simon Eriskat, Berlin
Christian Ewald, Berlin
Jan-Volkert Ewald, Niebüll
Christa Eymess, Kassel

## F

Harald Felisch, Frankfurt (Oder)
Dr. Heinrich Fiechtner, Stuttgart
Klaus Fleischmann, Kaarst
Steffen Franzke, Maspalomas (Spanien)
Erwin Freiding, Kiedrich
Werner Frey, Blaubeuren
Dr. Hans-Jürgen Frischhut, Erkheim
Wolf-Rüdiger Fritsche, Beatty
Rudolf Frölke, Karlsruhe
Roland Fuchs, Prenzlau

## G

Florian Gaba-Benninghoven, Rösrath
Jürgen Gau, München
Elmar Gegenfurtner, München
Frank Geissler, Krefeld
Hans-Jürgen Geppert, Saalburg-Ebersdorf
Hans Gernheim, Bozen (Südtirol)
Mag. Christian Gerstner, Wien
Stefan Giebler, Cottbus
Ekkehard Giehl, Gummersbach
Prof. Dr. Rainer Gladisch, Lindenfels

**Dieter Stein mit einem Jubiläumsgeschenk seiner Mitarbeiter auf dem JF-Sommerfest 2011**

Rudolf Görz, Hamburg
Alain Govaert, Varsenare (Flandern/Belgien)
Eberhardt E. Grobe, Bad Salzungen
Alfredo und Vera Grünberg, Kassel
Jens Gußmann, Erolzheim
Jens Gust, Hamburg
Gymnasiale Burschenschaft Virtus, Kaltenkirchen

## H

Wolfgang Haars, Salzgitter
Gerald Haertel, Ettlingen
Pastor Karl Anton Hagedorn, Münster
Dipl.-Ing. Horst Hagen, München
Wolfgang Hagen, Erlangen
Reinhold Hain, Linsengericht
Prof. Dr. Ludwig Hammermayer, Ingolstadt
Heinz-Dieter Hansen, Hamburg
Otto-Bernd Hansmann, Balatonmagyarod (Ungarn)
Kay G. Hardelt, Lauenstein
Olaf Haselhorst, Hamburg
Prof. Dr. Andreas Hauer, Luftenberg a. d. Donau (Österreich)
Matthias Heinemann, Kassel
Joachim Helberg, Detmold
Dr. med. Wolf-E. Hempel, Roggentin
Markus Herzog, Bad Dürrheim
Oswald Karl O. Hille, Zernien
Thomas Hillenbrand, Linz am Rhein
Jens Hinrichsen, Fellbach
Ditmar Hinz, Berlin
Alban Hirsch, Lauf-Neunhof
Jörg Hobner, Eichstätt
Ronald Hoffmann, Neundorf
Fred Hofmann, Großschönau
Jürgen Hofmann, Gräfelfing
Martin Hohmann, Neuhof
Andreas Holder, Berlin
Georg Hornung, Kehl

Thomas R. J. Hoyer, Hamburg
Gerald Hundertmark, Gelsenkirchen
Dipl.-Ing. Paul-Ernst Huppert, Mettmann

## I

Lothar Igel, Burg
Arno Isenberg, Gevelsberg-Silschede

## J

Harro Jäger, Schwülper
Dr. Elmar Janssen, Bergisch Gladbach
Michael Johnschwager, Hamburg
Walter Junk, Winterberg
Bernd Junker, Bad Oeynhausen

## K

Heinrich Kacer, Wendelstein
Helmut Kaiser, Ingolstadt
Gerd-Joachim Kalkowski, Hildesheim
Urs Käsemodel, Bürglen (Schweiz)
Dipl.-Ing. Karl-Heinz Kaspar, Auenwald
Hermann Kasper, Eschelbronn
Dr. Volker Kay, Braunschweig
Johannes Karl Theodor Keßner, Hamburg
Fernand Keuleneer, Brüssel
Helmut Kirschner, Göttingen
Dipl.-Päd. Ludwig Klug, Laupheim
Hartmut Koeppen, Duisburg
Hans-Günter König, Vienenburg
Eberhard König, Schorndorf
Thomas König, Rastatt
Daniel Körtel, Kassel
Winfried Kramer, Ortenberg

Mirco Kranefeld, Gelsenkirchen
Wolfgang Krasenbrink, Kiel
Rudolf Krauser, Heidenheim
Reinhard Krieg, Frankfurt am Main
Bernd Krönke, Berlin
Prof. Dr. Dr. h.c. Karl-Heinz Kuhlmann, Bohmte
Detlef Kühn, Berlin
Stefan Kuhring, Berlin
Dr. Jörg Kürschner, Berlin

## L

Winfried Labatzke, Wald-Michelbach
Dipl.-Wirt. Ing. Alexander Laber, Ilshofen
Armin Landgraf, Ludwigshafen
Martin Lange, Mainz
Horst Langwost, Langenhagen
Dieter Leipold-Kuller, Berlin
Dr. Marco Leonardi, Catania (Italien)
Ullrich Lepski, Gundelsheim
Alexander Leschek, Berlin
Hermann Lieber, Hannover
Ernst Linder, Meckenheim
Dr. Steffen Lindner, Trier
Dr. Bernd Linsmaier, Wernberg-Köblitz
Dr. Gunter Löbnitz, Erfurt
Klaus Loch, Burgwindheim
Peter Logghe MdBP, Roeselare (Flandern/Belgien)
Wolfgang Löhr, Bonn
Prof. Dr. Konrad Löw, Baierbrunn
Claus Lübben, Bremerhaven
Rolf Dieter Lüdtke, Bad Aibling
Siegfried Ludwig, Hohberg
Ulrich Lüking, Enger
Dr. Burkhard Lutz, Tuntenhausen-Hohenthann
Burger Lux, Kiel

## M

Sebastian Maack, Berlin
Dr. Roland Mackert, Sachsenheim
Wolfram Mandel, Bielefeld
Agnes Martin, Mandelbachtal
Johann-Willi Matzpreiksch, Mannheim-Seckenheim
Horst-Günter Mayr, Kutzenhausen
Dr. Ulrich Mehlhorn, Dresden
Christopher Mellinghaus, Peine
Karl J. Meyer, Osnabrück
Bernhard Mihm, Paderborn
Dr. Frank Müller, Köln
Manfred Müller, Neuss
Steffen Müller, Piesau
Dr. Thorsten Müller, Frankfurt (Oder)
Vronli Müller, Dörrenbach

## N

Adolf-Erwin Nass, Saarbrücken
Frank Naumann, Wadgassen
Dr. Nicholas Nedzynski, Bamberg
Peter Karl Neumann, Fürth
Dr. Jens Nielsen, Norderstedt
Gerhard Noll, Fulda
Werner G. Noltemeyer, Hannover

## O

Franz Josef Ohm, Todtenweis
Werner Olles, Frankfurt am Main
Lothar Oppenhorst, Krefeld
H.-Peter Oppermann, Braunschweig
Stephan Osbelt, Schwelm

## P

Rodolfo Panetta, Horb-Grünmettstetten
Heinz-Günther Paulke, Schwedt
Josef Payer, Marburg
Dr. Franz H. Peters, Remagen
Horst Pfeil, Casarabonela (Spanien)
Horst Philipowski, Pliezhausen
André Picker, Dortmund
Joseph Plager, Bogen
Michael Plock, Remscheid
Thorsten Pohl, Michendorf
Cathleen Barbara Polch, Borken
Uwe Popken, Weyhe
Dr. Herwig Praxl, Stuttgart
Erich Pürkner, Puchheim

## Q

Dr. jur. Engelbert Quack, München

## R

Gerald Radloff, Haar
Axel Raisch, Eislingen
Lutz Rathnow, Oldenburg
Bernd Ratz, Schlüchtern
Andraes Rau, Grünwald
Dipl.-Volksw. Jörg Reinwein, Frankfurt am Main
Herbert Renkl, Landau
Uwe Ernst Richter, Kassel
Rolf Richter, Heitersheim
Dipl.-Ing. Jürgen Riedel, Berlin
Ursula Riedelmeier, Duisburg
Klaus Riepling, Bremen
Bernd Rogosch, Berlin
Gerald Rolfsmeier, Löhne
Manfred Romkopf, Berlin

## S

Dr. Bernhard Salomon, Vechta
Dr. Andreas Salzmann, Battenberg
Hubert Sauer, Bad Schwalbach
Dr. theol. Rolf Sauerzapf, Kassel
Dr. Ekart Schaarschmidt, Waldbronn
Prof. Dr. Michael L. Schäfer, Marburg
Dr. med. Ekkehard Schaffner, Seeheim-Jugenheim
Max Schels jun., Eurasburg
Ekkehardt Freiherr Schenck zu Schweinsberg, Friedrichsdorf
Patrick Schenk, Frankfurt am Main
Prof. Dr. Dr. Michael Schenke, Merseburg
Uwe Schipper, Osnabrück
Joachim E. K. Schliemann
Georg K. Schmelzle, Norden
Dr. Wolfgang Schmidt, Reuth
Dr. Peter Schmidt, Berlin
Albert Schmidt, Weimar
Thomas-M. Schmidt, Miesbach
Dr. med. Hubertus Schneider, Lorch-Espenschied
Matthias Schraub, Heiligenhaus
Dr. med. Elke Schrör, Frechen
Gerald Schulz, Halle
Werner Schulz, Baden-Baden
Dr. jur. Björn Schumacher, Saarbrücken
Wolfgang Schütz, Schwelm
Robert Schwarz, Trier
Johannes Schwefel, Mannheim
Dipl.-Ing. Dieter Schwenkel, Metzingen
Egon Seel, Ostseebad Kühlungsborn
Fritz Seel, Heilbronn
Dr. Peter Seigewasser, Lübeck
Helmuth Seliger, Tuttlingen
Angelika Spallek, Münster
Dr. Volker E. Sperber, Erzhausen
Carsten Spiekermann, Heilbronn
Arno Spitz, Berlin
Karsten Stage, Potsdam

Prof. Dr. Michael Stahl, Berlin
Swen Steiger, Ammersbek
Karsten Steinich, Markkleeberg
Marianne Stieler, Essen-Kettwig
Klaus Stolle, Pinneberg
Frank Stritzl, Flörsheim am Main
Gabriele Sturm, Dresden
Horst Symalla, Hannover

## T

Harald Thielefeld, Weingarten
Dr. Erhard Tiefenbacher, Nußloch
Dieter Titz, Mönchengladbach
Dr. Michael Tunger, Aachen

## U

Klaus Ulbricht, Bad Nenndorf

## V

Gerhard Vatter, Waldkirch
Vereinigung Alter Burschenschafter Oberösterreich zu Linz
Hartmut Viering, Sassenburg
Hans A. Vogel, Bonn

## W

Dr. Ray Wackerow, Demmin
Peter Wagner, Laaber
Hans Wallau, Asbach
Andreas Wallich, Bexbach
Hildegard Walter, Kempten
Pfarrer Karl und Sabine Walther, Gelenau

Dipl.-Volksw. Manfred Wandtke, Ratzeburg
Rudi Weber, Schwalbach
Dr. Mathias Weifert, Miltenberg
Peter Weinhold, Nossen
Lutz Weitland, Dresden
Wolfgang Wendel, Stuttgart
Jan Wendt, Obertshausen
Jürgen Kurt Wenzel, Aukrug
Christian Werkmeister, Dießen
Friedrich Wiegand, Berg
Gunter Wigand, Karben
Horst D. Wilde, Ennepetal
Dr. Michael Wilkes, Plaidt
Heinrich Willner, Breidenbach
Peter van Windekens, Pellenberg (Flandern/Belgien)
Dr. Ernst Windrich, Balingen
Dr. Klaus Wippermann, Bonn
Bernd Wirzinger, Syrgenstein
Dipl.-Math. Marek von Wnuck, Uelzen
Karlheinz Wolf, Eching
Dr. Peter Wörmer, Puerto de la Cruz (Spanien)
Alexander Wörner, Stuttgart
Rainer Wottrich, Leverkusen

## Z

Dr. Volkmar Zahn, Bad Homburg
Dr. med. Monika Zeisner, Eberbach
Prof. h.c. Dr. h.c. Konrad Zimmer, Königsberg
Michael Zimmermann, Berlin
Ralf Zimmermann, Gelsenkirchen
Hans Gerhard Zimmermann, Schalksmühle
Rudolf Zinnecker, Villingen-Schwenningen
Carsten Zöllner, Berlin
Roger Zörb, Hamburg

# In memoriam

Der Tod ist ein ständiger Begleiter des Lebens, er »lächelt uns alle an« (Marcus Aurelius). Auch die JUNGE FREIHEIT mußte in den 25 Jahren ihres Bestehens Abschied nehmen: von Mitarbeitern, Autoren und Gesprächspartnern, von Freunden und Wegbegleitern. Jeder einzelne Verlust ist schmerzlich; es kostet Kraft, sich in das Unabänderliche zu fügen. Von Ernst Jünger stammt indes der tröstliche Gedanke, daß die Verstorbenen in uns, den Lebenden, mit postumen Wurzeln wachsen – »wir sind der wahre Totenacker, der wahre Totengrund. Sie wollen in den Herzen bestattet sein. Dafür sind sie dann dankbar, und dieses Verhältnis gibt Familien und Völkern die Kraft zum Wandel durch die Zeit.«

Unvergessen bleiben uns:

**Otto von Habsburg (2011) · Ulrich Beer (2011)**
**Gerd-Klaus Kaltenbrunner (2011) · Karl Doehring (2011)**
**Gabriele Fernau (2011) · Ivan Denes (2011)**
**Rüdiger Proske (2010) · Torsten Witt (2010)**
**Folkmar Koenigs (2009) · Wolfgang Seiffert (2009)**
**Caspar Freiherr von Schrenck-Notzing (2009)**
**Philipp Freiherr von Boeselager (2008)**
**Gregor M. Manousakis (2007) · Friedrich Karl Fromme (2007)**
**Hans Hirzel (2006) · Fritz Schenk (2006) · Gerard Radnitzky (2006)**
**Herbert Bath (2005) · Werner Pfeiffer (2005) · Wolfgang Venohr (2005)**
**Carl Gustaf Ströhm (2004) · Wolfgang Mattheuer (2004)**
**Tino Pelzer (2004)**
**Armin Mohler (2003) · Baldur Springmann (2003)**
**Ernst Topitsch (2003)**
**Andreas Graf Razumovsky (2002) · Hans-Jörg von Jena (2002)**
**Salcia Landmann (2002) · Gerhard Löwenthal (2002)**
**Dieter Borkowski (2000) · Lothar Bossle (2000)**
**und weitere.**

# Personen- und Zeitschriftenregister

Die Namen aus der Tabula Gratulatorum sowie der Zeitungstitel JUNGE FREIHEIT sind in dieses Register nicht aufgenommen worden.

## C



## D

## M

## N



## O



## P

## T



## U



## V

## W



## Z

■ Weitere Bücher in der EDITION JF

**Thorsten Hinz**

**Das verlorene Land**

**Aufsätze zur deutschen Geschichtspolitik**

Eine Folge der vollständigen Moralisierung des Politischen ist, daß jede öffentliche Debatte auf ihre mutmaßliche Nähe zur NS-Ideologie überprüft und durch eine eilfertige Verdachtsrhetorik oft vorzeitig beendet wird. Eine ernsthafte Auseinandersetzung mit den Zukunftsfragen der Nation findet nicht mehr statt. Thorsten Hinz sieht in dieser Fehlentwicklung eine Ursache für die aktuelle Krise Deutschlands und eine Gefahr für die Demokratie. Der vorliegende Band versammelt seine wichtigsten Beiträge zu diesem Thema.

256 Seiten, gebunden, Leinen mit Schutzumschlag
und Lesebändchen
EUR 24,90
ISBN 978-3-929886-30-6

EDITION JF

## ■ Weitere Bücher in der EDITION JF

**Thorsten Hinz**

### Die Psychologie der Niederlage

**Über die deutsche Mentalität**

Seit der totalen Niederlage im Zweiten Weltkrieg ist in Deutschland die Kraft des nationalen Gedankens gebrochen. In der Nachkriegszeit haben sich die Deutschen die Sicht der Sieger aufzwingen lassen, die militärische Kapitulation auch als eine geistige und kulturelle zu deuten. Deutschland sollte nach 1945 anderen Nationen nicht wieder gleichberechtigt gegenübertreten. So hat sich hierzulande ein kollektives geistig-moralisches Schuldgefühl etabliert, ein Niederlage-Denken, das für Staat und Nation beherrschend und konstituierend ist und von dem das Land seine Identität herleitet.

221 Seiten, gebunden, Leinen mit Schutzumschlag
und Lesebändchen
EUR 19,80
ISBN 978-3-929886-34-4

EDITION JF

ANZEIGE

**Prof. Peter Scholl-Latour**
Kriegsreporter
und Buchautor

»Die JF bedeutet für mich, daß es noch unabhängige Geister in der deutschen Medienlandschaft gibt und Journalisten, die das Risiko eingehen, gegen den Strom zu schwimmen.«

**Prof. Wilhelm Hankel**
Früherer Präsident
der Hessischen
Landesbank

»‚Jung' heißt, nicht angepaßt sein. ‚Freiheit', sich seine Meinung jenseits von Vorurteil und Political Correctness bilden. Deswegen lese und schätze ich die JUNGE FREIHEIT, ihre Mannschaft und Autoren.«

**Ferdinand Fürst von Bismarck**
Chef des Hauses
Bismarck

»Die JF ist eine frische journalistische Brise gegen den stickigen linken Zeitgeist.«

„Lesen Sie, was andere Ihnen verschweigen."

# GUTSCHEIN

☐ **Ja,** ich möchte die Wochenzeitung JUNGE FREIHEIT kennenlernen und erhalte sie für 4 Wochen kostenlos per Post frei Haus.
**Danach endet die Belieferung automatisch. Ich gehe keinerlei Verpflichtungen ein.**

**Anschrift** Bitte in Druckbuchstaben ausfüllen!

Vorname/Name

Straße/Nr.

PLZ/Ort

20JJF2011

Telefon (für Rückfragen)

E-Post

Geburtsdatum 19

Zur Vermeidung von Mehrfacheinträgen bei unterschiedlichen Adressen (Umzug, Urlaub, Privat, Geschäft, Postfach)

## Ihre Garantie

**Nach Ablauf der 4 Wochen endet die Belieferung automatisch. Sie gehen keinerlei Verpflichtungen ein!**

**Ihre Zufriedenheit ist uns wichtig!**

☐ **JA, ich weiß**, daß es nötig ist, meine Adreßdaten zu speichern, um mir etwas zuzuschicken. Da der Gesetzgeber verlangt, daß ich dies bestätige, sage ich Ihnen hiermit: Ich weiß, daß Sie meine Adresse in einem Computer speichern, um meine Adresse auszudrucken. Ich erkläre also aus freien Stücken, daß ich ausdrücklich damit einverstanden bin, daß Sie meinen Wissensdurst stillen, indem Sie mit mir kommunizieren. Denn ohne Adresse kann man schlecht etwas mit der Post zusenden. Und ohne Telefonnummer kann man schlecht anrufen. Die Angabe von Adresse, Telefon, Fax, Mobilfunk und E-Post hilft Ihnen und den von Ihnen beauftragten Firmen, den Kontakt mit mir zu halten. Das weiß ich dank Ihres ausdrücklichen Hinweises. Und das finde ich auch gut so und bestätige das mit meiner Unterschrift.

Datum

X
Unterschrift

JUNGE FREIHEIT Verlag
Leserdienst
Frau Kerstin Greb
Hohenzollerndamm 27 a
10713 Berlin

+49 (0)30/86 49 53 25
+49 (0)30/86 49 53 50
www.jungefreiheit.de
Gutschein einfach absenden.